KB177663

프랜시스 베이컨(1561~1626)

엘리자베스 1세(1533~1603. 재위 1558~1603) 엘리자베스 1세 시대는 셰익스피어 문학과 베이컨의 경험론 철학이 꽃피운 '영국문학'의 황금기였다. 여왕 말년에, 총신이었던 에식스의 조언자였던 베이컨을 좋게 보지 않았으나, 에식스가 반란을 시도하다 체포되었을 때 베이컨은 여왕의 법률고문으로써 그를 기소하는 데 참여했다.

캠브리지 트리니티 칼리지 예배당에 있는 베이컨 기념물

런던, 사우스 스퀘어의 그레이스 인 정원에 있는 베이컨 동상

▲요크 워터 게이트
베이컨이 태어났던 요크하우스 앞에 그가 죽은 해인
1626년 이 문이 세워졌다.

▶세인트 올번스의 성 마이클 교회 베이컨의 묘 앞에 있는
기념물

▼워싱턴 DC, 국회도서관에 있는 베이컨 기념상

THE
ESSAYS,

OR

Councils, Civil and Moral,

OF

Sir *FRANCIS BACON*,

Lord *Verulam*, Viscount St. *Alban.*

With a TABLE of the Colours

OF

Good and *Evil.*

And a Discourse

Of the WISDOM of the

ANCIENTS.

To this Edition is added the Character of Queen
ELIZABETH; *never before Printed in*
English.

LONDON,
Printed for *H. Herringman, R. Scot, R. Chiswell,*
A. Swalle, and *R. Bentley,* 1 6 9 6.

《수필집》(초판, 1597) 속표지 1696.

《학문의 진보》(초판, 1605) 권두화 1640.

《학문의 진보》 속표지

세계사상전집059

Francis Bacon
DE AUGMENTIS SCIENTIARUM
ESSAYS, CIVIL AND MORAL

학문의 진보/베이컨 에세이

프란시스 베이컨/이종구 옮김

동서문화사

디자인 : 동서랑 미술팀

학문의 진보/베이컨 에세이
차례

베이컨 생애 저작 사상

De Augmentis Scientiarum

학문의 진보

신과 인간 그 학문의 발달과 진보 제1권

국왕께 바침

1. 훌륭하신 국왕이시여, 율법(律法) 아래에는, 날마다의 희생과 자유 의사의 공물, 이 두 가지가 있었습니다. *¹ 전자는 보통 의식을 지키는 데서 생기는 것이고, 후자는 즐거운 헌신에서 생기는 것입니다. 마찬가지로 국왕에게 신하가 바쳐야 하는 것으로는, 의무의 공물과 애정의 선물, 이 두 가지가 있습니다. 이 가운데 전자에 대해서는 살아 있는 한 게을리하는 일이 없도록, 폐하의 뜻에 따라 베풀어 주시는 일에 알맞게 저의 가장 조촐한 의무를 다하고 싶습니다. 후자에 대해서는 무언가 바쳐드릴 것을 선택하는 것이 더 적당하지 않을까 하고 생각했습니다. 그리고 그것은 폐하의 뛰어나신 개성에 관계있는 것으로 하는 편이 폐하의 왕위, 국가의 사무에 관한 것보다 좋지 않을까 하고 생각했습니다.

2. 그래서 폐하를 몇 번이나 제 마음 속에 그려 보았습니다. 제가 폐하를 배례하는 것은, 주제넘게 살피는 눈으로 훑어보며 성서 말씀처럼 왕의 마음은 헤아릴 수 없는 것임을*² 알려고 하는 것이 아닙니다. 다만 의무와 숭앙의 경건한 눈으로 우러러보는 것입니다. 그리고 폐하의 덕성과 운, 그 밖의 부분은 별도로 하고 제가 감명을 받고 참으로 더없이 경탄한 것은, 폐하의 덕성과 노력으로서 철학자들이 지적이라고 부르고 있는 점입니다. 그것은 폐하의 능력의 크기와 기억력의 강함, 이해력의 민속함과 판단력의 날카로움이며 말씀의 유창함과 정연함 등 때문입니다. 그리고 많이 생각해 본 일입니다만, 제가 알고 있는 현존의 모든 사람들 가운데서, 폐하는 플라톤이 생각하는 인간의 가장 좋은 예가 되시는 분이라고 생각합니다. 즉 그것은 모든 지식은 기억에 지나지 않고, 또 인간의 마음은 본디 모든 것을 알고 있다는 것이며 또 자기 자신의 타고난 본디의 개념(그것은 이상하고 어두운 육체라는 주거에 갇혀서 알 수 없게 되어 있는 것입니다만)이 되살아나고 되돌아

가기만 하면 된다는 것입니다. *³ 이와 같은 자연의 빛을 폐하 속에서 저는 보고 있습니다. 그것은 조그마한 기회만 주어져도, 혹은 다른 사람이 드리는 조그만 불티로도 금방 불꽃이 일고, 타오르는 것입니다.

가장 현명한 왕에 대한 말씀으로 '넓은 마음은 바닷가의 모래 같다'*⁴는 것이 있습니다. 그것은 가장 큰 물체의 하나입니다만, 가장 작고 잔 부분으로 되어 있다는 뜻입니다. 마찬가지로 신은 폐하에게 이해력 있는 훌륭한 성질을 주셨습니다. 최대의 문제를 파악하여 받아들이시는 동시에, 최소의 것도 붙잡으실 수 있는 이해력입니다. 같은 도구를 큰 일과 작은 일에 모두 적합하게 한다는 것은, 자연계에서는 불가능한 일로 여겨질 것입니다.

폐하의 언변의 재능에 대해서는, 코르넬리우스 타키투스가 아우구스투스 카이사르에 대해서 한 말이 생각납니다. '아우구스투스의 말씨는 편하고 유창하며, 왕자에 적합한 것이었다.'*⁵ 다시 말해서 잘 주의하여 생각해 보면, 말씨가 이해하기 힘이 들고 곤란한 경우와 우쭐하는 기교나 굳이 교훈을 담으려는 경우, 혹은 무언가 웅변의 형식을 흉내내고 있는 경우 등이 있는데, 아무리 훌륭한 것이라도 그와 같은 것은 모두 다소나마 비굴한 데가 있고, 독창성이 결여된 데가 있습니다. 그러나 폐하의 언변은 참으로 왕자다우시고, 샘에서 흘러나오는 것 같으시며, 더구기 흘러나오면서 나뉘어져 자연의 질서를 이루고, 평이하면서도 교묘하며, 아무런 흉내도 아니 내시고, 또 누구도 흉내를 낼 수 없는 것입니다. 폐하의 보통 일반 정치의 경우에는, 폐하의 덕성과 운은 어느 쪽이 더할 것도 없이 아울러 겨루고 있는 것처럼 여겨집니다. 덕성이 풍부하신 성향과 행운의 징조가 보이는 통치, 한층 더 큰 운에*⁶ 대한(과거의) 덕성있는 기대와, 그것을 성취하셔서 번영하고 계시는 일, 결혼의 법칙을 지키시는 덕성과, 결혼의 극히 축복되고 행복하신 결실, 평화에 대한 가장 그리스도적인 희망과, 이웃 왕후들이 그리로 향하는 행운의 경향 같은 것이 그것입니다. 마찬가지로 지적인 문제에 있어서도 폐하의 타고나신 뛰어난 재능과 보편적이고 완전하신 폐하의 학문과의 사이에는, 그에 못지않게 서로 겨루는 것이 있는 것 같습니다. 왜냐하면 제가 지금부터 말씀드리는 것은 결코 과장된 것이 아니며, 적극적이고 또 신중히 생각한 끝의 진리라는 것을 저는 충분히 확신하고 있기 때문입니다.

그것은 그리스도 기원(紀元) 이래 어떤 국왕, 즉 현세의 군주도 신과 인간의 모든 문학과 학문에 이토록 통달하신 분은 없었다는 것입니다. 즉 누군가 진지하고 충실하게 역대 로마의 황제들을 고찰해 보고 살펴본다고 가정해 보겠습니다. 그중에서 그리스도 기원 조금 전에 생존했던 독재자 카이사르와 마르쿠스 안토니누스가 제일가는 학자였습니다. 그리고 아래로 내려와서 그리스나 서로마 제국의 황제, 프랑스, 에스파냐, 잉글랜드, 스코틀랜드 그 밖의 계통에 이르러 알 수 있는 것은 이 판단이 옳다는 것입니다. 즉 남의 마음으로 생각한 일이나 수고한 일을 요령있게 끌어내어, 학문의 표면적인 장식이나 외관을 조금이라도 포착하는 것만도, 국왕으로서는 대단한 일로 여겨집니다. 또는 학문과 학문하는 사람에 호의를 갖고, 그들을 승진시키는 것만으로도 그렇게 말할 수 있는 것입니다.

그러나 학문의 참된 샘물을 마신다고 할까, 나아가서는 그런 학문의 샘을 자기 자신 속에 가지고 있다는 것은 국왕의 경우, 그리고 타고난 국왕의 경우에는 거의 기적이라고 해도 좋을 정도입니다. 또 더욱이 그와 같이 생각되는 것은, 폐하 속에 신의 신성한 문학과 신 이외의 인간의 것과의 진귀한 결합을 볼 수 있기 때문입니다. 그러기에 폐하께서는 고대의 헤르메스*[7]가 갖고 있었다고 하며 존경을 받았던, 그 3중성(三重性)을 부여받고 계시는 것입니다. 이는 국왕의 힘과 운, 성직자의 지식과 빛, 그리고 철학자의 학문과 보편성을 말합니다. 폐하에게 내재하는 이 특성과 개인적인 성질은 현대의 명성이나 존경뿐 아니라, 또 후세의 역사나 전통뿐 아니라, 무언가 확고한 업적, 확정된 기념 불사(不死)의 기념비에 기록되어 마땅한 것입니다. 국왕이라는 것의 힘과, 동시에 그 국왕의 특질과 완전성, 그에 대한 성질과 특색을 거기에 적어 두는 것입니다.

3. 그런 까닭으로 제가 도달한 결론은, 폐하에게 드리는 선물로서 그런 목적을 달성하기 위한 논고(論考) 이외에 더 좋은 것이 없다는 것입니다. 그것은 전체적으로 다음의 두 부분으로 구성될 것입니다. 처음의 것은 학문과 지식의 탁월성 및 그것을 늘리고 넓히는 가치와 참된 영예의 탁월성에 관한 것입니다. 뒤의 것은 학문의 발달을 위해서 생각되고 기도되어 온 개개의 행위나 업적이 어떤 것인가, 그런 개개의 행위 속에 어떤 결함이나 결점이 있는가 하는 것입니다. 이 목적을 위해서 저는 폐하에게 적극적으로 또 단정적으로 충고드리거나, 세부에 걸친 계획을 설명드릴 수는 없습니다. 다만 폐하

께 왕자로서의 생각을 일깨워 드려서 폐하께 자신 속에 갖고 계시는 뛰어난 보배를 찾으시고, 나아가 폐하의 위대함과 예지에 걸맞는 여러 가지 개별적인 것들을, 이 목적을 위해 끌어내실 수 있게 해드리는 정도는 할 수 있으리라 생각하고 있습니다.

〈주〉

＊1 〈레위기〉 22·18, 〈민수기〉 29·30. 날마다의 희생이란 동물을 죽여서 바치는 통상의 번제를 가리키고, 자유 의사의 공물이란 정기적으로 근로의 열매인 곡식을 성별하여 바치는 소제를 말한다.

＊2 〈잠언〉 25·3.

＊3 《메논》 2·81, 《파이돈》 1·72.

＊4 〈열왕기상〉 4·29.

＊5 타키투스 《연대기》 13·3.

＊6 1603년 7월, 제임즈 1세가 잉글랜드 국왕에 즉위한 것을 가리킨다.

＊7 고대 이집트의 전설적인 인물로 국왕, 신관, 철학자로서 뛰어나 헤르메스 트리스메기스토스(3중으로 가장 위대한 헤르메스)라고 일컬어졌다. 다만 보통 그가 지었다는 마술, 점성술, 종교적인 철학서 등은 2세기 무렵 신플라톤파 철학자들이 쓴 것이다.

1

　1. 이상의 것 가운데 전반으로 들어가면서 말하자면, 주위를 정숙하게 만들고 학문의 존엄에 관한 참된 증언이 더 똑똑히 들리도록 하여, 암암리에 이의를 제기하는 사람이 없도록 하고 싶다. 모든 무지 때문에 지금까지 당한 불신과 불명예로부터 그들을 구해 주는 것은 좋은 일이라고 생각한다. 그러나 무지는 여러 가지로 모습을 바꾼다. 어떤 때는 신학자의 열의나 시기심이 되는 수도 있다. 어떤 때는 정치가의 엄격함과 긍지를 갖는 수도 있다. 또 어떤 때는 학자 자신의 과오나 불완전성의 형태를 취하고 있는 수도 있다.

　2. 전자 즉 신학자의 말이 귀에 들어오는데 그것에 의하면, 지식이라는 것은 크게 한계를 짓고, 또 주의 깊게 받아들여야 하는 것의 하나라고 한다. 지나치게 많은 지식을 바란 것이, 인간을 타락시킨 최초의 유혹이자 원죄였

다는 것이다. 또 지식은 뱀 같은 데가 있어서, 인간 속에 들어가면 인간을 부풀어오르게 한다는 것이다. 즉 '지식은 사람을 교만하게 한다.'*¹ 솔로몬의 의견에 의하면 '여러 책을 짓는 것은 끝이 없고, 공부를 많이 하는 것은 몸을 피곤케 하니라'*²고 한다. 또 다른 곳에서 '지혜가 많으면 번뇌도 많으니, 지식을 더하는 자는 근심을 더하느니라'*³고 말하고 있다. 성 바울도 경고하고 있다. '여러분은 인간의 철학이나 헛된 속임수에 포로가 되지 마시오'*⁴라는 것이다. 경험으로 실증되고 있는 것은 학식 있는 사람은 대 이교도(大異教徒)라는 것이고, 학문의 시대는 무신론으로 기울며, 제2 원인의 관조는 제1 원인인 신에 대한 우리의 의존을 감소시킨다는 것이다.

3. 그래서 이와 같은 의견의 무지와 과오 및 그 근거가 되는 오해를 밝히기 위해서 말할 수 있는 것은, 그런 사람들이 보지도 않고 생각지도 않는 것이 있다는 것이다. 그것은 자연과 일반 원리에 대한 순수한 지식, 즉 그 지식의 빛으로 인간이 낙원에서 다른 창조물들에게 명칭을 준 것은, 그것들이 눈 앞에 나타날 때마다 그 성질에 따라서 한 일인데, 그것이 타락의 원인이 된 것은 아니라는 것이다. 선과 악에 대한 긍지에 찬 지식, 그로써 인간이 스스로 법칙을 주고, 신의 명령에 이제 의지하지 않겠다는 의도가 유혹의 형식이었던 것이다. 또 어떤 지식도, 그 양이 아무리 크더라도 인간의 마음을 부풀어오르게 할 수는 없다. 왜냐하면 신과 신의 관조 이외에는 어떤 것도 인간의 혼을 채울 수 없고, 더욱이 인간의 혼을 부풀어오르게 할 수는 없기 때문이다. 그러므로 솔로몬은 지식 탐구의 두 가지 주된 감관인 눈과 귀에 대해서 단언하기를, "눈은 보아도 족함이 없고, 귀는 들어도 차지 아니하도다"*⁵라고 말하고 있다. 그리고 족함이 없다면 용기(容器)가 내용보다 크다는 말이 된다. 마찬가지로 지식 그 자체와 인간의 마음에 대해서도 말하고 있다. 이에 대해서 솔로몬은, 감관은 보고자에 지나지 않는다고 정의를 내리며 다음과 같이 말하고 있다. 그것은 모든 행위나 목적에 소용되도록 갖가지 시간과 시절을 배당하여 만든 달력 또는 천체 위치 추산력 뒤에 붙인 것으로서, 그 결론은 다음과 같다. "하느님은 변화하는 계절에 따라 모든 것을 아름답게 하셨고, 또 사람의 마음속에 세계를 심어 주셨느니라. 그러나 하느님이 하시는 일의 시종(始終)을 사람이 측량할 수 없게 하셨도다."*⁶ 이 말은 알기 어려운 것이 아니다. 즉 신이 인간의 마음을 반사경 또는 거울처럼 만

들었으며, 그것은 보편적인 세계의 상(像)을 비칠 수 있는데, 그것이 그 인상을 기꺼이 받아들이는 것은 마치 눈이 빛을 받아들이는 것과 같다는 것이다. 그리고 여러 가지 물건이나 변화하는 계절을 보고 기뻐할 뿐 아니라, 규율이나 법칙을 발견하고 분간하려고 하는 것이다. 그것은 이 모든 변화 속에서 일관하여 반드시 관찰될 수 있다. 그리고 그는 자연의 지상 최고의 법칙을 '하느님의 하시는 일의 시종'이라고 부르면서, 그것은 인간에 의해서 발견될 수는 없다고 넌지시 말하고 있다. 그러나 그것이 마음의 능력을 손상시키는 것은 아니며, 그 원인은 여러 가지 장애에서 생긴다고 해도 좋을 것이다. 이를테면 생명의 짧음이나 노력의 서투름, 지식을 잇달아 사람에게 전하는 방법의 서투름, 그 밖에 여러 가지 많은 불편이 있다. 그런 것을 인간의 상태는 겪고 있는 것이다.

세계의 어떤 부분에서도 인간의 탐구와 연구가 부정되지는 않으므로, 그는 또 다른 데서 단정하여 "사람의 영혼을 여호와의 등불이라, 사람의 깊은 속을 살피느니라"[7] 하고 말하고 있다. 만일 이런 것이 인간 마음의 능력 또는 파악력이라면, 지식의 비율이나 능력이 아무리 크더라도 부풀어오른다든가 자기의 한계에서 벗어날 위험은 전혀 없다는 것이 뚜렷해진다. 그뿐 아니라 단지 지식의 질이 문제가 되는 것이며, 자체 내에 무언가 독성이나 해독성 같은 것을 포함하고 있어, 양이 많건 적건 그에 대한 참된 교정물 혹은 해독제와 함께 취하지 않으면, 그로 인해 여러 가지 결과인 가스를 발생시키거나 부풀어오르게 하는 것이다. 이 교정제(矯正劑) 즉 해독제를 섞으면, 지식이 큰 효력을 갖게 되는데 그것은 자비심 혹은 신의 사랑이다. 그것을 앞에서 예로 든 사도(使徒)는 "지식은 사람을 교만하게 하고, 사랑은 덕을 세운다"고 덧붙이고 있다. 그것은 그가 다른데서 하고 있는 말과 비슷하다. 그것에 의하면 "내가 사람이나 천사의 말을 할지라도, 사랑이 없으면 그것은 울리는 징과 요란한 꽹과리가 된다"[8]는 것이다. 사람이나 천사의 말을 하는 것이 뛰어난 일이 아니라는 것은 아니다. 만일 사랑으로부터 분리되어 사람들이나 인류의 이익을 목적으로 삼지 않는다면, 소리만 내는 가치 없는 영광을 갖게 될 것이다. 즉 가치가 있고 실체가 있는 덕성은 갖지 못한다는 것이다.

솔로몬의 의견에, 책을 쓰거나 읽거나 하는 일이 지나친 것과 지식에서 반동해 오는 정신의 불안에 관한 것이 있었고, 또 성 바울의 경고에 '내용 없는 철학에 현혹되어서는 안 된다'는 것이 있었는데, 이런 대목은 올바르게 이해해야 한다. 사실 그것은 인간의 지식의 한계와 범위를 나타내는 참된 경계와 한계를 매우 잘 표현하고 있는 것이다. 그러면서도 사물의 모든 보편적 성질을 포함하지 않을지도 모르는 축소나 협소함이 없는 것이다.

다시 말해서 이와 같은 한계에는 세 가지가 있다. 첫째, 우리가 죽는다는 운명을 잊을 만큼 지식에 만족을 느끼지 않도록 하는 것이다. 둘째, 우리의 지식을 사용하여 우리에게 휴식과 만족을 주는 것이며, 혐오와 욕망을 주지 않도록 하는 것이다. 셋째, 자연을 관조함으로써 신의 신비에 도달하려고 감히 바라지 않는 것이다. 즉 이상 세 가지 중에서, 첫째 것에 관해 솔로몬이 같은 책의 다른 대목에서 매우 슬기롭게 한 말이 있다. 거기서 말하고 있는 것은 "내가 보건대 지혜가 어리석음보다 뛰어남은, 빛이 어둠보다 뛰어남 같도다. 지혜로운 자는 눈이 밝고 어리석은 자는 어둠 속을 다니거니와, 이들의 당하는 일이 똑같은 것을 내가 깨닫고 심중에 이르기를…… 오호라, 지혜로운 자의 죽음이 어리석은 자의 죽음과 마찬가지로다."*9

그리고 둘째 것에 대해서는, 확실히 마음의 번뇌나 근심 중에 지식에서 생기는 것은 없다. 다만 완전히 우연에서 생기는 것은 별도이다. 왜냐하면 모든 지식과 경이(이것이 지식의 씨이지만)는, 절대적으로 기쁨의 각인(刻印)이기 때문이다. 그러나 사람이 자기들의 지식에서 결론을 만들어 내고, 그것을 개개의 경우에 적용하여 자기들에게 겁 먹은 공포라든가 큰 욕망을 주기 시작하게 되면, 문제가 되고 있는 마음의 근심이나 번뇌 같은 것이 생기는 것이다. 그렇게 되면 지식은 이미 '마른 빛'이 아니다. 이에 대해서 학식이 깊은 헤라클리투스는, '마른 빛은 가장 좋은 정신'*10이라고 말하고 있다. 그런데 그것이 '젖은' 혹은 '물투성이 빛'이 된다. 여러 가지 감정의 기분에 잠겨서 물드는 것이다. 셋째 점에 대해서는, 조금 주의하여 생각해 보고 가볍게 지나가 버리지 않을 만한 가치가 있는 것이다. 왜냐하면 그와 같은 감각에 저촉할 수 있는 물질적인 사물을 바라보거나 탐구함으로써 그 빛에 도달하고, 그것으로 신의 성질이나 의지를 자기 스스로에게 분명히 하려고 생각한다면, 그 인간은 실제로 주제넘은 철학에 손상되어 있기 때문이다. 다시 말해서 신이 만든 것이나 신이 한 일을 보는 것은 지식을(그 일이나 만든 것

자체에 관해서) 낳지만, 신에 관해서는 완전한 지식이 아니라 경이라는 불완전한 지식인 것이다. 그런 까닭으로 플라톤 학파의 한 사람이[11] 매우 적절하게 설명하고 있는데, "인간의 감각은 태양과 비슷하다. 그것은 (우리가 보듯이) 지구 전체를 열어서 드러내 보인다. 그러나 또 별이나 천체를 어둡게 하여 감추어 버린다. 마찬가지로 감각이 자연의 사물은 나타내지만 신의 것은 어둡게 하여 닫아버린다." 그리하여 당연한 일로서 여러 가지 훌륭한 학식이 있는 사람은 이교적(異敎的)이 되어, 신의 신비에까지 뛰어오르려고, 초로 붙인 감각의 날개에[12] 의지하려고 하는 일이 생기는 것이다.

그리고 지식이 너무 많으면 인간은 무신론에 기울어지게 된다. 또 제2 원인인 신에 의존하려는 경건한 기분을 더 낮게 한다. 이에 대해서 첫째 욥이 친구에게 한 질문을 해보는 것은 좋은 일이다. "사람이 그러하듯이 신에게 거짓말을 하여 만족시킬 생각인가?" 확실히 신은 자연 속에서 무언가를 할 때는 제2 원인만을 사용한다. 그것을 그렇지 않은 듯이 믿게 한다면, 그것은 완전한 기만이며, 신을 지지하게 될 뿐이다. 그리고 진리의 창조자에게 거짓말이라는 부정(不淨)한 희생을 바치려고 하는 것 이외에 아무것도 아닌 게 된다. 그러나 다시 진리로서 확실한 것이고 또 경험의 결과이지만 철학에 대한 약간의, 혹은 표면만의 지식은 사람의 마음을 무신론 쪽으로 향하게 할지는 모른다. 그러나 그 속에서 더 진보하면 마음은 종교로 되돌아오게 된다. 왜냐하면 철학의 입문기에서는, 제2 원인이 감각적이며, 인간의 마음에 나타나기 때문이다. 그러기에 그곳에 계속 머물러 있으면 최고의 원인을 약간 잊어버리는 수가 있을지도 모른다. 그러나 사람이 다시 더 앞으로 나아가서 여러 가지 원인이 되는 의존 관계나 하늘의 섭리(攝理)로 여겨지는 여러 가지 일을 보면, 시인들의 비유를 빌어서, 자연의 사슬 중 가장 높은 고리가 유피테르의 의자 다리에 매여 있지 않을 수 없는 것이다. [13]

그러므로 결론적으로서 말하면, 조심성에 대한 약한 생각 또는 잘못 적용된 적도(適度)의 생각이나 주장을 해서는 안된다고 생각하는 것은, 성서나 신의 여러 가지 일(자연)에 대한 책, 즉 자연이나 신학이나 철학(혹은 과학)에 대한 탐구의 도가 지나치거나 연구가 지나치는 일이 있을 수 있다는 말이다. 오히려 사람들은 그 양자의 무한한 진보와 발달을 위해서 노력해야 한다. 사람은 양자를 사용하여 자비심이나 사랑으로 향해야 하며 오만해지지 않도록 해야 한다. 이용하는 것이지 과시하는 것이 아니기 때문이다. 또 이들 여러 가지 학문을 섞거나 하나로 만들거나 하는 것은 현명하지 않으므로, 해서는 안 된다는 데에 주의해야 한다.

〈주〉

*1 〈고린도전서〉 8·1.

*2 〈전도서〉 12·12.

*3 〈전도서〉 1·18.

*4 〈골로새서〉 2·8.

*5 〈전도서〉 1·8.

*6 〈전도서〉 3·11.

*7 〈잠언〉 20·27.

*8 〈고린도전서〉 13·1.

*9 〈전도서〉 2·13·14.

*10 《에세이》 〈27 우정〉 주19 참조.

*11 유대교의 철학자로 알렉산드리아의 피론(기원전 30~후 45년 무렵)을 가리킨다. 그 리스도교와 헬레니즘 사상의 화합에 노력했으며, 인간은 직관·도취 상태에 의해서 신 을 인식하고, 거기에 도달함으로써 지복의 경지에 들어간다고 주장했다.

*12 그리스 신화에서, 태양에 도달하려고 아버지가 만든 날개를 달고 하늘에 올라갔으나, 초로 붙인 날개가 녹아서 떨어져 죽었다는 이카로스를 말한다.

*13 호메로스 《일리아드》 8·19 플라톤 《테아이테토스》 153.

2

1. 학문이 정치가한테서 받는 여러 가지 불신감은 다음과 같은 성질의 것 이다. 학문은 인간의 마음을 연약하게 하고, 무기의 명예로운 사용에 대해서 비교적 합당하지 않게 만든다는 것이다. 또 인간의 성질이 정치나 정책의 문 제에 적합하지 않게 손상되고 왜곡되어, 여러 가지 독설로써 너무 신중해지 거나 결단성이 없어지거나 한다는 것이다. 혹은 엄격한 규칙이나 공리(公 理) 등에 의해서 너무 완고해지거나 단호해지는 수가 있다. 또는 여러 가지

위대한 예를 보고 조심성을 잃거나, 자기 자랑이 지나칠 수가 있다. 혹은 여러 가지 모범의 비유사성 때문에 시대와 맞지 않게 되거나, 너무 다르거나 하는 수가 있다. 또는 학문은 사람들의 노력을 활동이나 일에서 빗나가게 하고, 한가한 사적인 생활을 좋아하게 만드는 수가 있다. 또 그것은 국가 훈련의 이완(弛緩)을 가져오고, 순하게 복종하는 것보다 토론을 하고 싶게 만드는 수가 있다고 한다.

이와 같은 생각에 감찰관이라고 호칭되고 사실상 가장 현명한 사람의 하나였던 카토*¹가 한 행위가 있다. 철학자 카르네아데스가 로마에 사절로서 찾아왔을 때, 그 웅변과 학문의 아름다움과 위엄에 마음이 끌린 로마의 젊은 이들이 그 주위에 몰려들었다. 그러자 카토는 개회 중인 상원(上院)에서 당장 그를 퇴거시키라고 명령했다. 그가 젊은이들의 마음과 애정에 스며들어 국가의 도덕과 습관에 조금씩 변화를 일으키는 걸 막기 위해서였다. 마찬가지 생각에서 베르길리우스는, 자기 나라에 이익이 되지만 자기 자신의 직업에 불리해지는 일에 붓을 돌려 정책과 정치, 예술과 학문 사이를 구별하였다. 그리고 그 유명한 시 속에서 전자를 로마 인이 가진 것이라고 말하고, 후자는 그리스 인에게 양보하고 있다. "로마 인이여, 신하의 여러 국민을 통치하는 데 주의하라. 그것이 그대들의 기술이 된다"*²고 그는 말했다. 마찬가지로 소크라테스의 고발자인 아니토스가 그에 대한 비난 공격의 조항으로 꼽은 것은, 여러 가지 힘찬 담화나 논의로 젊은 사람들의 기분을 끌어당겨, 그 나라의 법률과 풍속에 대한 존경에서 빗나가게 했다는 것이었으며, 또 위험하고 해로운 학문을 퍼뜨렸다는 것이었다. 그것은 비교적 나쁜 내용의 것을 좋은 것으로 보이게 하고, 웅변과 말의 힘으로 진리를 억압했다는 것이다.

2. 그러나 이상과 같은 비난은 겉보기에는 무게가 있는 듯하지만, 근거가 올바르냐 하는 점에서는 좀 의심스럽다. 왜냐하면 경험이 증명하는 바에 의하면, 사람의 경우나 시대의 경우나 학문과 군사에 있어, 일종의 부합과 일치에 있어서 같은 시대의 같은 사람들은 번성하고 또 뛰어나기 때문이다. 즉 사람에 대해서 말하면, 알렉산드로스 대왕과 독재자 율리우스 카이사르, 이 두 사람의 경우보다 더 좋은 예도 없고 같은 예도 있을 수 없다. 그 가운데 전자는 아리스토텔레스의 철학의 제자이고 후자는 키케로의 웅변술의 경쟁자였다. 만

일 훌륭한 학자였던 장군보다 훌륭한 장군이었던 학자를 찾는 사람이 있다면, 테바이 인 에파미논다스나 아테네 인 크세노폰을 생각하면 된다. 전자는 스파르타의 힘을 쇠망으로 기울게 한 최초의 사람이고, 후자는 페르샤 왕조 붕괴의 길을 연 최초의 사람이었다. 그리고 이 일치는 사람의 경우보다 시대의 경우에 더 눈에 띈다. 시대가 사람보다 더 큰 대상이기 때문이다. 즉 이집트, 아시리아, 페르샤, 그리스, 로마에서 군사적으로 매우 유명하던 바로 그 시대가, 역시 학문에서도 찬미되고 있다. 위대한 저술가와 철학자, 위대한 장군과 정치가가 같은 시대에 생존해 있었던 것이다. 그렇게 될 수밖에 없는 것이다. 인간의 경우 육체와 마음의 성숙은 대체로 같은 나이쯤에 오는데, 다만 육체의 힘이 약간 빨리 오게 된다. 마찬가지로 국가의 경우에도 군사는 인간의 육체, 학문은 인간의 마음에 해당되며 시대와의 일치 내지는 근접성이 있는 것이다.

3. 정치와 통치의 문제에 대해, 학문이 해를 주고 거기에 부적당하게 만든다는 것은 도무지 있을 수 없는 일이다. 우리는 자연의 산 육체를 경험만 있는 돌팔이 의사에게 맡기는 것은 잘못이라고 생각한다. 그런 사람들은 보통 자기가 좋아하는 처방(處方)을 몇 가지 가지고 있으며, 그것에 대해서는 자신도 있고 대담하기도 하지만, 병의 원인이나 환자의 체질 또는 위험한 징후나 참된 치료법 같은 것은 전혀 모르기 때문이다. 변호사나 법률가에 의지하는 데 있어서도 마찬가지 과오를 볼 수 있다. 그들은 단순한 실제가이며 책에 기초를 두고 있지 않아, 당면한 문제가 경험의 범위 밖으로 나가면 금방 당황하는 수가 많고, 그가 취급하는 소송 사건은 불리해지고 만다. 같은 이유로 해서 결과가 위험해지지 않을 수 없는 것은, 국무(國務)를 처리하는 일에 학문에 바탕을 둔 사람들을 잘 섞어 두지 않고 실제의 경험만 있는 정치가로 구성된 경우이다. 한편 이에 반하여 어떤 정치에서든 학문있는 정치가가 손을 대어 불행했던 예는 거의 없었다. 그 이유를 살펴 보면 다음과 같다. 보통 정치가들은 학문있는 사람들을 업신여기어 현학자라는 이름으로 그들을 비난한다. 그런데 여태까지의 여러 기록 속에 많은 실례로서 나타나 있는 바로는, 미성년 군주들의 정치가 성숙한 연령의 군주들의 정치보다 뛰어나다. 그것은 그 사람들이 비방하려고 하는 바로 그 이유 때문인 것이다. 즉, 그런 사정으로 국가가 바로 현학자들에 의해서 다스려졌기 때문인 것이

다. 로마에서 네로의 미성년 시기인 최초의 5년간도 그랬었다. 그 시기중에는 매우 칭찬을 듣고 있는데, 세네카라는 학자의 손에 있었을 때이다. 마찬가지로 10년간 혹은 그 이상의 기간 동안, 소(小)고르디아누스*3가 미성년일 때는 학자 미시테우스의 손에 있었으며, 매우 칭찬을 듣고 만족을 주었다. 그리고 또 그 이전에 알렉산데르 세베루스의 미성년 시대에도 마찬가지로 행복한 상태에 있었는데, 대체로 그와 크게 다를 것 없는 사람들의 손에 있었다. 즉 이것은 여성들이 지배하고 있었다는 점을 지적한 것이지만, 그러나 그들은 교사나 스승이나 지도자들의 도움을 받고 있었다.

사실 로마 교황들의 통치를 추의해 보면 알 수 있다. 이를테면 현대의 비오 5세나 섹스투스*4 5세의 정치를 보자. 이 사람들은 처음에는 다 현학적인 수도승에 지나지 않는다고 생각되었다. 그런데 이런 교황들이 비교적 큰 일을 하고 국가에 대해서 한층 진실된 원리에 서서 나아간 것을 볼 수 있다. 그것은 국가의 사무나 군주의 궁내에서 교육과 훈육을 받고 교황의 위치에 오른 사람들이다. 즉 학문으로 자란 사람들은, 당면 문제나 현재에 대처하는 기술에 있어서 아마 좀 결여되어 있지 않나 하는 생각이 든다. 그것은 이탈리아 인의 이른바 '정치적 고려'라는 것으로서, 이에 대해서는 비오 5세도 그 말을 듣고 참을 수가 없었다. 그래서 종교와 도덕적 덕성에 반대하는 궁리라고 말했다. 그러나 한편에서는 그 보충으로서 종교, 정의, 명예, 도덕적 덕성 등 역시 평명(平明)을 바탕으로 한 문제에 대해서는 완전한 사람들이었다. 그런 것이 충분히 그리고 주의 깊게 추구된다면, 한쪽의 필요가 생기는 일은 거의 없을 것이라고 생각된다. 이는 건강하고 식사에 조심하는 신체에 약이 필요없는 것과 마찬가지이다.

또 어떤 한 사람의 일생이 어떤 한 사람의 일생에 여러 가지 사전의 모범이나 전례를 제공하는 것은 아니다. 왜냐하면 손자나 다른 자손이 아버지보다 조상을 더 닮을 수도 있기 때문이다. 마찬가지로 현재의 여러 가지 사건이 고대의 예와 더 일치하고, 후대(後代) 혹은 현재의 시대 이상일 수도 있다. 마지막으로 한 인간의 학식이 학문에 대항할 수 없는 것은, 한 인간의 재산이 공통의 지갑, 즉 국가의 재산에 필적할 수 없는 것과 마찬가지이다.

4. 그리고 정치나 통치로 향하는 마음을 유혹하고 혐오를 불러일으키는 여러 가지 개개의 문제는, 학문이 은근히 생기게 된다는 말에 관한 것이다. 그

런 일이 있다는 것이 인정된다 하더라도, 그와 더불어 기억해 두지 않으면 안 될 것은, 학문은 그 하나하나의 경우에 한층 큰 힘의 약이나 치료법을 주는 것이며, 병이나 쇠약의 원인이 되지는 않는다는 것이다. 왜냐하면 사람이 비밀의 작용으로 고민하거나 결단성이 없게 되거나 하는 수가 있더라도, 한편에서는 솔직한 가르침에 의해서, 언제 그리고 어떤 근거 아래 결단을 내려야 하는가를 가르쳐 주기 때문이다. 사실 또 결단을 내릴 때까지 실제로 해가 생기지 않도록 하고, 사물을 미결정 상태로 두는 방법까지도 가르쳐 준다. 사람을 완고한 규칙에 고집을 세우도록 만든다면, 어떤 사물이 증명할 수 있는 본질의 것인가, 또 무엇이 상상에 입각한 것인가, 그리고 구별과 예외의 효용이나 원리와 규칙의 범위도 가르쳐 준다. 불균형 혹은 비유사(非類似)의 예로서 사람을 그르치게 할 때는, 환경의 힘, 비교의 잘못, 적용의 모든 주의를 가르쳐 준다. 그러기에 이 모든 경우에 있어서 왜곡하는 것보다도 더 효과적으로 올바르게 만드는 편이 더 많은 것이다. 그리고 이러한 약을 인간의 마음 속에 도입하는 데 있어서는 싱싱하고 침투력 있는 예를 들기 때문에 한층 더 강력하다. 이를테면 클레멘스 7세의*5 과오를 보라. 그것은 그를 섬긴 귀챠르디니에 의해서 매우 생생하게 그려져 있다. 혹은 또 키케로의 과오가 있다. 그것은 자기 자신의 붓으로 아티쿠스에게 보낸 편지에 묘사되어 있다.*6 그런 것을 보면, 사람들은 즉각 불결단상태(不決斷狀態)에서 떠나 버릴 것이다. 포키온*7이 저지른 과오를 주의해 보면, 완고하고 유연성 없는 일이 없도록 조심하게 될 것이다. 익시온의 우화(寓話)*8만 읽어도 자기 자랑을 하거나 공상에 빠지는 일이 없어질 것이다. 소(小) 카토의 과오*9를 주의해 보면, 지구상의 반대 지점의 주민이 되어 현세계와 반대로 나아가는 일은 없어질 것이다.

5. 학문이 사람을 한가함과 사적 생활로 기울게 하고 사람을 게으름쟁이로 만든다는 생각이 있다. 그러나 마음을 끊임없이 움직이고 분발시키도록 길들이는 일이 게으름쟁이 버릇을 낳는다는 것은 묘한 이야기이다. 반대로 틀림없다고 단언해도 좋은 것은, 일 그 자체를 사랑하는 사람은 학문있는 사람 이외에 없다는 것이다. 즉 다른 사람들이 일을 사랑하는 것은 이익을 위한 것으로서, 고용인이 임금을 벌기 위해서 일을 사랑하는 것과 같은 것이다. 혹은 명예를 위해서 하는 수도 있다. 사람의 눈에 띄고 새로운 명성을 만들

어 주기 때문이다. 그렇지 않으면 그것은 퇴색한 것이 된다. 이러한 것들 때문에 자기의 운이 생각나서, 기뻐하거나 슬퍼하는 기회를 주게 되기 때문이다. 혹은 자기가 자랑하는 그 어떤 능력을 작용시켜 그로 말미암아 자기 자신을 기쁘게 만들고, 자기에게 만족을 느끼게 하기 때문이다. 혹은 또 무엇이건 그 밖에 여러 가지 목적을 추진하게 되기 때문이다. 이와 관련하여 진실이 아닌 용기에 대한 말이 있는데, 어떤 사람들의 용기는 보는 사람의 눈을 의식하고 있다고 한다. 마찬가지로 그런 사람들의 근면은 남의 눈을 생각해서 하는 것이거나, 자기의 여러 가지 계획을 의식해서 하는 것이다. 오직 학문이 있는 사람만이 인간성에 합치하는 행위로서 일을 사랑한다. 마음의 건강에 쾌적한 것은, 운동이 육체의 건강에 쾌적한 것과 같다고 생각하고 행위 그 자체에 기쁨을 느끼는 것이지 이해 관계가 아니다. 그러므로 모든 사람들 가운데 이런 사람들이 가장 마음을 잘 움켜잡는다고 할 수 있다. 끌어당겨 놓을 수 있는 일을 앞에 놓고 있으면 피로를 모르는 것이다.

6. 만일 독서나 연구에는 열심이지만 일이나 행위에는 태만한 사람이 있다면, 그 원인은 육체의 어떤 결함이나 마음의 연약함 때문이다. 이를테면 세네카가 말했듯이 "너무 응달에 있기 때문에, 양달의 것은 무엇이나 얼떨떨해하는 자가 있다."*10 그것은 학문의 문제가 아닌 것이다. 누군가 이와 같은 성질로 인하여 학문을 할지는 모르지만, 학문이 그 사람의 성질 속에 그런 것을 낳지는 않는다.

7. 그리고 학문이 시간이나 여가를 너무 탈취한다는 것에 대한 나의 대답은, 과거와 현재에 가장 활동적이거나 다망한 사람이라도 한가한 때가 많다는 것이다. 누구든 일의 시기가 돌아오기를 기다리는 때가 있다(다만 느려서 빨리 일을 할 수 없는 사람이거나, 남이 하는 편이 더 좋은데도 경솔하게 분수없이 손을 대는 경우에는 반드시 그렇지도 않다). 그런 경우에는 그 한가한 때나 시간을 어떻게 채우고 쓰느냐 하는 것만 문제가 된다. 쾌락으로 하느냐 공부로 하느냐 하는 것이다. 이를테면 데모스테네스가 경쟁 상대인 아에스키네스에게 대답한 재미있는 말이 있다. 그는 쾌락을 즐기는 사람이었는데, "자네 연설은 등잔불 냄새가 나는군" 하고 말하자, 데모스테네스는 대답하여 "정말이지 자네와 내가 등잔불 옆에서 하는 일에는 대차(大差)가 있단 말이야" 하고 말했다는 것이다. *11 그러므로 학문이 일을 배제한다고

두려워할 필요는 없다. 오히려 그것은 마음을 확보하여 태만과 쾌락이 접근하지 않도록 지켜 줄 것이다. 그렇지 않으면 자칫 그런 것이 들어와서, 학문과 일 양쪽을 다 손상시키게 될 것이다.

8. 학문은 법률과 정치에 대한 존중심을 해친다는 또 하나의 생각이 있다. 그것은 확실히 완전한 중상 모략이며, 한 조각의 진실성도 없다. 왜냐하면 맹목적인 복종의 습관은 더 확실한 구속력을 갖고 있어서, 의무를 가르치거나 이해시키는 것보다 낫다고 말하는 것은, 장님이 안내자에 의지하여 걷는 편이 눈뜬 자가 빛에 의지하여 걷는 것보다 확실하다고 단언하는 것과 같기 때문이다. 그리고 전혀 이론의 여지가 없는 일이지만, 학문은 사람의 마음을 온순하고, 관대하고, 다루기 쉽게, 그리고 정치에 대해서 유연성이 있는 것으로 만든다. 반대로 무지는 조잡하고, 사악하고, 반항적으로 만든다. 그리고 시간 즉 역사의 증거는 이런 단정을 입증하고 있다. 가장 야만스럽고 무무(瞀瞀)하고 학문이 없는 시대는 동란과 폭동으로 인한 변화를 가장 받기 쉬웠다는 것을 생각할 수 있기 때문이다.

9. 그리고 고대 로마의 감찰관 카토의 판단에 대해서는, 학문을 욕한 것만으로도 충분히 벌을 받았다. 그가 지은 죄가 그대로 그에게 되돌아온 것이다. 왜냐하면 60세를 넘기고 나서 다시 학교에 가고 싶다는 강한 욕망을 갖게 되었기 때문이다. 그리스 작가들의 작품을 읽기 위해 그리스어를 배워야 했던 것이다. 이것으로 분명해지는 것은, 전에 그리스 학문을 비난한 것은 오히려 자기의 무게를 보이고 싶었기 때문이며, 그 참된 기분을 마음속으로 느낀 것이 아니었다는 것이다. 그리고 베르길리우스의 시에 있어서는, 세계에 도전하여 제국(帝國)의 기술은 로마 인이 갖게 하고, 신화의 기술은 다른 사람들에게 맡길 생각을 했던 것이다. 그러나 분명한 것은, 로마 인의 제국이 그런 높이에 도달한 것은 다른 여러 가지 기술이 높은 상태에 도달했을 때였다. 왜냐하면 최초의 두 카이사르 시대는 통치의 기술이 가장 완전한 상태가 되어 있었을 때이며, 그 시대의 인물 중에는 가장 훌륭한 시인 베르길리우스 마로, 가장 훌륭한 역사가인 티투스 리비우스, 가장 훌륭한 고고학자인 마르쿠스 바로,*¹² 제1 혹은 제2의 웅변가 마르쿠스 키케로 등 인류의 기억에 남는 사람들이 있기 때문이다. 소크라테스의 고소에 대해서는, 그 기소된 시기를 상기하지 않으면 안 된다. 그것은 30인의 전제 위원회(專制委員

會)*¹³ 아래 있던, 가장 비열하고 포악하고 악의에 찬 사람들이 통치한 시대였다. 그 사람들의 국가 혁명이 끝나자마자, 소크라테스는 그때까지 범죄인으로 취급받고 있다가 당장 영웅적인 인간이 되었다. 그리고 그가 죽은 뒤의 명성은 신과 인간 양쪽의 여러 가지 명예가 가득 주어졌다. 그 당시에는 그의 담화가 도덕을 퇴폐시킨다는 비난을 받았지만, 나중에는 마음과 도덕에 특별히 효력있는 약으로 인정받게 되었으며, 그 뒤 오늘에 이르기까지도 줄곧 그렇게 생각되는 것이다.

이것으로 정치가에 대한 대답을 대신하면 된다. 그 사람들은 변덕에 불과한 엄격함과 임시의 꾸밈에 불과한 묵직함으로, 학문에 감히 비난을 퍼부으려 하는 것이다. 그러나 이런 반박은(우리의 노력이 유용할 다른 시대가 있을지 없을지는 모르겠지만) 현대에는 필요없는 일일 것이다. 학문에 대한 애정과 존경을 볼 수 있기 때문이다. 이에 대해서는 엘리자베드 여왕과 폐하, 매우 학문이 깊은 이 두 군주가 몸소 그 본보기를 보여 주셨다. 두 분은 빛나는 쌍둥이좌(座)의 카스토르와 폴룩스처럼, 뛰어난 빛과 가장 훌륭한 영향력을 가진 별로서 우리 나라의 지위와 권력을 가진 모든 사람들 속에 영향을 주고 계시는 것이다.

〈주〉

*1 대카토(기원전 234~149년)를 가리킨다. 키르네아데스(기원전 213~129년 무렵)는 키레네 태생의 회의주의 철학자이자 수사학자. 플루타르코스《대비열전》〈카토 편〉22.

*2 베르길리우스《아에네이스》6852.

*3 로마 황제, 재위 238~244년. 13세에 즉위. 그 어머니에 이어 미시테우스가 대신 국정을 맡아 보았다.

*4 비오 5세(재위 1566~72년)는 레판토의 싸움에서 터키를 무찌르고, 신성 로마 제국을 지켰다. 또 섹스투스 5세(재위 1585~90년)는 재위 중 로마 교황청을 개편하고 바티칸 도서관을 설립했다.

*5 로마 교황, 재위 1523~34년. 베이컨은 여기서 헨리 8세의 이혼을 클레멘스 7세가 인정하지 않았던 것 등을 생각하고 있는지 모르지만, 귀챠르디니의《이탈리아史》에 의하면, 그는 성격적으로 결단성이 없는 사람이었던 것 같다.

*6 키케로《아티쿠스 서한》16·7 키케로는 정치가로서의 통찰력과 결단력이 모자랐다고 한다.

*7 기원전 402~318 아테네의 장군이자 정치가이며 철학자로서도 알려졌다. 카이로네이아의 싸움 뒤, 아테네와 마케도니아의 조정에 노력했으나, 민주파가 재흥한 뒤 반역죄로 처형당했다.

*8 익시온은 테살리아의 라피타이 왕. 제우스의 아내 헤라와 교접하려고 하다가 구름과 교접했으며, 그 벌로써 영원히 회전하는 타르타로스의 불수레바퀴에 묶여 버렸다.

*9 마르쿠스 포르키우스 카토(기원전 95~46년)는 폼페이우스 편을 들어 카이사르와 싸우다가 나중에 자살했다. 베이컨은 그가 시국을 보는 눈이 없었다고 보고 있다.

*10 세네카 《서한》 1·3.

*11 플루타르코스 《대비열전》 〈데모스테네스 편〉 8·2 단 데모스테네스의 상대는 아에스키네스가 아니라 피아테스로 되어 있다.

*12 기원전 116~27 로마의 학자로, 율리우스 카이사르가 도서관장에 임명하기로 되어 있었다. 74종 이상이나 되는 그의 저작은 철학, 종교, 고고학 등 모든 분야에 걸쳐 있었다.

*13 펠로포네수스 전쟁 중 에고스포키타스의 싸움 뒤, 아테네의 통치는 스파르타의 영향 아래 30인의 참주들에 의해서 실시되었다. 실제로 소크라테스가 고발된 것은 이 참주제가 붕괴한 뒤이다.

3

1. 그러므로 다음에는, 제3의 불신 또는 신용의 감소라는 문제를 생각해 보기로 하자. 그것은 학문있는 사람들 자신으로부터 생겨서 학문에 따라다니게 되었으며, 가장 신변 가까이 붙어 다니는 것이다. 그 원인으로서는 그들에게 재산이 없다든가, 그 태도라든가, 그 연구의 성질 등이 있다. 첫째의 것은 그들의 힘이 미치지 못하는 것이다. 둘째 것은 우연한 것이다. 셋째 것만 취급해 볼 만한 것이다. 그러나 여기서는 참된 수단이 아니라 일반 민중의 평가와 생각을 다루고 있는 것이므로, 앞의 두 가지 것도 얼마쯤 이야기해 볼 필요가 있다. 그러므로 학문있는 사람의 재산 혹은 신분으로부터 학문에 관계되어 나오는 비난은 재산의 부족함에서 오는 것과, 생활의 사적인 성질과 일의 천함 같은 것에 원인이 있다.

2. 결핍에 대해서 생각해 보자. 학문하는 사람의 경우 보통 결핍 상태에서

시작하며 다른 사람들만큼 빨리 부자가 되지 못한다. 왜냐하면 그들의 주된 노력을 이익의 증대에 돌리지 않는다는 데 있다. 그러나 가난을 장려하는 어리석은 주장은 수도승에게나 주어 버리는 편이 나을 것이다. 그런 사람들의 관점에 관해서 마키아벨리는, "승려의 왕국은 이미 오래 전에 망해 버렸을 것이다. 다만 수도승들의 빈궁에 대한 사람들의 신망과 존경심이, 사교(司敎)나 수도원장들이 과도히 부유하다는 악평을 메꾸어 유지하고 있었던 것이다"라고 말하고 있다. 마찬가지로 군주나 높은 사람들의 행복과 사치는, 이미 오래 전에 무무하고 야만스러운 것이 되었을 것이라고 말할 수 있다. 오직 가난한 학문으로 인생의 세련과 명예를 유지하고 있었다. 그러나 이러한 이익은 별도로 치더라도 주의할 만한 것은, 로마 국가에서는 가난한 신분이 몇 시대나 존경을 받고 명예로운 것이었으며, 더욱이 그 국가에서는 상식적인 것이었고 역설 같은 것이 없었다는 것이다. 그것은 티투스 리비우스가 그 서문에서 한 말에서 볼 수 있다. "내가 기도했던 일에 대한 애정 때문에 과오에 빠져 있지 않다면, 이토록 크고 종교적이고 훌륭한 모범이 되는 국가는 없었다. 또 이토록 사치와 탐욕이 들어오지 않는 곳도 없었고, 가난과 검약이 이토록 크게 또 오래 존중된 곳도 없었다." 또한 로마 국가가 타락한 뒤, 율리우스 카이사르가 승리를 얻고 나서, 그의 고문이 되어 국가의 회복을 어디서부터 시작하느냐 하는 문제에 손을 댄 인물이 있었는데, 그는 무엇보다도 부(富)의 중시를 제거하는 것이 가장 적절하다고 보았다. '모든 악폐가 사라지는 것은, 금전에 대한 존경이 사라지고, 장관이나 그 밖에 여느 사람들이 바라는 것이 돈으로 얻을 수 없게 될 때이다.'[1] 이 점의 결론으로서 생각되는 것은, "빨갛게 되는 것은 덕성의 빛깔이다"[2]라는 말이 진실이라는 것이다. 다만 그것은 악덕에서 생기는 수도 있다. 그러므로 적절한 표현은, "가난은 덕성의 운이다"라는 것이다. 다만 그것은 불근신(不謹愼)이나 우연에서 생길 수가 있는지 모른다. 확실히 솔로몬이 한 말에 한편에서는 비판적으로, "악한 눈이 있는 자는 재물을 얻기에만 급하고, 빈궁이 자기에게로 임할 줄은 알지 못하느니라"[3]는 것이 있고, 한편에서는 교훈적으로 "진리를 사고서 팔지 말며, 지혜와 훈계와 명철도 그리할지니라"[4]는 것이 있다. 이것의 해설은, 재산은 학문을 위해서 소비해야 할 것이나 학문은 재산을 위해서 이용될 것이 아니라는 것이다.

그리고 사색하는 사람의 사적인 눈에 띄지 않는(통속적인 평가로 생각되고 있는 것이지만) 생활에 대해서 생각해 보자. 사적인 생활로 관능성이나 나태에 빠지지 않음을 칭찬하는 것은, 매우 당연한 문제가 되고 있다. 이것과 비교되고 비난의 대상이 되는 것은, 공적인 생활이다. 안전성, 자유, 즐거움, 위엄 혹은 적어도 수치로부터의 해방 같은 것으로, 사적 생활을 다루는 사람은 모두 잘 다루고 있다. 그 표현은 사람의 사상과 합치하는 일이 많고, 그것을 인정하는 데 있어서는 사람의 동의를 얻기 쉽다. 다만 덧붙일 것은, 학문있는 사람들이 국가 안에 있으면서 잊혀지고 사람들의 눈에 살아 있지 않는 것은, 유니아의 장례식 때의 카시우스와 브루투스의 상(像) 같다는 것이다. *5 이 두 사람의 상은 다른 많은 사람들의 경우와는 달리 사람들의 눈에 띄게 제시되지 않았는데, 타키투스는 "다른 모든 사람 이상으로 눈에 띄었다. 왜냐하면 보이지 않았기 때문이다"라고 말하고 있다.

3. 일의 천함에 대해서 말하면, 가장 경멸하는 것은 젊은이를 돌본다는 것이다. 그 나이는 권위가 가장 없는 때이므로, 젊은이가 관계하거나 또 젊은이에 관계있는 일을 헐뜯게 된다. 그러나 이 경멸이 얼마나 부당한 것인가(대중적인 여론에서 절도 있는 이성으로 사정을 옮겨 생각해 본다면) 하는 것이 분명해지리라고 생각되는 것은, 사람은 오래된 용기보다 새로운 용기에 담는 것에 더 주의한다는 것을 보면 알 수 있다. 또 튼튼해진 식물보다 어린 식물에 대해 어떤 형태로 기를 것인가 궁리한다. 그러므로 모든 것이 가장 약한 기간이나 시기에 뒷바라지와 도움을 가장 많이 받는 것이 보통이다. 그리고 헤브류 율법 학자들의 말을 들어 보라. "너희 늙은이는 꿈을 꾸며, 너희 젊은이는 이상을 본다"*6고 한다. 이 말은 청년 시대가 더 가치있는 시대이며, 이상은 꿈보다 신의 현현(顯現)에 더 가깝다는 말일까? 주의해야 할 것은, 현학적인 교육자의 생활 상태가 무대 위에서는 경멸받고 전제주의의 흉내라는 말을 듣는 것이다. 또 근대의 방종과 태만으로 교사와 지도자의 선택에 충분한 주의를 기울이지 않게 되었다는 것이다. 그러나 가장 훌륭한 시대의 고인의 예지는 언제나 올바른 불만을 말하고 있는데, 국가는 법률에 바빠 교육을 태만히 한다고 지적하고 있다. 그런 고인의 뛰어난 훈련을, 어느 정도 최근에 부활시킨 것은 제주이트회의 종단(宗團)이다. 이 단체에 대해서 나는 그 미신적인 면 때문에 '좋으면 좋을수록 나쁘다'*7고 말하고 싶다. 그러나 앞에서 말한 점과 인간의 학문 및 정신적인 문제에 관한 다

른 점에 대해서 내가 말하고 싶은 것은, 아게실라우스가 적인 파르나바주스에게 말했듯이 "매우 좋은 사람이니 우리 편이 되어 주기 바란다"*8라는 것이다. 이와 같이 학문 있는 사람의 재산 문제에 대해서 여러 가지 말이 있는 불신에 대해서는 이 정도로 해 둔다.

4. 학문있는 사람의 태도는 개별적인 문제이다. 물론 그 사람들 가운데는, 다른 직업의 경우와 마찬가지로 온갖 기질의 사람들이 있을 것이다. 그러나 진실이 아니라고 할 수 없는 말에 "학문은 습성이 된다"*9는 것이 있다. 즉 학문은 그것을 좋아하는 사람의 습성에 영향을 주고, 작용한다는 것이다.

5. 그러나 주의 깊게 바라보면, 나로서는 학문에 대한 수치가 학문있는 사람의 태도에서 생길 수 있다고는 도저히 생각할 수 없다. 그것은 학문있는 사람들에게 내재(內在)하는 것이 아니다. 다만 그런 결점은(그것은 데모스테네스, 키케로, 소 카토, 세네카, 그 밖에 많은 사람들에게 있었다고 생각되는 결점이다) 다음과 같은 경우에는 예외가 된다. 그것은 책에서 본 시대가 보통 자기가 살고 있는 시대보다 좋고, 배우는 것은 실행하는 의무보다 좋으므로 그 사람들은 사물을 완전무결한 데까지 가져가려 하고, 도덕의 부패를 원상으로 돌리기 위해 아주 높은 정직에 대한 가르침이나 모범으로까지 이끌어 가려고 지나치게 서두르는 경향이 있다는 것이다. 그러나 이에 대해서는 책 속에 충분히 경고가 있다. 솔론은 시민에게 가장 훌륭한 법률을 주었느냐는 질문을 받았을 때, 그들이 "받아들일 만한 것에 대해서는 확실히 그렇게 했다"는 현명한 대답을 했다. 또 플라톤은 자기 나라의 부패한 도덕에 자기 마음이 맞지 않는다는 것을 알고, 지위나 직무를 맡기를 거부했다. 그리고 "자기의 나라는 양친과 마찬가지 취급을 받아야 한다. 겸허한 설득을 해야지, 다투어서는 안 된다"고 말하고 있다. 카이사르의 충고자도 비슷한 경고를 하고 있다. "도덕의 오랜 타락에 의해서 경멸받게 된 옛날의 제도로, 사물을 되돌리려고 하지 말라"*10는 것이다. 그리고 키케로는 소(小) 카토의 과오를 금방 깨닫고, 친구 아티쿠스에게 써보내고 있다. "카토가 생각하는 것은 가장 훌륭한 것이다. 그러나 공화국에 대해서는 해로운 데가 있다. 플라톤의 공화국 시대에 살고 있는 듯한 말을 한다. 로물루스의 똥 속에 살고 있는 것 같지 않다."*11 그리고 또 키케로는 철학자의 가르침이 너무 지나치거나 너무 자질구레한 것을 변명하고 설명하여 "덕성을 가르치는 교사

자신이, 천성이 견딜 수 있는 정도 이상의 의무 기준을 정해 놓고 있는 것 같다. 거기에 도달하려고 최선을 다한 뒤, 아무튼 적당한 표준에 도달하기 위해서이다"*¹²라고 했다. 그러나 자기 자신은 "나로서는 내 가르침대로 할 수 없다"고 말했을지도 모른다. 왜냐하면 그것은 대단한 정도는 아니었다 하더라도 자기 자신의 결점이기도 했기 때문이다.

6. 마찬가지로 이와 같은 종류의 또 다른 결점이 학문있는 사람들을 따라다니고 있다. 그것은 자기의 나라나 주인의 유지와 이익과 명예를 자기 자신의 재산이나 안전 이상으로 생각하고 있다는 것이다. 즉 그와 같이 데모스테네스는 아테네 인에게 말하고 있다. "주의해 보시면 여러분들에 대한 나의 충고는, 그것으로 내가 여러분들 사이에서 위대해지려고 하는 것도 아니고, 또 여러분이 그리스 인들 속에서 작아지게 하려는 것도 아닙니다. 그것 때문에 나는 좋지 않을지 모르지만, 여러분이 그대로 따르신다면 반드시 좋을 것이라는 생각이 듭니다."*¹³ 마찬가지로 세네카는 저 '네로 치세의 첫 5년간'을 신성한 것으로 만들고, 학문있는 통치자들의 영구적인 영예에 공헌한 뒤에도, 정직하고 충성스러운 길을 외곬으로 훌륭히 그리고 자유로운 충고를 계속하여, 주군의 정치가 매우 부패한 뒤까지도 변하지 않았다. 이 점도 그 이외일 수가 없는 것이다. 왜냐하면 학문이 사람에게 주는 것은, 자기 몸의 취약함이라든가 자기 운명의 불안정함이라든가, 자기 정신과 사명의 존엄에 대한 감정이기 때문이다. 그러므로 자기 자신의 운명의 위대함이 자기의 존재나 지위의 참된 가치를 지닌 목적은 아니라는 생각이다. 그러기에 신과 또 마찬가지로 신 아래의 주군들(이를테면 자기가 섬기는 국왕이나 국가 등)에 대해 책임을 지려고 하는 것이다. 그 말은 "보십시오, 당신을 위해서 이익을 올렸습니다"가 아니다. 단순한 정치가로서 비교적 타락한 인간은, 학문을 통해 의무를 사랑하고 이해할 만큼 사상이 확립되어 있지도 않고, 널리 일반 원칙의 연구도 생각하지 않으며, 모든 것을 자기에게 결부시켜 세계의 중심으로 자기를 밀어젖힌다. 모든 길이 자기와 자신의 운명 속에서 만나고 있다고 생각하는 것처럼 보인다. 온갖 폭풍 속에서 국가라는 배가 어떻게 되거나 상관하지 않는다. 자기 자신의 운명의 조각배로 자기만 살면 되는 것이다. 이에 반해서 의무의 무게를 느끼고 자기에 대한 애정의 한계를 알고 있는 사람들은, 자기의 지위에 알맞게 의무를 완수하려고 하며 또 위험을 개의치 않

는다. 그리고 동란의 심한 변화 때에 무사히 있을 수 있다면, 그것은 대항하는 당사자들의 쌍방이 정직에 바치는 경의(敬意) 탓이지 자기 자신의 태도가 유리하게 끊임없이 변한 탓은 아닌 것이다. 그러나 의무에 대한 감정의 신중함과 공고한 책임은 학문이 마음에 주는 것이며, 운명의 시련이 어떤 것이든, 또 깊이 타락한 인생관으로 경멸하는 자가 많거나 적거나 간에 일반의 찬동을 얻을 것이다. 따라서 반박이나 변명을 필요로 하는 일이 별로 없는 것이다.

7. 학문있는 사람에게 보통 따라다니는 또 하나의 결함은, 변호는 할 수 있지만 부정하기에는 진실성이 없지 않을까 하는 것이다. 그것은 때때로 자신들을 특정인들의 마음에 들게 하지 못하는 그 무엇이다. 그와 같이 특정인에게만 마음을 돌리는 일이 없다는 것은 두 가지 원인으로 생긴다. 하나는 마음이 크기 때문에 한 인간의 성질이나 습관을 자세히 관찰하거나 검토하기 위해 머물러 있는 경우가 거의 없다는 것이다. "서로가 아주 큰 극장이다"*[15]라는 것은 연인들에게 맞는 말이지, 현자에게 맞는 말은 아니다. 그러나 나도 인정하고 싶은 것은, 마음의 눈을 수축시킬 수도 확산시킬 수도 없는 사람은, 위대한 능력이 결여되어 있다는 것이다. 또 하나의 원인이 있다. 그것은 능력이 없는 것이 아니라, 선택과 판단으로 거부하는 것이다. 즉 어떤 사람이 남을 관찰하는 정직하고 올바른 한계는, 그 사람을 충분히 이해하는 것 이상으로 넓어지지 않는다. 그것으로 상대편을 노엽게 만들지 않거나, 그것으로 충실한 충고를 해줄 수 있거나, 또는 자기 스스로 적당한 경계와 조심을 하려고 하는 것이다. 그리고 남의 일에 깊이 관여하여 어떻게 움직이고 조종하고 지배하려고 하는 일이 일어나는 것은, 마음이 이중으로 갈라져 있고 솔직하지 않기 때문이다. 그것은 친구 관계일 때는 진실성의 결여이고, 군주나 손위 사람에 대해서는 의무감의 결여가 된다. 말하자면 레반트 사람들의*[16] 풍습으로는 신하들이 군주를 쳐다보거나 응시하기를 삼가는데, 그것은 외면적인 의식으로서는 야만스럽지만 그 정신은 좋은 것이다. 왜냐하면 사람은 술책이나 바르지 않은 관찰로 국왕의 마음속에 꿰뚫고 들어가려 해서는 안 되기 때문이다. 성서에도 국왕의 마음은 측량하기 어려운 것이라고 말하고 있다.

8. 아직 또 하나의 결점이 있다(그것을 지적하고 이 부분의 매듭으로 삼을

까 한다). 그것은 학문 있는 사람들한테서 흔히 볼 수 있는 일인데, 행동이나 태도가 품위나 분별을 따르지 못하고, 사소하고 흔한 여러 가지 행동 면에서 과오를 범한다는 것이다. 그 때문에 저속한 종류의 능력을 가진 사람들은, 비교적 큰 문제에 대해서 그런 사람들을 판단할 때 비교적 작은 문제에서 결핍되어 있는 것을 기준으로 삼는다. 그런데 이런 추론(推論)은 사람을 속이는 수가 많다. 이에 대해서는 테미스토클레스가 한 말을 상기하면 좋을 것이다. 그것은 오만하기도 하고 무례하기도 한 형태로, 자기가 자기 자신을 말한 것인데, 이 문제의 일반적인 상태에 대해서 한 말로서는 적절하고 또 옳다고 하겠다. 류트라는 악기를 연주하라는 말을 들었을 때, "나는 그런 시시한 짓은 못하지만, 조그만 도시를 큰 국가로 만들 수 있다"고 대답했던 것이다. 그와 같이 통치나 정치의 처리에는 통달해 있으면서, 조그마하고 자질구레한 일은 잘 하지 못하는 사람들이 많을지도 모르는 것이다. 나는 또 플라톤이 스승인 소크라테스에 대해서 한 말을 상기해 주었으면 한다. 그는 소크라테스를 약방의 약 항아리에 비교하였다. 그것의 겉에는 원숭이나 부엉이 같은 여러 가지 기괴한 모양이 그려져 있지만, 속에는 아주 귀중한 액체나 조제약을 넣어 두고 있다는 것이다. *17 외부적인 판단으로는 표면적인 경박함이나 기형이 없지 않지만, 내부적으로는 뛰어난 덕성이나 힘이 가득 차 있다는 것을 인정하고 있는 것이다. 학문있는 사람들의 태도 문제에 관해서는 이 정도로 해 둔다.

9. 그러나 한편에는 천하고 가치없는 여러 가지 조건이라든가 나아가는 방법이 있으며, 그런 것으로 여러 가지 학문의 전문가들이 몸을 그르치고 지나치는 경우가 있는데, 그런 것을 나는 인정할 생각이 없다. 이를테면 기식 철학자(寄食哲學者)라는 것이 있었다. 로마 제국의 끝무렵에 보통 높은 사람들 집에서 살던, 진지한 얼굴의 기식가라 할 수 있는 사람들을 일컫는다. 루키아누스는 그런 종류의 철학자를 재미있게 이야기하고 있다. 한 귀부인이 그런 사람과 함께 마차를 타고 외출했다. 그녀는 조그만 애견을 그에게 안아 달라고 부탁했다. 그는 열심히 그렇게 해 주었는데 꼴이 흉했으므로 시중드는 소년이 비웃으면서, "이 철학자는 스토아 철학자에서 견유학자(犬儒學者)가 되실 것 같네"*18 하고 말했다는 것이다. 그런데 특히 무무하고 금방 눈에 띄는 아첨이 있다. 그런 상태로 학문이 없지도 않은 사람들이 자기 재

능이나 붓을 타락시켜 남용한 자가 많다(뒤 바르타스*[19]가 말하고 있듯이). 그들은 헤쿠바를 헬레나로, 파우스티나를 루크레티아로 바꾸어 버린다. 그리고 학문의 가치와 평가를 가장 감소시켰다. 또 근대에 와서 패트런 등에게 책이나 저술을 바치는 것도 권장할 만한 일이 못 된다. 책에는(책이라는 이름을 붙일 만한 경우를 말하지만) 진리와 이성 이외에 패트런이 있을 수 없기 때문이다. 고대의 풍습으로는 사적인 동배의 친구에게만 바치기도 하고, 또 그 책에 그 사람들의 이름을 올리기도 했었다. 혹은 국왕이나 높은 사람에게 바친다면, 그 책의 내용이 적절하고 알맞는 사람들에게만 했다. 그러나 이런 일 또는 이와 유사한 방법은, 변호보다도 오히려 비난을 받을 만한 것일지도 모른다.

10. 물론 학문있는 사람들이 재산을 가진 사람들을 기쁘게 해 주려고 하거나 비위를 맞추려고 하는 것을, 나무라거나 비난할 수는 없는 일이다. 왜냐하면 디오게네스가 반 농담으로 자기에게 질문한 사람에게 한 대답은 훌륭한 것이었다. 그 질문은 "철학자는 부자의 종자(從者)이고, 부자는 철학자의 종자가 아닌데, 어떻게 이런 일이 생겼는가?"*[20]라는 것이었다. 이에 대해서 그는 엄숙하고 날카롭게 대답하여, "철학자들은 자기들이 필요한 것을 알고 있고, 부자들은 모르기 때문이다" 하고 말했던 것이다. 그리고 같은 성질의 것으로 아리스티푸스의 대답이 있다. 그것은 그가 디오니시우스에게 무슨 부탁을 했는데 들어 주지 않자, 그 발 아래 엎드렸을 때의 일이다. 디오니시우스는 걸음을 멈추고 그의 말을 듣고는, 그 부탁을 들어주었던 것이다. 이에 대해서 나중에 철학을 위하는 사람이 아리스티푸스를 비난하여, 사적인 부탁 때문에 폭군의 발 아래 엎드린다는 것은 철학이라는 학문에 심한 모욕을 가하는 것이라고 말했다. 그러자 그는 이에 대답하여 "그것은 내가 나쁜 게 아니라 디오니시우스가 나빴던 거야. 그 사람의 귀는 발에 붙어 있었거든"*[21] 하고 말하였다. 또 약점보다는 오히려 분별이 있었기 때문이라고 생각되는 예로서는, 아드리아누스 카이사르와 진정으로 논쟁을 벌이지 않은 사람을 들 수 있다. 그의 구실은 "30군단을 지휘하는 사람에게 양보하는 것은 당연하다"*[22]는 것이었다.

이상과 그 밖에 유사한 부탁이나 필요나 편의의 여러 가지 문제 때문에 몸을 굽히는 것을 좋지 않다고 말할 수는 없다. 왜냐하면 그런 경우 외면적으로는 다소 비굴한 데가 있을지 모르지만, 제대로 판단한다면 때와 경우에 따라 복종한 것이지 인간에 복종한 것이 아니라고 생각할 수 있기 때문이다.

〈주〉

＊1 사르스티우스 《카이사르에게 보낸 국가 질서에 대한 서한》

＊2 디오게네스 라에르티우스의 말이라고 한다.

＊3 〈잠언〉 28·22.

＊4 〈잠언〉 23·23.

＊5 타키투스 《연대기》 3·76 유니아는 카시우스의 아내로 브루투스의 누이. 로마에서는 근친자의 장례식 때 친척이나 조상의 초상을 장례 행렬에 내가는데, 카이사르를 살해한 카시우스, 브루투스의 상은 내지 못하게 되어 그 때문에 오히려 눈에 띄었다.

＊6 〈요엘서〉 2·28.

＊7 《디오게네스 라에르티우스》 6·46 우수하면 할수록 나쁜 일 또한 잘 한다는 뜻.

＊8 플루타르코스 《대비열전》〈아게실라우스 편〉 1·25.

＊9 오비디우스 《서한》 15·83.

＊10 사르스티우스 《카이사르에게 보낸 국가 질서에 대한 서한》 2.

＊11 키케로 《아티쿠스 서한》 2·1.

＊12 키케로 《무레나 변론》 31.

＊13 데모스테네스 《게르소네에 대하여》 187.

＊14 〈마태복음〉 25·20.

＊15 에피쿠로스의 말. 《에세이》〈10 연애〉 주2 참조.

＊16 동양 전반을 가리킨다.

＊17 플라톤 《향연(饗宴)》 215.

＊18 루키아누스 《고용된 친구들》 33·34.

＊19 뒤 바르타스(1544~90년)는 앙리 4세를 섬긴 프랑스 시인으로서, 천지창조의 7일간을 읊은 종교시 《일주일(La Semaine)》를 썼다. 헤쿠바는 트로야 왕 프리아모스의 늙고 흉한 아내이고, 파우스티나는 마르쿠스 안토니누스의 왕비인데 부정하기로 유명했다. 반면에 루크레티아는 그 정결을 찬양받은 미녀였다.

＊20 실은 아리스티푸스의 말이라고 한다.

＊21 《디오게네스 라에르티우스》〈아리스티푸스 편〉 2·79 아리스티푸스(기원전 435~355년)는 키레네파의 시조로 쾌락주의자이다.

＊22 스파르티아누스 《아드리아누스》 15.

1. 여기서 더 나아가 생각하고 싶은 과오와 허영심은, 학문있는 사람들의 연구 그 자체에 파고들어가 있는 것이며, 그것이 이 논의의 중심을 이루는 본디의 문제이다. 이 경우 내 목적은 그러한 과오를 변호하는 것이 아니라, 과오를 비판하고 분리함으로써 좋은 것 건전한 것을 변호하고, 다른 한편이 받고 있는 비난으로부터 그것을 구하자는 것이다. 왜냐하면 흔히 사람들은 그 본디의 본질과 덕성을 견지하는 것을 헐뜯고 욕하기 위해 부패 타락한 것을 이용하는 수가 있기 때문이다. 이를테면 초기 그리스도교의 경우에, 이교도들은 그리스도 교도들을 중상모략하려고, 사교도로서의 결점과 부패한 데가 있다고 말했다. 그러나 그렇게 말하면서도 지금은 학문의 문제에 관한 과오나 장애에 대해서 정확한 고려를 할 생각을 하고 있는 것이 아니다. 세속적인 사고 방식으로는 비교적 보이지 않는 먼 문제이기 때문이다. 여기서는 다만 일반 민중의 관찰에 언급한다고 할까, 가까운 것에 대해서 설명하기로 한다.

2. 그러므로 학문에는 주로 세 가지의 무가치한 것이 있으며, 학문이 그 때문에 가장 비난을 받는 것이다. 다시 말해서 우리가 무가치하다고 생각하는 것은 거짓 혹은 쓸데없는 것, 진리 혹은 효용이 없는 것이다. 그리고 우리가 무가치하다고 생각하는 사람은 맹신하거나 지나치게 자질구레한 사람들이다. 자질구레하다는 것은 내용의 경우도 있고 말의 경우도 있다. 그래서 이치로 보나 경험으로 보아 학문에는 다음 세 가지의 병(이렇게 말해도 괜찮을 줄 안다)이 있다고 하겠다. 첫째는 망상적인 학문, 둘째는 논쟁적인 학문, 마지막으로 우쭐대는 학문이 그것이다. 헛된 상상력, 헛된 논쟁, 헛된 우쭐거림이다. 먼저 이 마지막의 것부터 생각해 보기로 하자.

마르틴 루터는 비교적 높은 하늘의 섭리에 인도받았겠지만, 그러나 추리력을 발휘함으로써 로마 교황과 교회의 타락한 전통에 반대하여, 어떤 일부터 먼저 손을 대기 시작해야 하는가를 알았다. 또 자기 시대의 어떤 여론의 지지도 받지 못하여 고독하다는 것을 알고, 고인(古人)을 모두 끌어내어 옛 시대를 자기 편으로 끌어넣어서, 현대와 부딪치지 않으면 안 된다는 것을 알았다. 그로 인해 오랫동안 서고에서 잠자고 있던 고대의 저작들은 신학 면에서나 인문학 면에서나 널리 읽히고 고려되기 시작했다. 그 결과 그런 저작의 원어(原語)에 대한 비교적 면밀한 연구가 필요해졌다. 그런 저작가들을 더 잘 이해하기 위해서, 또 그 말을 강조하여 사용하는 데 한층 편리하게 만들기 위해서였다. 그리고 거기서 그 사람들의 문체나 표현을 좋아하게 되고, 또 그런 종류의 저술에 감탄하게 되었다. 그것을 다시 촉진시켜서 왕성해지도록 한 것은, 초기의 것이기는 하나 새롭게 보이는 의견의 주장자들이, 스콜라 학파에 대해서 품고 있던 적의와 반대였다.

스콜라 학파 사람들은 전면적으로 반대파에 섰으며, 그 저술은 완전히 다른 양식 및 형식을 가진 것이었다. 자기들의 뜻을 나타내려고 마음대로 새로운 기술 용어를 만들어 내고, 우회적인 표현을 피하여 구(句)나 낱말의 순수함과 즐거움, 게다가(이렇게 말할 수 있으리라 생각하지만) 적법성 같은 것을 도무지 개의치 않았다. 그리고 또 그 무렵 매우 성가셨던 것은 대중(그 사람들에 대해 바리새 인들은 '법률을 모르는 비참한 대중'*1이라고 늘 말하고 있었다)이었으므로, 그 사람들을 내 편으로 만들고 설복하기 위해서, 필연적으로 웅변적이고 변화있는 담론(談論)이 생겼다. 그것은 일반 대중의 능력에 접근하는 가장 적절하고 강력한 방법이었다. 그래서 다음 네 가지 이유가 하나로 뭉쳐졌던 것이다. 즉 고대의 작가들에 대한 숭배와 스콜라 학파에 대한 증오, 여러 가지 언어의 정확한 연구와 설교의 유효성 등, 이러한 것들이 한데 뭉쳐져서 웅변과 말의 유창함에 대한 열성적인 연구를 낳게 했다. 이것이 그 무렵 성해지기 시작했으며 순식간에 과도해지게 되었다. 말하자면 사람들은 내용보다도 말을 뒤쫓기 시작한 것이다. 뛰어난 어구, 완전하고 세련된 글의 구성, 아름다운 가락의 표현, 작품에 여러 가지 변화를 주고 장식하기 위한 수사와 비유 같은 것이, 내용의 무게, 주제의 가치, 논의의 건전함, 창의력의 생명, 판단력의 깊이보다 더 중시되었다. 그리고 포르투갈의 사교(司敎) 오소리우스*2의 내용은 공허하나 유수 같은 구변을 중시하게 되었다. 그리고 스투르미우스*3는 변론가 키케로와 수사학자 헤르모게네스에게, 무한히 그리고 세밀하게 노력을 기울였다. 그 밖에 미문(美文), 모방, 그 밖의 것에 관한 그 자신의 여러 가지 저작이 있다. 그리고 케임브리지의 카아*4와 애스컴*5이 강의와 논문으로 키케로와 데모스테네스를 거의 하느님처럼 만들어 버리고 학문하는 젊은이들의 마음을 모두 휘어잡아, 그런 종류의 세련되고 우쭐하는 학문 속으로 끌어넣었다. 에라스무스는 기회를 엿보다가 비웃음의 메아리를 울렸다. 그것은 '10년이나 소비해서 읽은 키케로'라고 한 데 대해서, 그리스어로 '너는 바보'라고 그 말투를 흉내내어 대답한 것이다. 그리하여 스콜라 학파의 학문은 야만스럽다고 하여 완전히 경멸받게 되었다. 결국 이런 시대의 전체적인 경향은 무게보다 유창함이었다.

3. 그런 까닭으로 여기에 학문의 첫째 병이 있는 것이다. 그것은 사람이 말을 연구하고 내용을 연구하지 않을 때 일어난다. 이에 대해서 근대의 한 예를 들었지만, 그것은 '많든 적든' 어느 시기에나 있었고 또 앞으로도 있을 것이다. 그리고 이와 같은 것이 어째서 저속한 능력을 가진 사람에게조차, 학문의 신용을 떨어뜨리게 할 만한 영향력을 가지지 않는다고 할 수 있겠는가? 그들에게서 학문있는 사람의 저작이 칙허장(勅許狀)이나 장식본의 첫 글자처럼 장식되어 있는 것을 볼 수 있다. 그것은 크게 장식이 붙은 서체로 되어 있지만, 단지 하나의 글자에 불과하지 않은가? 피그말리온*6의 광열(狂熱)은 이와 같은 무익함의 좋은 상징 또는 묘사라고 생각된다. 왜냐하면 말은 내용의 형체에 지나지 않기 때문이다. 그리고 그것에 이성과 창의력의 생명이 없다면, 그런 것을 사랑한다는 것은 그림과의 연애나 조금도 다름이 없는 것이다.

4. 그러나 철학 그 자체나 또는 그 불명료함을 감각에 호소하여 독자를 감탄시키는 표현으로 외면을 감싸고 장식하는 것을, 성급하게 비난할 생각은 없다. 그 위대한 예로서 크세노폰, 키케로, 세네카, 플루타르코스 등이 있고, 또 플라톤도 어느 정도 그렇다. 또 그것은 매우 유용할 수도 있다. 물론 진리의 엄격한 규명과 철학의 깊은 탐구를 위해서는, 그것은 장애가 되기도 한다. 왜냐하면 그것은 인간의 마음에 너무 빨리 만족을 주어 더 연구할 욕망을 없애 버리므로, 올바른 결론에 도달할 수 없기 때문이다. 그러나 사회적인 경우, 즉 회의, 권고, 설득, 담화 같은 것에 사람이 그런 지식을 이용하려 한다면, 그때는 저작가에게서 금방 도움이 되게끔 완성되어 있는 것을 볼 수 있을 것이다. 그러나 그것이 과도해지면 경멸받게 된다. 이를테면 베누스가 사랑하는 젊은이 아도니스의 상을 어느 사원 안에서 본 헤르쿨레스는, "당신은 신이 아니다" 하고 불쾌한 듯이 말했다. 그와 마찬가지로 학문에 있어서의 헤르쿨레스를 뒤따르는 사람, 즉 비교적 엄격하게 노력하여 진리를 추구하는 사람으

로서 신성(神性)의 가능성을 가질 수 없는 섬세함이나 우쭐대는 태도를 경멸하지 않는 사람은 없을 것이다. 학문의 제1의 질병 내지 병에 대해서는 이 정도로 해 둔다.

5. 그 다음 제2의 것은 전자보다 나쁜 성질의 것이다. 왜냐하면 내용의 실질(實質)이 말의 아름다움보다 나은 것과 마찬가지로, 반대로 공허한 내용은 공허한 말보다 나쁘다. 이에 관한 성 바울의 비난은 그 무렵에 적절했을 뿐 아니라, 뒷날의 시대에도 예언적인 것이었다. 그리고 신에 관해서뿐 아니라 모든 지식에 적용될 수 있다. "속되고 빈 말과 거짓 지식에서 나오는 반대 이론을 피하시오."*7 즉 그는 의심쩍고 거짓된 학문에 대해서 두 가지 특색과 표지를 들고 있다. 하나는 속되고 빈 용어이다. 또 하나는 독단적인 명제(命題)이다. 이것은 필연적으로 반대와 의문과 격론을 불러일으킨다. 확실히 자연 속의 물질로서 고체이면서도 썩고 허물어져서 구더기가 되어 버리는 것이 많듯이, 좋고 건전한 지식의 특성이 썩고 분해하여, 미세하고 헛되고 불건전한, 구더기처럼 우글거리는 자질구레한 문제가 되어 버리는 경우가 있다. 그것에는 일종의 민활하고 싱싱한 정신이 있기는 하지만, 건전한 내용과 좋은 성질이 없다. 이런 종류의 타락한 학문은 주로 스콜라 학파 사이에 퍼져 있었다. 그 사람들은 날카롭고 강한 재주와 풍부한 여가와 다양성이 적은 독서 범위를 가졌으며, 그 지식은 소수의 저작가(특히 그 독재자 아리스토텔레스)의 조그만 방 안에 갇혀 있었다. 마치 그 육체가 수도원이나 대학의 조그만 방에 갇혀 있는 것과 같았다. 그리고 자연 및 시간의 역사도 거의 모르고, 그리 많지도 않는 내용의 지식을 휘저음으로써, 성가시고 거미줄 같은 학문을 우리에게 풀어내 보였다. 그것이 그 저서에 지금도 남아 있는 것이다. 인간의 지성과 마음이 물질에 작용할 경우, 그것이 즉 신이 만든 것의 관조(觀照)가 되는 것인데, 재료에 따라서 작용도 하고 또 그것으로 한정도 받는다. 그러나 만일 그것이 자기 자신에게 작용하게 되면, 그것은 흡사 거미가 집을 짓는 것처럼 한정이 없어진다. 그리하여 나오는 것은 학문의 거미줄로서, 실이나 일의 정치함에 있어서는 훌륭하지만, 실질도 없고 이익도 없는 것이 된다.

6. 이익없는 섬세 혹은 정치함 그 자체에는 두 가지 종류가 있다. 하나는 취급하는 주제 그 자체이다. 이익이 생기지 않는 사색 또는 논쟁의 경우이다

(그 예는 신학에서나 철학에서나 적지 않다). 또 하나는 지식을 다룰 때의 태도 혹은 방법이다. 그것은 이론(異論)을 내세우기 위한 하나하나의 특정 명제 혹은 단정 및 그 이론의 해결에 관한 것이다. 그 해결은 대부분 반론이 아니라 구별을 짓는 일이었다. 그런데 실제로 모든 학문의 힘은 노인의 장작의*8 힘 같은 것이어서, 다발이 되었을 때 나오는 것이다. 즉 학문의 조화는 하나하나의 부분이 다른 부분을 지탱하고 있는 것이며, 모든 조그만 종류의 이론에 대한 참되고 간결한 반론과 압박이며, 또 그래야 하는 것이다.

한편 하나하나의 명제를 장작 다발에서 꺼내듯 하나씩 꺼내면, 그것과 싸우거나 굽히거나 꺾거나 하는 것을 마음대로 할 수 있다. 그러므로 세네카에 대해서 "말의 미세함을 가지고 내용의 무게를 부순다"고 하듯이, 스콜라 학파에 대해서도 "질문의 자질구레함을 가지고 학문의 긴밀성을 부순다"고 말해도 틀림이 없는 것이다. 즉, 훌륭한 방에 하나의 커다란 조명 혹은 가지가 갈라진 촛대로 된 조명을 장치하는 편이, 조그만 일상용 촛불을 들고 구석구석을 일일이 돌아다니는 것보다 낫지 않겠는가? 그리고 그들의 방법은 의론, 권위, 유사성에 의해서 주어지는 진리의 증거에 입각하는 것이 아니라, 하나하나의 의념(疑念), 비난, 이의에 대한 자질구레한 반론과 해결에 의지하려고 한다. 대부분 하나의 의문을 해결하는가 하면 금방 다른 의문을 낳는다. 조명을 한쪽 구석으로 가져 가면 다른 부분이 어두워지는 것과 같다. 그러므로 스킬라의 허구 이야기는, 이런 종류의 철학 또는 지식의 생생한 비유가 될 것 같다. 그것의 위쪽은 아름다운 처녀로 모습이 바뀌어 있었지만 "흰 허리 둘레에는 온통 짖어대는 괴물이 있었다"*9는 것이다. 그러므로 스콜라 학파의 개설은, 잠시 동안은 좋고 또 적절하기도 하다. 그러나 그 사람들의 구별과 결정으로 내려가면, 인간의 생명의 효용과 이익이 되는 결실 많은 모태(母胎)가 아니라, 종말은 기괴한 의론과 마구 짖어대는 소리만의 의문이 되어 버린다. 그러므로 이런 종류의 지식이 일반 대중의 경멸을 받지 않을 수 없는 것이다. 민중은 논쟁이나 의론이 있는 경우의 진리를 경멸하고, 일치하지 않는 것은 모두 잘못되어 있다고 생각하기 쉽다. 그리고 미세한 일이나 소용도 없고 중요하지도 않은 문제에 관한 심한 싸움을 보면, 시라쿠사의 디오니시우스가 선고한, "아무 할 일 없는 늙은이의 말이다"*10라는 말을 곧잘 사실이라고 생각하는 것이다.

7. 그럼에도 불구하고, 이들 스콜라 학파 사람들이 진리에 대한 비상한 갈망과 지칠 줄 모르는 재능의 구사를, 다시 다양하고 보편적인 독서와 관조를 아울러 갖고 있었더라면, 탁월한 광명이 되어 모든 학문과 지식의 위대한 진보를 가져 왔을 것이다. 그러나 넓은 지식을 얻으려는 대단한 연구자로서, 어두운 곳에만 있던 짐승처럼 과격하고 알기 어려운 것이 되어 버렸다. 그런데 신의 진리에 대한 탐구의 경우, 그 오만 때문에 신의 말의 신탁에서 떠나 자기 자신의 연구의 혼란 속에 살게 되기 일쑤였다. 그와 마찬가지로 자연에 대한 추구의 경우에도, 신의 작업의 신탁을 떠나서 사람을 속이는 비뚤어진 상을 숭배했다. 그들 자신의 마음이라든가, 받아들인 소수의 저작가라든가 원리 같은 것의 울퉁불퉁한 거울이, 그렇게 만들어 보여 주고 있는 것이다. 학문의 제2의 병에 대해서는 이 정도로 해 둔다.

8. 학문의 제3의 악폐 혹은 질병은 거짓 혹은 비진리와 관계있으며, 이는 무엇보다도 가장 추악한 것이다. 지식의 본질적인 형식을 파괴하는 것이기 때문이다. 즉 존재의 진리와 안다는 것의 진리는 하나이며, 그것은 직사광선과 반사광선의 관계와 같다. 그러므로 이 악폐는 나뉘어서 속이는 것을 기뻐하는 것과, 속기 쉽다는 것의 기만과 맹신(盲信)을 말한다. 그것들은 마치 다른 성질의 것처럼, 기만은 교활에서 생기고 맹신은 단순함에서 생기는 것으로 보이지만, 대개의 경우 하나로 되어 있는 것이 틀림없다. 시에서도 이렇게 말하고 있다.

미주알고주알 캐는 사람을 피하라, 그런 사람은 수다스러우니*11

즉 미주알고주알 캐기를 좋아하는 사람은 수다스럽게 지껄이는 사람이며, 쉽게 믿는 사람은 남을 속이는 사람이다. 이를테면 소문의 경우에서, 소문을 금방 믿는 사람은, 그에 못지않게 금방 소문을 크게 만들고 거기에 자기 자신의 생각을 보태게 될 것이다. 이에 대해서는 타키투스가 현명하게 말하고 있다. 그는 "만들어 내면, 금방 믿어 버린다"고 말한 것이다. 만들어 내는 것과 믿는 것은 매우 근사성을 갖고 있기 때문이다.

9. 이와 같이 믿기 쉬운 것과 권위나 보장이 박약한 것을 금방 받아들이거나 인정하는 것에는 두 종류가 있는데, 그 주제(主題)에 따라서 다르다. 다

시 말해서 그것은 역사의 신념이거나 법률가의 말을 빌면 사실의 문제가 된다. 그렇지 않다면 기술과 의견의 문제가 된다. 전자에 관해서 말하면, 그와 같은 과오의 경험이나 불편은 교회의 역사에서 볼 수 있다. 그것은 순교자, 은자(隱者), 사막의 수도승, 그 밖의 신성한 사람들, 그 유물, 사당, 예배당, 우상 등이 보여 주었다는 기적에 관한 보고나 이야기를 금세 받아들이고 기록해 놓는 것을 말한다. 그런 것은 민중의 무지나 어떤 사람들의 단순한 미신에서 비롯된다. 어떤 경우에는 그런 것을 신의 시(詩)나 종교적인 이야기로 생각하여 정책상 인정하고 잠시동안은 받아들여진다. 그러나 얼마 뒤 안개가 걷히기 시작하면서 그것은 터무니없는 미신이고 승려 계급의 기만이며, 정신의 환영이자, 반 그리스도 교도의 악의 정신의 표지로서 배척되었다. 또한 종교의 인기를 떨어뜨리고 해를 주는 것이라고 생각하게 되었다.

10. 박물학에 있어서도 마찬가지이다. 여기서도 당연하다고 생각되는 선택이나 판단이 사용되고 있지 않은 것을 볼 수 있다. 이를테면 플리니우스*12, 카르다누스*13, 알베르투스*14 및 여러 아라비아 인들의 저술에서 그것을 볼 수 있다. 거기에는 이야기 같은 내용이 많이 실려 있는데, 대부분은 실험을 거치지 않았을 뿐 아니라 진실이 아닌 것으로서 악명이 높다. 이는 성실하고 진지한 재능을 가진 사람들에게 자연 과학의 신용을 매우 손상시키는 것이다. 이에 대해서는 아리스토텔레스의 예지와 정직성에 주의할 만한다. 그는 살아 있는 것에 대해서 매우 근면하고 주의 깊은 역사를 만들었으며, 그 어떤 무익하거나 허구의 재료를 애써 섞지 않으려 하고 있다. 한편, 기록할 만한 가치가 있다고 생각한 엄청난 서술을 모두 한 권의 책에 담고 있다. *15 그것은 명백한 진리의 내용으로서 관찰과 규칙을 확립할 수 있는 것인데, 믿기에 좀 의심스러운 내용은 섞지 않고 또 그것으로 약화되지 않도록 하는 뛰어난 식별력을 보여 주고 있다. 그러나 단순히 진기한 것이나 여러 가지 보고 등으로 믿을 수 없다고 여겨지는 것이라도, 장래에 전하지 않도록 해서는 안된다는 것은 인정하고 있다.

11. 여러 가지 기술이나 의견을 안이하게 믿기 쉽다는 데 대해서도, 역시 두 가지 종류가 있다. 하나는 너무 큰 신념이 기술 그 자체에 주어질 때이다. 또 하나는 어떤 기술에 있어서 어떤 작자에게 주어지는 경우이다. 학문 그 자체는 지금까지 이성보다 인간의 상상력과 훨씬 많은 교섭과 연관성을

가지고 있었는데, 그 수가 셋 있다. 점성학, 자연 마술*16, 그리고 연금술이 그것이다. 이들 학문의 목적 혹은 의도라고 일컬어지고 있는 것은 고귀한 것이다. 왜냐하면 점성학이 발견한다고 말하고 있는 것은, 비교적 상위의 천체와 비교적 하위의 천체 사이에 있는 상응 관계 혹은 관련성이기 때문이다. 자연 마술이 하려고 하는 것은, 자연 철학을 여러 가지 사색에서 다시 불러와 커다란 일로 만드는 것이다. 그리고 연금술이 하려고 하는 것은 물체 속의 서로 닮지 않은 모든 부분을 분리하는 일이다. 그것은 자연 속에 존재하는 혼합된 상태로서는 일체가 되어 있는 것이다. 그러나 이러한 목적에 도달하려고 하는 여러 가지 방법과 수단은, 이론과 실천 양쪽에서 과오와 헛일로 가득 차 있다. 그것을 훌륭한 교사 자신이 수수께끼 같은 저술로 감싸서 감추려 하고 있다. 또 구전(口傳) 즉, 귀로 듣는 것만의 전통적인 방법을 주장하여 기만에 대해서 신용을 유지시키려 한다. 그러나 연금술의 당연한 권리라고 생각되는 것은, 이솝 우화에 나오는 농부에 비유할 수 있을지 모른다. 한 농부가 죽을 때 자식들에게 포도밭 흙 밑에 자식들을 위해서 금을 묻어 놓았다고 말했다. 그래서 자식들은 그 땅을 구석구석 파헤쳤으나 금은 발견되지 않았다. 그러나 포도나무 뿌리 둘레의 흙을 움직이고 파고 했기 때문에, 이듬해에는 포도의 큰 수확을 거둘 수 있었다는 것이다. 확실히 이와 마찬가지로 금을 만들기 위한 연구와 소동 때문에, 훌륭하고 성과가 큰 많은 연구와 실험이 알려지게 되었고, 인간 생활에 이용할 수도 있게 되었으며 자연의 개발도 이루어졌던 것이다.

12. 그리고 큰 신용이 여러 가지 학문의 연구자들에게 주어져서 그 사람들을 독재자처럼 만들고 그 말이 움직일 수 없는 권위를 갖게 되어, 이제 충고를 주는 회의 참가자의 일원(一員) 이상의 존재가 되도록 하는 수도 있다. 학문이 그것으로 입은 손해는 말할 수 없이 막대하다. 학문이 낮은 곳에 머물러 성장도 발달도 하지 못하는 주요 원인이 그것이다. 즉 거기서 생기는 일로서, 기계적인 기술에 있어서는 최초의 연구자가 성취하는 것이 가장 적다. 그러한 기술은 시간을 들여 발전시키고 완성하게 된다. 화포(火砲), 항해, 인쇄 같은 것의 최초의 조작은 볼품이 없었지만, 시간이 경과함에 따라 개량되고 세련되어지는 것과 같다. 그러나 여러 가지 학문에 있어서는 최초의 연구자가 가장 멀리 가며, 시간은 그것을 상실시키고 타락시키게 된다.

아리스토텔레스, 플라톤, 데모크리투스, 히포크라테스, 에우클리데스, 아르키메데스의 철학이나 학문은, 처음에는 매우 강력했으나 차츰 타락하고 부패한 것을 예로 들 수 있다. 그 이유는 다름이 아니다. 전자에 있어서는 많은 재능과 노력이 한 가지 것으로 향했다. 그러나 후자에 있어서는 많은 재능과 노력이 누군가의 재능에 대해서 사용되었다. 그 사람을 대개의 경우 예해(例解)한다기보다 타락시키는 일이 많았던 것이다. 왜냐하면 물은 그 근원으로서 시작되는 최초의 수원보다 더 높이 올라가지는 않기 때문이다.

마찬가지로 아리스토텔레스에서는 절대 권위가 되어 자유로운 검토를 받지 않아도 된다는 인정을 받은 지식이, 아리스토텔레스의 지식 이상으로 올라가는 일은 없을 것이다. 그러므로 "배우는 자는 신용해야 한다"*17는 명제는 좋지만, 그것과 "배운 자는 스스로 판단해야 한다"가 서로 합쳐져 있지 않으면 안 된다. 즉 제자들이 스승의 신세를 지는 것은, 일시적인 신앙이며 충분히 배울 때까지 자기 자신의 판단을 휴지(休止)시키는 일이다. 절대적인 체념이나 영속적인 노예 상태가 아닌 것이다. 그러므로 이 문제에 대한 결론으로서 나는 이제 더 할 말이 없다. 다만 위대한 연구자들은 당연히 받아야 할 것을 받고 있어야 한다. 시간은 연구자 중의 연구자인데, 당연히 받아야 할 것을 빼앗겨서는 안 되기 때문이다. 당연히 받아야 할 것이란 더 깊고 깊게 진리를 밝힌다는 것이다.

이상으로 나는 학문의 세 가지 병을 생각해 보았다. 뚜렷하게 드러나는 일정한 병은 아니지만 그 밖에도 몇 가지 병적 상태가 있다. 그런 것은 그리 눈에 띄지도 않는 내적인 것이 아니라, 일반 사람의 눈에 띄어 비판을 받게 되는 것이며, 그러기에 간과할 수 없는 것이다.

〈주〉

*1 〈요한복음〉 7·29.

*2 1580년 사망. 남 포르투갈의 아르카르베의 司教. 그의 문체는 중복이 많았다고 한다.

*3 요하네스 스투르미우스(1507~89년)는 파리 스트라스부르 대학의 수사학 교수. 독일의 키케로라고 일컬어졌다.

*4 니콜라스 카(1523~67년)는 케임브리지 대학의 그리스어 교수. 그리스 고전의 영역을 많이 했다.

*5 로저 애스컴(1515~68년)은 케임브리지 대학의 교수로, 엘리자베드 여왕의 교사였으

며, 《교사론》을 쓰고, 평명한 산문영어의 발달에 공헌했다.

＊6 그리스 신화에 나오는 인물. 자기가 만든 조각의 여성을 사랑했다.

＊7 〈디모데전서〉 6·20.

＊8 이솝 우화에서, 장작은 하나하나로서는 약하지만 다발이 되면 강하다고 자식들에게 타일렀다는 노인의 이야기를 가리킨다.

＊9 베르길리우스 《농경시》 6·75.

＊10 《디오게네스 라에르티우스》 〈플라톤 편〉 3·16.

＊11 호라티우스 《서한》 1·18·69.

＊12 가이우스 플리니우스 세쿤두스(23~79)는 로마의 학자로, 많은 저작 중에서 《자연사(自然史)》만이 현존하고 있다.

＊13 히에로니무스 카르다누스(1501~76년)는 이탈리아의 수학자, 의사, 천문학자. 천문학, 점성학, 수사학, 의학 등에 관한 저서가 있다.

＊14 聖알베르투스 마그누스(1193년 무렵, 또는 1206년 무렵~1280년)는 독일의 스콜라 철학자. 대 알베르투스 또는 우주박사라고도 일컬어졌다.

＊15 《경이담집》이라는 책으로, 베이컨은 이에 대해서 제2권에서도 언급하고 있는데, 현재 아리스토텔레스의 저서가 아니라고 한다.

＊16 중세에 악마의 도움을 받지 않고 인간에 좋은 영향을 줄 수 있도록 고안된 방법. 이를테면 점성학 같은 것을 이용하여 어떤 인간의 상을 만들어서 그 사람의 건강에 영향을 주거나, 무기에 어떤 약을 발라 그 상처가 낫도록 하는 것 등이다.

＊17 아리스토텔레스 《궤변론》 1·2.

5

1. 그들 가운데 첫째 것은 두 가지 극단적인 것을 극단적으로 좋아한다는 것이다. 하나는 낡은 것이고 또 하나는 신기한 것이다. 이 경우 시간의＊1 아이들은 아버지의 성질과 악의를 닮은 것 같다. 왜냐하면 아버지는 아이들을 잡아 먹어 버리지만, 자식도 아버지를 잡아 먹고 억누르려고 하기 때문이다. 즉 헌 것은 새로운 것이 덧붙여지는 것을 시샘하고, 신기함은 덧붙이는 데 만족하지 않고 말살해 버리려고까지 한다. 확실히 예언자의 충고는 이 문제에 대한 참된 지침이다. "너희는 길에 서서 옛적 길 곧 선한 길이 어디인지 알아보고, 그리고 향하라"＊2는 것이다. 옛스러움은 존경할 만하다. 그것은

사람이 그 위에 서서 가장 좋은 길은 어느 곳인가 발견해야 한다는 것이다. 그러나 발견했다는 것을 충분히 알았으면, 전진해야 한다. 사실을 말하자면 '고대는 세계의 청년 시대였다.' 근대는 낡은 시대이며, 세계가 헌 것이 되어 있는 것이다. '역산(逆算)으로', 현시점에서 거꾸로 세어 올라가서 옛시대라고 생각하는 시대가 아닌 것이다.

2. 전자에 의해서 일어나는 또 하나의 과오는 하나의 불신감이다. 세계가 여태까지 그렇게 오랫동안 깨닫지 못하고 간과해 온 것으로서, 이제야 발견하겠느냐는 것이다. 루키아누스가 유피테르와 그 밖의 이교신들에게 제기한 것과 같은 이의를 시간에 대해서도 제기할 수 있다고 생각하는 것과 같다. 그는 그 여러 신들이 옛날에는 무척 많은 자식을 가졌는데 그 무렵에는 전혀 갖지 않는 것은 이상하다고 생각하였다. 그래서 그는 나이 70세에 벌써 자식을 낳지 못하게 되었는가, 아니면 노인의 결혼을 금지한 파피아 법*³(法)이 억눌러 버렸는가 하고 물은 것이다. 그러니 아이를 가질 시기가 지나 버린 것이 아닌가 하고 사람은 생각하고 있는 모양이다. 이 점에서는 반대로, 인간의 판단력의 경박함과 변덕스러움을 볼 수 있다. 그것은 어떤 일이 이루어질 때까지는 과연 그것을 이룩할 수 있을까 하고 생각한다. 그러다가 그것이 한번 이루어지면 곧이어 그것이 더 빨리 이루어질 수는 없었던가 하고 생각한다. 이를테면 알렉산드로스의 아시아 원정이 그런 것이다. 그것은 처음에 거대하고 불가능한 사업으로 예상되었다. 그러나 나중에 리비우스는 "쓸데없는 걱정을 그저 무시해 보였다"*⁴는 정도로밖에 쓸 생각을 하지 않았던 것이다. 그리고 같은 일이 서방으로의 항해에서 콜럼버스에게 일어났다. 그러나 지적인 문제에 있어서 그것은 더 평범한 일이다. 이를테면 에우클리데스의 많은 정리에서 볼 수 있다. 우리의 마음은(법률가의 말을 빌다면) 과거로 거슬러 올라가서 그것을 받아 들이고 전부터 알고 있었던 것처럼 된다.

3. 또 하나의 과오는 전자와 다소 유사성이 있다. 그 사고 방식은 종래의 의견이나 유파(流派)에 대해서 이론을 제기하고 검토한 끝에, 가장 훌륭한 것이 언제나 승리하여 다른 것을 눌렀다는 식으로 생각하는 것이다. 그러므로 어떤 사람이 새로운 탐구의 노력을 시작하면, 고작해야 무언가 전에 폐기되고 망각되어 버린 것에 부딪치는 정도일 것이라고 말한다. 대중이나 가장 현명한 사람들조차도 대중을 위해서 실질적이고 심원한 것보다 대중적이고

표면적인 것을 받아들일 생각이 없는 것처럼 보인다. 즉 진실은, 시간이 강 또는 물결과 같은 성질을 갖고 있는 듯이 여겨진다는 것이다. 그것이 우리에게 날라다 주는 것은 가볍고, 공기로 부풀어오른 것이며, 무겁고 실체가 있는 것은 가라앉히고 빠져 죽게 만든다는 것이다.

4. 또 하나의 과오는 모든 것과 다른 성질의 것인데, 지식을 기술이나 방법으로 종합하려고 너무 서두르는 바람에 변덕스럽게 된다는 것이다. 그러한 시간 관계에서 보통 학문의 증대는 적거나 완전히 없어진다. 그러나 젊은 사람들이 성인이 되어 완전히 몸집이 갖추어지면 그 이상 키가 커지지 않듯이, 지식도 요의(要義, aphorism)*6나 관찰의 상태에 있을 때는 성장하고 있는 도중이다. 그러나 정확한 방법 체계 속에 한번 들어가 버리면, 아마도 실제의 사용에 유용하도록 더 한층 연마되고 예해(例解)되어 적응하게 될지는 모른다. 하지만 양이나 실질에 있어서 증가하는 일은 이제 없다.

5. 방금 든 예에 계속되는 또 하나의 과오는, 어떤 특정의 기술이나 학문이 분기(分岐)한 뒤에, 사람이 일반 원리의 연구 혹은 〈제1철학〉을 포기해 버린 것이다. 그것은 모든 진보를 종결시키고 정지시킨다. 왜냐하면 어떤 완전한 발견도 평지나 평면에서 이루어질 수는 없기 때문이다. 또 어떤 학문의 경우에나 그 비교적 멀고 깊은 부분을 밝히지 못하는 것은, 같은 학문의 평면에만 서 있고 더 높은 학문으로 올라가 있지 않을 때 일어난다.

6. 또 하나의 과오는 인간의 마음과 오성(悟性)에 대해서 지나치게 큰 존경을 바치는 것과, 일종의 숭배를 하는 데서 생기고 있다. 그런 것으로 해서 인간은 자연의 관조와 경험의 관찰에서 너무 멀리 떨어져 버렸다. 그리고 자기 자신의 이성과 사고 속에서 왔다갔다하며 혼란을 야기시키고 있다. 이런 지성주의자*6들은, 그럼에도 불구하고 매우 숭고하고 신성한 철학자로 간주되고 있으며, 이에 대해서 헤라클리투스는 올바른 비판을 내려, "사람은 자기 자신의 조그만 세계 속에서 진리를 구하고, 커다란 일반적인 세계 속에서는 구하지 않았다"*7고 말하고 있다. 즉 그런 사람들은 신의 저서를 일일이 알뜰하게 더듬어 조금씩 읽어나가기를 싫어한다. 그러고는 끊임없는 명상과 동요로써 자기 자신의 정신에 미래를 예언하며, 자기에게 신탁이 내리도록 역설하고 호소한다. 그러한 것으로 해서 그들이 과오에 빠지는 것도 당연한 일이 된다.

7. 이 후자와 다소 관계가 있는 또 하나의 과오는, 사람이 자기의 사색이나 의견의 이론에 대해서, 흔히 자기가 가장 감탄하고 있는 사고 방식이라든가 가장 많이 연구하고 있는 학문의 색채를 입히고 있다는 것이다. 그리고 다른 모든 것에 자기나름의 빛깔을 주고 있다. 그것은 전혀 진실이 아니며 부적당한 것이다. 플라톤은 그의 철학에 신학을 섞었다. 또 아리스토텔레스는 논리학(論理學)을 섞었다. 그리고 제2 플라톤 학파 신 플라톤파의 프로쿨루스와 그 밖의 사람들은*8 수학을 섞었다. 그 기술들은 저마다 맏아들에 대하는 것 같은 특별한 애정을 갖고 있는 것들이었다. 마찬가지로 연금술사는 용광로의 얼마 안 되는 실험에서 철학을 만들었다. 그리고 우리의 동국인이기도 한 길베르투스는,*9 천연 자석의 관찰에서 철학을 만들었다. 키케로가 영혼의 성질에 대한 여러 가지 의견을 예거하고 있을 때, 어떤 음악가는 영혼은 다름이 아니라 계음(谿音)이라고 생각하였다. 그래서 그는 "이 사람은 자기의 예술 밖으로 나간 적이 없다"*10고 재미있게 말하고 있다. 그러나 이 같은 사고 방식에 대해서 아리스토텔레스는 진지하고 현명한 표현으로, "조금밖에 생각하지 않는 자는, 쉽게 독단적인 의견을 토로한다"*11고 말하고 있다.

8. 또 하나의 과오는 의문에 대한 인내력의 결핍으로서, 적당하고 성숙한 판단의 시간을 갖지 않고 단정으로 비약하는 것이다. 즉, 관조의 두 가지 길은 고대 사람들이 보통 운운하고 있는 행동의 두 가지 길과 닮았다. 하나는, 처음에는 편평하고 순탄하지만 마지막에는 지나갈 수 없게 되는 것이다. 다른 하나는, 입구는 험하고 꽤 까다롭지만 잠시 지나면 훌륭하고 편평해지는 길이다. 관조의 경우에도 마찬가지이다. 만일 사람이 확신을 가지고 시작한다면, 마지막은 의혹이 될 것이다. 그러나 의혹을 가지고 시작하는 데 만족한다면 끝은 확신이 될 것이다.

9. 또 하나의 과오는 지식의 전승(傳承)과 전달 방법에 관한 것이다. 그것은 대부분 스승의 방법을 따른 것이며, 독단적인 것이다. 즉 솔직하고 성실한 것이 아니다. 금방 믿는 것이며, 검토하기가 도무지 쉽지 않게 되어 있다. 간결한 실제를 위한 논고의 경우에는 그런 형식이 틀렸다고 단언할 수 없다. 그러나 지식을 참되게 취급하는 경우, 사람은 쾌락주의 철학자 벨레이우스의 기분에 빠져서는 안 된다. "무언가에 의혹을 가진 것처럼 보이는 것

만큼 두려운 것은 없다"*¹²는 것이다. 또 소크라테스처럼 모든 것에 대해 역설적인 의혹을 갖게 되어서도 안 된다. 사물이 자기 자신의 판단으로 대강 증명할 수 있을 때는 성의를 가지고 뚜렷이 단언하여 제의해야만 한다.

10. 사람이 자기 자신에게 제기하여 거기에 자기의 노력을 기울이는 목적에는 다른 여러 가지 과오가 있다. 즉 무슨 학문이거나 비교적 해이해지는 일이 없는 열성적인 전공자들은 그 학문에 무언가를 덧붙이도록 스스로 생각해야 하는데, 그 노력을 다른 데로 돌려 어떤 2차적인 수확물을 구하게 되는 수도 있다. 이를테면 심원한 해석자나 해설가가 되는 것이다. 날카로운 옹호자나 변호자가 되기도 한다. 또 조직적인 분석자나 요약자가 된다. 그러므로 지식의 상속 재산은 개선되는 일은 있어도 증가하는 일은 드물다.

11. 그러나 무엇보다도 가장 큰 과오는, 지식의 마지막 혹은 궁극의 목적을 망치거나 또는 착각하는 일이다. 왜냐하면 사람이 학문과 지식의 욕망을 갖게 되는 것은 천성의 호기심과 탐구를 좋아하는 기호 때문일 수도 있고, 자기의 마음을 변화와 기쁨으로 달래려고 하기 때문일 수도 있다. 또 장식이나 명성을 위한 것도 있으며, 재능과 반론의 승리를 얻을 수 있게 되기 위한 것도 있다. 그리고 많은 경우 이익과 생활의 수단을 위한 것이기도 하다. 자기 이성의 재주를 진지하고 참되게 발휘하여, 사람의 이익을 위해 이용할 수 있게 만들기 위한 경우는 좀처럼 없다. 지식 속에서 구하려는 것은, 언제나 탐구하느라고 안정을 취하지 못하는 정신을 쉬게 하기 위한 침대라는 것이다. 또는 방황하여 변하기 쉬운 마음의 산책을 위한, 아름다운 조망이 있는 테라스 같은 것이다. 또 오만한 마음이 그 위에 서기 위한 훌륭한 탑 같은 것일 수도 있고, 요새나 내려다보기에 유리한 토지로서, 싸움이나 경쟁을 위한 것도 있다. 혹은 이익이나 판매를 위한 가게 같은 것일 수도 있다. 조물주의 영광과 인간의 상태를 구하기 위한 풍족한 저장소가 아닌 것이다. 그러나 이것이 실제로 지식에 위엄을 주고 높이게 되는 것이다. 다만 관조와 행동이 지금까지보다 더 가깝고 밀접하게 하나가 되고 결합되어 있는 것이 바람직스럽다. 그 결합은 두 개의 최고의 유성, 즉 휴식과 관조의 유성인 목성의 결합과 비슷한 것이라고 해도 좋을 것이다. 그러나 이용과 행위를 운운할 때 내가 생각하고 있는 것은, 앞에서 말한 지식을 이익과 생활 수단으로 이용한다는 그 목적에 대해 생각하는 것은 아니다. 왜냐하면 그런 것이 지식의

추구와 발달을 얼마나 빗나가게 하고 방해하는지 알기 때문이다. 아탈란타 앞에 던진 황금사과 같은 것이다. 그녀가 그것을 줍기 위해 옆길로 벗어나서 몸을 굽히고 있는 동안 경주에서 지고 만 것과 같다.

　길에서 떠나, 구르는 황금사과를 줍는다. *13

　소크라테스에 대해서도 한 말과 같이, 내 뜻은 철학을 하늘에서 불러 내려 지상에 살게 하자는 것이 아니다. 자연 철학은 상관하지 않고, 길이나 정치에만 지식을 이용하자는 것도 아니다. 하늘과 땅이 하나가 되어 인간의 이용과 이익을 위해서 공헌하는 것과 마찬가지로, 그 목적은 양쪽 철학에서 분리하여 배제해야 하는 것으로서, 무익한 사색이나 내용이 별로 없고 허술한 온갖 것이 있다는 것이며, 또 실질적이고 결실이 많은 것을 보존하고 증가시켜야 한다는 것이다. 지식은 매춘부처럼 다만 쾌락과 허영을 위한 것이어서는 안 된다. 또 여자 노예처럼 주인이 이용하기 위해서 입수하고 구해서는 안 된다. 배우자처럼 자식의 출생, 결실, 위안을 위한 것이어야 하는 것이다.

12. 이상과 같이 내가 설명하고 펼쳐 본 것은, 일종의 절개(切開) 같은 것이며 여러 가지 병적 상태였다(그 주된 것들이다). 그것들은 학문의 진전에 장애가 되어 있을 뿐 아니라, 악평까지 불러일으키고 있다. 그 경우 내가 너무 노골적인 표현을 했다면, "친구의 아픈 책망은 충직으로 말미암은 것이나 원수의 잦은 입맞춤은 거짓에서 난 것이니라"*14는 것을 상기해 주었으면 한다. 나는 다음의 목적에는 도달했다고 생각한다. 즉 내가 칭찬에 관련하여 말하는 것은 그만큼 더 믿을 수 있다는 것이다. 비판에 관한 것에선 매우 자유로이 이야기를 진행시켜 왔기 때문이다. 그러나 나의 목적은 학문을 찬양하자는 것도 아니고, 시나 학문의 여신에 대한 찬가를 만들자는 것도 아니다 (하기야 내 생각으로는 이미 훨씬 전부터 그 의식은 적당히 축하되고 있다고 생각한다). 나의 의도는 장식하거나 물을 타지 않고, 다른 것과의 균형으로 지식의 존엄에 대한 무게를 생각하고, 또 신과 인간의 증명 및 의론으로 참된 가치를 발견하자는 것이다.

〈주〉

*1 〈시간〉은 그리스 신화의 크로노스를 가리킨다. 크로노스는 자기 아이가 태어나면 모두 잡아 먹어 버렸다.

*2 〈예레미야서〉 6·16.

*3 아우구스투스 시대에 제정된 결혼 장려의 법령. 노인의 결혼을 금지한 것이 아니라, 젊은이의 결혼을 장려한 것이다.

*4 리비우스 〈로마사〉 9·17.

*5 아포리즘(Aphorism)은 베이컨이 잘 사용하는 말로서 정의, 혹은 원리를 간결하게 종합한 것이다.

*6 베이컨이 만들어 낸 말.

*7 섹스투스 엠페리우스 《반논리》 1·33.

*8 프로쿨루스(410~485년)는 그리스의 신 플라톤 학파. 이교주의를 주창하고 플라톤의 주해 등을 썼다. 그 밖의 사람들이란 피타고라스 등을 가리킨다.

*9 1540~1603년. 엘리자베드 여왕의 궁정 의사이자 물리 학자. 《자석론》을 저술했으며, 전기에 관한 용어에는 그가 처음으로 쓰기 시작한 것이 많고, 〈전기의 아버지〉라고 일컬어진다.

*10 키케로 《투스쿨룸론》 1·10·20.

*11 아리스토텔레스 《생성과 소멸에 대하여》 1·2.

*12 키케로 《여러 신들의 성질에 대하여》 1·8·18 벨레이우스(기원전 19년 무렵~기원후 31)는 제1차 삼두정치에 참여했던 크랏수스의 친구.

*13 오비디우스 《변신부》 10·667. 아탈란타는 걸음이 빠른 처녀로 자기와 경주하여 이긴 사람의 아내가 되겠다고 말했는데, 멜라니온은 베누스가 준 세 개의 황금사과를 던져서 그녀가 줍고 있는 동안에 앞질러서 경쟁이 이겼다.

*14 〈잠언〉 27·6.

6

1. 그러므로 먼저 지식의 원형 혹은 제1형의 존엄을 찾아보기로 하자. 그것은 신의 속성과 행위 속에 있는 것이나, 인간에게 계시(啓示)로서 주어지고 엄숙히 관찰할 수 있는 범위 안의 것이다. 그 경우, 학문이라는 이름으로 그것을 구해서는 안 된다. 왜냐하면 모든 학문은 획득한 지식이고, 신의 경

우 모든 지식은 근원적인 것이기 때문이다. 그러므로 그것을 구하려면 다른 이름으로 하지 않으면 안 된다. 그것은 예지 혹은 지혜이며 성서에서 그렇게 부르고 있는 것이다.

2. 그런 까닭으로 창조의 작업에서 신으로부터 덕성의 2중 방사(二重放射)를 볼 수 있다. 하나는 힘과 관계가 있다고 말하는 편이 더 적당한 것이고, 하나는 예지와 관계있는 것이다. 한쪽은 물질의 본질을 만드는 데 나타나고, 나머지는 형식의 미를 갖추어 준다. 다음의 것이 상상되는데, 즉 관찰할 수 있는 것은 천지 창조의 역사에 나타나 있는 하늘과 땅의 혼란된 덩어리와 물질이 한 순간에 만들어졌다는 것이다. 그리고 그 혼돈 혹은 덩어리의 정돈과 처리는 6일간의 작업이었다. 힘의 작품, 예지의 작품 위에 신은 매우 큰 차이가 있는 특색을 두었다. 그와 동시에 생긴 것은 전자의 경우 신이 "하늘과 땅이 있으라"라고 말했다고 씌어 있지 않고 그에 계속되는 작업이 씌어 있다는 것이다. 그러나 실제로는 신이 하늘과 땅을 만들었다는 것이다. 전자는 제작의 양식을 정하고 있고 후자는 법칙, 법령, 권고(勸告)를 전하고 있다.

3. 신으로부터 성령(聖靈)으로, 다음 계급의 것으로 넘어가기로 하자. 그 아테네의 원로원 의원 디오니시우스로 상상되고 있는 사람이 말한 하늘의 계급을 믿을 수 있는 한, 제1의 지위 또는 계급이 사랑의 천사에게 주어져 있다는 것을 알 수*¹ 있다. 그것은 치천사(熾天使), 세라핌이라고 부르는 것이다. 제2는 빛의 천사로서 지천사(智天使), 케루빔이라고 부른다. 그리고 제3 및 그 다음에 계속되는 지위는 좌천사(座天使), 권천사(權天使) 등인데, 모두 힘과 봉사의 천사들이다. 그러므로 지식과 광명의 천사가 직무와 지배의 천사 위에 놓여지는 것이다.

4. 성령과 지적인 형태에서 감각으로 알 수 있는 물질적인 형태로 내려가 보자. 우리가 읽는 바로는 창조된 제1의 형태는 빛이었다. 그것은 자연과 육체적 사물 속에서, 성령과 비육체적인 사물 속에서의 지식에 대한 관계와 상관성(相關性)을 갖는 것이다.

5. 그리하여 날의 배분에 있어서는, 신이 쉬면서 자기가 한 일을 바라본 날이 축복되고 있으며, 그것은 그러한 일을 완수하고 성취한 모든 날보다 우월하다는 것을 알 수 있다.

6. 창조가 끝난 뒤, 기록되어 우리에게 보여 준 바로는 인간이 낙원 안에

있게 되고 거기서 일을 하게 되었다는 것이다. *² 그 일은 바로 관조(觀照)하는 일로서 정해져 있었다. 즉 그것은 일의 목적이 운동과 실험을 위한 것이지, 필요를 위한 것이 아닐 때였다. 왜냐하면 그 무렵에는 창조된 생물의 노력과 이마의 땀 같은 것은 없었으므로, 인간의 일은 실험에 대한 기쁨의 문제일 뿐, 실용을 위한 노동의 문제가 아니었을 것이기 때문이다. 또 낙원에서 인간이 이룩한 최초의 행위는, 지식의 가장 중요한 두 가지 부분으로 성립되어 있었다. 그것은 창조물의 관찰과 이름을 붙이는 일이었다. 타락을 가져오게 된 지식은, 이미 언급했듯이 창조물의 자연적인 지식이 아니라 선과 악에 대한 도덕적인 지식이었다. 이 점에 대해서 상상되는 것은 신의 계율이나 금지 같은 것은 선악의 근원이 아니며, 그런 것의 시작은 다른 데 있고 그것을 인간이 알고 싶어했다는 것이다. 그 목적은 신으로부터 완전히 떠나, 자기 자신에게 전적으로 의지하려고 하는 것이었다.

7. 인간이 타락한 뒤의 첫 사건이자 일에 있어서 우리가 보는 것으로는(성서에는 무한의 신비가 있으며, 그러면서도 이야기나 문학의 진실성에 전혀 피해를 주고 있지 않다) 두 가지 상태가 있다. 그것은 관조적인 상태와 행동적인 상태이며, 아벨과 카인의 두 인물에 나타나 있다. 그들은 가장 단순하고 가장 원시적인 인생의 두 가지 직업을 갖고 있다. 즉 양치는 직업(한가한 시간과 한 장소에 머물려 있다는 것, 그리고 하늘을 바라보며 산다는 것으로 해서 그것은 관조적인 생활의 생생한 모습이다)과 농사짓는 직업이다. 이 경우에도 신의 은혜와 선택이 양치는 쪽으로 갔으며, 땅을 가는 사람에게 가지 않았다는 것을 볼 수 있다.

8. 노아의 대홍수 이전의 시대에 있어서, 기입되고 기록되어 있는 얼마 안 되는 각서 속의 신성한 기록으로 인정되고 이름을 들어 중시하고 있는 것은, 음악이나 금속 세공의 연구자와 작자들이다. 대홍수 뒤의 시대에서 인간의 야심에 대한 신의 커다란 첫 심판은 말의 혼란이었다. 그 때문에 학문과 지식의 자유로운 소통과 교류가 주로 방해되었던 것이다.

9. 입법자이자 신의 첫 기록자인 모세에게로 내려가면, 성서는 이 사람에 대해 다음과 같이 덧붙여서 칭찬하고 있다. "모세는 이집트 사람의 모든 지혜를 배워 말과 일에 힘이 있었다."*³ 이 나라는 세계의 가장 오래된 학교라고도 할 수 있는 곳의 하나이며, 학문이 번성한 곳이었다는 것은 우리가 다

알고 있는 바이다. 즉 플라톤은 이집트의 신관(神官)이 솔론에 다음과 같이 말하고 있는 것을 인용하고 있다. "당신들 그리스 인은 언제나 어린아이다. 고대에 대한 지식도 없고, 지식의 고대성(古代性)도 모른다."*4

모세의 의식에 대한 법칙을 살펴보자. 거기서 보지 않을 수 없는 것은, 그리스도의 선구자적인 모습 이외에 신의 인민 즉 유대 인의 특색*5과 표시, 복종의 행사와 강제, 그 밖에 신성한 효용과 결과 등이다. 가장 학문있는 유대의 율법 학자들 가운데서는 그것을 지키려고 깊이 노력하여 이익을 얻고 있는 사람도 있다. 그중에는 많은 의식이나 법령의 자연적 혹은 물리적 해석, 도덕적 의미 혹은 해석 등 여러 가지가 있다. 이를테면 문둥병의 법률이 있다. 거기서 말하는 것은 "흰 점이 피부에 다 번져 버리면, 그 환자는 정한 것으로서 밖에 내보내도 좋다. 그러나 어딘가 건전한 피부가 남아 있으면, 부정한 것으로서 금고해야 한다"*6는 것이다. 그중의 한 사람이 말하고 있는 것은 자연에 대한 원리이며, 부패는 성숙 후보다 전에 더 전염성이 있다는 것이다. 또 한 사람이 말하고 있는 것은 도덕 철학의 정리이며, 악덕에 몸을 맡긴 사람들은 절반씩만 좋고 나쁜 사람처럼 도덕을 타락시키지 않는다는 것이다. 그와 같이 이 법칙에서는 이 대목과 그 밖의 여러 많은 대목에서, 신학적인 의미 이외에 철학이 많이 섞여 있는 것을 볼 수 있다.

10. 마찬가지로 그 뛰어난 〈욥기〉에서 그것을 면밀히 생각해 보면, 자연 철학으로 가득 차서 부풀어올라 있는 것을 발견할 수 있을 것이다. 이를테면 우주 형상지(宇宙形狀誌)나 세계가 둥글다는 말 등이 있다. "그는 북편 하늘을 허공에 펴시고, 땅을 공간에 다시며"*7라고 했다. 여기서는 지구가 허공에 매달려 있다는 것과, 북쪽의 극(極), 하늘의 유한성 혹은 철상(凸狀)에 언급하고 있는 것이 명백하다. 그리고 또 천문학에 관한 문제가 있다. 즉 "그 신(정신)으로 하늘을 단장하시고, 손으로 날랜 뱀을 찌르시나니"*8라고 했다. 또 다른 대목에서는 "네가 열 두 궁성을 때를 따라 이끌어 내겠느냐, 북두성과 그 속한 별들을 인도하겠느냐?" 하고 말하고 있다. 여기에는 별이 고정되어 있고, 언제나 같은 거리에 있다는 것이 매우 우아하게 기록되어 있다. 또 다른 대목에서 "그가 북두성과 삼성과 묘성과 남방의 밀실을 만드셨으며"*10라고 했다. 여기서도 남극의 요상(凹狀)을 알고 있으며, 그것을 남쪽의 밀실이라고 말하고 있다. 남쪽의 별은 그 지역에서는 보이지 않기 때문

이다. 출생 문제에 대해서는 "주께서 나를 젖과 같이 쏟으셨으며, 엉긴 젖처럼 엉기게 하지 아니 하셨나이까?"*11 하고 말하고 있다. 광물 문제에 대해서는, "은이 나는 곳이 있고, 금을 제련하는 곳이 있으며, 철은 흙에서 캐내고, 동은 돌에서 녹여 얻느니라"*12라고 그 장에 나와 있다.

11. 마찬가지로 솔로몬 왕이라는 인물 속에서는, 예지와 학문의 천부의 것인지 보배인지를 볼 수 있다. 그것은 솔로몬의 소원과 그에 대한 신의 동의 속에 나타나 있으며, 지상의 다른 모든 일시적인 행복보다 중요한 것으로 생각하고 있다. 신이 그것을 허락하거나 또는 줌으로써, 솔로몬은 신학 및 도덕 철학에 관해 여러 가지 뛰어난 비유나 중요한 뜻을 쓸 수 있었을 뿐 아니라, 모든 식물류의 자연사(自然史)를 편찬할 수 있었다. 산 위의 삼목에서 벽 위의 이끼(그것은 부패물과 식물 사이의 미발달의 것에 지나지 않지만)에까지 이르고 있다. 또 호흡하고 움직이는 모든 것을 취급하고 있다. 사실 같은 솔로몬 왕은 보물과 장려한 건축, 선박과 항해, 봉사와 뒷바라지하는 고용인들, 평판과 명성 같은 영예에 뛰어나 있었지만, 이런 영예는 어느 것에 대해서나 권리를 주장하는 일이 없고 다만 진리 탐구의 영예만을 중시했다. 왜냐하면 매우 뚜렷이 "일을 숨기는 것은 하느님의 영화요, 일을 살피는 것은 왕의 영화이니라"*13 하고 말하고 있기 때문이다. 어린아이들의 천진난만한 장난처럼, 신성한 신은 자기가 한 일을 감추어 두고 그것이 발견되는 것을 목적으로 삼고 기뻐하고 있는 것처럼 보인다. 또 국왕이 얻을 수 있는 무엇보다도 훌륭한 명예는, 이 장난에서 신의 장난 친구가 되는 것이라고 말하고 있는 것처럼 보인다. 생각해 보면 재능있는 사람들만이 수단을 아주 자유로이 쓸 수 있고, 그 때문에 국왕들이 아무것도 감출 필요가 없다고 말할 것이기 때문이다.

12. 신의 율법은 구세주가 이 세상에 온 시대에도 변함이 없었다. 왜냐하면 우리의 구세주 자신이 무지를 정복하는 힘을 먼저 보여 주었기 때문이다. 성직자나 법률 박사와 의논한 것으로서, 그것은 기적으로 자연을 정복하는 힘을 보여 주기 전의 일이었다. *14 그리고 성령의 도래는 주로 여러 가지 말의 보기나 재능으로써 비유적으로 표현되었다. *15 그것이 바로 지식의 전달자라고 말하고 있는 것이다.

13. 그러므로 신앙을 심기 위해서 신이 쓰는 연장을 고를 때, 처음에는 영

감에 의하는 것 이외에 전혀 학식이 없는 사람들을 사용했다. 자기의 직접적인 사용을 더 한층 뚜렷이 나타내고, 그리하여 인간의 예지나 지식을 모두 낮은 것으로서 보여 주기 위해서였다. 그럼에도 불구하고 그 의도가 수행되자 곧 그에 계속되는 여러 시대에 신의 진리를 세계에 보내 주었는데, 그것에 하인 혹은 하녀처럼 다른 학문도 딸려 보냈던 것이다. 즉 성바울은 사도들 가운데서 오직 하나의 학식있는 사람이었는데, 그는 신약 성서(新約聖書)의 서술 중에서 붓을 가장 많이 사용하고 있었다.

14. 그래서 또 교회의 초기 사교나 교부(敎父)들의 대부분은, 이교도의 모든 학문을 잘 읽고 연구했다는 것을 알 수 있다. 그러므로 율리아누스 황제의 칙령(그것으로 그리스도 교도들은 학교, 강의, 학문의 연습에 참여하지 못하게 금지당했다)은, 그리스도 교의 신앙에 대한 해로운 방법이자 음모이며, 성인들의 피비린내 나는 박해(迫害) 이상의 것으로 평가되고 생각되었다. 로마 교황인 초대 그레고리우스 1세의 그리스도에 대한 열의도, 그것과 싸우는 자에 대한 반대도, 신심이 깊고 신앙이 두텁다는 명성을 얻지는 못했다. 오히려 반대로 변덕스럽고 악의가 있으며, 무기력하다는 평을 성직자들한테서까지 받았던 것이다. 왜냐하면 그가 이교도의 옛 저작자들이 한 것을 말살하여 지워 버릴 생각을 했기 때문이다. 그러나 한편으로는 그리스도 교회가 서북쪽으로부터의 스키타이 인과 동쪽으로부터의 사라센 인의 침입 사이에 끼여서, 그 신성한 무릎과 가슴에 이교 학문의 귀중한 유물마저 보존해 주었다. 그렇지 않았더라면 그런 것은 전혀 존재하지 않았던 것처럼 소멸해 버렸을 것이다.

15. 우리가 눈 앞에 볼 수 있는 것으로는, 우리 자신과 우리 아버지들의 시대에 하느님이 그 뜻에 따라 로마 교회가 타락한 도덕과 의식(儀式)과 악폐에 빠지기 쉬운 것을, 그리고 그것을 지지하기 위해서 만들어진 여러 가지 교의(敎義)를 책망했다는 것이다. 바로 그때 그와 동시에 신의 섭리에 의해 정한 것으로서, 그와 함께 다른 모든 지식의 개신과 새로운 원천이 생기게 되었다. *16 또 한편에서는 예수회 사람들을 볼 수 있다. 이 사람들은 부분적으로는 그들 자체에서, 또 그것이 보여 주는 실험의 모방과 도발에서 학문의 상태에 매우 활기를 주어 강화하게 되었다. 앞에서 볼 수 있다고 말했지만, 그것이 로마 교에 얼마나 두드러진 봉사를 했고, 이것을 부활시키는 데 도움이 되었

는지 말할 수 있을 것이다.

16. 그러므로 이에 대한 결론을 내림에 있어서 생각되는 것은, 철학과 인간의 학문이 신앙과 종교에 대해 할 수 있는 것으로서, 치장과 장식 이외에 두 가지 중요한 의무와 일이 있다는 것이다. 한쪽의 이유는 그것이 신의 영광을 고양시키는 데 효과적인 촉진책이 된다는 것이다. 즉 시편(詩篇)이나 그 밖의 성서의 서술이, 신의 위대하고 경이적인 작업을 생각케 하고 그것을 찬미하게 만드는 일이 많은데, 한편 우선 우리의 감각에 닿는 대로 그 외면의 관조에만 머물러 있다면, 신의 위엄에 주는 위해는 뛰어난 보석상의 물건을 판단 또는 평가하는 데 있어서 길가 가게 앞에 늘어놓은 것만 생각하는 것과 비슷한 것이 된다. 또 한쪽의 이유는 불신과 과오에 대한 유일한 도움과 예방책을 준다는 것이다. 우리 구세주는 "너희는 성경도 모르고 하느님의 권능도 모르기 때문에 잘못 생각하고 있다"*17고 말하고 있다. 그리고 우리가 만일 과오를 저지르지 않도록 보호를 받고 싶으면, 우리 앞에 두 권의 책인지 두루마리인지를 놓고 연구하게 해 준다. 하나는 성서로서 신의 뜻을 나타내는 것이고, 다른 하나는 그 힘을 보여 주는 창조물이다. 후자는 전자의 열쇠가 된다. 그것은 우리의 오성(悟性)을 열어서 성서의 참된 뜻을 생각하는데, 이성의 일반 개념과 말의 규칙을 사용할 뿐만 아니라 주로 우리의 신념을 열어, 일 위에 기록되고 새겨져 있는 신의 전능성을 올바로 명상하도록 우리를 끌어넣어 준다. 그러므로 학문의 참된 존엄과 가치에 관한 신의 증언과 증거에 대해서는 그만 하기로 한다.

〈주〉

*1 디오니시우스 아레오파기타 《하늘의 계층론》 6~9.

*2 〈창세기〉 13, 23, 19.

*3 〈사도행전〉 7·22.

*4 플라톤 《티마이오스》 3·22.

*5 할례의 습관을 가리킨다.

*6 〈레위기〉 13·4~14.

*7 〈욥기〉 26·7.

*8 〈욥기〉 26·13.

*9 〈욥기〉 38·32.

*10 〈욥기〉 9·9.

*11 〈욥기〉 10·10.

*12 〈욥기〉 28·1, 2.

*13 〈잠언〉 25·2.

*14 〈누가복음〉 2·46.

*15 〈사도행전〉 2·1.

*16 문예부흥이 시작된 것을 가리킨다.

*17 〈마태복음〉 22·29.

7

1. 인간의 증거에 대해서 볼 때 이것은 매우 큰 분야이므로, 이런 성질의 짧은 논고에서는 우리가 제출할 수 있는 여러 가지 것 중에서 선택하는 편이, 여러 가지 많은 것을 모두 다루는 것보다 적당하다고 할 수 있다. 그러므로 우선 먼저 이교도들인 인간의 명예에 대한 단계에서는, 신으로서의 존경과 숭배에 도달하는 것이 최고의 것이었다. 이것은 그리스도 교도들에게는 금지된 열매였다. 그러나 지금은 인간의 증명에 대해서 개별적으로 이야기하기로 한다. 그것에 의하면 그리스 인의 '신화(神化)', 라틴 인의 '신에게 귀속하는 일'이라는 것이, 인간이 인간에게 주는 최고의 명예였다. 특히 그것을 주는 것이 로마 황제들 사이에서 보통이었던 것처럼, 국가의 정식 법령이나 행위에 의하지 않고 마음속에서의 암묵의 동의와 신념에 의한 것일 때 그러했다. 그 명예는 매우 높은 것이어서 하나의 단계 내지는 중간사(中間辭) 같은 것이 있었다. 즉 인간의 명예 이상이라고 생각되는 것으로서 영웅 및 신의 명예가 있었던 것이다. 그 명예를 나누어 주는 데 있어서, 고대에는 다음과 같은 차별을 두었다. 국가나 도시의 설립자와 통일자, 입법자, 전제군주를 멸망시킨 자, 민족의 아버지 그리고 그 밖에 국민으로서의 가치에 뛰어난 사람들은, 다만 값어치있는 사람들이라든가 반신(半神)이라는 칭호가 주어졌을 뿐이다. 이를테면 헤르쿨레스, 테세우스, 미노스, 로물루스 등이 그런 사람들이다. 한편 인간의 생활에 대한 새로운 기예(技藝), 기여, 물건의 연구자, 작가들은 신성한 자로서 언제나 여러 신들과 나란히 앉혀졌다.

이를테면 케레스, 박쿠스, 메르쿠리우스, 아폴론 등이 있다. 그것은 옳다고 할 수 있었다. 왜냐하면 전자의 가치는 한 시대나 한 나라의 범위 안에 한정되어 있기 때문이다. 그들은 결실을 많이 가져다 주는 비와 같았다. 그것은 유익하고 좋은 것이지만 그 계절에만, 또 그 내리는 범위의 토지에만 유용한 것이다. 그러나 후자의 것은 하늘의 은혜와 비슷하며, 그것은 영구적이고 보편적이다. 또한 전자에는 또 투쟁과 동요가 섞여 있으나 후자에는 신의 존재의 참된 성격이 있다. 그것은 '부드러운 바람'이 되어 찾아오는 것으로서, 소리도 없고 소란스럽지도 않다.

2. 그리고 확실히 또 하나의 학문의 가치가 있다. 그것은 인간이 인간에게 주는 여러 가지 불편을 누른다는 것인데, 자연에서 일어나는 필요를 채워 준다는 전자의 가치에 그리 뒤지는 것이 아니다. 그 가치는 고대 사람들에 의해 오르페우스 극장의 허구 이야기 속에서 생생하게 묘사되어 있다. 거기에 모든 짐승과 새가 모였다고 한다. 그리고 어떤 것은 먹이를, 어떤 것은 놀이를, 어떤 것은 싸움 같은 저마다의 욕망을 잊고 함께 의좋게 모여서 하프의 선율과 화음에 귀를 기울였던 것이다. 그러다가 그 소리가 멎거나 다른 무언가 더 높은 소리에 지워지자, 그들은 금방 본디의 성질로 되돌아가 버렸다고 한다. 거기에 교묘히 그려져 있는 것은 인간의 성질과 상태이다. 인간은 야만스럽고 교육을 할 수 없으며, 이익이라든가 욕정이라든가 복수 같은 욕망을 가득 갖고 있다. 그것이 책이나 설교나 연설 등의 웅변과 설득으로, 혹은 아름답고 듣기 쉽게 되어 있는 가르침이나 법률이나 종교에 귀를 기울이게 하여, 사회의 평화가 유지된다는 뜻이다. 그러나 이러한 악기가 소리를 내지 않게 되거나, 소동과 동란으로 그것이 들리지 않게 되면 모든 것은 분해하여 무정부 상태의 혼란에 빠져 버린다는 뜻이다.

3. 그러나 이것이 비교적 뚜렷이 나타나는 것은, 국왕 자신 혹은 그 밑의 권력있는 사람들 혹은 민주국, 공화국의 다른 통치자들이 학문을 갖고 있을 때이다. 자기 자신의 직업을 편애했다고 생각될지 모르는 사람이 한 말이지만, '민중이나 국가가 행복해지는 것은 국왕이 철학자이거나, 철학자가 국왕일 때이다'[*1]라는 말이 있다. 실제로 학문있는 군주나 통치자 아래서는 언제나 가장 훌륭한 시대였다는 것이 경험으로 실증되고 있다. 즉 국왕이 그 감정이나 습관 면에서 아무리 불안전한 데가 있더라도, 학문의 광명을 갖고 있

으며 종교, 정치, 도덕에 대해서 여러 가지 개념을 가졌다면, 그 때문에 멸망으로 이끄는 돌이킬 수 없는 온갖 과오나 과도함을 면하여 그런 것에 빠지지 않게 된다. 고문(顧問)이나 하인들이 입을 다물고 잠자코 있을 때라도, 그들의 소곤거림이 언제나 귀에 들려 오는 것이다. 그리고 원로원 의원이나 고문들이라도, 마찬가지로 학문있는 사람이라면 비교적 안전하고 실질적인 원칙 위에서 나아가는 법이며, 그저 경험만의 인간인 고문들과는 다르다. 전자의 종류는 위험을 멀리 접근하지 않게 해 둔다. 이에 대해서 후자는 그것이 접근해 올 때까지 발견하지 못한다. 그리고 막상 급해지면 자기 재능의 민속함만 믿고 그것을 피하거나 비켜서려고 한다.

4. 학문있는 군주 아래서의 그와 같은 행복한 시대는(언제나 간결한 법칙을 지켜서 가장 현저하고 엄선된 예를 들기로 하면), 도미티아누스 황제가 죽고부터 코모두스의 치세에 이르는 시대에 가장 잘 나타나 있다. 그 기간에는 잇달아 6명의 군주가 포함되어 있으며, 모두 학문이 있거나 아니면 학문의 후원자이자 촉진자였다.

이 시대는 현세적인 여러 가지 점으로 생각하여, 로마 제국(그 무렵에는 세계의 모범이었다)이 경험한 적 없는 가장 행복하고 번영된 시대였다. 그것은 도미티아누스가 살해되기 전날 밤 그의 꿈으로 알려지고 예언된 것이다. 다시 말해서 황제는 자기의 두 어깨 위 뒤쪽에 황금의 목과 머리가 돋아났다고 생각했다. 그것은 그대로 실현되어 그 황금 시대가 그 뒤에 계속되었던 것이다. 그 군주들에 대해서 얼마간 적어 보기로 하자. 물론 그 내용이 일반적으로 알려져 있는 것이고, 변설(辯舌) 쪽이 적절해서 이런 압축한 논고에는 적당하지 않다고 생각될지 모른다. 그러나 당면 문제에는 적절한 것이며, "아폴론은 언제나 활 시위를 당기고만 있지 않다"*³는 말도 있는 것이다. 또 그 사람들의 이름만 들어서는 너무 멋이 없고 지나치게 간결하므로, 그것을 모두 제외하지 않기로 하겠다.

첫째는 네르바였다. 그 정치의 뛰어난 기질은, 코르넬리우스 타키투스의 글 가운데 한 구절에 생생하게 언급되어 있다. "신과 같은 네르바가 전에는 하나가 되지 않았던 권력과 자유를 융합시킨 뒤"*⁴라고 말하고 있다. 그리고 학문의 증거로서 기억에 남는 그 짧은 치세 중의 마지막 행위는 양자 트라야누스에게 보낸 편지였다. 그 시대의 감사를 모르는 마음에 대한 내적(內的)

불만에서 나온 것으로서, 호메로스의 싯구로 표현되어 있다.

　오오, 포이보스여, 당신의 화살로 우리의 눈물에 대한 복수를 해 주시오.*5

5. 그 뒤를 이은 트라야누스는 학문이 없었다. 그러나 "예언자를 예언자로 맞아들이는 사람은 예언자의 보상을 받을 것이요"*6 하고 말하고 있는 우리 구세주의 말에 귀를 기울인다면, 이 사람은 가장 학문있는 군주 속에 넣는 게 알맞다. 왜냐하면 그 이상 위대한 학문을 존경한 사람도, 학문의 은인도 없었기 때문이다. 유명한 도서관의 설립자이자, 학문있는 사람을 끊임없이 지위에 올려 준 사람이며, 학문있는 교수나 교사들과 친히 이야기를 나누는 사람이었다. 그런 사람들은 그 무렵 궁정에서 가장 신용을 얻고 있었다고 한다.

그런 한편 트라야누스의 덕성과 정치가 어느만큼 숭배되고 유명했나 하는 데 대해서는, 확실히 엄숙하고 진실된 역사의 어느 증언도, 로마 교황 대(大) 그레고리우스의 전설적인 이야기 이상으로 전하고 있는 것은 없다. 이 사람들은 모든 이교(異敎)의 뛰어난 점에 대해 극단적인 악의를 가지고 있었다고 한다. 그러면서도 트라야누스의 도덕적인 덕성을 사랑하고 존경하는 마음에서 신에게 열심히 열렬한 기도를 드려, 그의 영혼을 지옥에서 구해 달라고 빌었다고 전해진다. 그리하여 그것을 얻고는 이제는 더 이상 그런 소원을 하지 말라는 주의를 들었다고 한다. 이 군주의 시대에는 또 그리스도 교도에 대한 박해에 약간의 휴지상태(休止狀態)를 볼 수 있었다. 거기에는 뛰어난 학문이 있는 사람으로, 트라야누스가 높은 지위에 앉힌 소(小)플리니우스의 증언이 있었다.

6. 그 뒤를 이은 아드리아누스는 비할 데 없이 연구심이 강한 사람이었으며, 가장 보편적인 탐구자였다. 그는 모든 것을 파악하고자 했으며, 가장 가치있는 것을 위해서는 조금도 정력을 아끼지 않았는데, 그것이 그의 마음 속에 있는 한 과오라는 말을 들을 정도였다. 마케도니아의 필리포스에게서 오래 전에 볼 수 있었던 것과 같은 정신이었다.

이 사람이 음악에 관한 논의에서 뛰어난 어떤 음악가를 눌러 이기려고 안간힘을 썼을 때, 그 음악가가 받아서 한 말로 다음과 같은 것이 있다. "이거 참 놀랍습니다(하고 그는 말하는 것이었다), 폐하의 신분이 참으로 나쁜 것이어서 이런 것을 저 이상으로 알고 계시다니." 마찬가지로 이 황제의 탐구심을 이용하여 신은 그 무렵 교회에 평화를 가져다 주었다. 즉 그리스도를 존경하여 신이나 구세주라고 생각한 것이 아니라, 하나의 이상한 혹은 신기한 것으로 생각했던 것인데, 그 초상을 화랑에다 아폴로니우스*7와 나란히 걸어 놓았다(그의 순진한 상상으로는, 이 사람과 자기가 얼마쯤 비슷한 데가 있다고 생각했던 것이다). 그러나 그것은 그리스도의 이름에 대한 그 무렵의 심한 증오를 완화시키는 데 도움이 되었다. 그래서 교회도 그 시대에는 평화로웠다. 또 종교 이외의 일반적인 정치에 대해서는, 즉 군사상의 공적이나 사법 부문의 완전함에 있어서는 트라야누스에 미치지 못했지만, 신하의 복지를 가져 온 점에서는 단연 뛰어났다. 트리야누스는 기념비나 건축물을 많이 지었다. 콘스탄티누스 대제는 그를 부러워하여 〈벽의 꽃〉*8이라고 불렀을 정도이다. 그 이름이 매우 많은 벽에 씌어 있기 때문이었다. 하지만 그 건축물이나 사업은 이용이나 필요를 위해서라기보다 명예와 승리를 나타내기 위한 것이었다. 그러나 아드리아누스가 보낸 치세 중에는 평화로워서 로마 제국을 걸어다닌다고 할 정도로 구경하고 다니는 데 시간을 보냈다. 간 곳에서 명령을 내리고 할당을 하고, 도시나 마을이나 요새의 상한 것을 재건시켰다. 또 강이나 물길을 트고, 다리와 도로를 만들고, 도시와 자치체에 규제를 주고, 새로운 자치와 독립을 허락했다. 그러므로 그 시대 전체는 바로 그 전 시대의 결점과 쇄미(衰微)를 부흥시켰다고 할 수 있다.

7. 안토니누스 피우스가 그 뒤를 이었는데, 매우 학문있는 군주였다. 그리고 그는 스콜라 학파의 참을성 있고 세밀한 재능을 갖고 있었다. 그러므로 일반 사람의 입에서(그것은 어떤 덕성이건 비난하지 않고 못 견디는 것인데), 회향(回香)의 씨를 쪼개는 사람 혹은 나누는 사람이라는*9 말을 들었다. 그것은 가장 작은 씨의 하나이다. 비상한 인내력과 단호한 결의를 갖고 있으며, 여러 가지 원인의 가장 작고 가장 정확한 특색에도 끼어들 수 있었다. 매우 조용하고 맑은 마음에서 생기는 결과라고 할 수 있다. 그것은 공포, 회한, 주저 따위를 갖지 않았고, 그런 것에 방해도 받지 않았다. 그리고 지금까지 세상을 다스린 사람으로서 일찍이 없을 만큼 순수하고 선량한 사

람으로서, 누구에 대해서나 거짓도 우쭐거림도 없다는 말을 들었고, 그 마음은 끊임없이 무슨 일에 신경을 썼으며 확고했다. 그는 또한 그리스도교에 한 걸음 다가서 있었다. 그리고 아그리파가 성 바울에서 말했듯이 '절반 그리스도 교도'가 되었다. 그 종교와 법률을 중시하고 박해하지 않았을 뿐 아니라, 나아가서는 그리스도 교도의 진출을 인정했다.

8. 이를 계승한 것은 최초의 '신의 형제'인 두 양자 형제였다. 그 한 사람인 아에리우스 베루스의 아들 루키우스 코모두스 베루스는 비교적 온화한 종류의 학문을 매우 좋아해서, 시인 마르티아리스를 언제나 자기의 베르길리우스라고 말하고 있었다. 또 한 사람은 마르쿠스 아우렐리우스 안토니누스였다. 이 두 사람 가운데 마르쿠스 때문에 루키우스의 존재는 흐릿해졌지만, 그 훨씬 뒤까지 살아서 철학자라고 일컬어졌다. 이 사람은 학문에 있어서 다른 모든 황제보다 뛰어났지만, 모든 국왕의 덕성의 완전함에 있어서도 뛰어나 있었다. 율리아누스 황제는 《황제 열전(皇帝列傳)》이라는 제목의 책을 썼는데, 그것은 자기 이전의 황제들을 모두 조롱하고 풍자한 책으로 여러 가지 이야기를 지어 내고 있다. 그 황제들은 모두 여러 신들의 연회에 초청을 받았다. 그리고 실레누스라는 어릿광대가 식탁 말석에 앉아서 들어오는 황제들 한 사람 한 사람에게 조소를 퍼붓는다. 그러나 철학자 마르쿠스가 들어왔을 때는 실레누스도 당황하여 그의 어디를 골탕먹여 주어야 할지 몰랐다고 한다. 다만 마지막에 가서 겨우 그 부인에 대한 인내심을 슬쩍 비쳤을 뿐이었다.

이 군주의 덕성은 그 앞의 황제들에 이어서 안토니누스라는 이름을 세상에서 매우 신성한 것으로 생각하게 되었다. 그 때문에 코모두스, 카라칼라, 헬리오가발루스라는 이름을 가진 사람들은 모두 몹시 불명예스러운 것이 되어, 알렉산데르 세베루스가 그런 이름을 거절하고 자기는 그 일족과 관계가 없다고 말했을 때, 원로원은 이구동성으로 "아우구스투스라는 이름과 마찬가지로 안토니누스라는 이름을 쓰도록" 하라고 했던 것이다. 그 무렵 가장 유명하고 존경을 받은 이 두 군주를 모든 황제의 영구적인 공적 칭호로 삼고 싶었던 것이다. 이 황제의 시대에도 교회는 대체로 평화로웠다. 그러므로 이 연속된 여섯 군주의 예에서, 주권자가 학문의 축복을 받은 효과가 세계 최대의 그림으로서 그려져 있는 것을 볼 수 있는 것이다.

9. 그러나 비교적 작은 규모로서의 조그만 그림이나 회화로서는(현존의 폐하에 관해서는 감히 이야기하지 않기로 하겠습니다만), 엘리자베스 여왕이 가장 뛰어난 예이다. 즉 브리튼의 이 지방에서 폐하의 바로 앞에 있던 분으로, 만일 플루타르코스가 지금 살아서 비교법을 이용하여 전기를 썼다면, 여성 중에 비교할 사람이 없어서 곤란했을 것이다. 이 귀부인은 여성으로서도 보기 드물고, 남성의 군주 중에서도 보기 드물 만큼 학문을 갖추고 있었다. 그 학문도 언어이거나 이론적 학문이거나, 또는 근대의 것이거나 고대의 것이거나, 신학이거나 인간의 학문이거나 무엇이든 정통했다. 그리고 평생동안 독서를 위해 일정한 시간을 비워 두었다. 대학의 젊은 학생이라도 그렇게 날마다 그만큼 정확히 할 수는 없었을 것이다.

그 정치에 대해서는, 이 섬의 이 지방에서 과거에 그 이상의 시대라고 할 수 있는 45년은 없었다고 단언해도 과언이 아니라고 나는 확신한다. 더욱이 시대가 조용해서가 아니라, 그 정치의 지혜 때문이었다. 즉 종교의 진리가 확립되고, 부단한 평화와 안전, 좋은 사법 행정 군주의 대권은 적당히 행사되어 늘어지지도 않고 죄어지지도 않았다. 학문의 번영 상태는 이같이 뛰어난 여성 옹호자에게 알맞는 것이었고, 부와 재산의 적당한 상태를 국왕과 신하에게서 볼 수 있었으며, 종순의 습관과 불만을 드러내지 않게 되었다. 한편 종교상의 여러 가지 이론(異論), 이웃 여러 나라와의 문제, 에스파냐의 야심, 로마 교회의 반대 등도 생각해 볼 수 있다. 게다가 여왕은 고립되어 있었고, 독신인데다가 외로웠다. 이런 것을 모두 생각해 보면 최근에 이토록 적절한 예를 고를 수는 없을 것이고, 지금 당면한 목적에 대해서도 이토록 현저하게 뛰어난 예를 고를 수 없을 줄 안다. 당면한 목적이라고 한 것은 군주의 학문과 국민의 행복의 상관 관계에 관한 것이다.

10. 학문이 또한 그 영향과 작용을 미치는 것은 군사 이외의 일반 가치와 도덕적 덕성, 여러 가지 기예(技藝), 평화의 경향이나 평화적인 정치뿐이 아니다. 마찬가지로 전쟁이나 군사의 덕성과 용기에 적당한 자격을 주는 데도 이에 못지않는 힘과 효력을 가지고 있다. 이를테면 앞에서 말한 알렉산드로스 대왕이나 독재자 카이사르의 예에 나타나 있지만, 그것은 적당한 때에 다시 언급하기로 한다. 전쟁 시기에 이런 사람들의 덕성이나 행위에 대해서는 설명하거나 말할 필요도 없다. 그 방면에서는 시간상의, 즉 역사상의 경

이(驚異)이다. 다만, 학문과 학문에서의 완성에 대한 그 사람들의 애정에 대해서, 조금 언급해 두는 것이 적당할 것 같다.

11. 알렉산드로스를 양육하고 또 가르침을 준 대 철학자 아리스토텔레스는, 여러 가지 철학 저술을 그에게 바쳤다. 칼리스테네스와 그 밖에 여러 가지 학문을 가진 사람들이 옆에 붙어 있었으며, 그 사람들은 그의 진영에 따라가서 여행 때나 정복 때도 떨어지지 않았다. 얼마나 학문을 중시하고 존중했느냐 하는 것은 다음 세 가지 사적(事跡)에 잘 나타나 있다. 첫째는 아킬레우스를 선망하여 언제나 그의 말을 하고 있었다는 것이다. 그것은 아킬레우스가 호메로스의 시처럼 선전 나팔 같은 자기를 칭찬하는 좋은 점을 가지고 있었다는 것이다. 둘째로 다리우스의 보석 속에 발견된 귀중한 상자에 관해서 내린 판단 내지는 해결이었다. 그 상자에 어떤 것을 넣는 것이 적당한가 하는 문제가 생겼을 때, 그는 호메로스의 저작을 넣는 것이 가장 좋다는 의견을 냈던 것이다. 셋째로 아리스토텔레스가 자연에 관한 몇 가지 저술을 낸 뒤 그에게 써 보낸 편지이다. 그 가운데서 철학의 비밀 혹은 신비 같은 것을 공표했다고 그에 대해서 항의하고 있다. 그리고 자기 자신은 권력이나 제국보다도 학문과 지식의 면에서 남보다 뛰어나는 것을 더 중요하게 생각한다는 말을 전하고 있다. 그리고 학문을 어떻게 이용했느냐 하는 것은 그 모든 말과 대답 속에 나타나 있다. 학문과 학문의 적용, 더욱이 온갖 것으로 그것은 가득 차 있다.

12. 그리고 이 점에서 또한 누구나 알고 있는 것을 예거하는 것은 학문을 뻐기는 일 같기도 하고 얼마쯤은 헛일처럼 보이게 할지도 모른다. 그러나 내가 다루는 의론이 그쪽을 향하는 것이므로, 나는 누가 알아 주기만 하면 기쁠 뿐이다. 나는 알렉산드로스거나, 카이사르나, 안토니누스 피우스같은 사람들에 아첨해도(만일 누가 그렇게 말한다면) 상관없다. 그런 사람들은 몇 백 년 전에 이미 죽었지만, 지금 알고 있는 사람들과 다를 바 없다. 왜냐하면, 내가 하고자 하는 것은 군주의 경우에서 학문의 영광을 보여 주려고 하는 것이며, 사람을 칭찬하여 야단스러운 말을 할 생각이 아니다. 그러므로 그가 디오게네스에 대해서 한 말을 음미하고, 도덕 철학의 최대 문제의 참된 해결에 그것이 도움이 되겠는지 어떤지 살펴보면 된다. 즉 외적인 사물을 자유로이 하는 것이 최대의 행복인가, 아니면 그것을 경멸하는 것이 최대의 행

복인가이다. 즉 알렉산드로스는 디오게네스가 작은 것에 아주 완전히 만족하고 있는 것을 보고 그 신분을 비웃는 사람들을 향해서, "내가 알렉산드로스가 아니었다면 디오게네스가 되고 싶구나" 하고 말했던 것이다. 그러나 세네카는 그것을 거꾸로 하여 "알렉산드로스가 주거나 자유로이 할 수 있었다고 생각되는 것 이상으로, 디오게네스가 거절했다고 생각되는 것이 많았다"*10고 말하고 있다.

13. 여느 때에 그가 흔히 한 말에도 주의해 주기 바란다. 그것은 "나는 내가 죽는 것이라는 인간의 성질을, 주로 수면과 욕정의 두 가지 속에서 느낀다"는 것이었다. 이것은 깊은 자연 과학에서 나온 말이 아닌가. 또 알렉산드로스라기보다 아리스토텔레스나 테모크리투스의 입에서 나옴직한 말이 아닌가 하고 생각한다.

14. 또 인간성과 시에 관한 그의 말에 주의하고 싶다. 자기의 상처에서 피가 흘러 나왔을 때, 평소 그에게 신성(神性)이 있다고 말하던 아첨군 하나를 돌아보고 말했다. "보라, 이것은 바로 피다. 이것은 호메로스가 말하고 있는 액체와는 다르다. 디오메데스가 베누스의 손을 찔렀을 때 그런 것이 흘렀다고 했는데."

15. 마찬가지로 하찮은 이론에 대해서 금방 비난하는 데 주의하고 싶다. 그것은 캇산드로스에게 한 말에 나타나 있는데, 그의 아버지 안티파트로스에 대해서 불평이 제기되었을 때의 일이다. 우연히 알렉산드로스가 "이런 사람들이 올바른 불평의 근거가 없는데도, 그렇게 멀리서 호소하러 찾아왔다고 생각하는가?" 하고 말했던 것이다. 캇산드로스는 이에 대해서 "그것이 정말로 찾아오게 된 사정입니다. 반대하는 사람이 없겠지 하고 생각하고 있기 때문입니다" 하고 말했다. 그러자 알렉산드로스는 웃으면서 말했던 것이다. "아리스토텔레스의 교묘함을 알 수 있군. 문제를 찬성과 반대 어느 쪽으로나 갖고 갈 수 있거든."

16. 그러나 또 주목이 되는 것은, 그가 비난하면서도 같은 기술을 자기 기분에 따라 얼마나 슬기롭게 쓸 수 있었는가 하는 것이다. 그는 칼리스테네스에게 은밀히 불만을 품고 있었다. 자기를 숭배하기 위한 새로운 의식에 반대했기 때문이었다. 어느 날 밤 바로 그 칼리스테네스가 같은 식탁에 앉아 있었을 때, 식사 뒤에 어떤 사람이 여흥을 하자고 제의했다. 그것은 웅변가인

칼리스테네스에게 좋아하는 제목이나 계획을 이야기하게끔 하려는 의도였다. 칼리스테네스는 이에 응했다. 마케도니아 국가에 대한 칭찬을 화제로 골라 그것을 매우 잘 해냈으므로 듣는 사람들은 감탄했다. 그러나 알렉산드로스는 조금도 기뻐하지 않고 "그렇게 좋은 주제에 대한 웅변은 쉬운 일이다" 하고는, "방법을 반대로 해 보라. 그래서 우리에게 반대하여 어떤 말을 할 수 있는지 들어보자" 하고 말했다. 칼리스테네스는 곧 그렇게 하여 매우 신랄하고 생생하게 해보였으므로, 알렉산드로스는 그 말을 가로막고 말했다. "앞에서는 좋은 동기가 이 사람을 웅변가로 만들고, 그 다음에는 악의가 또 한 웅변가로 만들었다."

17. 다시 생각할 수 있는 것은 수사학(修辭學)의 비유에 대해서인데, 그는 은유 또는 비유를 교묘히 사용하여 안티파트로스를 비난했었다. 이 사람은 오만하고 폭군적인 통치자였다. 말하자면 안티파트로스의 친구 한 사람이 알렉산드로스에게 이 사람의 조심성을 칭찬했다. 다른 부관들과는 달리 타락한 페르샤 인처럼 거만해지거나 자주빛을 쓰는 일도 없고, 오랜 마케도니아의 검은 의상을 줄곧 입고 있다는 것이었다. 그러나 알렉산드로스는 "과연 그렇다만, 안티파트로스의 속은 완전히 자주빛이다"라고 말했다. 또 하나의 예가 있다. 파르메니온이 아르벨라의 평원에 나타나서 알렉산드로스에게 자기가 대군을 이끌고 왔음을 과시했다. 그는 무수한 불빛으로 그 위세를 과시했다. 그것은 별을 아로새긴 새로운 하늘 같았다. 대왕은 야간 공격을 하자는 조언을 받았다. 그 말을 듣고 "나는 승리를 훔치는 짓은 하지 않는다"고 대답했던 것이다.

18. 정치 문제에 관해서는, 모든 시대에 매우 인정을 받고 있는 그 뜻깊은 구별을 생각해 보라. 그것은 두 친구인 헤파에스티온과 크라테루스에 대해서 한 것이다. 그때 그는 "전자는 알렉산드로스를 사랑하고, 후자는 국왕을 사랑한다"고 말했다. 군주의 가장 훌륭한 하인들의 주된 차이를 말한 것으로 애정으로써 그 인간을 사랑하는 사람도 있고, 의무로써 그 왕관 즉 직무를 사랑하는 사람도 있다는 말이다.

19. 군주의 고문들에게서 흔히 볼 수 있는 과오에 대한 하나의 보기 좋은 비난도 생각해 봐야 한다. 그것은 그런 사람들이 군주에게 충고할 때는 자기자신의 마음이나 운명의 정도에 따라서 하는 것일 뿐, 주인을 생각하는 것은

아니라는 것이다. 다리우스가 큰 제의를 했을 때, 파르메니오는 "내가 알렉산드로스 같았더라면, 제의를 받아들이겠소" 하고 말했고, 알렉산드로스는 "나도 파르메니오 같았으면 그렇게 하겠다"*11고 말하고 있는 것이다.

20. 마지막으로 그 재빠르고 날카로운 대답을 생각해 볼 일이다. 그것은 친구와 하인들에게 매우 큰 선물을 하고, 자기 자신을 위해서는 무엇을 나눠 놓았느냐는 질문을 받았을 때의 대답이다. 그 대답은 '희망'이었다.

그래서 그가 자기의 계산을 올바르게 했는지 안했는지 생각해 보아야 한다. 왜냐하면 '희망'은 위대한 사업을 결심하는 모든 사람의 운명이어야 하기 때문이다. 즉 이것은 카이사르가 처음 갈리아에 들어갔을 때 그의 운명이 되었다. 그의 재산은 그때 보상으로서 모두 나누어 주었기 때문이다. 그리고 이것은 또한 마찬가지로 곧잘 야심에 넋을 잃었지만, 그 고귀한 군주 기즈 공 앙리의 운명이기도 했다. 이 사람을 보통 프랑스 제일가는 돈놀잇군이라고 불렀다. 왜냐하면 자기 재산을 모두 남에게 나누어 주고 은혜를 입혀서 자기 편으로 만들기 위해 써 버렸기 때문이다.

21. 이상과 같은 이유로 결론을 말하면, "모든 학문을 잃더라도, 그것은 베르길리우스 속에서 발견할 수 있을지 모른다"고 언제나 과장하여 말하는 비평가들도 있었지만, 확실히 말할 수 있는 것은, 이 군주에 대해서 전해지고 있는 몇 마디 말 속에 학문의 근거와 발자국이 있다는 것이다. 이 사람에 대한 숭배를 알렉산드로스는 대왕으로서가 아니라, 아리스토텔레스의 제자로서 하여 나는 너무 깊이 들어와 버렸다.

22. 율리우스 카이사르에 관해서 말한다면, 그 학문의 우수함을 그의 교육 혹은 교우 관계 그의 말에서 꺼낼 필요는 없다. 그의 저술과 일에 더 뚜렷하게 나타나 있기 때문이다. 그 가운데는 현존하여 남아 있는 것도 있고 불운하게 없어진 것도 있다. 첫째 그 자신의 몇 차례 뛰어난 전쟁의 역사가 우리 시대까지 전해져 내려오고 있지만, 거기에는 다만 각서라는 제목이 붙어 있을 뿐이다. *12 그 가운데 실질적인 무게가 있는 내용에 대해서는, 후일의 시대가 모두 감탄하고 있는 터이다.

그리고 또 여러 가지 행동이나 인물의 사실적인 묘사와 정채(精彩) 있는 모습이, 비할 때 없이 가장 적절한 말로 알기 쉽게 서술되어 있다. 그것이 타고난 자질의 결과가 아니라 학문과 교훈 때문이라는 충분한 증거로, 그

《유추(類推)에 대하여》라는 저작을 들 수 있다. 그것은 하나의 문법 철학인 데, 그 속에서 같은 '인습적(因襲的)인 말'을 '올바른 말'로 만들려고 노력하고 있으며, 또 말의 습성을 말의 적절성으로 되돌리려 애쓰고 있다. 그리고 이성의 생활에서 그림 같은 말을 취하거나 사물의 모습인 말과 사물의 일치를 도모했다.

23. 그러므로 우리가 그에게서 받은 것은, 그의 힘과 학문 양쪽의 기념비로서 그 무렵에 개정된 달력을 세는 방법이다. 또한 그것을 잘 나타내고 있는 하늘의 법칙을 관찰하여 안 것은, 지상에서 인간에게 법칙을 준 것 못지않게 자기로서도 큰 영예라고 생각하고 있었다는 것이다.

24. 마찬가지로 그《반(反) 카토론(論)》이라는 책에서도, 전쟁의 승리 못지않게 재능의 승리를 바라고 있었다는 것을 금방 알 수 있을 것이다. 그 속에서 시도하고 있는 것은, 그즈음 붓을 들면 최대의 대표자였던 웅변가 키케로와 겨루자는 것이었다.

25. 그가 모은 격언집을 보면, 자기로서는 남의 슬기롭고 간결한 말을 적느니 상의 널빤지가 되는 편이 훨씬 명예롭다고 생각하고 있었음을 알 수 있다. 허영심을 가진 군주들이 아첨을 듣는 습관으로 곧잘 하고 싶어하는 일이지만, 그는 자기 자신의 한 마디 한 마디를 격언이나 신탁(信託)으로 만들게 할 생각은 없었다. 그러나 그의 여러 가지 말을 알렉산드로스의 경우처럼 일일이 든다면, 솔로몬이 한 말과 거의 같다. 그 말에 "지혜자의 말씀은 채찍으로 찌르는 것과 같고, 회중의 스승의 말씀은 잘 박힌 못 같다"*[13]는 것이 있다. 그런 예로서 세 가지만 들어 보기로 하자. 우아(優雅)라는 점에서는 그리 즐겁다고 할 수 없겠지만, 힘차고 효과적인 점으로는 훌륭한 것이라고 할 수 있다.

26. 우선 그가 말의 대가라고 생각하는 데는 이유가 있다. 그는 한 마디로 군대의 반란을 진압시킬 수 있었다고 하는데, 그것은 다음과 같은 것이었다. 로마의 장군은 군대에 대하여 말할 때는 '병사 여러분'이라는 말을 썼다. 그러나 행정 장관이 민중에게 말할 때는 '시민 여러분'이라고 불렀다. 병사들은 동요되어 있어서, 소란을 피우고 해산시켜 달라면서 반란을 일으킬 듯했다. 진정으로 그렇게 말한 것이 아니라, 그렇게 요구함으로써 카이사르를 다른 조건으로 끌고 갈 마음이었던 것이다. 이에 대해서 절대로 양보하지 않을

작정으로 잠시 잠자코 있다가 연설을 시작한 그는 "그럼 시민 여러분" 하고 말을 꺼냈다. 그것은 그들이 이미 해산된 것으로 인정한다는 뜻이었다. 이 말을 듣고 모두 깜짝 놀랐으며 허를 찔린 듯 혼란을 일으켰고, 그의 연설을 계속시키지 않게 하려고 자기들의 욕구를 철회하였다. 그러고는 다시 '병사들'이라는 명칭으로 불러 달라고 부탁했던 것이다.

27. 둘째의 말은 다음과 같은 것이었다. 카이사르는 국왕이라는 칭호를 무척 좋아했다. 그래서 몇 사람에게 지시하여 자기가 지나갈 때면 모두 국왕으로서 갈채를 하게 했다. 이윽고 그때가 되었는데, 그는 농담처럼 그 소리를 흘려듣고는, 모두가 자기 성을 잘못 알고 있는 것처럼 "나는 렉스(왕)가 아니야. 카이사르야" 하고 말했던 것이다. 이 말은 아무리 살펴보아야 그 생명과 충분한 뜻을 거의 뚜렷하게 할 수 없을 정도이다. 즉 첫째 그것은 이름을 거절한 것이지만 진정으로 한 것이 아니었다. 또 그것은 무한한 자신과 관용이 깃들어 있는 말이었다. 카이사르가 훨씬 더 높은 칭호라고 말하고 있는 것 같았다. 그리고 그의 가치에 의해서 오늘날까지 사실상 그렇게 되어 있다. 그러나 주로 그것은 자기의 목적을 이루려고 충분히 생각한 말이었다. 국가가 다만 이름 때문에 자기와 겨루고 있다는 말을 하고 있는 것처럼 보인다. 그 이름은 천한 집안의 인간에게도 주어지고 있는 것이었다. 왜냐하면 렉스(왕)는 우리의 경우 킹(국왕)이라는 성이 있듯이 로마 인의 성이었기 때문이다.

28. 내가 언급하고 싶은 마지막 말은 메텔루스에게 한 말이었다. 전쟁이 선언된 뒤, 카이사르가 로마의 시를 몸소 점령했을 때 일이다. 그때 안쪽에 있는 금고실로 들어가서 그곳에 쌓여 있는 금을 가지려고 했을 때, 호민관(護民官) 메텔루스가 막았다. 그러자 카이사르는 "만일 비키지 않으면, 이 자리에서 너를 죽여 버리겠다" 하고 말했다. 이윽고 생각을 고쳐먹은 그는 덧붙였다. "젊은이여, 그것을 실행하기보다 입으로 말하는 편이 나로서는 더 어렵다네." 이 말은 최대의 공포와 최대의 자비가 한데 섞인 것이며, 인간의 입에서는 좀처럼 나올 수 없는 그런 말이다.

29. 그러면 이야기를 주제로 돌려서 그에 대한 결론을 내려보자. 분명히 그 자신은 자기 학문의 완전함을 충분히 알고 있었다. 그리고 그런 태도를 보이기도 했다. 이를테면 여기서도 그것을 볼 수 있는데, 한 번은 어떤 사람

이 루키우스 술라가 독재 정치에서 물러선다는 것은 참으로 묘한 결심이라고 말한 적이 있었다. 그러자 그는 그를 비웃으면서 자기가 더 뛰어남을 보여 주려고, "술라는 문자를 몰라. 그래서 남에게 쓰게 하는(딕테이트) 거야. 독재(딕테이트)의 방법을 모른단 말이야" 하고 대답했다.

30. 그러면 여기서 군사적 재능과 학문의 일치에 관한 문제를 떠나는 것이 적당할 것 같다(왜냐하면 알렉산드로스와 카이사르 두 사람 뒤에는, 어떤 예를 가져와 봐야 별로 잘 안 될 것 같기 때문이다). 다만 한 가지 드문 경우가 있다. 극단적인 경멸이 극단적인 경탄으로 별안간 바뀐 것이다. 그것은 철학자 크세노폰이다. 이 사람은 소크라테스의 학교에서 아시아로 떠나갔다. 소(小)키루스가 아르타크세르크세스 왕을 치려고 원정했을 때였다. 크세노폰은 그 무렵 매우 젊어서 그때까지 전쟁을 경험한 적이 없었다. 군대를 지휘하지도 않았으며 다만 지원병으로서 종군한 것이었다. 친구 프로크세누스를 사랑하여 그와 함께 있기 위해서였다. 그는 팔리누스가 대왕의 사자로서 그리스 군의 진영을 찾아왔을 때 마침 그 자리에 있었다. 키루스가 싸움터에서 전사한 뒤였다. 그리고 그리스 군은 얼마 안 되는 병사가 그 국왕의 영토 한가운데에 남게 되고, 항해할 수 있는 많은 강이 있으나 조국과는 수백 마일이나 멀리 떨어져 있었다. 사자의 용건은 무기를 버리고 국왕의 뜻에 따르라는 것이었다. 그의 요구에 대답하기 전에 군대의 여러 사람들이 직접 팔리누스와 의논했다. 이때 크세노폰도 다른 사람들과 섞여서 다음과 같이 말했던 것이다. "정말이지, 팔리누스여, 우리에게 남아 있는 것은, 무기와 용기밖에 없습니다. 그런데 만일 무기를 버린다면, 어떻게 용기를 쓸 수 있겠습니까?" 이에 대해서 팔리누스는 미소를 띠며 대답했다. "젊은이여, 만일 내가 틀리지 않았다면, 당신은 아테네 분이군요. 그리고 틀림없이 철학을 공부하고 계시는가 보오. 당신의 말씀은 아름다운 것이오. 그러나 당신의 그 용기로 국왕의 힘을 누를 수 있다고 생각하신다면, 매우 잘못되었소." 여기에는 경멸이 있었다. 이어 놀라운 일이 일어났다. 모든 대장들이 회담 중에 배신당하여 살해된 뒤, 이 젊은 학자 내지는 철학자가 그 1만 명의 병사를 이끌고 국왕의 내륙 중심을 모두 통과하여, 바빌론으로 해서 그리스로 안전히 돌아갔기 때문이다. 국왕의 모든 군대에 조금도 굽히지 않고 온 세계를 경탄시켰던 것이다. 그리하여 후일의 여러 시대에 페르샤 국왕을 침공하는

용기를 그리스 인에게 주었다. 이를테면 뒷날 그것은 테살리아 인 이아손이 생각하고, 스파르타 인 아게실라우스가 시도했으며, 마케도니아 인 알렉산드로스가 성취했던 것이다. 모두 그 젊은 학자의 행위를 바탕으로 한 것이었다.

〈주〉

*1 플라톤 《국가》 5·473.

*2 네르바, 트라야누스, 아드리아누스, 안토니누스 피우스, 마르쿠스 아우렐리우스, 루키우스벨루스의 6명을 가리킨다.

*3 호라티우스 《시편》 2·10·19.

*4 타키투스 《아그리콜라》 3.

*5 호메로스 《일리아드》 1·42 《디오 카시우스》 68 포이보스는 아폴론을 말한다.

*6 〈마태복음〉 10·41.

*7 카바도키아에서 기적을 행했다지만, 사실은 알렉산데르 세베루스의 잘못이라고 한다. 《에세이》 〈19 제국〉 주6 참조.

*8 오시리아스 빅토르 《서한》 41·13.

*9 《디오 카시우스》 70·3.

*10 세네카 《은혜에 대하여》 5·4·4.

*11 플루타르코스 《대비열전》 〈알렉산드로스 편〉 12·5.

*12 카이사르 《갈리아전기》, 《내전기》를 가리킨다.

*13 〈전도서〉 12·11.

8

1. 이번에는 정치적, 군사적 탁월성에서 정치적, 개인적인 탁월성 쪽으로 나아가보기로 하자. 첫째, 다음의 시에 포함되어 있는 것은 진리로 인정되고 있다는 것이다.

학예(學藝)의 성실한 연구가 덕성을 부드럽게 하고
야만성을 온화하게 하는 것은 확실하다. *1

그것은 인간의 마음으로부터 거칠음이나 야만스러움 또는 과격함을 제거해 준다. 그러나 실제로 이 인용에서 '성실함'이라는 점을 강조할 필요가 있다. 왜냐하면 약간의 표면적인 학문은 오히려 반사 작용을 하기 때문이다. 그것은 모든 경박함과 저돌성 또는 오만함을 제거한다. 모든 의문과 난점을 많이 시사하여, 양쪽의 이유를 살펴보도록 마음을 길들이고, 처음 떠오르는 생각을 밀어내고 검토하여 시험해 본 것 이외는 받아들이지 않게 한다. 무슨 일이나 공허한 찬탄을 제거한다. 그런 것이 모든 약점의 바탕이기 때문이다. 왜냐하면 무슨 일이든 찬탄을 듣는다는 것은, 그것이 새롭거나 아니면 위대하기 때문이다. 신기함에 대해서는, 학문이나 관조에 깊이 들어간 사람은 누구나 '해 아래 새것은 없다'*²는 것이 마음에 새겨진다는 것을 알게 될 것이다. 인형극에서도, 막 뒤에 들어가서 그 움직임을 충분히 아는 사람에게는 조금도 신기할 것이 없다. 그리고 크기에 대해서는, 이를테면 알렉산드로스 대왕이 대군과 아시아의 광대한 지역의 대정복에 익숙해진 뒤, 그리스로부터 여러 편지를 받은 적이 있었다. 그것은 그 방면의 몇몇 교전과 전투에 관한 것이었는데, 보통은 도강(渡江)이라든가 요새라든가 고작해야 성벽을 둘러친 도시 같은 것을 상대로 하는 것이었다. 그래서 그는 "옛 이야기에 나오는 개구리나 생쥐의 전쟁 소식을 듣는 것 같구나"*³ 하고 말했던 것이다.

그러므로 사람이 자연의 보편적인 기구(機構)를 잘 생각해 본다면, 인간이 살고 있는 이 지구는—영혼의 신성(神性)은 별도로 치고—한갓 개미 둑으로밖에 보이지 않을 것이다. 거기에는 밀을 운반하는 개미도 있다. 아이를 데리고 가는 것도 있다. 빈 손으로 걸어가는 것도 있다. 모두 조그마한 한 티끌 무더기가 왔다갔다하고 있는 거나 다름없다. 그것은 죽음이나 불운에 대한 두려움을 제거하거나 가볍게 해 준다. 그런 것이 덕성의 최대 장애나 성격의 불안정함을 불러일으키는 것이다. 말하자면 인간의 마음이 인간은 죽는 존재라는 것과, 붕괴하기 쉬운 사물의 성질에 대한 고찰에 깊이 친해지면, 에피크테투스의 의견에 동의하기도 쉬울 것이다. 이 사람은 어느 날 외출하여 흙으로 만든 주전자를 깨고 울고 있는 여자를 보았다. 이튿날 외출하여 아이가 죽어서 울고 있는 여자를 보았다. 그래서 "어제는 무른 것이 깨지는 것을 보았다. 오늘은 죽어야 하는 것이 죽은 것을 보았다"*⁴고 말했던 것이다. 그러므로 베르길리우스는 모든 공포의 원인에 관한 지식과 그 정복을

교묘히 그리고 심원한 형태로 결부시켜 '부수물(附隨物)'로 보고 있는 것이
다.

> 행복하여라, 존재하는 모든 사물의 원인을 아는 자는.
> 그리고 조용히 선다.
> 모든 공포를 넘어, 냉혹한 운명과 저 아래에서 짖어 대는
> 지칠 줄 모르는 황천(黃泉) 위에. *5

2. 마음의 모든 병에 대해서 학문이 주는 치료법을 일일이 기록한다는 것
은, 너무 길어서 도저히 할 수 없다. 앓는 체액을 배설하고, 폐색된 것을 열
고, 소화를 돕고, 식욕을 증진시키고, 상처와 궤양을 고치는 일 등이다.

그러므로 결론으로서 '전체의 본분'*6을 가진 것을 들어 보기로 하자. 그것
은 즉 마음의 성질에 대해서 그 결함이 고정되거나 혹은 고착하는 일이 없도
록 하고, 성장과 개선을 도우며 이것을 받아들일 수 있게 한다. 왜냐하면 학
문이 없는 사람은 자기 속에 들어간다든가 자기를 검토한다는 것이 어떤 것
인지 모르며, 인생에 있어 최대의 기쁨인, 자기가 날마다 조금씩 좋아져 가
고 있다는 것도 느낄 줄 모른다. *7 자기가 가진 장점을 충분히 나타내 보이
고, 그것을 슬기롭게 이용하는 것을 배우겠지만, 그것을 증대시킬 줄은 모른
다. 자기가 가진 단점을 감추고 속이는 방법은 배우겠지만, 그것을 고치는
방법은 그리 익히지 못한다. 서툴게 풀을 베는 사람처럼 줄곧 베기는 하지만
낫은 갈지 않는다.

이에 반해서 학문있는 사람은 다른 태도를 갖는다. 자기의 마음을 교정하
고 보강하는 것과, 그것을 사용하고 행사하는 것을 언제나 섞어서 한다. 더
나아가 일반적으로 그리고 전체적으로 말한다면, 〈진(眞)〉과 〈선(善)〉은 도
장과 그것을 누른 것과의 차이 정도에 지나지 않는다는 것은 확실하다. 즉
진리는 선을 도장으로 찍는 일이다. 그리고 격정이나 동요의 폭풍이 되어 내
려오는 것은 과오의 구름이다.

3. 정신적인 덕성에서 다음에는 힘과 권위의 문제를 생각해 보자. 그리고
올바른 이유로 지식이 인간의 본성에 기여하고 그것을 완성시키는 것과 비
교할 수 있는 것이 있는지 생각해 보자. 권위의 존엄은 그것을 받는 사람의

존엄에 상응된 것임을 우리는 알고 있다. 양치는 사람처럼 짐승에 대해서 권위를 갖는 것은 경멸할 일이다. 학교의 교사처럼 아이들에게 권위를 갖는 것은 그리 대단한 명예가 되지는 않는다. 갤리 선(船)의 노예에 대하여 권위를 갖는 것은 명예라기보다 오히려 불명예가 된다. 전제 군주의 권위도 이에 더 나을 것이 없다. 그것은 마음의 고귀한 감정을 벗어 던진 민중에 대한 것이기 때문이다. 그러므로 자유 군주국이나 민주국에서의 명예가 언제나 전제 군주제의 경우보다 아름답다고 생각되고 있는 것은, 그 권위가 행위나 일에만 미치는 것이 아니라, 인간의 의지에 미치는 것이 더 많기 때문이다. 그러므로 베르길리우스가 온 힘을 다하여 아우구스투스 카이사르에게 인간으로서 최상의 명예를 주려고 애썼을 때, 다음과 같은 말에 그 뜻을 나타내고 있다.

승리자는 마음이 나아가는 민중에게 법률을 주고,
올림푸스로의 길을 향한다. [*8]

그러나 지식의 권위는 의지에 대한 권위보다 한층 더 높다. 왜냐하면 그것은 인간의 이성과 신념 또는 오성(悟性)에 대한 권위이기 때문이다. 그것이 마음의 최고 부분으로서 의지 그 자체에 법칙을 준다. 말하자면 인간의 정신과 영혼 속에 또 그 사고력이나 상상력, 또는 의견, 신념 속에 옥좌나 국가의 의자를 확립하는 힘은 지식과 학문 이외는 없는 것이다. 그러므로 이교도의 수령들이나 가짜 예언자들이나 사기꾼들이 정신없이 기뻐하는 천하고 극단적인 모습을 볼 수 있는 것은, 사람의 신앙과 양심 속에 자기들이 우월성을 차지했다고 느낄 때이다. 그것은 매우 커서 한번 그 맛을 보면 어떤 고문이나 박해로도 그들로 하여금 좀처럼 그것을 뿌리치게 하거나 그만두게 할 수는 없을 정도이다. 이것은 계시록(啓示錄)의 저자가 마왕의 깊이 또는 심원함이라고 부르는 것이다. 한편 반대의 의론에 의하면 인간의 오성에 대한 올바르고 합법적인 주권은, 진리의 힘으로 올바르게 해석할 경우 신의 통치와 닮은 모습에 가장 접근하는 것이다.

4. 행운이나 승진에 대해 생각해 보자. 학문의 은혜가 국가나 민주국가에 한해서만 행운을 주고, 개인에게는 같은 행동을 주지 않는 것은 아니다. 다

시 말해서 오랜 옛날부터 충분히 깨닫고 있는 일이지만, 호메로스가 더 많은 사람들에게 생계의 수단을 주고 있으며, 술라나 카이사르나 아우구스투스 등이 막대한 금품과 선물과 토지를 많은 군단(軍團)에 나누어 주었다지만 그에 미치지 못한다. 그리고 군사와 학문 중 어느 쪽이 더 많은 사람을 승진시켰는가 하는 것을 확실히 알기란 어렵다. 그리고 주권의 경우는 무기나 혈통이 왕국을 자기 것으로 만들기도 하는데, 학문은 성직자의 지위를 자기 것으로 만들고 있다. 그리고 이것은 언제나 제국과 어느 정도 경쟁하고 있다.

5. 다시 지식과 학문의 기쁨과 즐거움에 있어서는, 다른 모든 것보다 훨씬 뛰어난 성질을 가지고 있다. 왜냐하면 감정의 기쁨이 감각의 기쁨보다 나은 것은, 욕망이나 승리를 얻는 것이 노래나 식사보다 나은 것과 마찬가지 아니겠는가? 그리고 그 결과 지성이나 오성의 기쁨이 감정의 기쁨보다 낫지 않을 수 있겠는가? 모든 다른 기쁨에는 포만이 있고, 경험한 뒤에는 신선함이 없어지는 수가 있다. 이것으로 충분히 알 수 있는 것은, 그런 것은 거짓된 기쁨이며 참된 기쁨이 아니라는 것이다. 그리고 그 신기함 때문에 기쁨을 준 것이지 본질 때문이 아니라는 것이다. 그러므로 육욕적인 사람이 수도사가 되거나, 대망을 품은 군주가 우울해지거나 하는 것이다. 그런데 지식에는 포만이 있을 수 없다. 만족과 식욕이 끊임없이 번갈아 드나든다. 그러므로 그 자체만으로도 절대적으로 좋은 것이며, 착각도 우연도 없는 것처럼 여겨진다. 그 기쁨은 또한 인간의 마음으로 보아 효과와 만족이 적은 것이 아니다. 이에 대해서는 시인 루크레티우스가 우아하게 읊고 있다.

즐거운 일이다, 대양에서 바람에 거칠어지는 물에……*9

"즐거운 구경이다(하고 그는 말하고 있다), 물가에 서 있거나 거닐면서 배가 바다에서 폭풍에 시달리고 있는 것을 바라본다는 것은. 혹은 견고한 요새의 탑 속에서, 저 아래 평원에서 두 주력 부대가 부딪치고 있는 것을 구경한다는 것은. 그러나 무엇과도 비교할 수 없는 즐거움은, 인간의 마음이 진리의 확실성 속에 낙착하여 자리를 잡고 요새를 구축하여, 거기서 다른 사람들의 과오나 동요나 고생이나 방황하는 것을 분간하고 바라보는 일이다."

6. 통속적인 의론은 그만두기로 하자. 그것은 학문에 의해서 인간은 어떤

짐승보다 낫다는 것이다. 또 학문에 의해서 인간은 하늘과 그 운행에까지도 올라간다는 것이다. 그곳은 육체로는 들어갈 수 없는 곳이다. 지식과 학문의 존엄과 탁월성을 생각해 보며 이제 결론을 말하기로 하자. 그것은 인간의 성질이 가장 바라는 불사성(不死性) 또는 영속성 면에서의 문제이다. 왜냐하면 이것이 출생이나 가문이나 또는 가족을 일으키는 목적이 되기 때문이다.

이것이 건축물이나 건설물 또는 기념비의 목적이다. 이것이 기억이나 명성 또는 성가(聲價)의 목적이다. 그리고 결국 다른 모든 인간의 욕망이 강한 것도 다 이 목적 때문이다. 그러므로 재능과 학문의 기념비가 힘이나 손의 기념비보다 얼마나 더 영속성이 있나 하는 것을 알 수 있다. 그러기에 호메로스의 시는 2500년 이상이나 전해져 내려오고 있으며, 그리고도 철자 하나 글자 한 자 상실되지 않았다. 그 동안에 수없는 궁전과 사원, 성곽, 도시가 망하고 부서지지 않았던가! 키루스건 알렉산드로스건 카이사르건, 또는 훨씬 뒤의 국왕이건 위대한 인물이건, 그 참된 초상이나 조각이 지속되기는 불가능하다. 왜냐하면 원물(原物)은 계속될 수 없기 때문이다. 그리고 모사(謨寫)는 생명과 진실성을 상실하지 않을 수 없는 것이다. 그러나 인간의 재능과 지식의 형상은 책 속에 머물러 시간이 주는 위해를 면하고 끊임없는 갱신이 가능하다. 그것을 형상이라고 부르는 것조차 적당하지 않다. 왜냐하면 그것은 끊임없이 새로 만들어 내고, 남의 마음 속에 씨를 뿌리며, 후대에도 무한한 행동과 의견을 불러일으키고 낳게 하는 원인이 되기 때문이다. 그러므로 여러 장소에서 먼 장소로 재물과 물자를 나르고, 매우 먼 지역을 서로 연결시켜 그 산물을 나누어 갖게 하는 배의 발명이 매우 고귀하다 하여도, 학문은 그보다 몇 배나 크게 생각해도 좋은 것이리라. 그것은 배와 마찬가지로 시간의 바다를 건너 멀리 떨어진 여러 시대가 서로의 예지와 광명과 발명을 나누어 갖게 한다. 아니, 그 이상으로 철학자 중에는 신적(神的)인 것에는 조금도 흥미가 없고, 감각 혹은 물질적인 것에 깊이 빠져서 일반적으로 영혼의 불멸을 부정하면서도[*10], 인간의 정신에는 육체의 기관없이 행동하거나 수행할 수 있는 것이 있다. 그것은 죽은 뒤에도 머물러 있을지 모른다고 생각하게 되었다는 말을 하고 있다. 그것은 오성에 속하는 것이지 감정의 것이 아니다. 지식이란 그 사람들에게는 아주 불사(不死)의 것이며 파멸할 수 없는 것으로 생각되었던 것이다. 그러나 우리는 신의 계시로 오성뿐 아니라 감정도 순화되고, 정신뿐 아니라 육체도 변화하여 불사의 상태로 나아가게 할 수 있다는 것을 알고 있다. 그래서 감각의 이런 기초적인 요소를 배제하는 것이다. 그러나 기억해야 할 것은 방금 든 이 점에 있어서도, 그리고 다른 대목에서도 필요해질지 모르지만, 지식이나 학문의 존엄성에 대한 증거로서 나는 처음에 신의 증거와 인간의 증거를 구별했다. 나는 줄곧 그 방법을 사용해 왔으며, 따라서 양자를 따로따로 다루었다는 것이다.

7. 그럼에도 불구하고 나는 그럴 생각도 없고 또 내 자신의 주장으로 뒤집을 수도 없는 줄 알고 있지만, 한편으로 이솝의 수탉에 관한 판단이 있다. 그것은 보석보다 보리알을 좋아했다. 또 한편은 미다스 왕의 판단이 있다.*11 이 사람은 시신(詩神)들의 우두머리인 아폴론 신과 양(羊)의 신인판 신 중에서 양자 택일할 심판자로 뽑혔을 때, 물건이 풍부한 쪽에 유리한 심판을 내렸다. 혹은 파리스가 있다. 그는 예지와 권력에 반대하고 미와 사랑에 유리한 심판을 내렸다. 혹은 아그리파가 있다. "어머니를 죽이게 하라, 만일 화제가 될 수 있다면"*12 하고 말한 사람이다. 이 사람은 아무리 싫은 조건이라도 제국을 바랐던 것이다. 혹은 율리시이즈가 있다. "이 사람은 노녀(老女)를 불사(不死)보다 좋아했다."*13 이것은 습성과 습관을 모든 우월성보다 좋아하는 인간의 비유이다. 혹은 많은 비슷한 대중적 판단이 있다. 이런 것은 지금까지대로 계속되어 나갈 것이 틀림없다. 그러나 마찬가지로 또 학문이 여태까지도 끊임없이 의존해 온 것이며 결코 상실되는 일이 없다는 사실도 계속 이어질 것이다. 그것은 "지혜는 그 결과로 그 옳음이 증명된다"*14는 것이다.

〈주〉

*1 오비디우스 《흑해》 2·9·47.

*2 〈전도서〉 1·9.

*3 플루타르코스 《대비열전》 〈아게실라우스 편〉 15·6. 알렉산드로스 대학의 신하 안티파틀로스와 스파르타 왕 아기스의 싸움을 생쥐들의 싸움이라고 야유하고 있는 것이 보인다. 개구리와 쥐의 싸움은 불명이나 하찮은 것끼리의 싸움이라는 뜻인 듯하다.

*4 에픽테투스 《엔퀴리디온》 8·33.

*5 베르길리우스 《농경시》 2·49.

*6 〈전도서〉 12·13.

＊7 크세노폰 《소크라테스의 추억》 1·6·8.

＊8 베르길리우스 《농경시》 4·561.

＊9 루크레티우스 《자연의 사물에 대하여》 2·1·10.

＊10 아리스토텔레스 및 그 일파를 가리킨다.

＊11 오비디우스 《변신부》 2·153.

＊12 타키투스 《연대기》 14·9.

＊13 《에세이》 〈9 질투〉 주1 참조

＊14 〈마태복음〉 11·19.

신과 인간 그 학문의 발달과 진보 제2권

국왕께 바침

1. 더 적절한 데가 있는 것처럼 보이는 것으로서, 결과는 아주 다른 것이 되는 일이 있습니다(뛰어난 국왕이시여). 즉 많은 자식을 낳고 자기 속에 자손에 의한 불사의 장래가 있다는 생각을 하는 사람은, 마찬가지로 미래 시대의 좋은 상태를 더 생각해야 할 것으로 여겨진다는 것입니다. 자기의 가장 중요한 자식들을 전하고 맡겨야만 하기 때문입니다. 미혼으로 일생을 마친 엘리자베드 여왕은 이 세상을 한때만 살고 가신 분이었습니다. 그리고 여왕 자신의 시대는 축복받으신 시대였습니다. 더욱이 그 훌륭한 정치의 인상은, 여왕에 대한 뛰어난 사적(事跡)의 추억과는 별도로 지금까지 남아 영향을 미칩니다.

그러나 폐하께서는 하느님의 은혜로 이미 많은 자제분이 계시며, 모두 폐하의 손발이 되시고, 또 폐하를 대표하기에 알맞는 분들입니다. 그리고 아직 젊으시니 더 많은 자제분이 태어날 것이고, 마찬가지로 많은 혁신의 전도를 갖고 계십니다. 그래서 좋은 정치의 일시적인 부분뿐 아니라, 영구적이고 영속성있는 행위까지도 알아 두시는 것이 적당하고 적절합니다. 그중에서도 (만일 제가 열의 때문에 제 정신을 잊고 있지 않다면) 더욱 가치가 있는 것은, 건전하고 결실 많은 지식을 세계에 더 많이 주도록 한다는 것입니다. 어째서 소수의 받아들여진 저작자들만이 헤르쿨레스의 기둥처럼*1 서 있어야 합니까? 그 너머로는 항행도 발견도 못 할 것처럼 여겨집니다. 그러나 우리에겐 폐하처럼 빛나고 복된 별이 있고, 우리를 인도하여 도와 주실 분이 계십니다. 그러므로 이야기를 주제로 돌려서 생각해야 할 것은, 학문의 증진과 발달을 위해 어떤 종류의 행위를 국왕 또는 그 밖의 사람들이 기도하여 수행하고 있느냐 하는 것입니다. 이에 대해서 저는 탈선하지도 않고 농담이 되지도 않도록 솔직히 이야기해 나갈 생각입니다.

2. 그래서 다음과 같은 기본 원칙을 들어 두고 싶습니다. 즉 모든 일이 완성되는 것은 충분한 보수와 건전한 방법과 협력적인 노력에 의한다는 것입니다. 첫째의 것은 노력을 증대시키게 되고, 둘째의 것은 과오를 방지하며, 셋째의 것은 인간의 약점을 돕습니다. 그러나 이런 것 가운데 주요한 것은 올바른 방침 또는 방법입니다. 말하자면 "절름발이라도 길을 따라가면, 그 길을 벗어나는 주자를 앞지른다"*²는 것입니다. 솔로몬이 이것을 잘 설명하고 있습니다. "무딘 철 연장 날은 갈지 아니하면 힘이 더 드느니라. 오직 지혜는 성공하기에 유익하니라."*³ 이 뜻은 수단의 연구와 선택이 노력의 강제나 협조보다 효과가 있다는 것입니다. 학문의 상태에 대해서 가치가 있었던 사람들의 고귀한 의도를 헐뜯는 것은 아니지만, 그럼에도 불구하고 볼 수 있는 것은 그러한 사람들의 사업이나 행위는 크기와 기억의 문제이지 진보 발전이 아니라는 겁니다. 왜냐하면 많은 학문을 습득한 사람들에게 그 학문의 양을 증대시키는 경향이지 학문 그 자체를 올바르게 만들거나 향상시키는 일은 아니기 때문입니다.

3. 학문에 대해 가치가 있는 사업 또는 행위는 세 가지 목적과 관계가 있습니다. 학문의 장소와 학문의 저술 그리고 학문있는 사람들의 인물입니다. 말하자며 물은 하늘의 이슬로 대지의 샘으로 스며들거나 흙 속으로 사라져 버립니다. 다만 어떤 그릇에 모이면 달라집니다. 그런 경우에는 결합에 의해서 자기 자신을 보존하고 유지하게 됩니다. 이런 원인 때문에 인간은 수원, 도관(導管), 저수반(貯水盤), 그리고 물통을 만들고 설치했습니다. 또한 인간은 그것들을 사용해야 하는 필요성을 알리고 동시에 장대하고 훌륭한 장식으로 언제나 아름답게 장식해 왔던 것입니다. 그와 마찬가지로 지식이라는 그 뛰어난 액체도, 신의 영감에서 내려오거나 인간의 감각에서 솟거나 망실되고 사라져서 잊혀지고 말 것입니다. 그러므로 책과 전통 또는 회의 및 일정한 장소 이를테면 대학이나 학료(學寮) 또는 학교 등, 그것을 받아들이고 보존하는 곳이 있어야만 하는 것입니다.

4. 학문의 위치와 장소에 관한 사업에는 네 가지가 있습니다. 건설물과 건축물, 수입이 있는 기부, 자유와 특권이 있는 기부, 관리를 위한 제도와 법령입니다. 이것은 모두 조용하고 사적인 생활, 걱정이나 번잡으로부터의 해방에 공헌하는 것입니다. 그것은 베르길리우스가 꿀벌의 집을 만들어 주기

위해서 선택한 장소와 대체로 비슷한 것입니다.

먼저 벌에게 조용한 장소를 찾아 주고
바람도 들지 않게 하여*⁴

5. 저술에 관한 사업에는 두 가지가 있습니다. 먼저 도서관입니다. 그것은 성소(聖所) 같은 곳이며, 고대 성인들의 유물로서 참된 덕성에 차고, 속임수나 거짓이 없는 모든 것이 보존되고 안치되어 있는 곳입니다. 둘째로 여러 저작자들의 신판(新版)입니다. 더 정확한 인쇄와 더 충실한 번역, 더 유익한 설명 더 면밀한 주석이 붙은 저술인 것입니다.

6. 학문있는 사람들의 인물에 관한 사업(일반적으로 그런 사람들의 승진과 우대 이외에)에는 두 가지가 있습니다. 이미 존재하고 발명되어 있는 이론적 학문의 교사에 대한 보수와 인명, 그리고 충분히 연구되고 추구되어 있지 않은 학문의 여러 분야에 관한 저작가와 연구자에 대한 보상과 인명이 그것입니다.

7. 이상은 사업과 행위를 요약한 것이며, 그 속에 많은 뛰어난 군주나 훌륭한 인물의 가치와 관계있는 것입니다. 한 사람 한 사람의 어떤 특별한 기념의 말에 관해서는, 키케로가 모두에게 감사했을 때의 말을 생각할 수 있습니다. "일일이 그 사람들을 들기는 어렵다. 누구든지 하나라도 제외하면 감사할 줄 모르는 것이 된다."*⁵ 오히려 성서의 말씀에 따라, 우리의 앞에 있는 행정(行程)에 주의를 기울이고, 이미 도달할 수 있었던 일을 되돌아보는 일은 하지 않기로 하겠습니다. *⁶

8. 그러므로 먼저 유럽의 많은 위대한 학료 건설 중에서 묘하다고 생각하는 것은, 그것이 모두 전문 직업을 위한 것이지 전반적인 학예(學藝)나 학문의 자유를 위한 것은 없다는 것입니다. 만일 학문의 목적이 행동이라고 판단한다면, 그 판단도 좋습니다. 그러나 이 점에서 고대의 우의담(寓意談)에 나오는 과오에 빠지게 됩니다. 거기에 보면 신체의 다른 부분이, 위(胃)는 아무것도 하지 않고 논다고 상상했다는 것이다. 손발처럼 동작을 하는 역할도 맞지 않고, 머리처럼 감각의 역할도 하지 않기 때문입니다. 그런데 소화를 하여 다른 모두에게 나누어 주는 것이 위인 것입니다. 마찬가지로 만일

철학과 일반 원리의 연구를 헛된 연구라고 생각하는 사람이 있다면, 그는 모든 직업의 전문 분야가 거기에서 도움과 공급을 받고 있다는 것을 생각하지 않는 자입니다. 그리고 내 생각으로는, 이것이 큰 원인이 되어 학문의 진보를 막고 있는 것 같습니다. 왜냐하면 그와 같은 기본적 지식이 그저 적당히 연구되고 있을 뿐이기 때문입니다. 말하자면 만일 한 그루의 나무에 지금까지보다 많은 열매를 맺게 하려면, 큰 가지에는 아무것도 할 수 없습니다. 흙을 파서 뿌리 주위에 새 흙을 넣고, 그것을 움직이지 않으면 안 되는 것입니다. 다시 말해 잊지 말아야 할 것은, 오로지 전문적 학문에만 건축이나 기금을 충당하는 것은, 학문의 성장에 나쁜 영향을 줄 뿐 아니라 국가나 정부에도 해롭다는 것입니다. 그리하여 마침내 유능한 인물이 부족하여 군주로서는 국가의 정치 문제에 사용할 수가 없게 됩니다. 자유로운 대학 교육이 없기 때문입니다. 생각이 있는 사람은 그런 곳에서 역사나 근대 각국어 또는, 정치와 정치 철학, 그 밖에 국가의 일을 하는 자격을 얻을 수 있는 것을 연구하게 할 수 있을 것입니다.

9. 대학의 설립자가 심고 강의의 설립자가 물을 주는 셈이므로, 이제 공적인 강의에서 볼 수 있는 결함에 대해서 말하는 것이 순서가 되겠습니다. 즉 많은 곳에서 그것에 주어지는 봉급 혹은 보수는 적고 보잘것 없습니다. 학예의 강의거나 전문 직업적인 것이거나 마찬가지입니다. 학문의 진보에 필요한 것은 교사들이 매우 유능하고 적격인 사람들이어야 한다는 것입니다. 그 사람들은 학문을 낳고 넓혀야 하는 사람들이며, 일시적으로 유용하기만 하면 되는 사람들이 아니기 때문입니다. 이런 일은 그런 사람들의 신분이나 보수가 충분하고, 가장 유능한 사람들이 그 노력을 다 기울여서 한평생을 그 같은 일에 종사해 나가지 않으면 불가능한 일입니다. 그러므로 그것은 어떤 전문 직업 혹은 전문 직업의 실천에서 기대할 수 있는 중간 정도나 또 충분한 보수의 승진에 적합한 비율을 가진 것이어야만 합니다. 그러므로 만일 학문을 진흥시킬 생각이라면, 다윗의 군사적 법칙을 지키지 않으면 안 됩니다. 즉 군대의 군수품과 함께 머물러 있던 자도 전투에 종사한 자와 분배가 같아야 한다는 것입니다.*7 그렇지 않으면 군대의 군수품을 잘 돌보는 자가 없어질 것입니다. 마찬가지로 학문의 교사는 사실상 학문의 저작물과 식료품의 보관자입니다. 실제로 전문 분야에 종사하는 사람들은 거기서 물건을 공급

받는 것이므로, 같은 보수를 받아야 한다는 것입니다. 만일 그렇지 않고 학문의 아버지들이 가장 약한 사람들이고 충분한 뒷바라지를 못 받는다면,

약한 자식은 약한 부모를 나타낸다. *8

10. 제가 깨닫고 있는 또 한 가지 결점이 있습니다. 그 경우엔 연금술사의 도움이라도 받지 않으면 안 될 것 같습니다. 그 사람은 책을 팔아서 용광로를 만들라고 권합니다. 미네르바와 시의 여신들은 아이를 낳지 못하는 처녀라고 해서 버리고, 불카누스에게 의존합니다. 그러나 확실한 것은 깊고 결실 많고 효과적인 여러 학문, 특히 자연 철학과 의학의 연구에 있어서는, 책만이 도구가 아니라는 것입니다. 그중에는 다른 도구, 즉 인간의 은혜가 완전히 결여되어 있었던 것은 아닙니다. 말하자면 천구의(天球儀), 지구의(地球儀), 천체 관측의, 지도 같은 것이 책과 마찬가지로 천문학과 우주학의 기계장치로서 주어져 있는 것입니다. 또한 의학을 위해 세워진 장소 중에는 온갖 종류의 약초를 이용할 수 있는 정원이 붙어 있는 곳도 있고, 시체를 해부용으로 자유로이 이용할 수 있는 곳도 있습니다. 그러나 이러한 곳은 소수에 지나지 않습니다. 일반적으로 말해 실험에 관한 경비에 대해서 어떤 보조가 없으면, 자연의 해명에는 큰 진보가 있을 수 없을 것입니다. 실험이 불카누스나 혹은 다이달루스에, 즉 용광로나 혹은 기관에 또는 어떤 종류의 것에 속하거나 마찬가지입니다. 그러므로 군주나 국가의 비서나 스파이가 정보비의 계산서를 갖고 오는 것과 마찬가지로, 자연의 스파이나 정보 제공자도 그 경비 계산서를 갖고 오는 것을 인정해 주지 않으면 안 됩니다. 그렇지 않으면 정보에 결합이 생기게 될 것이기 때문입니다.

11. 그리고 만일 알렉산드로스가 아리스토텔레스에게 사냥꾼이나 새잡이나 고기잡이들의 급료를 위한 재물을 아주 관대히 베풀어 주고 자연의 역사를 편집시켰다면, 자연의 여러 가지 기술면에서 애쓴 그 사람들의 가치는 훨씬 더 클 것입니다.

12. 저는 또 하나의 결점을 깨닫고 있습니다. 그것은 대학의 관리자들이 협의를 게을리하고, 군주나 고위직에 있는 사람들이 사찰을 중단하거나 태만히 한다는 것입니다. 그것은 교수, 연습, 그 밖에 고대에서 시작되어 줄곧

계속되어 내려오고 있는 학문 특유의 습관이 과연 잘 시행되고 있는지 검토하고 고찰하는 일과 관계있는 것입니다. 그것에 입각하여 부적절하다고 생각되는 것을 보충하거나 개선하는 근거로 삼게 되는 것이다.

말하자면 폐하의 가장 현명하시고 군주다우신 격언의 하나입니다만, "모든 관례나 선례에 대해서 그것이 시작된 시대가 고찰되지 않으면 안 된다. 그 시대가 약했거나 무지했다면, 관례의 권위를 손상하게 되고 의문의 여지를 남기게 된다"는 것입니다. 그리고 대학의 대부분의 관례나 관습은 비교적 무지한 시대에서 나온 것이므로, 그것을 재검토하는 것이 더 적절한 것입니다. 이런 것에 대한 예를 보여주기 위해 가장 명백하고 친근한 문제의 한두 가지 실례를 들기로 하겠습니다.

한 문제는 옛부터 있는 일반적인 것으로 나는 잘못된 것이라고 생각합니다. 즉 대학에서 학생이 너무 빨리 그리고 너무 미숙한 채, 어린아이나 신참자보다 졸업생에게 더 알맞는 학예를 시작한다는 것입니다. 가령 논리학이나 수사학을 예로 들 수 있는데, 이 두 가지는 학문 중에서도 가장 중대한 것으로서 학예 중의 학예이기 때문입니다. 전자는 판단력을 후자는 장식을 위한 것입니다. 그리고 그것은 내용을 표현하고 배치하는 방법의 규칙과 지시입니다. 그러므로 공허하고 내용이 없는, 그리고 키케로의 이른바 재료와 다양성*⁹을 갖고 있지 않은 마음으로 이런 학예부터 시작하게 된다면(바람의 무게를 재고, 길이를 재고, 그것을 그림으로 그리는 것을 배우는 것과 같다), 이런 학예의 예지가 위대하고 보편적인 것인데도 거의 경멸받는 것이 되고, 유치한 궤변과 우스꽝스러운 자랑으로 타락해 버릴 것입니다. 게다가 시기를 잘못 택한 그러한 학습 때문에, 그에 관한 표면적이고 소용없는 교수법이나 저술이 나타나는 결과가 생겼습니다. 사실 어린아이의 능력에 알맞는 데 지나지 않는 것이 되어 버리는 것입니다.

또 하나의 결함으로서 제가 생각하는 것은, 대학에서 실시되고 있는 연습과 토론입니다. 그것은 즉석적인 연구와 기억을 너무 심하게 분리하고 있습니다. 말하자면 그 변설(辯舌)은 미리 준비된 것으로서 '준비한 말'이 되어 있고, 즉석적 연구의 여지가 없는 것으로 되어 있습니다. 혹은 또 그저 즉석적이고 기억에 의지하는 것이 거의 없습니다. 그러나 실제 생활과 행동에서는 이런 것은 그 어느 쪽도 전혀 소용이 없습니다. 오히려 미리 생각한 일과 연구 또는 메모와 기억의 혼합이 유용한 것입니다. 그래서 토론은 실제에 적합하지 않고 그 모습도 실제 생활에 적합하지 않게 되었습니다. 그러므로 진실된 규칙을 세워 되도록 현실에 가깝도록 만들어 나아야 한다는 것입니다. 그렇지 않으면 마음의 동작이나 능력을 비뚤어지게 만들어 준비가 되지 않습니다. 이에 관한 진실성은, 학생이 전문 직업의 실제나 사회 생활의 다른 여러 가지 행동을 하게 되면 분명해집니다. 실제 그런 생활에 들어가면 이 결함은 자기 자신도 금방 알게 되고, 그보다 빨리 남이 알게 됩니다. 그러나 이 부분은 대학의 제도나 관습의 보강에 관한 것입니다. 결론으로서 카이사르가 오피우스와 발부스에게 보낸 편지의 한 대목을 들고 싶습니다. "이런 일이 행하여지는 방법에 대해서 여러 가지가 마음에 떠오른다. 그리고 더 여러 가지 방법이 생각난다. 이 문제에 대해서 당신도 생각해 주기 바란다."*10

13. 또 하나의 결함을 저는 깨닫고 있는데, 그것은 방금 든 것보다 좀더 중요한 것입니다. 왜냐하면 학문의 진보는 같은 공화국이나 왕국의 대학 단체나 학회에 의존하는 바가 많아서, 현재 이상으로 유럽의 대학 사이에 정보가 교환된다면, 그 진보는 한층 클 것이기 때문입니다. 많은 단체나 학회는 모두 저마다 주권이 영토 아래 따로따로 있기는 하나 서로 일종의 계약이나 형제 관계나 연락을 갖고 있습니다. 지방적인 것과 일반적인 역원(役員)이 있기 때문입니다. 그리고 자연이 가정에서 형제 관계를 만들어 내고, 공예 기술이 공동 사회에서 형제 관계에 들어가며, 신의 성유식(聖油式)이 국왕이나 사제의 형제 관계를 도입하듯이, 학문이나 지식에도 형제 관계가 없을 수 없습니다. 그것은 지식 혹은 광명의 아버지라고*11 일컬어지고 있는 신의 속성인 부성(父性)과 관계있는 것입니다.

14. 마지막으로 주의하고 싶은 결함이 있습니다. 그것은 지금까지 충분히 연구되고 기도되지 않았던 분야에 있어서, 지금까지 저작가나 연구가를 공적으로 전혀 임명하지 않았거나 좀처럼 하지 않았다는 것입니다. 이 점에 관해서 유익한 것은 학문의 어느 분야가 탐구되고 어느 분야가 제외되고 있는가를 알아보고 검토하는 일입니다. 왜냐하면 충분하다는 의견이 결여의 원인 가운데 하나가 되고 있기 때문입니다. 그리고 많은 책이 있다는 것이, 부족보다 여분으로 있다는 인상을 주게 되는 것입니다. 그와 같이 여분이 있는 데 대한 대책은, 책을 더 이상 만들지 않으면 된다는 것이 아니라, 다시 더

많은 좋은 책을 만드는 일입니다. 그것은 모세의 뱀처럼, 마법사의 뱀을 삼켜 버릴 수 있을지도 모르기 때문입니다. *¹²

15. 마지막 것을 제외하고, 이상 열거한 모든 결함 및 마지막 것의 적극적인 부분(즉 저작가의 임명에 관한 것)을 고치는 것은 '국왕의 임무'입니다. 그에 대한 사적인 인간의 노력은 십자로에 있는 형상 같은 것에 지나지 않을지도 모릅니다. 그것은 길을 가리키고 있을지라도, 그리로 나아가지는 못합니다. 그러나 후자의 입문적인 부분은, 개인적인 노력으로 촉진할 수 있을지도 모릅니다. 그러므로 저는 지금 학문에 대한 일반적이고 충실한 검토를 해보고, 어떤 분야가 고려되지 않고 황폐한 채로 있으며, 어떤 분야가 인간의 노력으로 개선되고 실용화되어 있지 않은가 탐구해 보기로 하겠습니다. 그 목적을 설명하고 기억에 남도록 기록해 두면, 공적인 임명에 빛을 주는 데 도움이 되는 동시에, 자발적인 노력에 자극을 주는 데도 도움이 될지 모른다는 것입니다. 그런데도 이 경우 나의 의도는 우선 탈락과 결함만 살펴보는 것이며, 과오나 불안전한 추구의 반론을 하자는 것은 아닙니다. 즉 비료가 주어지지 않은 땅을 지적하는 것과, 비료는 주어졌으나 경작이 좋지 않은 점을 고치는 것은 별도의 것이기 때문입니다.

이상의 일을 처리하거나 기획할 때, 제가 지금 제안하고 기도하는 일이 어떤 것인가 하는 것을 저는 모르지 않습니다. 나의 의도를 지속해 나가는 데 있어서 내 자신의 허약함을 느끼지 않는 것도 아닙니다. 그러나 내가 바라는 것은, 학문에 대한 나의 극단적인 애정 때문에 좀 지나치는 수가 있더라도 애정을 위한 것이니 관대히 보아 달라는 것입니다. '사랑을 하면서 현명할 수 있다는 것은 인간으로서 불가능한 일'이기 때문입니다. 그러나 남에게 맡겨야만 하는 이상의 판단의 자유를 나로서는 사용할 수 없다는 것을 잘 알고 있습니다. 그리고 나 자신도 그 인간성의 의무를 기꺼이 수행하고, 다른 사람들로부터도 받는 점에서는 변함이 없을 것입니다. '방황하는 자에게 올바른 길을 가리키는 자'*¹³라는 것입니다. 마찬가지로 내가 결함이나 결여라고 예거하는 것 가운데에는 이미 현존하는 것도 있다고 여기는 사람도 많을 것입니다. 또 어떤 것은 자질구레한 일로 그리 소용이 없다고 생각하는 사람도 있을 것입니다. 또 개중에는 너무 곤란하다거나 수행하기가 거의 불가능하다고 생각하는 사람도 있을 것입니다. 처음 두 가지 점에 관해서는 개개의 예에서 설명하기로 하겠습니다. 마지막 것에 대해서 즉 불가능하다는 것에 대해서는, 다 그런 것은 아니겠지만, 누군가는 가능할 것이라고 저는 생각하고 있습니다. 또 혼자서 못하더라도 여럿이서 하면 되는 것도 있습니다. 또한 인간의 평생에 할 수 없더라도 계속하여 몇 대에 걸쳐서 할 수 있는 것도 있습니다. 또한 개인의 노력으로는 할 수 없지만 공적으로 임명되면 할 수 있는 일도 있습니다. 그러나 솔로몬의 "게으름쟁이는 사자가 길에서 방해한다고 말한다"는 말을 베르길리우스의 "할 수 있다고 생각하기 때문에 할 수 있다"*14는 말보다 좋아하는 사람이 있다면, 그저 저의 노력이 희망으로서는 비교적 좋은 편이라고 생각해 주는 것만으로 만족하겠습니다. 왜냐하면 적절하지 않은 질문을 하는 것도 어느 정도의 지식이 필요하듯이, 어이없지 않은 희망을 가질 때에도 다소의 분별이 필요하기 때문입니다.

〈주〉

* 1 지브롤터 해협을 말한다. 헤르쿨레스가 처자를 죽인 벌로서 제우스가 부과한 열두 가지 임무 가운데 하나로, 게리온의 황소를 잡기 위해 여기에 산을 찢어 해협을 만들었다고 하며, 여기가 세계의 끝이라고 생각되고 있었다.

* 2 아우구스티누스 《설교》 169.

* 3 〈전도서〉 10·10.

* 4 베르길리우스 《농경시》 4·8.

* 5 키케로 《복역 후의 원로원 연설》 12·30.

* 6 〈빌립보서〉 3·13에, '형제들이여, 나는 아직 그것을 잡았다고 생각하지 않습니다. 오직 한 가지 뒤에 있는 것을 잊어버리고, 앞에 있는 것을 잡으려고 온몸을 앞으로 기울여'라고 되어 있다.

* 7 〈사무엘기상〉 30·22.

* 8 베르길리우스 《농경시》 3·128.

* 9 키케로 《웅변론》 3·26.

* 10 키케로 《아티쿠스 서한》 9·7.

* 11 〈야고보서〉 1·17.

* 12 〈출애굽기〉 7·12 단 모세가 아니라 아론의 지팡이에 관한 고사이다.

* 13 키케로 《의무론》 1·16 엔니우스가 인용하고 있는 말이다.

* 14 베르길리우스 《아에네이스》 5·231.

1

1. 인간의 학문 분야는 인간의 오성(悟性)의 세 분야와 관계가 있다. 이 오성은 즉 학문의 장소이다. 그것은 기억력에 대한 역사와 상상력에 대한 시(詩)와 이성에 대한 철학이다. 신의 학문에도 같은 분류가 해당된다. 왜냐하면 인간의 마음은 동일한 것이며, 다만 신탁의 계시와 감각의 경험에 차이가 있기 때문이다. 그러므로 신학도 교회의 역사, 신의 시라고 할 수 있는 비유 이야기, 신성한 교의(敎義) 혹은 교훈으로 성립되어 있다. 이상의 범위 안에 포함되지 않는 것으로 여겨지는 부분, 즉 예언은 신의 역사에 지나지 않는 것이다. 그것은 인간의 역사에 대해서 우월성이 있다. 그 서술은 사실 이전이기도 하고 사실 이후일지도 모르기 때문이다.

2. 역사에는 자연과 사회와 교회 또는 문학에 관한 것이 있다. 그 가운데 처음 세 가지는 현존한다고 생각하지만, 넷째 것은 없다고 본다. 즉 학문 전체의 상태를 서술하고, 각 시대마다 기록하려고 기도한 사람은 여태까지 없다. 한편 자연과 사회와 교회의 상태에 대한 저술을 하고 있는 사람은 많다. 전체의 상태를 모르는 세계의 역사가, 나에게는 애꾸눈의 거인 폴레페무스의 상처럼 여겨진다. 인간의 정신과 생명을 가장 잘 나타내는 부분이 모자라기 때문이다. 그런데 나도 아는 여러 가지 개개의 학문의 경우, 이를테면 법률가나 수학자나 수사학자(修辭學者), 또는 철학자 등과 마찬가지로 학파나 저작자나 서적에 대해서도 몇 가지 조그만 기록이 되어 있다. 또 여러 기예나 관례의 발명에 관해서 얼마간 소용이 없는 이야기도 있다. 그러나 학문의 완전한 역사로서 본디부터의 지식과 그 분파와 그 발명, 그 전달, 여러 가지 관리와 운영, 그 번영, 그 논쟁, 쇠퇴, 쇠미(衰微), 망각, 이동, 나아가서는 그러한 원인과 발생, 그 밖에 세계의 각 시대를 통한 학문의 모든 사항을 포함하는 것은 없다고 단언해도 틀리지 않는다고 생각한다. 그와 같은 일의 이용과 목적은, 나의 의도로는 학문 애호가들의 호기심이나 만족을 채우려는 것이 아니라, 주로 비교적 진지하고 중후한 목적을 위한 것이다. 이를 줄여서 말하면 다음과 같은 것이 된다. 즉 학문있는 사람이 학문의 이용과 관리를 현명해지도록 한다는 것이다. 다시 말해서 성 아우구스티누스나 성 암브로시우스의[*1] 작업이 현명한 신학자를 만드는 것이 아니라, 철저하게 읽고

관찰한 교회사가 그런 일을 하는 것이다. 그리고 같은 이유를 학문에 대해서도 말할 수 있다.

3. 자연의 역사에는 세 가지 종류가 있다. 통상 과정의 자연, 잘못되었거나 변화한 자연, 그리고 변화시켰거나 인공을 가한 자연이다. 즉 창조물의 역사와 경이(警異)의 역사와 여러 가지 기예의 역사이다. 이중에서 첫째 것은 물론 현존한다. 더욱이 훌륭하고 완전한 상태로 되어 있다. 나머지 둘의 처리는 매우 약하고 이용할 수 없는 것이므로, 내 기분으로는 없다고 말하고 싶을 정도이다. 왜냐하면 발생, 산출, 동작이라는 보통의 과정에서 옆길로 빠지거나 벗어난 자연 작업의 충분하고 적당한 수집은 눈에 띄지 않기 때문이다.

장소와 지역의 독자성이거나, 시간과 경우가 다른 사항이거나, 아직도 잘 알지 못하는 특성의 결과이거나, 일반적인 종류의 것에 대한 예외적인 실례이거나 다 마찬가지이다. 하기야 진위(眞僞)를 잘 알 수 없는 실험이라든가, 비밀이라든가, 즐겁게 만들려고 하거나, 색다르다고 생각케 하기 위한 변덕스러운 기만의 책은 많이 볼 수 있다. 그러나 자연의 변태나 불규칙성을 실질적으로 정확히 수집하여 충분히 검토하고 서술한 것은 눈에 띄지 않는다. 특히 지어 낸 이야기나 대중적인 과오를 적당히 배제한 것은 없다. 즉 현재와 같은 사정 아래서는 자연 속에 비진리(非眞理)가 한번 널리 퍼지게 되면, 검토를 게을리하거나, 오래된 권위, 비유, 장식된 말에 의한 그 의견의 효용 같은 이유로 그것을 결코 반대하지는 않는다.

4. 이와 같은 일의 효용은 아리스토텔레스의 선례가 있다는 명예를 가졌지만, 자질구레하고 공허한 재능을 가진 사람의 식욕을 만족시켜 주는 것은 결코 아니다. 그런 것은 이상한 이야기를 모은 책이 하는 일이다.

그것은 두 가지 이유 때문인데, 양쪽이 다 매우 중요한 것이다. 그 하나는 정리 혹은 일반 명제나 의견의 편향을 교정하기 위한 것이다. 그것은 보통 여느 사람들이 잘 알고 있는 예에 입각해서 만들어지기 때문이다. 또 하나는 자연의 경이가 인공의 경이와 가장 직접적인 지식이자 거리이기 때문이다. 즉 다만 자연이 방랑하는 자국을 따라가거나, 그것을 쫓아감으로써 비로소 나중에 같은 장소로 다시 데리고 올 수 있는 것이다.

또 내 의견으로는 이 경이의 역사의 경우, 요술이나 마법이나 꿈 또는 점

따위의 미신적인 이야기라도 사실의 보장과 뚜렷한 증거가 있을 때는, 완전히 제거해야 한다고 생각지 않는다. 왜냐하면 어떤 경우에, 그리고 미신이라고 일컬어지는 효과 가운데 어느 정도의 것이, 자연의 원인에서 생기는지 아직 알려지지 않았기 때문이다. 그러므로 이러한 사항의 실제가 아무리 비난할 만한 것이라 하더라도 그것을 고려하거나 고찰함으로써 광명이 주어질지도 모를 일이다. 결점을 판정하기 위해서뿐 아니라 자연을 더 뚜렷이 밝히는 데 도움이 될 수 있다.

사람은 또 진리의 탐구를 위해서 이러한 일에 들어가는 것을 주저해서는 안된다. 그것은 폐하께서 모범으로*² 보여 주신 그대로이다. 폐하는 종교와 자연 철학의 두 맑은 눈으로 깊고 현명하게 이런 그림자 같은 것을 들여다보시고, 더욱이 태양의 성질 같은 것을 갖고 있다는 것을 증명하셨다. 그것은 오염을 지나서도 그 전과 다름없이 순수한 채 남아 있다는 것이다. 그러나 내가 적당하다고 생각하는 것은, 그러한 서술이 미신과 섞여 있지만 독립적으로 분류하여 자연의 사실만의 것과 섞이지 않도록 하는 것이다. 그러나 여러 가지 종교의 이상(異常)이나 기적에 관한 서술은, 진실이 아니거나 신성(神性)과 관계가 있고 자연이 아닌 것이다. 그러므로 자연의 역사에는 적당하지 않다.

5. 가공되었다고 할까, 기계적인 자연의 역사에 대해서 얼마간 모아 놓은 것으로, 농업과 손에 의한 기술에 관한 것이 있다. 그러나 일반적으로 잘 알려져 있는 대중적인 실험을 배제하고 있다. 다시 말해서 기계적인 문제에 대한 연구 혹은 사색에 빠지는 일이나, 다만 비밀의 것과 드문 것, 특히 미묘한 것이라고 생각되는 경우는 일종의 불명예라고 생각하는 학문에서 예외이다. 그러한 공허하고 오만한 생각을 플라톤이 비웃은 것은 옳다. *³ 그때 그는 오만한 궤변학자(詭辯學者) 히피아스가 진리의 참되고 뽐내지 않는 탐구자 소크라테스와 토론하고 있는 것을 인용하고 있다. 그때의 논제는 미(美)에 관한 것이었는데, 소크라테스는 그 여러 가지 것에 언급하는 귀납법으로 자신의 의견을 펼쳤다. 그는 먼저 아름다운 처녀를 예로 들었다. 다음에는 아름다운 말, 그 다음에는 유약을 잘 칠한 아름다운 항아리였다. 그래서 히피아스는 화가 나서 말했다. "예의를 위해서라면 하는 수 없지만, 나는 이렇게 야비하고 심한 예를 드는 사람과 토론하기는 싫다." 이에 대해서 소크라

테스의 대답은, "당연한 일이라고 생각하오. 그것이 당신에게는 어울리오. 옷을 단정하게 입은 분이니까"라는 것이었다. 그리고 그런 식으로 계속 비꼬았던 것이다. 그러나 진실은, 가장 안전한 정보를 주는 것은 최고의 예 (例)가 아니라는 것이다. 그것은 그 철학자에*⁴ 대해서 보통 알려져 있는 이야기에 잘 표현되어 있다고 말할 수 있다. 그것은 위의 별을 쳐다보고 있는 동안에 물에 빠졌다는 이야기이다. 즉 아래를 보면 물 속의 별을 보았을지도 모르는데, 위를 보았기 때문에 별 속의 물을 볼 수 없었다는 것이다.

그와 같은 일은 흔히 잘 일어나는데, 천하고 조그만 것이 큰 것을 밝히는 것이 큰 것이 조그만 것을 밝히는 경우보다 흔히 있다. 그러므로 아리스토텔레스가 잘 말하고 있듯이, "모든 것의 성질은 그 가장 작은 부분에서 가장 잘 볼 수 있다"*⁵는 것이다. 그리고 그는 원인으로서 민주국의 성질을 생각하고 있다. 첫째 가족 중에서 남편과 아내, 부모와 자식, 주인과 하인 같은 어느 집에나 있는 단순한 관계를 보고 있다. 그와 마찬가지로 세계라는 이 대도시의 성질이나 그 정치 혹은 법칙을, 비소(卑小)한 조화성이나 조그마한 부분에서 구하지 않으면 안 된다. 그와 같이 자연의 비밀인 천연 자석(天然磁石)에 닿은 쇠가 북쪽을 향한다는 것은, 쇠바늘로 발견된 것이지 쇠막대기로 발견된 것은 아니었다.

6. 그러나 나의 이론이 그 어떤 무게를 가졌다면, 기계의 역사적 효용은 자연 철학의 방면에서 무엇보다도 적극적이고 근본적으로 볼 수 있다. 즉 그 자연 철학은 미세(微細), 장대(壯大), 혹은 즐거운 사색의 연기 속에 사라져 버리는 수가 없는 것으로서, 인간의 생명에 기여하고 이익을 주는 데 도움이 된다. 말하자면 그것은 현재 모든 직업의 많은 교묘한 실제에 도움이 되게 하고, 시사를 주는 데 있어서 어떤 기술의 관찰과 관계시키거나 옮기거나 하여 다른 기술의 도움이 되게 한다. 그리고 여러 가지 직업을 경험한 인간의 마음을 고찰할 뿐만 아니라, 그 이상으로 원인과 공리(公理)에 관해서 현재 도달한 것보다 훨씬 진실되고 현실적인 설명을 주게 될 것이다.

즉 인간의 성향이란 그 사람이 장애를 받을 때까지는 잘 알려지지 않는 것으로서, 프로테우스도 추적하여 단단히 잡아 누를 때까지는 줄곧 모양을 바꾸었던 것이다. 그와 마찬가지로 자연의 과정이나 변화도 자연의 자유로운 상태 속에서는 기술의 시련이나 무리를 강요했을 때만큼 충분히 나타나지 않는다.

〈주〉

＊1 339년 무렵~397년. 밀라노의 사교. 아우구스티누스, 히에로니무스, 대그레고리우스와
더불어 초기 그리스도 교회의 4교부의 한 사람. 성서 해석에 그리스 철학을 도입하여,
동방교회의 성서 해석을 서방에 소개했다. 그의 방법은 성서의 역사적 구체적인 기사
속에서 철학적, 보편적인 의미를 읽는 방법인데, 이것은 아우구스티누스에게 큰 영향
을 주었다. 《정신의 신성》 등 그 밖의 저작이 있다.

＊2 제임즈 1세의 저서 《귀신론》을 가리킨다.

＊3 플라톤 《대히피아스》 291.

＊4 탈레스를 말한다. 이하의 서술은 《디오게네스 라에르티우스》 1·34, 플라톤 《테아이테
토스》 174 등에 있다.

＊5 아리스토텔레스 《정치학》 1·3·1, 《자연학》 1.

2

1. 사회적인 역사에 관해서는 세 가지 종류가 있다. 그림이나 형상의 세
가지 종류와 비교해도 부적당하지 않다. 왜냐하면 그림이나 형상에는 미완
성의 것도 있고 완전한 것도 있으며 오손된 것도 볼 수 있기 때문이다. 마찬
가지로 역사에서도 세 가지 종류를 볼 수 있다. 비망록과 완전한 역사, 그리
고 고대 문서가 그것이다. 다시 말해서 비망록은 미완성의 역사이며, 역사의
첫 혹은 대체의 윤곽이다. 고대 문서는 오손된 역사 혹은 시간의 난파를 우
연히 면한 역사의 잔존물이다.

2. 비망록 혹은 준비의 역사에는 두 가지 종류가 있다. 주해(註解)와 기록
이다. 주해는 계속적인 적나라한 사건이나 행위를 기록한 것으로서 동기나
의도, 충고, 연설, 변명, 행위의 원인이나 교섭 등이 없다. 왜냐하면, 이것
이 주해의 참된 성질이기 때문이다(다만 카이사르는 겸허함과 위대함을 섞
어서, 세계에서 가장 훌륭한 역사에 주해라는 명칭을 마음대로 붙이고 있
다). 또 기록은 공적 행위의 집성(集成)이다. 이를테면 회의의 법령이나 재
판의 절차 또는 국가의 선언이나 편지 및 연설 등이며, 이야기의 완전한 계

속성이나 구성은 없다.

3. 고대 문서 혹은 역사의 잔존은, 이미 말했듯이 '난파선의 판자 조각' 같은 것이다. 그것은 근면한 사람들이 정확성과 면밀한 충실성 및 관찰로써 기념비, 성명, 언어, 속담, 전설, 사사로운 기록이나 증거, 단편적인 이야기, 역사와 관계없는 책의 구절 등에서 꺼내고, 시간의 대홍수 속에서 무언가를 건져서 되찾은 것이다.

4. 이와 같이 불완전한 역사의 종류에는 어떤 결함이 있다고 나는 말하지 않는다. 왜냐하면 '불완전하게 혼합된 것 같은 것'*1이기 때문이다. 그러므로 그 속의 결함은 그 성질에 지나지 않는다. 역사의 파손과 책의 얼룩이나 요약은 그 사용을 추방할 가치가 있다. 건전한 판단력을 가진 사람들이 모두 고백하고 있는 일이지만, 뛰어난 역사의 건전한 신체를 먹어 손상시키고 부식시켜, 천하고 무익한 찌꺼기로 만들어 버렸기 때문이다.

5. 역사 즉 정말로 완전한 역사라고 할 수 있는 것에는 세 종류가 있다. 그 의도하거나 혹은 말하려고 하는 목적에 따라서 다르다. 그것은 시간을 말하거나, 임무를 말하거나, 아니면 행위를 말하는 것이다. 첫째 것은 연대기, 둘째 것은 전기(傳記), 셋째 것은 기술 혹은 화술이라고 한다. 이중에서 첫째 것이 가장 완전하고 완벽한 역사로써 가장 높이 평가되고 영예가 주어져 있는 것이다. 둘째 것이 유익성과 효용이라는 점에서, 셋째 것은 진실성과 성실성에서 그보다 낫다. 말하자면 시대의 역사는 행위의 장대함과 인물의 공적 외관과 태도를 말하고, 인간 문제의 비교적 작은 과정이나 행동은 잠자코 간과해 버린다. 그러나 신의 작업은 최대의 무게를 최소의 실에 매다는, "최대의 것을 최소의 것에 단다"*2는 것이므로, 이러한 역사는 일의 참된 내적인 근원보다 그 화려함을 더 서술하려고 하는 일이 생긴다.

그러나 전기는 자주 씌어지고 있으며, 어떤 인간을 쓰려고 할 경우, 크고 작은 공사의 행동이 섞인다면 당연히 비교적 진실되고 자연스럽고 생생한 표현을 갖게 된다. 그와 같이 하여 행위의 기술과 화술도, 이를테면 펠로포네수스 전쟁이나 소(小)키루스의 원정*3 또는 카틸리나의 반란*4 같은 것도 시대의 역사보다 한층 순수하고 정확한 진실성을 갖지 않을 수가 없는 것이다. 왜냐하면 저자의 주의와 지식의 범위 안에서 이해할 수 있는 주제를 선택할 수 있기 때문이다. 그런데 어떤 시대의 역사, 특히 다소라도 긴 역사를 기도하는 사람은 많은 공백과 빈 곳을 만나지 않을 수 없다. 그것을 자신의 지식이나 상상력으로 메꾸지 않으면 안 되는 것이다.

6. 시대의 역사—즉 교회를 제외한 사회사의 뜻이지만—에 대해서는 신의 섭리가 배분을 하고 있다. 즉 군사나 학문이나 도덕적 덕성, 정치, 법률 등의 점에서 세계의 모범적인 국가를 두개 정하여 눈에 띄게 하고 있다. 말하자면 그리스 국가와 로마 국가이다. 그곳 역사는 시간적으로 말하면 중간부를 차지하는 것이며, 그보다 오랜 쪽의 역사는 일반적인 명칭으로 고대 세계사(古代世界史)라고 할 수 있다. 그리고 그 뒤는 마찬가지로 근대사(近代史)라는 명칭으로 부를 수 있는 역사이다.

7. 여기서 결함을 이야기해 보자. 이교적인 고대의 세계사에 대해서는 결함이라고 말하는 것도 헛된 일이다. 물론 결함은 있으나 대부분이 우의담(寓意談)과 단편으로 되어 있기 때문이다. 그러나 결함은 보충할 수 없는 것이다. 즉 고대의 소문 같은 것으로, "머리를 구름 속에 감추고 있다."*5 이 머리는 싸여 있어서 보이지 않는다.

모범적인 국가의 역사는 훌륭하고 완전한 상태로 현존하고 있다. 테세우스에서 필로포이멘*6에 이르는 완전한 역사의 경과가 있으면 좋겠다고 생각지 않는 것은 아니다(그리스의 정세가 로마의 정세 속에 파묻혀서 지워져 버린 기간이다). 로물루스에서 유스티니아누스에 이르는 로마도 마찬가지이다. 이 후자는 '최후의 로마 인'*7이라고 불러도 무방할 것이다. 이 일련의 역사는 한편에서 투키디데스와 크세노폰의 원전(原典), 한편에서는 리비우스, 폴리비우스, *8 살루스티우스, *9 카이사르, 아피아누스, *10 타키투스, 헤로디아누스*11의 원전이 조금도 감소됨이 없이 보존되고, 다만 보충하여 계속되어야 할 것이다. 그러나 이것은 장대한 문제여서 권장할 수는 있으나 요구할 수는 없다. 그리고 여기서는 보충해야 할 부문의 학문에 대해서 이야기하고 있으며 필요 이상의 것을 문제로 삼고 있는 것은 아니다.

8. 그러나 근대사에 대해서는, 그 가운데 몇몇 소수의 것은 매우 가치가 있는 것이지만 대부분은 보통 이하이며, 외국의 역사는 다른 국가가 돌보도록 내버려 두기로 한다. 나는 '남의 나라에 참견하는 자'*12가 되고 싶지 않기 때문이다. 그래서 폐하께는 그 전체의 흐름으로 볼 때 영국 역사가 가치가 없다는 것과, 최근의 그리고 최대의 저작자*13의 경우에 나타나 있는 스

코틀랜드에 대한 편견과 불공평을 이야기하지 않을 수 없다.

이 그레이트 브리튼 섬이 앞으로 오랜 시대 군주국으로서 결합되어 있듯이, 과거의 시대에도 하나의 역사로서 결합되어 있다면 폐하에게도 명예이실 것이고, 매우 기억할 만한 저작이 되리라고 상상되기 때문이다. 그것은 신의 역사의 방법을 본뜬 것으로서, 열 개 부락의 역사와 두 개 부락의 것을 쌍둥이처럼 합쳐서 다루고 있다. 그리고 혹시 이 일의 크기 때문에 비교적 정확하게 해 낼 수 없는 듯이 보일지 모르나, 잉글랜드의 역사에 관해서는 훨씬 작은 범위의 시간이지만[14] 뛰어난 시기가 있다. 즉 홍백 장미의 결합[15] 때까지의 기간이다. 이 기간은 내가 이해하기에 더없이 보기 드물게 다양하며, 같은 수의 역대 세습 왕조에서와 달리 유례를 볼 수 없다. 즉 그것은 무력과 권리 양쪽에서 함께 왕위를 얻는 것으로 시작된다. 전쟁으로 시작되어 결혼으로 확립되고 있는 것이다.[16] 그러므로 이 시초에 해당하는 시대는, 폭풍우 뒤의 바다처럼 요동과 파도가 심하지만 극단적인 폭풍우 같지는 않다. 더욱이 수로 안내(水路案內)의 지혜로 잘 빠져 나갔다. 모든 국왕 중에서 가장 유능한 사람의 하나였던 것이다. 그에 계속된 치세의 국왕의 행동은 그 진행 방법은 고사하고라도 유럽의 사정과 매우 뒤섞여 있으며, 그것과 여러 가지로 균형을 잡기도 하고 깨기도 하였다. 그 시대에 종교 국가의 저대 변화도 시작되었다. 그러한 상태는 좀처럼 눈 앞의 무대에 나타나지 않는 법이다. 그리고 미성년 왕(未成年王)의[17] 치세이다. 이어 왕위 탈취의 기도가[18] 있었다(다만 그것은 아주 '단기간의 열병'이었다). 그리고 여왕이[19] 외국인과 결혼한 치세였다. 그 다음에 독신 미혼의 여왕이[20] 있었다. 그러나 그 정치는 참으로 남성적인 것으로서 해외 여러 나라에 큰 영향과 작용을 미쳤으며, 그것은 어느 방면에서나 상대방으로부터 받은 것보다 컸다.

그리고 마지막으로 가장 행복하고 빛나는 사건이 일어난 것이다. 그것은 브리튼 섬이 다른 모든 세계와 떨어져 있으면서도 그 스스로가 결합하게 된 것이다. 그리하여 아에네아스에게[21] 주어진 휴식의 신탁인, "그대의 옛 어머니를 찾아라"는 것이 잉글랜드와 스코틀랜드 두 나라에서 실천되고 이루어지게 되었던 것이다. 그것은 브리튼이라는 옛 어머니의 이름으로 다시 재통일되어, 모든 불안정과 방황의 완전한 종말이 오게 되었다. 큰 물체가 어떤 진동이나 동요가 있은 뒤 고정되고 낙착하게 되는 것과 마찬가지로, 신의 섭리로 이 군주국에서 폐하와 그 자손에게 낙착되기 전에 여러 가지 전구적(前驅的)인 변화와 동요가 있었던 것으로 생각된다.

9. 전기에 관해서는, 근대에 이르러 시대의 장점이라는 것을 평가하는 일이 적어졌으며, 전기 저술을 이제 그리 많이 볼 수 없는 것을 이상하게 생각한다. 왜냐하면 주권 군주나 절대 지배자도 많지 않고 국가는 많이 모여서 군주국이 되었지만, 훌륭한 인물로서 단편적인 보고나 효과없는 찬사같은 것으로는 부족한 사람도 많기 때문이다. 즉 이 방면에서는 고인이 된 시인의*22 연구가 적당하며, 고대의 허구적인 이야기를 풍부하게 해 주는 바가 크다. 그의 이야기에 의하면, 한 사람 한 사람의 생명의 실 혹은 거미줄 같은 것의 끝에 조그만 메달이 달려 있고, 거기에는 그 사람의 이름이 새겨져 있다. 그리고 '시간'은 가위에 붙어 있다. 그 실이 끊어지면 곧 그 메달을 쥐고 망각의 강이라는 삼도내로 가지고 간다. 삼도내의 둑 근처에는 많은 새가 여기저기 날고 있는데, 그 메달을 받아 잠시 물고 있다가는 강물에 떨어뜨린다고 한다. 다만 몇 마리의 백조가 있어서, 이것이 이름을 집어 신전으로 갖고 가서 신성한 것 속에 넣는다고 한다. 그리고 많은 인간의 경우는 육체 이상으로 욕망이 죽는 것이며, 이름과 기억에 대한 희망을 헛된 것이고, 바람과 더불어 사라지는 것처럼 생각하고 있는

높은 명성을 바라지 않는 영혼*23

이라는 것이다. 그러한 의견이 나오는 근원은, "칭찬하자마자 칭찬받을 만한 것이 없어져 버린다"*24는 것이다. 그러나 그것은 솔로몬의 다음과 같은 판단을 바꿀 수 없을 것이다. "의인을 기념할 때에는 칭찬하거니와, 악인의 이름은 썩으리라"*25는 것이다. 전자는 번영한다. 후자는 망해서 곧 잊혀지거나 악취로 바뀐다. 그러므로 오랜 동안 평판이 좋고 불려지고 있는 호칭 혹은 부가적 명칭이라고도 할 수 있는 죽은 자에 대한 '행복한 추억, 믿음 깊은 추억, 좋은 추억의' 같은 말 속에서, 키케로의 말로서 데모스테네스에게 빈 것을 볼 수 있다. "좋은 이름은 죽은 자의 정당한 재산이다."*26 그 재산은 현재 많이 황폐되어 있고, 그 점에 결함이 있다는 것을 나는 주의하지 않을 수 없다.

10. 개개의 행위에 대한 기술이나 서술에 대해서는, 그 방면에 더 한층의 노력이 희망되고 있다. 말하자면 무언가 큰 행동이 있으면 반드시 그에 수반하여 누군가 잘 쓰는 사람이 있는 법이다. 그리고 좋은 역사를 쓴다는 것이 비범한 재능이란 것은 그 방면에 사람이 적다는 것만 보아도 분명하다고 할 수 있다. 그러나 기억할 만한 개개의 행위가 일어남에 따라 대체로 참을 수 없을 만큼 보고되어 있기만 한다면, 시대의 완전한 역사의 편집은 그에 적합한 저자가 나올 때 그만큼 더 기대를 걸 수 있을 것이다. 왜냐하면 그와 같은 서술의 수집은 일종의 묘목 재배원이라고 할 수 있기 때문이다. 거기서 때가 오면 훌륭하고 당당한 정원에 식수하게 된다.

11. 또 하나 다른 역사의 구분을 코르넬리우스 타키투스가 하고 있는데, 그것도 잊어서는 안 될 일이다. 특히 그것과 결부하여 부가된 것이 있다. 연대기와 일지이다. 전자에는 국가의 문제, 후자에는 비교적 낮은 성질의 행위나 사건을 충당하여 생각하고 있다. 어떤 훌륭한 건축물에 약간 언급하는 것 따위는, "로마 제국의 위엄에 적합한 것은, 연대기에는 위대한 사적(事跡)을 적고, 이런 사소한 것은 그 도시의 날마다의 기록에 남기게 함으로써"*27라고 덧붙이고 있다. 그러므로 사색적 즉 원 벼슬의 품계를 나타내는 가문이 있는 것은, 사회적 즉 인간의 위계의 경우와 마찬가지이다. 그리고 국가의 위엄을 손상하는 것은 계급의 혼란이 가장 큰데, 마찬가지로 역사의 권위를 적잖게 손상하는 것은, 개선 행렬의 문제나 의식의 문제나 신기의 문제를 국가의 문제인 역사에서뿐 아니라 인물 특히 행위의 역사에서도 볼 수 있다. 즉 고대의 군주는 명예와 정치의 양면에서 나날이 일어나는 일을 일지에 적게 했다. 이를테면 아하수에루스가*28가 잠을 이루지 못할 때 그 앞에서 낭독된 연대기에는 국가의 문제들이 있었으며, 자기 자신의 시대나 바로 그 앞의 시대에 일어난 일들도 포함되어 있었다. 그러나 알렉산드로스 집안의 일지는 자질구레한 사건을 일일이 적어 놓고 있으며, 자기 자신에 관한 것과 궁내의 일까지 씌어 있다. 그리고 지금도 기억할 만한 사업, 이를테면 전쟁의 원정이나 항해 같은 때는 끊임없이 일어나는 일을 알뜰히 일기에 적는 것이 흔한 관례가 되어 있다.

12. 마찬가지로 내가 모르지 않는 형식의 저술로서는, 엄숙하고 현명한 사람들이 사용한 것으로서, 기억할 만하다고 그들이 생각한 행위의 역사를 여

기저기 삽입하여, 그에 관한 정치 철학적인 담론이나 관찰을 넣은 것이 있다. 그것은 역사 속에 합체시키지 않고 독립시킨 것이며, 비교적 주요한 것으로서의 의도를 가진 것이다. 그런 종류의 사색적인 역사는 정치 서적 속에 넣는 것이 더 적당하며, 그에 대해서는 나중에 설명하겠지만 역사 서적 속에 넣는 것은 자리가 어울리지 않는 것 같다. 왜냐하면 역사책의 참된 임무는 사건 그 자체를 충고와 함께 서술하는 것이며, 그에 대한 관찰과 결론은 각자의 자유와 능력에 맡기는 일이기 때문이다. 그러나 혼합이라는 것은 불규칙적인 것이어서 아무도 똑똑히 정의를 내릴 수는 없다.

13. 여러 가지로 혼합된 또 한 종류의 역사가 있다. 그것은 우주지(宇宙誌)의 역사이다. 혼합된 것으로는 지역 자체에 관한 자연사, 주민의 주거와 정치와 풍속에 관한 사회사, 지역과 하늘에서 볼 수 있는 성좌(星座)에 관한 수학—이 분야의 학문은 최근 시대에 가장 진보하고 있는 것이다—이 있다. 말하자면 정말로 단언할 수 있는 일이고, 근대의 명예가 되는 일이며, 고대와 사실상 필적하게 되는데, 세계라는 이 커다란 건축물은 광선이 통과하는 양면 창문을 우리들 및 우리들 아버지의 시대까지는 만들어 놓고 있지 않았던 것이다. 즉 대척지점(對蹠地點)에 관한 것은 알려져 있었다.

> 그리고 우리들 위에 먼저 떠 오르는 태양이
> 그 허덕이는 말(馬)로써 생명의 입김을 뿜는 곳
> 그곳에 빨간 샛별이 밝게 빛을 태운다. *29

그러나 그것은 추론의 증명에 의한 것일 뿐 사실에 의한 것은 아니었는지도 모른다. 그리고 여행에 의한 것이라면, 지구 절반쯤의 항해를 필요로 할 뿐이다. 그러나 지구를 일주한다는 것은 천체가 하고 있는 것과 같은 것이다. 근대까지는 수행되지도 않았고 기획되지도 않았다. 그러므로 근대가 표어로서 내세워도 좋다고 생각되는 것은, 고대의 '지금부터 앞으로는 안 된다'*30가 아니라 '더 앞으로'라는 것이다. 또 고대의 '뇌전의 흉내는 낼 수 없다'는 것이 아니라 '뇌전(雷電)의 흉내를 낼 수 있다'는 것이다.

> 미친 듯이 폭풍우와 흉내낼 수 없는 뇌전을 닮으려고*31

가 아닌 것이다. 그뿐 아니라 역시 마찬가지로 '흉내낼 수 있는 하늘의'라는 것이다. 천체의 방법에 따라 지구를 도는 많은 기억할 만한 항해가 있었던 것이다.

14. 이와 같이 항해와 발견이 진보한 것은, 모든 학문에 대한 더 한층의 진전과 진보의 기대를 심어 줄지도 모른다. 왜냐하면 그것은 신에 의해서 동시대의 것이 되도록, 즉 동일 시대에 함께 되도록 정해져 있는 것처럼 여겨지기 때문이다. 그와 같이 예언자 다니엘은 근대를 예언하고 있다. "많은 사람이 빨리 왕래하며, 지식이 더하리라."*32 세계의 해방과 자유로운 교통 및 지식의 증대가, 동일 시대에 일어나도록 정해져 있다고 말하고 있는 것 같다. 그리고 우리는 그것이 이미 대부분 이루어지고 있는 것을 본다. 근대의 학문은, 하나는 그리스 인, 또 하나는 로마 인의 옛 두 학문의 시기 혹은 부흥기에 그리 뒤지는 것이 아니다.

〈주〉

*1 2세기의 프로르스의 《로마사초》, 4세기의 아우렐리우스 빅토르의 《사초》 등을 가리키는 것으로 생각된다.

*2 〈욥기〉 27·7.

*3 소키루스(기원전 424~401년)는 페르샤 왕 아르타크세르크세스 2세의 아우. 펠로포네수스 전쟁(기원전 431~404년)의 끝 무렵에 소아시아의 그리스 정복을 위해 파견되었으나, 크나크사에서 반란을 일으켰다가 패배하여 살해되었다. 그 때 거느리고 있던 그리스 용병 1만 명을 크세노폰이 이끌고, 기원전 401~399년에 그리스로 돌아왔다. 이 사실은 크세노폰의 《아나바시스》에 묘사되어 있다.

*4 루키우스 세르기우스 카틸리나(기원전 108년 무렵~62년)는 로마의 정치가로서 아프리카 총독. 기원전 63년에 로마를 침범하려다가 패배하여 에트루리아로 달아나서 살해되었다. 이것은 살루스티우스 《카틸리나의 반란》에 묘사되어 있다.

*5 베르길리우스 《아에네이스》 4·177.

*6 기원전 253년 무렵~182년. 그리스의 장군. 스파르타와의 싸움에서 승리를 거두었으나, 메세네 근처에서 포로가 되어 죽었다.

*7 타키투스 《연대기》 4·34에서는 카시우스에 대해서 한 말이고, 수에토니우스 《티베리우스》 61에서는 플루투스와 카시우스에 대해서 한 말로 되어 있다.

*8 기원전 210년 무렵~120년. 그리스의 역사가. 40권에 이르는 《로마사》를 썼는데, 그

가운데 첫 5권 정도가 남아 있다.

*9 기원전 86~34년. 살루스트라고도 한다. 로마의 역사가로 호민관. 《역사》와 그 밖의 것을 썼다.

*10 기원전 2세기 무렵의 로마의 역사가. 《로마사》24권을 썼으나 그 중 11권 가량이 남아 있다.

*11 170년 무렵~240년. 이탈리아에 살고 있던 그리스 학자. 180~238년 무렵에 나온 《로마사》의 저자.

*12 키케로 《의무론》 1·34.

*13 스코틀랜드의 휴머니스트로, 《스코틀랜드사》를 쓴 조지 뷰캐넌(1506~82년)을 가리킨다.

*14 1456~85년의 영국 왕위 계승 전쟁으로서, 붉은 장미를 문장으로 하는 랭카스터 집안과 하얀 장미의 요크 집안과의 싸움이다. 1485년 8월 22일, 보스워드의 싸움에서 리처드 3세를 무찌른 랭카스터 집안의 헨리 튜더가 헨리 7세로서 요크 집안의 엘리자베드와 결혼, 영국의 왕위가 통일되어 튜더 왕조가 성립된 것을 가리킨다.

*15 잉글랜드와 스코틀랜드는 본디 서로 독립된 왕국이었으며, 두 나라 사이에는 분쟁이 그치지 않았다. 그러나 엘리자베드 여왕이 죽은 뒤 스코틀랜드의 제임즈 6세가 영국 왕위에 올라 영국의 제임즈 1세(재위 1603~25년)가 되었다. 제임즈 1세는, 잉글랜드의 헨리 7세의 딸로 스코틀랜드의 제임즈 4세에게 출가한 마그리트의 아들이었으므로, 이것으로 잉글랜드와 스코틀랜드와 결합된 것이 된다. 그러나 의회 등의 결합은 그보다 늦다. 이 잉글랜드와 스코틀랜드의 결합에는 베이컨의 공헌이 컸다.

*16 랭카스터 집안의 헨리 7세와 요크 집안의 엘리자베드가 결혼한 것.

*17 에드워드 6세(재위 1547~53년)를 가리킨다. 헨리 8세와 세 번째 왕비 제인 시모어 사이에 난 왕자로, 헨리 8세의 유일한 아들이다. 왕이 죽은 뒤 열 살에 왕위에 올랐다.

18 헨리 7세의 증손녀 제인 그레이(1537~50년)는, 에드워드 6세가 죽은 뒤 영국 왕위에 올랐으나 불과 9일 만에 폐위되었다.

*19 메리 튜더, 또는 아라곤의 메리 1세(재위 1553~58년)를 가리킨다. 헨리 8세와 첫아내 캐더린 사이에 태어난 딸. 에드워드 6세가 죽은 뒤 영국 왕위에 앉았으며, 1554년 7월 에스파냐의 펠리페 2세와 결혼했다. 그녀는 잉글랜드를 로마 가톨릭 국가로 되돌리려고 신교도를 박해하여 '피의 메리'라 일컬어졌다.

*20 엘리자베드 1세를 가리킨다.

*21 트로야의 왕자라고 하는데, 그 일생에 대해서는 전설이 각각이다. 베르길리우스는

《아에네이스》에서, 그가 이탈리아에 상륙하여 로마를 건설했다고 전하고 있다. 다음의 인용은 《아에네이스》 3·96.

＊22 이탈리아의 시인 루도비코 아리스트(1474~1533년)를 말한다. 그의 서사시 《광기의 오를란도》에 나오는 운명의 세 여신 가운데 크로토는 인간의 생명을 잇고, 라케시스는 생명의 길이를 정하며, 아토로포스가 생명의 실을 가위로 자른다.

＊23 베르길리우스 《아에네이스》 5·751.

＊24 소 플리니우스 《서한》 3·21.

＊25 〈잠언〉 10·7.

＊26 키케로 《피리피카에》 7·5·10.

＊27 타키투스 《연대기》 13·31.

＊28 구약 성서에 나오는 페르샤 왕. 〈에스더 기〉 6·1.

＊29 베르길리우스 《농경시》 1·250.

＊30 신성 로마 제국 황제 및 에스파냐 왕 카를 5세의 말.

＊31 베르길리우스 《아에네이스》 6·590.

＊32 〈다니엘서〉 12·4.

3

1. 종교사(宗敎史)는 사회사와 같은 분류를 갖는다. 그러나 다시 그 특성으로 분류되어 일반적 명칭의 교회사가 된다. 첫째 것은 전투적 교회의 시대를 서술하는 것이다. 노아의 방주처럼 동요하는 것도 있고, 황야의 율법의 석판 상자처럼 움직이는 것도 있으며, 예루살렘에 세워진 사원의 입법 상자처럼 정지해 있는 것도 있다. 즉 그 교회의 상태는 박해를 받고 있는 것, 움직이고 있는 것, 평화로운 것 등이다. 이 분야가 부족하다고 나로서는 결코 말할 수 없다. 다만 그 우월성과 성실성이 양과 질에 알맞는 것이 되기를 바란다. 지금 나는 비난을 문제삼고 있는 것이 아니라 탈락을 문제삼고 있다.

2. 둘째 것, 즉 예언 혹은 예언서의 역사는, 예언과 성취의 두 관계 사항으로 성립되어 있다. 그러므로 이러한 일의 성질로 해서, 성서에 있는 하나하나의 예언이 그것을 성취하고 있는 사건과 배열되어 세계의 각 시대에 미치지 않으면 안 될 것이다. 신앙을 더 확실하게 만들기 위해서, 그리고 예언

이 아직 성취되지 않은 부분에 관하여 교회에 더 똑똑히 해석해 주기 위해서이다. 단 신의 예언과 일치하고 또 그것에 알맞는 자연스러운 높이를 인정한다. 그 저자의 성질에서 나오는 것이지만, 그 사람에게는 천 년이 하루와 같은 것에 지나지*¹ 않는다. 이렇듯 시간대로 성취되는 것이 아니기 때문에, 몇 시대에 걸쳐서 발생하고 싹이 터서 이루어지는 것이다. 다만 그 높은 상태나 완전히 수행된 상태는, 어느 한 시대와 관계있는 것일지도 모를 뿐이다. 이 방면의 저작은 부족하다고 생각된다. 그럼에도 하려면 예지와 엄숙함과 존경심으로써 해야 하며, 그렇지 않으면 아예 하지 않는 것만 못하다.

3. 셋째 것인 섭리의 역사는, 신이 계시한 의지와 비밀의 의지 사이에 있는 뛰어난 대응성을 포함하고 있다. 그것은 매우 불명료한 것이며, 자연의 인간 즉 이성만으로 생각하려고 하는 대부분의 인간은 읽을 수 없다. 아니, 성서의 도움을 빌어 교회 내부를 바라보는 사람도 마찬가지이다. 그러나 이따금 신의 뜻으로 우리의 확신을 위해서, 그리고 세계의 신이 없는 사람들에 대한 반박을 위해서*², 본문을 쓰는 방법도 대문자로 쓰곤 하여 예언자의 말대로, "달려가면서도 읽을 수 있을"*³ 정도의 것도 있다. 즉 그저 감각적인 인간으로서 신의 재판 자리를 급히 지나가 몸을 굽혀 가만히 생각해 보지 않는 자리도, 달려 지나갈 때 그것을 분간할 수 있도록 하라고 권장되어 있다. 신의 재판, 벌, 구원의 두드러진 사건이나 예는 다 그와 같은 것이다. 이 작업은 많은 노력을 거쳐 온 것이므로 나로서는 결여되어 있다고 말할 수가 없다.

4. 또 학문의 다른 분야에서 역사의 보유(補遺)가 되는 것이 있다. 인간이 외적으로 나아가는 모든 방법은 말과 행위로 되어 있다. 이에 관해서 역사가 행위 쪽을 받아들여 기억에 남기고 있는 것은 적당하다. 그리고 말이라고 하더라도 행위의 예비적인 것, 즉 도입부가 되어 있는 데 지나지 않는다. 그러므로 말만을 포착하여 받아들이는 데 적당한 다른 책이나 저술도 그렇다. 거기에도 마찬가지로 세 가지 종류가 있다. 식사(式辭)와 편지, 짧은 연설이나 한 말, 격언이 있다. 식사는 변호, 충고의 연설, 찬사, 비난, 변명, 질책, 정식 또는 격식적인 식사 같은 것이다. 편지는 온갖 모든 기회에 따른 것으로 정보, 충고, 지시, 제안, 청원, 소개, 설명, 변명, 찬사, 기쁨, 담화, 그 밖에 모든 행위의 처리에 관한 것이 있다. 그리고 현명한 사람들이 쓴 편

지는, 인간의 모든 말 중에서 나의 판단으로는 최선의 것이다. 왜냐하면 그 것은 식사나 공공 연설보다는 잘 생각한 것이기 때문이다. 그리고 여러 가지 사정에 관한 편지도 그런 것을 다루고 있다. 무엇보다도 그런 일과 직접 접 촉이 있는 당사자에게서 온 것은, 역사에 대한 가장 좋은 지식을 가르쳐 주 며, 근면한 독자에게는 그 자체가 가장 좋은 역사이다.

격언에 대해서는, 카이사르의 그 책이 없어진 것은 커다란 손실이다. 왜냐 하면 그의 역사나 현존하는 소수의 편지나, 그 자신의 격언은 다른 누구의 것보다도 뛰어나기 때문이다. 그래서 그의 격언집도 그러했으리라 짐작된 다. 말하자면 다른 사람들이 모은 것에 대하여 내가 그런 문제에 취미가 없 거나, 사람들의 선택이 잘 되지 않았거나 그런 것들이다. 그러나 이 세 가지 저술에 대해서 나는 아무 주장도 하지 않는다. 결함을 지적할 만한 일도 없 기 때문이다.

5. 그러므로 역사에 관해서는 이 정도로 해 둔다. 이 분야의 학문은 마음 의 조그만 방이나 주거, 사무실에 맞먹는 것이다. 그것은 기억의 방면이다.

〈주〉

＊1 〈베드로후서〉 3·8.

＊2 〈에베소서〉 2·12.

＊3 〈하박국서〉 2·2.

4

1. 시(詩)는 학문의 일부로서 말의 운율을 갖고 있으며, 이 점에 여러가지 제한은 있지만, 다른 모든 점에서는 매우 많은 자유가 허용되어 있고, 상상 력과 관계가 있다. 그것은 내용 혹은 물질의 법칙에 매여 있지 않으므로, 마 음대로 자연이 분리하고 있는 것을 결합시키기도 하고, 자연이 결합시켜 놓 은 것을 분리할 수도 있다. 그리하여 사물을 부당하게 결합시키고, 이반(離 反)시킬 수 있다. "화가와 시인은 하고 싶은 것을 할 수 있다"＊1는 것이 된 다. 그것은 말 혹은 내용에 의해서 두 가지 뜻으로 풀이된다. 첫재 뜻으로는

그것은 일종의 문체(文體)이며, 말의 기술에 속하는 일이라 여기서는 다룰 수 없다. 둘째 점에서는 학문의 주요 부분 가운데 하나이다. 그리고 바로 허구(虛構)의 역사이다. 그것은 운문에 대해서나 산문에 대해서나 할 수 있는 말이다.

2. 이 허구의 역사의 효용은, 그림자의 만족 같은 것을 인간의 마음에 주는 일이었다. 사물의 본성이 그것을 부정하고 있는 방면에서 볼 수 있는 것으로, 세계는 영혼에 상대적으로 뒤지는 것이기 때문이다. 그런 이유로 인간의 정신에 알맞도록 더 충분한 위대함, 더 정확한 선(善), 더 완전한 변화가 있으며, 그것은 사물의 본성에서 볼 수 없는 것들이다. 그러므로 참된 역사의 행위나 사건에는, 인간의 마음을 만족시킬 만한 크기가 없으므로, 시는 훨씬 더 크고 더 영웅적인 행위나 사건의 허구로써 만든다. 참된 역사는 덕성이나 악덕의 가치에 적합하지 않는 행위의 결과나 결말을 쓰려고 하므로, 시는 그러한 보답을 더 올바르게 그리고 섭리의 계시에 알맞게 허구한다.

참된 역사는 비교적 일반적이고 비교적 변화가 적은 행위나 사건을 묘사한다. 그러므로, 시는 그러한 것에 더 보기 드문 성질과 더 예기하지 않은, 그리고 기복이 심한 변화를 주는 것이다. 시는 관대와 도덕성 및 기쁨에 도움이 되고 또 공헌하는 것으로 생각된다. 그래서 무언가 신성(神聖)을 갖춘 데가 있다고 언제나 생각되어 왔다. 마음을 들어 올리고, 높이고, 사물을 마음이 바라는 대로 보여 주기 때문이다. 그런데 이성은 마음을 굽히고 고쳐서, 사물의 본성에 따르도록 만든다. 그런 일로써 인간의 본성이나 좋아하는 곳으로 유인하여 그것과 일치하게 하고, 그와 더불어 음악과 일치 관계가 되는 데에 있어서, 무무한 시대나 야만스러운 지역에서 받아들여지고 중시되어 오고 있는 것을 볼 수 있다. 그런 곳에서는 다른 학문은 배제되었다.

3. 그 특성에 의한 가장 적당한 시의 분류(따로 역사와 공통의 분류가 있다. 이를테면 허구의 연대기, 허구의 전기이다. 또 역사의 보유 쪽에서 보면 허구의 서한, 허구의 식사 같은 것에 있다)는, 서술시와 극시, 그리고 비유시이다. 서술시는 오로지 역사의 모방이며, 위에서 말했듯이 지나친 점이 있다. 주제로서 선택하는 것은 보통 전쟁이나 연애, 드물게는 국가이며, 때로는 기쁨이나 즐거움 등을 다룬다. 극시는 눈에 보이는 역사 같은 것이다. 그리고 현존하는 것처럼 보이게 하는 행위의 모습이다. 한편 역사는 자연 속의

행위를 있는 그대로 쓰는 것이며, 말하자면 과거의 것이다. 비유적 혹은 우의적(寓意的)인 것은, 무언가 특별한 목적 혹은 생각을 표현하기 위해서만 화술을 사용한 것이다. 이런 종류의 우의적인 지혜는, 고대에서는 훨씬 많이 사용되었다. 이를 테면 이솝 우화나 그리스 7현인(七賢人)의 단문, 그림 문자의 사용 등으로 알 수 있는 것이다. 그리고 그 원인은 여느 사람이 이해할 수 없는 날카롭고 미묘한 이성의 문제를, 그런 방법으로 표현할 필요가 있었기 때문이다. 또 그 무렵의 사람들은 여러 가지 변화 있는 예나 미묘한 사고 방식이 결여되어 있었기 때문이다. 그리고 그림 문자가 문자 이전에 있었듯이, 우화는 의론 이전에 있었다. 그럼에도 불구하고 그것들은 현재나 또 어느 시대에나 많은 생명력과 활력을 가지고 있다. 이치도 그만큼 뚜렷할 수는 없고, 예도 그만큼 적절할 수 없기 때문이다.

4. 그러나 아직도 방금 말한 것과 대립되는 우의시(寓意詩)의 또 하나의 효용이 있다. 즉 방금 설명한 것은 배우거나 혹은 전해지는 것을 증명하거나 예해(例解)하려고 하는데, 이 또 하나의 것은 그것을 감추어서 모르게 만들려고 한다. 말하자면 종교와 정치와 혹은 철학 등의 비밀이나 신비가 우화나 우의담(寓意談) 속에 포함되는 경우이다. 이런 방법이 신의 영감을 받은 시에서는 인정되고 있음을 알 수 있다. 이교도의 시에서는, 우화의 서술이 매우 잘 되어 있다. 이를테면 거인들이 여러 신과의 전쟁에서 지고, 그 어머니인 대지가 복수로 소문을 낳았다는 우화가 있다.

어머니인 대지는, 사람들의 말로 여러 신에 대해서 노하여, 마지막으로 거인 코에우스와 엔케라도스의 누이(소문)를 낳았다. *²

그 뜻은 군주나 왕후가 실제의 공공연해진 반란을 진압해 버리면, 민중(즉 반란의 어머니)의 악의가 국가에 대한 중상이나 모략이나 비난을 낳는다는 것이다. 이것은 반란과 동일한 성질의 것이지만, 비교적 여성적이다. 마찬가지로 다른 여러 신들이 유피테르를 묶을 의논을 하고, 팔라스가 백 개의 손을 가진 브리아레우스에게 원조를 청했다는 우화가 있다. 그 뜻은 군주국은 강력한 신하가 그 절대성을 누르려 하는 것을 두려워 할 필요가 없다는 것이다. 다만 예지로써 민중의 마음을 잡고 있지 않으면 안 된다. 그러면 틀림없이 자기 편을 들어 주는 법이라는 것이다. 또 아킬레우스가 반인반마(反人反馬)의 키론에게 양육되었다는 우화에 있어서는 그 뜻을 마키아벨리가 교묘히 그러나 부패한 형태로 설명하고 있다. 그러나 군주의 교육과 훈련에 필요한 것은, 인간의 덕성과 정의와 더불어 사자의 과격함과 여우의 간사한 지혜임을 알고 그 역할을 행하는 것이다. 그러나 많은 같은 예에서 내가 생각한 것은, 오히려 우화가 먼저 있고 나중에 설명이 고안된 것이며, 도덕이 먼저 있고 거기에 우화가 생긴 것은 아니라는 것이다. 말하자면 크리시푸스의 옛 허영심에서 볼 수 있는 일인데, 이 사람은 스토아 학파의 주장을 고대 시인의 허구에 결부시키려고 매우 고심하고 노력했다. 그러나 시인의 우화나 허구는 모두 오락을 위한 것이지, 우의를 위한 것이 아니라는 의견을 나는 덧붙이지 않는다. 확실히 현존하는 시인들 중에서 호메로스 자신에 대해서도(그의 시는 후기 그리스 학파 사람들에게는 일종의 성서처럼 되고 있었지만), 나는 그 우화가 그 자신의 뜻 속에서는 이런 숨은 의도를 갖고 있지 않았다고 말할 수 있다. 그러나 더 본디의 전통에서는 어떤 것을 포함하고 있었을까. 그것은 단언하기 어렵다. 왜냐하면 그 대부분을 생각해 낸 것은 그가 아니었기 때문이다.

5. 학문의 이 제3 분야, 즉 시에 관해서는 보고할 것이 없다. 왜냐하면 정상적인 씨가 없더라도 대지의 생활력에서 생기는 식물 같은 것이므로, 다른 어느 종류의 것보다도 널리 퍼졌기 때문이다. 그러나 그 당연하다고 생각되는 성질을 생각해 보면, 감정, 열정, 부패, 풍습 등에서는 철학자보다 시인에게 더 많이 은혜를 입고 있다. 또 지성과 변설(變說)에 대해서는 웅변가의 웅변에 그리 뒤지지 않는다. 그러나 극장에 너무 오래 앉아 있는 것은 좋은 일이 아니다. 여기서 마음의 판단 장소 내지는 궁전 쪽으로 나아가기로 하자. 우리는 그곳에 더 깊은 존경과 주의를 가지고 접근하여 바라보아야 한다.

〈주〉

*1 호라티우스 《시학》 9.
*2 베르길리우스 《아에네이스》 4·178~180.

1. 인간의 지식은 물과 같다. 위에서 흘러내리는 것도 있고 밑에서 솟아오르는 것도 있다. 한쪽은 자연의 빛 즉 인간의 능력에 의해서 만들어지고, 한쪽은 신이 계시를 불어넣어서 만들어진다. 자연의 빛은 마음의 개념과 감각의 보고로 이루어진다. 즉 인간이 배움으로써 얻는 지식에 대해서 말한다면, 그것은 퇴적하는 것이지 독창적인 것이 아니다. 이를테면 물의 경우와 마찬가지로 그것은 자기 자신의 수원 이외에 다른 수원이나 흐름으로 길러지는 것이 있다. 그러므로 이 두 가지 상이한 빛 내지는 근원적인 것에 따라서, 지식은 먼저 신학과 철학으로 나누어진다.

2. 철학에 있어서는 인간의 관조가 신에게까지 꿰뚫고 들어가거나, 자연에게로 이끌려가거나, 자기 자신에게 반사하여 되돌아오거나 한다. 그런 여러 가지 탐구에서 세 가지 지식이 생긴다. 신의 철학과 자연 철학 그리고 인간 철학, 즉 인문학(人文學)이다. 다시 말해서 윤리학과 정치학이다. 즉 모든 사물에는 다음과 같은 세 겹의 성질에 관한 표지와 도장이 찍혀 있다. 신의 힘과 자연의 특색, 그리고 인간의 효용이다. 그러나 지식의 분포와 구분은 하나의 각에서 만나는 몇 개의 선처럼, 한 점에서만 접하는 것이 아니다. 나뭇가지처럼 줄기에서 만나며, 전체성과 계속성의 차원과 양(量)을 가지고 있다. 그것이 나중에는 계속하지 않게 되고 갈라져서 사지(四肢)나 큰 가지가 된다.

그러므로 앞에서 말한 분류로 들어가기 전에, 하나의 보편적인 학문을 확립하고 구성하는 것이 좋다. 그 명칭은 〈제1철학〉 원시적 혹은 요약 철학으로서 주요하고 공통된 길이다. 그리고 그 뒤에 여러 가지 길이 갈라져서 구별할 수 있는 곳에 이르는 것이다. 그런데 그런 학문이 없다고 보고해야 할 것인지 어떤지는 의문이다. 왜냐하면, 어떤 혼합된 자연신학과 여러 가지 부분으로 된 논리학을 볼 수 있기 때문이다. 또 원리에 관계되는 자연 철학의 부분과 영혼 혹은 정신에 관계되는 자연 철학의 다른 부분도 있다. 이 모든 것이 묘하게 혼합되고 혼란되어 있다. 그러나 검토해 보면 다른 여러 가지 학문을 강탈하여 추진하고 높여서, 무언가 고상한 말로 만든 것이지, 그 자체가 확고한 실질이 있는 것이라고 할 수는 없는 것 같다. 그렇다고 현행의 구별을 모를 수는 없다. 그것은 같은 것이 다루어지지만, 그러나 여러 다른 관점에서 다루어지고 있다는 것이다. 예를 들자면, 논리학에서는 많은 사물을 개념 속에 있는 것처럼 생각한다. 철학에서는 자연 속에 있는 것처럼 생각한다. 한편은 외관에서 보고 다른 한편은 존재에서 본다. 그러나 흔히들 이렇게 구별하지만, 실제로는 그대로 추구되지 않았다는 것을 알 수 있다. 양(量)과 유사성과 다양성, 그 밖에 사물의 외적 성질은 철학자로서 자연 속에서 생각했다면, 그 사람들의 탐구는 필연적으로 현재보다 훨씬 다른 것이 되었을 것이기 때문이다.

말하자면 그들 가운데 누군가 양을 다룰 때, 결합의 힘에 대해서 그것이 어떻게 그리고 어느 정도로 힘을 증대하는지 말할 사람이 있겠는가? 자연 속에는 매우 흔하고 아주 많은 것이 있고, 매우 드물고 아주 적은 것이 있는 이유를 말할 사람이 누가 있겠는가? 누군가 유사성과 다양성을 다룰 때, 쇠가 비교적 비슷한 쇠 쪽으로 움직여가지 않고 비교적 닮지 않은 천연 자석 쪽으로 움직여가는 원인을 단정할 수 있겠는가? 사물의 여러 가지 다양성 중에 두 가지 이상의 성질을 가진 것이 있는 이유는 무엇인가? 그것은 어느 종류와 관계가 있는지 거의 모호하다 해도 무방하다. 그러나 자연 속에 있는 것으로서 사물의 이런 공통적인 부속물의 성질이나 작용에 대해서는, 오로지 깊은 침묵밖에 없다. 그리고 말이나 의론에서 그런 힘이나 효용에 대해 언급할 때에는 그저 되풀이할 뿐이다.

이런 성질의 저술에서 나는 모든 미세함을 피하려 한다. 때문에 이 근원적 혹은 보편적인 철학에 관해서 내가 말하는 뜻은, 소극적으로 솔직하게 일반적인 설명을 한다면 다음과 같은 것이 된다. "그것은 철학이나 학문의 특별한 분야의 어느 범위에도 들어가지 않고, 비교적 공통적이고 비교적 높은 단계에 있는 모든 유익한 관찰이나 공리의 용기(容器)가 된다."

3. 그런데 그런 종류의 것이 많다는 데는 의문의 여지가 없다. 이를테면 "같은 것이 같지 않은 것에 보태어지면, 전체는 같지 않은 것이 될 것이다"[*1]라는 법칙은, 마찬가지로 사법(司法)과 수학의 공리도 아니겠는가? 또 교환성과 배분의 사법과, 산술 및 기하학의 비례[*2] 사이에는 참된 일치가 없는가? 또 하나의 법칙인 "동일물과 같은 것은 서로도 같다"는 것은 수학에서 딴 것이지만, 모든 삼단논법이 그 위에 확립될 만큼 논리학에 있어서도

강력한 것이 아닌가? "모든 것은 변한다. 파괴되는 것은 없다"*³는 관찰은, 철학의 원리로서는 자연의 〈양(量)〉은 영원하다는 것이 아닌가? 자연 신학에서는 또 처음에 무(無)를 그 무엇으로 만든 것과 같은 전능성이, 무엇을 무로 만들기 위해서 필요하지 않겠는가? 성서에 따르면 "무릇 하느님이 행하시는 것은 영원이 있는 것이라, 더할 수도 없고 덜할 수도 없다"*⁴고 한다. 마키아벨리가 현명하게 그리고 널리 정치에 관해서 말하고 있는 원리가 있다. 그것을 수립하고 계속하는 방법은, 그 여러 요소까지 규명해 들어가는 것이라고*⁵ 말하고 있는데, 그것은 일반 정치의 경우와 마찬가지로 종교와 자연에서의 규칙도 되지 않는가? 페르샤의 마법은 정치의 규칙과 정책에 자연의 원리와 기구를 가지고 와서 대등시킨 것이 아니었던가? *⁶ 음악가의 가르침에 불협화음 혹은 불쾌한 소리에 협화음 또는 아름다운 소리로 떨어져 가게 하라는 것은 감정의 경우에도 진실이 아닌가? 음악의 갑작스러운 종지(終止)에서, 종지 혹은 화음의 종지를 피하거나 또는 식음(飾音)으로 만드는 것은, 기대를 속이는 수사학의 갑작스러운 중지 혹은 비유와 공통되지 않는가? 휴지점에서 진음(震音)을 내는 즐거움은, 물 위에서 빛이 움직이는 것과 같지 않은가?

　　떨리는 빛 아래서 바다가 빛난다. *⁷

　감각의 기관은 반사의 기관과 같은 종류의 것이 아닌가? 눈은 거울이고, 귀는 동굴 혹은 결정되고 한정된 해협과 같지 않은가?

　이런 것은 관찰이 좁은 사람들이 그렇다고 생각하고 있는 것처럼 다만 유사성만이 아니다. 자연의 같은 걸음걸이가 각각 다른 주제나 물질 위를 걸어서 자국을 남긴 것이다. 내가 이해하는 바로는 이 학문이 결여되어 있다고 보고 해도 옳지 않을까 생각한다. 왜냐하면 내가 보기에 매우 심원한 지성을 가진 사람들은 어떤 특정 의론을 다룰 때 이따금 이 샘에서 당장에 쓸 한 양동이의 물을 긷는 일이 있을 것이다. 그러나 그 수원(水源)을 찾아간 사람은 아직 없는 것 같다. 더욱이 그것은 자연의 발견과 기술의 요약에 매우 유익한 것이다.

〈주〉

＊1 에우클레이데스 《공리》 4.

＊2 아리스토텔레스 《윤리학》 53·4.

＊3 오비디우스 《변신부》 15·165.

＊4 〈전도서〉 3·14.

＊5 마키아벨리 《로마사론》 3·1.

＊6 영국의 목사 새뮤얼 퍼쳐즈(1575~1626년)가 편집한 《여행기》의 서술에 언급한 것이
다.

＊7 베르길리우스 《아에네이스》 7·9.

6

1. 이 학문이 그런 까닭으로 공통적인 부모의 위치를 가진 것은, 베레킨티
아＊1와 비슷하다. 이 여신은 매우 많은 천상의 아이를 낳았으므로, 그것은
'천상의 모든 것, 상공의 모든 것'＊2이라 해도 좋았다. 그러나 우리는 그 전
의 신과 자연과 인간이라는 세 가지 철학의 구분으로 돌아갈 수 있다. 그리
고 신의 철학 혹은 자연 신학에 관한 것으로서 신에 관한 지식 혹은 지식의
기초는, 그 창조물의 관조에 의해서 얻을 수 있을 것이다. 그 지식은 대상의
관점에서 보면 신적인 것이고, 지식의 근원의 면에서 보면 자연의 것이라고
해도 상관없을 것이다. 이 지식의 한계는 무신론을 반박하는 데는 충분하나,
종교는 가르치지 않는다는 것이다. 그리고 무신론자를 개종시키기 위해서
신이 행한 기적은 일찍이 없었다. 빛이 그런 인간에게 신을 고백시키려 했는
지도 몰랐기 때문이다. 그러나 기적은 우상 숭배자나 미신가를 개종시키기
위해서 행하여져 왔다. 자연의 어떤 빛도 신의 뜻과 참된 숭배를 뚜렷이 말
하지는 못하기 때문이다. 모든 일이 그 일을 한 사람의 힘과 기량은 뚜렷이
보이지만 그 모습은 보이지 않는 것인데, 마찬가지로 신의 일도 만든 분의
전능성과 예지는 보이지만 그 모습은 보여 주지 않는다. 그러므로 이 점에서
이교도의 의견은 신성한 진리와 다르다. 말하자면 그런 사람들은 세계가 신
의 모습이며, 인간은 세계의 간약(簡約)된 혹은 요약된 모습이라고 상상했
다.

그러나 성서는 세계에 신의 모습이라는 명예는 주지 않았으며, 다만 '그 손이 이루신 일'*³이라고만 말하고 있다. 또 인간 이외의 다른 신의 모습에 관해서는 아무 말도 하지 않는다. 그러므로 자연의 관조에 의해서 신에 대한 인지(認知)를 얻고, 얻게 하며, 또 그 힘과 섭리와 선(善)을 증명하는 것은 뛰어난 의론이며, 여러 사람들에 의해서 보기 좋게 다루어져 오고 있다.

그러나 한편에서 자연의 관조 혹은 인간의 지식의 원리에서, 신앙의 여러 점에 관해 그 어떤 진리나 설득력을 얻으려고 한다는 것은, 나의 판단으로는 안전한 일이 못 된다. "신앙에는 신앙의 것을 주라"*⁴이다. 왜냐하면 이교도 자신도 같은 결론에 도달해 있다는 것을 나타내는 것으로서, 금사슬에 대한 저 뛰어난 신을 생각케 하는 우화가 있다. "사람들과 신들은 유피테르를 지상에 끌어내리지는 못했다. 그렇지만 유피테르는 그들을 천상으로 끌어올릴 수 있었다"*⁵는 것이다. 그러므로 우리는 신의 신비를 우리의 이성에까지 끌어내리거나 맡기려고 해서는 안 된다. 반대로 우리의 이성을 신의 진리에까지 끌어올리고 밀고 나아가지 않으면 안 된다. 그래서 신의 철학에 관한 지식의 이 부분에서, 나는 결함을 인정하기는커녕 오히려 지나치게 많다는 것을 깨닫고 있다. 여기에 내가 탈선하여 뛰어든 까닭은, 종교와 철학 양쪽에 극단적인 손해를 입고 있으며, 앞으로도 혼동됨으로써 손해를 입을지 모르기 때문이다. 그것이 이교적(異敎的)인 종교와 가공적이고 우화적인 철학을 만들게 되는 것은 두말할 것도 없다.

2. 천사와 성신(聖神)의 성질에 대해서는 별도이다. 그것은 신과 자연에 관한 신학의 부속적인 것이며, 알기에 불가능한 것도 아니고 금할 수도 없다. 성서에 따르면, "모르는 일에 밀고 들어가서 천사의 숭배에 관한 숭고한 담화로 남에게 속아서는 안 된다"*⁶고 있으나, 그 가르침을 자세히 보면, 금지되어 있는 것은 둘밖에 없다는 것을 알 수 있을 것이다. 그것을 숭배하는 것과 그것에 대한 광신적인 의견이다. 즉 그것을 창조물에 알맞는 정도 이상으로 높이거나, 그것에 관한 인간의 지식을 근거가 있는 이상으로 높이려고 하는 것이다. 그러나 진지하고 근거가 있는 탐구로 성서에 씌어 있는 것에서 생기는 일이나, 자연의 여러 가지 단계를 아는 데서 생기는 것은 금지되지 않았다. 마찬가지로 타락 혹은 반란한 성신에 대해서는, 그런 것과 관계하거나 그런 것을 사용하는 것은 금지되어 있으며 하물며 그런 것을 존경하는 것

은 더 말할 것도 없다. 그러나 그러한 것의 성질, 힘이나 또는 환영(幻影)에 관한 관조나 학문은, 성서에 의한 것이거나 이성에 의한 것이거나, 종교적 예지의 일부를 이루는 것이다. 사도 바울은 다음과 같이 말하고 있다. "그 책략을 우리가 모르는 것은 아니다."*7 그리고 나쁜 성신의 성질을 탐구하는 것이 불법이 아닌 것은, 자연 속에 있는 독물의 힘이나 도덕 속의 죄나 악덕인 성질의 탐구가 불법이 아닌 것과 같다. 하지만 천사나 성신에 관한 이 부분이 결여되어 있다고는 나는 말할 수 없다. 왜냐하면 이 일에 종사하는 사람이 많기 때문이다. 나는 오히려 그 저자들이 많은 경우에 우화적이고 광신적이라고 하여 도전하고 싶다.

〈주〉

*1 키벨레를 말한다. 프리키아, 소아시아의 신화에 나오는 자연과 농업의 여신.

*2 베르길리우스 《아에네이스》 6·787.

*3 〈창세기〉 1, 〈시편〉 8·3, 6.

*4 〈누가복음〉 20·25.

*5 호메로스 《일리아드》 8·19.

*6 〈골로새서〉 2·18.

*7 〈고린도후서〉 2·11.

7

1. 그러므로 신의 철학 혹은 자연 신학을 뒤에 두고(신학 혹은 영감을 받은 신학을 말하고 있는 것이 아니다. 그쪽은 인간의 모든 관조의 항구 또는 안식처로서 제일 마지막까지 제쳐놓기로 한다), 자연 철학 쪽으로 나아가기로 하자. 그래서 데모크리투스가 말한 "자연의 진리는 어떤 깊은 광산이나 동굴 속에 감추어져 있다"*1는 것이 진실이라면, 또 마찬가지로 연금술사가 흔히 말하듯이 불카누스는 제2의 자연이며, 자연이 지루하게 시간을 들여서 하는 일을 교묘하게 요령껏 모방한다는 것이 진실이라면, 자연 철학을 광산과 용광로로 나누는 것이 좋을 것이다. 그리고 자연 철학자의 두 가지 전문 내지는 작업을 선구자 즉 광산에서 일하는 자와 대장장이로 본다. 캐내는 자

와 제련하여 다루는 자로 보는 것이다.

확실히 나로서는, 그런 종류의 분류를 인정하는 것이 가장 좋다고 생각한다. 다만 더 친근감이 있고 더 철학적인 용어로 한다. 즉 이러한 자연 철학에 두 분야가 있으니, 원인의 규명과 결과의 산출이다. 사색적인 작업적, 자연의 지식과 자연의 사려(思慮)이다. 왜냐하면 일반 정치 문제의 경우에는 담화의 지혜와 방향의 지혜가 있기 때문이다. 자연의 문제에서도 마찬가지이다. 그리고 여기서 나는 한 가지 요구를 하고 싶다. 자연의 사려에 대해서는 자연의 마법이라는 오용과 남용되고 있는 명칭을 부활시켜 되돌리고 싶다. 그것은 참된 뜻으로 바로 자연의 예지 혹은 자연의 사려이기 때문이다. 고대의 뜻대로 받아들이고 공허함과 미신을 제거하면 그렇게 된다. 물론 그것은 진실이고 내가 잘 알고 있는 일이기도 하지만, 원인과 결과 사이에는 관계가 있다. 그러므로 사색적이고 작업적이라는 이 두 가지 지식은 서로 큰 관계를 가지고 있다.

그러나 참되고 결실 많은 자연 철학에는, 2중의 단계 혹은 사다리가 있다. 올라가는 것과 내려가는 것이다. 실험에서 원인의 발견 쪽으로 올라가는 것과, 원인에서 새로운 실험의 발견 쪽으로 내려가는 것이다. 그래서 내가 가장 필요하다고 판단하는 것은, 이들 두 분야를 개별적으로 고려하고 다루는 일이다.

2. 자연에 대한 학문 이론은 갈라져 형이하학(形而下學), 즉 자연 과학과 형이상학(形而上學)이 된다. 여기서 형이상학이라는 말의 용법은, 보통 받아 들여지고 있는 뜻과 다르다. 그리고 같은 형태로 아마 판단력이 있는 사람은 쉽게 알 수 있겠지만, 이것과 다른 개개의 문제에 있어서도, 나의 생각이나 개념이 고대 사람들의 경우와 다른 곳에서는 아직도 고대의 용어를 남겨 두려고 노력하고 있다. 즉 내가 설명하고자 하는 것에 대한 순서나 명석한 표현으로 오해를 받지 않도록 하고 싶은 것이다. 그래서 나는 다른 점에서는 고대 사람들로부터 후퇴하는 일이 없도록 열심히 바라고 있으니, 그것은 용어에서나 의견에서나 마찬가지이다. 다만 진리와 지식의 발전에 되도록 합치되도록 하고 싶다.

이 점에서는 철학자 아리스토텔레스도 좀 옳지 않은 데가 있다. 그는 모든 고대 사람들에 대해서 이론과 반론의 정신으로 나아갔던 것이다. 학문의 신어(新語)를 마음대로 만들어 내려고 했을 뿐 아니라, 고대의 모든 지혜를 파괴하고 지워 버리려고 했다. 그래서 고대 저작자의 이름이나 의견을 말할 때는, 반박하거나 비난할 때뿐이었다. 영예와 추종자와 제자들을 끄는 데는 옳은 길을 걸은 셈이다. 왜냐하면 확실히 일어나는 일이며 인간의 진리 속에 위치를 차지하는 일로서, 기록되고 설명된 이런 최고의 진리가 있으니 말이다. "나는 아버지의 이름으로 와 있다. 그러나 당신은 나를 받아들이지 않는다. 만일 다른 사람이 자기 자신의 이름으로 온다면, 당신은 받아들일 것이다." 그러나 이 신의 요의(要義) 중에서(그 사용된 상대 즉 반 그리스도 인으로서 최고로 속이는 자를 생각하고) 우리가 잘 알 수 있는 일이지만, 자기 자신의 이름으로 와서 고대 사람이나 아버지를 상관하지 않는다는 것은 진리의 좋은 징후가 아니다. 다만 '당신이 받아들이는' 사람의 운이나 성공과 결부된 일이 있다고 하더라도 그렇다.

그러나 이 아리스토텔레스라는 뛰어난 인물에 대해서 내가 생각하는 것은, 그는 제자 알렉산드로스 대왕의 마음을 배웠다는 것이다. 그는 이 사람의 흉내를 내려고 한 것 같다. 전자는 모든 의견을 정복하려고 했고 후자는 모든 나라를 정복하려고 했던 것이다. 그런데 이 점에서는 아마도 과격한 마음을 가진 누군가의 손으로 제자와 같은 칭호를 얻게 될지도 모른다.

토지의 복된 약탈자, 세계로 보아서는 몹시 무익한 본보기였다. *²

이에 따라서 그는

학문의 복된 약탈자

가 되는 셈이다.

그러나 나로서는 고대와 발전의 의가 좋아지는 근거로서 나의 붓으로 할 수 있는 일은 다 하고 싶은데, '제단(祭壇)까지' 즉 "나의 신의에 어긋나지 않는 한"*³ 고대에 따르는 편이 가장 좋다고 생각된다. 그래서 고대의 용어를 보존할까 하는 것이다. 다만 용법이나 정의에 대해서는 변경하는 수도 있다. 그것은 일반 정치의 경우인 온화한 방법을 따른 것이다. 그 경우에는 다소의 변경이 있더라도 타키투스가 현명하게 말하고 있는 '동일한 직위의 명칭'*4으로 해 두는 것이 꼭 맞는 일이다.

3. 그러므로 내가 현재 이해하고 있는 뜻으로, 형이상학이라는 술어를 사용하고 받아들이는 것으로 되돌아가기로 하자.

이미 앞에서 말한 것으로 내가 '제1 철학'을 생각하고 있다는 것은 분명하다. 즉 가장 중요한 철학과 형이상학이다. 그것은 여태까지 하나의 것으로 혼용되고 있었지만, 실상은 별개의 것이라고 생각한다. 나는 철학을 모든 지식의 부모 혹은 공통된 조상으로 보아 왔다. 또 형이상학을 자연 학문의 한 가지 혹은 파생물로서 넣고 있다. 마찬가지로 분명한 것은, 가장 중요한 철학에 공통의 원리와 공리를 적용시키고 있는데, 그것은 개개의 학문에 대해서 차별이 없고 구별이 없다는 것이다. 내가 거기에도 마찬가지로 적용하고 있는 연구는, 여러 가지 실체의 상대적이거나 외적인 성질의 작용에 관한 것이다. 이를테면 양, 유사성, 다양성, 가능성 등이다. 이에는 다음과 같은 구별과 조건이 있다. 즉 논리적이 아니라 자연 속에서 효용을 갖는 데 따라서 다룬다는 것이다.

마찬가지로 분명한 것은 자연 신학은 이제까지 형이상학과 혼동하여 취급되어 왔지만, 나는 그것을 독자적인 것으로서 포괄하고 한정했다. 그래서 지금 문제가 되는 것은 형이상학에 남아 있는 것은 무엇인가 하는 것이다. 이 경우, 고대의 생각 중 다음과 같은 정도의 것은 보존해 두어도 상관없을 것이다. 그것은 '형이하학은 물질 속에 내재(內在)하고 물질적이며, 그기에 일시적인 것을 관조한다. 또 형이상학은 추상(抽象)되고 고정된 것을 다룬다'는 것이다. 그리고 또 형이하학은 자연 속에 다만 존재와 움직임을 예상하는 것을 다룬다. 형이상학은 다시 나아가서 자연 속에 이성과 오성과 유형(類型)을 예상하는 것을 다룬다. 그러나 이 특색을 정확히 말하면, 매우 친근시되고 있는 것이며 또 쉽게 이해할 수 있는 것이다.

다시 말해서 우리는 자연 철학 일반을 원인의 탐구와 결과의 산출로 나누었지만, 마찬가지로 원인의 탐구에 관한 부분을, 받아들여지고 있는 건전한 원인의 분류법에 따라서 재분화한다는 것이다. 형이하학인 일부분은 물질적이고 동력적인 원인을 탐구하고 다룬다. 또 하나의 형이상학은 형식적이고 최종적인 원인을 다룬다.

4. 형이하학(그 채택 어원적인 자연이라는 의미로부터의 것이며, 의학용 관용어에 의한 것이 아니다)은, 자연사와 형이상학 사이의 중간 명사 혹은 중간 거리에 위치하고 있다. 즉 자연사는 여러 가지 사물을 기술한다. 형이하학은 원인을 기술하지만 변화하거나 혹은 상대적인 원인이다. 형이상학은 고정된 계속적인 원인을 다룬다.

흙처럼 단단해지기도 하고, 초처럼 녹기도 한다, 동일한 불로. *5

흙과의 관계에서 불은 단단하게 만드는 원인이지만, 초와의 관계에서 불은 녹이는 원인이다. 그러나 불이 단단하게 만들거나 녹이는 것의 불변의 원인은 아니다. 그러므로 형이하학적인 원인은 다만 동력인적(動力因的)인 것이며 물질인 것이다. 형이하학에는 세 가지 부분이 있다. 그 가운데 둘은 결합하고 집합된 자연과 관계가 있다. 셋째 것은 흩어지거나 배분(配分)되어 있는 자연을 생각한다. 자연은 모여서 완전한 전체적인 것이 되어 있거나, 아니면 같은 여러 가지 요소 혹은 씨가 된다.

그러므로 첫째 이론은 사물의 구조와 구성에 관한 것이며, 이를테면 '세계 혹은 사물의 우주에 대한 것'이다. 둘째는 원리 혹은 사물의 요소 혹은 근원에 관한 이론이다. 셋째는 사물의 모든 다양성과 개별성에 관한 이론이다. 그것은 상이한 본체에 관한 것이거나, 그 상이한 질이나 성질에 관한 것이거나 상관없다. 그에 대해서는 일일이 말할 필요가 없다. 이 부분은 주석(註釋) 또는 해석 같은 것으로서, 자연사의 본문에 수반되는 것에 지나지 않는다고 해도 좋기 때문이다. 이들 세 가지 것에 대해서 나는 결여되어 있다고 보고할 수 없다. 어떻게 진실성이나 완성된 형태로 그것이 다루어지고 있는가에 대해서 지금은 판단을 내리지 않겠다. 그러나 그것은 인간의 노력에 의해서 버림받는 일이 없는 지식의 분야이다.

5. 형이상학에 대해서 말하면, 형식적과 궁극적 원인의 탐구를 이에 적용시키고 있다. 그와 같은 할당은 전자에 관해서는 무가치하고 하찮은 것으로 여겨질지도 모른다. 받아들여지고 있는 뿌리 깊은 의견이, 인간의 탐구는 본질의 형식 즉 참된 특성을 발견할 능력이 없는 것으로 여겨지고 있기 때문이다. 그런 의견에 대해 생각되는 것은, 형식의 발견은 지식의 다른 모든 분야

중에서도 발견이 가능하다고 하여 가장 구할 가치가 있는 것이라는 것이다. 그 가능성에 대해서는, 바다 이외에 아무것도 보이지 않는다고 해서 육지가 없다고 생각하는 사람은 발견자가 되기 어렵다.

그런데 분명한 것은 플라톤은 그 이데아에 관한 의견에서, 벼랑 위의 높이 같은 지성을 가진 사람으로서, "형식이 지식의 참된 대상"*6이라는 것을 발견했다. 그러나 그의 의견이 참된 결실을 얻지 못한 것은, 형식을 물질에서 완전히 추상(抽象)된 것으로 생각하고 물질에 의해 한정되고 결정되지 않는 것으로 보았기 때문이다. 그래서 그의 의견을 신학으로 돌렸다. 그의 자연 철학은 모두 그 영향을 받고 있다. 그러나 행위나 작업 또는 지식의 사용에 끊임없이 주의 깊게 엄격한 눈을 돌리고 있는 사람이 있다면, 형식은 무엇인가에 대해서 알고 또 주의해야 될 것이다. 그것을 분명히 밝히는 것은, 인간의 상태에 대해 결실이 많고 중요한 일이기 때문이다. 즉 본체의 형식에 관해서는 "인간만은 별도이다. 인간에 대해서는 '신은 인간을 대지의 흙으로 만들고, 그 얼굴에 생명의 입김을 불어 넣었다'고 말하고 있다." 그리고 다른 모든 창조물처럼, "물이 생겨라, 땅이 생겨라"*7라고는 되어 있지 않다.

즉 본체의 형식은 지금으로선 혼합과 이식으로 불어나 있어 매우 혼란되어 있고 탐구할 수가 없다. 말을 만드는 소리(音)의 형식을 전체로서 구하는 것이 가능 혹은 적절하지 않은 것과 마찬가지이다. 말은 여러 가지 문자의 구성과 전환으로 무한한 것이 된다. 그러나 한편 단순한 문자를 만드는 소리나 목소리(聲)의 형식을 탐구하는 것은 쉽게 생각할 수 있다. 그리고 알려지는 것에서 모든 말의 형식을 알게 되고 분명해진다. 그것은 그런 것으로 되어 있고 합성되어 있다.

마찬가지로 사자나 떡갈나무 또는 금, 그리고 물이나 공기의 형식을 탐구하는 것은 헛된 추구이다. 그러나 감각, 자발적인 동작, 식물, 빛깔, 무게, 가벼움, 진함, 얇음, 뜨거움, 차가움, 그 밖에 모든 성질과 질 등, 알파벳과 마찬가지로 많지는 않으나 모든 창조물의 본질적 형식은 물질에 지탱되어 있고, 이들의 참된 형식을 탐구하는 것은, 우리가 현재 정의하고 있는 형이상학의 일부인 것이다. 형이하학이 같은 성질을 탐구하고 고려하지 않는다는 것이 아니다. 그러나 어떻게 하는가? 다만 그런 것의 물질적 또는 동력인적 원인에 관한 것뿐이지, 형식에 관한 것이 아니다. 이를 테면 눈이나 거품이 흰 원인이 탐구되고, 그것을 표현하는 데 공기와 물의 미묘한 혼합이 원인이라고 한다면, 그것은 잘된 표현이다. 그런데 이것은 흰 빛깔의 형식인가? 아니다. 그것은 동력인적인 것이며, 그것은 언제나 '형식을 나르는 그릇'이다.

형이상학의 이 부분은 시도되거나 수행되고 있지 않다고 생각된다. 그러나 나는 별로 이상하게 생각지 않는다. 왜냐하면 지금까지 사용되고 있는 발견 과정으로는 발견될 수 없다고 생각하기 때문이다. 그것이 모든 과오의 근원이지만 사람들은 개개의 경우에서 별로 좋지 않은 시기에 출발을 하고, 또 너무 먼 곳에 들어박혀 있기 때문이다.

6. 그러나 내가 결여되어 있다고 말하고 있는 형이상학의 이 부분의 효용은, 무엇보다도 두 가지 점에서 가장 뛰어난 것이다. 하나는 모든 지식의 의무와 우월성은, 진리에 관한 개념이 허락하는 한 무한한 개개의 경험을 짧게 요약하여, "인생은 짧고 기술은 오래 간다"[8]는 불평을 봉창하는 일이기 때문이다. 그것을 수행하는 데는 여러 가지 학문에 대한 개념과 고려를 결합시킨다. 즉 지식은 피라밋 같은 것이며, 역사가 그 바탕이 되어 있다. 자연 철학도 마찬가지이며, 그 바탕은 자연사이다. 그 바탕의 다음 단계는 형이상학이다. 그 천정점, '신이 처음부터 끝까지 하는 일'의 자연에 관한 주요 법칙에 대해서는 인간의 탐구가 거기까지 도달할 수 있는지 없는지 우리는 알 수 없다. 그러나 이상 세 가지 즉 역사, 형이하학, 형이상학이 지식의 참된 단계이다. 그것은 타락한 사람들에게는 거인들의 산과 같은 것이다.

세 번 펠리온 산에 오사 산을 얹으려고 했다.
참으로 또 나뭇잎의(무성한) 오사 산 위에
올림푸스 산을 포개려고 했다. *9

그러나 모든 사물을 신의 영광에 결부시키는 사람들에게는, "거룩하다, 거룩하다, 거룩하다"*10라는 세 차례의 부르짖음 같은 것이다. 그 일의 크기와 넓이로 거룩하고, 즉 숭배할 만한 가치가 있고, 그런 연관 혹은 관계에 있어서 거룩하며, 영원히 통일된 법칙과 그것에 결합되어 있어서 거룩하다는 것이다. 그러므로 파르메니데스와 플라톤의 사색이*11 뛰어난 것은, 그들의 경우에는 사색에 지나지 않았지만, 모든 것이 단계에 의해서 통일성으로까지 올라간다는 것을 생각했다는 것이다. 그러기에 가장 가치있는 지식은 다양성이 가장 적은 것이며, 그것은 형이상학인 것처럼 보인다. 그것은 사물의 단순한 형식 혹은 특색이라는, 수가 적은 것을 생각하는 것이다. 그 정도와 결합이 이와 같은 모든 다양성을 만드는 것이기 때문이다.

둘째로 형이상학의 이 부분을 가치있는 것으로 만들고 뛰어난 것으로 만드는 것은, 그것이 인간의 힘을 해방하여 최대의 자유와 가능성 있는 일과 결과를 낳게 한다는 것이다. 왜냐하면 형이하학은 인간을 좁고 제한된 형태로 나아가게 하고, 많은 우연의 장애를 받으며 굴곡성 많은 통례적인 경로의 성질을 모방하기 때문이다. 그러나 "현명한 자에게는, 어디에나 넓은 길이 있다."*12 예지에게는 ('신과 인간의 사물의 지식'이라고 고대에 전의되었지만) 언제나 수단의 선택이 있다. 즉 물질적인 원인이 '닮은 물질' 혹은 사례 속의 새로운 발견에 빛을 준다. 그러나 그 어떤 형식을 알고 있는 사람은, 그 성질을 어떤 종류의 물질에나 위로부터 갖고 가는 극도의 가능성을 알고 있다. 그러므로 그 활동은 비교적 제약을 받는 일 없이 물질의 바탕으로나 동력인(動力因)의 상태로 향한다. 그러한 지식을 솔로몬도 역시 다만 더 시적(詩的)인 뜻으로 우아하게 말하고 있다. "다닐 때에 네 걸음이 곤고하지 아니하겠고, 달려갈 때에 실족하지 아니하리라."*13 예지의 여러 가지 길은 개별성에도 우연성에도 빠지는 일이 적다.

7. 형이상학의 둘째 부분은, 궁극인(窮極因)의 탐구이다. 나는 그것이 결여되어 있다고는 생각지 않지만, 자리가 틀리다고는 말하고 싶다. 그러나 다만 순서가 다를 뿐이라면 말할 생각이 없다. 순서는 설명의 문제일 뿐 학문의 본체에 속하는 것이 아니기 때문이다. 그러나 이 자리가 틀린다는 것이 결함을 낳고 있다고 할까, 어쨌든 학문 그 자체 속에 매우 큰 미발달이 생기게 하고 있다. 말하자면 궁극인을 다루는 것이 형이학적 탐구의 다른 형식적, 형이학적 원인과 섞여서 모든 참된 형이학적 원인의 엄격하고 충실한 탐구를 방해하고, 사람에게 여러 가지 안이한 거짓 원인에 머물러 있게 하는 기회를 주며, 더 진보된 발견을 정지시키고 방해하는 결과가 되어 있는 것이다. 이런 것에 대하여 알 수 있는 사람은 플라톤뿐이다. 그는 언제까지나 그 물가에 닻을 내리고 있으며, 그 밖에 아리스토텔레스나 갈레누스 같은 사람

들도 있다.

그 사람들은 이상과 같이 천박하고 불안정한 원인에 의지하고 있다. 즉 "속눈썹은 시력을 지키는 산울타리와 벽이 된다"든가, "뼈와 기둥이나 서까래의 역할을 하는 것이고, 그 위에 생물의 육체 골격이 만들어져 있다"든가, "나뭇잎은 과실의 보호를 위한 것이다"라든가, "구름은 대지에 물을 뿌리기 위한 것이다"라든가, "대지의 공고함은 생물이 머무는 장소, 주거를 위해서이다"라는 말을 하고 있는데, 형이상학으로 탐구하고 추론하는 것은 좋지만, 형이하학으로는 적절하지 않다. 실제로 그것은 배가 앞으로 나아가는 것을 막고 느리게 하는 장애물과 방해물에 지나지 않는다. 그리하여 형이하(形而下)의 원인 추구를 게을리하고, 모르는 체하는 일이 생기고 있는 것이다. 그래서 데모크리토스와 그 밖에 몇몇 사람들의 자연 철학, 사물의 테두리 안에 마음 혹은 이성을 인정하지 않고, 자기 자신을 유지할 수 있는 형식을 자연의 무도한 시도 혹은 실험을 위한 것으로 보고, 이것을 운이라 부르고 있다.

내가 생각하기에 (우리에게 남아 있는 기사나 단편에서 판단할 수 있는 한) 형이하의 원인에 관한 개개의 예에 있어서는, 아리스토텔레스나 플라톤의 경우보다 더 실제적이고 탐구도 잘 되어 있는 것 같다. 그 두 사람은 다 궁극인을 혼동하여, 한쪽은 신학의 일부로 보고 한쪽은 논리학의 일부로 보았다. 이것은 각각 이 두 사람이 장기로 삼는 학문이었던 것이다. 그 궁극인이 그 자체의 범위 안에 머물러 있게 된다고, 진실되고 탐구될 가치가 없다는 것은 아니다. 형이하인 원인의 한계 안에까지 파고들어간 것이, 그 방면에 황폐와 고립을 낳게 되어 있다는 말이다. 그렇지 않고 그 영역과 한계를 지키고 있어서 그 사이에 적으나 혐오가 있다고 생각한다면, 사람은 매우 오해를 하게 된다. 즉 "속눈썹은 시력을 지키기 위한 것이다"라고 말한 원인은, "털이 많은 것은 수분이 있는 구멍에 생기기 쉽다", "이끼 낀 샘"이라는 식으로 말한 원인을 배격하지는 않는다. 또 "껍질의 단단함은 극단적인 추위나 더위에 대한 육체의 갑옷 역할을 한다"는 식으로 말한 원인은, "털구멍의 수축은 이물(異物) 혹은 비유사(非類似)의 것에 근접하고 있는 데서 가장 바깥 부분에 일어나기 쉽다"고 말한 원인을 배격하는 것이 아니다.

그 밖에도 마찬가지이다. 양쪽의 원인이 다 진실이고 양립할 수 있는 것이다. 한쪽은 의도를 언명하고, 한쪽은 결과만을 언명하고 있다. 이것은 신의 섭리에 의문을 느끼거나 그것을 감소시키는 것이 아니라, 그것을 잘 뒷받침하고 높이는 것이다. 왜냐하면 정치적인 행위의 경우에는 남을 자기의 의지와 목적의 도구로 삼으면서, 더욱이 그 사람에게 자기의 목적을 알리지 않도록 하는 것이 더 위대하고 깊은 정치가이기 때문이다. 그 사람들은 자기가 하고 있는 일에 대해서 아무것도 알지 못한다. 사용하는 사람에게 자기의 뜻을 전하는 사람보다 낫다. 마찬가지로 신의 예지가 한층 찬탄할 만한 것이될 경우는, 신이 하는 일과 섭리가 꺼내는 일이 다를 때이며, 신이 개개의 창조물이나 동작에 그 섭리의 성질이나 특색을 전한 경우보다 낫다. 형이상학에 대해서는 여기에서 글을 마치기로 한다. 그 궁극인은 존재한다고 인정하지만, 그 본래의 장소에 한정되기를 바란다.

〈주〉
*1 《디오게네스 라에르티우스》 9·72.
*2 루카누스 《파르살리아》 10·20.
*3 플루타르코스 《수줍음에 대하여》 6.
*4 타키투스 《연대기》 1·3.
*5 베르길리우스 《농경시》 8·8.
*6 플라톤 《국가》 10·1.
*7 〈창세기〉 1·20, 24.
*8 히포크라테스 《경구집》 1·1.
*9 그리스 신화에 거인이 산을 세 개 겹쳐 쌓아 올려서 하늘을 공격하려고 했다는 이야기가 있다. 베르길리우스 《농경시》 1·281, 282.
*10 〈요한계시록〉 4·8.
*11 플라톤 《파르메니데스》 165·6.
*12 키케로 《의무론》 1·43.
*13 〈잠언〉 4·12.

8

1. 그럼에도 불구하고 철학의 또 하나의 부분이 남아 있다. 그것은 보통

주된 부분으로 간주되고 있으며, 형이하학이나 형이상학과 나란히 특별한 위치를 갖고 있다. 그것은 수학이다. 그러나 이것에는 형이상학의 한 분야의 위치를 주는 편이, 사물의 본질로 보나 명료한 배열로 보나 적절하다고 생각한다. 그 주제가 양(量)이며, 대소 등 부정량이 아니기 때문이다. 그 부정량은 상대적인 것에 지나지 않으며, 제1철학에 속하는 것이다. 그러나 이쪽은 한정되고 고정된 양으로서 사물의 본질적인 형식이며, 자연 속에서 여러 가지 결과를 일으키게 되는 것으로 생각된다. 그러므로 데모크리토스와 피타고라스 두 파 중에서, 한쪽에서는 사물의 최초 원자(原子)를 형태의 원인으로 보았고, 한쪽에서는 수를 사물의 요소 또는 근원이라고 상상했던 것이다. 그리고 다른 모든 형식 중에서 그것은 물질에서 가장 추상(抽象)되고 분리될 수 있는 것이며, 그러기에 형이상학으로 보아 가장 적당한 것이라는 말도 진실이다. 그것이 또 마찬가지로 비교적 물질 쪽으로 끼어들어가 있는, 즉 구체적인 다른 형식보다 한층 잘 연구되고 탐구되고 있는 이유이기도 했다. 인간은 대체로 넓고 자유로운 일반성을 좋아하게 마련이기 때문이다. 이를테면 둘러싼 토지처럼 된 개개의 경우를 좋아하지 않는다. 그러므로 수학은 다른 모든 지식 중에서, 그런 식욕을 만족시켜 주는 가장 좋은 분야였다. 그러나 이 학문에 위치를 주는 데 있어서는, 그것은 그리 실질적이 못된다. 다만 우리로서는 이런 부분에서 일종의 견해를 지켜, 한쪽이 다른 쪽에 빛을 던지게 하려고 노력했던 것이다.

2. 수학은 순수하거나 혼합된 것이다. 순수 수학에 속하는 학문으로서는 한정된 양을 다루는 것이 있다. 그것은 자연 철학의 공리에서 완전히 분리된 것으로, 기하학과 산술이다. 하나는 연속된 양, 하나는 비연속의 양을 다룬다. 혼합된 것의 주제는 자연 철학의 여러 가지 공리 혹은 부분이다. 그리고 한정된 양을 다룬다. 그것에 종속하여 부대적(附帶的)인 것이 되기 때문이다. 다시 말해서 자연의 많은 부분을 충분히 미세하게 발견하고 충분히 명료하게 증명하고 충분히 교묘하게 이용하려면, 수학의 도움이나 개입이 없을 수 없다.

그런 종류에 속하는 것으로서 광학, 음악, 천문학, 우주학, 건축학, 기계학, 그 밖에 여러 가지가 있다. 수학에서는 보고할 만한 결함이 없다. 다만 순수 수학의 뛰어난 효용을 사람들이 충분히 이해하고 있지 않을 뿐이다. 지성이나 지적인 능력의 많은 결함을 보완하고 고쳐 준다. 즉 지성이 너무 둔하면 날카롭게 만들고 너무 산만하면 고정시킨다. 너무 감각에 들어가서 구체적이 아니면 그것을 추상적으로 만들고 이를테면 테니스는 그 자체로는 소용없는 유희이다. 그러나 눈을 민속하게 만들고, 신체를 어느 위치에나 갖고 갈 수 있게 만들어 주는 점에서는 매우 유용하다. 그와 마찬가지로 수학의 경우에도 2차적이고 간접적인 효용은 계획적인 주요 효용 못지않게 가치가 있는 것이다. 그리고 혼합 수학에 대해서 말한다면, 나는 이런 예언을 할 수 있을 뿐이다. 즉 자연이 더 밝혀짐에 따라서 반드시 여러 가지 종류의 것이 더 나온다는 것이다. 자연 학문 혹은 사색적 자연의 분야에 대해서는 이만 해 둔다.

3. 자연의 사려(思慮) 혹은 자연 철학의 작용적 부분에 관해서는, 실험적인 것과 철학적인 것, 마술적인 것의 세 부분으로 나눈다. 이 세 가지 활동적 부분은 자연사, 형이하학, 형이상학의 세 가지 사색적 부분과 상응하며 유사성을 갖는다. 즉 많은 작용 가운데는 우연의 일치나 사건으로 발견된 것도 있고, 의도적인 실험으로 발견된 것도 있다. 그리고 의도적인 실험으로 발견된 것 중에서도, 같은 실험을 변경하거나 발전시켜서 발견된 것이 있고, 여러 가지 실험을 서로 이동시키거나 혼동시켜서 발견된 것도 있다. 그런 종류의 발견을 경험주의자는 처리할 수 있을지도 모른다. 또 형이하적인 원인의 지식으로 반드시 계속하여 일어나는 것은, 새롭고 구체적인 예의 많은 징후나 명칭 등이다. 다만 사람은 사색할 때 행하여지고 있는 실제에 주의하고 있다.

그러나 이상과 같은 것은 "울퉁불퉁한 해안을 항해하여"[*1] 그 해안을 따라 항행하는 일에 지나지 않는다. 말하자면 나의 느낌으로는 자연 속의 적극적 혹은 근본적인 변화나 혁신이 발견될 때, 우연한 실험의 시도나 혹은 형이하학적 원인의 빛이나 방향에 의한다는 것은 거의 있을 수 없다는 것이다.

그러므로 형이상학이 결여되어 있다고 말했다면, 그와 관계있는 자연의 마술에 대해서도 같은 말을 하지 않을 수 없게 된다. 왜냐하면 현재 여러 가지 책에서 언급되고 있는 자연의 마술에 관해서는, 그 속에 포함되어 있는 것은 공감, 반감, 숨은 특성, 변덕스러운 실험의 맹신적, 미신적인 사색이나 관찰이며, 본질적이라기보다 모습을 바꾸기 때문이다.

그것은 자연의 진실성이라는 점에서는 우리가 요구하는 지식과는 매우 다르다. 예를 들어 말하면, 브리튼의 아더 왕이나 보르도의*² 휴의 역사가 역사의 진실성에 있어서 카이사르의 주석(註釋)이 다른 것과 같다.

왜냐하면 카이사르는 명백히 이상과 같은 상상의 영들이 허구 위에서 보다는 '현실에서' 위대한 것을 했기 때문이다. 그러나 그런 우화적인 형태로 한 것은 아니었다.

이런 종류의 학문에 대해서는 익시온의 우화가 하나의 비유가 된다. 그는 힘의 여신 유노를 자기 것으로 만들려고 했다.

그리하여 그녀가 아니라 구름과 교접했다. 그렇게 해서 태어난 것이 켄타우로스와 키마이라이다. 그러므로 높은 구름 같은 상상만 품고 노력하여 성실하게 진리를 탐구하지 않는 사람은, 색다르고 불가능한 형태의 희망이나 신념을 얻게 될 것이다.

그래서 주의해 보면 상상력이나 신념을 매우 휘어잡는 학문이라고 할 수 있는, 이를테면 타락한 자연의 마술이나 연금술이나 점성학 등의 경우에는, 그 명제에 있어서 수단의 서술이 그 의도나 목적보다 언제나 더 괴이하다. 왜냐하면 무게, 빛깔, 망치에 관해서 연하다든가 무르다든가, 불에 관해서 휘발성이라든가, 고정되어 있다든가 하는 것을 잘 아는 사람은, 어떤 금속 위에 금의 성질과 형태를 덧붙이는 일을 어느 정도 할 수 있을지도 모르기 때문이다. 그 장치는 위에서 말한 여러 가지 성질을 얻을 수 있는 것을 사용한다. 그 편이 몇 방울의 연금 약액(鍊金藥液)을 넣어서 몇분 만에 수은이나 그 밖의 물질의 바다를 금으로 바꾸는 것보다 훨씬 있음직한 일이다. 그러므로 한층 더 있을 법한 일은 건조의 성질, 양분이 양분을 준 것과 동화하는 성질, 죽음을 가져 오는 정기(精氣)의 증가와 제거 방법, 체액과 고체 부분에 그 정기가 가하는 약탈의 방법을 알고 있는 사람은 식사, 목욕, 찜질, 약, 운동 등이며, 이를 우회해서 생명을 연장하거나 젊음과 활력을 얼마간 회복하게 될 것이다. 그것은 몇 방울 혹은 미량의 액체 혹은 처방으로 할 수 있는 이상의 것이다.

결론을 말하자면, 참된 자연의 마술은 대단한 자유와 고도의 작용이 형식의 지식에 의존해 있는 것인데 그것이 결여되어 있다고 말할 수 있는 것은, 형식의 지식을 다루는 형이상학의 분야와 마찬가지이다. 그 부분에 대해서 우리가 허영심으로 기울거나 그럴 듯한 말을 하려고만 하지 않는다면, 형이상학에서 작용 그 자체를 끌어내거나 추론하는 것 이외에 중요성이 많은 두 점이 관련성을 갖고 있다.

하나는 준비의 측면이고, 또 하나는 불가능한 일을 시도하지 않는 조심성의 측면이다.

첫째의 것은 일종의 표(表)를 만드는 것이다. 그것은 인간의 재산 명세서와 비슷한 것으로서, 현존하고 또 인간이 이미 소유하고 있는 모든 발견을 포함하는 것이다.

거기서 당연히, 어떤 것이 아직도 불가능하다고 생각되고 있는가, 혹은 발견되어 있지 않은가 하는 비망록이 생긴다.

그런 달력을 더 잘 고안하고 유용한 것으로 만들려면, 하나하나의 불가능하다는 것에다가 그 정도가 가장 가까운 것으로 무엇이 있는가를 부가하는 것이다.

이와 같은 바람직스러운 것과 가능성이 있는 것을 가지고, 인간의 탐구가 눈을 더 떠서 원인의 사색으로부터 일의 방향을 끌어 낼 수 있게 하기 위해서인 것이다.

둘째로는 직접 현재 유용한 실험만이 중시될 뿐 아니라, 다른 실험의 발견에 보편적인 중요성을 가진 것, 그리고 원인의 발견에 빛을 주는 것이 중시되도록 하는 것이다. 즉 나침의 발견은 방각(方角)을 주는 것이지만, 운동을 주는 돛의 발견 못지않게 항해에는 유익한 것이다.

4. 이와 같이 나는 자연 철학과 그 결함을 보아왔다. 이 점에서 받아들여지고 있는 고대의 이론과 달리 반론을 낳게 된다면, 나로서는 이론(異論)을 내세울 생각이 없으므로 논쟁하고 싶지 않다.

> 귀머거리에게 노래를 부르고 있는 것은 아니다
> 숲의 모든 것이 대답하는. *3

만일 그것이 진리라면 자연의 목소리가, 사람들이 무어라고 말하든 동의해 줄 것이다. 그리고 알렉산데르 보르지아*4가 프랑스 군의 나폴리 원정에 대해서 흔히 한 말이지만, 그들은 자기들의 숙사에 표를 하기 위해서 분필만 쥐고 왔지, 싸우기 위한 무기는 들고 오지 않았다고 한다. 그와 마찬가지로 내가 좋아하는 것은 진리가 들어올 때 평화적으로 분필을 쥐고 와서 재워 줄 만한 마음에 표를 하는 것이며, 싸움이나 논쟁을 할 작정으로 찾아와서는 곤란하다.

5. 그러나 자연 철학의 한 분야로서, 연구의 보고에 따르고 내용 혹은 주제와 전혀 관계가 없는 것이 남아 있다. 그리고 그것은 단정적이고 고찰이 필요한 것이다. 그 연구가 단정 혹은 의문을 보고하는 경우이다. 이런 의문, 혹은 법률 용어로 '미결(未決)' 또는 판정 연기의 결정이라는 것에는 두 가지가 있다. 개별적과 전체적이다. 첫째의 것은 아리스토텔레스의 '명제론(命題論)' 속에 좋은 예가 보인다. 그것은 더 계속해서 잘 연구할 가치가 있는 것이다. 그러기는 하나 그 점에 대해서는 다음과 같은 주의를 주어야 하며, 또 주의할 만하다. 의문을 기록해 둔다는 것은 두 가지 뛰어난 효용이 있다. 하나는 그 때문에 철학이 과오와 거짓으로부터 구제받는다는 것이다. 충분히 증명할 수 없는 것이 모여서 단정이 되어, 그것으로 과오가 과오를 부른다는 것이 아니라 의문 그대로 남아 있는 경우이다. 또 하나는 의문의 기록이 흡반(吸盤) 또는 스펀지처럼 되어 지식의 증가를 빨아들인다는 것이다. 그 결과 의문이 선행하고 있지 않으면 주의를 하지 않다가 모르고 놓쳐 버렸을 일을, 의문의 제기와 시사로 주의하게 되고 또 고려하게 되는 것이다.

그러나 이 두 가지 편익도 어떤 불편을 상쇄하기란 어렵다. 그것은 막지 않으면 아무래도 비어져 나온다. 그것은 의문이 한 번 받아들여지면, 그것을 언제까지나 의문 그대로 간직해 두려고 고생하고, 그것을 어떻게 해결하느냐 하는 것을 생각지 않는다는 것이다. 그리고 자기의 지성을 그에 따라서 기울인다. 그런 일의 흔한 예는 법률가나 학자들 중에서 볼 수 있다. 그 두 가지 것은 한번 의문을 인정해 버리면 언제까지나 의문으로서 용인된 것으로 통하게 된다. 그러나 지성과 지식의 증가가 허용되어야 할 것은, 의문있는 것을 확실한 것으로 만들려고 애쓰는 일이지, 확실한 것을 의문스러운 것으로 만드는 것이 아니다. 그래서 그런 의문의 표(表)를 훌륭한 것이라고 생각하고 나는 권장하는 것이다.

다만 다음과 같은 주의는 해야 한다. 그런 것이 완전히 선별되어 해결을 보았을 때는, 그때부터 제거해 버리도록 하여 사람이 의문을 간직한 채로의 상태를 키우고 장려하는 일이 없도록 해야 한다는 것이다. 그런 의문 혹은 문제의 표에 또 하나 다른 표를 만들어서, 같은 정도나 혹은 더 구체적이고 일반 대중적인 과오 같은 것을 곁들이면 좋을 것으로 나는 생각한다. 내가 생각하고 있는 것은 주로 자연사의 측면에 관한 것으로서, 말이나 의견상 행하여지고 있는 것이며, 그럼에도 불구하고 명료하게 진실이 아니라는 것을 발견할 수 있고 납득할 수 있는 일이다. 그것은 인간의 지식이 이같은 하찮고 헛된 것으로 약해지고 천해지지 않기 위해서이다.

    자연 속의 문제의 계속,
    자연의 역사 속에서
    작성되는 과오의 표(表)

 일반적 내지는 전체의 의문 혹은 '미결'에 관해서, 내가 아는 의견의 차이가 보이는 것은 자연의 여러 요소, 그 근본적인 여러 학파 혹은 철학, 이를테면 엠페도클레스, 피타고라스, 데모크리토스, 파르메니데스 등을 낳은 원인이 된 것에 관한 것이다. 말하자면 아리스토텔레스는 오토만 족 사람인 것처럼, 자기가 하는 일의 착수로 자기 형제들을 모조리 죽이지 않으면 통치할 수 없다고 생각했다. 그러나 독단주의가 되지 않고 진리를 구하는 사람에게 매우 이익이 될 문제로 여겨지는 것은, 자연의 기초에 관한 몇 가지 의견을 눈 앞에 보는 것이다. 이와 같은 이론 중에서 어떤 정확한 진리를 기대할 수 있기 때문이라는 것이 아니다. 왜냐하면 천문학에서의 동일한 현상을 설명하는 데도 받아들여지고 있는 천문학의 천동설, 유성 그 자체의 운동, 이심권(離心圈), 주전원(周轉圓)이 있고, 마찬가지로 지구가 움직인다고 상상한 코페르니쿠스의 이론도 있으니 말이다. 그리고 그 계산은 양쪽에 똑같이 적합하다.
 그와 마찬가지로 경험 즉 표면적인 관찰로 볼 수 있는 현상의 여느 얼굴과 모습은, 여러 가지 다른 이론이나 철학으로 설명되는 수가 많다. 그러나 참된 진리를 발견하는 데는, 다른 형태의 엄격함과 주의가 필요하다. 왜냐하면 아리스토텔레스가 한 말이지만, 어린아이는 처음에는 누구나 여자만 보면 어머니인 줄 알지만, 나중에는 사실대로 구별할 수 있기 때문이다. 마찬가지로 경험도 그 유년 시대에는 모든 철학을 어머니라고 부를 것이다. 그러나 성숙해지면 참된 어머니를 식별하게 될 것이다.

그래서 잠시 동안 자연에 관한 여러 가지 주석이나 의견을 보는 것이 좋다. 그에 대해서 하나하나가 어느 한 점에서 다른 동료보다 똑똑히 보고 있는 수가 있을지도 모른다.

그래서 나는 고대의 철학에 대해 주의 깊고 총명하게 보아 주었으면 한다. 그들 가운데서 우리들에게까지 전해진 모든 빛 속에서 모으는 것이다. 그런 일이 빠져 있다고 나는 생각한다. 그러나 그것이 뚜렷하게 하나하나의 체계마다 구별이 있도록 하라는 주의를 하지 않을 수 없다. 한 사람 한 사람의 철학이 모두 저마다 독립되어 있고, 표제마다 메워져서 한데 긁어모아 플루타르코스가 한 것 같은 형태가 되지 않도록 한다. 왜냐하면 철학 그 자체 속에 있는 조화가 그것에 빛과 신빙성을 주기 때문이다. 그런데 그것이 저마다 개별적이고 따로따로라면, 비교적 기묘하게 느껴지고 조화가 깨져 보일 것이다. 말하자면 타키투스 속에서 네로나 클라우디우스의 행동과 시대와 유인(誘引), 그리고 기회에 관한 사정을 읽을 때 그것은 그리 이상하지 않다. 하지만 수에토니우스나 트란키르스 속에서 그런 것을 읽으면 한데 모아서 여러 가지 제목과 분류로 나뉘어져 있고, 시간의 순서로 되어 있지 않기 때문에 괴이하여 믿을 수 없는 것처럼 여겨진다. 또 같은 말을 완전하다면서 여러 가지 주제로 분리되어 있는 철학에 대해서도 할 수 있다.

나는 마찬가지로 이 철학의 여러 파의 표에 싣는 것으로서, 근대의 의견도 포함시킨다. 이를테면 테오프라스토스 파라켈수스*5의 철학이 있다. 그것은 덴마크 인 세베리누스*6의 붓에 의해 웅변적으로 조화를 얻게 되었다. 또 탈레시우스*7와 그 제자 드니우스*8 것이 있다. 그것은 세상을 조용히 바라보는 목가적 철학(牧歌的哲學) 같은 것으로서, 분별은 있지만 깊이는 없다. 또 프라카스트리우스*9의 것이 있다. 이 사람은 새로운 철학을 만들려고 한 것은 아니라고 말하고는 있지만, 낡은 철학에 대해서 자기 자신의 분별의 독립성을 가지고 비판했던 것이다.

또는 우리 나라 사람인 길버트의 것이 있다. 이 사람은 다소 변경도 하고 예해(例解)를 가미하기도 했지만, 크세노파네스의 의견을 부활시키고 있다. 그 밖에 무엇이든지 넣을 만한 가치가 있는 것은 넣어야 한다.

6. 이와 같이 하여 인간의 지식의 세 가닥 광선이라고 할 만한 것 중에서 두 가지를 다루었다. 즉 자연과 관계있는 '직사 광선', 신과 관계있고 또 수단의 불충분 때문에 참된 보고를 할 수 없는 '반사 광선'이 남아 있다. 그것으로 인간이 자기 자신을 바라보고 생각하는 것이다.

〈주〉

＊1 호라티우스 《송사》 2·10·3.

＊2 보르도의 이옹이라고도 한다. 중세 프랑스의 기사 이야기에 나오는 샤를르마뉴 대제 때의 기사이다.

＊3 베르길리우스 《농경시》 18·8.

＊4 알렉산데르 보르지아는 로마 교황 알렉산데르 6세(재위 1492~1503년)를 말한다. 프랑스 군의 나폴리 원정은 1495년에 프랑스 샤를르 8세가 나폴리에 쳐들어갔다가, 나폴리의 페르디난드 2세와 코르도바의 콘살로에게 격퇴된 것을 말한다.

＊5 파라켈수스 즉 테오프라스투스 폰 호헨하임(1493~1541년)은 독일계 스위스의 연금술 화학자로서, 연금술에 처음으로 화학적인 의약을 사용하고, 외과 수술을 도입했다. 이 밖에 외과학, 자연학, 신학에 대한 저술이 있다.

＊6 페트루스 세베리누스(1542~1602년)는 덴마아크의 의사로 파라켈수스의 영향을 강하게 받아 그 철학을 《의학철학론》에서 폈다.

＊7 베르나르디노 텔레시오라고도 한다(1509~88년). 이탈리아의 철학자. 파르메니데스의 철학을 부활시키고, 《자연의 사물에 대하여》 등의 저술이 있다.

＊8 아우구스티노 드니라고도 한다. 코센사의 의사로 《인간의 성질에 대하여》 등의 저술이 있다.

＊9 기로라모 프라카스트로라고도 한다(1483~1553년). 이탈리아의 의사이자 천문 학자이며 시인. 〈매독〉이라는 시를 썼다.

9

1. 그러므로 지금 우리가 생각하게 되는 지식은, 고대의 신탁이 우리에게 방향을 준 것이며, 우리들 자신에 대한 지식이다. 그러기에 그것은 그만큼 더 정확한 취급이 필요하다. 우리와 비교적 관계가 가까운 것이 많기 때문이

다. 이 지식은 인간이 의도하는 자연 철학의 종극(終極)이자 한계이기도 한데, 그럼에도 불구하고 자연이라는 대륙 안에서의 자연 철학의 한 부분에 지나지 않는다. 그리고 일반적으로 말해서 규칙으로 삼아 주었으면 하는 것은, 지식의 모든 구획을 분할이나 분리가 아니라 힘줄이나 맥(脈)으로 생각해 달라는 것이다. 그리고 지식의 계속성과 전체성을 보존해야 한다는 것이다. 왜냐하면 반대의 것이 개인의 학문을 불모(不毛), 천박, 그리고 잘못이 많은 것으로 만들고 있기 때문이다. 그것은 공통의 원천에서부터 배양되고 유지되지 않으면 그렇게 된다. 그래서 웅변가 키케로가 소크라테스와 그 학파에 대해서 불평한 것이 있다. 그것은 그가 철학과 수사학을 분리한 최초의 사람이라는 것이다. 그 때문에 수사학은 공허한 말만의 기술이 되었다는 것이다. 그래서 알 수 있는 일인데, 지구의 자전(自轉)에 관한 코페르니쿠스의 의견이 있다. 그것은 천문학 자신이 수정할 수 없다. 그것은 어떤 현상에도 어긋나지 않기 때문이다. 그러나 자연 철학은 수정할 수 있을지 모른다. 또한 의학이 자연 철학에 의해서 버림받고 잊혀진다면, 고작해야 경험만의 실제적인 것으로 떨어지고 말 것이다.

그러므로 이만한 유보 조항(留保條項)을 염두에 두고, 인간 철학 혹은 인간에 대한 지식 쪽으로 나아 가자. 거기에는 두 가지 부분이 있다. 하나는 인간을 개별적인 것으로서, 혹은 분리해서 생각한다. 다른 하나는 결합된 것으로서 혹은 사회 속에서 생각한다. 그래서 인간 철학은 단순하고 개별적이 되거나, 아니면 결합되어 사회적이 되거나 둘 중 하나이다. 개별적인 인간 철학, 즉 인간에 관한 지식은 인간이 성립되는 것과 같은 부분으로 성립되어 있다. 다시 말해 육체에 관한 지식과 마음에 관한 지식이다. 그러나 거기까지 나누기 전에 검토하는 것이 좋다. 말하자면 일반적 또는 전체적인 인간의 성질에 대한 고찰이 해방되어 그 자체가 떨어져서 지식이 되는 데 적합하다고 생각하는 것이다. 인간의 존엄, 그 비참, 그 상태나 생활, 그 밖에 공통되고 분리되지 않는 성질의 부속물, 즉 육체와 영혼에 대해서 언급되고 있는 즐겁고 우아한 담화의 면에서 하는 것이 아니다. 주로 마음과 육체의 공감과 통일성에 관한 지식의 면에서 생각하는 것이다. 이 둘은 서로 섞여 있어서 어느 한 학문에 넣기에는 적당하지 않다.

2. 이 지식에는 두 가지 방면이 있다. 즉 모든 연맹이나 우호 관계가 서로

의 지식과 서로의 친절로 성립되듯이, 이 마음과 육체의 연맹에도 두 개의 부분이 있다.

한쪽이 다른 쪽을 어떻게 밝히고, 한쪽이 다른 쪽에 어떻게 작용하느냐 하는 것이다. 해명과 영향이다.

그중 전자는 예언 혹은 예지(豫知)의 두 가지 기술을 낳았는데, 하나는 아리스토텔레스의 연구에 의해서, 또 하나는 히포크라테스의 연구에 의해서 장식되었다. 그리고 후대에 이르면 이것들이 보통 미신적 및 광신적인 기술과 결부되는데, 그것을 말끔히 그 참된 상태로 돌려 보면 둘 다 자연 속에 공고한 바탕이 있고, 또 인생에서 유리하게 이용할 수 있는 것들이다. 첫째는 관상술이다. 그것은 신체의 윤곽으로 마음의 경향을 밝히는 것이다.

둘째는 자연의 꿈 해몽이다. 그것은 마음의 상상력으로 신체의 상태를 밝히는 것이다. 이 가운데 전자에 대해서 나는 결함을 인정한다. 말하자면 아리스토텔레스는 매우 교묘하게 그리고 충실하게 신체의 정지된 형태를 다루었으나, 신체의 동작은 다루지 않았다. *²

그것은 마찬가지로 기술에 의해서 이해할 수 있는 것이며, 더 이용할 수 있고 또 유리한 것이다. 즉 신체의 윤곽은 마음의 전체적인 경향과 성향을 밝혀 준다. 그러나 얼굴과 여러 부분의 운동은, 그뿐 아니라 마음과 의지의 현재 기분과 상태까지 밝힌다. 말하자면 폐하께서 매우 적절하고 우아하게 말씀하고 계시듯이, "혀가 귀에 말하듯이 동작은 눈에 말한다."*³ 그러므로 많은 영리한 사람들은 눈으로 사람의 얼굴이나 동작에 주의하며, 그러한 관찰의 유리함을 잘 알고 있다. 그와 같은 해석이 그들의 능력 중에서 가장 뛰어난 점이다. 다시 부정할 수 없는 것은, 그것은 위장(僞裝)을 아주 잘 간파할 수 있어서, 일을 하는 데 매우 좋은 지침이 된다.

3. 또 하나의 분야인 영향면은 집대성되어 기술되어 있지 않고, 분산되어 다루어지고 있다. 그리고 거기에는 전자와 같은 관계 내지 반전 혹은 대응 작용 같은 것이 있다. 즉 그 고찰에는 2중의 면이 있다. 다시 말해서 어떻게, 그리고 어느 정도 신체의 체액이나 경향이 마음을 변화시키고 작용하느냐 하는 것이다. 한편 또 어떻게, 그리고 어느 정도 마음의 감정이나 지각이 신체를 변화시키고 작용하느냐 하는 것이다. 전자는 의학의 일부 및 보유로서 연구 고찰되고 있다. 그러나 그보다 종교 혹은 미신의 일부로서 더 많이

생각되고 있다. 왜냐하면 의사는 마음의 광란과 울증(鬱症)의 치료를 처방하기 때문이다. 그리하여 마음을 밝게 하고, 용기를 확실하게 하며, 지성을 명석하게 하고, 기억을 확실한 것으로 만드는 약을 처방한다.

하지만 피타고라스파(派)나, 마니 교도의 이교(異敎)나, 마호멧의 율법 속에 있는 식사나, 신체의 양생법에 관한 신중성과 미신은 너무 지나치다. 마찬가지로 모세의 율법은 피와 비계를 못 먹게 금지하고, 식용을 위한 깨끗한 고기와 더러운 고기의 구별 같은 것을 하고 있으며, 또 대부분 매우 엄격하다. 아니, 그리스도교의 신앙 그 자체가 의식 이외에 고려하고 있는 것은, 마음의 여러 가지 감정이 육체의 상태와 경향에 의존하고 있다는 것이다. 그리고 판단력이 약한 사람의 생각으로, 마음이 육체로부터 이렇게 영향을 받는 것이 인간 불멸에 의문을 갖게 하거나, 영혼의 지상성(至上性)을 손상시킬 일을 생각한다면, 금방 알 수 있는 실례로써 가르칠 수 있다. 이를테면 어머니의 자궁 속에 있는 아기는 어머니와 공감성을 갖고 있지만, 그러나 떨어질 수도 있다는 것과 같은 것이다. 그리고 가장 절대적인 군주라도 하인들에게 끌려다니는 수가 있지만, 복종하는 것은 아니다.

상호적인 지식에 대해서 말한다면, 그것은 마음의 사고나 감정이 육체에 주는 작용인데, 모든 현명한 의사는 환자의 식사 처방 때 '정신적인 우연성'이 치료나 회복을 촉진하고 방해하는 큰 힘이 있다고 생각한다. 그리고 특히 상상력에 관한 매우 깊고 가치있는 연구는, 상상하는 사람의 몸 그 자체를 어떻게 그리고 어느 정도까지 바꿀 수 있느냐 하는 것이다. 왜냐하면 그것이 해를 끼치는 힘을 가진 것은 뚜렷하지만, 같은 정도로 도움을 주는 힘을 반드시 갖고 있다고는 할 수 없기 때문이다. 그것은 해로운 공기가 건강한 사람을 갑자기 죽일 수 있다고 해서, 효력을 갖고 있는 어떤 힘이 병든 사람을 갑자기 고칠 수 있다고 결론을 내릴 수 없는 것과 마찬가지이다. 하지만 이 방면의 탐구는 매우 유익한 것이다. 다만 그것은, 소크라테스의 말처럼*4 델로스의 잠수부를 필요로 곤란하고 심원한 것이다. 그러나 '공통의 연관' 즉 마음과 육체의 일치에 대한 이 지식의 전체에 대해서 가장 필요한 연구 분야는, 마음의 각 능력이 신체의 여러 기관 속에서 차지하고 있는 장소나 주소를 생각하는 일이다. 그런 지식은 기획 토론되고 있으며, 더 잘 연구할 가치가 있다. 플라톤의 의견은 오성(悟性)을 뇌 속에, 심장 속에는 적의(이것을 끄는 노여움이라고 부르고 있는데 부적당하다. 훨씬 더 많이 긍지와 섞여 있기 때문이다)를, 그리고 정욕 혹은 관능성은 간장에 두었는데*5 인정해야 할 만한 것은 비교적 아주 적다. 그런 까닭으로 특별히 다룰 지식의 올바른 부분으로서, 인간의 성질 전체에 관한 검토를 한 것이다.

〈주〉

*1 델포이의 아폴론 신전에서 소크라테스가 받은 신탁을 말한다.
*2 아리스토텔레스《관상론》, 히포크라테스《예지론에 대하여》등을 가리킨다.
*3 제임즈 1세《왕권신원론》3.
*4 델로스는 에게 海의 섬. 소크라테스가 헤라클레이토스의 저작에 대해서 한 말이다.
  《디오게네스 라에르티우스》2·22.
*5 플라톤《티마이오스》3·69·70.

10

1. 인간의 육체에 관한 지식의 분류는, 인간의 신체가 바람직하거나 혹은 완전한 상태의 분류와 같은 것으로서 그것과 관계된다. 인간의 신체의 완전한 상태는 네 가지 종류로 나뉜다. 건강과 미(美)와 힘과 기쁨이 그것이다. 그러므로 지식에도 의약, 즉 치료의 기술이 있다. 꾸미는 기술이 있는데, 그것은 장식이라고 한다. 활동의 기술은 운동이라고 부른다. 색욕의 기술은 타키투스가 말했듯이 '세련된 과도(過度)'이다. 인간의 신체라는 이 대상은, 자연 속의 모든 것 중에서 가장 치료하기 쉬운 것이다. 그러나 그 치료법은 가장 과오를 범하기 쉬운 것이기도 하다. 왜냐하면 이 대상의 미묘함 그 자체가 큰 가능성과 쉬운 실패의 원인이 되기 때문이다. 그래서 그 연구도 그만큼 더 정확한 것이 되어야 하는 것이다.

2. 그러므로 의약에 대해서 이야기하고, 지금까지 해온 설명을 계속하기 위해, 좀더 파고들기로 한다. 인간은 소우주(小宇宙), 즉 인간의 추상 또는 모형이라고 한 고대의 이론은 파라켈수스와 연금술사들에게 터무니없이 왜곡되어 버렸다. 커다란 세계 속에 존재하는 항성(恒星)이나 유성이나 광물

등 여러 가지 것에 상응하는 일치점이나 유사점이 인간의 신체 속에 있다고 생각했던 것이다. 그러나 명백히 진실인 것은, 자연이 만들어낸 모든 물체 중에서 인간의 신체가 가장 극단적으로 복합된 것이라는 것이다. 말하자면 풀이나 식물은 흙과 물에 의해서 자란다. 짐승은 대부분 풀과 과실을 먹는다. 인간은 짐승의 고기, 조류, 어류, 풀, 곡물, 과실, 물 등 여러 가지 물체의 많은 변화와 조리와 요리 등으로 자기의 음식과 자양을 만들어 그것으로 자라는 것이다.

짐승은 비교적 단순한 생활을 하고, 그 몸에 영향을 주는 감정의 변화도 적다. 그러나 인간은 그 주거와 수면과 운동과 감정에 있어서 무한한 변화를 갖고 있다. 그리고 부정할 수 없는 것은, 인간의 몸이 모든 것 중에서도 가장 복합된 덩어리로 되어 있다는 것이다. 한편 정신은 매우 단순한 물질이라는 것은, 다음에 잘 표현되어 있다.

더러움 없이 남긴다,
천상의 지각과 순수한 하늘의 불의 입김을*2

그러니 이런 위치에 있는 정신이 휴식을 가질 수 없다고 해도 하등 이상할 것이 없다. "사물의 운동은 그 장소 밖에 있을 때는 빠르고, 그 장소에 있으면 조용하다"는 원칙이 진실이라면 말이다. 아무튼 본디 주제로 돌아가서, 인간의 신체는 이와 같은 여러 가지 구성 때문에 악기처럼 금방 상태가 흐트러지기 쉽다. 그러기에 시인이 음악과 의학을 아폴론 속에서 결부시킨 것은 잘 한 일이었다. 왜냐하면 의학의 역할은 인간의 몸이라는 신기한 하프를 조율하여, 그것을 조화된 것으로 만드는 일이기 때문이다. 그래서 주제가 매우 변화에 민감한 것이므로, 그 기술을 더욱 상상에 좌우되는 것으로 만드는 결과가 되었다. 또 그 기술이 매우 상상적인 것이어서 기만의 여지를 그만큼 더 많이 남기게 되었다. 말하자면 거의 모든 다른 기술이나 학문은, 행위 혹은 걸작이라고 해도 좋은 것으로 판단되며 결과와 결말에 의하지 않는 것이다.

법률가가 평가받는 것은, 그 변론의 뛰어난 힘에 의해서이지 그 소송 사건의 결과에 의하지 않는다. 선장이 평가받는 것은 진로를 과연 올바르게 잡는

지에 의해서이고, 그 항해의 운에 의하지 않는다. 그러나 의사와 정치가는, 그 능력을 나타내는 특별한 행위가 없고 다만 결말에 의해서 판단되는 일이 많다. 그것은 언제나 사람이 어떻게 받아들이느냐에 달려 있다. 왜냐하면 환자가 죽고 낫고 하는 것이, 혹은 국가가 성하고 망하고 하는 것이 어떤 기술 때문인지 우연인지 과연 누가 알겠는가? 그래서 의술에서는 속이는 자가 칭찬을 받고, 뛰어난 능력을 가진 자가 비난받는 수가 많은 것이다.

그뿐 아니라 인간의 약하고 쉽게 믿는 성질은 두드러져서, 돌팔이 의사나 마녀를 학문 있는 의사보다 더 좋아하는 사람이 많다. 그러므로 시인의 밝은 통찰은 이런 극단적인 어리석음을 간파하고, 아이스쿨라피우스와 마녀 키르케를 오빠와 누이로 만든 것이다. 둘이 모두 태양의 자식이라는 것은 시에서 읊고 있는 바와 같다. *3

> 그 자신 이런 약과 의술의 발명자
> 포이보스의 아들을 뇌전(雷電)으로
> 지옥의 강 파도에 던져 넣었다.

> 돈 많은 태양의 딸, 발들여 놓지 않는 숲에

어느 모든 시대에나 대중의 의견에 의하면, 마녀와 노파와 사기꾼은 줄곧 의사와 다투고 있다. 그 결과는 어떻게 되겠는가? 다음과 같은 일까지 일어나게 된다. 의사들은 솔로몬이 더 중요한 경우에 한 말과 같은 것을 생각하고, "우매자가 당한 것을 나도 당하리니 내가 어찌하여 지혜가 더 하였던고?"*4 하고 말하는 것이다. 그런 까닭으로 그런 사람들이 보통 무언가 다른 기술이나 일을 생각하게 되고, 그것을 자기의 직업보다 좋게 생각하게 되더라고, 너무 책망할 수 없는 것이다. 왜냐하면 그런 사람들 중에는 고고가(考古家), 시인, 인문 학자, 정치가, 상인, 신학자 등을 볼 수 있고, 이 모든 일에서 그들의 본직보다 뛰어나는 수가 있기 때문이다. 그리고 물론 그 이유는 자기의 기술이 평범하건 우수하건, 자기 운의 이익이나 명성에 대해서 별로 변화를 일으키지 않는다는 것을 알고 있기 때문이다. 말하자면 병자가 약화되어 있다는 것과 생명의 즐거움과, 희망의 성질로 해서 사람들은 여러 가지 결점이 있더라도 그런 의사에 의지하게 되는 것이다. 그럼에도 불구하고 이상 말한 일들은, 조그만 이유와 너무 빈번한 나태, 그리고 결함 사이에서 생긴 여러 가지 진행 방법이다. 말하자면 우리의 관찰력을 북돋우어 눈 뜨게 하며 눈에 익은 사례 속에서 볼 수 있는 일인데, 미묘한 이해력이 두드러진 힘을 여러 가지 내용과 형식에 대해서 갖고 있는 법이다.

얼굴이나 용모 이상으로 다양한 것은 없다. 그 무한한 구별을 사람은 기억에 새겨둘 수가 있다. 그뿐 아니라 화가는 몇 가지 물감과 뛰어난 눈과 상상력의 습관만 가지고 있으면 무엇이나 모방할 수 있다. 그것이 지금까지 있었던 것이든 지금 있는 것이든 앞으로 있을지 모르는 것이든, 눈 앞에 갖다 놓은 것과 마찬가지로 그려내는 것이다. 목소리 이상으로 다양한 것은 없다. 사람들은 이것으로도 개개인을 식별할 수 있다. 그뿐 아니라 어릿광대라든가 성대 묘사라는 것이 있어서, 무엇이나 뜻대로 표현해 낸다. 말의 여러 가지 소리 이상으로 다양한 것은 없다. 그러나 그것을 소수의 간단한 문자로 만드는 방법을 사람들은 발견했다. 그러므로 인간의 마음이 불충분하다든가 무능력해서가 아니라, 그것이 멀리 떨어져 있거나 놓여 있기 때문에 이런 혼란이나 이해력의 결여 같은 것이 생기는 것이다. 말하자면 감각은 떨어져 있을 때는 과오 투성이지만 거리가 가까우면 정확해지는 것과 마찬가지로, 이해력에 대해서도 같은 말을 할 수 있다. 이에 대한 대책으로서는 기관(器官)의 기능을 날카롭게 하거나 강하게 하는 일이 아니라, 대상에 접근하는 것이다. 그러므로 의사가 자연에 대한 참된 접근 방법과 방도를 배워서 이용한다면, 시인이 말하고 있는 것처럼 가까워진다고 해도 될 것이다.

병이 바뀌면 기술도 바꾸자
병이 천 가지면 치료법도 천 가지이다. *5

그렇게 해도 그들 기술의 고귀함은 역시 적합하다고 할 수 있다. 그것은 시인들에 의해서 교묘히 표현되어, 아이스클라피우스를 태양의 아들로 만들어 놓고 있다. 후자는 생명의 근원이고 전자는 제2의 흐름이다. 그러나 우리의 구세주에 의해서 다시 무한한 명예가 주어지고 있다. 인간의 육체를 그 기적의 대상으로 삼았고, 영혼이 그 가르침의 대상이었던 것이다. 다시 말해서 명예나 돈(다만 카이사르에게 세금을 내기 위한 것은 예외이다)에 대해서 기적을 행한다고는 하지 않고, 인간의 몸을 유지하고 간직하고 고치는 데 대해서만 말하고 있다. *6

3. 의술이라는 것은 애써 연구한다기보다 직업이 되어 있는 학문이다. 더욱이 애써 연구한다고 해봐야 진보도 하고 있지 않다. 그 연구는 내가 보기에 곧장 앞으로 나아간다기보다 원을 그리며 빙빙 돌고 있다. 즉 되풀이가 많고, 덧붙이는 것은 적은 것이다. 그것이 고찰하는 것은 병의 원인과 부차적인 원인 혹은 병이 생기는 상황, 병 그 자체와 징후, 요법과 보건이다.

주의하는 편이 좋다고 생각되는 다수의 결함 속에서 소수를 선택하고, 또 비교적 눈에 띄게 두드러진 성질의 것을 들기로 하되 순서는 생각지 않기로 한다.

4. 첫째는, 옛 히포크라테스 시대의 노력 혹은 진지한 노력이 없어졌다는 것이다. 그것은 개개 환자의 증상에 관한 기록과 그 진행 상태와 회복 또는 사망으로 그것이 무엇이라는 결정이 내렸는가 하는 것을 기입해 둔 것이었다.

그러므로 이 기술의 아버지에게 적당한 예가 있으니, 법률가의 지혜 같은 외부의 예는 들 필요도 없을 것이다.

법률가들은 장래의 판단을 위한 지침을 위해서 새로운 법률 사건과 결정을 주의 깊게 보고하기로 하고 있다. 이와 같이 계속된 의학의 역사가 없는 것이다.

그것은 내 생각으로는, 보통의 간접적 증거 자료까지 일일이 기록할 만큼 무한히 확대하지 않아도 좋고, 그렇다고 경이적인 것만 넣으려고 너무 소극적으로 할 필요도 없다. 왜냐하면 형태는 새롭더라도 종류로서는 새롭지 않은 것이 많기 때문이다. 그리고 사람들이 관찰할 마음만 있다면, 관찰할 만한 가치가 있는 것이 많다는 사실을 알 수 있을 것이다.

5. 해부학의 연구에서는 많은 결함을 볼 수 있다. 즉 여러 개인과 그 실체와 모습과 배치를 연구하지만 여러 가지 개인 차가 있는 부분이나 속 깊숙한 통로, 체액의 장소, 혹은 고정되는 장소에 대해서는 연구하지 않는 것이다. 또 병의 발자국이나 흔적에 대해서도 그러하다. 그렇게 제외해 놓고 있는 이유로서, 최초의 연구는 하나 내지 소수의 해부를 보면 만족할 수 있을지 모

르나, 나중의 연구는 비교가 필요하고 우연한 변화가 일어나는 것이므로, 많은 것을 보는 데서 얻어야 한다는 것이다. 또 개인 차가 있는 부분에 관해서는, 내부의 형태나 구조는 확실히 외부의 경우와 마찬가지로 온통 차이 투성이다. 그리고 이런 점에 많은 병이 포함된다. 그것은 관철되지 않는 것이므로 별로 나쁠 것도 없는 체액을 문제로 삼게 되는 수가 많기 때문이다. 이 문제의 결함은 그 부분의 구조나 기능 그 자체에 있는 것이며, 그것을 체질 개선 약으로 제거할 수도 없고, 식사나 적당한 약으로 조정하거나 완화하지 않으면 안 되는 것이다. 그리고 통로나 기공(氣孔)에 관해서는 옛부터 전해지는 말이 진실이다. 그중에서 비교적 미미한 것은 해부로 나타나지 않는다는 것이다. 시체에서는 닫기고 숨어 버리기 때문이다. 살아있을 때에만 열려 있어 나타난다. 이러한 이유로 생체 해부의 비인도성을 비난하는 케르수스의 의견은 정당하지만, 그와 같은 관찰이 얼마나 유익한가 하는 것에 대해서도 생각해 보아야 할 것이다. 이 연구를 그가 그렇게 간단히 모두 버릴 일도 아니었고, 외과의 우연한 수술에 맡길 필요도 없었던 것이다. 그리고 산 짐승의 해부로 대체해도 되었을 것이다.

부분 부분은 여러 가지로 다르다고 하더라도 이 연구를 만족시키기에는 충분할 것이고, 해부학에서는 체액에 대해 보통 분비물로서 간과해 버린다.

그런데 가장 필요한 관찰은, 체액이 어떤 구멍이나 집이나 용기를 인체의 부분 속에서 발견하고 있는지, 또 그와 같이 들어가 있거나 받아들여지는 체액의 종류에는 어떤 차이가 있는지 하는 것이다. 또 병의 흔적이라든가 내부 여러 부분의 황폐, 농양(膿瘍), 궤양, 중절, 부패, 소모, 위축, 확장, 경련, 전위(轉位), 장애, 충만, 그리고 이상 물질, 이를테면 결석(結石), 육양(肉瘍), 종양, 기생충 등등에 대해서는 많은 해부에 의해서 정확히 관찰되어 있어야 했다. 또 사람들 개개의 경험에 입각해서 주의 깊게 기록해 두었어야 했다.

한편으로 그것은 역사적 현상에 주의하는 동시에, 원리적으로는 거기서 생긴 병이나 징후를 생각해 보는 것이다. 그 해부가 죽은 병자에 대해서 실시되는 수도 있기 때문이다. 그런데 지금은 신체를 절개해 보는 일이 있더라도, 그런 것은 간단히 그리고 잠자코 간과되어 버리고 있다.

6. 병의 연구에 있어서 많은 경우 치료를 단념하고 있다. 어떤 것은 불치

의 성질인 것도 있고, 치료의 시기가 지났다고 생각하는 것도 있다.

술라의 3두 정치가 많은 사람들을 사형 선고로 죽였다고 하나, 의사의 무지한 선고의 경우에 미치지는 못한다. 이 경우 많은 사람들은, 로마의 사형 선고 때보다 훨씬 쉽게 그것을 면할 수 있는 것이다. 그러기에 나는 결함으로서 기록하기를 주저하지 않는 바이지만, 많은 병의 완전한 치료법과, 절망이라고 생각되는 병을 사람들은 연구하고 있지 않다. 그리하여 그런 것을 불치라고 하여 태만의 법률을 적용하고, 무지가 불신을 당하는 것을 모면시켜 주고 있는 것이다.

7. 다시 또 의사의 임무로서는 건강을 회복시키는 것뿐 아니라, 아픔과 괴로움을 경감시키는 일도 있다고 생각한다. 그러한 경감이 회복으로 향할 수 있을 때뿐 아니라, 편하고 쉽게 숨을 거둘 수 있도록 도움이 되는 경우도 있다. 아우구스투스 카이사르가 언제나 바라던 작지 않은 행복은 그런 안락사*7(安樂死)였다.

그리고 이것은 특히 안토니누스 피우스가 죽을 때 사람들의 주의를 끌었다. 이 사람의 죽음은 온화하고 즐겁게 잠드는 것처럼 보였던 것이다.

그래서 에피쿠로스에 대해서도 기록되어 있는 일이지만 그는 병이 절망적이라고 판단되자, 많은 포도주를 마시고 자기 위와 감관(感官)을 그 속에 푹 담가 버렸다고 한다. 그 때문에 "이렇게 삼도내(三途川)의 물을 취중에 마셨다"*8는 경구가 생겼다. "삼도내의 쓴 물맛을 몰랐다"는 것이다.

그러나 의사는 병이 절망적이라고 판단된 뒤에는 병자와 함께 있는 것이 좀 망설여지고, 손을 대기가 어려워지는 법이다. 그렇지만 죽음의 고통을 덜어 주고 괴로움을 완화해 주기 위해서도, 기술의 탐구와 연구가 필요하다고 생각한다.

8. 병의 치료법을 고찰할 때, 나는 다양한 병의 치료에 관해서 적당한 처방이 결여되어 있다고 생각한다. 왜냐하면 의사는 독단으로 전통과 경험의 결과에 어긋나는 행동을 하고, 처방할 때 자기 멋대로 여러 가지 다른 것을 첨가하거나 빼거나 바꾸거나 하기 때문이다.

약을 마음대로 바꾸기 때문에 약이 병을 변화시킬 수 없게 만든다. 다시 말해서 해독제, 면독제, 게다가 최근의 특효약 등 그 밖의 소수를 제외하고는 처방을 엄격하게 신중히 지키지를 않는 의사가 많다. 가게에 늘어놓은 매약(賣藥)은 임시 변통의 것이며 개개의 병에 듣는 것이 아니다. 그것은 설사를 위해서라든가, 터지게 하기 위해서라든가, 편하게 만들기 위해서라든가, 바꾸기 위한 일반적인 의도에 쓰이는 것이며, 개인의 병에 대해서는 조금도 적절하다고 할 수 없다. 이런 원인으로 돌팔이 의사나 노파가 학문있는 의사보다 치료에 성공하는 수가 많다. 그것은 자기들의 약을 다루는 데 비교적 신중하고 충실하기 때문이다.

여기서 볼 수 있는 결함은, 내가 보기에 의사들의 일부는 자기 자신들의 임상 경험에서, 일부는 책에 씌어 있는 끊임없는 좋은 결과에서, 또 일부는 구식 개업의 전통에서, 자기가 상상하거나 독단적으로 생각한 처방 이외에, 특정의 병치료에 대한 어떤 경험에서 실증된 약을 기록하여 전하고 있지 않다는 것이다.

이를테면 로마 국가에서 가장 좋은 성질의 사람이란 집정관이면서 민중 쪽으로 기울거나, 호민관(護民官)이면서 원로원 쪽으로 기우는 사람들이었다. 그와 마찬가지로 지금 다루고 있는 문제에 있어서도, 가장 좋은 의사는 학문이 있으면서 경험의 전통 쪽으로 기울거나, 실제적인 개업의이면서 학문의 방법으로 기우는 사람인 것이다.

9. 약을 조제할 때 내가 이상하다고 생각하는 것은 다음과 같다. 광물성 약이 특히 사람들에게 칭찬받고 있는데도, 내부보다 외부에 대해서 비교적 안전하며 자연의 수욕(水浴)이나 약이 되는 샘 같은 것을, 아무도 인공적으로 흉내내려고 하지 않는다는 것이다. 더욱이 그것은 광물에서 효력을 얻고 있다고 한다.

그뿐 아니라 유황이나 유산염(硫酸鹽) 또는 철 같은 성분 혹은 정기제(丁幾劑)를 어떤 특정 광물에서 얻는지 식별되고 판별되어 있다.

그와 같은 자연물을 인공의 구성물로 만든다면, 그 종류도 늘어날 것이고 성질도 한층 더 자유로워 질 것이다.

10. 하지만 나의 의도로 보나 전후의 균형으로 보나, 부적당하다고 말할 만큼 너무 자질구레해지지 않도록 마지막 한 가지 결함만 더 말하고 끝내기로 한다.

그것은 나로서는 매우 중요하다고 생각되는 것으로, 현재 사용하고 있는 처방이 너무나 간결해서 그 목적을 달성할 수 없다는 것이다. 다시 말해서 내가 이해하기로 어떤 의약이건 절대적이며 효력이 매우 뛰어나서, 그것만 투여하거나 사용하면 인간의 몸에 어떤 커다란 효능이 있다고 하는 것은, 너무나 오만하고 안이한 생각이라고 본다. 사람이 타고난 악덕을 교정할 수 있는 그런 말이 있다면 기묘할 것이다. 질서, 추구, 연속, 적용을 바꾸는 것이 강력한 성질을 가진 것은 처방을 위해 비교적 정확한 지식이 필요하고, 환자 측에서도 비교적 정확하게 지킬 필요가 있지만 그 대신 큰 효과가 있다. 그리고 의사가 날마다 찾아와 주기만 하면 일정한 치료를 계속하고 있겠거니 하고 생각할지 모르지만, 그 처방이나 투여하는 것을 조사해 보면 온통 모순투성이로 그저 적당히 하고 있는 것이며, 일정한 의도도 계획도 없다는 것을 알 수 있을 것이다. 신중하거나 미신적인 처방이 모두 효능이 있는 것은 아님은, 곧은 길이 모두 하늘로 통하는 길이 아닌 것과 같다. 그러나 방향을 지시하는 진실성은 복종의 신중성에 선행해야 한다.

11. 화장(化粧)에는 사회인으로서의 측면과 여성적인 측면이 있다. 다시 말해서 신체의 청결은, 신과 사회와 그리고 자기 자신에 대한 적당한 존경에서 나오는 것이다. 인공적 장식에서 볼 수 있는 결점도 충분히 당연한 것이다. 사람을 속일 수 있을 만큼 훌륭하지도 못하고, 사용해서 아름답지도 않으며, 사람을 기분 좋게 만들 만큼 건전하지도 않다.

12. 운동에 대해서는 널리 생각하기로 한다. 말하자면 인간의 신체를 움직이게 할 수 있는 능력이 있다면, 어떤 문제라도 좋다. 활동적인 경우도 좋고 인내력의 경우도 좋다. 활동에는 힘과 민속의 두 방면이 있다. 인내력에도 역시 두 가지 방면이 있다. 결핍과 곤란에 대한 공고함과 고통이나 고문(顧問)에 대한 참을성이다. 그 실례는 곡예사나 야만인이나 처벌받는 사람 등에서 볼 수 있다.

하기야 지금까지의 어느 분류에도 해당되지 않는 능력이 있을지 모른다. 이를테면 물 속에 잠겨서 호흡을 중지하는 이상한 힘을 가진 사람은 이런 예에 들어간다. 이런 일의 실례는 알려져 있지만, 그에 관한 철학 내지 연구는 별로 되고 있지 않다. 그 이유는 그것이 달성되려면 개성있는 성격이 있어야지 가르칠 수는 없는 것이라든가, 혹은 그저 부단의 습관에 의하는 것으로서 당장 강제적인 힘을 나타내는 것이라고 생각되기 때문이다. 그것은 진실이 아니겠지만 나로서는 결함을 들지 않기로 한다. 왜냐하면 올림픽 경기는 폐지된 지 오래이며, 이런 일에 대해서는 평범이 더 유용하기 때문이다. 그러한 특성은 돈을 벌기 위한 수단으로서, 대부분 사람들에게 보이기 위해 사용되고 있다.

13. 감각상의 기쁨을 위한 기술에 대해서 말하면, 그 방면의 주된 결함은 그것을 누르는 법칙이다. 왜냐하면 흔히 하는 말이지만, 덕성이 성장기 때에 번성하는 기술은 군사적 방면이기 때문이다. 그리고 덕성이 최고의 상태에 있을 때는 자유적 혹은 지성적 방면이다. 그리고 덕성이 쇠퇴기에 있을 때는 관능의 방면이다. 그래서 현대의 세계는 얼마간 내리막길에 있지 않나 하는 기분이 든다. 관능적인 기술과 함께 생각할 수 있는 것으로서, 요술 등의 재주가 있다. 감각을 속이는 것은 감각이 쾌락의 하나이기 때문이다.

요양을 위한 유희류에 대해서 말하면, 그것은 일반 사회 생활 및 교육과 관계 있다고 생각한다. 그래서 신체에 관계되는 특별한 인간의 철학은 이 정도로 해 둔다. 육체는 마음의 주거(住居)에 지나지 않는 것이다.

〈주〉
＊1 타키투스 《연대기》 16·18.
＊2 베르길리우스 《아에네이스》 6·746.
＊3 아이스클라피우스는 의약의 신이며, 키르케는 마법사이다. 의술과 마술은 흔히 혼동되었다. 다음의 인용은 각각 베르길리우스 《아에네이스》 7·772와 7·11.
＊4 〈전도서〉 2·15.
＊5 오비디우스 《사랑의 요법》 525.
＊6 〈마태복음〉 17·24~27.
＊7 케르수스 《의학론》 1·1.
＊8 카피토리누스 《안토니누스 피우스》 12를 라틴어로 번역한 것.

11

1. 마음과 관계있는 인간의 지식에는 두 가지 방면이 있다. 하나는 영혼 또는 마음의 실질 또는 성질을 탐구하는 것이고, 다른 하나는 그 능력 혹은 기능을 탐구하는 것이다. 이 두 가지 중에서 첫째의 것으로는 영혼의 근원에

대한 고찰이 있으며, 여기에는 생득적인 것인가 외래적인 것인가, 또 그것이 어느 정도 물질의 법칙에 제외되고 있는 것인가, 그 불사성(不死性)과 그밖에 여러 가지 많은 경우가 들어온다. 그것은 여러 가지로 보고되고 있지만, 세심하게 탐구되고 있지는 않다. 그러므로 그 방면에 기울여지고 있는 고심은, 곧은 길을 나아가고 있다기보다는 미로에 빠져 있는 것처럼 여겨진다. 내가 보기에 이 지식은 지금까지보다 더 현실적으로 또 건전하게 탐구할 수 있는 것이며, 계시의 도움 없이 자연 그대로라도 그렇게 말할 수 있다고 생각한다. 그러나 나는 주장하지만, 그것은 종국에 가서 종교에 의해 한정되지 않으면 안 될 것이다. 그렇지 않으면 기만이나 착각을 면할 수 없는 것이다. 말하자면 천지 창조 때 영혼의 실질은, 하늘과 땅에서 '태어나라'는 축복으로 끌어내린 것이 아니었다. 그것은 신의 직접적인 입김을 받은 것이며, 철학의 내용인 하늘과 땅의 법칙을(우연 이외는) 받았을 까닭이 없다. 그러기에 영혼의 성질과 상태의 참된 지식은, 그 실질을 준 것과 같은 입김으로 나오지 않으면 안 되는 것이다. 영혼의 지식에 관한 지식의 이 부분에는 두 가지 부록적인 부분이 있다. 그것은 다루는 동안에 실체가 없는 우화를 낳아, 진리를 불태우지 못하고 있다. 즉 점(占)과 주문이 되고 있다는 말이다.

2. 점은 옛날부터 기술적인 것과 자연적인 것으로 나뉘어져 있는데, 그것은 적당하다. 이 가운데 기술적인 것은 마음이 의론에 의해서 예언하고, 징후나 표징에 결론을 내린다. 자연적인 것은 마음이 내부적인 힘으로 예감을 얻으므로, 징후에서 추론되지 않는다. 기술적인 것에는 두 가지 종류가 있다. 하나는 의론과 더불어 여러 가지 원인을 끌어내는 것으로 합리적인 것이다. 또 하나는 결과의 우연한 일치에 근거를 둘 뿐으로 실험적인 것이다. 이는 대부분이 미신이다. 이를테면 제불이나 새가 나는 것이나 벌이 몰리는 것을 보았을 때의 이교도의 관찰 같은 것이다. 또한 칼데아 인의*¹의 점성학 같은 것이다. 기술적인 점(占)은 몇 가지 종류가 특정의 지식 사이에 분포되어 있다. 천문학자의 예언도 있다. 이를테면 회합, 상(相), 식(蝕) 등이 그것이다. 의사의 예언도 있으니 사망, 회복, 징후, 병의 결과 등에 관한 것이다. 정치가의 예언도 있다. "오오, 팔려갈 도시, 살 사람이 나오면 당장 망할 것"*²이라고 했다. 그것은 오래 가지 않아서 먼저 술라가, 다음에는 카이사르가 실행했다. 그러므로 그들의 예언은 지금은 적절하지 않으며, 개개

의 경우를 생각하지 않으면 안 된다.

그러나 영혼의 내부적 성질에서 생기는 점이, 지금 우리가 문제로 삼고 있는 것이다. 그것은 두 가지 종류의 것으로 생각되고 있다. 본원적인 것과 유입된 것이다. 본원적인 것의 근거가 되고 있는 사상은, 마음이 물러앉아 자체에만 집중하고 신체의 여러 기관에 흩어지지 않을 경우에는 어느 정도의 넓이와 범위가 있는 예지력을 갖는다는 것이다. 그러므로 그것이 가장 많이 나타나는 것은 잠자는 동안이라든가, 황홀 상태에 있을 때라든가, 죽음이 가까울 때라든가, 때로는 눈을 뜨고 있을 때의 지각 속이다. 또한 그것이 생기고 촉진되고 하는 것은 금욕이나 규율을 실행할 때이며, 마음이 자기에게만 가장 집중되는 경우이다. 밖에서 흘러들어오는 경우의 근거가 되고 있는 사고 방식은, 마음이란 거울이나 유리와 마찬가지로 신과 성신(聖神)의 예지에서 광명을 얻는다는 것이다. 이에 대해서는 위에서 말한 금욕과 규율의 처방이 마찬가지로 도움이 된다. 즉 마음이 자기 속에 틀어박힌다는 것은, 신의 유입을 가장 받아들이기 쉬운 상태이다. 다만 이 경우 열광과 고양—그리스 인이 열광이라고 부른 것이지만—이 없으면 안 된다. 또 한쪽의 경우처럼 침착과 정은(靜穩)이 아니다.

3. 매혹된다든가 신들린다는 것은, 상상력의 힘과 행위가 상상하는 사람의 육체와 다른 사람의 육체에 영향을 주는 일이다. 이 상상하는 쪽의 경우에 대해서는 그 적당한 자리에서 언급했다. 이 문제의 경우에는 파라켈수스 일파와 자연의 마법을 가졌다는 사고 방식의 제자들이 몹시 과도하게, 상상력의 힘이 그리스도교가 기적을 행하는 신앙의 힘과 거의 같은 것처럼 큰 소리를 쳤다. 다른 사람들은 비교적 있음직한 일에 접근하여, 사물의 비밀스러운 움직임을 자기들의 견해로 갖고 왔다. 또 특히 신체에서 신체로 옮겨가는 감염 작용(感染作用)이 있다고 보았다. 이 사고 방식으로서, 역시 자연에 적합한 것으로 정신에서 정신으로 옮겨가는 여러 가지 중계(中繼)와 작용이 있으며, 그것은 감각의 중개를 필요로 하지 않는다고 보았다.

여기서 생긴 사고 방식으로는(지금은 거의 일반적인 것이 되어 있지만) 상대방을 지배하는 정신이라든가 자신의 힘 같은 것이 있다. 이에 부수되는 것으로서 상상력을 높이고 강화하는 방법의 탐구가 있다. 즉 상상력이 강화되어 힘을 갖는 것이라면, 그것을 강화하고 높이는 방법을 아는 것이 중요해지는 것이다. 여기에 포함되는 것으로, 간접적이고 위험하지만 마법의 의식을 대부분 숨기려는 구실이 있다. 즉 의식이나 문자나 주문의 효능은 나쁜 정신과의 엄숙한 암묵의 접촉으로 나오는 것이 아니라, 그것을 사용하는 사람의 상상력을 강화하는 데 도움이 될 뿐이다. 이를테면 로마 교회의 표현으로 우상이 그 앞에서 기도하는 자의 사고를 고정시키고, 믿는 마음을 높인다는 것과 같다. 그러나 내 자신의 판단으로는, 설령 상상력이 힘을 가졌다 하고 의식이 상상력을 강화시키고 그것이 그런 목적에 진지하게 의도적으로 사용된다 하더라도, 그것은 역시 불법적인 것이.

신이 인간에게 준 제1명령인 "네가 얼굴에 땀이 흘러야 식물을 먹는다"*3는 것과 대립되기 때문이다. 왜냐하면 신이 인간에게 노동의 댓가를 지불하고 사라고 정해 놓은 고귀한 결과를, 얼마 안 되는 안이하고 게으른 의식을 지키는 것으로써 이룩할 수 있다고 생각하기 때문이다. 이와 같은 지식 방면의 결함에 대해서는 보고할 것이 아무것도 없다. 다만 일반적인 결함으로서 어느 정도가 진실된 것이고 공허한 것인지, 알고 있지 않다는 것만을 말하고 싶다.

〈주〉

*1 고대 바빌로니아의 주민.
*2 살루스티우스 《유구르타 전쟁사》 39 아프리카 누미디아의 유구르타 왕이 로마를 방문했을 때 한 말.
*3 〈창세기〉 3·19.

12

1. 인간 마음의 능력에 관한 지식에는 두 가지 종류가 있다. 하나는 오성(悟性)과 이성(理性)에 관한 것이고, 하나는 의지와 기호와 감정에 관한 것이다. 전자는 결단 혹은 판단을 낳고 후자는 행동 혹은 수행을 낳는다. 하기야 상상력이 중개 혹은 사자(使者)의 역할을 하는 것은 판단과 사절 양쪽의 영역에 걸친다. 즉 감각이 상상력에 전달하면 비로소 이성이 판단한다. 또 이성이 상상에 전달하면 비로소 그 판결이 실행될 수 있다. 왜냐하면 상상력

은 언제나 의지적인 동작에 선행하기 때문이다. 다만 이 야누스 같은 상상력에는 여러 가지 다른 얼굴이 있다. 즉 이성을 향하는 얼굴에는 진실의 표시가 있다. 그러나 행동을 향하는 얼굴에는 바람직스러운 것의 표시가 있다. 어쨌든 한결같이 얼굴이라고는 하지만.

　자매의 얼굴이라고 해도 될 만한*1

　즉 닮았기는 하지만 다른 데가 있는 것이다. 그리고 상상력은 단순히 그저 사자(使者)라는 것도 아니다. 사자로서의 의무 이외에, 자기 속에 작지 않은 권위가 주어져 있거나, 적어도 그 권위를 빼앗아 가지고 있다. 아리스토텔레스가 슬기롭게 말하고 있는 것처럼, "마음이 육체에 대해서 가진 지배권은, 주인이 노예에 대해서 가진 것과 같다. 그러나 이성이 상상력에*2 대해서 가진 지배권은 재판관이 자유시민에 대해서 가진 것과 같다." 자기 쪽에서 지배하게 될지도 모르는 것이다. 즉, 신앙과 종교의 문제에서는 우리가 우리의 상상력을 이성 위에 올리고 있는 것을 알 수 있다.

　그것은 종교가 마음에 접근하기 위해 비유, 유형(類型), 우화, 환상, 꿈 같은 것을 사용하려고 한 이유이다. 그리고 또 상대편을 설복하려고 할 때도, 웅변이나 또는 그와 같은 성질의 다른 여러 가지 인상의 작용을 사용한다. 그것은 사물의 참된 모습을 물들이며 변장시키려고 하는 것인데, 이성에 대한 주된 추진력은 상상력에서 생긴다. 그런데도 상상력에 본디의 혹은 적절하게 적합하는 어떤 학문도 눈에 띄지 않으므로, 나로서는 그 전의 분류를 바꿀 원인도 없을 것 같다. 말하자면, 시는 상상력의 기쁨 또는 놀이일 뿐이지 일 혹은 의무라고는 할 수 없다. 설령 그것이 일이라고 하더라도, 지금은 상상력에서 만들어지는 학문의 분야를 논의하는 것이 아니라, 상상력을 다루고 고려하는 학문을 이야기하고 있는 것이다.

　또 이성이 낳는 지식에 대해서도 이야기하지 않기로 하자(왜냐하면 그것은 철학 전체로 확대되기 때문이다). 다만 이성의 능력을 다루고 탐구하는 지식을 이야기하기로 한다. 그러면서도 참된 위치를 차지하게 될 것이다. 자연 속의 상상력의 힘과 그것을 강화하는 방법에 대해서는, '영혼에 대하여'라는 이론에서 언급한 적이 있다. 그 부분에 이것이 가장 적절하게 들어간다. 그리고 마지막으로 상상력적 혹은 암시적인 이성은 수사학의 주제이므로, 이성의 기술 쪽으로 돌리는 편이 가장 좋다고 생각한다. 그러므로 우리는 그 전 분류로 만족한다. 즉 인간의 철학은 마음의 여러 가지 능력과 관계되는 것이며, 이성적·도덕적 두 가지 방면이 있다는 것이다.

2. 인간 철학의 이성적인 방면은, 많은 지성있는 사람들에게는 모든 지식 중에서 가장 즐거움이 적은 것이다. 그리고 미세함과 곤란함의 망(網)에 지니지 않는 것처럼 여겨진다. 지식에 대해 '영혼의 음식'*³이라고 일컬어지고 있는 것은 진실이지만, 또 인간의 식욕의 성질 중에서 이 음식에 대한 많은 사람들의 미각과 위(胃)는 사막의 이스라엘 인과 같다. 그 사람들은 자기들이 먹어 온 '고기의 항아리'로 돌아가고 싶어하고, 신이 준 만나에는 싫증이 나 있었다. *⁴ 그것은 하늘 위의 것이었지만 자양분이 적고, 원기를 돋구어 주는 일도 적은 것 같았기 때문이다. 그래서 일반적으로 사람들은 고기와 피에 적신, 즉 현실적인 인간의 감정을 다룬 지식을 좋아한다. 말하자면 종교가 아닌 일반 인간의 역사나 도덕이나 정치 같은 것이다. 이런 것으로 사람들의 애정과 칭찬과 운명이 향하거나 관계되어 있기 때문이다. 바로 이 '건조한 빛'이 많은 사람들의 힘없고 연약한 성질을 메마르게도 하며 상처도 입힌다. 그러나 여러 가지 사물의 실제로 있는 그대로의 가치를 진실로 이야기한다면, 이성적인 지식이 모든 다른 기술의 열쇠가 된다.

즉 아리스토텔레스의 적절하고 우아한 말에도 있듯이, "손은 도구 중에서도 도구이다. 그리고 마음은 형식 중에서도 형식이다."*⁵ 그런 까닭으로 이런 것들을 기술 중에도 기술이라고 해도 진실이라고 할 수 있을 것이다. 그것은 방향을 줄 뿐만이 아니라 확실하게 만들고 강화한다. 또 그것은 마치 사격의 습관에 의해서 비교적 표적에 가까이 쏠 수 있게 될 뿐 아니라, 비교적 강한 활을 당길 수 있게 되는 것과 같다.

3. 지적인 기술에는 네 가지가 있다. 그 관계되는 목적에 따라서 분류된다. 즉 인간의 노고로서는, 구하거나 또는 찾고 있는 것을 발견하는 일이 있다. 혹은 발견된 것을 판단하는 일이다. 또는 판단되어 있는 것을 유지하는 일이다. 또는 유지되고 있는 것을 넘겨주는 일이다. 그러므로 그 기술도 네 가지가 있어야 한다. 탐구 또는 발명의 기술, 검토 또는 판단의 기술, 유지 또는 기억의 기술, 화술 또는 전달의 기술이다.

〈주〉

＊1 오비디우스 《변신부》 2·14.

＊2 여기서는 이미지네이션이라는 말을 사용하고 있는데, 아리스토텔레스 《정치학》 1·3에
는 기호라고 되어 있다.

＊3 키케로 《아카데미론》 2·41.

＊4 〈민수기〉 11·4~6.

＊5 아리스토텔레스 《정신론》 318.

13

1. 발견은 매우 다른 두 가지 종류의 것으로 되어 있다. 하나는 기술과 학문의 방면이고 또 하나는 말과 의론의 방면이다. 이 가운데 기술과 학문은 결여되어 있다. 그 결함이라고 생각되는 것을 예를 들어 보면, 사망자의 재산 목록을 작성할 때 현금이 없는 것을 기록하게 되는 것과 같다. 금전이 다른 모든 물품을 살 수 있게 하는 것과 마찬가지로, 이 지식은 다른 모든 것을 살 수 있게 하는 것이기 때문이다. 그래서 서인도 제도도 먼저 나침반의 사용이 발견되지 않으면 발견되지 않았을 것으로 생각된다. 이 경우 한쪽은 광대한 지역이고 한쪽은 다른 것을 움직이는 조그만 기구에 불과하지만, 그런 말을 할 수 있는 것이다. 그와 마찬가지로 발명과 발견의 기술을 무시해 버렸다면, 여러 가지 학문이 그 이상 발견되지 않았더라도 이상하게 생각할 수는 없는 것이다.

2. 이 방면의 지식이 부족하다는 것은 내 판단으로는 명백히 나타나 있는 일이다. 즉 첫째, 삼단논법 논리학은, 학문 또는 학문의 공리를 발견할 것은 생각지 않고, "각 기술 안에서는 기술자를 믿어야 한다"＊1고 주장한다. 케르수스도 이것을 엄숙히 인정하였다. 경험적 독단적 유르수스도 이것을 엄숙히 인정하고 경험적 독단적 유파의 의사들에게 언급하여, "의약과 치료법이 먼저 발견되고 그 다음에 그 이유와 원인이 논의되었다. 원인이 먼저 발견되고, 그것에 비추어서 의약과 치료법이 발견된 것이 아니다"＊2라고 했다. 그리고 플라톤도 《테아이테토스》에서 말하고 있다. "개별적인 것은 무한하며, 비교적 높은 일반론으로는 충분한 방향이 주어지지 않는다. 그리고 모든 학

문의 핵심은, 이것이 전문가와 비전문가의 차이가 되는 것이지만 중간의 명제(命題)에 있다. 그것은 개개의 지식 속에서 전통과 경험으로부터 취해지는 것이다."[3] 그래서 볼 수 있는 일이지만, 사물의 발견이나 근원을 이야기하는 사람들은, 기술이 아니라 그것을 우연과 연결짓는다. 인간보다는 짐승, 조류, 어류, 뱀 같은 것에 연결짓는다.

> 어머니는 박하를 딴다. 크레타의 아이다에서
> 솜털에 줄기를 감싸고, 꽃은 자주빛,
> 모를 수는 없다, 산양들도
> 풀 속 등에 날아오는 화살이 단단히 꽂힐 때[4]

그러므로 별로 이상할 것도 없지만(고대 풍습으로는 발견자를 신성시하기 때문에), 이집트 인들의 경우 신전에는 인간의 우상은 거의 없고 모두가 짐승류뿐이었다.

> 온갖 괴물의 신들에게 짖는구나 아누비스
> 네프투느스와 베누스와 미네르바를 보고[5]

그리고 만일 그리스 인들의 전통을 더 좋아하고, 최초의 발견은 인간이 한 것이라고 생각한다 하더라도, 프로메테우스가 먼저 부싯돌을 부딪쳐 보았을 때 불꽃에 깜짝 놀랐으니, 그 부싯돌을 쳤을 때 불꽃이 튀리라고 예기치 않았다는 것만은 믿을 수 있을 것이다. 그러므로 서인도 제도의 프로메테우스처럼 불을 발견한 사람은, 유럽의 프로메테우스와 교섭이 없다는 것을 알 수 있다. 그들의 경우에는 그 최소의 기회를 주는 부싯돌이 드물었기 때문이다. 그래서 알 수 있듯이 인간의 여태까지 외과 요법은 야생의 산양, 음악은 밤에 우는 꾀꼬리, 하제(下劑)의 일부는 따오기류, 대포(大砲)는 갑자기 열린 항아리 뚜껑, 그리고 일반적으로 기술이나 학문의 발명은 우연 또는 논리학 이외의 것 덕분에 얻었다는 것이다.

베르길리우스가 말하고 있는 발견의 형식도 대체로 이와 비슷한 데가 있다.

해 보고 생각하면서
여러 가지 기술을 두들겨 낸다. *6

이런 말을 잘 살펴보면 야수들이 할 수도 있고, 그것들이 사용하게 되어 있는 방법과 별로 다를 것이 없다. 그것은 어떤 한 가지 일을 줄곧 생각하고 실행한다는 것이다. 또 그것은 생명을 유지하기 위한 절대적인 필요 때문에 추진되고 부가된 것이다. 즉 키케로가 한 말은 확실히 옳다. "하나의 일에 바친 연습이, 흔히 천성이나 기술에 이긴다."*7 그래서 인간에 대해

노력은 모든 것을 정복한다
그리고 끊임없는
곤란 속의 엄한 결핍도*8

하고 말한다면, 마찬가지로 짐승에 대해서도 말할 수 있다. 누가 앵무새에게 '안녕하세요'라는 말을 가르쳤던가? 누가 까마귀에게 가뭄 때 물을 발견한 나무 구멍에 돌멩이를 채우는 법을 가르쳤던가? 물이 올라와서 자기가 마실 수 있게 하기 위해서였다. 누가 벌에게 광대한 공기의 바다를 건너 멀리 꽃이 피어 있는 들판에서 자기 집까지 돌아가는 길을 가르쳐 주었던가? 누가 개미에게 밀알을 하나하나 깨물 것을 가르쳐 주었던가? 그것은 개미 집 안에 묻었을 때, 뿌리가 생겨 싹을 트지 않게 하기 위한 것이다.

그리고 또 '두들겨 낸다'는 말이 있다. 그것은 매우 힘들다는 뜻이 있다. 그리고 '서서히'라는 말이 있다. 그 뜻은 매우 느리다는 것이다. 이것을 덧붙이면 우리는 옛날의 경우와 같게 되며, 이집트의 여러 신들 속에 긴다고 해도 좋다. 즉 동물과 같은 것이 된다. 발명의 문제는 이성의 능력에 맡겨지는 일이 거의 없고, 기술의 일에는 아무것도 남지 않는다. 말하자면 그와 같은 것을 거의 이용하고 있지 않다고 말할 수 있는 것이다.

3. 둘째로 귀납(歸納)이라는 것이 있다. 그것은 논리학자가 말하는 것으로서 플라톤도 잘 알고 있었던 것 같다. 그것으로 학문의 원리를 발견할 수 있을지도 모른다. 또 중간 명제가 원리에서 연역(演繹)으로 발견된다는 것이 있다. 그런 귀납의 형식은 몹시 불충한 것이다. 그런 오류가 그만큼 더 심하

게 되는 것은, 자연을 완전하게 하고 높이는 것이 기술 또는 논리학의 일이기 때문이다. 그런데 그들은 반대로 자연을 모욕하고 학대했으며 욕했다. 즉 지식이라는 이 뛰어난 이슬을 모으는 방법을 주의 깊게 관찰하는 마음을 가진 사람이 있다고 하자. 그것은 시인이 말하는 '하늘의 꿀, 천상의 기술'*9 같은 것이며, 들판이나 정원의 꽃처럼 자연 및 인공의 개개의 것에서 추출하고 연구하여 꺼내는 것이다. 그런 사람들이 알게 되는 것은, 마음이 저절로 논리학자가 말하고 있는 것보다 훨씬 잘 귀납을 한다는 것이다. 다시 말해서 개개의 사례를 일일이 들어서 결론을 내리고, 반대의 사례에 부딪치지 않는 것은 결론이 아니라 상상이다. 왜냐하면 많은 주제에 있어서 한쪽에 보이는 개개의 사례를 보고, 보이지 않는 반대 쪽에 다른 것이 없다고 누가 확신할 수 있겠는가? 이를테면 사무엘이 자기 앞에 끌려온 이사야의 아들들만 보고, 들판에 나가 있던 다윗을 보지 않은 것과 같다. *10

그리고 이 형식은 사실을 말하면 매우 무무한 것이며, 이런 것을 취급할 만한 미세한 지식을 가진 사람도 그것을 세상에 보여 주려고 할 때는 이론과 독단을 서둘러 개개의 사례를 향해서는 전제적(專制的)이 되거나 경멸적이 되지 않을 수 없었던 모양이다. 그런 사람들은 그러한 사례를, 로마에서 말하면 권위자의 갈도(喝道)나 심부름꾼처럼 사용하고, "군중을 한쪽으로 비키게 한다"고 할까, 자기들의 의견을 위해서 양보시키고 여지를 주게 하려는 방법을 쓰고 있으며, 그것을 정말로 이용하거나 사용하는 것이 아니었다. 확실히 이것은 종교적 경이의 기분으로 사람들이 감명한다고 해도 좋은 일이다.

유혹의 경로는 신의 진리나 인간의 진리나 자랑에 의한다는 점에서는 완전히 똑같다는 것을 알 수 있다. 즉 신의 진리의 경우, 사람의 아이들과 똑같이 되는 것을 참지 못한다. 그와 마찬가지로 인간의 진리의 경우에도, 귀납법에 마음 쓰는 것을 사람은 제2 유아기 또는 아동기처럼 생각했던 것이다.

4. 셋째로 원리나 공리 중에는 귀납이 옳은 것이기는 하지만 확실한 것은 중간 명제는 자연의, 즉 형이하(形而下)의 사물에 관한 문제에서는 삼단논법으로 연역할 수 없다는 것이다. 바꾸어 말하면 그것을 실험하여 중간 명사에 의해서 원리로 환원하고, 대전제에서 일어나는 것을 나타냄으로써 그렇

게 하지는 못한다는 뜻이다. 하기야 대중적인 학문, 이를테면 도덕학이나 법률 같은 것, 또는 정말로 신학(가장 단순한 것의 능력에 신 자신을 사용하는 것이 신의 뜻에 맞는 일이기 때문이다)에 있어서는, 그런 형식도 효용이 있을 것이다. 그리고 마찬가지로 자연 철학의 경우에도 논증 또는 만족을 주어 사람을 입다물게 하는 이유에 의해서, "동의를 얻어 일을 할 수 없다"는 것이 있다. 그러므로 미묘한 자연의 작용은 이런 속박 속에서 사슬로 묶이는 일은 없을 것이다. 왜냐하면 논증은 명제로 이루어지고 명제는 말로써 이루어지기 때문이다. 또한 말은 사물에 대한 대중적인 개념이 통용되는 표지 또는 기호에 지나지 않기 때문이다. 그와 같은 개념을 개개의 사례에서 조잡하게 또 여러 가지로 아무렇게나 추론한다면, 결론 또는 논증 또는 명제의 진실성을 세밀히 검토해 봐야 결코 그 오류를 정정할 수는 없다. 제1소화 상태(第一消火狀態)에 있기 때문에, 즉 처음부터 문제가 있기 때문이다.

원인이 없지도 않다고 생각되지만, 매우 많은 뛰어난 철학자가 회의 철학자와 아카데미 학파가 되어 지식 또는 이해의 확실성을 부정하고, 인간의 지식 범위가 미치는 곳은 다만 외관과 개연성에 지나지 않는다는 의견을 품게 되었던 것이다. 하기야 소크라테스의 경우는 반어(反語)의 한 형식에 지나지 않는 것처럼 상상되었던 것이지만, "무식한 모습으로, 유식한 체했다." 바꾸어 말하면 그는 자기의 지식을 언제나 헐뜯었지만, 그것은 자기의 지식을 추켜올리려는 것이 목적이었다. 티베리우스 황제 초기의 변덕과도 비슷한 데가 있다. 통치는 하고 싶었지만 그런 말은 좀처럼 하지 않았던 것이다. 또 키케로가 갖게 된 후기 아카데미 학파의 경우도, 이 아크타레프시아*11 (나는 의심한다)라는 의견에 따르는 것은 아니었다. 왜냐하면 변설이 뛰어나게 유창한 사람은 모두 그 학파를 자기의 것으로 만든 것 같기 때문이다. 자기들의 웅변과, 어느 쪽의 담화건 담화를 장식하는 데 가장 적당한 것이라고 생각했던 것이다. 목적지를 향해서 곧장 나아가는 여행보다는, 위안을 위해 여기저기 들러 가는 것과 같았다.

그러나 확실히 두 아카데미로 흩어진 많은 사람들 중에는 그 의견에 단순하고 정직하게 동조하고 있던 사람도 있었다. 그러나 다음과 같은 점에 그들의 오류가 있다. 그들은 그 과오를 감각 탓으로 돌렸던 것이다. 그것은 내가 판단하기에 (그 사람들의 여러 가지 이론(異論)은 있지만) 진실로 증명하고 보고하는 데 아주 충분한 것이다. 다만, 반드시 직접적은 아니지만 비교와 매체(媒體)의 도움에 의하는 수도 있다. 또 감각으로 보아서 너무 지나치게 미묘한 것은, 감각에 의해 이해할 수 있는 그 어떤 효과라든가 그 밖에 같은 도움 쪽으로 인도하여 나아가게 함으로써 그렇게 하는 수도 있다. 그러나 그런 사람들은 그 오류를 지적인 힘이 약하고, 감각의 보고에 입각해서 추론하여 결론을 내리는 방법 탓으로 돌려야 옳았던 것이다. 내가 이런 말을 하는 것은 인간의 마음이 틀렸다고 말하기 위해서가 아니라, 그것을 자극하여 도움을 청하도록 하게 하기 위해서이다. 왜냐하면 인간은 아무리 교묘하고 익숙하더라도, 직선이나 완전한 원을 그릴 만큼 확실한 손을 갖고 있지 않기 때문이다. 그러나 자나 콤파스로는 쉽게 할 수 있는 것이다.

5. 발견에 관한 다음 부분은 여러 가지 학문의 발견에 관한 것인데, 내 목적은(만일 신이 용서해 주신다면) 지금부터의 설명으로써 두 가지 부분으로 나누어 생각하고 싶다. 그중의 하나는 '문자로 쓴 경험' 또는 학문이 있는 경험이고, 또 하나는 자연의 해석이라고*12 부르기로 한다. 전자는 후자의 한 단계 혹은 기초에 지나지 않는 것이다.

문자로 쓴 경험과 자연의 해석

그러나 나는 약속에 관해서 너무 긴 말을 하고 싶지도 않고, 또 너무 야단스러운 말도 하지 않기로 한다.

6. 말 또는 논증의 발견은 본디 발견이라고 할 수 없는 것이다. 왜냐하면 발견한다는 것은, 우리가 모르는 것을 볼 수 있게 만드는 일이며, 이미 알고 있는 것을 마음에 되찾거나 다시 불러오는 일이 아니기 때문이다. 그리고 이 발견의 효용은, 우리의 마음이 이미 가지고 있는 지식 중에서, 고려하고자하는 목적에 적합하다고 생각되는 것을 끌어내거나 불러내는 일이다. 그러므로 사실을 말하면, 그것은 발견이 아니라 추억이나 암시를 응용한 것이다. 스콜라 학파가 그것을 판단 뒤에 두는 것도 선행하는 것이 아니라 후속하는 것이기 때문이다. 그러나 이 경우 사슴을 쫓는 것과 같지만, 상대가 울타리를 둘러 친 사냥 구역 안에 있을 수도 있고, 넓은 숲 속에 있을 수도 있는 것이다. 또 이미 그와 같은 명칭을 얻고 있는 것이므로 발견이라고 해도 좋

은 것으로 보고 싶다. 다만 그 발견의 범위나 목적은 우리의 지식이 당장 또는 현재 쓸 수 있게 되어 있는 것이며, 거기에 부가하거나 더 풍부하게 만드는 일이 아니라는 것을 알고 또 주의할 필요가 있다.

7. 이와 같이 지식을 당장 사용할 수 있게 하는 데는, 준비와 암시의 두 가지 길이 있다. 이 가운데 전자는 지식의 일부를 이룬다고 말할 수도 없는 것처럼 여겨진다. 기술적인 지식의 획득이라기보다 근면의 문제이기 때문이다. 이 점에서 아리스토텔레스는 그의 시대에 가까운 궤변 학자들을 비웃고 있는데, 기지있는 표현이나, 공정성이 좀 모자란다. "그들의 방법은 신발 만드는 기술을 직업으로 삼고 있으면서, 신발 만드는 방법을 가르치지 않고 모든 형, 모든 크기의 많은 신발을 늘어놓고 보여 주는 것과 같다."*13 그러나 이에 대해서 다음과 같이 대답할 사람이 있을지도 모른다. "신발 장수가 가게에 신발을 늘어놓지 않고, 주문이 있을 때만 일을 한다면 손님이 적을 것이다"라고. 그러나 우리의 구세주가 신(神)의 지식에 관해서 한 말이 있다. "하늘 나라의 훈련을 받은 율법학자는 마치 자기 곳간에서 새것과 낡은 것을 꺼내는 집 주인과 같다."*14

고대 수사학 저자들이 교훈으로서 한 말에, 변론자는 가장 흔히 사용되는 것으로서 되도록 여러 가지 찬부(贊否)에 당장 쓸 수 있는 몇 가지 주제를 가지고 있는 편이 좋다는 것이 있다. 이를테면 법의 정신에 반대하여 법률을 문자 그대로 해석하기를 주장한다든가, 그 반대를 주장하는 것 등이다. 또 증언에 반대하는 주장이나 추론을 변호하거나, 그와 반대의 행동을 한다는 것 등이다. 키케로 자신도 큰 경험으로 그런 훈련을 받고 명백히 말하고 있다. 사람이 무언가 말하지 않으면 안 되는 일이 있을 때(노력만 한다면), 결국 '윤곽으로' 미리 생각하고 처리해 두는 것이 좋다는 것이다. 개개의 문제일 경우 아무것도 하지 않아도 되므로, 다만 개개의 경우의 이름이나 시기나 장소, 그 밖의 자질구레한 사정만 들면 되는 셈이다. 마찬가지로 데모스테네스에게는 정확한 근면성을 볼 수 있다. 그는 여러 가지 문제를 소개하고 다룰 때에 좋은 인상을 주는 것이 큰 힘을 발휘한다고 생각하고, 연설이나 담화 때 서두가 되는 것을 많이 준비해 두었다고 한다. 이상과 같은 권위있는 사람들이나 전례로 미루어, 훌륭한 것이 차 있는 장롱을 그때 그때에 따라서 만들기 위한 가위와 교화시키려는 아리스토텔레스의 의견은 아무래도 뒤질 것 같다.

8. 여기에 소개한 것으로 비로소 문제를 삼게 되었는데, 이 준비 내지는 마련한 물품을 모으는 것은 논리학에도 수사학에도 공통이지만, 그 이상 다루는 것은 수사학 쪽으로 돌리는 편이 적당하리라 생각된다.

9. 또 한 방면의 발견은 내가 암시라고 부르는 것으로, 어떤 종류의 특징이나 장소나 또는 주제로 우리를 향하도록 지시하는 것이다. 그것이 우리의 마음을 자극하여 되돌아와서 낳게 하는 지식은, 전에 추론한 것과 같으며 그것을 우리가 이용할 수 있게 하기 위해서이다. 또 그 이용도 개연성을 가지고 다른 사람과 토론하기 위한 논증의 방법을 줄 뿐 아니라, 마찬가지로 우리의 판단력을 도와 자기 자신 속에서 올바른 결론을 내리기 위한 것이다. 또 이러한 주제는 우리의 발견력을 촉진하는 데 도움이 될 뿐 아니라, 올바른 연구 방향을 제시해 주기도 한다. 왜냐하면 현명한 질문의 능력은 지식의 절반이라고 할 수 있기 때문이다.

플라톤이 말하고 있듯이 "구하는 자는 누구나 자기가 구하는 것을 일반 개념으로 알고 있다. 그렇지 않으면 막상 발견되었을 때 어떻게 그것인 줄 알겠는가?" 그러기에 사람이 기대하고 있는 일반 개념이 크면 클수록, 그 탐구는 직접적이고 간결하다. 그러나 우리가 이미 알고 있는 것 중에서 무엇을 낳는 데 도움이 되는 바로 그 주제가, 경험있는 사람이 앞에 있을 때 어떤 질문을 하느냐 하는 것을 도와 주게 될 것이다. 혹은 책이나 작가한테서 배울 수 있다면, 어떤 점을 탐구하고 생각해야 할 것인가를 도와 준다. 그러므로 이 방면의 발명은 스콜라 학파에서는 화제 또는 논제라고 부르고 있는데, 결여되어 있다고는 말할 수 없는 것이다.

10. 그러나 화제 또는 대체론(大體論), 즉 기지의 진리 또는 표지나 주제에는 두 가지 종류가 있다. 일반과 특수 또는 개별이다. 일반에 대해서는 이미 말했다. 특수에 대해서는 언급한 사람도 있지만 일반적으로는 규칙 또는 기술이 없고 변화하는 것이라고 하여 배제되어 있다. 그러나 스콜라 학파 안에서 너무나 지배적이 되었던 기분을 떠나서(그것은 즉 자기가 미음대로 할 수 있는 소수의 사항에 대해서는 아주 미세하게 파고드는 것을 자랑으로 삼지만, 다른 사항은 배제하려고 하는 기분이다), 나는 개개의 대체론을 받아들이기로 한다. 그것은 하나하나의 개별적인 지식의 발견과 연구의 주제 또

는 방향은 매우 유용하다는 것이며, 논리학과 여러 가지 학문의 문제가 섞인 것이기 때문이다. 말하자면 그것은 "발견의 기술은 발견과 더불어 성장한다"는 말에 해당되는 것이다. 왜냐하면 길을 갈 때와 마찬가지로 지나온 길의 부분을 자기 것으로 만들 뿐 아니라, 나머지 길의 부분까지도 잘 볼 수 있기 때문이다. 그러므로 학문에 있어서는 진보의 한 계단마다 그 앞에 계속되는 것에 빛을 준다. 그런 빛을 꺼내어 연구의 질문이나 주제에 넣음으로써 강화한다면, 우리의 연구를 매우 진전시켜 줄 것이다.

〈주〉

＊1 아리스토텔레스 《전분석론》 1·30.

＊2 케르수스 《의학론》 1·1.

＊3 〈테아이테토스〉라고 되어 있지만 이것은 베이컨이 잘못 적은 것이며, 라틴어 역본에서는 정정되어 있다. 〈필레보스〉를 말한다.

＊4 베르길리우스 《아에네이스》 12·412.

＊5 베르길리우스 《아에네이스》 8·698.

＊6 베르길리우스 《농경시》 1·133.

＊7 키케로 《바르브스론》 20.

＊8 베르길리우스 《농경시》 1·145 로마의 풍자 시인 페르시우스의 《풍자시 서론》 8.

＊9 베르길리우스 《농경시》 14·10.

＊10 〈사무엘기상〉 16.

＊11 불가지성의 뜻이며, 절대 진리에 도달할 수 없다는 것을 나타내는 그리스어. 키케로 《아카데미론》 2·6·18.

＊12 〈자연의 해석〉에 대해서는 《노붐 오르가눔》에 상세히 나와 있다.

＊13 아리스토텔레스 《궤변론》 2·9.

＊14 〈마태복음〉 13·52.

＊15 키케로 《웅변론》 14·45·46.

＊16 플라톤 《메논》 2·80.

14

1. 여기서 판단의 기술로 들어가기로 한다. 그것은 입증이나 논증의 문제

를 다루는 것으로, 귀납법에 관해서는 발견과 일치하는 데가 있다. 왜냐하면 모든 귀납에 있어서는, 좋은 형식이건 나쁜 형식이건 발견하는 것과 같은 행위를 하는 마음이 판단하기 때문이다. 감각의 경우에도 똑같다. 그러나 삼단논법의 입증은 그와는 다른 형식이 된다. 즉 입증의 직접이 아니라 중간사(中間辭)에 의하므로, 중간사의 발견과 결론의 판단 또는 추론과는 별도의 것이다. 전자는 자극할 뿐이며, 후자는 검토한다. 그러므로 귀납에 의한 현실적인 판단과 정확한 형식에 대해서는, 자연의 해석에 관해서 설명한 부분을 참조하기로 한다.

2. 삼단논법에 의한 또 하나의 판단에 대해서는 인간의 마음에 가장 적합한 것이므로, 아주 열심히 그리고 매우 훌륭하게 탐구되고 있다. 말하자면 인간의 성질은 그 오성(悟性) 속에 무언가 고착되어 움직일 수 없는 것, 즉 명제를 매우 목마르게 갖고 싶어한다. 또 마음의 휴식 장소와 의지로 삼으려고 한다. 그래서 아리스토텔레스도 모든 물체의 운동 속에 무언가 정지점이 있다는 것을 입증하려 하고 있는 것이다. *1 그는 고대 아틀라스의 우화를 우아하게 설명하여(그것은 고정되어 서 있고, 하늘이 떨어지지 않도록 떠받들고 있었다), 하늘의 양극 또는 축(軸)으로 생각될 수 있다고 보고, 그 위에서 회전이 이루어진다고 말하고 있다. 그와 마찬가지로 확실히 사람은 마음속에 아틀라스 내지는 축 같은 것을 가지고 있어서 동요로부터 몸을 지키려고 한다. 이 동요는 영속적인 추락의 위험이라고 해도 좋은 것이다. 그래서 사람은 서둘러 여러 가지 원리 또는 명제를 규정하고 그 주변에서 그들의 온갖 의론이 회전하도록 하려고 했던 것이다.

3. 그러므로 판단의 이와 같은 기술은, 여러 가지 명제를 중간사의 원리 또는 삼단논법의 대전제가 될 명제로 환원한 것에 지나지 않는 것이다. 그 원리는 누구나 의견이 일치하여 증명에서 제외된다. 중간사는 각자의 발견 여하에 따라서 선택하기로 한다. 그 환원은 직접과 전화(轉化)의 두 종류로 한다. 전자는 명제가 원리로 환원되었을 때를 말하며, 직접 증명적 또는 동일 결론이라고 부른다. 후자는 명제의 모순 대당이 원리의 모순 대당으로 환원될 때이다. 이것을 '불이익' 즉 부조리의 강행이라고 한다. 중간사의 수는 명제가 의리로부터 떠나 있는 단계의 대소에 따라서 다르다.

4. 그러나 이 기술에는 두 가지 이론이 있다. 하나는 지시에 의한 것이고

또 하나는 조심에 의한 것이다. 전자는 결론 또는 추론 내지는 삼단논법의 참된 형식을 형성하고 규정한다. 그 뒤의 변화와 편향에 의해서 오류와 추론의 잘못을 정확히 판단할 수 있게 된다. 그 형식의 성질과 구성을 향해서는 여러 가지 부분을 다루는 일이 생긴다. 그것은 명제이며 또 명제의 부분인 단어이다. 그리고 이것은 분석론 속에 포함되어 있는 논리학의 분야이다.

5. 이론의 둘째 것은 민속한 사용과 사람에게 자신을 주기 위해 도입된, 비교적 미묘한 형식의 착오나 함정 또는 혼란된 의론과 반론을 발견하는 일이다. 그것은 반론 또는 논파(論破)라고 부르는 것이다. 비교적 조잡한 착오에서는(세네카가 묘한 비교를 하고 있듯이) *2 요술쟁이의 요술처럼 흔히 일어나고, 어떻게 하는지는 모르나 겉보기대로는 아니라는 것을 알게 된다. 그렇지만 비교적 미묘한 종류일 때는, 사람이 반론을 할 수 없을 뿐 아니라 판단력이 속는 경우도 많다.

6. 논파법(論破法)에 관한 이 부분은, 아리스토텔레스가 훌륭하게 다룬 이론이다. 그러나 플라톤의 실례는 더 훌륭하다. 그것은 여러 궤변 학자들을 예로 들고 있을 뿐 아니라, 소크라테스 자신도 다루고 있다. 소크라테스는 아무것도 긍정하지 않는다는 말을 하면서도 남에게 긍정되어 있는 것을 반박하고, 모든 형식의 이론(異論), 착오; 반론을 정확하게 표현하고 있다. 그리고 이 이론(理論)의 효용은 그 반론 때문이라는 것을 이미 설명했지만, 분명한 것은 타락 부패한 사용은 기만이나 궤변론이 도움이 된다는 것이다. 그것은 위대한 능력으로 생각되고 있으며, 확실히 매우 유리한 것이다. 다만 웅변가와 궤변가를 나눈 구별이 옳다. 그것은, 그레이하운드 개와 같아서 경주할 때 유리하다. 한편은 토끼 같은 것으로서 방향 전환 때 유리하며, 비교적 약한 동물의 이점이라고 할 수 있는 것이다.

7. 그러나 다시 나아가서 논파의 이 이론에는, 금방 알 수 있는 것 이상으로 큰 폭과 넓이가 있다. 즉 지식의 여러 가지 부분에 미친다는 것이다. 그 중에는 검토하는 것도 있고 제거하는 것도 있다. 말하자면 먼저 내가 생각하는 바로는(처음에는 얼마간 색다르게 생각될지 모르지만) 여러 가지 부분, 이를테면 논리학과 아리스토텔레스의 형이상학 즉 제1철학과 관계되고, 본질 즉 실체의 공통적인 속성에 관한 것은 논파법에 지나지 않는다. 왜냐하면 모든 궤변론 중에서도 커다란 궤변은, 말이나 문구 특히 가장 일반적이고 모

든 탐구에 나오는 이야기의 속임수 또는 애매함이며, 내 느낌으로는 탐구가 다수, 소수, 우선(優先), 보류, 동일성, 다양성, 가능성, 행위, 전체성, 부분, 존재, 결여 등등을 참되고 유익하게 사용(헛된 미세함이나 사색을 떠나서) 한다함은 말(言語)의 애매성에 빠지지 않도록 하는 현명한 주의 또는 조심에 지나지 않는 것이기 때문이다. 그래서 여러 가지 사물을 어떤 부속, 이른바 범주 또는(그리스어의 라틴 역) 프리디커먼트로 나누는 것도 정의나 분류의 혼란을 피하기 위한 조심에 지나지 않는 것이다.

8. 둘째로 어떤 유혹 중에는 인상의 강도로 작용하고, 미묘한 함정에 의하지 않는 것이 있다. 이성을 곤혹시키기보다 상상력의 힘으로 그것을 압도하는 것이다. 그러나 이 부분은 수사학을 말할 때 다루는 편이 훨씬 적당하다고 생각한다.

9. 그러나 마지막으로 인간의 마음속에는 훨씬 중요하고 심원한 착오가 있다. 그것은 전혀 관찰되거나 탐구되고 있지 않은 것으로, 여기에 포함시키는 것이 좋을 것으로 생각된다. 다른 것보다 특히 판단을 가장 올바르게 하는 데 관계있는 것이기 때문이다. 그 힘은 개개의 경우 어떤 것에 대해서는 이해력을 현혹하거나 모함하지 않으며, 비교적 일반적으로 그리고 내면적으로 그 상태를 침범하고 타락시킨다. 왜냐하면 인간의 마음이란 맑고 편평한 거울의 성질과는 아주 다르기 때문이다. 거울이라면 여러 가지 빛이 그 참된 성질에 따라 반사된다. 그런데 그것은 사실 마법의 거울과 같다. 구제해 주거나 조정해 주지 않으면 미신과 기만에 찬 것이 되어 버린다. 이 목적을 위해서 마음의 일반적인 성질에 의해 우리들에게 부과되는 거짓된 외관을 생각해 보자. 그리고 한두 가지 예를 살펴보자.

첫째 모든 미신의 뿌리라고 할 수 있는 예가 있다. 즉 모든 인간들 마음의 성질에는 긍정적이나 활동적 또는 적극적인 것이, 부정적 또는 소극적인 것보다 영향력이 크다고 말하는 것이 적당하다는 것이다. 그래서 몇 번이나 친다고 할까, 또는 그곳에 있는 것이 늘 맞지 않고 빗나간다고 할까, 혹은 그 자리에 없다는 것을 상세하게 된다. 그것은 디아고라스의 대답에 잘 나타나 있는 것과 같다. 넵투누스의 신전에서 난파를 면하고 넵투누스에게 맹세하여, "생각하라, 지금, 폭풍우 때 넵투누스에게 기도하는 것을 어이없다고 생각하는 자여" 하고 말한 이들의 그림을 많이 보여 준 사람이 있었다. "그건

그런데, 빠져 죽은 사람들은 어디에 그려져 있는가?" 하고 디아고라스는 물은 것이다. *3

또 하나의 예를 들어서 생각해 보자. 인간의 정신은 그것이 평등하고 동일한 실체로 되어 있다고 해서, 자연 속에서도 진리보다 더 큰 평등성과 동일성이 있다고 상상하거나 그와 같이 가장하게 되는 것이 보통이다. 그리하여 수학자는 천체의 움직임을 완전한 원으로 만들어 버리고는, 나선형의 선을 물리치고, 이심권(離心圈)을 제거해 버리지 않으면 직성이 풀리지 않는다. 또한 마찬가지 근거에서 자연 속에는 '유일하고 독립하여'라고 말할 수 있는 것이 많다고 생각한다. 그런데 인간의 사색은 상관(相關), 병행, 유사 같은 것을 만들어 내지만, 실제로는 그와 같은 것이 없다. 이를테면 흙이나 물이나 공기 같은 것과 같게 하기 위해서 불이라는 원소를 만들어 놓고 있는 것과 같다.

실제로 막상 지적할 때까지는 믿을 수 없는 일이지만, 어느만큼의 허구와 공상을 인간의 행위나 기술이 '공통의 자(尺)'*4로 인간을 만드는 것과 함께 자연 철학 속에 들고 들어와 있느냐 하는 것이다. 그것은 이단설인 신인 동형론자(神人同形論者)*5를 그리 벗어나는 것이 아니다. 이것은 무무하고 고독한 수도승의 독방에서 생긴 것이며, 또 에피쿠로스의 의견이기도 하다. 하지만 이것은 이교설 속의 같은 것에 호응하는 것이며, 여러 신들이 인간의 모양을 하고 있다고 상상한 것이다. 그러기에 쾌락주의자 벨레이우스*6는 신이 하늘을 별로 장식한 이유를 물을 필요가 없었다. 그것은 마치 신이 로마의 흥행이나 구경거리를 감독하는 재판관처럼, 근사한 구경거리나 연극의 총감독처럼 생각한 것이 되기 때문이다. 즉 그 위대한 일꾼이 인간의 기질을 갖고 있었다면, 여러 가지 즐겁고 아름다운 설계나 순서로 별을 배치하여, 건물 지붕의 장식 세공처럼 만들 것으로 생각되기 때문이다. 그러나 무한의 수 속에서 4각이나 3각 또는 직선 같은 모양은 거의 발견할 수가 없다. 인간의 정신과 대자연의 정신 사이에는 그만큼의 차가 나는 조화가 있는 것이다.

10. 거짓된 외관이 인간 각자의 성질이나 습관으로 우리에게 주어진다는 것을 생각해 보자. 그것은 플라톤이 동굴에 대해서 허구의 상상을 한 대목이다. *7 말하자면 어린 아이가 동굴이나 혹은 지하의 구덩이에서 성숙한 나이가 될 때까지 갇혀 있다가 별안간 외계로 나온다면, 이상하고도 터무니없는

상상을 하게 될 것이다. 그와 같이 우리의 신체 역시 하늘을 보면서 살고 있지만, 우리의 정신이나 마음은 우리 자신이 가진 심신의 성질과 습성의 동굴 속에 갇혀 있다. 그런 것이 만일 검토를 하지 않으면 한없는 과오와 공허한 의견을 우리에게 주게 된다. 이에 대해서는 하나의 과오, 즉 불건전한 기질의 경우에 대해서 여러 가지 예를 이미 들었다. 이것은 제1권에서 간단히 다루어 놓았다.

11. 마지막으로 말, 즉 언어에 의해서 우리에게 부과되는 거짓된 외관을 생각해 보자. 그것은 무식한 종류의 지성이나 능력에 상응해서 만들어지고 또 사용된다. 그리고 우리는 우리의 말을 지배하고 "대중처럼 이야기하며 현명한 사람처럼 느끼게"*8 되도록 그럴 듯한 규정을 둔다. 그러나 말이라는 것은 확실히 타타르 인의 활처럼 가장 현명한 사람들이 오성도 되쏘고, 판단력을 혼란시키며 왜곡시키는 일이 강하다. 그러므로 모든 논쟁이나 토론에 있어서는, 수학자의 지혜를 흉내내어 먼저 우리의 용어나 술어의 정의를 내리고, 그것을 우리가 어떻게 받아들이고 어떻게 이해하는가를 사람들에게 알려서 그들이 우리와 같은 의견인지 아닌지를 알 수 있게 할 필요가 있다. 다시 말하자면, 이런 일이 없으면 벌써 시작했어야 할 곳에서 끝내지 않으면 안 되는 일이 반드시 생긴다. 즉, 용어에 대한 의문이나 차이 같은 것이다.

그러므로 결론으로서 말할 수 있는 것은, 이와 같은 착오나 거짓된 외관으로부터 우리들 자신을 떼어낸다는 것은 불가능하다고 고백하지 않을 수 없다는 것이다. 우리의 성질이나 생활의 조건으로부터 떼어낼 수 없기 때문이다. 그러나 그런 것에 대한 조심(즉 모든 논파법은 조심 바로 그것이라는 것은 위에서 설명한 바와 같다)은, 인간의 판단력을 참되게 나아가도록 하는 것과 매우 중요한 관계가 있다. 그런데 위에서 말한 세 가지 거짓된 외관에 대한 개개의 논파법 혹은 조심에 대해서는 완전히 결여되어 있다고 생각한다.

12. 판단력의 일부로서 매우 우수한 것이 아직도 남아 있다. 내가 아는 바로는 별로 언급되는 일이 적으므로, 이 또한 거의 없다고 보고해도 좋을 것 같다. 그것은 여러 가지 종류의 입증을 여러 가지 종류의 주제에 적용하는 일이다. 증명에는 네 가지 종류밖에 없다. 즉 마음이나 감각의 직접적인 동의 즉 직감에 의한 것, 귀납에 의한 것, 삼단논법에 의한 것, 그리고 합동성

에 의한 것이 그것이다. 이것은 아리스토텔레스가 구체(球體) 또는 원의 증명이라고 부르고 있는 것이다. "비교적 더 잘 알려져 있는 것으로부터"가 아니다. 그러므로 이들 하나하나는 학문의 문제로 어떤 주제를 갖고 있다. 또 저마다 제외되지 않으면 안 되는 다른 어떤 주제도 있다.

그리고 어떤 사물에 대해 비교적 엄한 입증을 필요로 하는 엄격함과 세밀함, 게다가 또 우리가 주로 다른 경우에 비교적 부주의한 입증으로 만족하는 용이함 같은 것이, 지식에 대한 방해와 장애의 가장 큰 원인의 하나가 되어 있는 것이다. 여러 가지 학문의 성질에 따른 증명의 분포나 배분은 결여되어 있는 것을 알 수 있다.

〈주〉

＊1 아리스토텔레스 《동물 운동》 2·3.

＊2 세네카 《도덕가론》 4·58.

＊3 이 이야기는 키케로 《신성론》 3·37에서 디아고라스에 언급한 대목과, 《디오게네스 라에르티우스》 6·59에 나와 있다.

＊4 아리스토텔레스 《형이상학》 10·6.

＊5 그리스도 《단성론자》, 즉 신성과 인성은 일체이며 단일성일 것이라고 생각한 일파로서, 신은 인간의 모습을 하고 있다고 주장했다. 키케로 《신성론》 1·9·22.

＊6 벨레이우스 파테르쿨루스(기원전 19~후 30년 무렵)는 로마의 역사가.

＊7 플라톤 《국가》 7.

＊8 로저 베이컨 《저작집》 14에 나오는 아리스토텔레스의 말.

＊9 《전분석론》 2·5.

15

1. 지식을 가두거나 혹은 유지한다는 것은, 저술에 의하거나 기억에 의한다. 저술에는 두 가지 부분이 있다. 문자의 성질과 쓰는 순서이다. 문자 혹은 그 밖에 사물의 눈에 보이는 기호의 기술은 문법과 가장 가까운 관계가 있다. 그래서 그것은 적당한 대목으로 돌리기로 한다.

우리가 저술 속에 보존하는 지식의 배치와 배열에 대해서는, 주제를 잘 안배하는 것이 중요하다. 이 경우 주제에 관한 비망록 같은 것을 사용하는 데서 생긴다고 생각되는 폐해를 나도 모르는 바는 아니다. 그것은 독서를 느리게 하고 기억의 어떤 나태 또는 이완의 원인이 되는 수가 있다. 그러나 지식이 당장 나오려고 하는 것은, 깊고 충실된 사람의 경우는 다르겠지만 거짓에 지나지 않는 것이므로, 주제를 적어 둔다는 것은 연구를 할 때 매우 유용하고 또 중요한 일이라고 생각한다. 그것은 발견 때 자료를 당장 확실하게 내놓을 수 있도록 풍부하게 만들고, 판단력에 재료를 주어 강력하게 만들어 주기 때문이다. 그러나 내가 지금까지 본 주제를 적어 두는 방법에는, 충분한 가치를 가진 것이 전혀 없는 것도 사실이다. 그 모든 것은 다만 어떤 학파의 외관을 달고 있을 뿐, 세계의 것이라고는 할 수 없다. 또 통속적인 문제나 학문을 과시하는 분류로 나아가서, 생명이나 행위에 대한 관계가 전혀 없다.

2. 지식의 유지에 대한 또 하나의 주요 부분인 기억에 관해서는, 내 판단으로는 그 능력에 대해 연구되고 있는 것이 약한 것 같다. 그 기술이 남아 있기는 하다. 그러나 그 기술보다는 이론으로서 좋은 것이 있고, 또 받아들여지고 있는 것 이상으로 좋은, 실제로 행하여지고 있는 방법도 있다. 확실히 그 기술은(현재와 같은 형태로는) 훌륭한 외관을 지니는 데까지 갖고 갈 수 있을 것 같다. 그러나 실제의 현실에서(현재 행하여지고 있는 형태로는) 그것은 불모 상태이다. 상상되고 있듯이 자연의 기억에 대한 부담이 된다든가 위험하다는 것이 아니라 불모인 것이다. 즉 일이나 기회를 정말로 이용하려고 할 때, 잘 적용되지 않는 것이다. 그런 까닭으로 한 번만 들어도 매우 많은 이름이나 말을 되풀이하여 말할 수 있다든가, 즉석에서 많은 싯구나 운문(韻文)을 암송할 수 있다든가, 모든 일에 대해서 냉소적인 비유를 한다든가, 모든 것을 농담으로 얼버무려 버린다든가, 모든 일에 이의를 내세워 엉망으로 만들거나 반대한다든가(이런 것은 마음의 능력 속에 매우 많이 있어서, 연구와 연습으로 아주 놀랄 만큼 높여지는 것이지만), 이런 것을 나는 별로 높이 평가하지 않는다. 그것은 내가 곡예사나 줄타는 사람이나 발레 댄서 등의 기교를 중시하지 않는 것과 같다. 전자는 마음의 문제이고, 후자는 육체의 문제일 뿐 똑같은 것이며, 색다르기는 하지만 가치가 없는 일이다.

3. 이와 같은 기억의 기술은 바로 두 가지 의도 위에 만들어져 있다. 하나는 예지(豫知), 즉 전부터 알고 있는 일이고 하나는 우의적인 그림이다. 전

부터 알고 있는 것은, 우리가 회상하고 싶은 것을 무한히 추구하는 기분을 버리게 하고, 좁은 범위 안에서 찾도록 방향을 제시한다. 말하자면 우리의 기억의 장소와 일치하는 곳을 찾게 한다는 것이다. 우의적인 그림은 지적인 개념을 감지할 수 있는 심상(心象)으로 환원하는 것이다. 그것은 기억에 한층 강한 인상을 준다. 그런 공리 즉 법칙에서, 실제로 사용되고 있는 것보다 좋은 실제적인 원리를 끌어낼 수 있을지도 모른다. 그리고 그런 공리 이외에 더 여러 가지 기억의 도움이 되는 것이 있을지도 모른다. 더욱이 그보다 못하지도 않다. 그러나 나는 처음부터 이런 것이 결여되어 있다고 보고하지 않기로 마음먹고 있었다. 그것은 다만 방법이 나쁜 데 지나지 않는 것이다.

16

1. 이성적인 지식의 제4의 종류가 아직도 남아 있다. 그것은 이동적인 것이며 우리의 지식을 남에게 표현하거나 전하는 일에 관한 것이다. 그것을 나는 전달 또는 전승이라는 일반적인 명칭으로 부르기로 한다. 전달에는 세 가지 부분이 있다. 첫째는 전달의 기관 혹은 도구에 관한 것이다. 둘째는 전달의 방법에 관한 것이다. 그리고 셋째는 전달의 예해(例解)에 관한 것이다.

2. 전달의 기관은 말이나 글이다. 아리스토텔레스가 잘 말하고 있는 것처럼, 말은 관념의 상(像)*¹이다. 그리고 문자는 말의 상이다. 그러나 관념이 반드시 말의 중개를 통해서 표현된다는 것은 아니다. 왜냐하면 차이를 충분히 표현할 수 있는 것이나, 감각으로 지각할 수 있는 것은 모두 관념을 표현할 수 있는 성질을 갖고 있기 때문이다. 그러므로 야만인들의 교제 관계에 있어서는 서로의 말을 이해하지 못하기도 하고, 벙어리나 귀머거리나 그 밖의 여러 사람들의 실제로 하고 있는 일 중에도 있지만, 사람들의 마음이 동작으로 표현되는 것을 알 수 있다. 그것은 정확하지 않을지는 모르나 도움이 된다.

중국이나 극동의 여러 왕국의 습관으로는 현실의 문자로 쓴다. 그것은 총체적인 문자나 언어를 표현하는 것이 아니라, 사물이나 개념을 표현하는 것이다. 그러므로 서로의 말을 이해하지 못하는 나라들이나 지역에서도, 서로가 쓴 것을 읽을 수 있다. 그와 같은 상형 문자는 일반인들에게 언어로 쓰는 것보다 더 잘 받아들여지기 때문이다. 그러기에 그런 곳에는 매우 많은 상형 문자가 있으며, 그 수는 기초적인 어근어(語根語)와 같다.

3. 이런 관념의 기호에는 두 종류가 있다. 하나는 그 기호가 개념과 어떤 유사성 혹은 일치성(一致性)을 가진 경우이다. 또 하나의 '인습적(因襲的)' 인 것은 인습 또는 받아들임으로써 비로소 힘을 갖는 것이다. 전자의 종류로 는 상형 문자와 몸짓이 있다.

상형 문자는(고대로부터 사용되고 있는 것으로서, 가장 오래된 국민의 하 나인 이집트 인이 주로 사용한 것인데) 제명(題銘)이 붙은 도안, 우의적인 그림이 계속 같은 것이다. 또 몸짓의 동작은 이동한 상형 문자 같은 것이다. 그리고 상형 문자와의 관계는 지껄이는 말에 대한 쓰는 말의 관계와 같다. 그것은 계속되지 않기 때문이다. 그러나 언제나 후자와 마찬가지로 표현하 는 사물과 친근성을 갖고 있다. 이를테면 페리안드로스는*2 전제 군주의 자 리를 새로이 차지했을 때, 어떻게 그 자리를 유지하느냐는 의견을 듣고서, 사자에게 자기가 하는 것을 보고 전하라고 일렀다. 그러고는 정원에 나가서 높다란 꽃의 줄기를 모두 잘라 버렸다. 그 뜻은 귀족이나 거물들을 모두 잘 라서 지위를 낮게 만들어 두는 것이 그 자리를 유지하는 요령이라는 것이었 다. '인습적'이라는 것은 전에 설명한 현실의 문자와 언어이다.

다만 개중에는 호기심에서 하는 연구와 혹은 오히려 교묘한 궁리로 이성 과 의도에서 끌어내어 명칭을 붙인 것도 있다. 우아한 사고로 그리고 이성에 의해서 고대로 더듬어 들어가려고 하는 것으로서 존경할 만한 것이다. 그러 나 진리가 포함되는 일은 적으며 좋은 결과는 별로 없다.

이 부분의 지식 즉 사물의 기호와 일반적인 사고에 대해서는, 탐구가 되지 않고 결여되어 있다고 생각한다. 그리고 문자에 의한 말과 저술이 다른 모든 방법보다 낫다는 것을 생각하고, 그리 유용하지 않은 것처럼 생각될 수 있 다. 그러나 이 부분은 지식의 조폐국(造幣局) 같은 것에 관한 것이므로 말 은 통용하는 표지이고, 받아들여지고 있는 관념으로서는 화폐가 가치있는 것으로서 낫다.

4. 이에 대한 고찰에서 지껄이는 말이나 언어에 관한 문법의 학문이 생겼 다. 왜냐하면 인간은 자기의 실수로 빼앗겨 버린 은혜를 다시 얻으려고 언제

나 애쓰는 법이다. 그리고 최초의 일반적인 저주에*³ 대해 다른 모든 기술을 연구함으로써 대항하려고 애쓰고 있는데, 마찬가지로 제2의 일반적인 저주(그것은 여러 가지 말의 혼란이다)로부터 달아나려고 애써 오고 있다. 그것이 문법의 기술이다. 이것은 모국어의 경우에는 별로 도움이 되지 않지만, 외국어의 경우에는 한층 도움이 된다. 외국어 중에서도 도움이 되는 것은 보통 사용되는 국어가 아니라 오직 학문의 말이 되어 버린 경우이다.

문법의 기술은 두 가지 성질의 의무를 가졌다. 하나는 대중적인 것으로서 말을 빨리 완전하게 습득할 수 있다는 것이다. 그것은 말을 주고 받기 위해서인 동시에 작자들을 이해하기 위해서이다. 또 하나는 철학적인 것으로서, 말의 힘과 성질을 검토하는 것이다. 그것이 이성의 발자국을 나타내고 흔적을 남기기 때문이다. 그런 종류의 말과 이성의 유사성은 전체적이 아니라 토막 토막 산발적으로 다루어지고 있다. 그러므로 나는 그것이 결여되어 있다고 보고할 수는 없지만, 그 자신의 학문으로 가져가도록 하는 것은 매우 가치있는 일이라고 생각한다.

5. 다시 문법에 속하는 것으로서 보유적(補遺的)인 것이나 말의 속성에 대한 고찰이 있다. 그것은 음절의 장단이나 소리, 억양 혹은 가락, 그 매끄러움과 딱딱함 같은 것이다. 거기서 수사학에서의 여러 가지 흥미있는 관찰이 생기고 있다. 특히 시의 경우를 생각할 수 있고 내용보다도 운문의 문제가 있다. 이 경우 학문적인 고대 언어에 통하는 사람들은 고대의 운율에 묶이지만, 근대어의 경우에는 무용하는 것과 마찬가지로 새로운 운율을 자유로이 만들어 내도 좋다고 생각한다. 왜냐하면, 무용은 운율있는 걸음걸이이며 운문은 운율있는 말이기 때문이다. 이런 일에 있어서는 감각이 기술보다 판단자의 위치가 낮고, 거의 아무도 거들떠보지 않는 경우가 많다는 것이다. 마찬가지로 이런 기술도 중요한 최고 학문과 나란히 놓으면, 하찮은 것처럼 여겨진다. 그러나 그것을 골라서 그것을 위해 노력과 연구를 쏟고 있는 사람들에게는 그런 것이 위대한 일로 보이는 것이다.

식사 때 우리의 요리가
요리사를 기쁘게 만들기보다
손님을 기쁘게 하는 것이 바람직스럽다. *⁴

그리고 어울리지 않고 부적당한 주제에 있어서, 고대에 아부하기 위해 사용된 말 중에 "시간으로 보아 낡아 보이는 것은, 부적당해지면 가장 새로운 것이 된다"는 묘한 표현이 있다.

6. 암호는 보통 문자이거나 알파벳이거나 하지만, 단어로 되어 있을 수도 있다. 암호의 종류는(단순한 암호에 변화를 주거나, 의미없는 문자와 무의미한 것을 넣거나 하는 것 이외에) 많다. 뜻을 감추려는 성질과 규칙에 따라서 수레바퀴 암호, 열쇠 암호, 2층 암호 등등이 있다. 그 장점으로서 바람직스럽다고 생각하는 점이 세 가지가 있다. 읽거나 쓰는 데 힘이 들지 않으며, 어떤 경우에는 의심을 받지 않는다는 것이다. 그 최고의 경우는 '모든 것으로 모든 것이 되게끔' 쓰는 것이다. 그것은 확실히 가능하다. 숨겨지는 것을 숨기려고 쓰는 방법을 최고 5배의 비율로 하고, 다른 제한은 하나도 없게 하는 것이다. 암호를 만드는 기술에 상관적(相關的)인 것으로서, 암호 해독의 기술이 있다. 좋은 암호를 사용한다는 상상을 하면 무익한 것처럼 생각되지만, 사실은 매우 유용한 것이다. 왜냐하면 암호가 잘 되어 있으면, 해독자를 접근시키지 않는 것이 매우 많기 때문이다. 그러나 그것을 취급하는 사람들의 미숙함과 서툰 점으로 말하면, 내용이 많은 경우 가장 약한 암호로 전해지는 수가 많다.

7. 이와 같이 사적이고 우원(迂遠)한 기술을 예거해 나가다가는, 내가 여러 가지 학문을 일일이 들어 전시하고 과시하기 위해서 이름을 늘어놓을 뿐 별로 소용도 없다고 생각할지 모른다. 그러나 그 방면에 숙달한 사람들이 한 번 판단해 주었으면 한다. 즉 과연 내가 그것을 그저 과시하기 위해서 들추어내고 있는지, 아니면 내가 이야기하고 있는 것 속에, 그 어떤 진보의 씨는 없는지 하는 것을 말이다. 그리고 다음의 것을 기억해 두기 바란다. 즉 자기의 시골이나 지방에서는 매우 중요한 사람이, 수도에 나오면 거의 주목을 못 받는 낮은 지위에 있게 되는 것과 같다. 그리고 사람이 알고 있는 것이 적당하다고 생각되는 것은, 화폐는 금이나 은과 다른 종류의 것일 수도 있다는 것이다. 나로서는 그것을 더 탐구하도록 노력하는 것이 좋다고 생각한다.

〈주〉

*1 아리스토텔레스《해석론》1·1.

*2 기원전 625~583, 코린트의 僭主. 다음 이야기는 아리스토텔레스 《정치학》 3·13에 있다.

*3 〈창세기〉 3·16~19.

*4 1세기 때 로마의 풍자 시인 마르쿠스 벨레이우스 마르티알리스 《풍자시》 9·83.

17

1. 전달 방법에 대해서 말하면, 현대에는 그것이 논쟁을 불러 일으키고 있는 것을 볼 수 있다. 그러나 일반 사회적인 일로서 회합이 있고 사람들이 토론을 시작하면, 보통 그 문제는 그 동안 끝이 나 버리고 전혀 나아가지 않게 된다. 그와 마찬가지로 학문에 있어서도 많은 논쟁이 있을 때는 연구가 거의 되지 않는 수가 많다. 즉 방법에 대한 부분은, 연구가 매우 약해서 그것이 결여되어 있다고 알리고 싶은 것이다.

2. 논리학에서 방법은 판단의 일부로서의 위치가 주어지고 있는데, 이것은 잘못이 아니다. *1 말하자면 삼단논법의 이론은 발견되는 것에 대한 판단의 규칙을 포함하는 것이고, 마찬가지로 방법의 이론은 전해지려 하고 있는 것에 대한 판단의 규칙을 포함하는 것이다. 즉 판단은 전달에 선행하고, 또 발견의 뒤에 따른다. 또 전달의 방법이나 성질이나 지식의 사용을 위해서 중요할 뿐 아니라, 지식의 진전을 위해서도 중요한 것이다. 왜냐하면 한 인간의 노력이나 생명도 지식의 완성에는 도달할 수 없으므로, 전달의 지혜는 계속과 진행의 기쁨을 느끼게 해 주기 때문이다. 그러므로 가장 중요한 차이가 있는 방법은 지식 사용의 가능성에 관한 방법과 진전에 관한 방법이다. 그 가운데 전자는 교사적(敎師的) 즉 독단적인 것이고, 후자는 경험으로 입증하는 증명적인 것이라고 할 수 있을 것이다.

3. 후자는 '포기되어 폐쇄된 길'*2인 것처럼 여겨진다. 왜냐하면 지식이 전해질 때, 전하는 사람과 받는 사람 사이에 일종의 잘못된 계약 같은 것이 있기 때문이다. 즉 지식을 주는 사람은 가장 믿을 수 있는 형태로 전하고 싶어 한다. 가장 검토할 수 있는 형태로 하지는 않는다. 또 지식을 받는 쪽은 참을성있게 연구하기보다 즉각적인 만족을 바란다. 그러므로 잘못되는 일이 없도록 하기보다 의심하지 않도록 한다. 명성에 대한 희망이, 저작자들에게

그 약점을 나타내지 않게 하려고 하고, 나태는 제자에게 자기 실력을 알지 못하게 만든다.

4. 그런데 지식은 계속 실을 자아 나가듯이 전해지는 것이지만, 가능하면 그것이 발견된 것과 같은 방법으로 전하고 또 알려져야 하는 것이다. 그리고 그와 같이 귀납(歸納)하여 얻은 지식이 가능하다. 그러나 너무 조급히 앞지른 지식의 경우는, 자기가 얻은 지식에 어떻게 도달했는지 아무도 모른다. 그런데도 사람은 '그 정도가 크건 작건' 자기의 지식과 신념의 바탕에까지 되찾아 보고, 내려갈 수 있을는지 모른다. 또 그리하여 자기 자신의 마음속에서 그것이 성장함에 따라, 남에게 그것을 옮겨 심을 수 있을 것이다. 왜냐하면 지식의 경우나 식물(植物)의 경우나 마찬가지이기 때문이다. 만일 그 식물을 사용할 것이라면 뿌리는 아무래도 좋다. 그러나 그것을 움직여서 성장시키려고 한다면, 접붙이는 묘목보다 뿌리에 의지하는 편이 더 안전하다. 또한 지식을 전하는 것은(현재와 같은 방법으로는), 나무의 훌륭한 등걸이 뿌리가 없는 것과 다름없다. 목수에게는 소용이 있을 테지만 나무 장수에게는 쓸모가 없는 것이기 때문이다.

학문을 성장시키는 데 수목의 등걸이나 몸뚱이는 그리 중요하지 않다. 뿌리가 내리는 것을 주의해 주기만 하면 된다.

그와 같은 전달의 종류는, 그 문제에서는 수학의 방법이 얼마간 그런 기미가 있다. 그러나 일반적으로는 그것이 사용되고 있는 것이나 연구되고 있는 것을 알지 못한다. 그러므로 결여되어 있다고 적어두기로 한다.

5. 또 하나 다른 방법이 있다. 그것은 전자와 얼마간 비슷한 것으로, 어떤 경우에는 그리스·로마 고대인의 견식에 의해서 사용되고 있지만, 그 뒤 많은 우쭐대는 사람들의 기만으로 인해 더럽혀진 것이다.

그런 인간들은 자기들의 가짜 상품에 대한 거짓의 빛 같은 것으로 삼고 있다. 그것은 즉, 수수께끼 같은 것이면서도 또 분명하게 해놓고 있는 것이다. 그 구실로 삼는 것은 보통의 능력이 지식의 비밀에 접근하지 못하도록 하여 그 비밀을 선택된 청중, 즉 덮개를 꿰뚫을 수 있는 날카로움을 가진 지성있는 사람들을 위해서 제쳐 놓는다는 것이다.

6. 또 하나 다른 방법은 그 중요성은 크지만, 요의(要義) 혹은 주도한 논고 방법에 의한 지식의 전달이다. 이 경우 어떤 내용이나 소수의 요의 혹은

관찰에서 꺼내져, 습관 속에 너무 깊이 박혀 있다. 그렇기 때문에 엄숙하고 완전한 기술로 만들어 여러 가지 담화를 집어 넣고 실례로 예해하고 소화하여 훌륭한 방법으로 만들 수가 없다는 것이다. 그러나 요의에 의해서 쓴다는 것은 많은 뛰어난 장점이 있어서, 논고 방법으로 쓰는 것으로는 도저히 미치지 못한다.

7. 말하자면 첫째 그것은 표면적인지 실질이 있는 것인지 작가를 시험하게 된다. 우스꽝스러운 경우에는 예외이지만, 요의는 학문의 정수(精髓)나 중심으로부터밖에 나오지 않기 때문이다. 즉 예해의 담화는 잘라져 나가 버린다. 실례의 예거도 잘라져 버린다. 관계와 순서의 담화도 잘라져 나간다. 실천의 서술도 잘라져 버린다. 그러므로 남은 요의를 채우는 것은 무언가 충분한 양의 관찰 같은 것밖에 없게 된다. 그래서 건전하고 튼튼한 근거가 있는 사람 이외는 아무도 요의를 쓸 수는 없으며, 이성으로써 기도하는 사람도 없을 것이다. 그러나 논고 방법에 있어서는,

여러 가지 배열(配列)과 결합은
보통 초라한 것을 훌륭하게 만든다. *3

이를테면, 어떤 기술을 매우 훌륭하게 보이게 하는 사람이 있다. 하지만 그것을 해체하여 풀어 놓고 보면 대단한 것이 아님을 알 수 있는 것이다.

둘째로 논고 방법은 동의 혹은 신념을 얻는 데는 적합하지만, 행동으로 향하는 데는 비교적 적합하지 않다.

왜냐하면 일종의 증명이 구체(球體) 내지는 고리로 되어 있는 데가 있기 때문이다. 어떤 부분이 다른 부분을 명백하게 만들어 주게끔 되어 있어서, 그것으로 이론(異論)을 주지 않는 것이다. 그러나 개개의 것으로 흩어져 있는 것이, 여러 가지 방향으로 흩어져 있는 실제로 가장 적합하다. 마지막으로, 요의는 불완전한 지식을 드러나게 하며 사람들에게 더 연구하도록 손짓해 준다. 그러나 논고 방법은 전체 같은 외관을 가지고 있으므로, 자기들이 가장 앞선 것처럼 하여 사람들을 안심시킨다.

8. 또 하나 다른 방법은, 단정(斷定)과 그 입증 혹은 의문과 그 해결로써 지식을 다루는 일이다. 그중 의문과 해결을 신중하게 사용하지 못하면 학문

의 진행에 해로우며, 그것은 군대가 조그만 요새나 보루를 하나하나 포위하고 다니는 방법의 경우와 같다. 왜냐하면 싸움터를 제압하여 그 작전의 주요 목적을 추구한다면, 그런 조그마한 것은 저절로 항복해 오는 법이기 때문이다. 다만 사실상 중요한 요새의 적을 등 뒤에 두고 싶지 않다. 마찬가지로 학문의 전달에 있어서 반론의 사용은, 매우 신중히 하지 않으면 안 된다. 이것은 강한 선입관이나 예단(豫斷)을 제거하는 데 유용하게 쓰이는 것으로, 토론이나 의혹에 이용하거나 그것을 자극하기 위해 사용되어서는 안 된다.

9. 또 하나 다른 방법은 취급하는 주제 또는 내용에 의한 것이다. 말하자면 지식 중에서 가장 추상적인 수학의 전달과 가장 구체적인 정치 철학의 전달에는 매우 차이가 있다. 그리고 다양성 있는 내용에 있어서의 통일성 있는 방법에 관해서 아무리 노력을 기울였건 간에, 그와 같은 의견은 학문에 대해서는 가치가 없는 것이 되고 있음을 볼 수 있다. 학문을 어떤 공허한 불모(不毛)의 일반론으로 만들어 버리기 때문이다. 그리하여 학문의 왕겨와 겉껍질뿐이라고 해도 좋은 것이 된다. 핵은 모두 못 살게 짓누르는 방법으로 고문을 당하고 밀려나 버린다. 그러므로 나는 발견에 대한 개개의 논제 혹은 기지의 진리도 인정하지만, 마찬가지로 전달에서도 개개의 방법을 인정하는 것이다.

10. 지식의 전달과 교수에 있어서 또 하나 다른 형태의 판단력을 사용한 방법은, 전달되는 것의 빛 즉 입장과 전제적(前提的)인 상상에 호응하는 것이다. 즉, 새롭거나 또는 받아들여지고 있는 의견과 다른 지식은, 받아들여지고 있는 의견과 일치하거나 또는 익숙해진 형태와는 다른 형태로 전해져야 하는 것이다. 그래서 아리스토텔레스는 데모크리토스를 비난하고 싶었을 때, 실제로는 칭찬하고 있었다. 그때 말한 것은, "우리가 실제로 토론을 하고, 비유를 추구하지 않는다면"*4이라는 것이었다. 즉 대중적인 의견에 들어가 있는 정도인 관념의 소유자는, 입증하거나 토론하기만 하면 된다.

그러나, 대중적인 의견을 넘은 관념의 소유자에게는 2중의 노고가 있다. 하나는 자기 자신의 관념을 이해시키는 일이다. 또 하나는 입증하고 증명하는 일이다. 그러므로 자기를 표현하고 이해시키려면, 아무래도 비유나 은유의 사용이 필요해진다. 그래서 지금은 하찮은 관념도 학문의 유아기와 야만 시대에는 새로웠고, 온 세계가 우화와 비유로 가득 차 있었다. 그렇게라도 하지 않으면 주어진 것을 눈여겨보지 않고 간과해 버리거나, 역설인 줄 알고 물리치고는 이해도 판단도 하지 않았을 것이다. 마찬가지로 신의 학문에 있어서도 우화나 말의 멋을 부린 표현이 얼마나 많은가 알 수 있다. 말하자면 전제적인 예상과 일치하지 않는 학문은, 모두 비유의 도움을 구하지 않으면 안 되는 것이 보통이다.

11. 아직도 다른 형태의 논고법으로서 대중적으로 받아들여지고 있는 것이 있다. 이를테면 분해 또는 분석, 구성 또는 종합, 은폐 또는 비밀 같은 것이다. 나는 이런 것을 충분히 인정한다. 다만 별로 취급되거나 관찰된 적이 없는 것에 대해서 생각해 왔다. 그 모든 것을 나는 다음과 같은 목적으로 설명해 왔다.

그 까닭은 전달의 지혜에 대하여 하나의 일반적인 연구(그것이 없다고 나는 생각한다)를 수립하고 구성하고 싶었기 때문이다.

12. 그러나 방법에 관한 지식에는, 어떤 일의 전체 테두리의 건축뿐 아니라 각 대들보와 기둥도 속한다. 그 재료에 관해서가 아니라 그 질과 모양에 관해서이다. 그러므로 그 방법은 주제 내용의 배치뿐 아니라 명제도 생각한다. 그 진실성과 내용에 관해서가 아니라 그 한계와 형식에 관해서이다. 이 점에서 매우 큰 가치를 갖고 있었다. "전체적으로 진실, 제1차적으로 진실, 기타"[*5]이다. 그것은 그가 요약의 악폐를 도입한 것과는 다른 일이다. 그러나 인간적인 사물의 조건이 되어 있는 것으로서 고대의 우의담(寓意談)에 의하면, "가장 귀중한 것에는, 가장 엄한 감시자가 있다"[*6]는 것이 있다. 그런 까닭으로 그에게는 한쪽 계획이 또 다른 한쪽에 의존하게 했던 것이다. 즉, 공리를 전환할 수 있다고 생각하는 사람은 방법에 주의하지 않으면 안 된다. 그것을 원형적(圓形的)이고 비진보적, 즉 자기에게 되돌아오도록 하지 않게 하려면 말이다. 그러나 그 의도는 훌륭했다.

13. 명제에 관한 또 하나의 고찰은, 주로 최대한의 명제와 관계되는 것이다. 그것은 학문의 차원을 한정하는 것이다. 말하자면 어느 지식이나 깊이는 별도로 하고(이것이 그 진실성과 실체이며, 그것을 강고하게 연구할 것으로 만든다), 길이와 폭을 가졌다고 해도 무방할 것이다. 다른 학문에 대한 폭과 행위에 대한 길이를 생각하고 하는 말이다. 즉 최대한의 개괄(概括)에서 가장 개별적인 교훈 혹은 규칙에 걸쳐 있다는 것이다. 한쪽은 하나의 지식이

어느 정도까지 다른 영역과 관련을 가져야 하느냐 하는 규칙을 나타낸다. 그것은 '본질적으로 진리'라는 규칙이다. 또 한쪽은 어느 정도의 개별성으로까지 하나의 지식이 내려가도 좋으냐 하는 규칙을 나타낸다. 이 후자는 잠자코 간과되고 있는데, 내 판단으로는 이것이 더 중요한 것이다. 그야 확실히 얼마간의 실천에 맡기는 데가 없으면 안 된다. 그러나 그것이 어느 정도냐 하는 것은 연구의 가치가 있는 것이다.

구체성에서 멀고 표면적인 개괄은, 지식을 제공해도 실천적인 사람들의 경멸을 자초하는 데 지나지 않다는 것을 알 수 있다. 그리고 실천의 도움이 되지 않는 것은, 오르테리우스의*7 지도가 런던과 요크 사이의 길 안내가 되지 않는 것과 마찬가지이다. 비교적 좋은 규칙은 갈지 않은 강철 거울에 비유되고 있는데, 부적당하지는 않다. 사물의 모습을 볼 수 있는 것이지만, 먼저 갈지 않으면 안 된다는 의미이다. 그러므로 규칙이 도움이 되는 것은, 실천에 의해서 시달리고 연마되었을 때이다.

그러나 먼저 어떻게 수정처럼 맑은 것이 될 수 있느냐, 처음부터 어디까지 갈 수 있느냐 하는 것이 문제이다. 이에 대한 연구는 결여되어 있는 것처럼 생각된다.

14. 또 고심하여 실천된 하나의 방법이 있다. 그것은 합법적인 방법이 아니라 기만의 방법이다. 지식을 주는 방법이라고도 하며, 실제로는 없는데도 금방 학문이 있는 사람인 것처럼 만든다. 이를테면 라이문두스 루리우스가 한 일이 있다. 이 사람은 그의 이름이 붙은 기술을 만들었던 것이다. 형식 배열의 책과 닮은 데가 없지도 않다. 사실 그 뒤에 그런 것이 만들어졌다. 모든 기술에 대한 말의 집성에 지나지 않는 것으로서, 그 술어를 사용하는 사람은 그 기술을 알고 있다고 생각해도 좋다는 것을 사람에게 보장해 준다. 그 수집은 헌옷 장수나 중상(中商) 같아서, 온갖 잡동사니 토막은 있어도 값어치있는 것은 아무것도 없는 것과 비슷하다.

〈주〉
*1 프랑스의 논리학자 뻬뜨르스 라무스(1515~72년)가 그의 《변증론》 속의 〈판단론〉에서, 전달의 방법을 방법론으로써 다루고 있는 것 등에 대해 말하고 있는 것이다.
*2 키케로 《카에리우스론》 18·42.

＊3 호라티우스 《시학》 242.

＊4 아리스토텔레스 《니코마코스 윤리학》 6·3 플라톤 《테아이테토스》 197에서는 데모크리토스가 아니라고 생각하고 있다.

＊5 라무스 《변증론》 2·13.

＊6 그리스 신화에서는 헤스페리데스의 정원에 있는 황금 사과와 처녀를 용이 지키고 있었다. 귀중한 것을 용같이 무서운 것이 지킨다는 전설은 유럽이나 그 밖에서도 많이 볼 수 있다.

＊7 아브라함 오르테리우스(1527~98년)는 안트워프 태생의 지리학자. 그가 1570년에 낸 《세계 지리》에는 세계 지도가 붙어 있으며, 오랫동안 표준적인 것으로 간주되었다. 베이컨은 이에 언급한 것으로 짐작된다.

＊8 1235~1315년. 에스파냐의 스콜라 철학자로, 그리스도교를 아프리카와 회교국에 포교하고, 나중에 회교도에게 돌에 맞아 죽었다. 그의 이름을 따서 '루리우스적'이라는 말이 생겨났는데, 그것은 신앙과 이성을 분리하여 그리스도교의 진실성을 증명하는 방법으로서, 학문의 모든 이름을 모아 그것을 분리하여 그 결합을 생각했다.

18

1. 여기서는 전달의 예해(例解)에 관한 부분으로까지 내려가서 생각하기로 한다. 그것은 수사학 또는 웅변의 기술이라고 일컫는 학문 속에 들어간다. 뛰어난 학문이며 매우 연구가 잘된 기술이다. 말하자면 참된 가치에 있어서 지혜만 못하다는 것은, 하느님이 모세에게 말씀하신 것과 같다. 그것은 그가 자기에게 능력이 없다고 말했을 때의 일이다. "아론을 네 대변자로 만들었다. 너를 그에 대해서 하느님처럼 만들겠다"는 것이었다. 그러나 사람들에 대해서 그것은 더 강력한 것이었다. 다시 말해서 솔로몬의 말처럼, "마음이 어진 자는 심려가 있다고 하지만, 아름다운 말은 더 많은 것을 발견할 것이다." 그 뜻은 깊은 지혜는 사람이 명성이나 감탄을 얻는 데 도움이 되지만, 활동적인 생활에서 승리를 차지하는 것은 웅변이라는 것이다. 이에 대한 연구의 진보에 대해서는, 아리스토텔레스 시대의 수사 학자들과의 경쟁심과 키케로의 경험이, 수사학의 저작에서 그들 자신 이상이 되게끔 만들었다. 또 데모스테네스와 키케로의 연설에서의 웅변의 뛰어난 실례가, 웅변의 교훈

완성에 덧붙여져서 이 기술의 진전을 갑절로 늦게 했다. 그러므로 내가 지금부터 적은 결함은, 몇 가지 방식의 정례집(定例集)에 있다고 할 수 있다. 그것은 하녀처럼 기술을 섬긴다고 해도 좋다. 이 기술 그 자체의 규칙이나 사용 등에 결함이 있는 것도 아니다.

2. 그런데도 이 학문의 뿌리 주위에 있는 흙을 매어 준다는 것은, 우리가 다른 경우에서도 한 일이다. 수사학의 의무와 일은 이성을 상상력에 추천하여, 의지를 그만큼 더 잘 움직이게 하는 것이다. 이성의 관리는 세 가지 수단에 의해서 교란된다. 함정 또는 착오이다. 이것은 논리학에 속하는 것으로 상상력이나 인상에 의하는 수도 있다. 이것은 수사학에 속한다. 또 격정이나 감정에 의하는 수도 있다. 이것은 도덕학에 속한다. 그리고 남과 교섭할 때에 사람을 움직이는 것으로서 책략이나 탄원 또는 격렬함이 있듯이, 자기 자신의 내부와 교섭에서도 사람을 손상시키는 것에 잘못된 추론(推論)이 있다. 이것은 여러 가지 인상이나 관찰에 의해서 부탁을 받거나 재촉을 받거나 감정으로 움직여지거나 하기 때문이다.

또 인간의 본질은 매우 불운하게 되어 있어서, 여러 가지 힘이나 기술이 이성을 교란하고, 그것을 수립시키거나 추진시키지 않는다는 것도 아니다. 말하자면 논리학의 목적은 의론의 형식을 가르치고 이성을 확보하는 것이며, 그것을 함정에 떨어뜨리는 것이 아니다. 도덕학의 목적은 감정을 이성에 따르게 하는 것이며, 그것을 침해하는 것이 아니다. 수사학의 목적은 상상력을 채워서 이성에 찬성시키도록 하는 것이며, 그것을 압박하는 것이 아니다. 말하자면 이상과 같은 기술의 남용은 간접적으로 들어와도 조심을 촉구한다.

3. 그러므로 플라톤으로서는 매우 불공평하다고 생각되는데, 그 시대의 수사 학자들에 대한 정당한 증오에서 나온 것이기는 하지만 수사학을 다만 쾌락적인 기술이라고 생각하고 그것을 조리법에 비유했다. 건전한 음식을 못 먹게 만들고, 불건전한 것을 좋게 만들기 위해 여러 가지 소스를 치고 미각을 즐기게 하려는 것과 같다는 것이다. [*1] 우리가 알기로도 말은 나쁜 것에 색칠을 하기 보다 좋은 것을 장식하는 데 훨씬 더 쓰이는 것이기 때문이다. 즉 행동하거나 생각할 수 있는 것 이상으로 정직하게 말을 하지 않는 사람은 없다.

그리고 크레온에 대해서 투키디데스가 적절하게 한 말이 있다. *² 그것은 "그가 국가에 관한 문제에서는 언제나 나쁜 쪽을 편들었기 때문에, 늘 웅변이나 훌륭한 담화를 공경했다"는 것이다. 그것은 추악하고 비열한 행동에 대해서 훌륭한 말을 할 수 있는 사람은 없다는 것을 알고 있었기 때문이다. 그러므로 플라톤이 우아하게 말하고 있듯이, "만일 덕성을 볼 수만 있다면, 매우 큰 애정과 감정을 움직일 것이다."*³ 그래서 감각에 대해 육체의 형태로는 나타낼 수 없다는 것을 알고 있으므로, 다음 단계는 생생한 표현으로 상상력에 그것이 보이도록 하게 된다. 미묘한 의론으로 이성에 그것을 보인다는 것은, 크뤼십포스나 그 밖에 많은 스토아 학파 사람들에게 언제나 조소당하는 일이었다. 그 사람들은 날카로운 의론과 결론으로 사람들에게 덕성을 강요하려고 생각했다. 그것은 인간의 의지로 보아서는 아무런 공감성도 갖지 않는 것이다.

4. 또 감정 그 자체가 유연성을 가졌고 이성에 복종한다면, 의지에 대해서는 설득이나 암시의 필요가 없으며, 적나라한 명제나 입증 정도로도 좋다. 그러나 감정이 끊이지 않는 반란이나 동란을 생각해 본다면,

> 더 좋은 쪽을 보고 그에 찬성한다.
> 다만 나쁜 쪽으로 따른다. *⁴

이런 이성은 포로가 되고 노예가 될 것이다. 그러므로 설득의 웅변이 책략을 써서 상상력을 감정으로부터 빼앗고, 감정에 저항하여 이성과 상상력 사이에 동맹을 맺지 않으면 안 된다. 감정 그 자체가 식욕을 선(善) 쪽으로 가지고 가는 것은 이성과 같기 때문이다. 그 특성은 감정이 다만 현재밖에 보지 않는다는 것이다. 이성은 미래와 시간의 총계를 본다. 그래서 현재가 상상력을 더 채우는 것이므로 이성이 정복되어 버리는 것이 보통이다. 그러나 웅변과 설득의 힘이 미래와 먼 사물을 현재의 것으로서 보인 뒤에는, 상상력이 감정에 반항하여 이성이 이기는 것이다.

5. 그러므로 결론으로서는 수사학이 비교적 나쁜 부분을 속여서 외관만 다듬는다는 비난이 부당한 것은, 논리학을 궤변이라든가 도덕학을 악덕이라고 비난할 수 없는 것과 같다는 것이다. 즉 반대 명사의 교의(敎義)는 동일한

것임을 알 수 있다. 다만 그 실제의 사용이 반대인 것이다. 나아가서 논리학과 수사학의 차이는 쥔 주먹과 펼친 손과의 차이, 즉 닫은 것과 연 것의 차이만이 아니다. 논리학에서 다루는 이성은 정확하고 진리 속에서 보려고 하는 데 대해, 수사학이 다루는 방법은 대중적인 의견이나 풍습 속에 심어진 것처럼 보인다는 것이다. 그래서 아리스토텔레스는 수사학에 대해, 이렇게 말한다. "한쪽의 논리학과 또 한쪽의 도덕학 또는 법률학과의 사이에 두고 양쪽에 관련된다고 본 것은 현명하다."*5 왜냐하면 논리학의 입증 또는 증명은 모든 인간에게 차별없이 똑같이 향하는 것이기 때문이다. 그러나 수사학의 입증과 설득력은 듣는 사람에 따라서 달라지지 않으면 안 된다.

오르페우스는 숲 속으로,
아리온은 돌고래 속으로*6

그 적용은 관념의 완성의 경우에는 매우 멀리 미치고, 같은 말을 다른 사람들에게 할 때는 그 말투가 각각 여러 가지로 달라져야 한다.

다만 사적 담화의 경우 웅변의 이 대인적(對人的)인 부분은, 가장 위대한 웅변가라도 흔히 결여되기 쉬운 것이다. 그리고 그 우아한 담화의 형식을 지키면서 적용의 원활함을 잃어버린다. 그러므로 이것을 잘 연구하도록 권한다고 해서 부당한 일은 아닐 것이다. 다만 그 장소를 여기에 하느냐, 정치에 관한 장소로 하느냐 하는 것은 아무래도 좋다.

6. 그래서 이제 나는 그 결함으로 눈을 돌려 보기로 한다. 그것은(이미 설명했듯이) 부수적인 것에 지나지 않는 것이다.

선악의 징후, 단독과 비교

그리고 첫째 아리스토텔레스의 지혜와 근면이 충분히 추구되었다고는 생각지 않는다. 그는 선과 악의 대중적인 징후와 빛깔*7의 단독 및 비교의 수집을 시작했다. 그것은 수사학의 궤변과 같은 것이다(이 점에 대해서 앞에서 언급했다). 이를테면

궤변

칭찬 받는 것은 좋고, 비난 받는 것은 나쁘다.

반론

처분하고 싶은 상품을 칭찬한다. *8

"나쁘다, 나쁘다(하고 사는 사람을 말한다). 그러나 떠나면 자랑한다." 아리스토텔레스의 노작(勞作)의 결점은 세 가지가 있다. 첫째는 많은 것 중에서 소수밖에 없다는 것이다. 둘째는 논파법(論破法)이 부속해 있지 않다는 것이다. 셋째는 사용에 대해 일부밖에 생각지 않았다는 것이다. 왜냐하면 그 사용은 증명에만 있는 것이 아니라, 더 많은 인상을 주는 점에도 있기 때문이다. 다시 말해서 같은 뜻의 여러 가지 형식이라도 인상은 다른 것이 많다. 이를테면 날카로운 것과 무딘 것으로는 꿰뚫는 것이 다르다. 그러면서도 충돌의 힘은 같다.

말하자면 "그대의 적이 이것을 기뻐하리라"*9는 말을 듣고, 마음이 조금도 움직이지 않는 사람은 아마 없을 것이다.

그것을 이타케 사람은 기뻐하고, 아트레우스의 아들들은 크게 바라면서 돈으로 보답하리라. *10

이것은 "이것이 너에게는 불편하다"는 것과는 비교도 되지 않는다.

7. 둘째로 앞에서 말한 것으로서 여기에 다시 한 번 언급하고 싶은 것이 있다. 그것은 말의 도구와 발견의 준비를 위한 수배 또는 준비물이라고 할 수 있는 것에 관한 것이다. 이에는 두 종류가 있다고 생각한다. 하나는 아직 만들어지지 않은 물건 가게와 비슷하고 다른 하나는 기성품 가게와 비슷하다. 양쪽 다 사람들의 출입이 많고 또 가장 수요가 많은 것에 해당시킬 수 있다. 이 가운데 전자는 대조 명제, 후자는 방식이라고 부르고 싶다.

8. 대조 명제는 찬부(贊否)의 논증이 되는 명제이다. 이에 대해서는 더 오래 노력하여 다루는 사람들이 있을지도 모른다. 그러나 (그것을 할 수 있는 사람의 경우처럼) 많이 써서 늘어놓기를 피하기 위해서, 여러 가지 논증의

씨 같은 것을 던져 올려, 몇 가지 짧고 날카로운 문장으로 만들어 보고 싶다.

대조 명제의 사물

인용하기 위한 것이 아니라 실타래나 실꾸리처럼 만드는 것이다. 사용될 때 풀어서 펼칠 수 있게 하는 것이다. 참조하여 권위와 실례를 얻게끔 하는 것이다.

법의 말에 대한 찬성

문자에서 후퇴하는 것은 해석이 아니라 점(占)이다.
문자가 버림받을 때 재판관은 입법자로 변한다.

법의 뜻에 대한 찬성

전체의 말에서 개개의 것이 해석되는 뜻이 나온다.

9. 방식은 바로 말의 고상하고 적절한 문구 또는 표현이다. 그것은 여러 가지 다른 주제에 대해 똑같이 유용하게 쓰일 수 있는 것이다. 이를테면 서론, 결론, 우회, 이행(移行), 변명 등이다. 왜냐하면, 예를 들어 건물의 경우 매우 즐겁기도 하고 유용한 것은 층계, 입구, 문, 창문 등의 슬기로운 배치 때문이다. 마찬가지로 지껄이는 말의 경우에도 표현 혹은 문구가 특히 장식도 되고 효과도 있다.

토론 종결을 위한 의론의 결론

그와 같이 하여 과거의 보충을 하고, 장래의 불편을 예방할 수 있다.

〈주〉
*1 플라톤 《고르기아스》 1·4·62.
*2 크레온에 대해서는 아리스토파네스와 투키디데스 등이 풍자하고 있다.
*3 플라톤 《파이돈》 3·250.
*4 오비디우스 《변신부》 7·20.
*5 아리스토텔레스 《수사학》 1·2·7.

＊6 베르길리우스 《농경시》 3·56. 아리온은 기원전 7세기 에게 해 레스보스 섬에서 태어난 코린트의 궁정 음악가이자 시인이다. 헤로도투스가 전하는 바에 의하면, 바다에 던져진 그를 돌고래 떼가 등에 태워 구해 주었다고 한다. 별자리에 하프와 돌고래와 함께 끼여 있다.

＊7 1597년, 《에세이》와 함께 번역 출판된 아리스토텔레스 《수사학》의 1·6, 7에, '선악의 빛깔' 혹은 '선악의 징후'라는 말이 보인다.

＊8 호라티우스 《서한》 2·2·11.

＊9 아리스토텔레스 《수사학》 1·6.

＊10 베르길리우스 《아에네이스》 2·104. 이타케는 이타케 섬 출신의 율리시즈(오디세우스)를 말하고, 아트레우스의 아들은 그리스 군 총대장 아가멤논과 메넬라우스를 말한다. 아트레우스는 그리스 전설에서 뮈케나이 왕.

19

1. 지식의 전달에 관해서 두 가지 보유(補遺)가 남아 있다. 비평에 관한 것과 교육에 관한 것이다. 모든 지식은 교사에 의해 주어지거나, 아니면 사람들의 노력 그 자체에 의해서 도달된다. 그러므로 지식 전달의 주요 부분이 주로 책을 쓰는 것과 관계있듯이, 그것과 상대적인 부분은 책을 읽는 것과 관계있다. 이에 대해서는 아울러 다음과 같은 고찰이 일어난다.

첫째는 작자에 대한 참된 정오(正誤)와 판(版)에 관한 것이다. 그러나 이 점에 있어서는 경솔한 노력으로 대단한 폐해가 생기고 있다. 왜냐하면 비평가 중에 자기들이 이해하지 못하는 것은 쓰기를 잘못한 것이라고 생각하는 사람이 흔히 있었기 때문이다. 이를테면 어느 사제가 성 바울을 "광주리에 담아 성 밖으로 달아 내렸다＊¹"고 씌어 있는 것을 보고, 자기 책에는 "문으로 성 밖에 내보냈다"고 고쳤다. '스포르타(광주리)'라는 말이 어려워 읽을 수 없었기 때문이다. 그런 사람들의 과오는 확실히 이토록 뚜렷하고 우스꽝스러운 것은 아니지만 같은 성질의 것이다. 그래서 가장 많이 수정된 책은 가장 정확성이 적은 편이라는 말은 현명하다.

둘째는 저자의 해설과 설명에 관한 것이다. 그것은 주해(注解)와 주석이다. 이런 경우 분명하지 않은 대목을 피하고, 명백한 점을 설명하는 일이 아주 흔하다.

셋째는 저자의 시대에 관한 것이다. 이것은 많은 경우 참된 해석에 큰 빛을 던져 준다.

넷째는 저자에 대한 짧은 비평과 판단에 관한 것이다. 사람들이 어떤 책을 읽어야 할 것인가, 스스로 선택을 할 수 있게 만들기 위해서이다.

다섯째는 연구의 배열과 배치에 관한 것이다. 어떤 순서 혹은 진행 방법으로 읽어야 할 것인지 고려하여 사람들이 제대로 이해할 수 있게 하기 위해서이다.

2. 교육적인 지식에 관해서는 청년기에 보유한 전달의 특색을 포함하고 있다. 이에 대해서는 여러 가지 매우 효과있는 고려가 나오고 있다.

첫째로 여러 가지 지식의 시간과 시기를 잰다는 것이다. 이를테면 처음에는 무엇을 그들에게 가르치느냐, 무엇을 잠시 보류시키느냐 하는 것이다.

둘째로 가장 쉬운 어떤 곳에서 시작하여, 비교적 곤란한 곳으로 나아가느냐 하는 것이다. 그리고 어떤 경우에 비교적 곤란한 일을 안겼다가 비교적 쉬운 쪽으로 돌리느냐 하는 것이 있다. 말하자면 부낭으로 수영을 가르치는 것과, 무거운 신을 신고 무용을 연습하는 것과는 방법이 다르다.

셋째는 지성의 특성에 따른 학문의 적용이다. 말하자면 지적 능력의 결함이라고는 하지만, 어떤 학문이나 그 속에 그에 대한 고유의 치료법이 포함되어 있는 것이다. 이를테면 어떤 아이가 주의력이 산만하다면, 즉 주의 집중 능력이 없다면 수학이 이에 대한 치료법을 준다. 즉 이 경우에는 주의력이 잠시만 빗나가도 다시 시작하지 않으면 안 되기 때문이다. 그리고 여러 가지 학문은 치료의 도움으로서 여러 가지 능력에 대한 고유 요법을 가지고 있는데, 마찬가지로 그 능력이나 힘은 탁월하다든가 조속히 이익을 얻는다는 점에서, 학문에 대한 공감성을 가지고 있다. 그러므로 어떤 종류의 지성이나 성질이 어떤 학문에 적절하고 적당한가 하는 것은, 매우 지혜가 필요한 연구이다.

넷째로 학습 과제의 순서가 매우 중요하여, 해가 되기도 하고 도움이 되기도 한다. 키케로가 슬기롭게 말하고 있듯이,[*2] 사람은 그 능력을 연습할 때 웬만큼 잘 생각해서 하지 않으면, 자기의 결점까지 연습시켜 좋은 습관과 더불어 나쁜 습관까지 얻게 된다. 그러므로 큰 판단력을 발휘하여 여러 가지 연습을 계속하든지 혹은 중단하든지 하지 않으면 안 된다. 이런 성질과 그 밖의 여러 가지 고찰을 개별적으로 한다는 것은, 너무 번잡해서 할 수 없을 것이다. 그러나 대단치 않은 것처럼 보이면서도 매우 효과있는 일이다. 왜냐 하면 종자나 식물의 묘목을 잘못 육성하거나 잘못 보살피는 것이, 그것들이 자라는 데 가장 큰 영향력을 미치기 때문이다. 최초의 국왕 6인이 실제로는 로마 국가 첫 시기에 보호자처럼 되어 있었다는 것이, 그 뒤 계속된 그 나라 의 위대함에 주요 원인이 되었던 것이다. *3

그와 마찬가지로 청년기에 있어서 마음의 양육과 보육은(눈에는 보이지 않지만), 매우 힘찬 작용을 가지고 있으며 아무리 시간이 오래 걸려도 그리 고 애쓰고 노력해도, 나중에 그것을 뒤집을 수는 거의 없을 정도이다. 게다 가 교육에 의해서 얻을 수 있는 능력은 아무리 작고 하찮은 것이라도, 그것 이 위대한 인물이나 위대한 사물 속에 들어오면 위대해지고, 또 중요한 효과 를 낳는다는 것도 말해 두어서 헛되지는 않을 것이다. 이에 대한 주목할 만 한 실례를 타키투스가 페르케니우스와 비브레누스 두 무대 배우에 대해서 말하고 있다. *4 이 두 사람은 연기력으로 파노니아의 군대를 커다란 혼란과 동요에 빠뜨렸던 것이다. 말하자면, 아우구스투스 카이사르가 죽었을 때 그 들 사이에 반란이 일어났다. 그 지방 총독 브라에수스는 몇 사람의 반란자를 붙잡아 놓고 있었는데, 뜻밖에도 그들은 석방되었다. 그때 비브레누스가 자 기 말이 그들에게 들리도록 했던 것이다. 그는 이렇게 말했다. "이 불쌍하고 무고한 사람들은 참혹한 사형을 당하게 되어 있었으나, 당신들은 빛을 볼 수 있도록 소생시켜 주었다. 그러나 내 형은 누가 내게 돌려 주겠는가? 아니면 누가 내 형에게 목숨을 돌려 주겠는가? 그는 게르마니아 군단의 사자로서 이곳에 파견되고, 공통적인 문제를 다루게 되어 있었다. 그런데 지난 밤에 형은 병사들의 사형 집행인으로서 주변에 대기시켰던, 검사(劍士)와 악한들 에 의해서 마침내 살해되고 말았다. 대답하라, 브라에수스, 그의 시체를 어 떻게 했는가? 최대의 적이라도 매장은 거부하지 않는 법이다. 입맞춤과 눈 물로써 시체에 대한 나의 마지막 의무가 끝나거든, 나를 그와 나란히 눕혀 죽이도록 명령하라. 여기 있는 내 동료들이 군단에 대한 우리의 선의와, 우 리의 참된 마음에 대해서 우리를 매장할 허가를 얻을 수 있도록." 이 말로써 그는 군대를 극도의 격분과 흥분 속에 끌어넣었던 것이다. 그런데 사실인즉 그에게는 형도 없었고 이런 사실도 없었다. 마치 무대에서 하듯이 이것을 연기한 데 지나지 않았던 것이다.

3. 원래의 주제로 되돌아가기로 하자. 지금 우리는 이성적인 지식의 결론에 와 있다. 그중에서 지금까지 받아들여지고 있는 것과 다른 분류를 했다고 하더라도, 내가 사용하지 않은 분류는 모두 인정하지 않는다고 생각하지는 말아 주기 바란다. 왜냐하면 분류를 바꾼다는 2중의 필요성이 내게 주어져 있기 때문이다. 즉 성질상 같은 그 다음의 것을 함께 늘어놓는 것과, 사용상 같은 그 다음의 것을 함께 늘어놓는 것과는 목적과 의도가 다르다. 국무 대신이 문서를 분류할 때, 자기 사무실이나 일반용 상자 속에는 조약이나 훈시 등과 같은 동일한 성질의 것은 별도로 함께 분류할 것이라고 생각된다. 그러나 자기 개인 상자나 특별 상자 속에는, 성질이 여러 가지라도 함께 사용하게 될 법한 것은 함께 분류할 것이다.

마찬가지로 지식의 이 일반적인 상자의 경우에도, 나로서는 사물의 성질의 분류에 따를 필요가 있었다. 그러나 내 자신이 무언가 특별한 지식을 다루어야 했다면, 사용에 가장 적당한 분류를 존중했을 것이다. 한 쪽의 필요성은 결함있는 결과가 되었기 때문이다. 다시 말해서 현존하는 지식(증명을 위한)이 15라고 하고, 결함있는 지식은 20이라고 하자. 15의 정제수(整除數)는 20의 정제수가 아니다. 15의 정제수는 3과 5이고, 20의 정제수는 2, 4, 5이다. 그러므로 이러한 사물은 부정할 수 없으며 그 밖일 수는 없을 것이다.

〈주〉

* 1 〈사도행전〉 9·25.
* 2 《웅변론》 1·33.
* 3 마키아벨리 《로마사론=로마사 이야기》 1·9.
* 4 타키투스 《연대기》 1·16~22. 파노니아는 현재의 헝가리와 유고슬라비아에 걸쳐 있는 옛로마의 영토이다.

20

1. 우리는 지금, 나아가서 인간의 욕망과 의지를 생각하는 지식을 문제로 삼고 있다. 이에 대해서 솔로몬은, "무엇보다도 내 아들아, 자기의 마음을 붙잡아 두어라. 그 속에서 생명의 행동이 나온다"고 말하고 있다. 이 학문을 다루는 데 있어서 지금까지 저술한 사람들의 방법을 보면, 글쓰기를 가르치는 것을 직업으로 하는 사람이 알파벳과 문자로 된 정서(淨書)를 보였을 뿐, 운필이나 문자의 구성에 대해서는 아무것도 가르치거나 지시하지 않은 것과 같다는 생각이 든다. 그와 같이 아름답고 훌륭한 모범과 본을 만들어서 선, 덕성, 의무, 행복 등의 소묘와 초상을 보여 주고 있다. 인간의 의지와 욕망의 참된 목적과 범위로서 잘 그려져 있다고 설명한다.

그러나 어떻게 그 뛰어난 목표에 도달하느냐, 또 인간의 의지를 어떻게 만들고 억제하여 그런 목적에 진실로 적합하도록 하느냐 하는 것은 모두 빼 버린다. 아니면 그저 아무런 도움도 되지 않도록 조금만 다룬다. 도덕적인 덕성은 타고난 성질에 의해서가 아니라 습성에 의해 인간의 마음 속에 있는 것이라는 이론으로도, 관대한 정신을 가진 사람은 이론이나 설득에 영향을 받고 저속한 인간은 보수나 처벌에 영향을 받는다는[1] 구별로도, 그리고 같은 산발적인 암시나 언급으로도 이 부분이 없는 데 대한 구실로 삼을 수는 없는 것이다.

2. 이 결여의 이유는 숨은 바위 같은 것이며, 이것에 부딪쳐 많은 배에 비유되는 지식이 난파한 것으로 상상된다. 그것은 사람들이 보통의 정상적인 일에 종사하는 것을 경멸해 오고 있다는 말이 된다. 그러나 그 현명한 지시는 가장 현명한 이론(즉 인생은 신기함이나 미세함에 있는 것이 아니다)이다. 그런데 반대로 사람은 주로 어떤 빛나고 화려한 일의 축적으로써 학문을 만들어 오고 있다. 그 선택에 있어서는 의론의 미세함이라든가 담론의 웅변 같은 것을 높이 평가하려고 한다. 그러나 세네카는 웅변을 제지한 훌륭한 말을 하고 있다. "웅변은 다른 사물보다 그 자체를 사랑하는 바로 그 사람들에게 해를 준다."[2] 이론은 사람들로 하여금 그 교훈을 사랑하게 해야 하는 것이며, 교사를 사랑하게 하는 것이어서는 안 된다. 듣는 사람에게 이익이 되도록 해야지, 작자가 칭찬받도록 할 일이 아니다. 그래서 올바른 이론에 대

해 요약한다면 데모스테네스의 충고의 요약과 같다고 해도 될 것이다. "만일 이렇게 하면 현재 말하고 있는 사람을 칭찬하는 것이 될 뿐 아니라, 자기 사정의 상태가 개선되었을 때는 금방 자기 자신도 칭찬하고 좋아하게 될 것이다."*3

3. 또 그와 같이 뛰어난 재능을 가진 사람들이 행운에 절망할 필요도 없었다. 그것은 시인 베르길리우스가 자기 자신에게 약속하고 또 실제로 얻은 것이었다. 사실 그가 웅변과 지성과 학문에 대한 명성을 얻은 것은, 농경에 대한 관찰을 표현할 때 아에네이스의 영웅적인 행위에 못지않게 표현했기 때문이다.

> 또 나는 의심하지 않는다. 얼마나 어려운가,
> 말로써 승리를 얻는 것이, 낮은 사물에 명예를 주는 것이*4

그리고 확실히 그 의도가 진지하고 사람이 한가하게 읽을 것을 쓰는 것이 아니라, 진실로 행위와 행동적인 생활을 가르치고 준비시키기 위한 것이라면, 마음의 이와 같은 농경시는 그 농경과 경작에 관계된 것으로서, 덕성이나 의무 또는 행복에 대한 훌륭한 묘사 못지않게 가치가 있는 것이다. 그러므로 도덕적 지식의 주되고 근본적인 분류는, 선의 실례 혹은 형(形)과 마음의 양생(養生) 혹은 고양으로 나눌 수 있을 것 같다. 전자는 선의 성질을 말하는 것이고, 후자는 인간의 의지를 그쪽으로 돌려 어떻게 억제하고 적용하면 순응시키느냐 하는 규칙을 규정하는 것이다.

4. 선의 형 혹은 성질에 관한 이론은, 그것을 단독으로서 혹은 비교한 경우로서 고찰한다. 선의 종류나 선의 정도나 하는 것이다. 후자의 경우에 있어서는 그 최고도의 것, 즉 행복이나 지복(至福) 혹은 최고선이라고 한다. 그리고 이에 관한 이론은 이교(異敎)의 신학 같은 것이 되지만, 그렇게 호칭되는 것에 관한 무한의 의론은 그리스도교 신앙에 의해서 버려졌다. 그리고 아리스토텔레스가 말했듯이, "젊은이들은 행복해질 것이다. 그러나 오직 희망하지 않고는 그렇게 될 수 없다." 그러므로 우리의 미숙성을 인정하고, 미래의 세계에 대한 희망으로 생기는 행복을 품고 있지 않으면 안 되는 것이다.

5. 그런 까닭이니 철학자의 하늘 혹은 지극히 높은 행복, 즉 현실에서 가능했던 것 이상으로 인간성의 고양을 이룩한 것이지만('말하자면 인간의 취약함과 신의 안전함을 갖는 것이 진실로 위대하다'는 것을 세네카가 얼마나 고양된 문제로 쓰고 있는가 알 수 있다), 그런 교의(敎義)에서 해방되고 구제받아 우리는 더 한층 진지함과 진실함을 가지고 그들의 연구와 노력의 다른 부분을 받아들여도 좋을지 모른다. 이 경우 적극적 혹은 단독의 선의 성질에 관해서는, 덕성과 의무의 형식과 그 위치 및 지위를 그릴 때 보기 좋게 설명하고 있다. 그것을 그 종류, 부분, 영역, 행위, 관리 등으로 나누어도 놓았다.

나아가서 그것을 인간의 성질과 정신에 권할 때는, 매우 싱싱한 의론과 아름다운 설득력을 가지고 있었다. 확실히 그랬으며 또 그것을 의론으로 삼아, 될 수 있는 대로 타락된 대중적인 의견에 대해 공고히 방비를 굳히고 지켰다. 또 선의 정도와 비교적인 성질에 관해서는 이 또한 보기 좋게 다루고 있으며, 선의 마음, 육체, 상태의 3중성, 명상적 생활과 활동적 생활의 비교, 노력 중인 덕성과 확실해진 덕성과의 구별, 성질과 이익과의 조우(遭遇), 덕성과 덕성의 균형 같은 것을 취급하고 있다. 그러므로 이 부분은 연구의 노력이 훌륭할 만큼 기울여지고 있다고 보고할 가치가 있다.

6. 그러나 대중적으로 받아들여진 덕성과 악덕의 개념, 즉 쾌락과 고통 그밖의 문제에 이르기 전에 선과 악의 근원과 이 근원의 조직에 관한 연구에 좀더 오래 머물러 있었더라면, 그들은 후속하는 것에 커다란 빛을 주었을 것으로 짐작된다. 특히 자연을 잘 생각했더라면, 그 이론을 비교적 다양성이 적고 또 비교적 심원한 것으로 만들었을 것이다. 그것은 그들에 의해서 일부는 제거되었고, 일부는 다루는 방법에 많은 혼란이 있었으므로, 우리로서는 더 뚜렷한 형태로 다시 취급하여 분명히 보고 싶다.

7. 모든 것 속에서 선의 2중성이 만들어지고 있다. 하나는 모든 것이 그 자체에 있어서 전체성 혹은 고유의 실재(實在)이기 때문이다. 또 하나는 더 한층 큰 것의 일부 혹은 일원이다. 그중 후자는 비교적 위대하고 비교적 가치가 있다는 정도의 차이가 있다. 더 큰 실체의 본질의 유지 쪽을 향하기 때문이다. 그래서 쇠가 고유의 공감성으로써 자석 쪽으로 움직여 가는 것을 볼 수 있다. 그러나 만일 어떤 양이 넘으면 자석에 대한 애정을 버린다. 그리고

훌륭한 애국자처럼 그 동아리들이 많이 있는 대지 쪽으로 움직여 간다. 그곳이 양이 큰 물체의 지역이자 나라인 것이다. 그러므로 다시 나아가서 물과 양이 큰 물체가 지구의 중심을 향해서 움직이는 것을 볼 수 있다고 할 수 있을 것이다.

그러나 자연의 본성의 계속성에 파탄을 일으킨다기보다는 지구의 중심에서 위쪽으로 움직여, 세계에 대한 의무를 생각하고 지구에 대한 의무는 게을리하게 될 것이다. 선과 이 비교적 혹은 상대적 가치의 2중의 성질은, 인간이 타락하지 않으면 훨씬 더 많이 인간에게 새겨지는 것이다. 이 인간에게는 공공에 대한 의무의 유지가 생명이나 존재의 유지보다 더 귀중해야 할 것이다. 대(大) 폼페이우스의 말에 기억할 만한 것이 있다. 로마의 기근을 구제하라는 위임을 받았을 때, 주위 친구들이 그에게 매우 심하게 그리고 열심히 반대를 하면서 날씨가 나쁠 때 위험을 무릅쓰고 바다에 나갈 것은 없다고 말하자, 그들을 향해서 다만 "내가 사는 것이 아니라 떠날 필요가 있는 것이다"*5 하고 말했던 것이다. 그러나 참으로 단정할 수 있는 것은 어떤 철학, 종교 혹은 훈련이건 공동체의 이익을 분명히 그리고 높이 표방하고, 사적이며 개별적인 이익을 물리치는 데 신성한 신앙만 한 것이 없다. 그것으로 무생물에게 자연의 법칙을 준 것은, 인간에게 그리스도교의 법칙을 준 바로 그 신이었다는 것을 알 수 있다. 신에 의해서 선택된 성도(聖徒)들은, 자기들이 파문당하고 생명의 책에서 지워 줄 것을 바라고 있었다는 것을 읽어 보면 알 수 있다. 자비의 황홀과 공감의 무한한 감정에 잠겼던 것이다.

8. 이것이 규정되고 강력히 수립되어 있는 것이, 도덕 철학이 종사하고 있는 논쟁의 대부분을 판정하고 결정짓는 것이다. 말하자면 첫째 그것은 관조적 생활과 활동적 생활 중 어느 쪽을 택하느냐 하는 데 대한 문제를 결정하고, 아리스토텔레스에게 불리한 결정을 내리는 것이다. 즉 관조적 생활에 대해서 내세우는 모든 이유는 사적인 것인데다가, 인간 자신의 기쁨과 권위에 관한 것이기도 하다(이 점에 관해서는 의심할 것도 없이 관조적 생활이 우월하다). 그 비교가 매우 닮은 것에 피타고라스가 한 철학과 관조의 찬미와 상찬이 있다. 그는 자기가 무엇을 하고 있느냐는 질문을 받고 대답했다. "만일 히에론이 올림픽 경기에 찾아온다면, 상품을 타기 위해 자기의 운을 시험할 생각으로 오는 자도 있고, 물건을 팔기 위해 상인이 되어 오는 자도 있

고, 맛있는 음식을 먹거나 친구를 만나기 위해 오는 이도 있고, 구경하러 오는 이도 있다는 것을 알 수 있다. 그리고 자기는 구경하러 온 자들의 한 사람이다."*6

그러나 사람들이 알아야 할 것은 인간의 이 인생 극장에서는, 신과 천사만이 구경꾼이 될 자격이 있다는 것이다. 이와 같은 문제는 교회에서도 아직 받아들여진 적이 없을 것이다. 즉 이 점에 의심이 있다고는 인정하고 있지 않다. "신의 눈에 그 성도의 죽음은 귀중한 것이다"*7라고 하는 데도 그렇다. 이 대목을 기초로 일반 사회에 대한 죽음과 규칙적인 생활을 높이 생각하려고 한 것으로서, 다만 다음과 같은 변호가 있다. 그 근거는 수도원 생활이란 단순한 명상 생활이 아니라 끊임없는 기도와 소원의 의무를 다하는 것이라는 것이다. 이것은 진실로 교회에서의 역할로서 존중되고 있다. 혹은 또 그 밖에 신의 법칙에 관해서 쓰거나, 쓰기 위한 가르침을 받거나 하는 의무를 다하는 것이라는 것이다. 이것은 모세가 산중에 오래 머물러 있었을 때 한 일이었다. 그리하여 아담으로부터 7대째의 에녹을 볼 수 있다. 이 인물은 최초의 명상자로서 신과 함께 걸어다녔다. *8 그리고 교회에 예언을 주고 그것을 성(聖) 유다가 인용하고 있다. *9 그러나 달리 목적 없이 그 자체로 끝나고, 사회에 빛을 던지지 않는 관조에 관해서는, 확실히 신학은 이를 인정하지 않고 있다.

9. 그것은 또한 한편에서 제논 및 소크라테스와 그 일파 및 계승자들의 논쟁을 결정하는 것이다. 그 사람들은 지복(至福)을 단순한 혹은 다른 여러 가지 장식을 단 덕성에 두었다. 그 행동 및 행사는 주로 사회를 포함하고 그에 관계된다. 한편 논쟁 대상으로서 쿼레네 학파와 쾌락학파가 있는데, 그 사람들은 지복을 쾌락에 두고 덕성을 (이를테면 착각의 희극 속에서 사용되는 그런 것으로 본다. 그 속에서 안주인과 하녀가 서로 옷을 바꿔 입는 것과 같다) 하녀 같은 것에 지나지 않는 것으로 본다. 그런 것이 없으면 쾌락을 섬기고 뒷바라지해 줄 자가 없어진다는 것이다.

또 쾌락학파의 개혁된 일파가 있다. 그들은 지복을 마음의 조용함과 동요로부터의 해방에 두었다. 마치 유피테르를 다시 퇴위시켜서 사투르누스와 태초의 시대의 부활을 희망하고 있는 것처럼 보인다. 그 무렵에는 여름도 겨울도 봄도 가을도 없었다. 모두 동일한 기후와 계절에 따르고 있었다. 혜리루스는 지복을 논쟁의 소멸에 두었다. 그리고 선과 악의 고정된 성질을 설정하지 않고, 사물을 평가하는 데 욕망의 명료함이나 노력에 의해서 생각했다. *[10] 그 의견은 재세례파(再洗禮派)의 이교설(異敎說)에 받아들여져서 부활하여, 정신의 움직임과 신념의 계속성이나 동요에 따라서 사물을 판단했다. 이상의 모든 것은 분명히 사적인 휴식과 만족으로 기우는 것이며, 사회의 문제로 향하는 것은 아니다.

10. 그것은 또한 에픽테토스의 철학을 비판하고 있다. 그가 예상하는 것은 우리의 힘으로 지배할 수 있는 사물 속에 지복이 있어야 한다는 것이다. 운이라든가 동요에 의해서 움직이지 않기 위해서이다. 그것은 마치 사회에 대한 훌륭하고 덕성있는 목적에 실패하는 편이 훨씬 행복한 일이며, 우리들 자신의 고유의 운 속에서 자기 자신에 대해 희망할 수 있는 모든 것에 도달하는 것보다 나은 것이 없다는 사고 방식이다.

이를테면 콘사르보가 한 말이 있다. 그는 병사들에게 나폴리를 가리키면서, 자기는 일보 전진하여 죽는 편이 일보 후퇴하여 자기의 목숨을 오래 유지하는 것보다 바람직스럽다고 단언했던 것이다. 이에 대해서는 저 하늘의 지도자의 예지가 확언하고 있다. "마음이 즐거운 자는 항상 잔치하느니라."*[11] 이것이 분명히 보여 주고 있는 것은 좋은 의도를 가진 양심은, 그 성공의 방법은 어쨌거나 인간성으로 보아서 훨씬 계속적인 기쁨이며, 안전과 휴식을 위해서 할 수 있는 그 어떤 준비보다 낫다는 것이다.

11. 그것은 마찬가지로 철학의 악폐까지 비판하고 있으며, 에픽테토스의 시대에 일반적인 것이 되었다. 그것이 일 내지는 직업으로 바뀐 것이다. 그 목적은 마치 동요에 저항하여 그것을 소멸시키는 데 있는 것이 아니라, 그 원인에서 달아나고 피하여, 그 목적을 위해 특정의 종류와 진로의 생활을 형성하는 데 있었다고 할 수 있다. 이를 생각하기 시작한 마음의 건강은, 아리스토텔레스가 헤로데코스에 대해서 말하고 있는 육체의 건강과 같은 것이었다. *[12] 헤로데코스는 평생 동안 자기의 건강을 생각하는 것 이외에 아무것도 하지 않았다고 한다.

그런데 인간이 사회의 의무와 관계될 때 모든 변화나 극단에 제일 견딜 수 있는 육체의 건강이 가장 좋은 것과 마찬가지로, 가장 건강한 마음이라고 할 수 있는 것은 최대의 유혹과 동요를 헤치고 나갈 수 있는 마음이다. 그러므로 디오게네스의 의견을 받아들일 수 있을 것이다. *13 그는 신중한 사람이 아니라, 참고 견디어 위험한 벼랑에서 마음을 억제하고, 말을 탈 때와 같이 가장 짧은 거리에서의 정지 혹은 전환을 할 수 있는, 그런 마음을 가진 사람을 칭찬했다.

12. 마지막으로, 가장 오래되고 가장 존경할 만한 철학자나 철학적인 사람들의 일부에서 볼 수 있는, 감성의 강함과 적응성의 결여를 비판하고 있다. 그 사람들은 곧잘 공공의 일을 멀리했다. 위험한 일이라든가 귀찮은 일을 피하고 싶었기 때문이다. 그러나 참으로 도덕적인 사람들의 결의는, 콘사르보가 병사의 명예가 되어야 한다고 말한 것과 같아야 할 것이다. '더 튼튼한 질(質)'이어야지, 너무 섬세해서 무엇에나 걸리고 위험해지는 것이어서는 안 된다.

〈주〉

*1 아리스토텔레스 《니코마코스 윤리학》 10·10.

*2 세네카 《서한》 52·14.

*3 데모스테네스 《오린티아쿠스》 2·8.

*4 베르길리우스 《농경시》 3·289.

*5 플루타르코스 《대비열전》 〈폼페이우스 편〉 50.

*6 키케로 《투스쿨룸 론》 5·3. 단, 히에론이 아니라 프리우스의 전제 군주 레오에 대한 말이라고 한다. 히에론은 문자의 패트런이었던 시라쿠사의 참주 히에론 1세(기원전 467년 사망)와, 로마와 동맹을 맺었던 기원전 307~216년 무렵의 시라쿠사 왕 히에론 2세가 있는데, 여기서는 전자를 생각한 것 같다.

*7 〈시편〉 116·15.

*8 〈창세기〉 5·24.

*9 〈유대서〉 14. 유다는 12사도의 한 사람이다.

*10 헤리루스는 제논의 제자이며 스토아 학자이다. 에픽테토스 《엔퀴리디온》 1·7. 그런데 베이컨은 스토아 학파를 오해하고 있으며, 인간의 생활의 목적은 덕성 혹은 자연에 따른 생활이라는 그들의 주장을 생각하지 않고 있었던 것 같다.

*11 〈잠언〉 15·15.

*12 아리스토텔레스 《수사학》 1·5, 10.

*13 디오게네스가 아니라, 아리스팁포스의 말이라고 한다. 《디오게네스 라에르티우스》

21

1. 사적 혹은 개별적인 선으로 돌아가기로 하자. 그것은 적극적인 선과 소극적인 선으로 분류된다. 선의 이런 차이는—로마 인들이 여느 때에 익혀 쓰고 있는 용어 프로무스(물건을 내는 담당)와 콘도스(물건을 모으는 담당)로 표현되는 것과 비슷하지 않은 것도 아니지만*¹—모든 사물 속에서 형성된다. 그리고 생물 속의 두 가지 다른 욕망에 가장 잘 표현된다. 하나는 자기 자신을 보존하고 계속시키려고 하는 것이다. 또 하나는 자기 자신을 넓히고 늘리려고 하는 것이다. 이 중에서 후자가 더 가치가 있는 것처럼 생각된다. 대자연에서도 하늘은 비교적 더 가치가 있는 것이고 작용인(作用因)에 해당한다. 그리고 대지는 비교적 가치가 덜 있는 것이고 수동자(受動者)에 해당한다.

살아 있는 생물의 기쁨 중에서는 번식의 기쁨이 음식의 기쁨보다 크다. 신의 교의에서는, "주는 것이 받는 것보다 축복받는다"고 말하고 있다. 그리고 인생의 경우 인간의 정신으로서 아무리 유화(柔和)하다고 하더라도, 관능성보다는 자기의 욕망 속에서 정한 그 무엇의 완수를 중시하지 않는 사람은 없다. 그런 적극적 선의 우월성은 우리의 신분이 죽기로 정해져 있는 것이고, 운에 맡겨져 있다는 고려에 의해서 매우 지지를 받는다. 왜냐하면 우리의 쾌락에 영속성과 확실성을 가질 수 있다면, 그 쾌락의 안전성은 그 가치를 늘리게 될 것이기 때문이다.

그러나 '죽는 것이 늦은 것을 훌륭한 것으로 생각하는 데'*² 지나지 않고, 또 '너는 내일 일을 자랑하지 말라. 하루 동안에 무슨 일이 일어날지 네가 알 수 없음이니라'*³는 것을 알면, 무언가 확실하고 시간에서 제외된 것을 갖고 싶은 희망이 우리들 속에 생긴다. 그것은 우리의 행위나 일 바로 그것이다.

이를테면 "그들의 행위가 그들의 뒤를 따른다"*⁴는 말이 있다. 마찬가지로 이 적극적 선의 탁월성은, 인간 속에 자연히 생기는 다양성과 진보에 대한 애정에 의해서 지지되고 있다. 그것은 감각이라는 소극적 선의 주요 부분인 쾌락 속에서는 큰 범위를 차지하지 못한다. "얼마나 같은 일을 많이 하는가 생각해 보라. 먹는 것, 잠자는 것, 노는 것이 언제까지나 계속 되풀이되고 있다. 사람은 죽고 싶어질 것이다. 용감하지 않더라도, 비참하지 않더라도, 신중하지 않더라도, 괴팍스러운 사람이라도, 같은 일을 몇 번이나 되풀이하는 것이 싫어지는 것이다."*5 그러나 기획, 추구, 인생의 목적에는 많은 다양성이 있다. 이에 대해서 사람은 그 시작, 진행, 중단, 재계, 목적에 대한 접근, 달성을 느끼는 데에 기쁨을 갖는다. 그러므로 "목적 없는 인생은 따분하고 헛된 것"*6이라는 표현은 당연한 말이다.

또 이 적극적인 선은 사회의 선과 동일성이 있는 것도 아니다. 다만 어떤 경우 일치하는 데가 있을 뿐이다. 즉 유익한 행위를 낳는 일은 많지만, 인간의 자기 자신의 힘, 영예, 위엄의 증대, 계속되는 사적인 목적을 가질 뿐이다. 그것이 명백히 나타나는 것은 상반되는 내용이 발견되는 경우이다. 여러 신에게 반기를 든 거인 같은 마음의 상태가, 세계를 교란하는 사람들을 휘어잡는 수가 있다. 이를테면 루키우스 술라나 그 밖의 소규모로는 무수한 사람들이 있다. 그 사람들은 친구 혹은 적이 됨으로써, 모든 사람들을 행복 또는 불행하게 만들려고 한다. 그리고 자기의 기분에 맞게(이것이 참으로 여러 신에 대한 도전이다) 세계의 형태를 바꾸려 하고, 적극적인 선을 찾겠다는 목적을 세워 그것을 달성하고자 한다. 그런데 그것은 사회의 선에서 가장 멀리 떨어질 뿐이다. 더욱이 우리는 사회의 선을 위대한 것이라고 정하고 있는 것이다.

2. 소극적 선으로 다시 이야기를 돌리면, 그것은 다시 세분하여 보존적인 것과 완성적인 것이 된다. 이미 말한 것을 간단히 복습해 보자. 첫째로 설명한 것은 사회의 선이었다. 그 의도는 인간성의 본질을 포함하고 있다. 우리는 그것의 손발이자 그 일부이며, 우리 자신의 특유하고 개인적인 본질이 아니다. 우리는 적극적인 선에 대해서 설명했다. 그리고 그것을 사적이고 고유한 선의 일부라고 상상했다. 그리고 그것은 옳았다. 말하자면 모든 사물에는 자기 자신에 대한 애정에서 나오는 3중의 욕망 혹은 식욕의 표가 붙어 있다. 하나는 수동적 및 보존적인 선으로서, 그 본질을 계속 보존해 나아가려고 하는 것이다. 또 하나는 수동적이고 완성적인 선이며, 그 본질을 발전시키고

완성시키려 하는 것이다. 그리고 나머지 하나는 자기의 본질을 다른 것에다가 늘리고 넓히려 하는 것이다. 다른 것에다가 그것을 늘리고 표를 하는 것은 적극적 선이라는 명칭으로 다룬 것이다. 그러므로 남은 것은 그것을 보존하는 일과 그것을 완성하여 높이는 일이다. 이 후자가 소극적 선의 최고이다. 왜냐하면 현 상태로 보존하는 것은 비교적 작은 일이며, 보존하여 발전시키는 것은 비교적 큰 일이기 때문이다.

불 같구나 그 힘은, 그리고 그 근원은 하늘에 있다. [7]

신이나 천사의 성질에 접근하고자 하거나 또는 그것을 갖고자 하는 것은 그 본질의 완성이다. 그 완성적 선의 잘못된 것 혹은 거짓된 모방은 인간 생활의 폭풍우가 된다. 한편 인간은 형식적 및 본질적 진보의 본능 위에 서서, 장소적인 진보를 구하도록 인도된다. 다시 말해서 병이 들어 치료법을 모르는 이는 이리저리 굴러다니며 장소를 바꾸고, 장소를 바꿈으로써 내부의 고통을 제거할 수 있다고 생각하는 것 같다. 대망을 품은 사람의 경우도 마찬가지이다. 자기의 성질을 높일 수단을 잃고 그 지위를 높이려고 끊임없이 흥분을 느끼고 있다. 그러므로 수동적인 선은 이미 말했듯이 보존적 혹은 완성적이다.

3. 보존 혹은 즐거움의 선을 다시 한 번 생각해 보자. 그것은 우리들의 본성과 일치하는 것의 결실이다. 그것은 쾌락 중에서도 가장 순수하고 자연스러운 것 같다. 그러나 가장 유약하고 가장 낮은 것이다. 그리고 이것도 특색을 갖고 있지만, 그에 대해서는 충분히 판단도 되어 있지 않고 연구도 되어 있지 않다. 왜냐하면 결실 혹은 만족의 선은 성실성이나 강열함 또는 강력함에 있기 때문이다. 전자를 가져다 주는 것은 무변화성이고, 후자는 성쇠 변화이다. 한 쪽은 악이 섞이는 일이 적고 한 쪽은 선의 흔적이 더 많다. 이가운데 어느 쪽이 더 위대한가 하는 것은 의론의 여지가 있다. 그러나 인간의 본성으로서 양쪽이 다 가능하지 않느냐 하는 것은 연구되고 있지 않은 문제이다.

4. 전자의 문제로 소크라테스와 소피스트 사이에 논쟁이 벌어졌다. 소크라테스는 지복(至福)을 현혹하는 변화가 없는 계속적인 마음에 평화에 두고,

소피스트는 많이 바라고 많이 즐기는 데에 두었다. *8 그래서 양자는 토론에서 욕설로 옮겨갔다. 소피스트는 소크라테스의 지복을 지나친 돌의 지복이라고 주장했다. 소크라테스는 소피스트의 지복을 비뚤어진 인간의 지복이며, 가려워서 긁는 것 이외는 아무것도 하지 않는다고 말했다. 이들 양자의 의견은 모두 지지자가 없지도 않다. 즉 소크라테스의 의견은 쾌락주의자 자신들까지 포함해서 일반적인 동의에 의해 지지되고 있는 대목이 많다. 덕성이 지복 중에서도 큰 부분을 차지한다는 것이다. 만일 그렇다면 확실히 덕성은 욕망을 달성하기보다 번민을 제거하는 데 더 유효하다. 소피스트의 의견은 우리가 방금 설명한 단정에 의해서 매우 큰 지지자를 얻게 된다. 즉 발전의 선은 단순한 유지의 선보다 훨씬 크다는 것이다. 욕망의 달성은 하나하나의 발전처럼 보이는 데가 있다. 운동이 원을 그리고 있어도 진전처럼 보이는 것과 같다.

5. 그러나 제2의 문제, 즉 조용함과 만족과 강렬한 즐거움을 아울러 갖는 것으로 진정 결정이 내려진다면, 전자는 필요없는 것으로 만들어 버린다. 과연 의문의 여지도 없는 일인지 생각하게 되지만, 무엇보다도 쾌락을 맛보는 데에 한층 쾌락을 얻는 사람이 있다. 그럼에도 불구하고 그것을 잃거나 거기서 떠나는 데에 비교적 번민하지 않는 사람이다. 그래서 "바라지 않기 때문에 사용하지 않고, 두려워하지 않기 때문에 바라지 않는다는 것은, 겁이 많고 소극적인 마음이다"*9와 같은 것이 있다. 그리고 철학자들 교의의 대부분은 사물의 본성에 필요 이상으로 겁이 많고 경계심이 강한 것처럼 생각된다. 마찬가지로 죽음의 공포를 고친다면서 그것을 증대시키고 있다. 말하자면 인간의 온 생애를 죽기 위한 훈련 혹은 준비로 삼고 싶어할 때, 그것이 꼭 무서운 적인 것처럼 사람으로 하여금 생각케 한다. 그에 대해서 준비해 보아야 끝이 없는 것이다. 시인이 그보다는 더 잘 표현하고 있다.

생의 종말을 자연의 한 은혜로 생각한다. *10

그러므로 그들은 인간의 마음을 너무나 통일적이고 조화적인 것으로 만들려 하고, 그 마음을 교란하는 반대의 움직임을 충분히 생각하도록 가르치고 있지 않다.

학문의 진보 195

그 까닭을 상상해 보면 그들 자신이 사적이고 자유로운, 남을 생각지 않아도 되는 인생 행로에 일생을 바친 사람들이었기 때문이다. 이를테면 류트 같은 악기에서 단순한 곡 혹은 정선율(定旋律)은 여러 가지 변화가 있는 아름다운 것처럼 들리지만, 그에 따르는 선율, 말하자면 변주 혹은 수의(隨意)의 연주처럼 색다르고 어려운 폐지음(閉止音), 경과(經過) 선율에 손을 익히는 일은 없는 것을 알 수 있다. 대체로 같은 말을 할 수 있는 것이 철학자의 생활과 일반 사회 생활과의 차이이다. 그래서 사람은 보석상의 지혜를 흉내내야 할 것이다. 그들은 알이나 흐림이나 얼음 같은 흠이 있더라도, 돌의 대부분을 많이 줄이지 않고 깎아 낼 수만 있으면 그것을 살려 낸다. 그러나 돌을 줄이거나 적게 만드는 일이 너무 심하면 그것을 별로 개의치 않는다. 마찬가지로 사람도 관대함을 파괴하지 않도록 하여, 조용함을 얻도록 해야 할 것이다.

6. 그래서 적당하다고 생각되는 데까지 사적이고 개별적인 인간의 선을 생각해 보았는데, 이번에는 사회와 관련하여 이것과 관계있는 인간의 선으로 돌아가 보기로 하자. 그것을 의무라고 불러도 좋을 것이다. 의무라는 명칭은 남에게 향하도록 잘 만들어진 마음에 한층 특유한 것이기 때문이다. 이에 대해서 덕성이라는 말은 그 자체 속에서 형성되고 잘 만들어진 마음의 경우에 사용된다. 단 인간은 덕성을 사회와 아무런 관계 없이는 이해할 수 없고, 의무도 내적인 성향 없이는 이해하지 못한다.

이 부분은 얼핏 보기에 사회적, 정치적인 학문에 속하는 듯이 생각될 것이다. 그러나 잘 주의해 보면 그렇지도 않다. 왜냐하면 그것은 인간 각자의 자기 자신에 대한 통어(統御)나 통제와 관계되는 것이며, 남에 대한 것이 아니기 때문이다. 그리고 이를테면 건축의 경우, 기둥이나 대들보나 그 밖의 건축 부분을 형성하는 것과 동일하지 않다. 기계공학에서 기계나 기관을 만드는 방법에 대한 지시는, 그것을 움직이는 데 사용하는 방법과 동일하지 않다. 그런데도 한쪽을 표현할 때는 아울러 다른 쪽에 대한 적절성까지도 표현하게 되는 것이다. 그러므로 사회에 있어서 사람들의 결합의 학문 즉 정치학은 그에 대한 일치의 교의, 즉 윤리학과는 다른 것이다.

7. 이 의무의 부분은 두 부분으로 다시 구분된다. 하나는 국가의 한 인간 또는 일원으로 하나하나의 인간에 공통되는 의무이다. 또 하나는 개개인의

직업이나 천직 또는 장소에 따른 개개의 특별한 의무이다. 이 가운데에 전자는 현존하고 충분히 연구되어 있다는 것은 이미 설명한 바와 같다. 후자도 마찬가지로 결여되어 있다기보다는 흩어져 있다고 말하는 편이 좋을 것 같다. 그처럼 흩어진 저술이 이런 내용의 경우에는 가장 좋다고 생각한다. 왜냐하면 누가 모든 개개의 천직, 직업, 장소에 대해서 그 고유의 의무, 덕성, 자격, 권리 같은 것을 쓸 생각을 할 수 있겠는가? 방관자가 경기를 하는 사람보다 더 잘 볼 수도 있을 것이고 건전하다기보다 오히려 불손한 속담, "골짜기가 산을 가장 잘 나타낸다"는 것도 있다.

그러나 거의 의심할 수 없는 것은 사람이 가장 훌륭하게 그리고 가장 현실적으로, 게다가 요점을 파악하여 쓸 수 있는 것은 자기 자신의 직업에 관해서이다. 그리고 사색적인 사람이 적극적인 행동 문제에 대해서 쓴 것이, 실제로 경험있는 사람들에게는 대부분 꿈이나 군소리에 지나지 않는 것처럼 생각된다. 이것은 전쟁에 대한 포르미오의 의론이 한니발에게 준 느낌과 같은 것으로서 실제적이라고 할 수 없는 것이다. *[11] 다만 자기 직업의 입장에서 쓰는 사람에게 따라다니는 하나의 악폐가 있다. 그것은 자기들의 전문을 너무 크게 생각한다는 것이다. 그러나 일반적으로 바람직스러운 것은 (이것은 학문을 공고히 하고 또 결실 많은 것으로 만드는 것이지만) 적극적으로 활동하고 있는 사람들이 저작가가 된다는 것이며, 또 될 수가 있다는 것이다.

8. 그와 같은 종류 즉 적극적으로 활동하고 있는 사람의 저작에 대해서 황공하게도 말할 수 있는 것은, 폐하의 국왕 의무에 관한 뛰어난 책을 들 수 있다. *[12] 그 저작은 신학, 도덕학, 정치학으로 풍부하게 구성되어 있으며, 다른 모든 기술에 대해서도 매우 많이 포함되어 있다. 그리고 내 생각으로 일찍이 읽은 적이 없는 가장 건전하고 건강한 저작의 하나이다. 들뜬 발견에 흥분하지도 않고 차갑지도 않다. 병적으로 어지럽지도 않고 태만하여 질서를 잃은 사람들과도 다르다. 경련을 일으키고 있지도 않은 것은 요령없는 내용으로 막힌 사람들과도 다르다. 향료나 분식(粉飾)의 기색도 없고 자연스럽게 참을 수 없을 만큼 독자를 기쁘게 하려고 애쓰는 인간들과도 다르다. 그리고 주로 그 내용에 있어서 훌륭한 경향을 가졌고, 진리에 적절하며 행위에도 적당하며 자연의 병폐로부터도 아득히 멀다. 이는 자기 자신의 직업에

관해서 쓰는 사람이 흔히 빠지기 쉬운 것이며, 과도하게 높이 생각하게 마련이다.

왜냐하면 폐하는 앗시리아 혹은 페르샤 왕의 의적인 영예를 말씀하신 것이 아니라, 국민의 목양자(牧羊者)로서 모세나 다윗 같은 사람에 관해서 말씀하고 계시기 때문이다. 또 내가 잊을 수 없는 것은 폐하께서 신성한 통치 정신으로 대 사건의 재판에서 하신 말씀이다. 그것은 "국왕이 법률에 의해서 통치하는 것은, 신이 자연의 법률에 의해서 다스리는 것과 같다. 그리고 그 최고의 특권을 좀처럼 사용해서 안 되는 것은, 신이 기적을 행하시는 힘의 경우와 같다"는 것이다.

그러나 절대 전제 군주제(絶對專制君主制)*¹³의 책 속에서 사람들에게 잘 이해시키고 계시는 것은, 국왕의 권력과 권리의 풍부함, 그리고 그 직무와 의무의 한계를 알고 계신다는 것이다. 그래서 나는 폐하의 이 뛰어난 저작을, 개개의 특별한 의무에 관한 논문 중에서 제일가는 혹은 현저한 예로 감히 든 것이다. 그에 대해서는 그것이 천 년 전에 씌어진 것이었더라도 같은 말을 했을 것이다.

또 나는 어떤 궁정적(宮廷的)인 의례의 기분으로 말하고 있는 것은 아니다. 나는 어떤 경우에 칭찬하는 것을 아부로 생각하고 있다. 실제로 결여되어 있는 점을 칭찬하는 것은 아부이다. 그것은 덕성이 결여되어 있을 때라든가 그 기회가 결여되어 있을 때이다. 그런 때의 칭찬은 진실성이나 시기에 있어서 자연스럽지 않고 무리한 것이 된다. 키케로의 《마르켈루스의 변(辯)》*¹⁴을 읽어 보면, 그것은 카이사르의 덕성에 관한 뛰어난 그림에 지나지 않으며, 더욱이 그 면전에서 한 말이다. 그 밖에도 이런 말을 하는 사람들보다 훨씬 현명하고 뛰어난 많은 사람들의 예가 있다. 그리고 충분한 기회가 있을 때는, 면전이거나 아니거나 올바른 칭찬을 하는 데에 의심이 들 일은 없을 것이다.

9. 이야기를 제자리로 돌려 보기로 하자. 직업 혹은 천직의 의무에 관한 이 부분을 취급하는 데 있어서, 다시 문제가 되는 것이 있다. 상대적 혹은 반대의 것으로서, 모든 직업의 기만과 거짓과 사기 또는 악덕에 관한 것이다. 그것도 똑같이 취급되어 오고 있다. 그러나 어떻게? 성실하고 현명하게라기보다 풍자적이고 비꼬는 투였다. 말하자면 사람들은 직업 중에서 좋은

부분을 오히려 지성으로써 비웃으며 나쁘게 말해 오고 있다. 판단력으로써 부패한 부분을 발견하고 분리하려고는 하지 않는다. 솔로몬의 말처럼 경멸과 비판의 마음으로 지식을 추구하는 자는, 틀림없이 그의 기분에 맞는 재료를 발견하지 못할 것이다. "거만한 자는 지혜를 구하여도 얻지 못하거니와, 명철한 자는 지식을 얻기가 쉬우니라."*15

그러나 이 내용을 확실히 그리고 진실되게 다루는 일은 별로 하지 않고 있다고 생각되지만, 이것은 정직과 덕성에 대해서 확립할 수 있는 최선의 요새처럼 여겨진다.

바실리스크*16의 우화에, 저쪽이 먼저 이쪽을 보면 이쪽이 죽는다는 이야기가 있다. 그러나 이쪽이 저쪽을 먼저 보면 죽게 된다는 것이다. 기만과 사악한 기술도 마찬가지이다. 만일 그런 것이 먼저 발견되어 그쪽이 앞지르면 생명을 잃는다. 그러나 그쪽이 앞지르면 이쪽을 위험하게 만든다. 그러므로 우리는 마키아벨리와 그 밖의 사람들에게 힘 입은 바가 크다. 그 사람들은 사람들이 하는 일은 쓰고 있지만, 해야할 일은 쓰고 있지 않다. 뱀의 지혜에 비둘기의 무심(無心)을 결부시키는 것은 가능하지 않다. 다만 뱀의 모든 조건을 정확히 알면 할 수 있다. 그 저열함, 바닥을 기어다니는 비열함, 그 반전성, 그 매끄러움과 술책성, 그 질투심과 가시 같은 것이다. 즉 사악의 모든 형식과 종류라는 말이다. 다시 말해서 이런 것이 없으면 덕성은 노골적으로 드러나서 금방 속아 버리고 방어물이 없다. 확실히 정직한 사람은 사악에 대한 지식의 도움이 없으면 나쁜 사람을 교정하려고 해도 그런 사람에게 이익을 줄 수 없다. 왜냐하면 마음이 타락한 사람은 정직이란 단순한 성격과, 그리고 설교사와 학교 교사와 사람들의 외부적인 언어를 믿는 데서 생긴다고 예상하고 있기 때문이다. 그러므로 그들 자신의 타락된 의견의 최극한도까지 알고 있다는 것을 보여 주지 않으면, 그들은 모든 도덕성을 경멸할 것이다. "미련한 자는 명철을 기뻐하지 아니하고, 자기 의사를 드러내기만 기뻐하느니라."*17

10. 개개의 의무에 관한 이 대목에 속하는 것으로서, 또 남편과 아내, 부모와 자식, 주인과 하인 사이의 의무가 있다. 우정과 감사, 이웃 관계의 동아리, 단체와 정치 단체 등의 사회적 연관 등, 그 밖의 각각 정도에 따른 모든 의무도 있다. 그것이 정치나 사회의 일부를 이루고 있기 때문이 아니라,

개개 인간 마음의 형성에 관한 것으로서의 의무이다.

11. 사회의 선에 관한 지식도 단순히 독자적으로만 아니라 비교하면서도 취급한다. 이에 속하는 것으로는 개인적 및 공공적인 인간과 인간, 경우와 경우 사이의 의무의 계량이 있다. 이를테면 루키우스 브루투스*18의 자기 아들에 대한 재판 절차에서 볼 수 있다. 그것은 매우 칭찬받은 것이었다. 그러나 무슨 말을 들었던가?

　　　불행한 사람아, 후세가 그 행위를 무어라 칭찬 하건

그러므로 그 소송 사건에는 의심스러운 데가 있으며, 의견이 둘로 갈라졌다. 또 M. 브루투스와 카시우스가 사람들을 저녁식사에 초대하여 그들의 의견을 알아보려고 한 적이 있었다. 같은 편으로 만드는 데 적당한가 어떤가를 보기 위해서였다. 그리고 왕위를 노리는 전제자(專制者)를 죽이는 데 대해서 질문했다. 그때 의견이 나뉘어졌다. 어떤 사람은 노예 같은 신분은 가장 나쁜 불행이라고 주장했고, 어떤 사람은 전재가 내란보다 낫다고 말했다. 그리고 상대적인 의무의 문제에 있어서는 비슷한 경우가 많다.

그중에서 특히 많은 것은 작은 부정에서 많은 이익이 나오는 경우이다. 그것을 테살리아의 이아손*19은, "큰 선을 얻기 위해서는 얼마간 작은 악을 행해야 한다"는 진리에 어긋나는 결정을 내렸다. 그러나 "현재의 선은 할 수 있지만, 장래의 선은 보장이 없다"는 그의 대답은 좋다. 사람은 현재에 올바른 것을 추구하고 장래의 일은 신의 섭리에 맡겨야 하는 것이다.

그러니 선의 모범과 그 서술에 관한 일반적인 부분에서 다음으로 나아가기로 하자.

〈주〉

＊1 로마의 극작가 티투스 마키우스 플라우투스(기원전 254~184년)의 말.

＊2 세네카 《자연 문제》 2·59·7.

＊3 〈잠언〉 27·1.

＊4 〈요한계시록〉 14·13.

＊5 세네카 《서한》 10·1·6.

∗6 세네카 《서한》 95·46.

∗7 베르길리우스 《아에네이스》 6·730.

∗8 플라톤 《고르기아스》 462·494.

∗9 플루타르코스 《대비열전》 〈솔론 편〉 7.

∗10 유베날리스 《풍자시》 2.

∗11 키케로 《웅변론》 21·18·75.

∗12 제임스 1세 《왕권 신수론》을 가리킨다. 제임즈 1세는 왕권 신수설에서 입각해서,
   1614년 이후 의회를 무시하는 전단적인 재정 정책을 써서 절대주의 확립에 노력했다.

∗13 제임즈 1세의 《절대 전제 군주의 책, 즉 자유로운 국왕과 그 본래의 신하 사이의 상
   호 의무》 (1601년 출판, 1616년에는 국왕 저작집에 수록되었다)를 가리킨다.

∗14 상원에서 키케로가 카이사르에게, 정적 마르케르스의 추방을 사면하여 로마에 돌아오
   게 하라고 주장한 것.

∗15 〈잠언〉 14·6.

∗16 그리스 로마 전설에 나오는 용 또는 도마뱀 같은 괴물로서, 아프리카의 사막에 사는
   데 이것에 한 번 쏘이기만 하면 금방 죽는다고 한다.

∗17 〈잠언〉 18·2.

∗18 루키우스 유니우스 브루투스는 기원전 7대 왕인 타르크비누스 스페르부스를 추방하
   고, 그 복위를 기도한 자기 아들 티투스와 티베리우스를 사형에 처했다 (리비우스 《로
   마사》 2·5). 다음의 인용은 베르길리우스 《아에네이스》 6·823.

∗19 고대 그리스 테살리아의 페라에 왕으로, 기원전 370년 페르시아에 침입하려다가 암살
   당했다. 플루타르코스 《양생훈》 24 기타.

22

1. 그런 까닭으로 인생의 이 결실에 대해서 이야기했으니, 이제 남은 것은
그에 속한 노력을 하는 일이다.

이 부분이 없으면 앞 부분은 아름다운 그림이나 형상에 지나지 않으며, 바
라보기에는 아름답지만 생명도 움직임도 없는 것이 되어 버린다. 이에 대해
서는 아리스토텔레스 자신도 다음과 같이 동의하고 있다.

"덕성에 대해서는, 그것이 무엇이며 어디서 생기는 것인가를 정말로 말할
필요가 있다. 왜냐하면 덕성을 알아도 그것을 얻을 수단과 방법을 알지 못하

면 거의 아무런 소용이 없는 것이기 때문이다. 덕성이란 어떤 것인가 하는 것뿐 아니라, 어떻게 하면 그것을 가질 수 있는가 하는 것을 생각하지 않으면 안 된다. 우리는 그 자체를 알 뿐 아니라 그 소유자가 되고 싶어한다. 그리고 그것이 어디서 생기고 어떻게 얻어지는가를 알지 못하면, 희망을 이룰 수가 없다."*¹ 이상과 같이 내용있는 말로 되풀이하여 이 부분을 설명하고 있다.

또 키케로는 소(小)카토를 매우 칭찬하여 그는 철학을 공부했으나, "토론을 하기 위해서가 아니라 그것을 생활하기 위해서였다"*²고 말하고 있다. 그런데 현대에는 이 문제를 무시하고 자기 생활의 개혁을 생각하는 사람이 적으므로(세네카가 훌륭하게 말하고 있듯이 "저마다 생활의 일부는 생각하지만, 전체를 생각하는 자는 없다"), 이 부분은 불필요한 것처럼 생각될지도 모른다. 그러나 내 결론으로서는 히포크라테스의 요의(要義)를 들지 않을 수 없다. "중병으로 고통을 느끼지 않는 자는, 마음이 병들어 있다."*³ 약이 필요한데 그것은 병을 덜하게 만들기 위해서뿐 아니라, 감관(感官)을 눈뜨게 하기 위해서이다. 그리고 인간의 마음의 치료를 신학이 할 일이라고 말한다면, 그것은 아주 진실된 말이다. 그러나 도덕 철학을 현명한 하인으로서 또는 겸허한 식모로서 그녀에게 추천해도 좋을 것이다. "식모의 눈은 줄곧 안주인을 향한다"고 시편에서도 말하고 있다. 그러나 안주인의 뜻을 아는 데는 많은 것이 식모의 분별에 담겨져 있음은 물론이다. 마찬가지로 도덕 철학은 신학의 교의에 끊임없이 주의를 기울이고 있지 않으면 안 된다. 그러나 도덕 철학은(적당한 한계 내의 일이지만) 신학의 지시를 받더라도, 건전하고 유익한 많은 지시를 스스로 생각할 수 있다.

2. 그래서 이 부분은 그 우월성으로 말하더라도 연구된 저술이 없다는 것은 매우 이상스럽다. 그것은 오히려 말과 행위 양쪽에 관계된 내용으로 되어 있는 것이 많기 때문인지도 모른다. 또 사람의 여느 담화가(그것은 드물기는 하지만 생기는 때가 있다) 그 저술보다 현명한 것이 있기 때문이라고 생각된다. 그러기에 합리적인 것은 우리로서는 그것을 그만큼 더 자세하게 설명하는 일이다. 그만한 가치가 있다는 것과, 그것이 결여되어 있다는 보고를 한 데 대한 책임을 벗어나기 위해서이다. 이것은 거의 믿을 수 없는 듯이 생각되고 있는 것이며, 또 저술을 하고 있는 사람들로부터는 달리 생각되고 예

상되어 있는 일이다. 그러므로 그 항목 혹은 요점을 좀 들어보기로 하자. 그것이 어떤 것인가, 또 그것이 현존하고 있는가를 더 잘 보이게 하기 위해서이다.

3. 첫째, 이 일에 있어서는 실제적인 모든 사물의 경우와 마찬가지로 우리가 할 수 있는 일과 할 수 없는 일을 전반적으로 계산해 보아야 한다. 왜냐하면 한편은 변경 면에서 다루고, 한편은 가능한 이용 혹은 순응 면에서만 취급될지도 모르기 때문이다. 농민은 토지의 성질이나 천후의 계절을 마음대로 하지 못한다. 의사는 환자의 체질이나 그 여러 가지 징후를 바꾸지 못한다. 마찬가지로 인간의 마음의 교양과 치료에 있어서도 두 가지 것을 우리는 마음대로 하지 못한다. 성질의 여러 가지 점과 운의 여러 가지 점이다. 왜냐하면 한편의 기초와 또 다른 한편의 조건에 우리의 일은 한정되고 묶이기 때문이다. 그러니 이런 사물에 있어서는 순응함으로써 나아가는 수밖에 도리가 없는 것이다.

모든 운은 참음으로써 정복된다. *4

마찬가지로,

모든 성질은 참음으로써 정복된다.

그러나 '참는다'는 말을 할 때 무디고 태만하게 참는 것을 뜻하는 것이 아니라, 슬기롭고 근면하게 참는 것을 말하는 것이다. 그것은 불리하고 반대처럼 보이는 것에서 효용과 이점을 끌어내고 또 연구한다. 그것이 우리가 순응 또는 이용이라고 말하고 있는 것의 본성이다. 그런데 이용 혹은 순응의 지혜는, 주로 우리가 순응하는 것 그 전부터의 상태와 경향에 대한 정확한 지식에 있다. 옷이 우리 몸에 맞게 하려면 먼저 몸의 치수를 재지 않으면 안 된다.

4. 그러므로 이 지식의 첫 항목은, 인간의 성질이나 경향의 개개의 성질과 기질의 건전하고 참된 배치와 설명을 적는 것이 된다. 특히 다른 것의 근원과 원인으로서 가장 강력하거나 가장 자주 일어나고 섞이는 특색에 관해서

주의하지 않으면 안 된다. 그 경우, 그 가운데 소수를 간단히 취급하고 중도 (中道)의 덕성을 그만큼 더 잘 묘사하려고 한다면, 이 의도를 만족시키지는 못한다. 위대한 내용에 상응하는 마음을 가진 사람이 있는 동시에, 조그마한 일에 상응하는 마음을 가진 사람도 있다(그것을 아리스토텔레스는 고매(高邁)라는 이름으로 다루거나, 취급했어야 했다)고 한다면, 많은 내용을 생각하는 데 상응하는 마음을 가진 사람이 있는 동시에 적은 것밖에 상응하지 않는 마음을 가진 사람이 있다는 것 또한 고려할 만하지 않겠는가? 그래서 자기 자신을 분할할 수 있는 사람이 있다. 그러나 훌륭하게 잘 할 수는 있겠지만, 한꺼번에는 소수의 것에만 한하는 사람도 있다. 그러므로 좁은 마음과 무기력이 있게 된다. 그리고 또 당장 처리하지 않으면 안 된다든가, 짧은 시간 동안에 해야 할 일에 상응된 마음을 가진 사람도 있다. 또한 먼 앞날에 시작되어 오랫동안 계속적인 노력으로 완수되는 일에 상응된 마음을 가진 사람도 있다.

벌써 처음부터 생각을 하고 있다. [*5]

그러므로 마음의 길이(長) 즉 인내라고 해도 좋을지 모르는 것이 있다. 그것은 또 보통 하느님이 갖고 있는 고매한 성질로 생각되고 있는 것이다. 그래서 그것은 아리스토텔레스도 고려할 가치가 있었던 것이다. "회화(會話)에는(자기 자신에게 언급한다든가 관계되는 일이 전혀 없는 경우를 상상하는 것이지만) 사람을 달래고 기쁘게 만드는 경향의 것이 있다. 반대로 방해하려고 하는 반대의 경향도 있다"[*6]는 것이다. 그리고 다음과 같은 고찰을 하는 것도 한층 가치있는 일이 아니겠는가. "회화나 담화가 아니라 더 중요한 성질의 사항에 있어서(언제나 이것도 저것도 아닌 사항의 경우를 상상한다고 치고) 남의 이익에 기쁨을 느끼는 성향이 있고, 반대로 남의 이익에 혐오를 느끼는 성향도 있다." 그것은 우리의 좋은 성질 혹은 나쁜 성질, 자비 혹은 악의라고 부르는 본질을 가진 것이다, 그러므로 이 부분의 지식이 성질이나 성향의 각 특징에 관계있는 것인데도, 도덕학에서나 정치학에서 제외되어 있는 것은 여간 이상하지 않다. 생각해 보면 그 양쪽에게 그것은 매우 유용하고 도움이 되는 것이기 때문이다. 점성학의 전설에는 인간의 성질을 교묘하게 잘 분류하고 있는 것을 볼 수 있다. 그것은 별의 힘의 감도에 따른 것이다. 조용한 것을 사랑하는 사람, 행동을 사랑하는 사람, 승리를 사랑하는 사람, 명예를 사랑하는 사람, 쾌락을 사랑하는 사람, 기술을 사랑하는 사람, 변화를 사랑하는 사람 등이 있다.

이탈리아 인이 교황 선거 회의에 참석하는 사람들에 관해서 한 말 중에 가장 현명한 것으로서, 몇몇 추기경의 성질을 생생하게 묘사한 것을 볼 수 있다. 날마다의 회의에서도 감수성이 강하다, 메마르다, 형식적, 실제적, 기분적, 적극적이다. "최초의 인상적인 사람, 최후의 인상적인 사람" 등의 호칭을 듣는 사람을 볼 것이다. 그런데 이런 종류의 관찰은 말 속에서 헤매고 탐구에 고정되어 있지 않다. 말하자면 구별은 발견되어 있으나(그 많은 것이), 그에 입각해서 아무런 교훈도 결론으로서 나와 있지 않다. 그 점에서 우리의 실수는 그만큼 크다고 할 수 있다. 왜냐하면 역사와 시(詩), 그리고 일상의 경험이 그런 관찰이 생기는 훌륭한 밭이기 때문이다. 이에 대해서 우리는 손에 쥘 조그만 꽃다발을 만든다. 그러나 인생의 도움이 될 처방을 만들 생각으로, 그것을 약을 조제하는 사람에게 갖다 주는 사람은 없다.

5. 대체로 비슷한 성질의 것에, 타고난 영향으로서 성별, 연령, 지역, 건강과 질병, 미(美)와 불구 등에 의해서 마음에 주어진 것이 있다. 그것은 내재(內在)하고 있으며 외적인 것이 아니다. 그리고 또 외적인 운이 원인이 되어 있는 것이 있다. 이를테면 왕자의 신분, 귀족의 신분, 천한 태생, 부, 곤궁, 공적인 지위, 사적인 지위, 번영, 역경, 항구적인 운, 변화있는 운, '비약적', '단계적'인 출세 등이 있다.

그래서 플라우투스는 노인이 자비심을 가진 것을 이상하다면서, "그의 친절은 젊은이의 경우와 같다"고 말하고 있다. 성 바울은 결론으로서 엄한 훈련이 크레타 섬 사람에게 적용되어야 하며, "그들을 날카롭게 책망하라"고 말하고 있다. "크레타 섬 사람들은 언제나 거짓말쟁이이고 나쁜 짐승이며 게으름쟁이이다"라는 그 나라의 경향에 대해 말하고 있는 것이다. 살루스티우스는 국왕이 사람들과 반대의 것을 바라는 것은 보통의 일이라고 말하고 있다. "그러나 왕자의 희망은 많은 경우, 과격하기도 하고 변덕이 심하며 흔히 그 사이에 모순이 있다" 타키투스는 운이 돌아와도 성향이 고쳐지는 일은 드물다는 말을 하고 있다. "베스파시아누스만이 좋은 편으로 바뀌었다."

핀다로스는 "위대하고 급한 운은, 대개의 경우 사람을 패배시킨다"고 말하고 있다. "위대한 행복은 소화가 안 된다." 그러므로 시편(詩篇)은 운이 느는 것보다 운을 즐김으로써 절도를 지키는 편이 더 쉽다는 것을 보여주고 있다. "부(富)가 흘러와도, 이에 마음을 기울이지 말라."

이상과 같은 관찰을 부정하는 것이 아니다. 그렇지만 아리스토텔레스가 이를테면 그 《수사학》의 일절에서 조금 언급하고 있다. 또 몇몇 담론에서도 취급하고 있다. 그러나 그것은 결코 도덕 철학 속에 구체적으로 들어가 있지는 않다. 그렇지만 본질적으로는 그 분야에 속하는 것이다. 이를테면 토지나 흙의 다양성에 대한 지식과 의사와의 관계 같은 것이다. 다만 우리는 경험만 있는 돌팔이 의사의 불견식에 따를 생각이다. 그것은 똑같은 약을 모든 환자들에게 주는 인간들이다.

6. 이 지식에 대한 또 하나의 항목은 감정에 관한 연구이다. 말하자면 신체에 투약할 경우, 먼저 체격이나 그 체격에 따른 여러 가지 것을 아는 것이 순서이다. 그 다음은 질병이고 마지막으로 치료법이 온다. 마찬가지로 마음에 대한 투약의 경우에도 인간의 성질에 대한 여러 가지 특색에 대해서 안 다음, 마음의 병과 약점을 아는 것이 순서이다. 그것은 바로 감정의 동요와 불쾌감이다. 공화국의 고대 정치가들은 국민을 바다에 비유했다. 즉 바다는 자연 그대로는 조용하고 온화한 것이다. 다만 바람이 그것을 움직이고 교란하는 것이다. 마찬가지로 국민도 평화롭고 다루기 쉬운 것일 것이다. 반란을 선동하는 웅변가들이 그들을 움직이고 부추기지만 않는다면 말이다.

그와 마찬가지로 적당한 표현이라고 생각하는데, 마음은 그 본디의 성질로서는 온화하고 안정된 것일 것이다. 감정이 바람처럼 그것을 소란하게 만들지 않으면 말이다. 그리고 여기서도 이상하게 생각되는 것은 앞에서와 마찬가지로 아리스토텔레스는 몇 권이나 《윤리학》을 쓰고 있는데도, 그 주요 제재인 감정은 전혀 다루지 않았다는 것이다. 그의 《수사학》에서는 문제가 생각되고 있으나, 부수적이고 2차적이다(그것이 말에 의해 움직여지기 때문인지도 모른다). 그러나 그것을 넣고 있으며 불량치고는 잘 다루고 있다. 그런데 진짜 제자리에서는 그냥 지나가고 있다. 다시 말해서 이 연구에 만족을 줄 수 있는 것은, 쾌락과 고통에 관한 그의 주장이 아니다. 그것은 빛의 성질을 일반적으로 다루는 사람이, 색깔의 성질을 다룬다고 할 수 없는 것과 마찬가지이다. 왜냐하면 쾌락과 고통의 개개의 감정에 대한 관계는, 빛과 개개의 색과의 관계와 같기 때문이다. 내 생각으로는 스토아 학파가 이 주제에서는 더 좋은 일을 하고 있다. 단 한 손만 건너면 알 수 있는 범위 안의 것이다. 그렇기는 하지만 그들다운 방법으로 정의(定義)의 미세함(그것은 이런 종류의 문제에서는 바로 너무 잘다는 것이다)이 많으며, 적극적이고 풍부한 서술이나 관찰은 아닌 것 같다. 마찬가지로 몇 가지 감정에 관해서는 우아한 성질의 개별적인 저술을 볼 수 있다. 이를테면 노여움에 관한 것, 심한 수줍음에 관한 것 등이 있다. 시인과 역사의 저작자들이 이 지식에 대한 가장 훌륭한 교사이다. 그들의 경우는 감정이 어떻게 타오르고, 혹은 어떻게 자극을 받게 되는가 하는 것이 매우 생생한 형태로 그려져 있는 것을 볼 수 있을 것이다. 또 어떻게 달래어지고 어떻게 억눌리는가, 어떻게 행위로 변하고 그것이 더 심한 정도가 되지 않도록 어떻게 억제되든가, 어떻게 나타나고 어떻게 작용하는가, 어떻게 변화하고 어떻게 모여서 강해지는가, 어떻게 서로겹치고 어떻게 서로 싸워 부딪치는가, 그 밖의 마찬가지 개개의 경우를 그리고 있다.

그중에서도 방금 든 마지막 것이 도덕적, 정치적인 사항에서는 특별히 유용하다. 말하자면 어떻게 감정을 감정에 대항시키고, 한쪽으로 한쪽을 누르느냐 하는 것이다. 이를테면 우리는 짐승으로 짐승을 사냥하고 새로 새를 쫓는 데 익숙하다. 그것은 아마도 그렇게 하지 않으면 쉽게 잡을 수 없을 것이다. 그와 같은 기초 위에 '포상(褒賞)'과 '벌'의 뛰어난 효용이 수립되어 있다. 그것으로 정치 사회가 결합되어 있다. 공포와 희망의 두드러진 감정을 이용해서 다른 것을 누르고 제어하려고 한다. 왜냐하면 국가를 통치할 경우 한 당파를 다른 당파로 누르는 일이 필요할 때가 있듯이, 마음속의 통치도 이와 같기 때문이다.

7. 다음에 생각하게 되는 점은 우리들 자신이 자유로이 할 수 있고, 마음에 대해서 힘과 작용을 가지고 있으며, 의지와 욕망에 영향을 주고 성격을 바꾸는 그런 것이다. 이 경우 사람들은 습관, 연습, 습성, 교육, 모범, 모방, 경쟁, 동료, 친구, 칭찬, 비난, 권유, 명성, 법률, 서적, 연구 등을 다루었어야 했다. 이런 것은 도덕에서 결정적인 효용이 있는 것이므로, 이런 것으로부터 마음은 영향을 받는다. 그리고 이런 것에서 여러 가지 처방이나 치

료법이 합성되고 서술될 수 있으며, 마음의 건강과 좋은 상태를 회복하거나 유지하는 데 도움이 된다. 물론 인간의 의약 범위 안에서 그렇다는 것이다. 이런 많은 것 중 어느 한두 가지를 전체의 한 예로써 집중해 보기로 하자. 전부에 일일이 언급한다는 것은 너무 길어 적당하지 않을 것으로 생각되기 때문이다. 그러므로 여기서는 습관과 습성을 다시 취급하여 이야기하기로 한다.

8. 아리스토텔레스의 주장은 나에게는 태만한 주장같이 생각된다. 그는 성질로 고정되어 있는 것은 습관으로 변화될 수 없다고 말하고 있다. 그 예로서 돌을 1만 번 던져올려 봐야, 돌이 올라가는 것을 익히지 못한다는 것이다. 또 몇 번 보고 들어 봐야 우리는 그만큼 더 잘 보거나 듣게 되지 않는다는 것이다. 내가 태만이라고 말한 것은, 이 주장은 성질이 절대적인 사람에게는 해당될지 모르지만, 자연히 그 폭을 허용하고 있는 성질의 사물은 그렇게 되지 않는다. 말하자면 꽉 조이는 장갑도 늘 끼고 있으면 차츰 편해지는 것을 알 수 있을 것이다. 회초리나 잔가지도 오래 쓰다 보면 자연히 본의도와는 다르게 굽는다. 목소리도 자꾸 쓰면 더 높고 세게 말할 수 있게 된다. 또 더위와 추위에 견디는 연습을 하면 그만큼 더 견딜 수 있게 되는 수도 있다. 이 후자는 그가 취급하고 있는 성격의 문제에, 그가 들고 있는 예보다 훨씬 가까운 유사성을 갖고 있다. 덕성과 악덕이 습관에 있다는 그의 결론을 인정한다면 그 습관이 생기는 방법을 그만큼 더 잘 가르쳐 주었어야 했다. 왜냐하면 마음의 연습에 질서를 주는 현명한 교훈이 많은 것은, 신체의 연습에 질서를 주는 경우와 같기 때문이다. 이에 관해서 몇 가지 경우를 들어 본다.

9. 첫째로 들고 싶은 것은, 처음부터 너무 고도의 긴장 혹은 너무 약한 긴장을 하지 않도록 주의한다는 것이다. 즉 너무 지나치게 고도로 올라가면 소극적인 사람은 기분이 좌절될 것이고, 자신있는 사람은 쉽다는 느낌을 갖게 되며, 따라서 태만해지게 된다. 그리고 어떤 성질의 사람이거나 실제로 실현되지 않는 기대를 더 갖게 되어 결국은 불만이 싹튼다. 한편 너무 약한 긴장의 경우에는, 무언가 위대한 과제를 성취하거나 굴복할 생각을 하지 않게 될지도 모른다.

10. 또 하나의 교훈은 모든 것을 연습할 때 주로 두 번 한다는 것이다. 한

번은 가장 내키지 않을 때 한다. 전자에 의해서는 매우 큰 진보를 이룩할지 모른다. 후자에 의해서는 마음의 속박과 장애를 제거하고, 중간인 때는 그만큼 편하고 즐거워질지도 모른다.

11. 또 하나의 교훈은 아리스토텔레스가 다른 말을 하면서 한 말이다. 그 것은 언제나 타고난 것과 반대되는 극단 쪽으로 애써 향해 간다는 것이다. 이를테면 물결을 거슬러서 배를 젓는다든가, 잔가지를 본디 굽은 모양과 반대로 굽혀서 곧게 만드는 일 같은 것이다.

12. 하나의 또 다른 교훈은 마음이란 언제나 더 나은 쪽으로 갖고 갈 수 있으며, 한층 즐겁고 행복해질 수 있다는 것이다. 다만 우리가 하려고 하는 일이 처음 의도한 것이 아니라, '다른 것을 하려다가' 종속적으로 생긴 경우 이다. 필요와 억제에 대한 타고난 마음의 증오 때문이다. 연습과 습성의 운 용에 관해서는 아직도 달리 많은 공리(公理)가 있다. 그것은 그와 같이 추 진되어 가면 사실 또 다른 천성이 되는 것이다. 그러나 우연에 지배되면 보 통은 천성의 흉내에 지나지 않는 것이 되어 비뚤어진 가짜를 낳는다.

13. 그러므로 저술과 또 어떤 영향과 작용을 그린 것이 성격에 미치는가를 취급한다면, 그것에 필요한 큰 주의와 지침의 여러 가지 교훈이 있지 않은 가? 중세 그리스도교 교부 한 사람이 매우 분개하여 시를 '악마의 술'이라 고 부른 적이 있다. 그것은 유혹, 동요, 공허한 의견을 증대시키기 때문이라 는 것이다. 아리스토텔레스의 의견은 거들떠볼 가치가 없는가? 그의 말을 들으면, 젊은 사람들은 도덕 철학의 정당한 청중이 아니다, 들끓는 감정의 열이 아직 가라앉지 않았고, 시간과 경험으로 완화되어 있지도 않다는 것이 다. 거기서 또 다음과 같은 것이 생기지 않는가? 즉 고대 저작자들의 훌륭 한 저술이나 담화(그것으로 사람이 덕성에 가장 효과적으로 향하도록 납득 시켰다. 덕성을 훌륭하고 당당하게 나타내고, 또 덕성에 반대되는 일반적인 의견을 경멸과 조소에 알맞는 기식자(寄食者)의 옷을 입은 것처럼 나타냈 다)는, 정직한 인생으로 향하게 하는 데는 거의 효과가 없다는 것이다. 왜냐 하면 성숙하고 침착한 연배가 된 사람들은, 그런 것을 읽고 생각하지 않기 때문이다. 그리고 거의 소년이나 초심자에 한하는 수가 있기 때문이다.

그러나 또 다음의 것도 사실이 아니겠는가? 젊은 사람들은 다시 정치 철 학의 내용에 대한 적당한 청중이 아니지 않느냐는 것이다. 종교와 도덕에 완전히 침투할 때까지 말이다. 그들의 판단력은 부패하고 사물에는 참된 차이가 없으며, 다만 유용성과 운 여하에 달렸다고 생각하게 되어서는 곤란하다. 이에 대해서 말한 싯구가 있다. '뜻대로 된 재수 좋은 범죄는 덕성이라고 부른다' 또 하나 '같은 범죄의 댓가로 책형을 당하는 자도 있고, 왕관을 쓰는 자도 있다.' 이것은 시인들이 풍자적으로 그리고 덕성을 위해서 화를 내어 한 말이다. 그러나 정치학의 저서는 이런 말을 진지하고 적극적으로 하고 있다. 즉 마키아벨리도 다음과 같이 말하고 있다. "만일 카이사르가 졌더라면, 카틸리나 이상으로 불쾌한 인간이 되었을 것이다." 그렇다면 운 이외는 아무런 차이도 없었던 것처럼 보인다. 극악의 정욕 및 피비린내가 세계에서 가장 뛰어난 정신의 소유자(그 야심은 별도로 치고)와 하나가 되어 버린다.

또 도덕론 자신(그 가운데 어떤 종류의 것)의 교의(敎義)에 대해서도, 마찬가지로 어떤 주의를 해야 하지 않겠는가? 사람이 너무 정확하고 오만하고 시대와 맞지 않는 인간이 되지 않게 하기 위해서이다. 이를테면 키케로가 카토에 대해서 다음과 같이 말하고 있다. "마르쿠스 카토의 경우, 우리가 보는 그 신적(神的)이고 우대한 덕성은 그 자신 고유의 것이다. 때로 볼 수 있는 그 결함은 모두 그의 천성에서 나온 것이 아니라, 그 교사 탓이다." 연구가 성격 속으로 파고들고 끼어드는 이런 특성이나 효과에 대해서는, 또 다른 여러 가지 점 즉 동료, 명성, 법률 등, 우리가 맨 처음 도덕학의 교의에 관한 대목에서 든 것도 그 효용에 많은 것이 있다.

14. 그러나 마음에는 일종의 교양이라는 것이 있어서 다른 것보다 한층 정확하고 정묘한 것처럼 생각되며, 이 토대 위에 세워져 있다. 즉 모든 인간의 마음은 어떤 때는 완전한 상태에 있고, 다른 때는 비교적 타락한 상태에 있다. 그러므로 이런 훈련 방법의 목적은 마음이 좋은 시각을 고착시켜 소중히 키우도록 하고, 나쁜 시각을 지워서 제거하도록 하는 것이다. 좋은 것의 고착은 두 가지 수단으로 실행되어 오고 있다. 맹세 혹은 끊임없는 결의와, 지키는 것 혹은 연습이다. 이런 것은 그 자체로서 그리 중시할 것은 없지만, 마음을 끊임없이 복종시켜 둔다는 점에서 중요한 것이다. 나쁜 방면의 말살은 두 가지 수단에 의해서 실행되고 있다. 지난 일을 그 어떤 종류의 것으로 되찾거나 보상하는 것과, 장래를 위해서 새로이 시작하거나 생각하는 것이다. 그러나 이 부분은 신성한 종교의 방면처럼 생각되고 또 그것이 옳다. 왜

나하면 이미 말했듯이 모든 훌륭한 도덕 철학은 종교의 하녀에 지나지 않기 때문이다.

15. 그러므로 우리가 결론으로 삼고 싶은 마지막 점은, 모든 수단 중에서도 가장 간명하고 중요한 것이며, 또 덕성과 좋은 상태로 마음을 가져가는 데 가장 고귀하고 효과적인 것이다. 그것은 인간 자신 속에 그 생애의 훌륭하고 덕성있는 목적을 선택하여 설득해 넣도록 한다는 것이다. 이를테면 사려 분별이 있는 사람이라면 도달할 수 있는 것이다. 즉 다음 두 가지 사항이 상상된다고 하자. 어떤 사람이 목전에 정직하고 훌륭한 목적을 가지고 있다. 그리고 또 단호하며 끊임없는 그것에 충실하다고 하자. 그는 당연히 자기를 형성하고 동시에 모든 덕성을 갖게 될 것이다. 그리고 이것은 실제로 자연이 한 일이나 다름없다. 그러나 다른 한쪽의 방법은 손으로 한 일과 같은 것이다. 말하자면 조각가가 어떤 상을 만들 때는, 자기가 지금 세공하고 있는 그 부분에만 형태를 준다. 이를테면 얼굴에 세공을 하고 있다면, 몸이 될 부분은 거기에 손을 대기 전까지는 여전히 거친 돌에 지나지 않는 것과 같다. 그런데 반대로 자연이 꽃이나 생물을 만들 때는, 동시에 모든 부분의 기초를 만든다. 그러므로 습성에 의해서 덕성을 얻는 경우에도, 사람이 절제의 연습을 하고 있는 동안은 인내에 대해서 증진하는 것이 없고 그 밖에 있어서도 좋지 않다.

그러나 좋은 목적에 몸을 바치고 열심히 할 때 보면, 그 목적에 대한 추구나 수단이 어떤 덕성을 그에게 권하든지 그것에 자기를 일치시키려고 하는 기분이 미리 주어져 있다. 그와 같은 마음의 상태를 아리스토텔레스는 알맞게 표현하고 있다. 즉 "비인간성에 인간성을 초월한 영웅적 혹은 신적인 덕성을 대조시키는 것은 적당하다." 그리고 조금 뒤에, "야수가 악덕이라고도 덕성이 있다고도 말할 수 없듯이, 신에 대해서도 말할 수 없다. 신의 상태는 덕성보다 높고, 야수는 악덕과 다르다"고 말하고 있다. 그러므로 소(小)플리니우스가 트라야누스의 장례 때 조사에서, 얼마나 높은 명예를 그에게 주었는가 하는 것을 볼 수 있다. 그때 그의 말은 다음과 같은 것이었다. 즉 "사람은 여러 신에게 다른 기도를 따로 드릴 필요가 없다. 다만 지금까지 트라야누스가 한 것처럼 훌륭한 군주를 계속 주시기를 바란다고 말하기만 하면 된다."*7 마치 신성의 모방이었을 뿐 아니라 그 모범이었던 것 같은 말투이다.

그러나 이런 것은 이교(異敎)의 모독적인 구절이며, 신적인 마음 상태의 그림자를 가질 뿐이다. 그런 신적인 마음 상태로 종교와 신성한 신앙이 사람을 인도해 가는 것이다. 그 영혼 위에 자비심이 즉 인간의 이익이 되는 것만 생각하는 마음을 심어 줌으로써 그렇게 된다. 그 자비심은 완전한 기반이라는 뛰어난 호칭을 가지고 있다. 왜냐하면 그것은 모든 덕성을 하나로 묶어 단단히 결합시켜 주기 때문이다.*8 이를테면 메난드로스*9는 공허한 관능의 사랑이라는, 신의 사랑이 거짓 모방에 지나지 않는 것에 대해서 다음과 같이 우아하게 말하고 있다. "사랑은 서툰 소피스트보다 인간 생활에 좋다." 즉 사랑은 소피스트나 교사보다도 인간에게 그 행위를 더 잘 가르쳐 준다는 것이다. 소피스트를 서툴다고 말한 것은 그 여러 가지 규칙이나 교훈에도 불구하고, 사랑이 할 수 있는 것만큼 인간을 만들어 나가는 솜씨가 뛰어나지도 않고, 자기를 소중히 하여 자기를 다스려 나가는 데 더 능숙하지도 않다는 것이다.

확실히 인간의 마음에 자비심이 타오르면 갑자기 그 사람을 움직여 한층 큰 완전성으로 이끌어 가는데, 이것은 덕학의 모든 교의 따위가 미치지 못하는 것이다. 그것은 자비심에 비하면 소피스트 정도에 지나지 않는 것이다. 아니, 다시 크세노폰의 말이 진리로서 다른 모든 감정은 마음을 높이는 수가 있기는 해도, 그 방법은 사물을 왜곡하거나 또 불쾌했거나 하는 감각 기능의 정지를 의미하는 황홀이나 과도에 의한 것이다. 그러나 사랑만이 마음을 고양시키고, 그러면서도 동시에 그것을 차분히 가라앉히고 또 가다듬는다. 그와 같이 다른 모든 뛰어난 일의 경우에도 천성을 고양시키기는 하지만 흔히 과도해지기 쉽다. 자비심만이 과도를 허용하지 않는다. 즉 과도라는 것은 있을 수 없다. 이를테면 천사들은 신과 같은 권력을 얻고 싶어하다가 길을 잘못 디뎌 타락했다. "올라가서 지고(至高)의 것과 같아지자"고 했던 것이다. 인간도 신 같은 지식을 얻으려다가 길을 잘못 디뎌 타락했다. "선과 악을 아는 신처럼 될 것이다." 그러나 선 혹은 사랑에 있어서 신과 비슷한 것이 되려다가 길을 잘못 디딘 사람도 천사도 없으며, 앞으로도 없을 것이다. 왜냐하면 그와 같은 모방 쪽으로 우리는 불려 가고 있기 때문이다. "그대의 적을 사랑하라. 그대를 미워하는 자에게 선행을 베풀라. 그리고 악의로써 그대를 부리고 박해하는 자를 위해 기도하라. 하늘에 계시고, 악과 선 위에 태양을 뜨게 하시고, 올바른 자와 부정한 자 위에 비를 뿌리시는 그대의 아버지의 아들이 되기 위해서." 그러므로 신성(神性)자신의 제일의 형(型)에 관해 이교의 종교는 다음과 같이 부르고 있다. 즉 '최선이자 최대.' 그리고 성서는 이렇게 말하고 있다. "그 자비는 그 모든 행적 위에 있다"고.

16. 그래서 마음의 수양과 통제에 관한 도덕적 지식의 이 부분의 결론을 내리기로 한다. 결론에서 사람이 만일 내가 든 여러 가지 부분을 생각하고, 내 노력을 남이 상식 혹은 경험의 문제로서 간과한 것을 모아 기술 또는 학문적으로 삼는 일이라고 판단한다면, 그 판단은 훌륭하다. 그러나 이를테면 필로크라테스가 데모스테네스와 농담삼아 말했듯이, "아테네 사람들이여, 데모스테네스와 내가 의견이 다르다고 놀라서는 안 된다. 왜냐하면 그는 물을 마시고, 나는 포도주를 마시기 때문"[10]이라는 것이 있다. 그리고 또 이를테면 두 개의 수면의 문(門)에 관한 옛 우화를 보면 이런 것이 있다.

　　두 개의 잠의 문이 있다.
　　하나는 뿔로 만든 문으로 진실의 환영(幻影)이 쉽게 나오도록 해 준다.
　　또 하나는 하얗고 윤이 나는 상아이지만 이것을 통해서 하늘로 올라가면 거짓 꿈이 주어진다. [11]

그러므로 진지하게 주의를 기울일 때 지식에 대한 확실한 격언으로서 발견되는 것은, 비교적 즐거운 음료수(포도주)는 비교적 실체 없는 공상을 낳고, 비교적 훌륭한 문(상아 문)은 비교적 거짓 꿈을 낳는다는 것이다.

17. 그러나 우리가 지금 결론에 도달한 인간 철학의 일반적 부분은 인간을 분리한 것으로서, 육체와 정신으로 성립되는 것으로 보고 있다. 이 점에 대해서 다시 눈에 띄는 것은, 마음의 선량함과 육체의 선량함 사이에는 관계 또는 일치가 있다고 생각된다는 것이다. 즉 우리는 육체의 선량을 나누어서 건강, 미, 힘, 쾌락으로 보았다. 마찬가지로 마음의 선량을 이성적, 도덕적 지식과의 관계에서 연구한다면, 마음을 건전하게 만들고 동요가 없도록 만든다는 것으로 기울어진다. 또 이것은 아름답고 품위있는 우아함을 가졌으며, 인생의 모든 의무에 강하고, 또 민활하게 만든다는 것이다. 이 세 가지

것은 육체의 경우에나 마음의 경우에나 하나가 되는 일은 좀처럼 없고, 보통은 떨어져 있다.

말하자면 쉽게 관찰할 수 있는 일인데, 지성과 용기의 힘은 가졌지만, 동요를 받지 않는 건강이나 행위상의 미(美)라든가 품위 같은 것을 안 가진 사람이 많다. 또 동작의 우아함과 아름다움은 있지만, 건전한 정직성이나 실질적인 능력은 갖지 못한 사람도 있다. 개중에는 정직하고 개선된 마음을 가진 사람으로서 행동에 우아함이 없으며, 사물을 처리하지 못하는 사람도 있다. 그리고 어떤 경우에는 그 두 가지가 하나가 되는 수도 있다. 그러나 세 가지 모두가 하나 되는 일은 좀처럼 없다. 쾌락도 마찬가지로 우리가 결론을 내린 바로는, 마음이 무감각 상태가 되어서는 안 되므로 쾌락은 유지되어야 한다. 다만 그 강도나 힘보다도 그 대상이 오히려 한정되어 있어야 한다.

〈주〉

＊1 아리스텔레스 《대도덕론》 1·1.

＊2 키케로 《무레나론》 30·62.

＊3 히포크라테스 《공리》 2·6.

＊4 베르길리우스 《아에네이스》 5·710.

＊5 베르길리우스 《아에네이스》 1·18.

＊6 아리스토텔레스 《니코마코스 윤리학》 4·6.

＊7 장례 때가 아니라 직접 한 말이라고 한다. 소 플리니우스 《트라야누스론》 74·4, 5.

＊8 〈골로새서〉 3·14.

＊9 기원전 342~291년. 아테네의 희극 작가로서 많은 작품이 있었다고 하나, 거의 현존하지 않는다. 다음의 인용은 메난드로스가 아니라 아나크산도리테스의 말이라고 한다.

＊10 데모스테네스 《거짓 사절》 355.

＊11 베르길리우스 《아에네이스》 6·894.

23

1 사회적 인간적 지식이 다루고 있는 것은 무엇보다도 가장 구체적인 내용의 문제이며, 공리(公理) 즉 일반 원리로 만들기가 가장 어려운 것이다. 그럼

에도 불구하고 로마의 감찰관 카토가 말했듯이, "로마 인은 양과 같다. 왜냐하면 그 한 사람을 몰기보다 그 한 떼거리를 몰기가 쉽기 때문이다. 다시 말해서 양 떼의 경우처럼, 소수를 올바른 쪽으로 몰고 가기만 하면 나머지는 따라올 것이다."*¹ 마찬가지로 그 점에 대해서 말한다면, 도덕 철학은 내적 선량을 만들 것을 자기에게 부과하지만 사회적 지식 즉 인간 철학은 외적 선량만을 요구한다. 왜냐하면 사회에 대해서는 그것으로 충분하기 때문이다. 그래서 좋은 정치에도 불구하고 나쁜 시대가 되는 수가 흔히 있다.

이를테면 성서의 역사 속에서 볼 수 있는 일인데, 국왕은 훌륭했으나 "백성이 오히려 마음을 정하여 그 열조(列祖)의 하느님께로 돌아오지 아니하였더라"*²고 덧붙이고 있다. 또 국가라는 것은 위대한 기관이며, 천천히 움직이고 상태가 그리 깊이 악화되지 않는다. 이를테면 이집트에 지탱한 것과 마찬가지로 정치도 한참 훌륭한 토대 위에 있으면, 그에 계속되는 잘못의 보상이 된다. 그러나 개개의 인간의 결의는 더 갑자기 뒤집힌다. 이런 여러 점에 대한 고려는 사회적 지식의 극단적인 곤란을 얼마쯤 완화시켜 준다.

2. 이 지식에는 세 가지 부분이 있고, 사회의 세 가지 주요한 행위에 상응된다. 그것은 회화 혹은 교제, 회의, 그리고 정치이다. 왜냐하면 사람이 사회에 구하는 것은 안락과 편의와 보호이기 때문이다. 그리고 이것은 다른 성질의 세 가지 지혜이며 따로따로 되어 있는 경우가 많다. 그것은 행동의 지혜, 일의 지혜, 국가의 지혜이다.

3. 회화의 지혜는 너무 지나치게 소중히 해서도 안 되지만, 그렇다고 경멸해서는 더더욱 안 된다. 왜냐하면 그것은 그 자신이 명예를 갖고 있을 뿐 아니라, 일이나 정치에 대한 영향력을 갖고 있기 때문이다. 시인의 말에 "그대의 말을, 그대의 표정으로 부수지 말라"*³는 것이 있다. 사람은 자기 말의 힘을 자기의 얼굴 표정으로 파괴해 버리는 수가 있다. 키케로는 그 행위에서도 마찬가지 일이 있을 것이라고 말하면서, 자기 형제에게 상냥하게 또 붙임성있게 대할 것을 권하고 있다. "문을 열고 얼굴을 닫으면 아무 소용도 없다." 문을 열어서 사람을 들여 놓아도, 얼굴을 닫고 서먹하게 받아들여서는 아무 소용도 없다는 것이다.

그래서 아티쿠스는 카이사르와 키케로의 제1회 회담이 있기 전에 막 전쟁*⁴이 일어나려 하고 있었을 때, 얼굴 표정과 동작을 잘 가다듬으라고 키케로에게 진지하게 충고했던 것이다. 만일 얼굴의 통제가 그렇게도 중요한 것이라면, 회화의 문제인 말이나 다른 태도의 통제는 더 중요할 것이다. 그 참된 모범은 이 목적으로 한 말은 아니지만, 리비우스가 잘 표현하고 있는 것 같다. "오만도 아니고 아첨도 아니게 보이고 싶다. 한쪽은 남의 자유를 잊고, 다른 한쪽은 자기의 자유를 잊는다."*5 태도의 중요한 점은 자기 자신의 위엄을 유지하는 동시에, 남의 자유를 침해하지 않는다는 것이다.

한편 태도와 외적 동작을 너무 생각하면, 첫째 뻐기는 것이 될지도 모른다. "무대를 실생활로 옮기는 것만큼 보기 흉한 것이 또 있겠는가?"*6 말하자면 자기의 생활을 연기(演技)하는 것이 된다. 그토록 극단적이 되지는 않더라도 시간을 허비하고 마음을 너무 쓰게 된다. 그러므로 우리는 젊은 연구자에게 친구 교제를 피하라고 충고할 때는 언제나, "친구는 시간의 도둑이다" 하고 말하는 것이다. 그러므로 동작의 분별에 지나치게 조심한다는 것은 확실히 명상의 큰 도둑이다. 또 우아의 형식에 뛰어난 사람들은 그에 만족하여 좀처럼 더 높은 덕성을 바라지 않는 법이다. 여기에 결함이 있는 사람은 훌륭하다는 평판을 얻으려고 한다. 왜냐하면 평판이 좋은 곳에서는 거의 무엇이나 다 적당하기 때문이다. 그러나 그것이 없는 곳에서는, 지나친 공손함과 찬사로써 보충하지 않으면 안 된다. 또 무엇보다도 행동의 큰 방해가 되는 것은 품위와 시간, 품위와 계절이라는 품위의 이정표를 너무 신경을 써서 지키려고 하는 것이다.

즉 솔로몬이 말했듯이, "풍세를 살펴보는 자는 파종하지 아니할 것이요, 구름을 바라보는 자는 거두지 아니하리라"*7라는 것이다. 사람은 눈에 띄는 대로 자기의 기회를 만들지 않으면 안 된다. 결론을 말하면 태도는 마음의 의복이고 의복의 조건을 갖춘 것으로 생각된다. 왜냐하면 유행에 따라서 만들어야 하기 때문이다. 그것은 너무 꼼꼼해서도 안 된다. 마음을 만드는 좋은 점을 무엇이나 보이게 하고, 결함을 가리도록 만들어야 한다. 그리고 특히 운동이나 동작을 위해서, 너무 꽉 조이거나 자유롭지 못한 데가 있어서는 안 된다.

그러나 사회적 지식의 이 부분은 훌륭하게 취급되고 있기 때문에, 나는 결여되어 있다고 보고할 수가 없다.

4. 회의 혹은 사무에 관한 지혜는 아직 저술에 집성되어 있지 않아서, 학

문과 학문에 종사하는 사람들에게 매우 큰 장애가 되고 있다.

그러므로 이 뿌리에서 생기는 의견이나 주장은, 학문과 지혜 사이에는 큰 일치성이 없다는 통설이 우리에 의해서 표현되고 있다는 것이다. 즉 사회 생활에 관계되는 것으로서 우리가 말한 세 가지 지혜 가운데 태도 동작의 지혜에 관해서 말하면, 그것은 학문있는 사람들에게 가장 경멸되고 있다. 덕성만 못하며 명성의 적이라는 것이다. 정치의 지혜에 있어서는, 그들이 필요하게 되면 충분히 잘 해낸다. 그러나 그런 일은 거의 대부분의 경우 일어나지 않는다. 그러나 사무의 지혜는 인간의 생활에 가장 관계되는 것인데, 이에 대한 서적이 전혀 없다. 다만 소수의 교훈이 산재해 있을 뿐이다. 그러나 그 교훈은 이 내용의 크기에 비하면 아예 문제도 되지 않는다. 만일 이 문제에 대해서 이미 말한 다른 것과 마찬가지로 책이 씌어진다면, 중간 정도의 경험을 가진 학문있는 사람들이, 학문은 없으나 오랜 경험을 가진 사람보다 훨씬 뛰어나게 될 것임은 의심할 것도 없다.

5. 다시 전혀 걱정할 필요가 없는 것이 있으니, 이 지식은 매우 변화가 있으므로 교훈 아래에 들어가지는 않는다는 것이다. 그것은 정치의 학문보다 무한성에 있어서 훨씬 적다. 그리고 정치는 연구되어 어떤 부분에 교훈으로 변화되는 것을 볼 수 있다. 이 지혜에 관해서는 고대 로마의 어떤 사람들이 가장 진지하고 가장 현명한 시대에 교사였던 것 같다. 다시 말해서 키케로가 전하는 바에 의하면, 원로원 의원 중에 일반적으로 현명하다는 명성과 평이나 있던, 코르카니우스, 크리우스, 라에리우스 그 밖의 많은 사람들이 어느 시각에 로마의 광장(포럼)에 가면, 그들의 충고를 들으러 모인 사람들을 만나는 행사가 그 무렵에는 있었다고 한다. *8 그리고 각 시민들은 그들에게 딸의 혼인 문제나 아들의 취직 문제, 무엇을 사는 일과 거래, 소송, 그 밖의 인간 생활의 모든 일들을 이렇게 의논했던 것이다.

이렇듯 사적인 문제에 있어서까지 충언과 충고의 지혜가 있으며, 이것은 세상 문제에 대한 보편적인 통찰 또한 가능한 것이다. 그것은 사실 제기된 개개의 경우에도 사용되지만, 같은 성질의 경우를 일반적으로 관찰함으로써 모아지는 것이기도 하다. 그와 같이 Q 키케로가 형제를 위해서 쓴 책 속에서도 볼 수 있다. 그것은 "집정관 운동에 대하여" 라는 책이다(고대 사람들이 쓴, 내가 아는 유일한 실무 서적이다). 그것은 그 무렵에 행하여지고 있던 특정 행위에 관한 것이며 그 내용은 아주 현명하고 적절한 공리로 성립되어 있는데, 그것은 일시적인 것이 아니라 민중의 선거 때의 영속적인 지침을 포함하고 있다. 또 주로 신성한 저술 속에 들어가는 솔로몬 왕이 만든 요의(要義)에서 볼 수 있는 것이 있다. 솔로몬 왕에 대해서는 성서가 그 마음의 바닷가의 모래 같다*⁹고 증언하고 있으며 세계와 모든 세상 문제가 포함되고 있는데, 사실 거기서 볼 수 있는 것은 적잖게 심원하고 뛰어난 주의력과 교훈과 판단력으로써 온갖 경우에 미치고 있다. 여기서 이에 대해 잠시 설명하고 몇 가지 예를 고찰해 보자.

6. "무릇 사람의 말을 들으려고 마음을 두지 말라, 염려하건데 종이 너를 저주하는 것을 들으리라."*¹⁰ 여기서 권유되고 있는 것은 우리가 알고 싶지 않은 것을 추구하지 말라는 조심성이다. 이를테면 세르토리우스의 서류를 읽지 않고 태운 것은 대(大)폼페이우스의 커다란 지혜였다고 판단되었다. *¹¹

"지혜로운 자와 미련한 자가 다투면, 지혜로운 자가 노하든지 웃든지, 그 다툼이 그침이 없느니라."*¹² 여기서 말하고 있는 것은, 현명한 사람이 자기보다 낮은 신분의 사람과 다툼을 벌이면 아무 이익도 없다는 것이다. 그런 다툼은 그 사람이 문제를 농담으로 얼버무려 버리거나, 노여움으로 돌리거나, 어느 쪽을 향하든지 그로서는 잘 처리할 수 없는 것이다.

"종을 어렸을 때부터 곱게 양육하면, 그가 나중에는 자식인 체하리라."*¹³ 여기서 말하고 있는 뜻은 사람이 처음부터 은혜를 너무 많이 베풀면, 보통 끝에 가서는 자신에게 불친절해지고 망은(忘恩)하게 된다는 것이다.

"네가 자기 사업에 근실한 사람을 보았느냐? 이러한 사람은 왕 앞에 설 것이요, 천한 자 앞에 서지 아니하리라."*¹⁴ 여기서 말하고 있는 것은 명예를 얻게 되는 모든 덕성 중에서, 사무 처리의 근실함이 제일이라는 것이다. 말하자면 상사들은 대개의 경우 자기들이 사용하는 사람이 너무 심원하거나, 너무 능력이 있는 것을 바라지 않으며, 일을 잘하고 근실하기를 바라는 것이다.

"해 아래서 다니는 인생들이 왕의 버금으로 대신하여 일어난 소년과 함께 있으매."*¹⁵ 여기에 표현되어 있는 것은 처음에는 술라가, 나중에는 티베리우스가 주목한 것이다. "돋는 해를 보는 자가 지는 해나 정오의 해를 보는 자보다 많다."*¹⁶

"주권자가 네게 분노를 일으키거든 넌 네 자리를 떠나지 말라. 공순함이 큰 허물을 용서받게 하느니라."*17 여기에서 말하고 있는 주의는, 상사가 화를 낼 때 물러나는 것이 모든 방법 중에서 가장 서툰 짓이라는 것이다. 왜냐하면 그렇게 되면 사물의 최악인 상태 때에 떠나게 되어, 그것을 개선할 수단을 스스로 빼앗는 것이 되기 때문이다.

"작고 인구가 많지 않은 어떤 마을에, 큰 임금이 와서 큰 방벽을 쌓아 둘러치려 할 때에, 그 마을 가운데 가난한 지혜자가 있어서 그 지혜로 그 마을을 건진 것이다. 그러나 이 가난한 자를 기억하는 사람이 없었도다."*18 여기서는 국가의 부패가 언급되고 있다. 그런 곳에서는 볼일이 끝나면 덕성도 가치도 존중하지 않게 된다.

"유순한 대답은 분노를 쉬게 한다."*19 여기에 적혀 있는 것은, 침묵 또는 거친 대답은 상대편을 짜증스럽게 만든다는 것이다. 그러나 금방 나온 부드러운 대답은 사람의 마음을 달래 준다.

"게으른 자의 길은 가시 울타리 같다."*20 여기에 생생하게 적혀 있는 것은, 게으름쟁이의 노고가 나중에 어떻게 되는가 하는 것이다. 즉 무슨 일이 마지막까지 미루어지고 아무런 준비도 되어 있지 않을 때는, 한 걸음 한걸음이 가시밭길이자 장애여서 긁히고 막힌다.

"일의 끝이 시작보다 낫다."*21 여기서는 형식적인 연설을 하는 사람의 허영심을 비난하고 있다. 그런 사람들은 서두나 첫 부분에 매우 고심하고, 연설의 결론이나 마지막은 별로 생각지 않는다.

"사람의 낯을 보아 주는 것이 좋지 못하고 덕으로 인하여 범법하는 것도 그러하니라."*22 여기에 적혀 있는 것은, 재판관은 뇌물을 받는 편이 인간을 편애하는 자보다 차라리 낫다는 것이다. 타락한 재판관은 사람이 하자는 대로 하는 자만큼 가볍게 죄를 범하지는 않기 때문이다.

"가난한 자를 학대하는 가난한 자는 곡식을 남기지 아니하는 폭우 같으니라."*23 여기에 표현되어 있는 것은 극단적인 강제 징수이며, 배부른 거머리와 굶주린 거머리의 옛 이야기로써 비유적으로 말하고 있다.

"의인이 악인 앞에 굴복하는 것은, 우물이 흐려짐과 샘이 더러워짐과 같으니라."*24 여기에 적혀 있는 것은, 세상의 면전에서 재판상 눈에 띄는 부정은 정의의 근원을 교란하는 것으로써, 보고도 못 본체하는 많은 개개의 위해보다 더하다는 것이다.

"부모의 물건을 도둑질하고 죄가 아니라 하는 자는 멸망케 하는 자의 동류이니라."[25] 여기에서 말하고 있는 것은 사람들이 가장 친한 친구에게 위해를 줄 때는 그 죄를 가볍게 생각하는 것이 보통이고, 그들에게는 안심하고 멋대로 해도 괜찮은 것처럼 생각되지만, 반대로 그것은 그 죄를 무겁게 하는 것이며, 위해가 아니라 진정의 결여가 된다는 것이다.

"노여움을 품은 자와 사귀지 말며, 울분한 자와 동행하지 말지니라."[26] 여기에서 말하고 있는 것은, 친구를 고를 때 주로 참을성 없는 사람을 피하도록 하라는 것이다. 우리에게 많은 당파나 싸움의 편을 들게 하기 때문이다.

"자기 집을 해롭게 하는 자의 소득은 바람이라."[27] 여기에 적혀 있는 것은 가정의 분열이나 파탄 때, 사람들은 장차 자기 마음을 가라앉히고 만족을 얻을 수 있게 되리라고 생각한다. 그러나 반드시 그렇게는 되지 않으며, 그것은 바람처럼 헛된 것이 된다는 것이다.

"지혜로운 아들은 아비를 기쁘게 하거니와, 미련한 아들은 어머니의 근심이니라."[28] 여기서 단언하고 있는 것은 아버지는 자식이 잘되면 가장 기뻐하지만, 어머니는 나쁘게 될 때 가장 마음 아파한다는 것이다. 왜냐하면 여성은 덕성에 대한 식별력은 별로 없지만, 운에 대해서는 알기 때문이다.

"허물을 덮어 주는 자는 사랑을 구하는 자요, 그것을 거듭 말하는 자는 친한 벗을 이간하는 자니라."[29] 여기서 주어지고 있는 주의는 더 잘 융화되기 위해서는 용서하고 지난 일을 잊어버려야 하며, 이것이 변명이나 해명보다 낫다는 것이다.

"모든 수고에는 이익이 있어도, 입술의 말은 궁핍을 이룰 뿐이니라."[30] 여기에서도 주의하고 있는 것은 말이나 담화가 이루어내는 것은 결국 나태와 결핍뿐이라는 것이다.

"송사에서 원고의 말이 바른 것 같으나, 그 피고가 와서 밝히느니라."[31] 여기서 말하고 있는 것은, 모든 소송에서는 먼저 한 말이 많은 부분을 차지하며 그것이 주는 편견은 좀처럼 제거할 수 없다는 것이다. 그 내용에 대해서는 어떤 기만이나 과오가 발견되지 않는 한 그렇다.

"남의 말 하기를 좋아하는 자의 말은 별식과 같아서 뱃속 깊은 데로 내려가느니라."[32] 여기서 특히 설명하고 있는 것은, 아첨이나 변죽 울리는 말은 의도적이고 교묘히 만든 것일 때는 별로 영향력이 없다. 그러나 자연스럽고 자유로이 단순해 보이는 것은 깊이 파고들어간다는 것이다.

"거만한 자를 징계하는 자는 도리어 능욕을 받고, 악인을 책망하는 자는 도리어 흠을 잡히느니라."[*33] 여기서 주어져 있는 주의는, 오만하고 남을 경멸하는 사람에 대한 비난의 방법이다. 그런 사람들은 그것을 모욕으로 생각하며, 따라서 그 보복을 하려는 것이 보통이다.

"지혜있는 자에게 교훈을 더하라, 그가 더욱 지혜로워질 것이요, 의로운 사람을 가르치라, 그의 학식이 더하리라."[*34] 여기서 구별하고 있는 것은 습관이 된 지혜와 말뿐으로 생각 속에서만 헤엄치고 있는, 즉 가졌다는 상상만 하고 있는 것이 존재한다는 것이다. 즉 한쪽은 그 지식이 활기를 띠게 되고 강화되며 또 다른 한쪽은 당황하고 혼란스럽다.

"물에 비치면 얼굴이 서로 같은 것같이, 사람의 마음도 서로 비치느니라."[*35] 여기서는 현자의 마음이 거울에 비유되고 있다. 그 속에는 온갖 모든 성질이나 습관의 모습이 드러난다. 그런 표현에서 다음과 같은 응용이 나온다.

"식별력이 있는 사람은 어떤 성격이라도 다룰 수 있을 것이다."[*36]

7. 솔로몬의 현명한 문장을 좀 길게 고찰하고, 예로서는 적당한 균형을 잃은 이 부분의 지식에 권위를 주려는 희망에서, 결핍되어 있다고 생각되는 것을 매우 뛰어난 전례에서 살펴보았다. 또 그와 더불어 간단한 관찰을 설명했는데, 그것은 내가 이해하는 데까지 의미를 억지로 해석하는 일이 없도록 하기 위해서였으며, 더 신성한 용도에 쓰일 수 있다는 것을 나도 잘 안다. 그러나 신학의 경우에서도 볼 수 있다고 생각되는데, 몇 가지 해석과 사실, 몇몇 저술 중에는 다른 것보다 비교적 신비적인 데가 있는 것도 있다. 그러나 그것이 인생에 대한 교훈이라고 생각된다면 그것은 큰 담론의 대상이 되었을지도 모른다.

다만 그때는 그것을 분석하여 추론과 예로써 예해(例解)하게 되었을 것이다.

8. 또 이와 같은 우회적인 방법은 히브리 인들만 쓴 것은 아니었다. 더 고대의 지혜 속에서도 일반적으로 볼 수 있는 것이다. 사람들이 인생에 유익하다고 생각되는 관찰을 발견했을 때는, 그것을 모아 예화나 요의(要義)나 우화 같은 것으로 표현하는 것이 보통이었다. 그러나 우화에 대해서 말한다면,

그것은 대용품으로써 실례없는 경우에 주어지는 보조적인 것이었다. 그런데 시대는 역사에 차 있으므로, 겨냥은 과녁이 살아 있을 때 더 한층 효과적이다. 즉 현실의 예를 사용하면 된다. 그러므로 모든 것 중에서 사무 처리나 기회의 이 다양한 내용에 가장 적합한 서술의 형식은, 마키아벨리가 현명하고 적절하게 선택하여 정치를 논했을 때 쓴 형식이다. 즉 역사와 실례에 대한 담화이다. 왜냐하면, 새로이 그리고 우리가 보고 있는 곳에서 개개의 예로부터 얻은 지식은, 개개의 실례와도 가장 통하는 것이기 때문이다.

그리고 담화가 실례에 종속되고 근거로 하는 편이, 실제의 적용을 위해서는 훨씬 큰 생명을 가지며, 실례가 담화에 종속되고 그에 근거하는 경우와는 다르다. 이것은 얼핏 보기에 순서가 문제인 것처럼 보이지만, 사실은 실질이 문제이기 때문이다. 왜냐하면 실례가 근거일 때는 일반적인 역사 속에 있는 것이므로, 모든 상황이 모두 그곳에 있게 된다. 그리하여 그것은 모든 경우에 그 위에서 이루어지는 담화를 지배하기도 하고 보충하기도 하여, 바로 행위의 형(型)이 될지도 모른다. 그런데 담화를 위해서 나오는 실례는 간결하게 인용되며, 개개의 실례가 없다. 그리고 그것을 보충하기 위해 넣는 담화에 대해서 종속적인 모습을 띠게 된다.

9. 그러나 다음과 같은 차이를 기억해 두어도 무방하다. 그것은 시대의 역사가 정치의 담화, 이를테면 마키아벨리가 다루고 있는 것과 같은 것의 최량의 근거가 되는 것이며, 마찬가지로 사람의 생애의 역사는 실무의 담화를 위해서는 그 양쪽보다 훨씬 적절한 담화의 근거가 있다. 그것은 편지에 입각한 담화이다. 이를테면 현명하고 무게있는 것으로서 키케로의 《아티구스 서한》 등 많이 있다. 편지는 연대기나 전기보다 실무에 대해서는 크고 또 개별적인 표현으로 되어 있다.

이제까지 이 부분에 대한 사회적 지식의 내용과 형식 양쪽에 관해서 설명했다. 그러나 사무에 관한 것은 결여되어 있다고 말할 수 있다.

10. 그러나 또 하나의 부분이 있다. 그것은 우리가 이미 설명한 것과는 매우 다른 것으로서, '일반적인 지혜'와 '자기 자신을 위한 지혜'만큼의 차이가 있다. 전자는 말하자면 원주(圓周) 즉 자기 주위에 있는 사람들을 향해서 움직이고, 후자는 중심 즉 자기 자신을 향해서 움직인다. 다시 말해서 충고의 지혜가 있고 자기 자신의 운을 추진하는 지혜가 있다. 그리고 그것은 하

나가 되는 수도 있고 떨어지는 수도 흔하다.

말하자면 자기 자신의 길에서는 현명하지만, 정치 혹은 충고에서는 약한 사람이 많다. 그것은 개미와 비슷하다. 개미는 그 자신으로서는 현명한 동물이지만 정원에는 매우 해롭다. 이 지혜를 로마 인은 잘 알고 있었다. "왜냐하면 진실로 슬기로운 사람은 자기 자신에게 운을 만들어 준다"하고 희극 시인은 말하고 있다. *37 그리하여 그것은 "누구나 자기 자신의 운에 개척자이다"라는 속담으로 발전했다. 리비우스가 대 카토의 말이라고 전한 것에 "이 사람 속에는 비상한 마음과 천재의 힘이 있으며, 어디서 태어났거나 자기 자신이 운을 만드는 것을 볼 수 있었을 것이다"라는 것이 있다.

11. 이러한 생각 혹은 의견을 너무 많이 선언하거나 공언하는 것은 현명하지 않으며, 불운한 일로 생각되고 있었다. 이를테면 아테네 인 티모테우스*38의 예에서 볼 수 있다. 이 사람은 그 정치로써 국가에 많은 위대한 봉사를 했는데, 그것을 그 즈음의 방법으로 국민에게 설명할 때 일일이 곁에다, "그리고 이 일에는 운이 없었다"하고 덧붙였다. 그리하여 그 결과로 일어난 것은, 그 뒤에 손을 댄 모든 일이 신통치 않았다는 것이다. 말하자면 그것은 지나치게 오만한 일이었으며, 에스겔이 파라오에게 한 말을 연상시키는 것이었다. "너는…… 스스로 이르기를, 이 강은 내 것이라, 내가 나를 위하여 만들었다 하는도다."*39 혹은 또 한 사람의 예언자가 이야기하고 있는, "사람들이 자기의 어망과 덫에 제사 지내고 있는 것과 비슷하다."*40 그것은 시인이 말하고 있는 일이기도 하다.

나의 오른 손과, 나의 창은 제가 믿는 신입니다. *41

즉 그와 같이 자신은 언제나 신성한 것이 되어 있지 않았으며, 축복받고 있지 않았었다. 그러므로 위대한 정치가였던 사람들은, 사실 언제나 자기의 성공을 행운 탓으로 돌렸으며, 자기의 수완이나 덕성 때문이라고 말하지는 않았다. 그래서 술라도 자기 이름에 '행운의'라고 붙였지만, 대(大)라는 이름을 붙이지 않았던 것이다. 그래서 카이사르도 뱃사공에게, "너는 카이사르와 그의 운을 싣고 있다"고 말했던 것이다.

12. 그러나 다음과 같은 여러 가지 의견도 있다. "각 사람의 운은 자신의

손에 달려 있다." "현자는 운명의 별을 지배한다." "어떤 길이고 덕성이 지나가지 못하는 길은 없다." 그것은 근면에 대한 박차 같은 자극으로 해석되고 사용되고 있으며, 오만의 발판이나 지탱으로 생각되고 있지는 않다. 또한 결단 때문이며 오만이나 외적인 선언 때문이 아니다. 그리하여 이런 일은 언제나 건전하고 좋은 일로 생각되어 왔다. 그리고 물론 가장 위대한 사람들의 마음 속에 새겨져 있다. 그런 사람들은 이 의견에 깊은 감명을 받아 매우 감탄하고 있으므로, 그것을 거의 마음 속에 감추어 둘 수가 없다. 그 예를 아우구스투스 카이사르에서 볼 수 있다(덕성에서 못하다기 보다, 그의 백부 율리우스 카이사르와는 다른 사람이었다.) 그는 죽을 때 주위의 친구들에게 갈채를 보내 달라고 부탁했다. 마치 자기가 무대 위에서 자기의 역할을 잘 해냈다는 것을 스스로 의식하고 있었던 것처럼.

지식의 이 부분 역시 결여되어 있다고 보여진다. 행해지지 않고 있다는 것이 아니라, 저술이 되어 있지 않다는 것이다.

그러므로 공리로 포함할 수 없는 것처럼 사람들이 생각해도 안 되므로, 앞에서 한 것처럼 여기에 그 몇 가지 항목 혹은 절(節)을 적어 둘 필요가 있을 것 같다.

13. 이 경우 먼저 어떻게 출세하여 자기의 운을 향상시키는가를 사람에게 가르치는 것이, 새롭고 비범한 내용처럼 보일는지도 모른다. 이때의 교의는 누구나 아마 자기 스스로 제자가 되고 싶어질 만한 것인데, 거기서 곤란에 부딪친다. 왜냐하면 운은 덕성 못지않게 심한 부담을 부과하는 것이기 때문이다. 그리고 참된 정치가가 되는 것은, 참된 도덕가가 되는 것 못지않게 어렵고 까다로운 일이다. 이에 대한 취급은 명예로 보나 내용으로 보나 학문과 매우 관계가 있다.

명예에 있어서는 활동적인 사람이 학문이란 종달새처럼 높은 곳으로 올라가서 노래부르며 스스로 기뻐할 뿐이다. 다만 남을 위해서 아무것도 하지 않는다는 생각을 갖고 돌아다니지 않게 하기 위해서 애쓰는 것이다. 그리고 다음과 같이 알아 주기를 바란다. 학문은 매와 비슷하다는 것으로 그것은 높이 솟아 오를 수도 있고 낮게 내려와서 먹이에 덤벼들 수도 있다. 실제로 그것은 진리 탐구의 완전한 법칙이며 수정(水晶)의 구체(球體), 즉 마음 속에 마찬가지로 존재하지 않은 그 무엇도 물질의 구체 즉 다시 말하면 세계 속에 없다는 것이다.

말하자면 존재하거나 혹은 행동하는 어떤 것이든지 꺼내지고 모여져서 관조와 교의가 되지 않는 것은 없다는 것이다. 또 학문은 운이 이 기구에 감탄하고 혹은 평가할 때는, 비교적 못한 일에 속하는 것 이외에는 생각하지 않는다. 왜냐하면 어떤 사람의 운이라도, 그 존재에 알맞는 목적일 수는 없기 때문이다. 그리고 대개의 경우 가장 가치 있는 사람이라도, 한층 가치 있는 목적을 위해서는 자기의 운을 기꺼이 버리는 법이다. 그런데도 덕성과 가치의 도구로서의 운은 고려해 볼 만한 것이다.

14. 그러므로 먼저 운에서 이기는 데 가장 중요하다고 생각하는 교훈은, 모무스가 요구한 그 창문을 얻는 일이다. *42 그는 인간 마음의 구조 속에 여러 가지 모퉁이나 후미진 곳이 있는 것을 보고, 그것을 들여다볼 수 있는 창이 없어서는 안 된다고 말했다. 그 인물, 그 성질, 그 욕망과 목적, 그 습성과 방법, 그 도움과 장점, 그 힘의 의지가 되는 것 등에 관해서 각각 좋은 지식을 얻고 싶어했던 것이다. 또 그 약점과 불리한 점, 가장 개방되어 있고 외면에 드러나 있는 점도 있다. 그의 친구, 당파, 종속 관계에 있는 자도 있다. 그 반대자, 질시하는 자, 경쟁자, 그 기분과 시기 같은 것도 있다. "당신만이 그에게 접근하는 방법과 좋은 시기를 알고 있다."*43 그들의 주의(主義), 규칙, 습성 같은 것도 있다. 이것은 인물뿐 아니라 행위에 대해서도 말할 수 있다. 이따금 무엇이 일어나고 있는가, 또 어떻게 그것이 집행되고 편들어지고 반대당하고 있는가, 어느 정도로 중요한가 하는 문제가 있다. 즉각적인 행위의 지식은 그 자체가 중요할 뿐 아니라, 그것이 없으면 인물의 지식도 매우 그릇된 것이 된다. 왜냐하면 사람들은 행위와 더불어 변하기 때문이다. 그리고 무엇을 추구하고 있을 때와, 그 본성으로 돌아갈 때와는 다른 것이다.

인물과 행위에 관한 개개 경우의 이러한 지식은, 하나하나의 행위에 관한 삼단논법의 소전제(小前提) 같은 것이다. 다시 말해서 아무리 뛰어난 관찰(그것은 대전제 같은 것이지만)이라도, 소전제에 과오나 잘못이 있으면 결론의 근거가 되기에는 충분할 수가 없다.

15. 이 지식이 가능하다는 것은 솔로몬이 우리의 보증이다. 그는 "사람의 마음에 있는 모략은 깊은 물 같으니라. 그럴지라도 명철한 사람은 그것을 길

어 내느니라"*44 하고 말하고 있다. 이 지식 그 자체는 교훈 속에 들어가지 않는다. 그것은 개인마다 무한한 것이기 때문이다. 그러나 그것을 얻기 위한 지시는 들어갈지 모른다.

16. 그래서 우리가 첫째로 다루는 교훈은 고대인의 의견에 따라서, 지혜의 줄기 내지는 가장 중요한 신념의 더딤과 불신이라는 것이다. 말보다도 얼굴이나 행위에 더 한층 신뢰를 준다는 것이다. 말도 숙고하고 의도가 있는 말보다는 불쑥 나오는 일절이나 의표를 찔려서 나오는 말이다. 이른바 "얼굴은 믿을 수 없다"*45는 것도 걱정할 것 없다. 그것은 일반적인 외적 행동에 대해서 한 말이며, 얼굴이나 동작의 사적이고 미묘한 움직임이나 노력에 대해서 한 말이 아니다. 이것은 Q 키케로가 훌륭하게 말하고 있듯이 '영혼의 문간'*46이다. 티베리우스보다 비밀주의적인 것은 없었지만, 타키투스는 갈루스*47에 대해서, "정말로 얼굴 표정으로 상한 기분을 상상했다"고 말하고 있다.

또 원로원에 게르마니쿠스와 드루수스를 추천할 때 성격과 태도의 차이를 설명하여, 게르마니쿠스가 말을 할 때의 모습에 대해서, "과시하기 위해 꾸민 말투를 쓴다. 그것은 마음속에서 느끼고 있다고는 믿어지지 않는 말이다"*48라고 말하고 있다. 그러나 드루수스에 대해서는, "말은 적었으나 열심이고 성실했다"고 말하고 있다. 또 다른 대목에서의 무엇이나 훌륭하고 대중적 인기가 있는 것을 할 때 그의 말의 성질을 설명하고 있는데, 다른 일에서는 "그의 말은 간신히 애를 써서 하는 것 같았다." 그러나 또 "사람을 도우려고 할 때는 부드럽게 이야기했다."*49 그러므로 다른 것을 가장하는 기교가라 하더라도, 혹은 얼굴 표정을 마음대로 한다 하더라도, 지어 낸 이야기와 다음과 같은 태도를 분리할 수 있는 사람은 없다. 이를테면 비교적 가볍고 무관심한 태도라든가, 비교적 따분하고 너절한 태도라든가, 비교적 노력해서 간신히 나오는 태도 같은 것이다.

17. 또 행위라는 것은 그 크기나 성질에 대해서 분별있는 고려를 하지 않고 신용할 수 있는 그런 확실한 보증이 아니다. "거짓은 조그마한 일로 자기의 신용을 얻고, 더 큰 이익이 되도록 속이려 한다."*50 그리고 이탈리아 인이 자기가 사거나 팔리려 하고 있다고 생각하는 것은, 뚜렷한 원인도 없는데 언제나 보다 잘 취급할 때이다. *51 조그마한 은혜는 경계심이나 근면성에 대

해서 사람을 잠재우는 데 지나지 않는다. 그리고 데모스테네스가 말하고 있 듯이 "나태의 습관"*52이다. 그래서 또 어떤 행위의 성질이 얼마나 거짓된 것인가를 알 수 있다. 그 예로서 뮤키아누스가 안토니우스 프리무스*53에게 한 특별한 경우가 있다. 그것은 두 사람 사이에 성립된 공허하고 불성실한 화해 때의 일이었다. 그런 일로 뮤키아누스는 안토니우스의 많은 친구들을 승진시켰다. 동시에 "그 친구들에게 장관과 호민관(護民官)의 지위를 많이 주었다."*54 그리하여 그를 강화시켜 주는 체하면서 실은 그를 고립시키고 그 로부터 그의 의존자들을 빼앗았던 것이다.

18. 말은 의사에 대한 오줌 같은 관계에 있으며, 병자를 진단하는 데 도움 이 된다고 할 수 있다. 아첨이나 불확정적인 데가 많지만, 그렇다고 경멸할 수는 없다. 특히 격정과 감정이 있을 때는 유리하게 판단할 수 있다. 즉 그 와 같이 하여 티베리우스는 아그리피나*55의 꿰뚫는 듯한, 그리고 사람을 노 엽게 만드는 말을 들었을 때, 그 겉보기의 태도에서 한 걸음 나아가 다음과 같이 말한 것을 볼 수 있다. "당신은 자기가 지배하고 있지 않으니까 기분이 나쁜 것이다." 이에 대해서 타키투스의 말에 의하면, "그 말은 티베리우스로 부터는 좀처럼 들을 수 없는 짐작 못할 그 은밀한 가슴 속의 소리를 끌어냈 다. 그는 그리스의 말로 응수하지 않았기 때문에 그녀의 감정을 상하게 한 것이라고 했다."*56 그래서 시인은 격정을 고문의 도구라고 우아하게 부르고, 사람들에게 그 비밀을 토해내도록 부추기는 것이라고 말하고 있는 것이다. 즉

술과 노여움의 고문을 받고*57

그리고 경험이 보여 주는 바에 의하면, 아무리 자기에게 충실히 비밀을 지 키고 변하는 일이 없다고 하더라도, 어떤 경우에는 격분하고, 어떤 경우에는 과시하려고, 어떤 경우에는 친절심에서, 또 어떤 경우에는 마음의 번민이나 심약함 때문에 자기를 열어 보이지 않는 사람은 거의 없다는 것이다. 특히 이쪽에서 거꾸로 거짓말로 떠보려고 할 때는, 에스파냐의 속담처럼 "거짓말 을 하여 진실을 발견하라"는 것이 된다.

19. 몇 사람의 손을 건너서 어떤 사람을 소문에 의해 알아내는 데 관해서

는 사람들의 약점이나 결점이 가장 잘 알려지는 것은 그 원수로부터이고, 그 덕성이나 능력은 그 친구로부터이다. 또 그 습성이나 편리한 시기는 하인으로부터이고, 그 사상이나 의견은 그 친한 친구로서 가장 자주 만나 이야기하는 사람으로부터 알 수 있다. 일반적인 소문은 가볍고 가치가 적으며, 손위 사람이나 동배가 갖는 의견은 잘못이 많다. 다시 말해서 이런 사람들을 보면 사람들은 비교적 가면을 쓰고 있는 것이다. "비교적 진실된 소문은 가족한 테서 나온다. *58

20 그러나 사람들에 대한 더 확실한 통찰과 설명은 그 성질과 목적에 의한다. 이 경우 가장 약한 사람은 그 성질에 의해서, 현명한 사람은 그 목적에 의해서 가장 잘 해석된다. 기지가 있고 현명한 말로서(하기야 나는 거의 맞지 않는다고 생각하고 있지만), 교황 사절이 대사로 나가 있던 어느 나라에서 돌아왔을 때 한 말이 있다. 후임 임명에 관한 의견을 질문받았을 때, 너무 똑똑한 사람은 보내지 말라고 말한 것이다.

그 까닭은 너무 현명한 사람은, 그 나라 사람들이 무슨 짓을 할 것 같은지 상상하지 못할 것이라는 것이었다. 확실히 사람이란 너무 깊이 생각해서 실제로 가능한 것 이상으로 더 깊은 목적이나 더 복잡한 속셈 같은 것을 의심하게 되는데, 이는 흔히 있는 잘못이다.

다음의 이탈리아 속담은 훌륭하고 또 대부분 진실이다.

돈도, 지혜도, 진실도
사람들이 상상하는 것보다는 언제나 모자라는 것이다.

보통은 사람들이 생각하는 것보다 돈도 지혜도 진실도 그리 많지 않은 법이다.

21. 그러나 군주는 훨씬 다른 이유로 그 성질에 의해서 가장 잘 해석되고, 사적인 사람들은 그 목적에 의해서 해석된다. 말하자면 군주는 인간의 욕망의 정점에 있으므로, 대개는 자기의 특정한 목적을 갖고 있지 않다. 그런 것이 있다면 그런 것의 거리로써, 그의 행위나 욕망이나 그 밖의 척도와 정도를 측정할 수 있을 것이다. 그러나 그런 것이 없으니 그의 마음을 더 짐작하기 어려운 것으로 만드는 원인의 하나가 되고 있는 것이다.

또 사람의 목적이나 그 다양한 성질을 아는 것만으로도 충분하지 않다. 그 강도는 어느 정도인가, 어떤 목적이 주로 요구되고 있는가 하는 것도 알아야 한다. 그러면 우리는 알 수 있다.

이를테면 티겔리누스*[59]는 네로가 가장 흐뭇해하는 기분에 대해서 페트로니우스 투르필리아누스에게 선수를 빼앗겼을 때, "그 비밀의 불안 속에 파고 들어갔다."*[60] 그는 네로의 불안에 작용하여 상대편의 목을 치게 했던 것이다.

22. 그러나 연구의 이 부분 전체에 걸쳐서 가장 간결하고 포괄적인 길은, 다음의 세 가지 것에 있다. 첫째는 보편적인 지식이 있고, 세상을 제일 많이 보고 있는 사람들과 일반적으로 사귀고 친해진다는 것이다. 특히 일과 인물의 다양성에 따라 저마다의 각 종류에서 완전한 지식을 가진, 적어도 누군가 한 사람의 친구와 친해지고 사귄다는 것이다. 둘째로 말의 자유와 비밀에 있어서 충분히 중용을 지킨다는 것이다. 대개의 것에 대해서는 자유롭게 하고, 중대한 경우에는 비밀로 하는 것이다. 말의 자유라는 것은, 자유를 저편에서도 사용하게끔 자초하게 되고 또 도발하게 만든다. 그리고 사람의 지식에 많은 것을 가져다 주게 된다. 한편 비밀은 신뢰와 친밀성을 불러일으킨다. 마지막으로 셋째는 자기 자신에게 주의 깊고 조용한 습관을 갖게 하고, 회의 때나 어떤 행위에 있어서나 생각하고 목적을 세우게 하며, 관찰할 때도 행동할 때도 그와 같이 하게 한다. 에픽테투스도 철학자에게 일일이 개별적인 행위에서 다음과 같이 생각하게 하고 싶어했다. "나는 이것을 할 생각이다. 그리고 내 계획대로 할 생각이다."*[61] 마찬가지로 현명한 사람도 무슨 일에서나 일일이 다음과 같이 생각해야 할 것이다. "나는 이것을 하고 싶다. 그리고 앞으로 어떻게 쓰여질 것인가도 배우고 싶다."

좋은 지식을 얻은 이 교훈의 대목을 내가 비교적 길게 생각한 것은, 그 자체가 주요한 부분을 이루고 있고 다른 모든 일에 적응되는 것이기 때문이다. 그러나 특히 주의하지 않으면 안 되는 것은, 이렇게 많은 것을 안다고 자신하며 많은 일에 손을 대는 것이다. 많은 일에 가볍고 경솔하게 손을 대는 것만큼 불행한 일은 없다. 말하자면 이런 종류의 지식이 도달하는 곳은, 우리와 관계있는 행위를 더 잘 그리고 더 자유로이 선택하고, 그것을 그만큼 더 과오가 적고 솜씨있게 다루게 된다는 것이다.

23. 이 지식에 관한 제2의 교훈은, 사람이 자기 자신의 사람됨에 대해서 충분한 지식을 얻고, 자기 자신을 잘 이해하는 것이다. 성 야곱이 잘 말하고 있듯이, 사람은 자주 거울을 들여다보면서도 갑자기 자기를 잊어버린다는 것을 아는 것이다. 이 점에 신의 거울이 신의 말인 것처럼, 사회의 거울은 우리가 살아 있는 세계 혹은 시대의 상태이다.*62 그 속에서 우리는 자기를 볼 수 있다.

24. 말하자면 인간은 자기 자신의 능력과 덕성에 대해서 공평한 견해를 가져야 한다. 또 자기의 모자라는 점이나 장애에 대해서도 마찬가지이다. 후자 즉 결점에 대해서는 되도록 크게 생각하고, 전자 즉 능력에 대해서는 최소한으로 생각한다. 그리고 이와 같은 견해나 검토에서 다음과 같은 고려를 하는 것이다.

25. 첫째로 그들 성질의 구조가 시대의 일반적인 상태에 어떻게 적합하느냐 하는 것이다. 그것이 만일 적합하고 적절하다면, 모든 일에 있어서 더 많은 폭과 자유를 갖도록 해도 된다. 그러나 만일 다르고 일치하지 않으면, 그 생활의 추진 방법 전체에 걸쳐서 더 뒤로 물러나서 숨고 삼가도록 해야 한다. 그 예를 티베리우스에서 볼 수 있다. 그는 한 번도 연극을 보러 간 적이 없고, 만년의 12년 동안에는 원로원에도 나가지 않았다. 그런데 아우구스투스 카이사르는 언제나 사람의 눈에 띄는 곳에 살았다. 그것을 타키투스는 "티베리우스의 방법은 달랐다."*63고 말하고 있다.

26. 둘째로 그 성질이 직업이나 인생의 살아가는 방법과 어떻게 일치하느냐 하는 것을 생각하고, 만일 고정되어 있지 않다면 선택하는 것이다. 그리고 만일 고정되어 있으면 첫 기회에 떠나야 한다. 이를테면 발렌티노아 공작(公爵)*64의 행동에서 볼 수 있다. 이 사람의 아버지는 그를 성직자의 자리에 앉힐 생각을 하고 있었으나, 그는 자기의 성격과 경향을 생각하고 금방 그만두었다. 그러나 그것이 군주와 성직자의 어느 쪽에나 더 나빴느냐 하는 것은 좀처럼 알 수 없는 일이다.

27. 셋째로 경쟁자나 상대가 있을 법한 일과의 조화를 생각하는 것이다. 그리하여 가장 고독하고 자기만이 가장 빛날 것을 택하는 것이다. 그 예로서 카이사르 율리우스의 거동을 들 수 있다. 처음에 그는 웅변가나 변호사였다. 그러나 키케로, 호르텐시우스, 카툴루스*65 같은 사람들이 웅변에서 우월한

것을 보았을 때, 그리고 군사의 명성이 있는 사람은 폼페이우스밖에 없고 국가가 그에게 의지하지 않을 수 없다는 것을 보았을 때, 사회적 대중적 위대함을 향해서 시작된 자기의 진로를 단념하고 자기의 의도를 군사적 위대함 쪽으로 바꾸었던 것이다.

28. 넷째로 친구나 종자들의 선택은 자기 성질의 기질에 따라서 나아간다는 것이다. 이를테면, 카이사르의 경우에 그것을 볼 수 있다. 그의 친구나 고용자 또는 종자들의 모두는 활동적이고 실행력이 있는 사람들이었지만, 예의바르고 명성이 있는 사람들은 아니었다.

29. 다섯째로 모범을 보고 어떻게 자기를 이끌어 가느냐 하는 데에 특별한 주의를 기울이는 것이다. 그것은 남이 하는 것을 보고 자기도 할 수 있다고 생각할 때이다. 그런데 실제로는 그 성질이나 방법이 아마 훨씬 다른 것일 것이다. 그와 같은 과오를 폼페이우스가 저지른 것 같다. 키케로가 이에 대해서 한 말에 의하면, "술라는 그것을 할 수 있었다. 나도 못 할 것이 있는가?"*66 하고 언제나 말했다고 한다. 그 점에서 그는 매우 잘못되어 있었다. 그 자신의 성질 및 방법과 그 본은 가장 닮지 않은 것이었기 때문이다. 전자는 과격하고 난폭했으며 목적의 실현을 서둘렀다. 후자는 엄숙하고 위엄과 형식을 지키는 데가 있었으며, 그래서 그만큼 실효가 적었다.

그러나 우리들 자신의 사회적 지식에 관한 이 교훈에는 이 밖에도 지엽적인 것이 많지만, 그것을 다 생각하고 있을 수는 없다.

30. 자기 자신을 잘 이해하고 식별하는 데 있어서는, 이에 부수되는 것으로서 자기 자신을 잘 열어서 나타내 보이는 것이 있다. 이런 경우 비교적 유능한 사람이 비교적 보여 주지 않는다는 것 이상으로 당연한 것이 없다. 즉 자기의 덕성, 운, 가치를 충분히 내보인다는 것은 큰 이점이 있다. 또 자기의 약점, 결점, 부끄러운 곳 등을 교묘히 감추는 것도 좋다. 전자에 멈추고 후자에서는 달아나도록 한다. 전자는 사정에 따라서 되도록 이용하고 후자를 보일 때는 보기에 좋게 꾸민다. 그 예로서 우리가 보는 바로는, 타키투스가 그 무렵의 최대 정치가였던 뮤키아누스에 대해서 말한 것이 있다. "하는 말, 하는 짓 모든 것에 대해서, 잘 보이는 기술을 알고 있었다."*67 그것은 사실 얼마간 기술이 필요한 일이다. 그것이 따분하고 오만하게 보이지 않게 하기 위해서이다. 그렇기는 하나 겉보기를 만든다는 것은(허영심의 첫째 가

는 것일지도 모른다) 정치의 경우보다 성격의 경우에 악덕이 되는 것 같다. 왜냐하면 "대담하게 욕을 하면, 반드시 무언가가 들러붙는다"고 하지만, 우스꽝스러울 만큼 불구하라면 몰라도, 대담하게 자기를 팔려고 하면, 반드시 무언가가 들러붙기 때문이다. 말하자면 그것은 비교적 무식한 하급 사람들에게 들러붙을 것이다. 단, 지혜와 지위가 있는 사람은 그것을 웃고 경멸할 것이다.

그러나 다수에 대해서 얻은 권위는, 소수의 혐오를 상쇄한다. 그러나 그 방법이 그들을 품위있게 다룬 것이어서, 이를테면 자연스럽고 즐겁고 정직한 방법으로 한다든가, 또는 이따금 그 어떤 위험이나 불안(군인의 경우처럼)과 섞여 있을 때, 또 다른 사람들이 더 부러움을 받을 때, 혹은 거기에 쉬이 무관심하게 접근하거나 떨어지거나 하여 너무 오래 한군데에 있거나 너무 중대해지지 않을 때, 혹은 자기 자신을 책망하고 칭찬하고 하는 것이 똑같이 자유롭거나 혹은 남의 오만과 불손을 배격하고 누르는 기회에 의할 때는, 그것은 매우 명성을 증대시켜 주게 된다. 그리고 확실히 적지 않은 사람들이 착실한 성질인데도 이와 같이 자기를 부풀어오르게 하지 못하고, 바람이 한창 불어도 배를 나아가게 하지 못하고, 즉 기회를 자꾸만 이용하지 못해서 그 소극성 때문에 그 어떤 위해나 불리함을 입게 되는 수가 있다.

31. 그러나 덕성을 이와 같이 과시하고 화려하게 보이는 것은, 아마도 불필요한 일이 아닐 것이다. 그러기에 적어도 필요한 것은 덕성이 가치를 떨어뜨리지 않고, 올바른 가치 이하로 떨어지지 않도록 한다는 것이다. 그와 같이 가치를 떨어뜨리는 것은 세 가지 형태로 일어난다. 자기 자신을 팔려고 앞으로 내미는 일이다. 이 경우 그 사람이 받아들여지면 사람들은 그것으로 보답을 받은 것이라고 생각한다.

또 너무 지나치게 하는 것이다. 그것은 잘한 일에 주저앉을 겨를을 주지 않는다. 그리고 결국은 권태감을 준다. 또 추장(推奬), 칭찬, 명예, 은혜 등, 자기의 덕성에 대한 열매를 너무 빨리 발견하는 것이다. 이 경우 만일 그가 사소한 일로 기뻐하는 사람이라면, 다음의 말이 가진 진실성을 들어 두면 좋을 것이다. 즉 "이런 조그만 일을 크게 기뻐하는 것은 좋으나, 큰 일에 익숙하지 않은 것처럼 보이지는 않도록 조심하라."*68

32. 그러나 결점을 감춘다는 것도 좋은 부분을 잘 보이게 하는 것 못지않

게 중요하다. 그렇게 하는 데도 역시 세 가지 형태가 있다고 할 수 있다. 조심에 의한 것, 변명에 의한 것, 그리고 자신(自信)에 의한 것이다. 조심이 필요한 경우는, 교묘하게 하면서도 분별을 갖고 자기가 적당하지 않은 일 속에 끌려들지 않도록 할 때의 일이다. 이에 반해서 대담하고 침착하지 않은 정신을 가진 사람은, 무차별하게 문제 속에 뛰어들며, 그리하여 자기의 결점을 깡그리 그대로 노출시키고 나타내 버린다. 변명은 자기의 결점이나 단점을 적당히 꾸미려고 자기 스스로 시도하는 경우이다. 그것이 더 좋은 동기에서 나왔다든가, 어떤 다른 목적을 위해서 의도한 것처럼 꾸미는 것이다. 전자 즉 결점에 대해서는 재미있는 표현이 있다.

　악덕은 그 이웃의 덕성 곁에 숨어 있는 수가 많다. *69

　그러므로 어떤 결점을 갖고 있든지, 그것을 감추어 줄 덕성을 생각하고 있는 것처럼 마음을 쓰지 않으면 안 된다. 이를테면 둔중하다면 신중한 체해야 한다. 겁쟁이라면 온건한 체한다는 식이다.
　둘째 점, 즉 단점에 대해서는 자기가 어째서 최선을 다하지 않는가, 또 어째서 자기에게 그런 능력이 없는 것처럼 보이려 하는가 하는 이유를 그럴 듯하게 만들어야 한다. 그러기 위해서는 자기 속에 있다는 것이 잘 알려져 있는 능력을, 언제나 감추려고 하지 않으면 안 된다. 자기의 진짜 결점은 일부러 그렇게 애써 드러나 보이고 있으니, 그것이 다 겉보기라는 것을 사람들로 하여금 생각하게 만들기 위해서이다. 그러므로 자신(自信)은 마지막의 즉 가치는 제일 없으나 가장 확실한 대책이다. 말하자면 자기가 달성할 수 없는 것은 무엇이나 못마땅하게 말하여 경멸하는 것처럼 여기게 하는 것이다. 즉 상인들의 신중한 원칙을 지킴으로써 자기 상품의 값어치를 올리고, 다른 것의 가치를 깎아내리는 것이다.
　그러나 이것보다 나은 자신이 있다. 그것은 자기 자신의 단점을 배짱 좋게 밀고 나가서, 자기에게 결여된 것이 가장 좋은 것이라고 생각하고 있는 것처럼 여기에 하는 것이다. 그리고 그것을 더 밀고 나가기 위해, 한편에서는 자기의 가장 좋은 장점에서 자기 자신을 제일 낮게 생각하고 있는 것처럼 여기에 하는 것이다.

이를테면 여느 시인의 경우에 그것을 가장 잘 볼 수 있다. 그들은 자기의 시를 보여 주고, 만일 누가 이론을 내세우면, "그 줄이 다른 어느 것보다도 힘이 들었다"고 말할 것이다. 그러다가 이윽고 다른 줄을 가리키며 시시하다고 말하면서 사람들이 그 줄을 서툴다고 생각할 것같이 예측하고 있는 것처럼 여기게 하려고 할 것이다. 실은 바로 그 부분이 그 시에서 가장 잘된 대목이라는 것을 그 자신은 알고 있는 것이다.

그러나 이와 같이 자기 자신의 태도를 올바른 것처럼 애쓸 때는, 충분히 조심하여 정체가 탄로나서 경멸이나 모욕을 당하지 않도록 해야 한다. 필요 이상으로 좋거나 선량하거나 용이한 성질을 보이는 것보다는 자유와 원기와 날카로움의 편린을 살짝 보여 주는 것이다. 그런 종류의 강화된 태도는 자기 자신을 언제나 경멸로부터 구하는 동시에, 어떤 경우에는 필연적으로 자기 자신의 신체나 운 중의 그 무엇에 의해서 사람에게 강요되는 것이다. 그것은 재능이 훌륭할 때는 언제나 성공한다.

33. 이 지식의 또 하나의 교훈은, 가능한 노력을 기울여서 그때그때에 유연하게 적응할 수 있도록 마음을 만들어 나가는 것이다. 즉 인간의 운에 방해가 되는 것으로서 다음의 것보다 더한 것은 없다. "같은 것이었으나, 그것으로 잘 되지 않았다."*70 사정은 바뀌어도 사람들은 본디대로 있다는 것이다. 그래서 카토의 경우, 리비우스는 그를 운의 교묘한 건축가로서 들고 있으며 '자유 자재의 기질'*71이라고 덧붙였다. 그리고 그와 같이 묵직하고 엄숙한 마음을 가진 사람들은, 언제나 자기 자신답게 하고 있지 않으면 안 되고, 그것을 떠날 수가 없으므로 행운이라기보다 위엄을 더 갖고 있게 된다.

그러나 어떤 경우에는 얼마간 가만히 굳어 있어서 변하기가 쉽지 않은 성질이 있다. 또 어떤 경우에는 거의 성질이라고 해도 좋은 사고 방식으로 되어 있어서, 자기가 나아가는 방법을 바꾸어야 한다는 것을 자기 자신에게 거의 믿게 할 수 없는 사람도 있다. 그 전 경험으로 그것이 좋았다고 생각하고 있는 것이다. 마키아벨리가 현명하게 한 말*72이 있는데, 파비우스 막시무스*73가 전쟁의 성질이 바뀌어 맹렬한 추격이 필요한데도, 과거의 버릇으로 언제까지나 우물쭈물하고 있었다는 것이다.

또 어떤 사람의 경우에는 날카로운 판단력과 통찰력이 없어서 언제 사물에 단락이 지어지는지 식별하지 못하고, 기회가 지나간 뒤에야 바꾸는데, 그렇기 때문에 너무 늦은 사람도 있다. 이를테면 데모스테네스는 아테나이 인들을 시골 사람에 비유하고 있다. 그들은 검술 학교에서 시합할 때, 타격을 받고 나서야 자기의 무기를 그리로 움직이며, 미리 그쪽으로 움직이는 일은 없다는 것이다. 또 다른 사람의 경우에는 과거의 노력을 헛되이 하고 싶지 않은 기분과, 자기에게 알맞도록 기회를 만들 수 있다고 생각하는 사람이 있다. 그러나 결국 다른 대상이 발견되지 않으면, 불리한 입장에서 그리고 향하게 된다. 이를테면 타르퀴니우스는 시빌라의 책 제3권에 3배의 돈을 지불했다. 처음에 샀더라면 전3권을 처음 부른 값으로 살 수 있었을 것이다. 그러나 이런 유연성 없는 마음이 어떤 근원 또는 원인에서 나오든지 그것은 매우 해로운 것이다. 그리고 우리 마음의 수레바퀴를 동심원적(同心圓的)으로 만들어서, 운의 수레바퀴와 함께 회전하도록 하는 것만큼 현명한 것은 없다.

34. 이 지식의 또 하나의 교훈은, 우리가 마지막으로 설명한 것과 얼마쯤 유사점을 갖고 있지만 차이가 있다. 그것은 잘 표현되어 있으며, "운과 여러 신에게 접근하라"[74]는 것이다. 즉 사람은 기회와 더불어 변할 뿐 아니라, 기회와 함께 달려서 그 신용이나 힘을 과중하거나 극단적인 점까지 무리를 시키지 않는다는 것이다. 그리고 자기의 행위에서는, 가장 실행하기 쉬운 것을 택하는 것이다. 그렇게 하면 실패도 하지 않을 것이고, 하나의 문제에 너무 구애되는 일도 없고 절도가 있다는 명성을 얻을 것이며, 가장 많은 사람들을 기쁘게 만들고 기도하는 모든 일에서 끊임없이 행운을 가질 수 있을 것이다. 그것은 명성을 매우 증대시키지 않을 수 없는 일이다.

35. 이 지식의 또 하나의 부분은, 앞의 둘과 얼마쯤 상반되는 데가 있는 것처럼 보이지만, 내가 아는 바로는 그렇지도 않다. 그것은 데모스테네스가 고조된 말로 주장하고 있다. "사령관이 군대를 지휘하는 인정을 받고 있듯이, 현명한 사람은 사물을 지휘해야 한다. 자기가 하고 싶은 일을 시켜야 하며, 사건의 뒤를 쫓아 가게 하는 것만으로는 안 된다."[75] 즉 관찰해 보면, 일을 처리해 나가는 데 두 가지 능력이 있다는 것을 알 수 있을 것이다. 기회를 솜씨있게 잘 이용하지만 연구는 별로 하지 못하는 사람이 있다. 자기의 계획은 잘 세우고 추진할 수 있지만, 순응하거나 이용하지는 못하는 사람도 있다. 그 어느 쪽도 나머지 것이 없으면 매우 불완전하다.

36. 이 지식의 또 한 부분은 자기 자신을 분명히 하거나 분명히 하지 않을

경우, 충분히 중도를 지킨다는 것이다. 말하자면 비밀의 깊이와 나아가는 방법('배가 바다를 가듯이'*76라는 것은 프랑스 인이 '비밀 계획'이라고 부르는 것인데, 사람이 자기를 전혀 밝히지 않고 사물을 진행시킬 때를 말한다)은, 알맞고 훌륭하기도 하지만, 대개의 경우 "거짓으로 위장하는 사람들은 자신을 함정에 빠뜨리는 과오를 낳는다." 그래서 최대의 정치가들은 자연스럽고 자유로운 태도로 자기들의 희망을 밝히고 있으며, 주저하거나 감추지 않는다. 그와 같은 예로서, 루키우스 술라는 일종의 고백처럼, "나는 모든 사람이 내 친구냐 적이냐에 따라서, 행복해지거나 불행해지기를 희망한다"*77고 말하고 있다. 또 케사르도 처음으로 갈리아에 갔을 때, "로마에서 2위가 되느니, 한 마을 안에서 1위가 되고 싶다"*78고 공언하기를 주저하지 않았다. 또 원로원과의 전쟁을 시작하자마자 그에 대해서 키케로가 한 말이 있다. "전자(즉 케사르)는 거절하지 않고, 어느 의미에서는 사실 그렇지만, 전제자(專制者)라고 호칭될 것을 요구한다."*79

또 마찬가지로 키케로가 아티쿠스에게 보낸 편지 사연에서 볼 수 있는 일인데, 아우구스투스 케사르는 막 국무를 시작하려고 할 때, 원로원의 총아이면서도 국민에게 한 연설 가운데서, "이와 같이 아버지의 명예를 나도 갖고 싶다"*80 고 맹세하는 것이 보통이었다(그것은 전제라는 것과 다름없었다). 그뿐 아니라 악평을 낳지 않도록, 그 광장에 서 있는 케사르의 상을 향해 손을 치켜 드는 것이 보통이었다. 사람들은 웃고 수상쩍어하면서, 이런 것을 할 수 있을까, 그런 것을 들은 적이 있는가 하고 수군거렸다. 그러나 악의는 없다고 생각했다. 그의 방법은 노골적이고 정직했기 때문이다. 그리하여 이 사람들은 모두 번영했다.

폼페이우스도 같은 목적을 향하고 있었지만, 그는 비교적 어둡고 위장하는 방법을 썼다. 이에 대해서 타키투스는, "더 한층 위장하고 있었지만, 더 한층 잘했다고 말할 수는 없다"*81고 말하고 있다. 살루스투스도 이에 동의하고 있다. 즉 "말은 훌륭하고, 마음은 파렴치하다"*82고. 그는 무한한 비밀 책략으로 국가를 완전한 혼란과 무질서에 빠지도록 궁리했다. 국가가 필요와 보호를 구하기 위해 자기 품 안에 뛰어들어오고, 그리하여 주권이 자기 위에 놓여져도, 자기가 그것을 구해서 얻은 것이 아닌 것처럼 보이게 하기 위해서였다. 그가 그 일을 거기까지 몰고 갔을 때(그는 그렇게 되었다고 생각했지만), 즉 그가 일찍이 없던 일로서, 집정관에 혼자서 선출되었을 때, 그는 그것을 정말 잘 이용하지 못했다. 사람들이 그를 이해하지 않았기 때문이다. 그래서 결국 무력을 손아귀에 쥔다는 옛 방식을 쓸 생각으로 케사르의 의도를 의심한다는 구실을 만들었던 것이다. 그와 같이 느리고 사고가 많고 불운한 것이, 겉을 감춘다는 방법이다.

이에 대해서 타키투스가 다음과 같이 판단하고 있는 것 같다. 즉 그것을 참된 정책과 비교하면, 비교적 뒤떨어진 형식의 술책이라는 것이다. 전자는 아우구스투스가 후자는 티베리우스가 행했다고 한다. 그래서 리비아에 관한 설명을 했을 때 다음과 같이 말하고 있다. "그녀는 남편의 술책과 아들을 위장하는 방법을 아울러 갖고 있었다."*83 확실히 줄곧 위장하는 습관은 약하고 완만한 방책에 지나지 않으며, 현명한 것이 못된다.

37. 이와 같은 운의 구축에 관한 또 하나의 교훈은, 사물과의 균형 혹은 상대적 가치를 판단하도록 우리의 마음을 길들이는 일이다. 그것이 우리의 특정 목적에 맞고 또 중요할 때 그렇게 하는 것이다. 그리고 그것을 표면적이 아니라 실질적으로 한다. 왜냐하면 어떤 사람의 논리적 부분(나의 호칭이지만)은 좋지만, 수학적 부분은 잘못이 많을 때가 있을 것이기 때문이다. 즉, 결과는 잘 판단할 수 있으나, 균형과 상대성에 의하지 않고, 실질과 효과가 있는 것보다 겉보기와 감각에 관계되는 것을 좋아하는 것이다. 그러므로 왕후(王候)에게 접근하는 데 반하는 자도 있고, 대중적 명성이나 갈채에 반하여 그것이 가치 있는 일이라고 상상하는 자도 있다. 그러나 대개의 경우 그것은 질투, 위험 그리고 사고가 많은 것이다. 또 개중에는 노력(努力), 곤란, 혹은 거기에 소비되는 인내력에 따라서 사물을 재는 자도 있다. 그리하여 언제나 움직이고 있으면 전진하고 나아가는 것이 틀림없다고 생각한다. 이를테면 케사르가 경멸 투로 소 카토에 대해서 한 말이 있다. 그가 아무리 노력하고 아무리 지기를 싫어해 봐야 아무 소용도 없다면서, "이런 것을 모두 매우 고심해서 했다"*84고 말하고 있다. 그러므로 대개의 일에 있어서 최대의 인간이 최선의 수단이 된다고 생각하고, 흔히 과오를 범하기 쉽다. 실제로는 가장 적합한 것이어야 하는 것이다.

38. 인간이 자기의 운을 향해서 나아가는 방법을 참되게 조정하는 것은 다소간에 구체적인 일이며, 나로서는 다음과 같은 것이라고 생각한다. 첫째는,

자기 자신의 마음의 교정이다. 왜냐하면 마음의 장애물을 제거하는 것은 운의 길을 더 한층 쉽게 개척하는 일이 되는 것이며, 운을 붙잡는 것이 마음의 장애물을 제거하는 것보다 낫기 때문이다. 둘째로는 부와 재산을 들겠다. 대개의 사람들은 이것을 첫째로 들었을 것임을 나는 알고 있다. 그것은 모든 경우에 일반적으로 이용할 수 있기 때문이다. 그러나 그런 의견을 내가 배제하고 싶은 이유는, 마키아벨리가 금이 전쟁의 힘줄이라는 의견*85을 배제하는 것과 같다. 이에 대해서(그의 말을 들어보면) 전쟁의 참된 힘줄은 인간의 팔의 힘줄이다. 다시 말해서 용감하고, 인구가 많고, 군사적인 국민이 그것이다. 그는 그 증언의 근거로서 솔론을 들고 있다. 이 사람은 크로이수스*86가 재보의 금을 보였을 때, 가장 좋은 쇠를 가진 사람이 나타나면, 그 금을 차지해 버릴 것이라고 말했던 것이다. 마찬가지로 참으로 단언할 수 있는 것은, 돈이 운의 힘줄이 아니라 인간의 마음, 예지, 용기, 담력, 결의, 기질, 근면 같은 힘줄 내지는 쇠가 중요하다는 것이다.

셋째로 내가 드는 것은 명성이다. 그것이 가진 고정된 조류라든가 흐름 때문이다. 그것은 적당한 때에 붙잡지 못하면 좀처럼 돌이키지 못한다. 떨어져 가고 있는 명성을 나중에 되찾는다는 것은 매우 어려운 일이다. 그리고 마지막으로 나는 명예를 들겠다. 그것은 이미 지적한 다른 세 가지 중에 어느 나라로 비교적 쉽게 얻을 수 있다. 그것이 다 있으면 훨씬 더 쉽게 얻을 수 있다. 그러나 그중의 어느 것을 명예나 직위로 산다는 것은 그리 쉽지 않다. 이 교훈의 결론을 들자면, 사물에 질서와 우선 순위가 있는 것과 마찬가지로 시간에도 같은 것이 있다. 그것을 그릇된 순서로 하는 것이 가장 흔한 잘못이다. 즉 사람은 처음의 일을 생각하고 있어야 할 때, 끝 쪽으로 뛰어간다. 그리고 사물이 오는 시간의 순서에 따라서 다루지 않고, 긴급의 정도가 아니라 위대함에 따라서 처리하려고 한다. "가까운 것부터 하자"*87는 좋은 교훈을 지키지 않는 것이다.

39. 이 지식의 또 하나의 교훈은 너무 많은 시간이 걸리는 일에 착수하지 않는 것이다. 그리고 "그러나 이 동안에 돌이킬 수 없는 시간이 날아가고 있다"*88는 것을 사람의 귓전에 울려 놓는 것이다. 이것이 자기 입신의 길로서 짐이 무거운 일을 갖는 자, 이를테면 법률가, 웅변가, 근면한 신학자 같은 사람들이, 자기의 운에 대해서 그것과는 다른 보통의 방법으로 나아가는 경

우보다 대체로 그리 현명하지 않은 이유이다. 개개의 것을 알고 기회를 기다리며, 운을 발전시키는 방책을 궁리할 시간이 없기 때문이다.

40. 이 지식의 또 하나의 교훈은 무엇이건 헛일은 하지 않는다는 자연의 본을 보는 것이다. 그것을 확실하게 하려면 자기 일에 충분히 변화를 주어 섞어서, 자기가 주로 생각하고 있는 일에 지나치게 마음을 기울이지 않도록 해야 한다. 말하자면 일일이 개개의 행위에 있어서, 자기의 마음가짐으로써 여러 가지 것을 서로 종속시켜, 이를테면 자기가 구하는 것을 최량의 정도로 얻지는 못하더라도, 그 다음쯤 혹은 그 다음 다음쯤으로는 얻을 수 있게 하는 것이다. 그리고 만일 자기가 의도한 어떤 방면도 얻지 못할 때는, 그 노력을 다른 무언가에 이용할 수 있게 한다. 또 지금 당장은 거기서 아무것도 얻을 수 없더라도, 장래의 그 어떤 종자로 삼는 것이다. 또 거기서 아무런 효과도 실질적인 이익도 얻을 수 없다 하더라도, 그것으로 무언가 훌륭한 명성을 얻도록 하는 것이다.

그러므로 일일이 각 행위에 대해서 자신에 대해 정확히 계산하여 무언가를 걷어들이도록 하고, 자기가 주로 생각한 것을 할 수는 없게 되더라도, 당황하여 그저 멍청하게 있지 않도록 하는 것이다. 여러 가지 행위를 하나하나 전체로서 생각하는 것은 결코 좋은 방법이 아니기 때문이다. 다시 말해서 그렇게 하는 사람은 그 사이에 들어오는 무한한 기회를 잃어버린다. 그러한 기회는 대개의 경우 나중에 자기가 필요로 하는 것에 한층 더 적당하고 또 도움이 될지도 모르는 일이며, 지금 자기가 서둘러서 하고 있는 것 이상의 것이다. 그러기에 사람은 "이것도 해야 하고, 저것도 하지 않을 수 없다"[89]는 규칙을 충분히 터득하고 있어야 하는 것이다.

41. 이 지식의 또 하나의 교훈에는, 자기가 자신을 무언가 절대로 돌이킬 수 없게끔 관련시키지 않는 것이다. 별로 우발적인 사고가 일어날 것 같지 않는 창문이라든가, 물러갈 수 있는 길을 가지고 있어야 한다. 그것은 두 마리의 개구리에 관한 옛 이야기에 나오는 지혜를 본받는 것이다. 그 개구리들은 자기들의 연못이 마르면 어디로 갈까 하고 의논했다. 한 마리는 구멍으로 내려가지자는 의견을 냈다. 거기서는 물이 마를 것 같지 않기 때문이라는 것이었다. 그러자 다른 한 마리가, 만일의 경우 물이 말라버리면 어떻게 나올 수 있느냐고 대답했던 것이다.

42. 이 지식의 또 하나의 교훈은 저 고대 비아스*90의 교훈으로서, 불성실하지는 않더라도 다만 주의와 중용을 위한 것으로 생각되는 것이다. 즉 "미래의 적으로서 사랑하라. 미래의 친구로서 미워하라"는 것이다. 다시 말해서 사람이 불운한 우정 관계, 귀찮은 증오, 철없고 변덕스러운 선망이나 보람 같은 것에 덤벼들어 깊이 들어간다는 것은, 모든 이익에 완전히 어긋난다는 것이다.

43. 그러나 이래서는 실례(實例)의 범위를 넘어서 이야기를 계속하게 된다. 왜냐하면 내가 결여되어 있다고 생각하는 이런 지식이 상상적인 일이라든가 가공적인 것이라든가, 너무나 조작된 한두 가지 관찰에 지나지 않는다고 생각해 주면 곤란하기 때문이며, 크기도 실체(實體)도 있고, 그 끝은 시초보다 곤란하게 되어 있다는 것을 생각해 주기를 바라기 때문이다. 마찬가지로 생각해야 할 것은 내가 설명하고 기술한 여러 점은, 완전한 논문이라고 할 수는 도저히 없고 다만 실례를 위한 조그만 단편이라는 것이다.

그리고 마지막으로 내가 운이라는 것이 이만큼 애를 쓰지 않으면 얻을 수 없다고 생각하고 있는 줄은 아무도 모를 것이다. 그것이 어떤 사람에게는 발아래 굴러 오기도 한다는 것을 나도 알고 있다. 또 행운을 정상적인 근면으로 얻고, 거의 불필요한 개입이나 잘못을 저지르지 않는 사람도 많다.

44. 그러나 키케로가 완전한 웅변가에 대한 관념을 기술했을 때, 한 사람 한 사람의 변호사에게 이러이러하게 되라고는 말하지 않았다. 그와 마찬가지로 군주나 정신(廷臣)이 이와 같은 주제를 다루는 사람들에 의해서 서술될 때, 그 형은 완전한 묘사에 의해서 만들어지는 것이 상례이며, 보통의 실제에 따르고 있지는 않다. 그래서 내가 알기로는 그것은 현명한 사람, 나의 뜻으로는 자기 자신의 운을 위해서 현명하다는 것이 모두 그런 사람에 대해서 말할 때 할 일이다.

45. 여기까지 우리가 적어 온 교훈은 '좋은 기술'이며 그렇게 호칭되어도 좋은 종류의 것이라고 마음에 새겨 두어야 할 것이다. 사악한 기술에 관해서는 마키아벨리의 주장을 자기를 위해서 규정하여 "사람은 덕성 그 자체를 달성하려고 하지는 않고, 그 겉보기만 구한다. 왜냐하면 덕성이 있다는 말을 듣는 것은 도움이 되지만, 그것을 사용하려고 하면 방해가 되기 때문이다"*91 라고 말하거나, 혹은 그이 또 하나의 원리인, "내가 예상하는 바로는 인간은

공포에 의하지 않으면 잘 움직이지 않는다. 그러므로 어떤 인간이든 위험에 노출되어 납작하고 곤란하게 만들어 두려고 한다"는 것이 있다. 그것은 즉 이탈리아 인의 이른바 "가시를 뿌린다"는 것이다. 혹은 또 키케로가 들고 있는 시에 포함되어 있는 다른 원리, "적이 함께 망한다면, 친구도 망하게 하라"[*92]는 것이 있다. 이를테면 3두 정치(三頭政治)에서 모두 서로 적을 죽이기 위해 자기 편의 생명까지 팔았던 것이다. 혹은 L. 카탈리나의 또 다른 주장이 있다. 그것은 불을 질러 국가를 교란하고 소연한 물에서 고기를 잡으며, 자기의 운을 증대시키자는 목적이다. 즉 "만일 내 재산 속에서 불이 일어나면, 물로 끄지 않고 파괴로 끈다"[*93], 혹은 리산드로스[*94]의 원리도 있다. "아이들은 과자로 속이고, 어른은 맹세로 속인다"는 것이다. 그 밖에 마찬가지로 사악하고 부패한 의견이 있다. 그것은(무슨 일이나 그렇지만) 좋은 것보다 수가 많다. 확실히 자비심이나 정직성의 법칙에 의해서 이와 같이 면제된다면, 인간의 운을 밀고 나가는 것은 비교적 빠르고 간단할지도 모른다. 그러나 인생도 길과 같아서 가장 가까운 지름길은 제일 나쁜 것이 보통이고, 확실히 비교적 좋은 길은 그리 돌아가게 되는 길도 아닌 것이다.

46. 그러나 인간은 자기 힘을 갖고 있고, 자신을 지탱하고 유지하여 야심의 선풍이나 폭풍에 날려 버리지 않는다면, 자기 자신의 운을 추구해 갈 때, "모든 일이 다 헛되어 바람을 잡으려는 것이다"[*95]라는 그 세계 전체의 지도뿐 아니라, 그 밖에 많은 개개의 그림과 지표도 목전에 놓아 두어야 한다. 주로 정직성을 갖지 않은 존재라는 것은 재앙이며 더 큰 존재, 즉 지위가 높을수록 재앙도 커진다는 것, 또 모든 덕성에는 가장 많은 보답이 있고, 모든 사악함은 그 자체로서 가장 많이 벌을 받는다.

그것은 시인이 다음과 같이 보기 좋게 말하고 있는 바와 같다.

친구들이여, 알맞는 어떤 선물이 이와 같은 가치에 주어진다고 생각하는가.
가장 아름답고 첫째 가는 것은 여러 신과 자기 자신의 마음이 보답해 줄 것이다. [*96]

그리고 이 반대의 악덕이 자기 자신의 벌이 된다는 것도 진실이다.

둘째로 사람은 영원한 하늘의 섭리의 심판을 우러러보아야 한다. 그것이 흔히 사악한 음모와 상상력의 지혜를 뒤집는다는 것은 성서에서 말하고 있는 바와 같다. "그들은 악한 생각을 품고 불의를 낳는다."*97 그리고 사람들은 나쁜 짓과 사악한 기술을 삼가야 하는데, 이 그칠 줄 모르고 쉴 줄 모르는 인간의 추구는, 우리가 신에게 신세를 지고 있는 시간이라는 우리 공물(貢物)의 여지를 남기지 않게 한다. 그 신은(우리가 보기에) 우리 물질의 10분의 1을, 그리고 그보다 엄격하게도 우리 시간의 7분의 1을 요구한다. 그리고 하늘을 향해 고개를 쳐들고, 지상에서의 영원히 배회하는 정신을 가지며 뱀과 마찬가지로 흙을 먹는다는 것은 별로 효과있는 일이 아니다. "그리고 신의 숨결의 한 조각을 흙에 붙인다."*98 만일 누군가가 나쁜 짓을 해서 얻었지만 자기의 운을 잘 이용할 것이라고 장담한다면, 아우구스투스 케사르와 나중에는 셉티미우스 세베루스가, "태어나지 말았어야 했다"*99는 말을 들은 것이나 같게 된다. 그들은 자기들의 위대함을 추구하면서 그 자리에 오르는 데 몹시 나쁜 짓을 했으나, 한번 확립된 뒤로는 매우 좋은 일을 베풀었던 것이다. 그러나 이와 같은 보상과 만족은, 사용하는 데는 좋지만 의도하는 것으로는 별로 좋지 않다.

마지막으로 사람이 자기의 운을 향해 경주할 경우, 카알 5세 황제가 슬기롭게 표현한 사고 방식대로, 자기를 약간 냉각시킨다는 것은 잘못된 일이 아닐 것이다. 그것은 국왕인 아들*100에 대한 가르침이 속에 있는 것으로서 "운이라는 것은 얼마간 여성의 성질을 갖고 있어서 너무 치근덕거리면 그만큼 멀리 물러가는 법"이라는 것이다. 그러나 이 마지막 것은 타락된 취미의 소유자에 대한 구제책에 지나지 않는다. 사람은 오히려 신학과 철학의 초석인 기초 위에 건설하는 편이 낫다. 그 점에 신학과 철학이 아주 의견의 일치를 보고 있는 것이 "먼저 구하라"는 것이다. 즉 신학이 말하기로는 "먼저 신의 왕국을 구하라. 그러면 이 모든 것이 그대에게 덧붙여질 것"이라는 것이다. 그리고 철학은 다음과 같이 말하고 있다. "먼저 마음의 착함을 구하라. 다른 것은 주어지거나 결여되지 않을 것이다." 그리고 인간의 기초는 얼마쯤 모래의 요소를 갖고 있으며, 이를테면 M. 브루투스에서 볼 수 있으니, 그는 별안간 이 말을 했던 것이다.

존재로서 숭배한 덕이여
그러나 그대는 텅 빈 이름이다. *101

하지만 신의 기초는 바위 위에 서 있다. 그러나 이것은 내가 결여되어 있다고 말한 지식의 일단으로서 도움이 될지도 모른다.

47. 정치는 비밀스럽고 깊숙이 들어박힌 지식의 일부이며, 그것은 사물이 비밀이라고 생각되는 다음과 같은 양쪽 점에서 보아 그렇다. 즉 아는 것이 곤란해서 비밀스러운 것도 있고 설명하기가 적당하지 않아 그렇게 되는 것도 있다. 모든 정치는 불명료하고 눈에 보이지 않는다는 것을 알 수 있다.

마음은 그 수족에 파고들어가
그 전체를 움직이고 거대한 몸에 혼합된다. *102

정치에 대해서는 이와 같이 서술되고 있다. 세계에 대한 신의 정치는 감추어져 있는 수가 많으며, 또한 감추어져 있다는 것을 알 수 있다. 심한 불규칙과 혼란스러운 데가 있는 것처럼 여겨지기 때문이다. 신체를 움직일 때의 영혼의 정치는 내적이고 숨어 있으며 심원하다. 그리고 그 행동 방법은 좀처럼 증명까지 할 수는 없는 것이다. 또 고대인의 지혜는(그 그림자는 시인들 속에 있다) 거인의 죄였던 반란의 범죄에 대해서 고문과 고통을 말하고, 입이 가벼운 죄를 싫어하는 것은 시쉬푸스와 탄탈루스*103의 예에서 볼 수 있다. 그러나 이것은 개개의 사실에 대해서 생각한 일이었다. 그런데도 정책과 정치의 일반적 규칙과 담화도 충분한 존경과 신중성을 가지고 다룰 필요가 있다.

48. 그러나 반대로 통치되는 사람에 대한 통치자의 경우에도, 인간의 약함이 허용하는 한, 모든 사물은 명백히 밝히고 분명하게 알려져 있어야 할 것이다.

그와 같이 신의 통치에 관해서 성서에서도 표현되어 있다. 즉 이 지구는 우리에게는 어둡고 그림자 같은 물체로 여겨지지만, 신의 눈에는 수정 같은 것이다. "보좌 앞은 수정과 같은 유리 바다 같았다."*104 그러므로 군주나 국가로 봐서, 특히 현명한 원로원이나 회의에 대해서는 국민의 성질이나 성향,

그들의 상태나 필요, 그들의 당파나 결합 관계, 그들의 적의나 불만은, 그 다방면의 정보와 그 관찰의 지혜, 그리고 그 감시하고 있는 지위의 높이 같은 점을 생각해서 대부분은 명백하고 투명하게 되어 있어야 할 것이다. 그래서 나는 이 학문의 주인이시자 매우 잘 보좌받고 계시는 국왕을 향해서 이 책을 쓰고 있다는 것을 생각하여 이 부분은 잠자코 묵과해 버리는 것이 무난할 것 같다. 고대 철학자의 한 사람*[105]이 희망한 증명서를 얻고 싶기 때문이다. 그 사람은 잠자코 있다가 다른 사람들이 말로써 앞을 다투어 자기 능력을 과시하려고 했을 때, 그는 "침묵의 방법을 알고 있는 인간이 한 사람 있었다"고 증명해 주기를 바랐던 것이다.

49. 그렇지만 정치의 비교적 공적인 부분 즉 법률에 관해서는, 결여되어 있는 것을 한 가지만 적어도 된다고 생각한다. 즉 법률에 대해서 쓴 적이 있는 모든 사람들은 철학자로써 쓰거나 아니면 법률가로서 쓰고 있으며, 아무도 정치가로서는 쓰고 있지 않다는 것이다. 철학자는 상상적인 민주국에 대해서 상상적인 법률을 만든다. 그리고 그들의 담화는 너무 높아서 거의 빛을 주지 않는 별과 같다. 법률가는 자기가 살고 있는 상태에 의거하여 법률로서 받아들여진 것을 쓰고, 법률이 되어야 할 만한 것은 쓰지 않는다. 법률을 만드는 사람의 지혜와 법률가의 지혜는 다른 것이기 때문이다. 말하자면 자연 속에는 정의(正義)의 수원 같은 것이 있다. 거기서 모든 국가의 법률이 물이 흘러나오듯이 나오는 것이다. 그리고 물이 흘러 지나오는 흙에서 색깔과 맛을 얻듯이, 국가의 법률도 그 놓여 있는 지역이나 통치 형태에 따라서 달라진다. 그러나 나오는 수원은 같다.

또 입법가의 지혜는 정의의 형(型)에 있을 뿐 아니라 그 적용에 있다. 어떤 수단으로 법률이 확정되는가, 법률의 의문이나 불확정성의 원인 및 그 대책은 어떤 것인가를 고려하는 것이다. 어떤 수단으로 법률이 수행되는 게 적절하고 쉬운가, 법률을 수행하는 경우의 장애와 그 대책도 있다. 소유권의 개인적 권리에 관한 법률은, 공적인 국가에 대해서 어떤 영향을 갖는가, 그리고 어떻게 그것이 적절하고 적합할 수 있는 것이 되는가, 어떻게 법률이 씌어지고 주어지는가, 조문으로 하는가, 조례로 하는가, 짧게 하는가, 크게 하는가, 전문(前文)을 다는가, 안 다는가 등의 것이다. 어떻게 그것을 이따금 다듬고 개정하는가, 너무 방대한 부피가 되거나 중복이 있거나 모순되거나 하지 않도록 하려면 무엇이 가장 좋은 수단인가, 어떻게 그것을 해석하는가, 처음으로 일어난 법률적으로 논의되는 소송 사건은 언제인가, 일반적인 여러 점이나 의문에 대해서 학식 있는 경험자의 대답과 회의는 언제 여는가, 어떻게 엄격하게 혹은 우아하게 진행시키는가, 어떻게 공정과 양심으로 부드럽게 만드는가, 분별과 엄한 법률이 같은 법정에서 섞일 수도 있는가, 아니면 몇몇 법정으로 갈라놓아야 할 것인가? 또 법률의 진행, 직업, 학문은 통제되고 지배를 받아야 하는가, 그 밖에 행정(내 말로 한다면)과 법률에 생명을 주는 데 관한 많은 문제점이 있다. 그것에 대한 나의 주장은 비교적 간략하게 줄여서 설명하기로 한다.

왜냐하면(하느님이 용서해 주신다면) 이런 성질의 일을 요의(要義)의 형태로 시작했으니, 앞으로도 그것을 설명해 나갈 참이기 때문이다. 그리고 당분간은 그것이 결여되어 있다고 생각한다.

50. 그리고 폐하의 잉글랜드 법률에 관해서는 그 위엄에 대하여 많은 말을, 그 결함에 대해서는 조금만 말할 수 있을 것이다. 그것은 영국 정치에 대한 적절함에 있어서는 로마 법보다 낫지 않을 수 없다. 다시 말해서 로마 법은 '이와 같은 용도를 생각하지 않은 선물'[106]이었다. 그것이 통치하는 나라들을 위해서 만들어진 것이 아니었던 것이다. 이에 대해서는 더 말하지 않기로 한다. 실제 행위는 문제와 일반 학문의 문제를 혼돈하고 싶지 않기 때문이다.

〈주〉

＊1 플루타르코스 《대비열전》 〈카토 편〉 8.

＊2 〈역대하〉 20·33.

＊3 오비디우스 《사랑의 기술》 2·312.

＊4 아티쿠스(기원전 109~32년)는 로마의 문학 옹호자이며, 키케로의 친구. 여기서 전쟁이란 케사르와 폼페이우스 사이에 벌어진 싸움을 가리킨다. 키케로 《아티쿠스 서한》 9·12.

＊5 리비우스 《로마사》 23·12.

＊6 키케로 《안티세타》 34.

＊7 〈전도서〉 11·4.

＊8 키케로 《웅변론》 3·33, 133, 134. 코르카니우스에 대해서는 알지 못한다. 마리우스 크

리우스 덴타투스(기원전 290~272년 무렵)는 로마의 장군이자 집정관. 간소한 생활과 애국심으로 유명하다. 라에리우스는 기원전 2세기 무렵 로마의 장군으로, 정치가 가이우스 라에리우스와 그 아들인 성자 사피엔스라고 일컬어진 웅변가이자 철학자인 가이우스 라에리우스가 있는데, 키케로의 저술에 있는 것은 후자를 말한다.

*9 〈열왕기상〉 4·29.

*10 〈전도서〉 7·21.

*11 로마의 장군 퀸투스 세르토리우스를 기원전 72년 에스파냐에서 암살한 페르페르나가 나중에 폼페이우스와 싸워서 패했을 때, 세르토리우스를 지지하는 로마 요인들의 서류가 폼페이우스의 손에 들어갔으나, 그는 이것을 보지 않고 태워서 로사 사람들의 불안을 제거해 주었다. 그나에우스 폼페이우스 마그누스(기원전 106~48년)는 케사르, 크랏수스와 제1차 3두 정치를 기원전 60년에 만들었으나 내전이 벌어져 이집트로 피했다가 암살당했다. 플루타르코스 《대비열전》〈폼페이우스 편〉 20, 〈세르토리우스 편〉 27.

*12 〈잠언〉 29·9.

*13 〈잠언〉 29·21.

*14 〈잠언〉 22·29.

*15 〈전도서〉 4·15.

*16 플루타르코스 《대비열전》〈폼페이우스 편〉 14·2, 타키투스 《연대기》 6·46.

*17 〈전도서〉 10·4.

*18 〈전도서〉 9·14, 15.

*19 〈잠언〉 15·1.

*20 〈잠언〉 15·19.

*21 〈전도서〉 7·8.

*22 〈잠언〉 28·21.

*23 〈잠언〉 28·3.

*24 〈잠언〉 25·26.

*25 〈잠언〉 28·24.

*26 〈잠언〉 22·24.

*27 〈잠언〉 11·29.

*28 〈잠언〉 10·1.

*29 〈잠언〉 17·9.

*30 〈잠언〉 14·23.

＊31 〈잠언〉 18・17.

＊32 〈잠언〉 18・8.

＊33 〈잠언〉 9・7.

＊34 〈잠언〉 9・9.

＊35 〈잠언〉 27・19.

＊36 오비디우스 《사랑의 기술》 1・760.

＊37 플라투스 《트리스무스론》 2・2・48.

＊38 기원전 345년 무렵 사망. 아테네의 정치가이자 장군. 다음의 인용은 플루타르코스 《대비열전》 〈술라 편〉 100・6.

＊39 〈에스겔서〉 29・3.

＊40 〈하박국〉 1・16.

＊41 베르길리우스 《아에네이스》 10・773.

＊42 루키아노스 《헤르모티무스》 20.

＊43 베르길리우스 《아에네이스》 4・423.

＊44 〈잠언〉 20・5.

＊45 유베날리스 《풍자시》 2・8.

＊46 Q 키케로 《집정관 운동에 대하여》 11・44.

＊47 가이우스 아시나우스 갈루스는 기원전 1세기의 로마 정치가이자 저작가. 티베리우스 전처 비프사니아와 결혼. 나중에 티베리우스 때문에 원로원에서 사형 선고를 받고 감옥에서 굶어 죽었다. 타키투스 《연대기》 1・12.

＊48 게르카니쿠스 카이사르(기원전 15~후 19)는 로마의 장군. 티베리우스 황제의 조카. 아내에게 독살당했다고 한다. 도르수스 카이사르(기원전 15년 무렵~후 23)는 티베리우스의 아들. 이리리쿰 군단의 반란을 진압하여 총독이 되었으나, 나중에 티베리우스의 총신 세야에누스에게 독살당했다. 타키투스 《연대기》 1・52.

＊49 타키투스 《연대기》 4・31.

＊50 리비우스 《로마사》 28・42.

＊51 이탈리아의 속담.

＊52 데모스테네스 《오린토스론》 3・33.

＊53 프리모스는 도미티아누스 시대의 로마 집정관으로 베스파시아누스를 도왔다. 뮈티아누스와 프리모스는 도미티아누스 황제 밑에서 서로 경쟁했다.

＊54 타키투스 《역사》 4・39.

＊55 아그리피나(기원전 13년 무렵~후 32)는, 게르마니쿠스 카이사르의 아내로 카리그라

의 어머니. 남편이 죽은 뒤 티베리우스 황제의 미움을 받아 추방되어 죽었다.

* 56 타키투스 《연대기》 4·52.

* 57 호라티우스 《서한시》 1·18·38.

* 58 Q 키케로 《집정관 운동에 대하여》 5·17.

* 59 티겔리누스 오포니우스는 로마의 정치가. 네로의 총신이었으나 나중에는 그에게서 떠났다. 그러나 오토 황제 즉위 후 처형된다는 말을 듣고 자살했다. 페트로리우스 투르필리아누스도 네로 총신 중의 한 사람이다. 타키투스 《연대기》 14·57.

* 60 〈잠언〉 25·3.

* 61 에피크테토스 〈엔퀴리디온〉 9.

* 62 〈야고보서〉 1·23, 24.

* 63 타키투스 《연대기》 1·54.

* 64 1476~1507년. 교황 알렉산데르 6세의 서자. 추기경에 임명되었으나 사양하고, 루이 12세에 의해서 바란티노아 공작에 서임되었으나 후에 살해당했다.

* 65 호르텐시우스 퀸투스(기원전 114~50)는 로마의 법률가이자 웅변가. 가이우스 발레리우스 카툴루스(기원전 84년 무렵~54년)는 로마의 시인.

* 66 키케로 《아티쿠스 서한》 9·10.

* 67 타키투스 《역사》 2·80.

* 68 키케로 《헬레니우스론》 4·4.

* 69 오비디우스 《사랑의 기술》 2·662.

* 70 키케로 《브루투스론》 95.

* 71 리비우스 《로마사》 39·40.

* 72 마키아벨리 《로마사론》 3·9.

* 73 퀸투스 파비우스 막시무스 베르코수스(기원전 203년 사망)는 로마의 장군이자 집정관.

* 74 루카누스 《파르살리아》 8·486.

* 75 데모스테네스 《필리피쿠스》 1·51.

* 76 〈잠언〉 30·19.

* 77 플루타르코스 《대비열전》 〈술라 편〉 38.

* 78 플루타르코스 《대비열전》 〈케사르 편〉 11·2.

* 79 키케로 《아티쿠스 서한》 10·4·2.

* 80 키케로 《아티쿠스 서한》 16·15·3.

* 81 타키투스 《역사》 2·3.

＊82 수에토니우스 《문법가론》 15.

＊83 타키투스 《연대기》 5·1.

＊84 케사르 《내전기》 1·30.

＊85 마키아벨리 《로마사론》 2·10.

＊86 기원전 546년 사망. 리디아의 마지막 왕으로 부자. 루키아누스 《카론》 10·12.

＊87 베리길리우스 《전원시》 9·66.

＊88 베리길리우스 《농경시》 3·284.

＊89 〈마태복음〉 23·23, 〈누가복음〉 11·42.

＊90 기원전 6세기의 그리스 7현의 한 사람. 아리스토텔레스 《수사학》 2·13.

＊91 마키아벨리 《군주론》 17～18.

＊92 키케로 《디오르타스 론》 9·25.

＊93 키케로 《무레나 론》25·51.

＊94 기원전 395년 사망. 스파르타의 육해군 사령관. 플루타르코스 《대비열전》〈리산드로스 편〉 8.

＊95 〈전도서〉 2·11.

＊96 베르길리우스 《아에네이스》 9·252.

＊97 〈욥 기〉 15·35.

＊98 호라티아누스 《풍자시》 2·2·79.

＊99 스파르티아누스 《셉티미우스 세베투스》 18.

＊100 펠리페 2세를 가리킨다.

＊101 《디오 카시우스》 47·49.

＊102 베르길리우스 《아에네이스》 6·726.

＊103 그리스 신화 중의 인물. 여러 신의 비밀을 지껄인 죄로 입까지 물에 잠기는 벌을 받았으며 물을 마시려고 하면 물이 빠져서 마시지 못했다고 한다.

＊104 〈요한 계시록〉 4·6.

＊105 제논을 말한다. 《디오게네스 라에르티오스》 7·24.

＊106 베르길리우스 《아예네이스》 4·647.

24

이와 같이 하여 인간적 지식에 관한 학문의 결론을 내렸다. 그리고 인간적 사회적 지식을 인간 철학의 결론으로 삼았다. 또 인간 철학과 더불어 철학 전체의 결론으로 삼았다. 그리고 지금 약간 쉬는 대목에 와 있는데, 내가 지금까지 다루어 온 것을 돌이켜보니, 이 저술은 나에게는(그 거울의 모습이 틀리지 않는다면) 사람이 자기 자신의 일을 판단할 수 있는 한, 음악가들이 악기를 조율할 때는 소음 내지는 소리에 지나지 않는 것처럼 여겨진다. 그것만 들으면 유쾌한 것이 못 되지만 이로써 나중에 음악이 더 아름다워지는 원인이 된다. 그러므로 나는 시신(詩神)들의 악기를 조율하는 것만으로 만족하고 있다. 그것은 더 능한 사람이 연주할 수 있게 하기 위해서이다. 그리고 확실히 나는 현대의 상태를 눈 앞에 놓고 모든 종류의 학문이 그 제3의 내방 내지는 순환을 하고 있는 것을 바라본다. 이를테면 현대의 재간있는 사람들의 우월성 혹은 활발성, 고대 저작가들의 노작(勞作)에 의해서 우리가 얻고 있는 고귀한 도움과 광명, 저술을 모든 처지의 사람들에게 전달하는 인쇄의 기술, 항해술에 의한 세계의 개명(이것은 매우 많은 실험과 많은 자연사(自然史)를 밝히고 있다) 등등, 그리고 현대에 풍부히 있는 여가가 있다.

이것은 민주 제도라는 점에서 보면 그리스 국가처럼, 또 군주 제도의 크기라는 점에서 보면 로마 국가의 경우처럼, 정치적인 일에 사람들을 그리 전반적으로 사용하고 있지 않다. 또 현대의 현시점에서의 평화에 대한 경향, 다른 학문으로부터 사람들의 주의를 많이 돌려 놓고 있었지만, 종교 논쟁 속에서 할 말을 모두 해 버린 사실, 그리고 폐하의 학문의 완전함이 있다. 그것은 불사조처럼 재능있는 사람이 모두 날아와서 자기를 따르라고 부르고 계신다고도 할 수 있다. 그리고 차츰 진리를 밝히려 하고 있는 시대와 이것과의 분리할 수 없는 특성 등이 있다. 그런 것을 목전에 두고 생각하니, 다음과 같은 신념에 도달하지 않을 수 없다.

그것은 이 제3기의 시대라는 것이 그리스와 로마의 학문에 훨씬 뛰어나리라는 것이다. 다만 사람이 자기의 장점과 단점을 다 알고, 양쪽에서 반박의 불꽃이 아니라 발견의 광명을 취하며, 진리의 탐구를 하나의 자질이나 장식이 아니라 하나의 기획으로 생각하여야 한다. 또한 지성과 위대함을 가치와 우월성 있는 것에 사용하고, 저속하고 대중적인 평가가 나 있는 것으로 돌리지 않아야 한다. 나와 노력에 관해서는 누구든지 자기 자신 혹은 남을 위해서 그것을 비난할 기분이 된다면, 고대로부터 인내심이 강함을 보여 주는 요구인 "때려라, 그러나 들어 달라"*1는 말을 하지 않을 수 없다. 그런 것을 비난해도 좋다는 것이다. 말하자면 그러한 요구는 합법적이다(다만 필요하지 않을지는 모르지만). 인간 제1의 사고에서 그 제2의 것에 대한 것이며, 또 비교적 가까운 현대에서 멀리 떨어진 미래에 대한 것이다. 그러면 이번에는 그리스와 로마 양쪽의 고대도 안다는, 은혜를 받고 있지 않았던 학문, 신성하고 영감을 받은 신학, 사람들의 노력(勞力)과 편력의 안식일과 항구라고도 할 수 있는 것으로 향해보자.

〈주〉

*1 테메스토클레스가 에우리피데스에게 한 말이다.

25

1. 신의 특권은 인간의 의지와 이성에도 미친다. 그러므로 우리는 우리의 의지 속에서 반대를 발견하더라도 그 법률에 따라야 한다. 마찬가지로 우리의 이성 속에서 반대를 발견하더라도 그 말을 믿어야 한다. 다시 말해서 우리가 우리의 이성에 적합한 것만을 믿는다면, 우리는 작자가 아니라 성서의 내용에 동의를 주는 것이 된다. 그것은 우리가 수상쩍고 믿을 수 없는 증인에 대해서 하는 태도에 지나지 않는다. 그러나 아브라함에 대해서 정의라고 설명된 신앙*1은, 사라가 비웃은 요점의 것이었다. *2 사라는 그 점에서 자연 그대로 이성의 모습이었다.

2. 그러나(우리가 참으로 그것을 생각해 본다면) 우리가 지금 알고 있는 것처럼 알기보다는, 믿는 편이 더 가치가 있는 것이다. 왜냐하면 지식의 속에서는 인간의 마음은 감각 즉 이성에 지기 때문이다. 그러나 신념에 있어서 그것은 정신에 진다. 그것이 자기 자신 이상으로 권위가 있다고 생각하는 것이다. 그래서 한층 가치있는 매체(媒體) 혹은 작인(作因)에 지게 된다. 그러나 영광이 주어진, 즉 천국에 들어간 인간의 상태와는 다르다. 말하자면 그때 신앙 혹은 이성이 없는 신념의 상태는 중지되고, 우리는 알려지는 대로 알게 되며, 신비도 밝혀질 것이다. *3

3. 그러므로 우리의 결론으로서, 신성한 신의 학문(우리들의 말로는 신학이라고 부르고 있지만)은 다만 신의 말과 신탁(神託)에만 근거를 두고 있다. 자연의 빛 혹은 능력 위에 근거를 두는 것이 아니다. 말하자면 다음과 같이 씌어 있다. "하늘이 하느님의 영광을 선포하고"*⁴, 그러나 "하늘이 하느님의 뜻을 선포하고"라고는 씌어 있지 않다. 하지만 이에 대해서는 다음과 같은 말이 있다. "마땅히 율법과 증거의 말씀을 좇을지니, 그들의 말하는 바가 이 말씀에 맞지 아니하면."*⁵

이것이 해당하는 것은 신성(神性), 창조, 속죄의 위대한 신비에 관한 신상의 여러 점뿐만이 아니다. 참되게 해석한 경우인 도덕의 법칙에 관한 여러 점에도 해당된다. "원수를 사랑하고, 너희를 박해하는 사람들을 위하여 기도하라. 그래야 너희가 하늘에 계신 아버지의 아들이 될 것이다. 아버지께서는 악한 사람에게나 선한 사람에게나 똑같이 해를 비추어 주시고, 의로운 사람에게나 불의한 사람에게나 똑같이 비를 내려 주신다."*⁶ 이것은 다음과 같이 찬양되어야 할 것이다. "그 소리는 인간의 것처럼 들리지 않는다."*⁷ 그것은 자연의 빛을 넘은 목소리이다. 그리고 보면 이교(異敎)의 시인들은 부도덕한 열정에 지배당하게 되면, 언제나 법률과 도덕률에 항의한다. 마치 그것이 자연과 반대하며, 악의를 갖고 있는 것처럼. "그리고 자연이 허락하고 있는 것을 질투하는 법률이 부정한다."*⁸ 그래서 인도 인 덴다미스는 알렉산드로스의 사자들에게 말했던 것이다. 나는 피타고라스와 그리스 현인 중의 몇몇 사람들에 관해서 조금 들은 적이 있다. 그리고 그들은 훌륭한 사람들이라고 생각한다. 그러나 그 사람들에게는 결함이 있다. 그것은 그들의 이른바 법률과 도덕이라는 것을 지나치게 존경하고 숭배한다는 것이다, 하고. *⁹

그러므로 고백하지 않으면 안 될 것은 도덕률의 대부분은 매우 완성된 것이며, 그에 대해서는 자연의 빛도 도달하기를 바랄 수 없다는 것이다. 그렇다면 어째서 인간이 자연의 빛과 법칙에 의해서 덕성과 악덕, 정의와 사익, 선과 악에 대한 어떤 개념과 사고를 가졌다고 말할 수 있겠는가? 자연의 빛이 두 가지 다른 뜻으로 사용되고 있기 때문이다. 하나는 하늘과 땅, 자연의 법칙에 따라서 이성(理性), 감각, 귀납(歸納), 의론에서 생긴다. 또 하나는 내부의 본능에 의해서 인간의 정신 위에 각인(刻印)되는 것이며, 그 최초의 상태가 가진 순수성의 불꽃인 양심의 법칙에 따르고 있다. 이 후자의 의미에 있어서만 완전한 도덕률에 관한 어떤 빛과 식별력을 얻는 것이다. 그러나 어떻게? 악덕을 막을 수는 있지만 의무까지 가르치지는 못한다. 그러므로 종교의 교의는 신비적인 것이건 도덕적인 것이건 똑같이 신으로부터의 영감과 계시에 의하지 않고는 도달할 수 없는 것이다.

4. 그럼에도 불구하고 정신적인 사물에 있어서 이성의 효용과 범위는, 매우 크고 일반적이다. 다시 말해서 사도가 종교를 "우리들의 이유있는 신에 대한 봉사"라고 부르고 있는 것도 공연한 것이 아니다. 그러므로 옛 법칙의 의식(儀式)이나 비유 그 자체는 이유와 의의에 차 있었던 것이며, 특색없고 무의미한 문자로 차 있는 우상 숭배와 마술의 의식보다 훨씬 뛰어난 것이다. 그러나 특히 무엇보다도 그리스도교의 신앙은, 모든 사물에 있어서와 마찬가지로 이 점에서도 크게 생각할 가치가 있다. 이 점에서 양극단을 가진 이교도의 법칙과 마호멧의 법칙 사이의 황금의 중용성(中庸性)을 가졌고 또 유지하고 있기 때문이다. 즉 그리스, 로마의 이교도들이 가진 종교는 부단한 신념 혹은 신앙 선언(信仰宣言)을 갖고 있지 않으며, 모든 것을 토론의 자유에 맡겼다. 한편 마호멧의 종교는 토론을 완전히 금하고 있다. 한편은 외면에서부터 틀림없는 과오이고 한편은 기만이다. 그리스도교의 신앙은 토론을 인정도 하고 배제도 하지만, 올바른 한정을 설정하고 있다.

5. 종교에 있어서 인간 이성의 효용에는 두 가지가 있다. 하나는 신의 신비가 우리에게 계시되는 개념과 이념에 있다. 또 하나는 그에 대한 교의(敎義)와 지시의 추론과 연역(演繹)에 있다. 전자는 신비 그 자체에 미친다. 그러나 어떻게 해서인가? 예시(例示)에 의하여 토론에 의하지 않는다. 후자는 사실과 증명과 토론으로 성립되어 있다. 전자에 있어서는 신이 우리의 능력에까지 내려와서 우리가 느낄수 있도록 그 신비를 표현해 준다. 그리고 그 계시와 신성한 교의를 우리 이성의 개념 위에 심고, 그 영감(靈感)을 우리의 오성을 열기 위해서 사용하는 것을 볼 수 있다. 자물통의 열쇠 구멍에 대한 열쇠의 모양 같은 것이 되는 것이다.

후자에 대해서 말하면, 이성과 토론의 사용이 우리에게 허용된다. 다만 제2차적이고 의존적(依存的)이며, 근원적(根源的), 절대적이 아니다. 말하자면 종교의 강령과 원리가 설정되고 이성의 검토에서 제외된 뒤, 우리에 대한 더 좋은 지침을 위해서 그 유사성으로 하여 또 그에 따라 추론이나 연역을 하도록 우리에게 허용되는 것이다. 자연의 경우에는 이것이 해당되지 않는다. 즉 양쪽 원리는 중간사(中間辭) 혹은 매개념(媒槪念)이나 삼단논법에 의하지 않고 귀납에 의해서 검토될 수 있다. 게다가 이런 원리나 제1의 명제는 하부 명제(下部命題)를 끌어내려, 연역하는 이성과 불일치가 되는 것은 아니다. 그렇기는 하나 그 해당되는 것은 종교만이 아니며, 비교적 크고 작은 성질의 많은 지식에서도 마찬가지이다. 즉 '가정'뿐 아니라 '결정'이 있는 경우도 같다. 이런 때는 절대적 이성의 효용은 있을 수 없다. 그것을 잘 볼 수 있는 것은 지성을 요하는 놀이의 경우이며, 이를테면 체스 같은 것이다. 그 게임의 규칙이나 첫법칙은 절대적인 것인데 어째서일까? 다만 '결정에 의한' 것이지, 이성에 의해서 검토될 수 있는 것은 아니다. 그리고 보면 그것에 입각해서 어떻게 가장 잘 유희를 진행시켜 게임에 이기느냐 하는 것은 기술과 이성의 작용을 요하는 일이다. 그래서 인간의 법칙 중에는 '법의 결정'인 많은 근거와 공리(公理)가 있다. 권위에 입각한 절대적인 것으로 이성에 입각하는 것이 아니며, 그러기에 토론을 할 수가 없는 것이다. 그러나 가장 옳다고 하더라도 절대적이 아니라 상대적인 것이며, 긴 토론의 영역을 제공하는 공리에 따른다. 그래서 이런 것은 제2차적인 인성으로서 신학 속에 위치를 갖고 있으며, 신의 '뜻'에 기초를 두고 있는 것이다.

6. 그러므로 내가 여기에 적는 결함은 내가 이해하기로, 정신적인 사물 속에서는 이성의 참된 한계와 효용이 일종의 신의 논리로서 충분히 탐구되고 다루어져 있지 않다는 것이다.

그것은 실행이 있지 않으므로 계시되어 있는 것에 대한 올바른 고찰이라는 이유로 해서, 계시되어 있지 않은 것을 탐구하고 파헤치는 것이 보통인 것처럼 생각된다. 또 추론과 반론을 끌어낸다는 이유로 해서 절대적인 것을 검토한다. 한쪽은 니고데모의 과오[10]에 빠져서, 하느님이 계시하고자 하는 마음 이상으로 사물을 감각으로 알게끔 해주기를 바라는 일이다. "사람이 늙은 뒤에 어떻게 다시 날 수 있는가?" 하고 묻는 일이다.

또 한쪽은 제자들이 과오에 빠지는 일이다. 그것은 "조금 있으면 나를 보지 못하게 되고 또 조금 있으면 보게 될 것이다." 또 "내가 아버지께로 간다고 하신 말씀은 무슨 뜻일까?"[11] 하는, 얼른 보기에 모순된 일에 당황하는 것이다.

7. 이 점에 대해서 나는 그만큼 더 애써서 설명했다. 그 크고도 축복된 효용을 위해서이다. 왜냐하면 이 점을 잘 검토하고 결정한다면, 나의 판단으로는 스콜라 학파가 고심하고 있는 지나치게 자질구레한 사색의 헛일뿐 아니라, 교회가 고생하고 있는 논쟁의 과격함도 누르고 그만두게 하는 완화제가 될 것으로 생각하기 때문이다. 말하자면 그것은 인간의 눈을 열지 않을 수 없다. 많은 논쟁은 다만 계시되어 있지 않은 것이거나 절대적인 것에 속하는 것임을 알게 한다. 또 그 밖의 많은 것은 약하거나 불명료한 추론 또는 연역(演繹)에서 생긴다는 것도 알게 된다. 이 후자의 종류는 유대인이 아닌 사람들의 훌륭한 교사 즉 바울의 축복된 표현을 부활시킨다면, "나는 주님이 아니다"[*12]가 될 것이다. 그리고 또 "내 의견대로 말한다면"[*13] 즉 의견과 생각이며, 교의와 논쟁이 아니라는 것이다. 그러나 사람들은 지금 "내가 아니라 주님이다"[*14]라는 말투를 무리하게 쓰고 싶어한다. 그뿐 아니라 주저나 신의 저주인 천둥과 비난으로 그것을 묶어, 솔로몬한테서 "까닭없는 저주는 생기지 않는다"[*15]는 것을 아직 충분히 배우지 않은 사람들을 떨게 한다.

8. 신학에는 두 가지 주요한 부분이 있다. 교시(教示) 혹은 계시된 내용과, 교시 혹은 계시의 성질이다. 후자부터 시작하기로 하자. 그 편이 바로 조금 전까지 다루어 온 것과 가장 관계가 있기 때문이다.

교시의 성질은 세 가지 부분으로 성립된다. 교시의 한계, 교시의 능력, 그리고 교시를 얻거나 취하는 일이다. 교시의 한계에는 다음과 같은 고려가 속한다. 어느 정도까지 계속 특정 인물에 영감이 주어지는가, 어느 정도까지 교회에 영감이 주어지는가, 또 어느 정도까지 이성이 사용되는가 하는 것이다. 이 마지막 것이 결여되어 있다고 나는 생각하고 있다. 전달의 능력에는 두 가지 고려가 속한다. 종교의 어느 점이 기본적인가, 또 어느 점이 완전해질 수 있는가 하는 것이다. 같은 기초 위에 서서, 건축과 완성을 한층 더 진행시키는 문제이기 때문이다. 또 시대의 종교적 배제(配劑)에 따라서, 빛의 단계적 진전이 얼마나 신념의 능력에 중요한가 하는 것이 있다.

9. 여기서도 결여되어 있다는 말을 하기보다는 충고로서 주어도 좋으리라 생각되는 것은, 기본적인 여러 점과 더 한층의 완성된 여러 점만이 경건함과 지혜로써 구별되어야 한다는 것이다.

신의 도시에 있어서의 통일의 단계에 대하여

이것은 내가 앞에서 적은 것과 대체로 같은 목적을 향하는 주제이다. 말하자면 다른 또 하나의 그것이 논쟁의 수를 줄일 것 같았던 것처럼 이것은 그 대부분의 열을 식히게 될 것 같다. 모세는 이스라엘 인과 이집트 인이 싸우는 것을 보았을 때는 "왜 싸우느냐?"고 묻지 않고, 칼을 뽑아 이집트 인을 죽인 것을 우리는 알고 있다. *16 그러나 두 이스라엘 인이 싸우는 것을 보았을 때는, "동포가 어째서 싸우느냐?"*17 하고 말했다. 교의의 문제점이 이집트 인 같은 것이라면, 정신의 칼 즉 교회의 권위에 의해서 살해되지 않으면 안 된다. 융화(融和)하는 것이 아니다. 그러나 이스라엘 인 같은 것이면, 잘못되어 있더라도, "왜 싸우느냐?"가 되는 것이다.

기본적 요점에 대해서는 우리의 구세주가, "나를 지지하지 않는 사람은 나를 반대하는 사람이다."*18 하고 종교적 맹약(盟約)에 대해서 말하고 있는 것을 본다. 그러나 기본적이 아닌 여러 점에 대해서는, "너희를 반대하지 않는 사람은 너희의 편이다"*19가 되어 있다. 그래서 우리는 우리 구세주의 옷에는 솔기가 전혀 없다는 것*20을 알고 있다. 마찬가지로 성서의 교의도 그 자체에 있어서 그러하다. 그러나 교회의 옷 빛깔은 여러 가지이지만 나뉘어져 있지는 않다. 왕겨는 밀 이삭과 나뉘어져야 한다는 것을 우리는 알고 있지만, 밭에 나는 가라지는 밀 사이에서 뽑지 않아도 된다. *21 그러므로 정의를 내려서 매우 유용한 것은, 사람들을 완전히 남으로 만들어 신의 교회에서 떼어버리는 여러 점이 대체 무엇이고 어느 정도의 것인가 하는 것이다.

10. 지식의 교시를 얻는 일은 성서의 참되고 건전한 해석에 달려 있다. 성서는 생명의 수원이다. 성서의 해석에는 두 종류가 있다. 과학적인 것과 자유 또는 해방적인 것이다. 말하자면 이 신의 물은 야곱의 우물물*22보다 훨씬 나은 것인데, 자연의 물이 우물이나 수원에서 취해지는 방법과 대체로 같은 방법이 쓰여진다. 그것을 먼저 수반(水盤)에 무리하게 받아 거기서 끌어다가 쓰거나, 아니면 직접 솟아나는 데서 떠서 물동이나 여러 가지 그릇에 받는다. 이 가운데 전자는 비교적 쉬운 듯이 여겨지지만, 내 판단으로는 더 썩기 쉽다. 이 방법은 우리에게 스콜라 학파의 신학이 보여 주고 있는 것이다. 그것으로 신학은 하나의 기술이 되었다고 할까, 이를테면 수반 속으로

옮겨졌다. 그리하여 교의 혹은 명제의 흐름이 거기서 취해지고 끌어져 간 것이다.

11. 이 속에서 사람들은 세 가지를 구했다. 요약적인 간결함, 간약(簡約)된 힘, 그리고 완벽한 완전함이다. 이 가운데 처음 둘은 발견할 수 없고, 마지막 것은 구하지 말아야 한다. 우선 간결함에 관해서 말한다면, 모든 요약적 방법에 있어서 사람은 간약하려고 생각하면서도 늘어놓는 원인을 주게 되기 때문이다. 다시 말해서 압축에 의한 요약 혹은 간약은 불명료해진다. 불명료는 설명이 필요하다. 그리고 설명은 커다란 주해(注骸)나 토론이나 논문이 된다. 그것은 본디 요약의 근거가 되었던 서술보다 훨씬 거대한 것이 되어간다. 그래서 스콜라 학파 사람들의 책의 권수가 그리스도교 초기의 교부(敎父)들이 쓴 첫 저술보다 훨씬 많은 것을 볼 수 있다. 그 교부들의 저술에서 의견집(意見集)의 스승 페트루스 롬바르두스*23가 그 요약 내지는 수집을 만들었던 것이다. 마찬가지로 로마 법에 대한 근대 박사들의 권수는 고대 법률가들 것보다 많다. 그것에서 트리보니아누스*24가 요약을 편찬했다. 그러므로 요약과 주해의 이와 같은 방법은, 반드시 학문의 총체를 더 큰 양으로 만들고 실질을 열등하게 만든다.

12. 그리고 힘에 대해서 말하면, 물론 정확한 방법 체계가 되어 버린 지식은, 겉보기에 힘이 있을 듯해 보인다. 어느 부분이나 서로 돕고 서로 지지하는 듯이 보이기 때문이다. 그러나 이것은 겉보기만 그럴 뿐 실질이 아니다. 이를테면 건물이 서로 죄어서 세우는 방법으로 되어 있으면 흔히 부서지기 쉬우며, 그리 꽉 죄지는 않았더라도 각 부분 부분이 튼튼하게 만들어진 것보다 못한 것이다. 그러나 분명한 것은 자기의 본디 지면에서 멀리 떠나면 떠날수록, 그만큼 그 결론은 약해진다는 것이다. 그리고 자연의 경우에 개개의 사물에서 떠나면 떠날수록 과오의 위험을 초래하게 되는 것과 마찬가지로, 신학의 경우에는 더더욱 추론이나 삼단논법으로 성전(聖典)에서 멀어지면 멀어질수록, 그 명제는 그만큼 약하고 희박해진다.

13. 그리고 신학에서의 완전성 혹은 완성에 관해 말하면, 그것은 구하지 말아야 한다. 그것은 이 기술적인 신학의 방법을 더 의심쩍은 것으로 만든다. 왜냐하면 지식을 기술로 만들어 버리려는 사람은, 그것을 모든 면에서 원만하고 통일적인 것으로 만들려 할 것이기 때문이다. 그런데 신학의 경우

에는, 미완결인 채로 두고 다음과 같이 결론을 내리지 않으면 안 되는 일이 많다. "오, 하느님의 지혜와 지식의 깊음이여! 그의 판단은 헤아릴 수 없으며, 그의 길은 알아 낼 수 없도다."*25

마찬가지로 사도는 다음과 같이 말하고 있다. "우리가 아는 것은 온전하지 못하다."*26 그리고 전체 같은 형태를 갖는 것은 일부분의 내용밖에 없는 경우이므로 상상이나 추측으로 보충되지 않을 수 없다. 그래서 내 결론으로서는 이러한 요약과 체계의 참된 효용은, 지식의 준비 훈련 혹은 입문(入門)에 그 위치를 차지한다. 그러나 그것에 있어서 혹은 그것으로부터의 추론에 의해서 지식의 주된 본체(本體)와 실질을 다루는 것은, 모든 학문에 해롭고 신학의 경우에는 위험하다.

14. 자유 및 전체적인 성서의 해석에 관해서는, 여러 가지 종류의 것이 도입되고 또 연구되고 있다. 그 가운데 어떤 것은 착실하고 보장되어 있지만, 어떤 것은 잘고 안전하지 못하다. 그렇지만 다음의 말은 똑똑히 해 두지 않으면 안 된다. 성서라는 것은 영감에 의해서 주어진 것이며, 인간의 이성에 의한 것이 아니므로 다른 모든 책과는 저자가 다르다는 것이다. 그것은 결국 설명하는 사람에 의해서 얼마간 사용법에 특색이 생기게 된다. 그 저자, 즉 신은 어떤 인간도 알 수 없는 네 가지 사물을 알고 있다. 그것은 영광의 왕국, 천국의 신비, 자연 법칙의 완전성, 인간의 마음의 비밀, 그리고 모든 시대의 미래의 계승(繼承)이다. 첫째의 것에 대한 말은 "빛 속으로 밀고 들어가는 자는, 영광에 눌릴 것이다"*27라는 것이다. 그리고 "네가 내 얼굴을 보지 못하리니, 나를 보고 살 자가 없음이니라"*28는 것이다. 둘째 것에 대해서는 "그가 하늘을 지으시며 궁창(穹蒼)으로 해면에 두르실 때에, 내가 거기 있었다."*29 셋째에 대해서는 "인간속에 있는 것까지도 일일이 아시므로, 인간에 대하여 누구의 증언도 필요하지 않았다."*30 그리고 마지막 것에 대해서는 "예로부터 알려 주신 주께서 이렇게 말씀하신다."*31

15. 이 중 처음의 둘에서 성서의 어떤 뜻과 설명이 나오고 있다. 그것은 엄숙함의 범위 안에 포함시켜야 하는 것이지만, 그 하나는 신비적인 것이고 또 하나는 철학적인 것이다. 전자에 관해서 인간은 자기의 시간을 앞지르지 말아야 한다. "우리가 지금은 거울 속의 영상같이 희미하게 본다. 그러나 그 때에는 얼굴과 얼굴을 맞대고 볼 것이다."*32

그러나 이 경우 그 거울을 닦는다든가, 그 수수께끼의 무언가 온건한 설명 같은 것까지는 자유가 허용될 것으로 생각된다. 하지만 그 속에 너무 깊이 들어간다는 것은 인간의 마음을 분해하고 전복시키게 될 것이다. 신체 속에는 우리가 받아 들이는 세 가지 단계가 있다. 자양분과 약과 독이다. 이 가운데 자양분은 인간의 자연적인 성질이 완전히 바꾸고 극복할 수 있는 것이다. 약은 일부는 자연에 의해서 바뀌어지고 일부는 자연을 바꾼다. 그리고 독은 전면적으로 자연에 작용하며, 자연이 그 어떤 부분에서 그것에 작용할 수는 없다. 마찬가지로 마음에 있어서는 이성이 전혀 작용하지 못하고 바꿀 수도 없는 그 어떤 지식도, 단순한 도취이며, 마음과 오성을 분해할 위험이 있다.

16. 그러나 후자의 철학적 설명에 대해서 말하면 그것은 요즈음 파라켈수스 학파나 그 밖에 몇몇 사람들에 의해서 한창 추진되고 있으며, 그 사람들은 성서 속에서 모든 자연 철학의 진리를 발견했다고 말하고 있다. 그리고 다른 모든 철학을 이교적이고 신성을 더럽히는 것이라고 비난하며 욕을 하고 있다. 그러나 하느님의 말씀과 그 하신 일에는 이런 적의가 없다. 또 그런 사람들은 그들이 상상하고 있는 것처럼 성서에 명예를 준 것이 아니라 그것을 매우 열등한 것으로 만들고 있다. 하느님의 말씀에 "하늘과 당은 없어질지라도 내 말은 결코 없어지지 않을 것이다"[33]라고 있듯이, 하늘과 땅을 구하는 것은 영구적인 사물 속에서 신학을 구하는 것이다. 그리고 철학 속에서 신학을 구하는 것은, 죽은 자 속에서 산자를 구하는 일인 것과 마찬가지로, 신학 속에서 철학을 구하는 것은 산 자 속에 죽은 자를 구하는 일이다. 또 항아리나 물주발은 그 자리가 교회 밖에 있었으므로, 가장 신성한 장소에서 구할 것이 못 된다. 그것은 증거의 상자가 놓여 있는 장소였던 것이다. 또 신의 마음의 범위나 목적은 자연의 사물을 성서 속에 표현하는 일이 아니다. 다만, 우연적인 장소가 있고, 또 인간의 능력과 도덕적 혹은 신적인 내용에 대한 적용을 위할 때는 별도이다. 그리고 참된 규칙이라 할 수 있는 것은 "문제가 되고 있지 않은 일에 대해 느닷없이 사람이 한 말은, 별로 권위가 없다"는 것이다.

왜냐하면 묘한 결론이라고 말할 수 있는 수가 있기 때문이다. 만일 사람이 통속적인 생각에 따른 자연이라든가 역사 같은 것에서 빈 비유를, 장식이나 예시를 위해서 사용한다고 하자. 이를테면 괴물인 뱀이라든가, 일각수(一角獸)라든가, 반인 반마(半人半馬)라든가, 백수 거인(百手巨人)이라든가, 9두(九頭)의 물뱀 같은 것이다. 이런 것을 들면서 그 내용을 적극적으로 진실로서 단정하고 있다고 사람들이 생각해 주지 않으면 직성이 풀리지 않는 것이다. 그러므로 이 두 가지 해석에 대한 결론을 구한다면, 하나는 유추(類推) 혹은 수수께끼 같은 것에 의하는 것이고, 하나는 철학적 혹은 형이하적(形而下的)이 되어 있다. 그리고 이 둘은 유대의 율법 박사나 유대의 신비 철학자 등을 흉내내어 받아들여지고 추구되어 오고 있는데, "교만한 마음을 품을 것이 아니라 도리어 두려워해야 한다"*[34]는 것으로 한정되어야 할 것이다.

17. 그러나 다른 두 가지 점에서, 신에게는 알려져 있으나 인간에게는 알려져 있지 않고, 마음의 비밀과 시간의 계속 사이에 일어나는 것으로서, 성서의 설명 방법과 다른 모든 책과의 올바르고 건전한 차이를 나타내는 것이 있다. 말하자면 제출된 많은 질문에 구세주 그리스도가 한 대답에 관해서 뛰어난 관찰이 이루어지고 있다. 그것은 질문이 요구한 해결과 얼마나 동떨어진 것인가 하는 데 대해서이다. 그 까닭은 인간의 사고를 그 말로써 아는 인간과는 달리, 인간의 사고를 직접 알고 있는 그리스도는 결코 그들의 말에 대답하지 않고 그 사고에 대답했다는 것이다.

대체로 같은 형태가 성서의 경우이다. 그것은 인간의 사고와 또 계속되는 모든 시대에 대해서 씌어져 있으며, 모든 이단설(異端說), 논쟁, 교회의 여러 가지 상태, 나아가서는 특히 선민(選民) 즉 충실한 그리스도 교도의 여러 상태에 대해서 예지(豫知)하고 있다. 그 해석도 그 대목 고유의 뜻의 폭에만 따르거나, 그 말이 발언된 실제의 경우에 각각 관련시키거나, 혹은 앞뒤의 말과의 정확한 일치 또는 전후 관계로, 아니면 그 대복의 주된 범위를 생각하는 것만으로는 하지 못한다. 그리고 그 자체에 있어서 전체적으로 혹은 집단적으로뿐 아니라, 분포적(分布的)으로 문구나 낱말 속에도 무한한 샘과 냇물 같은 교의를 갖고 있어서 교회의 모든 부분을 적셔 준다. 그래서 자구대로의 뜻은 말하자면 주류(主流) 혹은 강이지만, 그와 같이 주로 도덕적인 의미와 또 어떤 경우에는 우의적(寓意的)이기도 하고 전형적이기도 하는데, 그것을 교회가 가장 많이 이용하고 있다. 그렇다고 내가 사람들에게 대단한 우의(寓意)를 가지라든가, 많이 혹은 가볍게 언급해 달라고 말하고 있는 것은 아니다. 다만 내가 비난하고 싶은 성서의 해석은, 모든 사람들이 도덕적인 책을 해석하는 방법의 흉내를 내는 것뿐이다.

18. 성서의 설명에 관한 이 부분에 대해서, 나는 결함이 없다고 보고할 수 있다. 그러나 잊지 않기 위해 다음과 같은 것을 덧붙이기로 한다. 신학 서적을 읽을 때, 많은 논쟁의 책과 많은 주장 및 논문을 본다. 방대하고 형식적인 신학 즉 스콜라 학파의 신학은, 일종의 기술이라고 해도 좋은 것이 되었다. 많은 설교와 강의, 성서에 대한 많고 풍부한 주해, 대관서(對觀書)라든가 색인 같은 것이 있다. 내 판단으로 그중에서도 가장 풍부하고 귀중한 형태의 신학 저술은, 형식적인 스콜라 학파의 신학에서 성서 개개의 본문에 대해 짧은 주해의 형식으로 집성되어 있는 것이다. 넓혀서 토론한 것도 아니고, 논쟁을 추구하지도 않았으며, 기술의 이론 체계로 만든 것도 아니다. 이런 형태의 것은 설교에 많은데, 그것은 사라져 버릴지 모른다. 그것이 남을 만한 책의 형태로는 없기 때문이다. 이런 책의 형태가 이 시대에는 뛰어난 것이다. 내가 믿는 바를 '별로 비판할 생각없이', 그리고 하등 고대를 비난하자는 것이 아니라, 포도와 올리브 사이의 훌륭한 자끼리의 훌륭한 경쟁의 예처럼 말하고자 한다. 즉 성서의 본문에 대한 가장 뛰어난 이러한 언급은, 폐하의 이 브리튼 섬에서 지난 40년 이상이나 설교에 의해 여기저기서 행하여져 오고 있는데(그에 대한 큰 권장이나 노력은 제외하기로 하고), 그런 것이 계속 기록되었더라면 사도들의 시대 이후에 씌어진 가장 훌륭한 신학의 업적이 되었을 것이다.

19. 신학에 의해서 교시되는 내용에는 두 가지 종류가 있다. 신념 및 진실된 의견의 내용과 예배 및 숭배의 내용이다. 후자는 전자에 의해서 결정되고 지시된다. 전자는 종교의 내적인 영혼으로서 후자는 그 외적인 육체로서 있다. 그러므로 이교의 종교는 우상의 숭배였을 뿐 아니라, 전체의 종교가 우상 그 자체였다. 말하자면 그것은 영혼을 갖고 있지 않았다. 그렇게 생각해도 좋은 것은, 그들 교회의 주된 교사들이 시인이었다는 것을 생각해 봐도 안다. 그 이유는 이교의 여러 신들은 질투심이 적고 기꺼이 당파에 들어갔는데, 그럴 만한 까닭이 있다. 외적인 명예와 의식(儀式)을 가질 수만 있다면, 그들은 마음의 순수성을 존경하지도 않았던 것이다.

20. 그러나 이 두 가지의 결과로서 나오는 것에 신학의 네 가지 주요 분야

가 있다. 신앙, 의무의 법칙, 의식, 그리고 통치의 형식이다. 신앙에 포함되는 것은 신의 성질, 신의 속성(屬性), 신의 작업에 대한 교의이다. 신의 성질은 신성(神性)의 통일된 3위 1체로 되어 있다. 신의 속성은 신성에 공통이거나, 성부(聖父), 성자(聖子), 성신(聖神)의 3위에 각각 특유한 것이다. 신의 작업에는 가장 중요한 것이 두 가지 있다. 창조의 그것과 속죄의 그것이다. 이 작업은 양쪽 다 전체로서 신성의 통일에 속하는 것과 마찬가지로, 각 부분에 있어서는 3위에 관계된다. 창조의 작업은 물질의 집합은 성부에, 형태의 배치는 성자에, 그리고 존재의 계속과 보존은 성신에 분담된다. 속죄의 작업은 선택과 충고는 성부에, 전체의 행위와 완성은 성자에, 그리고 적용은 성신에 분담된다. 성신에 의해서 그리스도는 육(肉)에 잉태되었다. 그리고 성신에 의해서 선민(選民)은 영(靈), 즉 마음과 인격에서 재생된다. 이 작업은 마찬가지로 그 목적을 완수하는 자로서 우리를 선민 가운데 생각한다. 혹은 목적을 달성할 수 없는 자로서 신이 버린 죄많은 사람들 가운데서, 혹은 그 나타나는 대로 눈에 보이는 교회 가운데서 생각된다.

21. 그 의무의 법칙에 대해서는 그 교의는 죄를 나타내는 법칙 속에 포함되어 있다. 법칙 그 자체는 근원에 따라서 자연의 법칙, 도덕의 법칙 혹은 신의 계시에 의한 법칙, 인습적 법칙으로 나뉘어진다. 그리고 양식(樣式)에 따라서 부정적과 긍정적, 금지와 계율(戒律)로 나뉘어진다. 죄는 그 내용과 주제에 있어서 계율에 따라 나뉘어진다. 그 형식에 있어서는 신성(神性)인 3위에 관계된다. 그 비교적 특별한 속성이 힘인 성부에 대한 약함의 죄, 그 속성이 지혜인 성자에 대한 무지의 죄, 그 속성이 은총 혹은 사랑인 성신에 대한 악의의 죄이다.

그 움직임에 있어서 그것은 종교 즉 오른손 쪽으로나 아니면 왼손 쪽으로 움직인다. 맹목적인 헌신이나 모독적이고 방종스러운 일탈(逸脫)로 향하는 것이다. 그 정도의 진도에 있어서 그것은 사상과 언어와 행위로 나뉘어진다. 이 부분에서 나는 행동의 옳고 그름을 결정하기 어려운 양심의 경우에 될수록 신의 법칙을 추론하여 적용할 것을 권한다. 왜냐하면 나는 사실 그것이 생명의 떡, 즉 신의 말씀의 모두를 나타내는 것이 아니라, 쪼개어 사람들에게 나누어 주는 일이라고 생각하기 때문이다. *35 그러나 신앙과 의무의 법칙에 관한 두 교의에 생명을 주는 것은, 마음의 고양(高揚)과 동의(同意)이다. 권장, 신성한 명상, 그리스도 교도의 결의(決意)등에 대한 책이 이에 속한다.

22. 의식 혹은 예배는 신과 인간 사이의 상호적 행위로 성립되어 있다. 그것은 신의 입장에서 말하면, 말의 가르침과 성찬(聖餐)이다. 그것은 계약의 표시 혹은 눈에 보이는 말로서 있는 것이다. 그리고 인간의 입장에서는 신의 이름으로 기도하는 것이다. 게다가 유대의 율법 아래서는 희생이 있다. 그것은 눈에 보이는 기도와 참회로서 있었던 것이다. 그러나 이제 숭배는 의식이 아니라 '영과 진리로 드리는 예배'*[36]가 되어 있으므로, 남은 것은 다만 '입술의 수송아지'*[37], 즉 실제의 희생을 바치는 것이 아니라 숭배의 기도뿐이다. 다만 감사의 보답인 신성한 맹세의 효용을, 탄원의 표시에 대한 확인으로 생각할지 모른다는 것은 있다.

23. 그리고 교회의 통치에 대해서 말하면, 그것은 교회의 재산, 교회의 특권, 교회의 직무와 사법 전체를 지휘하는 교회의 율법으로 성립되어 있다. 이 모든 것에는 두 가지 고려가 있다. 하나는 자기 자신 속에 있고, 하나는 일반 국가와 어떻게 일치하고 적합하느냐 하는 것이다.

24. 신학의 이 내용을 다루는 방법은 진리를 교육하는 형식으로 하거나, 아니면 거짓된 반박의 형식으로 하는 두 가지가 있다. 종교에 대한 거부는 그 부정한 무신론(無神論) 일파 이외에 세 가지가 있다. 이단론(異端論), 우상 숭배, 그리고 마술이다. 이단론은 참된 신을 거짓된 숭배로 섬기는 경우이다. 우상 숭배는 거짓된 여러 신을 참된 것인 양 상상하고 숭배하는 경우이다. 그리고 마술은 거짓된 여러 신을 나쁘고 거짓인 줄 알면서 숭배하는 경우이다. 그와 같이 폐하께서는 마술이 우상 숭배의 절정이라는 것을 훌륭하게 말씀하시고 계신다. *[38] 이것이 사실의 단계이기는 하지만, 사무엘이 가르치는 바에 의하면 그것은 모두 같은 성질에서 나오는 것이며, 일단 신의 말씀에서 후퇴할 경우 그렇게 된다는 것을 알 수 있다. 즉 "거역하는 것은 사술(邪術)의 죄와 같고, 완고한 것은 사실 우상에게 절하는 죄와 같음이라"*[39]고 말하고 있다.

25. 이런 것을 제가 아주 간단하게 슬쩍 다룬 이유는, 그에 대해서는 결함을 보고할 수 없기 때문입니다. 왜냐하면 신학의 문제에 있어서는, 빈 터로 혹은 씨를 뿌리지 않은 채로 남아 있는 장소나 땅을 발견할 수가 없기 때문

입니다. 사람들은 매우 열심히 좋은 씨를 뿌리거나 가라지를 뿌려 오고 있는 것입니다. 이렇게 하여 저는 제가 발견할 수 있는 한, 진실되고 충실하게 지적 세계의 조그만 지구 같은 것을 만들어 보았습니다. 인간의 노력(努力)으로 끊임없이 차지되고 있지 않거나, 충분히 바뀌어 있지 않았다고 생각되는 부분에 대해서, 주석과 설명을 가했습니다. 그중에 혹 보통 받아들여지고 있는 것에서 후퇴한 점이 있다면, 그것은 '무언가 다른 것으로'가 아니라, '무언가 더 좋은 것으로' 나아가려는 목적에서였습니다. 수정과 진보의 마음으로 한 일이지, 변화와 이론(異論)의 마음으로 한 것이 아닙니다. 만일 남 이상으로 나아갈 생각이 없었다면, 제가 취급하는 내용에 대해서 진실되고 충실할 수 없을 것입니다.

그러나 그것은 다른 사람이 또한 저 이상 앞으로 나아가 주기를 바라는 마음만 못한 것입니다. 그것은 다음의 사실로 더 잘 아실 수 있을 것입니다. 즉 저는 제 의견을 적나라하게 아무런 방비책도 없이 펴 왔습니다. 사람의 판단의 자유에 반론이나 편견을 갖게 하고 싶지 않았기 때문입니다. 무엇이든지 잘 썼다고 할 수 있어서는, 처음 읽으면 대답이 나온다는 희망을 저는 충분히 갖고 있습니다. 그리고 제가 과오를 범했을 사항에 있어서도, 논쟁적인 토론으로 올바른 것에 대한 편견을 갖게 하도록 왜곡하지는 않았다고 확신하고 있습니다. 그런 짓은 확실히 반대 효과와 작용을 갖는 것이며, 과오에 권위를 주고, 발견이 잘 된 것의 권위를 파괴하게 됩니다. 즉 논쟁적으로 제기하는 의문은 거짓에 대한 명예와 촉진이 되는 한편, 진리에 대한 거부가 되는 것입니다. 그렇지만 과오에 대해서는 제 자신의 것이라고 말씀드리는 바이며, 제 자신이 책임을 지겠습니다.

혹시 무언가 좋은 것이 있다면, 그것은 '희생의 기름'*40처럼 우선 먼저 하느님의, 다음에는 폐하의 명예를 위해 향으로써 피워 바쳐야 마땅할 것입니다. 저는 이 지상에서 폐하께 가장 큰 은혜를 입고 있는 자입니다.

〈주〉

*1 〈로마서〉 4·22.

*2 〈창세기〉 18·12.

*3 〈고린도전서〉 13·12.

＊4 〈시편〉 19·1.

＊5 〈이사야서〉 8·20.

＊6 〈마태복음〉 5·44, 45.

＊7 베르길리우스 《아에네이스》 1·328.

＊8 오비디우스 《變身賦》 10·330.

＊9 플루타르코스 《대비열전》〈알렉산드로스 편〉 65.

＊10 니고데모는 바리새 사람인데 유대 인의 지배자가 되어, 밤에 그리스도에게 교시를 청
　　하러 왔다. 그의 잘못은, 그때 그리스도가 인간은 다시 나지 않으면 신의 왕국을 볼
　　수 없다고 말한 데 대해서, 그가 다시 어머니의 뱃속에 들어가서 태어나야 하느냐고
　　물은 것을 가리킨다. 〈요한복음〉 3·4.

＊11 〈요한복음〉 16·17.

＊12 〈고린도전서〉 7·12.

＊13 〈고린도전서〉 7·40.

＊14 〈고린도전서〉 7·10.

＊15 〈잠언〉 26·2.

＊16 〈출애굽기〉 2·11, 12.

＊17 〈출애굽기〉 2·13, 〈사도행전〉 7·26.

＊18 〈마태복음〉 12·30.

＊19 〈누가복음〉 9·50.

＊20 〈요한복음〉 19·23.

＊21 〈마태복음〉 13·29.

＊22 〈요한복음〉 4·13, 14.

＊23 1100년 무렵~64. 이탈리아에 태어나 파리의 대사교가 되었다. 《네 권의 글》이라는,
　　그리스도교에 관한 교부들의 의견을 모은 저작으로 '의견집의 스승'이라 일컬어졌다.

＊24 546년 무렵 사망. 비잔틴의 법률가로서 주로 유스티아누스 법전을 편찬했다.

＊25 〈로마서〉 11·33.

＊26 〈고린도전서〉 13·9.

＊27 라틴어 역 성서 〈잠언〉 25·27.

＊28 〈출애굽기〉 33·20.

＊29 〈잠언〉 8·27.

＊30 〈요한복음〉 2·25.

＊31 〈사도행전〉 15·18.

* 32 〈고린도전서〉 13·12.

* 33 〈마태복음〉 24·35.

* 34 〈로마서〉 11·20.

* 35 〈마가복음〉 14·22, 〈사도행전〉 22·7.

* 36 〈요한복음〉 4·24.

* 37 〈호세아서〉 14·2.

* 38 제임스 1세 《귀신론》 3·6.

* 39 〈사무엘기상〉 15·23.

* 40 〈레위기〉 1·8, 12.

Essays, Civil and Moral
베이컨 에세이

머리말(제1판·1597년)

서로 사랑하고 사랑받고 계시는 형님, 저는 마치 이웃에 나쁜 사람이 살고 있어 도둑 맞지 않기 위해 아직 익지도 않은 과일을 따는 과수원 주인과 다름없는 짓을 하고 있습니다. 아래 제 사상의 단편이 인쇄에 부쳐지려 합니다. 그것을 말리려고 애쓰는 것은 헛된 일입니다. 물론 여러 가지 말이 나올 수 있겠지요. 그러나 그것을 그대로 두면, 해를 입을 위험이 있습니다. 사실이 아닌 판본(版本)도 있을 것이고, 또 무언가를 덧붙이고 싶어하는 사람이 제멋대로 할지도 모릅니다.

언제나 생각하고 있는 일입니다만, 사람들의 사상을(어떤 성질의 것은 제외하고) 세상에서 몰아낸다는 것은, 어떤 사상을 내세우는 것 못지 않게 아주 부질없는 일인지도 모릅니다.

그와 마찬가지로 다음의 여러 자질구레한 문제에서, 제 자신이 이단심문관(異端審問官)의 역할을 했습니다. 제가 이해하는 한 그 가운데에는 종교나 풍습의 현상에 반대하거나 해로운 것은 없고, 오히려(제 판단으로는) 유익한 것이 있다고 생각합니다. 다만 제가 지금까지 세상에 내놓기를 꺼려했던 것은 그것이 최근의 반 페니 화폐 같은 것이어서, 은은 품질이 썩 좋은 것이지만 모양이 작다는 것입니다.

하지만 언제까지나 주인 곁에 머물러 있지 않고, 기어이 밖으로 떠나가야 하는 것이라면, 저로서는 저와 가장 가까운 형님에게 그 방향을 돌려서, 그것을 그대로 우리 두 사람 사이의 애정에 바치기로 하겠습니다. 그 깊이는, (단언합니다만) 저는 이따금 형님의 병약하신 몸이 차라리 제 자신의 몸이라면 좋겠다고 생각하는 일이 있을 정도입니다. 여왕 폐하께서 참으로 활동적이고 마음 씀씀이가 깊은 사람을 써 주셔서, 저는 가장 적합한 사색과 연구에 몰두할 수 있게 되었습니다. 그래서 신성한 여왕 폐하께서 길이 형님을 추천해 주실 수 있었으면 하는 마음입니다.

그레이즈 인 법학원(法學院) 방에서

1597년 1월 30일

진심으로 사랑을 바치는 아우
프란시스 베이컨

친애하는 안토니 베이컨[1] 형님에게

헌사 (제2판·1912년)

동서(同婿) 서오존 콘스터블*²께

　제 수필집의 전번 판은 이제 하느님 곁에 계시는 안토니 베이컨 형님께 바쳤습니다. 이번 휴가에서 제가 쓴 원고류를 살펴보다가 같은 성질의 다른 것을 발견했습니다. 그것을 제가 직접 제본하여 두지 않는다고 해서, 세상이 그렇게 해 주리라고는 생각되지 않습니다. 지난 번 것의 인쇄는 잘 되었습니다. 형님은 이제 안 계시고, 그 다음에는 동서라고 생각합니다. 가까운 관계와의 직접적인 우정과 교제, 특히 연구의 교류를 생각해서 말입니다. 이 점에서는 제 자신이 신세를 지고 있다는 것을 인정할 수밖에 없습니다. 왜냐하면 제 일이 저의 사색에서 휴식을 발견하고 있는 것과 마찬가지로, 제 사색은 동서의 애정 있는 충고와 판단에서 언제나 휴식을 발견했기 때문입니다. 그러면 건강하시기를 빌면서.

언제까지나 애정있는 아우이자 친구인
프란시스 베이컨

황태자 콘월 후작·체스터 백작이신 헨리 전하*3께 바침

황공하오나

제 자신의 생활을 사색과 활동으로 나누어, 보잘것은 없습니다만 폐하와 전하께 그 결실을 드리고 싶습니다. 올바른 논문을 쓰려면, 작자와 독자에게 여가가 필요합니다. 그러므로 전하의 고귀하신 일상을 생각해서나, 저의 끊임없는 충성을 생각해서나 적당하지 않습니다. 그런 까닭으로, 저는 짧은 다짐글 같은 것을 쓰려고 했습니다. 세밀한 것보다 뜻이 깊은 것을 쓰려고 했으며, 그것을 에세이(수필집)라고 이름붙였습니다. 이 말은 최근의 것입니다만, 그 자체는 옛부터 있었습니다. 세네카가 루킬리우스 앞으로 보낸 서한 역시 잘 주의해 보면 바로 이 에세이 형식이기 때문입니다. 즉 서한의 형태로 서술되어 있습니다만, 여러 가지 명상이 담겨 있습니다.

저의 이 작업은, 전하께 적합한 것일 수 없다는 것을 잘 알고 있습니다. 왜냐하면 전하에게 적합하다고는 말씀드릴 수가 없어서입니다. 그러나 저는 이것이 소금 알갱이처럼 전하의 식욕은 돋우어 드리지만 싫증은 나지 않는 것으로 만들고 싶었습니다. 그리고 사람들의 생활과 붓에 가장 친근한 것을 다루었습니다만(어느 정도의 것이 되었는지 저는 알 수 없습니다) 통속적인 것으로는 만들지 않으려고 애썼습니다. 이것의 내용은 대부분 사람의 체험에서 발견한 것으로, 서적에서는 보기 드문 것들입니다. 즉 반복도 아니고 공상도 아닙니다. 무엇보다도 전하께서 이것들을 받아 주시기를 바랍니다. 제 자신한테서 생겨나는 이러한 사색을 통해 전하에 대한 충실하고 헌신적인 애정을 표시할 수 있다면 전하의 명령을 수행하는 데 더할 수 없는 정성을 기울이게 될 것입니다. 전하에게 모든 알맞은 행복을 기원하면서, 붓을 놓습니다.

전하의 가장 천한 머슴 올림

해군 장관 버킹검 공작 각하께 바침 (1625년)

각하,

솔로몬이 말하기를 "좋은 이름은 귀중한 향유(香油)라고도 할 수 있다"고 했습니다. 각하의 성함은, 저 역시 확신하고 있듯 자자손손까지 귀중한 향유가 되실 것입니다. 왜냐하면 각하의 운과 가치는, 이미 두드러진 것이기 때문입니다. 그리고 각하께서 가꾸시는 것은 모두 언제까지나 살아갈 것 같습니다.

저는 지금 저의 《에세이》를 출판합니다. 이것은 저의 다른 모든 저작 중에서 특히 알려져 있는 것입니다. 아마도 사람들의 일에나 마음에 친밀감을 주었기 때문인 것 같습니다. 그러나 이번 수필집은 그 수와 내용을 늘려, 사실상 신작이라 할 수 있습니다. 그런 까닭으로 각하의 은혜에 대한 저의 애정과 의무에 알맞는 것이라 생각하고, 영어와 라틴어로 각하의 성함을 맨 앞에 얹기로 하겠습니다. 왜냐하면 제 생각으로는 그 라틴어 판이(세계적 통용어로 씌어 있으므로), 책이 남아 있는 한 계속 읽혀질 것으로 생각되기 때문입니다. 저의 《혁신》은 국왕 폐하께 바쳤습니다. 저의 《헨리 7세사》(지금 이것도 라틴어로 번역했습니다만)와 《박물학》의 일부는 왕자 전하께 바쳤습니다. 그리고 이 《에세이》는 각하께 바칩니다. 하느님께서 제 붓과 노력에 대해서 훌륭히 열매를 맺게 해 주셨으며, 저로서도 낳을 수 있는 가장 좋은 과실이라 생각합니다. 하느님께서 각하의 손을 잡아 인도해 주시기를 빌면서.

각하의 가장 공손하고 충실한
프란시스 센트 울번 올림

베이컨 에세이

1 진리

진리가 무엇이냐, 빌라도는 비웃으면서 말했다. 그리고 대답을 기다리려고는 하지 않았다. *⁴ 확실히 끊임없이 생각을 바꾸기 좋아하는 사람들이 있다. 어떤 신념에 고정되는 것을 속박이라 느끼고, 사고(思考)에서나 행동에서나 자유로운 의지를 좋아한다. 이제는 없어졌다고 하지만, 그와 같이 생각을 줄곧 바꾸는 어떤 부류의 철학자들은*⁵ 여전히 남아 있으며, 그 경향에는 같은 것이 있다. 다만 고대 그리스나 로마인들에게서 볼 수 있었던 것만큼의 원기가 그 속에 보이지 않을 뿐이다.

사람들이, 진리를 발견하려고 할 때 느끼는 곤란과 수고 때문이라든가 또 그것이 발견되었을 경우에 사고를 속박하게 되는 것 때문에 거짓말을 좋아하게 되는 것은 아니다. 거짓말 그 자체를 사랑하는, 자연스럽지만 타락한 기분이 있다. 후기 그리스 학파의 한 사람*⁶이 이 문제를 검토하며, 사람이 거짓말을 좋아하는 데는 과연 어떤 이유가 있을까 고민하였다. 그가 도달한 깨달음은, 그것으로 시인의 경우처럼 기쁨이 생기는 것도 아니고, 상인의 경우처럼 이익이 되는 것도 아니지만 단지 거짓말 그 자체가 좋기 때문이라는 것이다. 이 진리라는 것을, 속세간의 가면극이나 무언극 같은 공연물과 달리 촛불만큼 당당하게도 아름답게도 보이는, 적나라하고 훤한 대낮의 빛이라고 단언할 수는 없다. 진리는 아마도 낮에 가장 잘 보이는 진주의 가치 정도가 될 것이다. 그러나 여러 가지 빛 중에서 가장 잘 보이는 다이아몬드나 루비 같은 가치에는 미치지 못할 것이다.

허위를 섞는다는 것은, 확실히 기쁨을 늘리는 일이다. 공허한 의견이나 가슴 설레게 하는 희망이나 그릇된 평가 등에서 제멋대로의 상상 같은 것을 제거하면, 대개의 사람들 마음은 가난하고 시든 것이 된다. 우울과 권태에 차서 누가 보아도 재미없는 삶이 되어 버릴 것을 누가 의심하겠는가? 초기 그리스도교의 교부(敎父) 한 사람은, 매우 격렬한 어조로 시를 '악마의 술'*[7]이라 부르고 있다. 왜냐하면, 그것은 단지 허위의 그림자로 그렇게 만드는 것뿐이기 때문이다. 그러나 마음속을 통과해 버리는 허위는 해를 입히지 않는다. 그곳에 가라앉아 박혀 버리는 허위가 해를 주는 것이다. 그것에 대해서는 이미 언급한 바 있다.

그러나 인간의 타락한 판단력이나 감정에서 이런 일이 왜 일어나느냐 하는 것은 제쳐 놓자. 어쨌든 진리는 본디 남의 기준으로 자신을 판단하지 않는 것이다. 그 가르치는 바에 따르면 진리의 탐구는 그것에 구애하는 일 또는 청혼하는 일이라고도 할 수 있으며, 진리의 지식은 그것이 현존한다는 것, 그리고 진리의 신념이란 그것을 맛보는 것이라 할 수 있다. 즉 이 진리는 인간성의 가장 높은 선(善)인 것이다. 며칠이나 걸린 작업 중에서 신이 처음으로 만든 것은 감각의 빛이었고, 마지막 것은 이성의 빛이었다. 그리고 그 뒤 안식일(安息日)의 작업은 성령(聖靈)의 광명이다. 먼저 물질 즉 혼돈의 얼굴 위에 빛을 뿌렸다. 다음에, 인간의 얼굴에 빛을 불어 넣었다. 언제나 그 선민(選民)의 얼굴에 입김을 불어 넣고, 빛을 불어 넣고 있는 것이다. 여러 가지 점에서 다른 것보다 못 할지도 모를 어떤 한 파*[8]의 철학에 아름다움을 보탠 그 시인*[9]은, 다음과 같은 훌륭한 말을 하고 있다. "물가에 서서 배가 해상에서 시달리고 있는 것을 보는 것은 즐겁다. 그러나 어떤 즐거움도, 진리가 차지하는 위치와 비할 수는 없다(그 진리의 언덕은 다른 데서 내려다 볼 수도 없으며, 그곳 공기는 언제나 맑고 온화하다). 그곳에서는 저 아래 골짜기에서 벌어지고 있는 잘못이나 미망(迷妄), 안개나 폭풍 같은 것을 바라볼 수 있다." 그러므로 언제나 이런 조망에는 오만이나 자랑이 아닌 연민이 따르는 것이다. 확실히 지상의 천국이라고 말할 수 있는 것은, 인간의 마음이 자애 속에서 움직이고, 하늘의 섭리에서 편안을 찾으며, 진리의 양 극을 축으로 하여 돌게 하는 것이다.

신학과 철학의 진리에서 일반 문제의 진리로 말을 옮겨 보자. 그것을 실행하지 않는 사람도 인정하게 될 줄 알지만, 명백하고 솔직한 거래는 인간성의 명예이다. 그리고 거짓을 섞는다는 것은, 금과 은의 화폐에 나쁜 질의 것을 합금하는 것과 같다. 그것으로 금속의 작용은 좋아질지 모르지만, 품질은 떨어지게 된다. 이런 꾸불꾸불한 방법은 뱀의 진행 방법이다. 그것은 엎드려서 나아가는 비열한 방법이며, 두 다리로 서는 것과는 다르다. 그 어떤 악덕 중에서도, 거짓말이 들통나고 또 불성실함을 들키게 되는 것만큼 인간을 수치스럽게 하는 일도 없다. 그러므로 몽테뉴가, 거짓말이 어째서 대단한 치욕이며 혐오할 만한 비난의 대상이 되는지 그 이유를 적절히 표현한 말이 있다. 그의 말에 따르면 "곰곰이 생각해 보건대 '거짓말을 하는 사람'이라는 말은, 신에 대해서는 용감하고 인간에 대해서는 비겁하다는 말과 같다"*10는 것이다. 즉 거짓말이라는 것은 신에게는 얼굴을 들지만, 인간으로부터는 뒷걸음질치는 것이다. 확실히 허위와 신앙파기(信仰破棄)의 사악함을 가장 심각하게 표현한 것은, 그것이 인간의 세대 위에 신의 마지막 심판을 불러 내는 마지막 나팔 소리가 되리라는 것이다. 그리스도가 올 때 "그는 이 세상에서 신의(信義)*11를 볼 수 없을 것이다" 예언하였기 때문이다.

〈주〉

＊1 1558～1601년. 서어 니콜라스 베이컨의 둘째 부인 아들인 프란시스 베이컨의 형. 재능은 있었으나 허약했으며, 제2대 에섹스 백작의 외교 사무 같은 것을 맡아 보다가 젊은 나이에 죽었다.

＊2 베이컨 부인 엘릭스 버냄 동생의 남편.

＊3 1594～1612년. 제임스 1세의 맏아들로 황태자. 《에세이》의 제2판 출판 전인 1612년 11월 6일에 죽었으며, 이 헌사는 발표되지 않고 원고로 남아 있다.

＊4 〈요한복음〉18장 38절.

＊5 아리스토텔레스와 거의 같은 시대의 필론 및 그 일파인 회의철학자들.

＊6 2세기 무렵 사모사타의 루키아누스, 저서에는 《거짓말의 애호자》가 있다.

＊7 〈악마의 술〉이라는 말은, 베이컨이 히에로니무스 《서한》과 아우구스티누스의 《고백》에 있는 말을 섞어서 쓴 듯하며, 같은 말이 《학문의 진보》에도 나온다.

＊8 에피쿠로스 등의 쾌락주의 철학의 일파를 가리킨다.

＊9 로마의 시인 루크레티우스(기원전 94년 무렵～55년). 그의 《사물의 본질》 인용.

＊10 몽테뉴 자신의 말이 아니라, 그가 자신의 《수상록》에서 〈한 사람의 고대인〉으로서 플루타르코스 《대비열전》〈뤼산드로스 편〉의 1절을 인용한 것이다.

＊11 〈누가복음〉18장 8절에는 베이컨의 말처럼 '신의'가 아니라 '믿음'이라고 되어 있다. 베이컨은 그즈음 이미 존재하고 있던 제임스 1세의 흠정영역성서에 의하지 않고, 재

래의 라틴어 번역 성서를 이 경우에 적합하게 마음대로 해석하고 있는 듯하다.

2 죽음

인간이 죽음을 두려워하는 것은, 어린아이들이 어둠 속을 걸어가는 것을 무서워하는 것과 마찬가지이다. 그리고 어린아이의 그 자연스러운 공포가 이야기를 들으면 더한 것과 마찬가지로 전자의 경우도 똑같다. 확실히 죽음을 죄에 대한 대가이며 저승으로 가는 다리라고 생각하는 것은 신성하고 종교적이다. 그것을 두려워하여 자연에 대한 당연한 공물처럼 생각하는 것은 비겁한 일이다. 그러나 종교적인 명상에는 허영심이나 미신이 섞여 있는 수도 있다. 수도사*[1]들의 난행과 고행에 관한 어떤 서적을 읽어 보면, 자기 손가락 끝을 죄거나 상처를 내 보면 고통이 어떤 것인가 스스로 알 수 있다고 말한다. 그것으로, 몸 전체가 썩거나 분해되는 죽음의 고통을 어느 정도 상상할 수 있게 된다는 것이다. 그런데 많은 경우, 죽음은 손발의 고문보다 고통이 적게 느껴지는 수가 있다. 즉 생명에 가장 중요한 곳이 반드시 민감하다고는 할 수 없기 때문이다.

다만 철학자로서 또 자연스러운 인간으로서 이야기한 그들의 말에 흔히 잘 표현되어 있듯이, "두려운 것은 죽음 그 자체보다 오히려 죽음에 따라오는 것"*[2]이라는 점이다. 신음 소리라든가, 경련이라든가, 얼굴빛이 변한다든가, 친구의 통곡소리라든가, 검은 상복이라든가, 장례식 같은 것이 죽음을 무서운 것으로 보이게 한다. 그러나 명심할 것은, 인간의 아무리 약한 감정일지라도 죽음의 공포를 이길 수 있으며 그것을 억누르지 못하는 감정은 없다는 것이다. 그런 까닭으로, 그 싸움에 이길 수 있는 것이 주위에 많이 딸려 있을 때에는 죽음도 그리 두렵지 않다. 복수는 죽음을 이긴다. 사랑은 그것을 아무렇지도 않게 한다. 명예는 그것을 동경한다. 슬픔은 그쪽으로 달아난다. 공포는 그것을 앞지른다. 사실 어떤 책에 따르면, 오토 황제*[3]가 자살한 뒤, 연민(이것은 여러 감정 중에서 가장 상냥한 것이지만) 때문에 많은 사람이 죽을 생각을 했다고 한다. 군주에 대한 순수한 연민의 감정과, 또 가장 진실에 넘치는 백성의 기분에서였다. 아니, 세네카는 또 까다로운 성미와 따분함을 덧붙이고 있다. "우리가 얼마나 같은 일을 오래 하고 있는가 생각해 보라. 용감한 사람이나 비참한 사람만이 죽고 싶어하는 것은 아니다. 상당히 까다로운 사람도 그렇게 된다."*4 용감하지 않고 비참하지 않더라도 사람은 죽는다. 그저 같은 것을 몇 번이나 되풀이하는 것을 참지 못하는 기분에서이다.

마찬가지로 주의할 만한 가치가 있는 일은, 훌륭한 정신을 가진 사람들의 경우에는 죽음의 접근에도 거의 아무런 변화를 보이지 않는다는 것이다. 그런 사람들은 마지막 순간까지 똑같은 상태를 유지한다. 아우구스투스 케사르는 인사를 하며 죽어 갔다. "나는 가오. 잘 있소, 리비아.*5 우리 두 사람의 결혼 생활을 잊지 말아 주시오." 티베리우스*6는 능청을 떨었다. 타키투스가 말하듯이 "그 육체의 힘은 없어졌으나, 그 속이는 힘은 남았다"고 베스파시아누스*7는 농담하고 있다. 의자에 걸터 앉으면서 "웬지 신이 되어 가는 것 같군" 이렇게 말이다. 갈바는 "쳐라, 이것이 로마 민중을 위해서라면"*8 하면서 목을 내밀었다. 셉티미우스 세베루스*9는 부랴부랴 일을 정리했다. "서두르자, 내가 할 일이 아직도 남아 있다면" 이런 식이다.

확실히 스토아 학파(學派) 사람들은 죽음을 너무나 지나치게 높이 평가하고 준비를 야단스럽게 하는 데서, 그것을 보다 더 무서운 것처럼 생각하게 만들었다. "생명의 종말을 자연의 은혜 가운데 하나로 삼았다"*10는 사람의 표현이 더 훌륭하다. 죽는 것은 태어나는 것과 마찬가지로 자연스러운 일이다. 조그만 어린아이에게는, 태어나는 것도 죽는 것과 같은 정도의 고통이 아니겠는가?

열심히 무슨 일을 추구하다가 죽는 사람은, 정신없이 일하고 있을 때 부상당하는 사람과 비슷하다. 그런 때에는 아픔도 느끼지 못한다. 그런 까닭으로, 무언가 좋은 일에 마음을 기울이는 사람은 죽음의 슬픔을 떨쳐 버린다. 특히 성서의 구절을 노래로 만든 정말 아름다운 것으로서 "지금 이 종을 평안히 놓아 주시옵니다"라는 영창(詠唱)*11이 있다. 사람이 어떤 가치 있는 목적을 기대한 대로 달성했을 때에는 그렇게 된다. 죽음에는 또한 명성에 대한 문을 열고, 질투를 지워 버리는 힘이 있다. "살아 있을 때는 시샘을 받던 인간이, 죽은 뒤에는 사랑을 받게 된다."*12

＊1 프란시스코, 칼멜, 도미니코, 아우구스티누스 수도회의 탁발 수도자들을 가리킨다. 고
　　행은 하지만, 특히 여기서 말하고 있는 책은 눈에 띄지 않는다.

＊2 세네카《서한》24.

＊3 로마 황제. 재위는 69년 1월부터 겨우 석 달에 지나지 않았다.

＊4 세네카《서한》77에, '우리 스토아 학파 친구'의 말로써 인용되어 있다.

＊5 수에토니우스《아우구스투스》. 리비아는 아우구스투스의 아내,《의장과 은폐》주1 참
　　조.

＊6 티베리우스는 로마 황제, 재위 14~37. 인용은 타키투스《연대기》.

＊7 베스파시아누스는 로마 황제, 재위 69~79. 인용은 수에토니우스《베스파시아누스》
　　23. 로마 황제는 죽은 뒤에 신이 된다고 알려져 있었다.

＊8 타키투스《역사》1·41, 플루타르코스《대비열전》〈갈바 편〉등등. 갈바는 황제 네로에
　　대한 반란의 선두에 서서 그가 자살한 뒤 황제가 되었으나(재위 68~69), 병사 보상
　　문제로 인기를 잃고 길거리에서 병사들에게 맞아 죽었다.

＊9 세베루스는 로마 황제, 재위 193~211년. 인용은《디오 카시우스》76·17.

＊10 주베날리스《풍자시》10. 358.

＊11 〈누가 복음〉2·29의 시몬의 말.

＊12 호라티우스《서간시》2·14.

3 종교의 통일

　종교는 인간 사회의 기반으로써 주요한 것이며, 그 자체가 통일이라는 참
된 기반 속에 확고히 들어가 있을 때에는 훌륭한 것이 된다. 종교를 에워싼
논쟁이나 분열은 이교도가 모르는 폐해였다. 그 까닭은 이교도의 종교는 제
식(祭式)에 의하는 경우가 많고, 지속성을 가진 신념이 아니기 때문이다.
상상해 보면 금방 아는 일이지만, 그들이 품고 있었던 신앙의 경우, 그 교회
의 주된 교사나 교부(敎父)들은 시인이었다는 것이다. 그러나 참된 신의 속
성 가운데에는 질투심이라는 것이 있다. 그러므로 그 숭배나 종교에 불순물
이 섞이거나 상대가 있거나 하는 것을 용서하지 않게 된다. 그런 까닭으로,
교회의 통일이라는 것에 대해서 조금 설명해 보기로 한다. 그 성과가 어떤
것인가, 그 범위는 어떤 것인가, 또 그 수단은 어떤 것인가에 대해서 생각해

보기로 한다.

　통일의 성과(신을 충분히 기쁘게 만드는 것이 가장 중요한 일인데, 거기에 대해서)에는 두 가지가 있다. 하나는 교회의 외부에 대한 것이고, 또 하나는 내부에 대한 것이다. 전자의 경우에서 이단(異端)이나 분열은 가장 큰 장애가 된다. 확실히 도덕의 퇴폐보다 더한 장애인 것이다. 이를테면 살아 있는 육체의 경우, 상처가 체액(體液)의 부패보다 더 나쁘다. *¹ 정신적인 경우도 마찬가지이다. 그러므로 무엇보다도 사람이 교회에서 쫓겨나게 되는 원인은, 그 통일의 불화에 있다. 그러니 문제가 일어나서 "보라, 그리스도가 광야에 있다"는 자가 있거나 "보라, 그리스도가 골방에 있다"*²는 자가 있게 되면, 즉 그리스도를 이교도의 비밀 집회에서 구하는 자가 있거나 교회의 바깥 쪽에서 구하는 자가 있는 경우엔, "밖으로 나가지 마라"는 말을 사람들에게 끊임없이 일러두어야 할 필요가 있다. 이방인의 교사*³(그 일의 특질 때문에 외부에 있는 것을 특히 생각하게 되었지만)는 말했다. "만일 온 교회가 함께 모여서 모두 방언으로 말한다면, 교회 생활에 서툰 사람이나 불신자가 들어왔을 때, 그들은 여러분을 미쳤다고 하지 않겠습니까?" 또한 무신론자나 불신자들이 종교 내의 서로 맞지 않는 온갖 의견을 들어도, 같은 말을 할 수 있다. 그러한 이유로 사람들은 교회를 피하게 되고, 오만한 자의 자리에 앉게 되는 것이다. *⁴

　이렇게 중대한 문제에 인용하기에는 좀 가벼운 일 같지만, 그래도 이런 비뚤어진 형태를 잘 표현했다고 생각되는 것이 있다. 즉 조소의 대가가 있는데, 가공(架空)의 도서실 도서 목록에 《이교도의 광대춤》*⁵이라는 제목의 책을 끼워 넣고 있는 사실이다. 실제로 그러한 종파가 모두 저마다 다른 태도를 취하고, 자기만의 어처구니없는 몸짓을 하고 있기 때문에, 신성한 것을 경멸하는 소인배나 타락한 무신론자들에게 곧잘 모멸의 기분을 일으키게 하는 것이다.

　내부 사람들에 대한 성과의 경우 그것은 평화이다. 그것은 끝없는 축복을 포함하고 있다. 그것은 신앙을 확립한다. 그것은 자비심을 불태운다. 교회 외부의 평화는 철철 흘러나와서 양심의 평화가 된다. 그리고 그것으로 논쟁의 논문을 쓰거나 읽거나 하는 수고를 바꾸어, 난행이라든가 고행이라든가 헌신의 논술로 돌린다.

통일의 범위에 대해서 말하면, 그 위치를 참되게 정하는 것은 매우 중요하다. 여기에는 두 극단이 있는 것처럼 여겨진다. 어떤 광신자는 그를 달래는 어떤 말에도 반발을 느낀다. "예후여 평화냐? 이것이…… 평화가 너에게 무슨 상관이 있느냐? 내 뒤로 돌아서라"*6가 되는 것이다. 즉 평화가 소중한 것이 아니라, 당파를 만들어 뒤따라가게 되는 것이다.

반대로 계시록(啓示錄)의 라오디게아 인*7 같은 사람들이나 미온적인 사람들은 종교의 여러 문제를 타협시키려고 중도(中道)를 취하여, 그 둘의 일부를 취하기도 하고 교묘하게 융화를 도모하기도 한다. 신과 인간을 조화시키려 한다고 해도 된다. 이런 두 극단은 피해야 한다. 단 우리 구세주 자신이 쓴 그리스도 교도의 연맹강령(聯盟綱領)에 있는 그에 대한 두 가지 반대문을, 단단히 그리고 똑똑히 설명할 경우에서이다. 그것은, "나를 지지하지 않는 사람은 나를 반대하는 사람이오"*8라는 것과, "우리를 반대하지 않는 사람은 우리를 지지하는 사람이다"*9라는 것이다. 즉 종교상의 기본적이고 실질적인 여러 점은, 전면적으로 신앙이 아닌 의견이라든가 질서라든가 좋은 의도 같은 것들과 진정 식별할 필요가 있다. 이것은 하찮은 문제이며 많은 사람들이 이미 끝났다고 생각할지 모를 일이다. 그러나 당파적인 기분으로 하는 일이 적으면 더 널리 받아들여지게 될 줄 안다.

이에 대해서는, 다음과 같이 내 나름의 조그마한 충고를 줄 수 있을 뿐이다. 사람은 신의 교회를 두 종류의 논쟁으로 분열시킨다는 데 주의해야 한다. 하나는 논쟁의 대상이 되는 문제점이 너무 작고 가벼워서 반대하겠다는 기분만으로 타오른 것이며, 그에 따르는 열과 투쟁의 가치가 없다고 생각하는 경우이다. 이를테면 초기 그리스도교의 교부 한 사람이 경고하고 있듯이, "그리스도교의 옷에는 솔기가 없다. 그러나 교회 옷은 여러 다른 빛깔이다"*10 이런 말이 있다. 이에 대해서 그 사람은 "의상의 변화가 있어도 좋다. 다만 터진 데가 있어서는 안 된다" 말하고 있다. 통일과 획일은 다른 것이다.

또 하나는, 논쟁의 문제점은 크지만 너무 민감하여 알 수 없게 되어 버리는 경우이다. 그렇게 되면 일은 실질성이 있는 것보다 솜씨의 문제가 된다. 판단력이나 이해력을 가진 사람은 무지한 사람들이 이의를 내세우는 것을 듣고, 그들이 사실은 같은 의견을 말하고 있으나 자기들끼리는 도저히 서로 이해하지 못한다는 걸 알게 되는 경우가 있다. 그리고 사람과 사람 사이 판단력의 거리 같은 것이 그렇게 된다면, 우리로서는 생각할 수 없는 일일까? 즉 하늘에 있는 신은 사람의 마음을 알고 있고, 그러므로 약한 인간들이 여러 가지로 서로 반대하고 있지만 실은 같은 것을 생각하고 있다는 것까지 알고 있어서, 이를 다 용인하는 것이 아닐까 하는 것이다. 이와 같은 논쟁의 성질에 대해서는, 성 바울의 경고와 교훈에 교묘히 표현되어 있다. "속된 빈말과 거짓 지식에서 나오는 반대 이론을 피하시오."*11 사람은 실제로는 존재하지 않는 대립을 만들어 낸다. 그리고 그것을 아주 고정된 새로운 투로 말하는 바람에, 본디 의미가 말을 지배해야 하는데도 끝내 말이 의미를 지배하게 된다.

또 두 가지 거짓 평화나 거짓 통일이다. 하나는 평화가 절대적인 무지 위에서만 근거를 갖는 경우이다. 왜냐하면 모든 빛깔은 어두운 곳에서는 같아지기 때문이다. 또 하나는 기본적인 여러 문제의 모순을 직접 허용하는 것이며, 앞뒤를 맞추어 놓은 것이다. 왜냐하면 진리와 허위는 이런 경우, 느부갓네살*12 상(像) 발끝의 쇠와 진흙 같기 때문이다. 즉, 붙을지는 모르지만, 하나가 되지는 않을 것이다.

통일을 가져오는 수단에 대해서, 종교상 통일의 달성 또는 강화 때에 자비심과 인간 사회의 법칙을 붕괴시키거나 상처 입히는 일이 없도록 사람들은 조심해야 한다. 그리스도 교도들에게는, 정신적인 것과 현세적인 두 가지 칼이 있다. 그리고 이 두 가지에는 종교를 지속시켜 나가는 데 저마다 알맞은 역할과 장소가 있다. 그러므로 우리는 제3의 칼인 마호메트의 칼*13 같은 것을 집어 들어서는 안 된다. 이것은 종교를 넓히기 위해, 피 흘리는 전쟁이나 박해를 이용하고 양심을 강제하는 것이 된다. 다만 뚜렷한 부패나 모독 또는 국가에 불리한 책략이 섞여 있을 때는 다르다. 또 소동을 조장하거나, 모반 또는 반란을 용인하거나, 민중의 손에 칼을 쥐어 주는 일은 좋지 않다. 신이 정해 준 모든 정부는 전복을 일으키기 쉬운 경향이 있다. 즉 그것은 신에 대한 의무와 인간에 대한 가르침을 서로 맞닥뜨리게 하는 일이 될지도 모른다. 그리하여 인간을 그리스도 교도라고는 생각하지만, 그들이 인간이라는 것은 잊어버리게 된다. 시인 루크레티우스는 자신의 딸을 신에게 희생물로 바치는 것을 참아낸 아가멤논*14의 행위를 보고, 다음과 같이 외쳤다.

"종교가 이런 나쁜 일에 사람을 끌어넣을 수도 있구나."[15]

프랑스의 대 살육[16]이나 영국의 화약 음모[17](火藥陰謀)를 알았더라면 뭐라고 말했을까? 그는 실제보다 일곱 배나 더한 쾌락주의 철학자이자 무신론자가 되었을 것이다. 왜냐하면 현세적인 칼은 종교의 경우 매우 조심스럽게 뽑아야 하기 때문이다. 그것은 재세례파[18](再洗禮派)라든가 그 밖의 광신자들에게 맡길 일이다. 마왕(魔王)이 "나는 하늘에 올라가 가장 높은 자와 같이 되겠다"고 말한 것은 대단히 큰 불경(不敬)이었다. 그러나 더 큰 불경은 신에게 배우의 역할을 주어, "나는 타락하여 마왕[19]처럼 되겠다" 무대 위에서 말하게 하는 짓이다. 그리고 이것과 큰 차이 없는 것은 종교의 목적을 타락시켜, 잔인하고 지긋지긋한 행위는 군주를 죽이고, 민중을 학살하고, 국가나 정부를 뒤집는 데까지 몰고 가는 일이다. 확실히 이것은 성령을 날아 내려오게 하는 일이지만, 비둘기와 닮은 모습[20]이 아니라 독수리나 큰 까마귀의 모습으로 만드는 일이다. 그리고 그리스도 교회라는 배에 해적이나 살인자의 깃발을 내거는 것이 된다.

그런 까닭으로 가장 필요한 것은, 교회의 교의(敎義)와 교령(敎令)으로써, 군주는 그 칼로써, 그리고 그리스도교 및 도덕학의 모든 학문은 메르큐리우스[21] 신의 지팡이처럼, 위와 같은 것을 지지하는 행위나 의견을 영구히 규탄하고 지옥을 쫓아 버리는 일이다. 이는 지금까지 꽤 실시되어 온 일이기도 하다. 확실히 종교에 관한 충고에는, 사도(使徒)의 충언인 "사람의 분노가 하나님의 의를 이루는 것이 아니다"[22] 이 글귀를 머리말에라도 달아야 할 것이다. 그리고 어떤 현명한 초기 그리스도교 교부[23]의 주목할 만한 말에, 이에 못지않게 솔직한 고백이 있다. "양심의 압박을 주장하거나 설교한 사람들은, 보통 자기 자신의 목적을 위해서 그런 것에 관심을 갖고 있었던 것이다."

〈주〉

*1 히포크라테스 이후의 고대·중세 유럽의 성리학에서는, 인간의 몸은 혈액·점액·황담즙·흑담즙의 네 가지 주액으로 되어 있으며, 그 배합으로 인간의 기질이 결정되고, 그 순환이 불건전해지거나 부패하면 병이 생긴다고 생각하였다.

*2 이상 두 가지 인용은 〈마태복음〉 24장.

＊3 바울을 말한다. 다음의 인용은 〈제1 고린도전서〉 14장 23절.

＊4 〈시편〉 1·1.

＊5 프랑소와 라블레(1494? ~1553?)년의 《팡타그뤼엘 이야기》 2·7에서 나오는, 파리의 상 빅토르 장서에서 볼 수 있는 책의 제명이다.

＊6 예후는 이스라엘 왕 요람의 군대장이었으나, 병사들에게 추대되어 반란을 일으켜 왕이 되었다. 이것은 요람을 향해서 진군할 때, 요람이 파견한 사자와 예후가 주고 받은 문답이다. 〈열왕기하〉 9·18, 19.

＊7 소 아시아의 라오디게아 지방 주민들. 성 바울은 그들의 교회를 미온적이라고 비판하고 있다. 〈요한계시록〉 3·14~16.

＊8 〈마태복음〉 12·30.

＊9 〈마가복음〉 9·40, 〈누가복음〉 9·50.

＊10 아우구스티누스의 말. 단 그리스도의 옷이 아니라 '바늘로 기운 의복'으로 되어 있다.

＊11 〈디모데전서〉 6·20.

＊12 느부갓 네살은 신 바빌로니아 왕, 재위 기원전 605~562년. 그가 머리는 금이고 발은 쇠와 진흙으로 되어 있는 큰 상의 꿈을 꾸었는데 이는 다니엘의 운명을 점쳐, 그 치세가 오래 가지 않을 것임을 예언했다. 〈다니엘서〉 2·32. 허약하다는 것의 상징.

＊13 마호메트(570년 무렵~632년)는 그 종교를 칼을 가지고 되찾는다면서 자주 싸웠다. 또 그가 사람들에게, 칼과 코란 중에서 택하게 했다는 유럽의 통설도 있다.

＊14 트로이 전쟁 때의 그리스 군 총대장. 트로이로 진격하다가 역풍으로 배가 나아가지 않게 되자, 딸 이피게네이아를 디아나 신(아르테미스)에게 희생물로 바치고 역풍을 가라앉혔다.

＊15 루크레티우스 《사고의 본질》 1·95.

＊16 1572년 8월 24일, 성 바돌로매 축제일에 일어난 위그노 대학살을 말한다. 베이컨은 1576년 프랑스로 건너가, 그 뒤로는 몇 해에 걸쳐 되풀이된 소란을 파리나 프로아 등지에서 목격하고 있다. 위그노 전쟁에서 살해된 사람은 2만에서 3만에 이르렀다.

＊17 1605년 11월 5일의 화약 음모 사건을 말한다. 그즈음 영국은 이미 신교를 국교로 삼고 있었으나, 구교측에 의한 그 전복이 기도되었다. 이때 구교측의 가이 포크 (1570~1606년)는 의회의 마루 밑에 기어들어가 의회폭파를 기도하다가 폭파 전에 잡혔다. 지금도 11월 5일을 영국에서는 '가이 포스크 데이'라고 하며, 옥외에서 모닥불을 피우는 습관이 있다.

＊18 16세기 독일에 일어난 과격한 신교의 한 파. 가톨릭 교회뿐 아니라 국가 권력에 대해서도 반항하여 급진적 태도를 취했으므로, 각지에서 심한 탄압을 받았다.

＊19 〈이사야서〉 14·3. 마왕이 아니라 바빌로니아 왕으로 되어 있다.

＊20 성령이 비둘기의 모습으로 강림했다고 한다. 〈마태복음〉 3·16.

＊21 로마 신화에 나오는 산업의 신으로, 여러 신의 사자 노릇도 했다. 손에 뱀이 감긴 지
     팡이를 들고 죽은 자의 혼령을 저승으로 인도해 갔다고 한다.

＊22 〈야고보서〉 1·20.

＊23 이것이 누구인지 분명치 않다.

4 복수

복수는 야성의 재판 같은 것이다. 거기에 인간의 본성이 깃들기 쉬우면 쉬울수록, 법률은 더더욱 그것을 뿌리 뽑아야 한다. 왜냐하면 제1의 부정에 대해서 말하면, 그것은 법률에 범하는 것뿐이다. 그러나 그 부정에 대한 복수는 법률을 쓸모없는 것으로 만들어 버린다. 복수를 하면, 그는 적과 같아질 뿐이다. 그러나 상관치 않고 내버려 두면, 그가 우월한 것이다. 용서한다는 것은 군주의 덕(德)이기 때문이다. 솔로몬은 "허물을 용서하는 것이 자기의 영광이니라"＊1 분명하게 말하고 있다. 지난 일은 이미 지나 버려서 돌이킬 수 없는 것이다. 그리고 슬기로운 사람은 현재와 장래에 처리할 일이 많다. 그러므로 지나가 버린 문제에 고심하는 사람은, 바로 자기를 등한시하는 것이다.

부정을 위해서 부정을 하는 사람은 아무도 없다. 다만 그렇게 함으로써 이익이나 쾌락이나 명예 같은 것을 구하려고 하는 것이다. 그러므로 사람이 나 이상으로 자기 자신을 사랑한다고 해서, 내가 노여워할 이유가 있겠는가? 그리고 어떤 사람이라도 정말로 나쁜 성질을 지니고 있어 잘못을 저지른다면, 그것은 가시나 가시나무 같은 것에 지나지 않는다. 찌르거나 할퀴는 것은, 그렇게밖에 할 수가 없기 때문이다. 복수 중에서 가장 용서할 수 있는 것은, 보상할 법률이 없는 부정을 대상으로 하는 경우이다. 그럴 때는, 그 복수가 처벌할 법률이 없는 것이도록 주의해야 한다. 그렇지 않으면 자기의 적이 언제나 선수를 쥐고 있게 되어, 1대 2의 형태가 된다.

복수를 할 때, 어디서 그것이 오는지 상대에게 알리고 싶어하는 사람이 있

다. 이것은 비교적 관대하다. 왜냐하면 해를 주는 것보다 상대가 후회하게 하는 것을 바라는 듯이 여겨지기 때문이다. 그러나 비열하고 간책이 있는 비겁자는, 캄캄한 어둠 속에서 날아오는 화살과 비슷하다. 플로렌스 공 코수무스*²는, 배신하거나 태만한 친구들에 대해서 지독한 말을 하고 있다. 그와 같은 부정은 용서할 수 없다고 말하고 있는 것 같다. "우리는 우리의 적을 용서하도록 명령하고 있는 글귀를 책에서 많이 읽고 있다. 그러나 우리의 친구들을 용서하라고 명령하는 것을 읽은 일은 없다"는 것이다. 그러나 욥의 정신은 더 뛰어난 모습이다. "우리가 하느님께 복을 받았은즉, 재앙도 받지 아니하겠느냐"*³ 말하고 있다. 친구에 대해서도 이와 똑같이 해석하고 있다. 확실히 말할 수 있는 것은, 복수를 생각하고 있는 사람은 자기의 상처를 언제까지나 생생한 것으로 만드는 것이다. 그렇지 않으면, 그 감정은 나아서 사라져버릴 것이다.

공적인 복수는 대부분 좋은 결과를 낳는 법이다. 이를테면 카이사르 암살의 경우나 페르티나코스*⁴ 암살의 경우, 프랑스의 앙리 3세*⁵ 암살의 경우 등, 그 밖에도 많다. 그러나 개인적인 복수의 경우에는 그렇게 되지 않는다. 아니 오히려 복수에 부심하는 사람들은 마녀 같은 생활을 보낸다. 상대에게 위해(危害)를 주게 되지만, 마찬가지로 자기의 종말도 불운해진다.

〈주〉

＊1 〈잠언〉 19·11.

＊2 1519~1574년. 플로렌스 공작, 투스카니 공작이 된 코스무스 데 메디치를 말한다. 그 다음 인용의 출전은 분명치 않다.

＊3 〈욥기〉 2·10.

＊4 126~1993년. 1992년 코모두스 황제가 암살된 뒤 황제가 되었으나, 정치의 대 개혁을 의도하여 신위대의 반감을 사서 재위 3개월 만에 암살되었다. 셉티미우스 세베루스는 이에 대한 복수를 한 뒤에 황제가 되어 선정을 베풀었다.

＊5 위그노 전쟁에서, 앙리 3세가 수도사 자크 클레망에게 암살당한 뒤 앙리 4세가 이를 계승하여, 낭트 칙령으로 종교 전쟁에 종지부를 찍었다. 단 앙리 3세의 원수를 앙리 4세가 갚았다는 것은 아니다.

5 역경

세네카*¹의 이런 의기왕성한 말(스토아 학파를 본뜬 말투이지만)이 있다. "순경(順境)의 좋은 점은 바람직한 것이다. 그러나 역경의 좋은 점은 공경 할 만한 것이다." 즉 "순경의 선(善)은 바람직하고, 역경의 것은 칭찬 할 수 있다"는 말이다.

확실히 기적이 자연에 대한 통제라고 한다면, 그것이 가장 잘 나타나는 것은 역경의 경우이다. 이것보다도 더 의기왕성한 그의 말이 있다(이교도로서는 의기왕성이 지나칠 정도이지만). "인간의 허약함과 신의 불안감으로부터 동시에 해방된다는 것은 참으로 위대한 일이다." 즉 인간의 허약함과 신의 안전함을 갖는 것은 참으로 위대한 일이라는 말이다.

이것을 시(詩)로 말했더라면 훨씬 더 좋았을 것이다. 시에서는 과장이 보다 더 허용되기 때문이다. 그리고 시인들은 사실 또 그것을 열심히 다루고 있다. 이를테면 숨은 뜻이 없는 것 같지도 않지만, 그리스 시인들이 만들어 낸 색다른 이야기 속에 우의(愚意)되어 있는 것도 결국 그것이다. 아니, 더욱이 그리스도 교도의 상태에 어느 정도 가까운 점도 있다. 즉 헤라클레스가 묶여 있는 프로메테우스*²(그것으로 인간성을 표현하고 있다)를 풀어 주려고 갔을 때, 바다 끝까지 토기(土器) 항아리인가 주전자인가를 타고 항해했다고 말한다. 이는 그리스도 교도의 교리를 생생하게 설명하고 있는 것으로서, 육체라는 약한 배를 타고 세계의 거센 파도를 헤쳐 항해해 갔다는 비유가 된다.

그러나 소극적인 표현으로 말해 보면 순경의 덕은 절도(節度)이며 역경의 미덕은 인내이다. 이것은 도덕 중에서 보다 영웅적인 미덕이 된다. 순경은 구약 성서의 축복이다. 거기에는 더욱 큰 은혜와, 신의 은총에 대한 보다 뚜렷한 계시가 깃들여 있다. 그러나 구약의 경우에도 다윗의 얘기인 〈시편〉*³에 귀를 기울인다면, 기쁨의 노래와 같은 슬픔의 노래를 들을 수 있을 것이다. 그리고 성령의 붓*⁴은 솔로몬의 행복보다 욥의 고난을 그리는 데 더 고생하고 있다.

순경에는 많은 두려움과 불쾌함이 있다. 바느질이나 자수(刺繡)에서 보는 일이지만, 어둡고 수수한 바탕에 화려한 세공이 있는 편이, 밝은 바탕에 어듭고 음울한 세공이 있는 것보다 즐겁다. 그러므로 마음의 기쁨을 눈으로 판단해야 한다. 확실히 미덕은 고귀한 향기 같은 것이다. 그것은 태우거나 쥐어 짤 때 가장 향기가 높다. 이처럼 순경은 악덕을 가장 잘 나타내지만, 역경은 미덕을 가장 잘 나타낸다.

〈주〉

*1 세네카(기원전 5년 무렵~후 65년)는 폭군 네로의 교사였으나, 나중에 그의 명령으로 자살한다. 인용한 것은 각각 《서한》 66, 53에 있다. 이 부분의 원문에서는, 영어로 말한 것을 다시 라틴어로 되풀이하고 있다.

*2 천상의 불을 훔쳐 인간에게 주었기 때문에 제우스의 노여움을 사서 코카서스의 산상에 있는 바위에 묶였으며, 그 심장(혹은 간장)은 독수리의 밥이 되었다. 헤라클레스는 독수리를 죽이고 프로메테우스를 구했는데, 토기를 타고 바다를 건넜다는 고서는 눈에 띄지 않는다.

*3 〈시편〉의 몇 편은 다윗이 지은 것으로 되어 있다.

*4 성서는 성령의 인도로 쓰였다고 한다.

6 의장과 은폐

은폐, 즉 덮어 감춘다는 것은 약한 정책 또는 지혜라고 할 수 있다. 왜냐하면 상당한 지혜와 강한 마음이 있어야 비로소 진리를 말하고, 또 그것을 실행할 때를 알 수 있기 때문이다. 그러므로 비교적 약한 정치가는 몹시 숨기고 싶어한다.

타키투스는, 리비아*1가 남편의 여러 가지 술책이나 아들의 은폐와 잘 조화했다고 말하고 있다. 술책 또는 정책에 대해서는 아우구스투스, 은폐에 대해서는 티베리우스*2를 생각한 것이다. 그리고 또 뮤키아누스*3가 베스파시아누스를 부추겨서 비텔리우스에게 반란을 일으키게 하려고 했을 때, "우리는 아우구스투스의 날카로운 판단력에 대해서나, 티베리우스의 조금도 빈틈없는 조심성에 대해서 일어서는 것이 아니다" 말했다. 이러한 특성 즉 술책이나 정책이나 은폐나 비밀은, 실제로는 별개의 습성이나 능력 같은 것이며, 서로 구별되어야 한다. 왜냐하면 어떤 사람이 통찰력 있는 판단력을 갖고 있어서 무엇을 분명히 할 것인가, 무엇을 비밀로 할 것인가, 무엇을 잘 모르게 덮어 둘 것인가, 또 어느 때, 누구에게 등등과 같은 것을 식별할 수 있다면 (사실 국가의 수법이자 생활의 수법이라는 것은, 타키투스가 슬기롭게 말하고 있는 대로이다), 그런 사람에게는 은폐의 습성이 방해가 되고 결점이 된다. 그러나 사람이 만일 그러한 판단력에 도달하지 못하면, 일반적으로는 가리어 숨기고 은폐하는 일이 남게 된다. 왜냐하면 개개의 경우에 따라서 선택하거나 변화할 수 없는 사람은, 일반적으로 가장 안전하고 조심스러운 방법을 쓰는 편이 좋기 때문이다. 잘 보이지 않는 사람이 슬금슬금 걸어가는 것과 같다.

확실히 유능하다는 사람들은 모든 공명 또는 솔직한 거래를 하고 있으며, 확실성과 진실성이 있다는 평을 얻고 있다. 그리고 보면 그런 사람들은 잘 조련된 말(馬)과 비슷하다. 왜냐하면 멈추고 돌고 하는 시기를 매우 잘 알고 있기 때문이다. 그리고 실제로 은폐가 필요하다고 생각되어 그것을 실행에 옮기더라도, 전부터 신의가 두텁고 공명한 거래를 한다는 평이 나 있기 때문에 그들의 은폐는 거의 눈에 띄지 않는 것이다.

이렇게 자기를 덮어서 감추는 데는 3단계가 있다. 첫째는 누설하지 않을 것, 유보해 두는 것, 비밀로 하는 것이다. 이는 자기의 실제 모습을 볼 수 없게 하는 것이며, 붙잡을 근거를 상대에게 주지 않는 것이다. 둘째는 소극적인 은폐이다. 이 경우는, 실제의 자기와는 다른 표시나 이유를 누설해 보이는 것이다. 그리고 셋째는 적극적인 의장(擬裝)이다. 이 경우, 사람은 자기에게 있지도 않은 것을 일부러 더 뚜렷이 의장하여 보인다.

이 중에서 첫째의 비밀에 대하여 말한다면, 그것은 실제로 사람의 고백을 듣는 청죄(聽罪)의 덕성이다. 비밀을 지키는 자가 고백을 많이 듣는 것은 확실하다. 입이 가볍거나 말이 많은 사람에게 누가 자기에 관해서 털어놓겠는가? 그러나 누군가의 비밀을 지키는 사람이 되면, 고백하고 싶은 기분이 드는 법이다. 이를테면 밀폐된 장소의 공기가 비교적 개방된 장소의 것을 빨아들이는 것과 같다. 고백의 경우, 털어놓는다는 것은 세상에 도움이 되기 위해서가 아니라 자신의 마음을 편안하게 만들기 위한 것이므로, 비밀을 지키는 사람들은 이러한 이유로 여러 가지 비밀을 알게 된다. 인간은 자기의 마음을 알린다기보다 마음의 무거운 짐을 내리고 싶어하기 마련이다. 즉 남의 비밀도 이쪽에서 비밀로 하기 때문에 당연히 알게 된다.

게다가(사실을 말하면) 벌거숭이가 되는 것이 썩 좋지 못한 것은, 마음의 경우나 신체의 경우나 마찬가지이다. 전면적으로는 개방하지 않고 있을 때, 그 사람의 태도와 행동에 대한 존경이 깊어지는 경우가 많다. 수다쟁이나 잠자코 있을 수 없는 사람들은 대부분이 어리석고 또 남의 말을 금방 믿고 싶어한다. 말하자면, 알고 있는 것을 모조리 지껄이는 자는 모르는 것도 멋대로 지껄이기 때문이다. 그러므로 비밀을 지키는 습성은 현명한 동시에, 도덕적이기도 하다. 그리고 이 점에서는, 사람의 얼굴 모습이 혀에게 지껄이도록 허락해 준다는 것이 다행한 일일 수 있다. 만약 얼굴의 움직임으로 인간의 본성이 나타난다면 그것은 대단한 약점이며, 자신을 드러내는 것이 된다. 사람의 말보다 그것에 의해서 주의를 끌고 신용을 받는 일이 많기 때문이다.

둘째의 은폐에 대해서 말하면, 그것은 필연적으로 비밀로 하는 데서 계속하여 일어나는 수가 많다. 그러므로 비밀을 지키고자 하는 사람은 어느 정도 감추려고 하는 사람이 될 것이다. 왜냐하면 인간은 매우 예민한 존재여서 어떤 사람이 나타내는 것과 숨기는 것 사이에서 이것도 저것도 아닌 태도를 지속하여 비밀을 지키고, 아무 쪽에도 균형을 기울이지 않도록 놔두지는 않기 때문이다. 어떤 사람에게 질문을 퍼붓고 유인하고 끌어내려고 하며 또 어느 쪽으로 기울어져 있는 것을 보이지 않으려면, 무조건 잠자코 있게 된다. 보이지 않으면 않는 대로, 지껄이는 것과 다름없이 지껄이지 않는 데서 결론을 끌어내게 된다. 속임수나 신탁(神託) 같은 모호한 말은 영속하지 못한다. 그러므로 비밀을 지키려면, 아무래도 얼마쯤은 은폐해야 한다. 그것은 말하자면 비밀의 끄트머리랄까, 꼬리랄까, 옷 뒤에 끌리는 자락 같은 것이라고 할 수 있다.

그러나 제3단계의 의장과 거짓 표명에 대해서는, 나는 더욱 규탄할 일이며 현명함도 적은 것이라고 생각한다. 다만 중대하고 좀처럼 흔하지 않은 문제일 때에는 별도이다. 그런 까닭으로 의장의 일반적인 습성은(이것이 즉, 이 마지막 단계이지만) 악덕이며, 그 원인은 허위적 성향이나 공포심 또는 마음에 여러 가지 커다란 결함을 타고났기 때문이다. 그 결함을 감추어야 할 필요로 인해, 다른 일의 경우에도 의장을 하게 되고, 수완이 둔해지지 않으려고 애쓰게 된다.

의장과 은폐의 큰 이점이 세 가지 있다. 그 하나는 상대를 안심시켜 놓고 기습할 수 있다는 것이다. 왜냐하면 어떤 사람의 의도가 밝혀져 있는 경우에는, 그것이 경보(警報)가 되어 반대측 사람들을 모두 일깨우게 된다. 둘째, 자기 자신의 든든한 도피처를 마련해 두게 되는 것이다. 왜냐하면 명백한 발표로 자기를 묶어 놓으면, 사람은 끝까지 해내거나 또는 패배해야 하기 때문이다. 셋째로는 남의 마음을 그만큼 더 뚜렷하게 알 수 있다는 것이다. 자기를 분명히 하는 사람에 대해서는, 이에 반대되는 태도를 보이는 사람이 아마 없을 것이다. 다만 마음대로 하게 내버려 두고, 자기들 말의 자유를 생각의 자유 쪽으로 돌릴 것이다. 그래서 에스파냐 인의 훌륭하고 날카로운 속담에 "거짓말을 하여 진실을 발견하라"는 것이 있다. 의장에 의하는 것 이외에는 발견의 길이 없다는 말이다.

그러나 또 세 가지 불리한 점이 있어서, 그것과 균형이 잡혀 있다. 첫째는, 의장도 은폐도 보통은 겁이 많은 듯한 양상을 수반하는 것으로, 그것은 어떤 경우든 화살이 곧장 표적을 향해서 날아가는 것을 빗나가게 한다. 둘째로는, 사실은 자기와 협력할 많은 사람들의 생각마저 현혹시키고 혼란시키는 일이다. 그 때문에 자기가 목적하는 데까지 거의 혼자서 걸어가야만 하게 된다. 셋째의 가장 중요한 점은, 그 때문에 행동의 가장 중요한 도구 중 하나인 신뢰와 신념을 잃게 된다는 것이다.

그렇다면 가장 좋은 기질이나 성향은 어떤 것일까? 그것은 평판이나 소문으로는 솔직한 자로 간주되어 있고, 비밀을 지키는 습성을 가졌으며, 적당한 때에 은폐를 사용하고, 하는 수 없을 때는 표면을 적당히 겉치레하는 힘이 있는 것이다.

〈주〉

＊1 아우구스투스의 아내 리비아 도르시아(기원전 58~그 뒤 29년)는 전남편과의 사이에서 난 아들 티베리우스를 황제의 자리에 앉히기 위해 아우구스투스를 독살했다고 하며, 적어도 그 병상에 대해서 거짓말을 하는 등 술책을 썼다. 아우구스투스 또한 술책이 많은 사람이었다고 한다.

＊2 티베리우스는 위험한 환경 아래에서 성장했기 때문에, 매우 신중하여 자기의 생각을 좀처럼 겉으로 나타내지 않았다고 한다.

7 부모와 자식

부모의 기쁨은 비밀스러운 것이다. 그 슬픔이나 걱정도 마찬가지이다. 기
쁨을 입 밖에 드러내지 않고, 슬픔이나 걱정을 내색하지도 않는다. 자식은
고생을 감미롭게 만든다. 그러나 불운을 보다 더 쓰라리게 만들며 삶의 걱정
을 늘려 주기도 한다. 그런 한편 죽음에 대한 생각을 옅게 한다. 출생에 의
한 계속은 짐승과 같다. 그러나 기억에 남는 것, 가치, 고귀한 사업은 인간
고유의 것이다. 그리고 확실히, 가장 고귀한 일이나 사업은 자식이 없는 사
람들한테서 나오고 있음을 사람들은 알 것이다. 그런 사람들은 자기들 마음
의 상(像)을 표현하고 싶어하는 것이다. 왜냐하면 육체로는 그렇게 할 수
없기 때문이다. 그와 같이 자손에 대한 관심은 자손이 없는 사람들에게 가장
많다. 가문을 일으킨 맨 처음 사람들은 자기 자식들에게 가장 약하다. 자기
가족일 뿐 아니라 일을 계속시키는 자로 보는 것이다. 그와 같이 자식들과
만들어 낸 것이 다 같다.

몇 명이나 되는 자식들에 대한 부모의 애정이 저마다 똑같지는 않을 것이
다. 그러므로 부당하다고 말할 수 있는 일이 많다. 특히 어머니의 경우는 그
렇다. 이를테면 솔로몬의 말에 "지혜로운 아들은 아비를 기쁘게 하거니와,
미련한 아들은 어미의 근심이니라"*1 이런 말이 있다. 흔히 볼 수 있는 일이
지만 자식들이 많이 있는 집안의 경우, 가장 위의 아들 한둘이 소중히 여겨
지고, 가장 어린 아들이 응석받이가 되어 버린다. 그 중간에는 잊혀진 듯이
된 아들이 있는데, 그런데도 그 아들들이 가장 잘 되는 수가 많다. 부모가
자식들에게 줄 푼돈을 망설이는 것은 잘못이고 해롭다. 비열하게 만들고, 술
책을 익히게 하며, 천한 인간들과 사귀게 만드는 결과가 된다. 그러다가 넉
넉해지면 더 사치에 잠긴다. 그러니 바람직한 성장을 위해서라면, 자식들에
대해서 권위는 엄하게 찾지만 지갑 끈은 엄하게 죄지 않아야 할 것이다.

사람은 어리석은 짓을 하는 법인데(부모들이나 학교의 선생들이나 하인들이나), 그중 하나는 어릴 때 형제들 사이에 경쟁을 시작하게 하거나, 그것을 권하는 것이다. 그것은 어른이 된 뒤에 불화를 일으키는 동기가 되고, 가족을 곤란하게 만드는 수가 많다. 이탈리아 인들은 자식들과 조카들 또는 근친들을 거의 구별하지 않는다. 같은 혈족에서 나오기만 하면, 자기 몸에서 나오지 않았더라도 상관없는 것이다. 그리고 실제적으로 자연 속에서는 대체로 이와 같다. 이를테면 조카가 자기 부모보다 백부나 친척과 더 닮는 수가 있다. 피가 이어져 있기 때문이다.

부모는 일찌감치 자식들이 가졌으면 하는 직업이나 방침을 골라야 한다. 가장 유연성이 있는 때이기 때문이다. 그리고 자식들의 성향(性向) 같은 것을 너무 생각해서는 안 된다. 이를테면 가장 기분이 쏠리는 것이 가장 좋을 것이라고 생각하지 말 일이다. 그야 자식들의 기분이나 적성(適性)이 비정상적이면, 거역하지 않는 편이 좋다. 그러나 대체로 다음과 같은 가르침이 좋다. "가장 좋은 것을 골라라. 습관이 그것을 즐겁고 편한 것으로 만들어 줄 것이다. [2]"

〈주〉

* 1 〈잠언〉 10·1.
* 2 플루타르코스가 《추방에 대하여》에서 인용하고 있는 피타고라스의 말.

8 결혼과 독신생활

아내와 자식이 있는 사람은 운명에 담보(擔保)를 맡기고 있는 셈이다. 왜냐하면 큰 일에 장애물이 되는 것은 좋은 일의 경우나 나쁜 일의 경우나 마찬가지이기 때문이다. 확실히 가장 훌륭한 일로 사회에 가장 큰 가치가 되는 것은, 결혼을 하지 않았거나 자식이 없는 사람들한테서 나오고 있다. 그들은 애정과 재산에서 사회와 결혼하여 사회에 재산을 주어 버리기 때문이다. 그러나 자식을 가진 사람들이 가장 미래를 생각하고 있다는 것도 이유 있는 일일 것이다. 자식에게 가장 애정이 깃들인 보장을 전해 주어야 한다는 것을 알고 있기 때문이다.

개중에는 독신 생활을 보내면서도, 그 생각이 자기에게만 그치고, 미래 따위는 쓸데없는 것이라고 생각하는 사람도 있다. 또 개중에는 아내나 자식을 다만 계산서처럼 생각하는 사람도 있다. 더 나아가서 어리석고 돈 많은 욕심 꾸러기 중에는 자식을 안 갖는다면서 우쭐대는 사람도 있다. 그만큼 부자 소리를 듣고 싶은 것이다. 아마도 누군가 아무개는 큰 부자라고 말하자, 다른 사람이, 그렇지만 자식이라는 큰 짐이 있어서 말이야 하고 대답하는 말을 들은 적이 있었기 때문일 것이다. 자식이 그 사람의 부를 공제하는 것처럼 생각하는 것이다.

그러나 독신 생활을 유지하려는 가장 큰 원인은 자유롭다는 것이다. 특히 자기 멋대로의 방자한 사람이 그렇게 생각한다. 그런 사람들은 속박에 워낙 민감해서, 허리띠나 양말 고리 같은 것까지 갑갑하게 속박하는 것이라고 생각할 것이다. 결혼하지 않는 사람은 친구로서 최선, 주인으로서 최선, 하인으로서 최선이다. 그러나 신하로서도 꼭 최선이라고는 말할 수 없다. 금방 달아나기 쉽기 때문이다. 그리고 도망자는 대개 모두 그런 독신일 경우가 많다. 독신 생활은 성직자의 경우에는 잘 된다. 자비라는 것이 먼저 연못을 채워야 하는 것이라면, 지면을 적시는 일은 거의 없기 때문이다. 재판관이나 사법관의 경우는 아무래도 좋다. 왜냐하면 남이 하라는 대로 하고 타락되어 있다면, 아내보다 다섯 배나 나쁜 하녀가 있을 것이다. 군인의 경우에는, 장군들은 보통 그 격려 연설로 병사들에게 아내나 자식들을 생각하게 만드는 모양이다. 그리고 터키 인들은 결혼을 경멸하기 때문에 대개의 군인들이 보다 더 천해지는 것 같다. 확실히 아내와 자식은 인간에 대한 하나의 훈련이다. 그리고 독신자는 재산을 탕진하는 일이 적으므로 몇 배나 자선을 할 수 있는데도, 오히려 비교적 잔인하고 냉혹한 이유는(이단 심문소의 판사가 되기에는 좋다) 그 상냥함이 요구되는 일이 그리 많지 않기 때문이다.

성실한 성질을 가진 사람들은 습관에 이끌리고, 또 그러기에 변하지 않는 법이지만, 대개는 애정이 있는 남편이 된다. 이를테면, 율리시즈에 대해서 한 말과 같이 "그는 불사의 생명보다 늙은 아내를 택했던 것이다."*¹ 정숙한 여성은 오만하고 고집이 센 경우가 많다. 자기 정절의 가치를 믿기 때문이다. 아내의 정절과 순종의 가장 좋은 기반이 되는 것 중 하나는, 남편을 현명하다고 생각하고 있는 것이다. 질투심이 있게 되면 결코 그렇게 생각하지 않을 것이다. 아내란, 젊은 남자들의 정부(情婦)이다. 또 중년의 반려(伴侶)이며, 노인의 간호인이다. 그러므로 남자는 언제나 마음 내킬 때 결혼할 이유가 있다고 말할 수 있다. 그렇기는 해도 현인의 한 사람이라는 평이 나 있던 사람*2은, '남자는 언제 결혼하면 좋은가'라는 질문에 대답하여, "젊은 사람은 아직 멀었고, 노인은 아주 틀렸다" 말하고 있다. 흔히 볼 수 있는 일이지만, 나쁜 남편에게는 매우 훌륭한 아내가 있는 법이다. 어쩌면 남편이 친철을 보였을 때, 그 가치가 오르기 때문인지도 모른다. 아니면 아내가 자기의 참을성을 자랑으로 생각하고 있는지도 모른다. 그러나 이런 일이 꼭 생기는 것은 그 나쁜 남편이라는 자들이 친구들의 동의를 어기고 자기가 택한 경우이다. 그렇게 되면 자기 자신의 어리석음에 대한 보상을 반드시 하려고 생각하기 때문이다.

〈주〉

*1 율리시이즈(오디세우스)는, 트로이 함락 뒤 10년의 고난을 거쳐 아내가 기다리는 이타케로 돌아간다. 조이스의 《율리시이즈》는 그 이름을 딴 것. 같은 말은 키케로의 《변명에 대하여》 1·44에도 나와 있다.

*2 그리스 칠현의 한 사람인 밀레토스의 탈레스(기원전 640~550년)를 말한다. 다음 말은 《디오게네스 라에르티오스》 1·26, 플루타르코스 《심포지아케스》 3·6.

9 질투

여러 가지 감정 중에서, 매혹한다거나 마법에 걸린다고 표현되는 것에는, 사랑과 질투밖에 없다. 그 둘 모두 심한 욕망을 갖고 있다. 그것은 금세 상상이나 암시로 자기를 만들어 버린다. 또 금세 눈에 나타난다. 특히 그 대상이 존재하는 곳에서 그렇다. 그런 것이 있는지 없는지는 모르지만, 이것이 바로 매혹이라는 것이 생기게 되는 이유이다. 성서에도 마찬가지로, 질투는 악의의 눈*1이라 부르고 있다. 그리고 점성 학자는, 별의 나쁜 영향을 악의 시좌(視座)*2라 부르고 있다. 그런 까닭으로 언제나 질투의 행위에는, 눈의 사출(射出) 또는 방사(放射) 같은 것을 볼 수 있는 것 같다. 사실 자질구레하게 따지는 사람이 말하고 있을 정도인데, 질투하는 눈의 타격인지 충동인지가 가장 해를 주는 것은, 질투받는 쪽이 영예나 승리의 상태에 있는 것을 보였을 때라고 한다. 그로 인해 질투의 칼날이 서기 때문이다. 게다가 그런 때에는, 질투받는 쪽 사람의 정기(情氣)가 외부에 가장 많이 나타나고 있어서 그 타격을 받게 된다. 그러나 이런 자질구레한 천착은 그만두기로 하고 (적당한 장소에서 생각하기에 알맞지 않은 것은 아니지만), 어떤 사람이 남을 질투하기 쉬운지 다루어 보기로 한다. 또 어떤 사람이 질투를 가장 받기 쉬운가, 그리고 공적인 질투와 사적인 질투의 차이는 어떠한 것인가 하는 것도 있다.

아무 덕성도 가지지 못한 사람은, 언제나 남의 덕성을 질투한다. 왜냐하면 인간의 마음이란 자기 자신의 선이나 아니면 남의 불행을 이용하기 때문이다. 그리고 선함이 없는 사람은 남의 불행을 먹이로 삼는다. 그리고 남의 덕성에 도달할 희망을 잃은 사람은, 남의 행운을 누름으로써 대등해지려려고 하는 듯하다.

남에게 참견 잘하고 캐묻기 좋아하는 사람은 대개 질투가 세다. 남의 문제를 많이 안다고 하더라도, 그런 소동이 모두 자기 문제와 관계가 있을 수는 없을 것이다. 그러므로 남의 운과 불운을 바라보는 데 연극 구경 같은 기쁨을 느끼게 되는 것이다. 자기 일만 생각하고 있는 사람은, 질투의 재료를 별로 발견할 수 없다. 왜냐하면 질투라는 것은 방랑성 있는 감정이라, 거리를 쏘다니고 집에 가만히 붙어 있는 일이 없다, 즉 "남의 참견을 잘하는 사람으로서 악의를 안 가진 자는 없다"[*3]는 것이다.

고귀하게 태어난 사람은 새로운 사람이 나오면 질투한다고 한다. 거리(距離)가 변화하기 때문이다. 그것은 눈의 착각과 마찬가지로, 남이 앞으로 나오면 자기는 처지는 듯이 여겨지기 때문이다.

불구자, 거세자(去勢者), 노인, 사생아는 질투심이 많다. 자기 자신의 입장을 도저히 바꿀 수 없는 사람은, 남을 상처 입히려고 무슨 일이든지 하게 되기 때문이다. 다만 이런 결함을 가진 사람이 매우 용감하다고 영웅적인 성질을 갖고 있다면 이야기는 달라진다. 그런 사람은 자기가 타고난 결함을 오히려 명예의 일부로 만들 생각을 한다. 거세자가, 절름발이가, 그런 훌륭한 일을 했다는 말을 들어 본 적 있을 것이다. 그들은 기적의 명예를 노리는 것이다. 이를테면 거세자 나르세스*⁴나 절름발이 아게실라우스*⁵와 티무르*⁶ 등이 그들이다.

또한 재해나 불행 뒤에 일어서는 사람의 경우도 마찬가지이다. 그런 사람들은 시대와 불화(不和)된 사람이라고 해도 좋기 때문이다. 그리고 남이 받는 손해를 자기 자신의 고통에 대한 보상이라고 생각한다.

너무 많은 방면에서 뛰어나고 싶어하는 사람은 경박해서건 허영 때문이건 언제나 질투심을 갖는다. 그럴 만한 재료가 얼마든지 있기 때문이다. 또한 여러 사람 중에는, 자기보다 나은 사람이 많을 수밖에 없기 때문이다. 하드리아누스*⁷ 황제의 성격도 그러했다. 그는 시인이나 화가나 예능인을 몹시 질투했는데, 자신도 그 분야에 재능을 갖고 싶다는 생각에 사로잡혀 있었기 때문이었다.

마지막으로, 근친이라든가 같은 일을 하는 동료라든가 함께 커 온 사람들은, 상대의 신분이 올라가면 질투심을 느끼기 쉽다. 왜냐하면 그것은 여봐란 듯이 과시하는 것 같고, 자신의 운을 보여 주면서 지적하고 있는 것 같으며, 더 자주 스스로 자신의 처지를 상기하게 되고, 마찬가지로 더욱 남의 주의도 끌게 되기 때문이다. 그리고 질투는 말이나 평판으로써 아마 몇 배나 커질 것이다. 카인의 질투가 아우 아벨에 대해서 특히 악질적이고 악의에 찬 것이 된 것은, 후자의 희생이 더 잘 받아들여졌을 때 보는 사람이 없었기 때문이다. 질투하기 쉬운 사람들의 문제는 이 정도로 해 두자.

많건 적건 질투를 받기 쉬운 사람들을 생각해 보면, 첫째, 두드러지게 덕성이 높은 사람들은 승진했을 경우라도 질투받는 일이 비교적 적다. 왜냐하면 그런 사람들에게는 그 행운이 당연히 주어져야 한다고 생각되기 때문이다. 그리고 사람이 질투하는 대상은 빚을 갚은 것이 아니라, 보수나 큰 돈을 받는 것이 문제가 된다. 그리고 질투라는 것은 언제나 자기 자신과의 비교와 결부되어 있다. 비교가 없는 곳에는 질투라는 것이 없다. 그래서 임금을 질투하는 것은 임금뿐이다. 그렇지만 주의할 것은, 가치가 없는 사람은 처음 들어왔을 때 가장 질투를 받으며, 나중에는 그것을 더 잘 극복하게 된다. 반대로 가치가 있고 장점이 있는 사람이 질투를 받는 것은, 그 행운이 오래 계속될 경우이다. 그때까지 그 덕성은 같더라도 빛나기가 같을 수 없기 때문이다. 새로운 사람이 나와서 그것을 어둡게 만든다.

 고귀한 혈통의 사람은 신분이 높아지더라도 질투를 받는 일이 비교적 적다. 그런 사람들의 태생에 알맞는 일이라고 생각되기 때문이다. 게다가, 그 운에는 별로 덧붙일 것이 없었던 것처럼 생각되기도 한다. 질투는 햇빛 같은 것이다. 언덕이나 별안간 높아진 지면에 부딪쳤을 때가 편편한 곳보다 더 빛난다. 같은 이유로, 서서히 승진하는 사람들은 갑자기 또 단숨에 승진하는 사람들보다 질투받는 일이 적다.

 명예를 얻을 때 매우 큰 곤란이나 걱정 또는 위험 등을 함께 경험한 사람은 질투를 받는 일이 비교적 적다. 왜냐하면 사람은 명예를 얻기 위해서는 고생이 필요하다 생각하고, 그들을 가엾이 여기는 수가 있기 때문이다. 그리고 연민은 언제나 질투를 완화시킨다. 그러므로 흔히 볼 수 있는 일이지만, 비교적 깊이가 있고 성실한 정치가들은 지위가 높아져도 언제나 한탄하는 것처럼 보인다. '내가 왜 이렇게 살고 있나. 어쩌면 이리도 고통스러울까' 푸념을 늘어놓는다. 실지로 그렇게 느끼고 있는 것이라기 보다, 질투의 칼날을 무디게 만들기 위해서이다. 그러나 이것은 사람에게 강요되는 일에 대해서 이해되는 일이며, 자기들이 구하는 경우가 아니다. 왜냐하면 불필요하고 야심적인 사업의 독점 이상으로 질투를 증대시키는 것은 없기 때문이다. 그리고 무엇보다도 질투를 가라앉게 하는 것은 높은 지위의 사람이 비교적 하위 관리들에게 충분한 권리와 각 지위에 탁월성을 갖도록 해 두는 것이다. 그런 수단으로 자기와 질투 사이에 많은 차폐물(遮蔽物)을 만들게 되기 때문이다.

 특히 가장 질투를 받기 쉬운 것은, 자기 행운의 위대함을 거만하고 자랑스럽게 과시하는 사람들이다. 즉, 외면적인 화려함으로 반대 또는 경쟁을 모두 패배시키거나 하여, 자기가 얼마나 훌륭한가를 과시하지 않으면 직성이 풀리지 않는 사람들이다. 그러나 현명한 사람들은 오히려 질투에 희생을 바친다고나 할까, 별로 자기와 관계가 없는 일을 가지고 일부러 방해를 받거나지는 체해 보이는 수가 있다. 그렇다고 하더라도 위대함을 몸에 지니고 있을 때, 간소하고 공명한 방법을 쓰고 있으면(오만이나 허영이 없다면), 교활하고 술책있는 방법의 경우보다 질투를 일으키게 하는 일이 적은 것은 사실이다. 왜냐하면 후자와 같은 방법으로는, 자신의 행운을 인정하지 않을 뿐이며 자기 자신에게 가치가 없다는 것을 의식하고 있는 듯이 보이게 된다. 그리고 남에게 자기를 질투하도록 가르치고 있는 데 지나지 않는 것이 된다.

마지막으로 이 부분의 결말을 말하겠다. 앞에서 말했듯이, 질투의 행위에는 얼마쯤 마술 비슷한 데가 있기 마련이지만, 마술 요법 이외에는 질투의 요법이 없다. 그리고 그것은 주문(呪文)(이라고 부르는 것)을 자기가 지지하지 않고 나에게 지우는 일이다. 그런 목적으로 높은 사람들 중에서 현명한 사람은, 자기 위에 덮칠 질투를 빗나가게 하기 위해 반드시 누군가를 무대 위에 세운다. 그것이 장관이나 하인인 경우도 있고, 동료나 동아리 중에 누구일 경우도 있다. 그리고 그런 목적을 위해서는 과격하고 겁이 없는 사람이 반드시 있기 마련이며, 그런 사람들은 권력과 직업만 가질 수 있으면 무슨 일이 있더라도 그것을 떠맡는다.

이제 공적인 질투를 이야기하기로 하자. 사적인 경우에는 대개 아무것도 없지만, 공적인 질투의 경우에는 무언가 얼마쯤 이익이 있는 법이다. 질투라는 것은 패각 추방(貝殼追放) 같은 것이다. 사람이 너무 위대해지면 그를 말살하려고 한다. 그러므로 위대한 사람들에 대해서 그것은 고삐가 되는 것이며, 그런 사람들을 한도 안에 넣어 두려고 하게 된다.

이 공적인 질투는 라틴어에서는 악의라고 말하지만, 근대 유럽에서는 불만의 표현이 된다. *8 이에 대해서는 뒤에서 소동 문제를 다룰 때 설명할 것이다. 그것은 국가의 경우에는 하나의 병이여, 전염병과 비슷하다. 즉 전염병은 건전한 사람 위로 번져가서 그를 오염시키는 것인데, 마찬가지로 질투가 한번 국가의 내부에 들어가면 가장 건전한 행위에 대해서까지 나쁘게 말하게 되고 그것을 악취를 풍기는 것으로 바꾸어 버린다. 그래서 칭찬받을 듯한 행위를 섞더라도 거의 얻는 것이 없다. 왜냐하면 그것은 허약함과 질투에 대한 두려움이 있다는 것을 보여 줄 뿐이고, 그만큼 더 위해를 주게 되기 때문이다. 그것은 보통 전염병의 경우와 마찬가지로, 그것을 무서워하면 할수록 더 그것을 부르게 된다.

이 공적인 질투는 국왕이나 내각보다도 주로 주요 관리나 장관들을 덮치는 경우가 많다. 틀림없는 것은, 장관을 덮친 질투가 강하고 더욱이 그 원인이 되는 것이 작은 경우라든가, 어떤 국가의 모든 장관들에게 향하고 있는 경우, 그 질투는(숨어 있더라도) 국가 자체를 향하고 있는 것이다. 공적인 질투나 불만, 그리고 이미 처음에 다룬 사적인 질투와의 차이에 대해서는 이 정도로 해 두자.

다음의 것은, 일반적으로 질투의 감정에 대해서 덧붙여 두겠다. 그것은 다른 모든 감정보다도 특히 끈질기고 계속적이라는 것이다. 즉 다른 감정의 경우에는, 이따금 기회가 주어지는 일이 있다. 따라서 "질투에는 휴일이 없다"는 말은, 참으로 잘된 표현이다. 그것은 무엇에건 언제나 작용하고 있기 때문이다. 그리고 또 주의되고 있는 일이지만, 사랑과 질투는 사람을 여위게 만든다고 한다. 이것은 다른 감정의 경우에는 볼 수 없는 일이다. 그만큼 계속적인 것이 아니기 때문이다. 그것은 또 가장 천한 감정이며, 제일 비열한 것이다. 그 때문에 그것은 악마 고유의 특성이다. "잠자는 동안에 질투심이 많은 자가 와서 밀밭에 가라지를 뿌리고 갔다"*9는 말이 있을 정도이다. 언제나 그렇게 되는 법이지만, 질투의 작용은 미묘하고 또 어둠 속에서 행하여진다. 그리고 이를테면 밀 같은 좋은 것에 해를 주는 것이다.

〈주〉

＊1 〈마가복음〉 7·22.

＊2 중세 점성학의 용어로, 특정 시기의 지구에서 보이는 여러 천체의 상대적 위치를 가리킨다.

＊3 플라우투스 《스티코스》1·3·54.

＊4 478년 무렵~573년 무렵. 유스티니아누스 황제의 장군. 노예 출신이라 거세되어 있었다.

＊5 스파르타 왕, 재위 기원전 339~361년.

＊6 1336~1405년. 징키스칸의 후예로 타타르 인의 왕이 되어, 모스크바와 델리까지 널리 정복했다. 절름발이 티무르라고 불렸다.

＊7 로마 황제, 재위 177~138년. 학예를 좋아하여 문예의 후원자였으나, 신하 중에 자기보다 뛰어난 자가 있으면 몹시 질투를 했다고 한다.

＊8 라틴어로 Invida, 영어로 envy, 근대 유럽어로 discontment라는 것은, 정치적인 악감정 또는 질투를 가리킨다.

＊9 〈마태복음〉 13·25. 단 성서에서는, '질투심이 많은 자'가 아니라, '적'으로 되어 있다.

10 연애

연극 무대가 연애의 덕을 보고 있는 것은, 인간의 생활 이상의 것이기 때문이다. 즉, 무대에서 연애는 언제나 희극의 재료이며 다만 어쩌다가 비극이 연출될 뿐이다. 그러나 인생의 경우, 그것은 큰 해를 주는 요녀(妖女) 세이렌처럼 되는 수도 있고 복수의 여신처럼 되는 수도 있다. 주의해 보면 모든 위대하고 가치 있는 사람들 중에서(고대 또는 최근의 기억에 남아 있는 것에 대해서 말하는 것이지만), 미칠 듯한 연애에 자기를 잊는 사람은 하나도 없다. 그것으로 분명해지는 것은, 고귀한 성질을 가진 사람이나 위대한 사업은 이 감정을 접근시키지 않는다는 것이다. 다만 로마 제국의 이두통치자(二頭統治者)의 한 사람인 마르쿠스 안토니우스*¹나, 대집정관이자 입법자인 아피우스 클라우디우스는 예외이다. 이 가운데 전자는 호색적이고 방종했다. 그러나 후자는 엄하고 현명한 사람이었다. 그러니 아무래도(좀처럼 없는 일이기는 하지만) 연애라는 것은 열려 있는 마음에 들어갈 뿐 아니라, 조심하지 않으면 경비를 충분히 견고하게 하고 있는 마음속으로도 들어갈 수 있는 모양이다. 에피쿠로스가 이런 부질없는 말을 했다. "서로가 서로에게 아주 큰 극장이다"*² 마치 하늘이나 모든 고귀한 대상을 바라보기 위해서 만들어져 있는 사람이, 조그만 우상 앞에 무릎을 꿇고 자기를 입(짐승처럼)은 아니지만 눈의 머슴으로 만들 뿐이라고 말하고 있는 것과 같다. 더욱이 그 눈은 더 높은 목적을 위해서 주어져 있는 것이다.

이 감정이 과도해졌을 때, 그것이 사물의 본질이나 가치를 얼마나 훌륭한 것으로 보이게 하는지 주의해 보면 신기할 것이다. 즉 끊임없이 과장된 표현을 하더라도 이상하지 않은 것은 연애의 경우뿐이다. 그것은 말투만이 아니다. 가장 심한 아첨을 하는 자는 자기 자신이며 부질없는 아첨을 하는 인간들은 이것과 연맹을 맺고 있는데, 확실히 연인은 그 이상의 것이다. 왜냐하면 아무리 긍지를 가진 사람이라도, 연인이 사랑하는 사람을 생각하는 것만큼 자기를 터무니없이 최고의 모습으로 생각한 적이 없기 때문이다. 그러므로 연애를 하면 현명해질 수 없다는 교묘한 말이 있을 정도이다.*³ 이 약점은 타인만이 볼 수 있고, 사랑을 받는 쪽은 볼 수 없는 것이 아니다. 사랑을 받는 쪽에 특히 잘 보이며, 그 연애가 상호적일 때만 예외이다. 왜냐하면,

연애의 보답은 반드시 상호적인 것이거나 아니면 마음 속의 비밀스러운 경멸이거나 그 둘 중 어느 하나라는 것이, 규칙적인 사실이기 때문이다. 그러므로 사람은 이 감정에 더욱 주의해야 한다. 그것은 다른 여러 가지 것뿐 아니라 자기마저 잃게 되기 때문이다.

다른 손실에 대해서는 시인의 말이 그것을 비유하여 잘 나타내고 있다. 즉 헬레네를 택한 사나이는 주노와 팔라스의 선물을 버린 것이다. *4 왜냐하면 연애의 감정을 지나치게 중시하는 사람은 부(富)와 예지, 그 둘을 모두 잃게 되기 때문이다. 이 감정은 바로 약점이 있을 때 특히 넘쳐 흐른다. 그 시기는, 크게 번영하거나 크게 역경에 있는 때이다. 다만 이 후자는 별로 눈에 띄는 일이 적었을 뿐이다. 그 어느 쪽일 때나 연애를 불타오르게 하고, 그것을 보다 열의 있는 것으로 만들며, 그 때문에 그것이 우행(愚行)의 어린아이임을 보여 주고 있다. 가장 좋은 방법은 사람이 비록 연애 감정을 허용하지 않을 수 없더라도 그 분수를 지키기만 하면 되는 것이다. 그리고 그것을 인생의 진지한 일과 행위에서 완전히 분리시키는 것이다. 왜냐하면 그것이 한 번 일과 부딪치게 되면 인간의 운을 헝클어 놓게 되고, 아무래도 사람이 자기의 목적에 충실할 수 없게 되기 때문이다.

어떤 이유인지 모르지만, 무인(武人)은 연애에 빠지기 쉽다. 그것은 그런 사람들이 술에 빠지는 것과 같다고 생각된다. 왜냐하면 위험은 보통 대상으로서 쾌락을 요구하기 때문이다. 인간의 성질 중에는 남에 대한 애정으로 향하는 비밀스러운 경향과 움직임이 있다. 그것은 누군가 한 사람 또는 소수의 사람에게 사용되지 않으면 자연히 많은 사람 쪽으로 번져 가서, 사람을 인도적이고 자애롭게 만든다. 그것은 수도승의 경우 볼 수 있는 것과 마찬가지이다. 부부의 애정은 인류를 만든다. 친구의 애정은 그것을 완성한다. 그러나 방종한 애정은 그것을 부패시키고 천한 것으로 만든다.

〈주〉

*1 로마 십대관의 한 사람으로서 〈십이동판법〉의 작성을 주관하고 있었는데, 처녀 비르지니아를 사랑하여 범하고, 민중의 노여움을 사서 투옥당한 끝에 자살했다.

*2 세네카 《서한》 1·7. 서로 바라보기에 알맞는 대상이라는 뜻. 다만 그 말은 에피쿠로스가 자기와 친구의 관계에 대해서 말한 것이며, 일반적인 격언은 아니다.

*3 비슷한 말은, 프블리우스 시르스 《단편》, 플루타르코스 《대비열전》 〈아게실라우스 편〉 등에도 보인다.

*4 주노는 부(富), 팔라스(별명 아테나)는 지(智)의 로마 여신. 비너스와 주노와 팔라스 가 미를 다투었을 때, 트로이의 왕자 파리스는 비너스를 택했으며, 그 사례로 미녀 헬 레네를 얻었다.

11 위대한 지위

위대한 지위에 있는 사람은 3중의 하인이다. 군주 또는 나라의 하인이고, 명성의 하인이며, 일의 하인이다. 그러므로 그의 몸에나 행동에나 시간에 자유를 갖지 못한다. 권력을 얻으려고 자유를 잃는다는 것은 묘한 욕망이다. 남에 대한 권력을 추구하여 자기 자신에 대한 권력을 잃게 되는 것이다.

지위에 오르는 것은 힘든 일이다. 그럼에도 사람은 힘들여서 더 크게 힘드는 일에 도달한다. 그것은 비열할 수도 있다. 그리고 위엄이 없는 짓을 함으로써 위엄이 있는 자리에 앉기도 한다. 서 있기에는 발 밑이 위태롭고, 후퇴하면 굴러 떨어지거나 적어도 소멸하니 비참한 일이다. "사람이 지금까지와 달라졌을 때, 살아 있는 흥미를 잃어 버린다."*1 아니, 사람은 물러나고 싶을 때 그럴 수 없고, 그렇게 해야 할 때 그러려고 하지 않는다. 그리하여 늙고 병들어 은퇴할 시기가 되어도, 사적(私的)인 생활이 참을 수가 없다. 도시의 늙은이가 길거리로 나 있는 문간에 언제까지나 앉아 있고 싶어하여, 노령을 구경거리로 만들어 경멸받는 것과 같다. 위대한 사람들은 남의 의견을 구함으로써 자기가 행복하다고 확신할 필요가 있다. 왜냐하면 자기 자신의 감정으로 판단하면, 그것이 눈에 띄지 않기 때문이다. 그러나 남이 자기를 어떻게 생각하는가 스스로 생각하여, 남이 자기처럼 되고 싶어한다는 것을 깨닫게 되면 누가 일러 주는 것처럼 행복을 느낀다. 그러나 사실은 마음 속으로 그 반대의 기분이 들 때도 있을 것이다. 왜냐하면 그런 사람은 자기 자신의 슬픔을 아는 최초의 인간이기 때문이다. 더욱이 자기 자신의 결함을 아는 것은 가장 마지막이다.

확실히 큰 행운 속에 있는 사람들은, 자기 자신에 대해서는 남이다. 그리고 한창 일에 빠져 있을 때는 자기의 건강을 돌볼 여유가 없다. "남에게는 잘 알려져 있지만 자신이 자기 자신을 모르는 채 죽는 사람은 슬프다."*2

지위에 앉아 있을 때는, 좋은 일과 나쁜 일을 할 자유가 있다. 그 가운데 후자는 저주해야 할 일이다. 왜냐하면 나쁜 일의 경우 가장 좋은 상태는, 그 의사를 갖지 않는 것이기 때문이다. 그 다음 좋은 것은, 할 수 없는 일이다. 그러나 좋은 일을 하는 힘이, 높은 지위에 오르고 싶을 때의 참된 정당한 목적이다. 왜냐하면 좋은 생각이란 신이(그것을 받아들이더라도), 인간의 경우에는 좋은 꿈 정도의 것에 지나지 않기 때문이다. 실천에 옮기지 않으면 아무 소용도 없다. 그리고 그것은 권력과 지위라는 유리하고 높은 입장이 없으면 할 수 없는 일이다. 가치와 좋은 일이 인간 활동의 목적이다. 그리고 그것을 의식하는 것이 인간의 휴식을 완성한다. 왜냐하면 사람이 신의 극장의 참가자가 될 수 있다면, 마찬가지로 신의 휴식의 참가자도 될 수 있을 것이기 때문이다. "그리고 하느님이 그 지은 모든 것을 보시니, 보시기에 심히 좋았더라."*3 그리하여 그때부터 안식일이 생긴 것이다.

자기 지위의 처리에 있어서는, 자기 앞에 가장 좋은 예를 둘 일이다. 왜냐하면 모방은 교훈의 완전한 결합체이기 때문이다. 그리고 한참 뒤 자기 앞에 자기 자신의 예를 두는 것이다. 그러고는 자기가 처음에 최선을 다하지 않았는지 어떤지 엄격하게 자기 자신을 검토하는 것이다. 같은 지위에 있으면서 잘 하지 못한 사람들의 예도 무시해서는 안 된다. 그런 과거의 사람들을 책망하여 자기를 돋보이게 하자는 것이 아니라, 무엇을 피해야 하는가 하는 지침을 얻기 위해서이다. 그러므로 개선을 도모하는 데 자랑을 하거나 지난 시대 또는 인물을 비난해서는 안 된다. 그리고 좋은 전례를 만드는 것을 그와 같은 전례에 따르는 것과 더불어 시도하려고 스스로 정해야 한다. 사물을 그 최초의 기원(起源)까지 규명하고, 어느 점에서, 또 어떻게 그것이 타락했는가 살펴보는 것이다. 그러나 두 시기를 참고해야 한다. 고대로부터는 최선의 것을, 후대로부터는 최적의 것을.

또한 자기가 나아가는 방법을 일정한 것으로 만들도록 한다. 그러면 사람은 미리 무엇을 기대할 수 있는지 알 수 있게 된다. 그러나 너무 엄하고 외곬이어서는 안 된다. 그리고 자기의 평소 방법에서 벗어날 때는 잘 설명해 주도록 한다. 자기 지위의 권리를 견지하도록 하는 것이다. 또한 사법권의 문제를 자극해서는 안 된다. 오히려 자기의 권리를 그대로 지키면서 사실상 있는 것으로 하고, 주장이다 도전이다 하고 떠들지 않는 것이 좋다. 마찬가지로, 비교적 낮은 지위의 권리도 견지시켜서 주가 되어 지시를 내리는 편이 모든 일에 참견하는 것보다 명예롭다고 생각할 일이다. 자기 지위의 수행에 관해서는 원조나 충고를 받고 맞이하도록 하며, 자기에게 지식을 가져다 주는 사람을 참견하는 자라고 쫓아 버려서는 안 된다. 그런 사람들을 호의로써 받아들이는 것이 좋다.

권위에 따르는 악덕에는 보통 네 가지가 있다. 지연(遲延)과 부패와 거칠음과 용이함이다. 지연에 대해서는 쉽게 만날 수 있도록 하고, 필요하지 않다면 여러 가지 일을 섞어서는 안 된다. 부패에 대해서 말하면, 자기 자신의 손과 하인들의 손을 묶어서라도 무엇을 받아 먹지 않도록 해야 하며, 부탁하는 자들의 손까지 묶어서 제공하지 못하도록 해야 한다. 즉 정직의 실천은 전자의 효과를 올리고, 정직을 말로 나타내어 뇌물을 싫어한다는 것을 보여 주면 후자의 효과를 올릴 수 있다. 그리고 과오 자체는 물론 의심까지도 피하는 게 좋다. 변할 수 있다 간주되고, 눈에 띄는 원인도 없는데 변하는 것이 눈에 보이는 사람은 모두 부패의 의심을 준다. 그러므로 언제라도 자기 의견이나 진로를 바꿀 때는 그것을 똑똑히 말하고, 발표할 때는 바꾸게 된 이유를 함께 밝혀야 한다. 이러한 것을 별 일 아니라고 생각해서는 안 된다. 하인이나 총애하는 자는 복심(腹心)이라도 달리 중시할 이유가 뚜렷하지 않을 경우에는, 보통 눈에 보이지 않는 부패의 지름길로 생각된다. 거칠음에 대해서 말하면, 그것은 불만의 불필요한 원인이 된다. 엄격은 공포를 낳는다. 그러나 거칠고 사나움은 증오를 낳는다. 권위자의 질책도 묵직한 것이어야지 상처 입히는 것이어서는 안 된다. 용이함은 뇌물보다 나쁘다. 뇌물은 어쩌다가 올 뿐이지만, 청원이라든가 어설픈 편애로 사람을 이리저리 끌고 다니게 되면, 그런 것이 없을 수가 없게 될 것이다. 솔로몬은 말하고 있다. "사람의 낯을 보아 주는 것은 좋지 못하고, 한 조각 빵으로 인하여 범법하는 것도 그러하니라."*4

고대의 말로서 확실히 진실이라고 여겨지는 것에 "지위가 사람을 나타낸다"는 말이 있다. 그리고 그 나타내는 방법은, 어떤 사람의 경우에는 그만큼 좋아지고 어떤 사람의 경우에는 나빠지는 수도 있다. 타키투스는 갈바에 대해 "황제가 되지 않았으면 제국에 알맞는다고 모두가 생각한 사람"*5 이렇게 말하고 있다. 그러나 베스파시아누스에 대해서는 "베스파시아누스는 권력을 얻음으로써 좋게 바뀐 유일한 황제이다" 말하고 있다. 다만 한 쪽은 행정 능력에 대해서 말한 것이고, 한 쪽은 성격이나 성향에 대해서 말하고 있는 것이다.

가치 있고 관대한 정신을 가진 사람의 확실한 표시는 명예가 보답해 준다. 명예는 덕성(德性)의 지위이며, 또는 그래야 하는 것이기 때문이다. 그리고 자연에 있어서의 사물은, 저마다의 지위를 향해서 심하게 움직여가서 저마다의 지위에서는 온화한 것이지만, 덕성은 야심을 가질 경우에는 심하고 권위를 가지면 침착하고 조용하다. 위대한 지위에 오르는 것은, 모두 꾸불꾸불한 층계를 통과하는 일이다. 그리고 당파가 있을 경우에 올라가고 있을 때는 자기 몸을 한 쪽에 붙이고, 지위를 얻은 뒤에는 어느 쪽에도 안 붙이는 것이 좋다. 자기전임자의 기억을 이용할 때는 공평하고 부드럽게 해야 한다. 왜냐하면 그렇게 하지 않으면 자기가 없어졌을 때, 틀림없이 빚을 갚게 되기 때문이다. 동료가 있으면 그 사람을 존경할 것이다. 그리고 그 사람들이 바라고 있지 않을 때라도 그들의 도움을 청하는 편이 청하기를 기대할 이유가 있는데 제외되는 것보다 좋다. 서로 이야기하고 있을 때나 무엇을 부탁하는 사람에게 개인적인 대답을 해줄 때, 자기의 지위를 너무 의식하거나 생각해서는 안 된다. 그리고 "공적인 일을 할 때는 다른 사람이 된다"는 말을 듣도록 하는 것이 좋다.

〈주〉
＊1 키케로 《가족 서한》 7·3.
＊2 세네카 《티에스테스》 2·401.
＊3 〈창세기〉 1·31.
＊4 〈잠언(箴言)〉 28·31.
＊5 타키투스 《역사》 1·50.

12 대담성

　그것은 진부한 중등학교용 인용이지만, 현명한 사람의 고려에 알맞은 것이기도 하다. "변론가의 주요한 자격은 무엇인가?" 이 질문을 데모스테네스[1]가 받았다. 대답은 "연출"이었다. 그 다음에는 무엇인가, "연출." 또 그 다음에는 무엇인가. "연출". 이 말을 한 것은 그것을 가장 잘 알고 있던 사람이며, 그가 권한 것은 그 자신이 태어날 때 아무런 장점도 갖고 있지 않았던 사람이다. 변론가의 자격이 한낱 표면적인 것에 지나지 않는 연출이라니, 묘한 일이다. 오히려 배우가 장기로 삼을 만한 것이 매우 높이 평가되고, 구상이나 발성법 같은 다른 고귀한 자격 이상의 것으로 간주되며, 그뿐 아니라 거의 그것뿐인 것도 같고 그것이 가장 중요한 것도 같으니 말이다. 그러나 그 이유는 뚜렷하다.

　인간의 성질 중에는, 일반적으로 바보스러운 데가 영리한 데보단 많기 마련이다. 그러므로 여러 가지 능력 중에서, 인간 마음 속의 바보스러운 곳을 포착하는 것이 가장 강력한 능력이 된다. 이것과 이상하리만큼 닮은 것이, 일반적인 여느 사회인으로서의 대담성이다. 무엇이 첫째인가? 대담성. 무엇이 둘째, 셋째인가? 대담성. 그러나 대담성은 무지와 비열의 산물이며, 다른 자격보다 훨씬 못한 것이다. 그런데도 판단력이 얕다든가, 용기가 없는 사람의 손발을 꽁꽁 묶어 버린다. 더욱이 그런 인간이 가장 많다. 그뿐 아니라 현명한 사람도 약점이 있을 때는 패배시켜 버린다. 그러므로 민주적인 국가에서는 경의적인 작용을 한다. 그러나 원로원이나 군주의 경우에는 비교적 그런 일이 적다.

　그리고 대담한 사람들이 행동으로 옮긴 처음이, 바로 그 뒤보다 언제나 비교적 두드러진다. 왜냐하면 대담성이라는 약속을 좀처럼 지키지 않기 때문이다. 살아 있는 신체의 경우에 돌팔이 의사가 있는 것과 마찬가지로, 정체(政體)에도 돌팔이 의사가 있다. 큰 치료법을 기도하여 몇 가지 실험에서는 행운을 얻었겠지만, 학문적인 원리가 결여되어 있으므로 영속하지 못하게 된다. 실제로 대담한 사나이가 마호메트의 기적을 행하는 일이 많음을 볼 수 있을 것이다. 마호메트는 산을 자기 앞에 불러, 그 꼭대기에 서서 자기의 법률을 지키는 사람들을 위해 기도를 드리겠다고 사람들에게 믿게 했다. 사람들이 몰려들었다. 마호메트는 몇 번이나 산을 자기 앞에 오라고 불렀다. 산은 꼼짝도 하지 않았으나 그는 조금도 당황하지 않고 말했다. "산이 마호메트 쪽으로 오지 않는다면, 마호메트가 산 쪽으로 가야지."*² 그러니 이런 사람들은 큰 것을 약속하고 그것이 실패하여 난처한 상황에 처해진다 하더라도(완전한 대담성이 있다면) 그것을 아무렇지도 않게 생각하며 바꿔치고는 그리 당황하지도 않는 법이다.

확실히, 훌륭한 판단력을 가진 사람이 대담한 사람을 지켜보고 있으면 재미있다. 아니, 일반 민중이 보아도 대담성이라는 것은 어딘가 우스꽝스러운 데가 있다. 터무니없는 것이 웃음의 대상이 되는 것처럼, 의심할 것도 없이 대담성에는 어딘가 터무니없는 데가 꼭 있기 때문이다. 특히 우스꽝스러운 것은, 대담한 사나이가 당황할 때이다. 그의 얼굴은 매우 일그러지고, 목재처럼 무표정한 모습이 되어 버린다. 그러나 그렇게 되지 않을 수가 없다. 수줍어하는 사람의 경우, 정기(精氣)가 조금 왔다 갔다 하며 움직이게 된다. 그러나 대담한 인간의 경우에는 그와 같을 때 움직임이 없어진다. 체스를 할 때 수가 막히는 것처럼 되어, 궁이 꼼짝을 못하고 더욱이 승부를 겨룰 수 없게 되어 버린다. 그러나 마지막 경우는 진지한 관찰보다 풍자에 더 알맞다.

다음의 것은 충분히 생각하는 것이 좋다. 즉 대담성이란 언제나 맹목적이라는 것이다. 즉 그것은 위험이나 불편이 보이지 않는 것이다. 그러므로 그것은 사려가 필요한 때는 나쁘지만, 실행의 경우에는 좋다. 그래서 대담한 사람을 올바르게 쓰려면, 그 사람을 우두머리에 두어 남의 지시를 받도록 해야 한다. 왜냐하면 사려의 경우에는 위험이 보이는 것이 좋고, 실행의 경우에는 특히 큰 경우를 제외하고는 그것이 보이지 않는 것이 좋기 때문이다.

〈주〉

*1 데모스테네스(기원전 384~323년)는 아테네의 웅변가. 변설이 너무 서툴러서 사람들의 비웃음을 샀으나, 나중에 그것을 극복하여 대웅변가가 되었다. 마케도니아 왕 필립포스가 침입했을 때 아테네 인을 격려했으나, 나중에 추방되어 음독 자살했다. 인용은 키케로《웅변론》3·56.

*2. 전설에 따르면, 마호메트는 아라비아 인들에게 기적을 보여 달라는 청을 받고 사파 산을 가까이 오라고 불렀으나 산이 움직이지 않자, "만일 산이 움직여서 사람들의 머리

위에 떨어졌다면 모두 죽었을 것이다. 움직이지 않은 것을 신의 자비로 보고, 이쪽에서 산으로 가 신에게 감사를 드리자" 말했다고 한다.

13 선량과 성질의 선량

내가 생각하는 선량의 뜻은, 사람들의 행복을 목적으로 하는 것이다. 그것은 그리스인이 필란드로피아—친절감—라고 부르는 것이다.*¹ 휴머니티—친절(항용 사용되고 있는 대로의)—로는 너무 가벼워서 표현이 좀 모자란다. 나는 선량을 습성이라 부르고, 성질의 선량은 성향이라 부르고 싶다. 이것은 마음의 모든 덕성이나 고귀성 중에서도 특히 최대의 것이다. 왜냐하면 신의 특성이기 때문이다. 그리고 그것이 없으면 인간은 참견을 잘하고 나쁜 짓을 하는 비참한 존재가 된다. 하나의 유해 동물(有害動物)이라고 해도 좋다. 선량은 신학상의 덕성인 자선에 해당되는 것이며, 과오는 있지만 과도라는 것이 없다. 권력을 과도히 바란 것이 천사들을 타락시켰다. 그러나 자애에는 과도라는 것이 없다. 천사도 인간도 그 때문에 위험에 빠지는 수는 없다. 선량을 향하는 성향은 인간의 성질에 깊이 새겨져 있다. 그러므로 만일 그것이 인간을 향해서 발현되지 않으면, 다른 생물로 향한다. 터키 인에게서 흔히 볼 수 있었던 일이지만, 그들은 잔인한 국민인데도 짐승에 대해서는 친절해서 개나 새를 위해 온정을 베푼다. 그러므로 부스베키우스*²의 보고에 의하면, 콘스탄티노플에서 그리스도 교도인 남자아이가 장난으로 부리가 긴 새의 입을 막으려고 하다가 돌로 얻어맞을 뻔했다고 한다.

선량 또는 자애의 덕성에 있어서도 과오를 저지를 수 있을 것이다. 이탈리아 인들 사이에는 "너무 선량해서 조금도 선량하지 않다"는 별로 고상하지 못한 속담이 있다. 이탈리아의 석학(碩學) 가운데 한 사람인 니콜로 마키아벨리가 대담하게도 거의 노골적인 표현으로 한 말이 있다. "그리스도교의 신앙은, 선량한 사람들을 버려 폭군적이고 올바르지 못한 자의 밥으로 만들었다."*³ 이렇게 말한 까닭은, 실제로 어떤 법률이나 종파(宗派)나 견해든지 간에 그리스도교만큼 선량이라는 것을 크게 생각하고 있는 것이 없었기 때문이다. 그러므로 장애와 위험 양쪽을 피하기 위해서, 이렇듯 뛰어난 습성의 과오에 대하여 주의하는 게 좋다.

남의 선량을 구하는 것은 좋지만 그 얼굴 표정이나 환상에 묶이지 않도록 주의해야 한다. 그것은 의지를 연약하게 만들고 정직한 마음을 가진 사람을 사로잡아 버리기 때문이다. 또, 이솝의 닭에게 보석을 주는 짓을 해서도 안 된다. 그보다 보리 알을 얻는 편을 훨씬 좋아하고 기뻐할 것이기 때문이다. 신이 보여 주는 예가 이 교훈을 정말로 잘 가르쳐 주고 있다. "악한 사람에게나 선한 사람에게나 똑같이 비를 내려 주신다"*⁴라고. 그러나 부를 내려 주지도 않고 명예나 덕성을 사람들 위에 똑같이 빛나게 해 주지도 않는 것이다.

공통된 은혜는 모든 사람에게 주어져야 한다. 그러나 특별한 은혜는 선택된 사람들에게만 주어져야 한다. 그리고 초상화를 그릴 때는 그 모형을 부수지 않도록 조심해야 한다. 왜냐하면 신의 가르침은 우리 자신에 대한 애정과 우리의 이웃에 대한 애정을 모형으로 삼고 있기 때문이다. 우리의 이웃에 대한 애정은 그 사본(寫本)에 지나지 않는다. "가진 것을 무엇이나 다 팔아 가난한 사람에게 주라…… 그리고 와서 나를 따르라"*⁵ 말하고 있다. 그러나 따라가지 않으려면, 가진 것을 다 팔아서는 안 된다. 즉 작은 재산이라도 큰 재산 못지않게 선을 행할 수 있는 사명을 갖고 있어야 한다는 것이다. 그렇지 않으면 흐름을 가르고 원천을 말리는 것이 된다.

또 선량한 행위가 언제나 올바른 이성의 지시를 받은 것만은 아니다. 어떤 사람들의 경우, 처음 태어날 때부터 그쪽으로 향하는 경향이 있는 사람도 있다. 한쪽에 천성적인 악의가 있는 것과 마찬가지이다. 왜냐하면 남의 선량을 좋아하지 않는 성질의 인간도 있기 때문이다. 비교적 가벼운 악의는 짓궂다든가, 꽤 까다롭다든가, 반대하고 싶어한다든가, 고집 같은 것이 된다. 그러나 비교적 깊은 것은 질투라든가 하는 완전한 위해가 된다. 이런 사람들은 남이 불행을 당하고 있을 때, 흐뭇해하고 언제나 그 고통을 더 증대시키는 쪽으로 행동한다. 나사로의 부스럼을 핥아 준 개*⁶의 선량함조차 없다. 어떤 상처 위에나 윙윙거리며 따라다니는 파리 같은 것이다. 인간을 싫어한다고 하더라도, 목을 매고 싶어하는 사람을 큰 나뭇가지 밑으로 데려다 주기는 하나 자기 마당에 그러기 위한 나무는 두지 않는다는 것은 타이몬*⁷에게도 미치지 못한다. 그와 같은 성벽은 잘못된 인간성이라고 해도 좋다. 그러나 위대한 정치가를 만들기에는 안성맞춤의 재료이다. 시달릴 것이 정해져 있는 배에는 좋지만, 튼튼히 서 있어야 하는 집을 세우는 데는 불편한 흰 목재 같은 것이라고 할 수 있다.

선량의 여러가지 요소나 표지는 많다. 어떤 사람이 낯선 사람에게 친절하고 공손하면 그 사람은 세계인이며, 그 마음을 다른 육지에서 분리된 섬이 아니라 그것과 이어져 있는 대륙이라는 것을 보여 준다. 남의 고통에 대해서 동경적이면, 그 마음이 향료를 줄 때 자기 자신은 상처를 입는 고귀한 발삼의 향나무*8 같은 것임을 보여 준다. 과오를 곧 용서해 주고 관대히 보아 주면, 그 마음은 위해를 받지 않는 곳에 확고히 있고 얻어맞지 않는다는 것을 보여 준다. 사소한 은혜에도 감사하면, 사람의 마음을 소중하게 생각하고 그 하찮은 금전 따위는 거들떠 보지도 않는다는 것을 보여 준다. 그러나 무엇보다도 성 바울의 완전함을 갖고 형제들을 구하기 위해 그리스도의 저주를 받는 자가 되려고 한다면, 신적인 성질이 많고 그리스도와 어떤 같은 점이 있다는 것을 보여 주는 것이다.

〈주〉

* 1 Philanthropia. 그즈음에는 오늘날 사용되고 있는 필런드로피라는 영어가 없었기 때문에 베이컨이 그리스어를 그대로 사용한 것인데, 오늘날의 박애보다 뜻이 넓고 친절한 일반적인 감정 모두를 가리키는 것으로 생각된다.

* 2 1522~92년. 부스베크라고도 한다. 플랑드르의 학자이자 외교관이며, 그 여행기에 이 이야기가 나온다. 그러나 그리스도 교도인 남자 아이가 아니라, 베네치아의 금은 세공 직공으로 되어 있다.

* 3 마키아벨리 《로마사론》 2·2.

* 4 〈마태복음〉 5·15.

* 5 〈마가복음〉 10·21.

* 6 〈누가복음〉 16·21.

* 7 아테네의 염세주의자. 그의 집 마당에 무화가 나무가 있었는데, 거기서 여러 사람이 목을 맸다. 집을 새로 짓기 위해 이것을 베게 되었을 때, 목을 매달고 싶은 사람은 베기 전에 얼른 오라고 말했다고 한다. 플루타르코스 《대비열전》 〈안토니우스 편〉, 아리스토파네스 《새》, 셰익스피어 《아테네의 타이몬》에 나와 있다.

* 8. 이 나무 껍질을 상처내어, 분비되는 진 같은 물질로 향유와 진정제를 만든다.

14 귀족계급

귀족 계급에 대해 국가의 일부로서, 다음에는 개인의 신분으로서 이야기해 보고 싶다. 귀족 계급이 전혀 없는 군주정치는, 언제나 순수하고 절대적인 전제정치이다. 이를테면 터키 인의 경우가 그렇다. 왜냐하면 귀족 계급은 주권을 완화하고, 민중의 눈을 왕의 계통에서 얼마간 빗나가게 하기 때문이다. 그러나 민주정치는 그런 것을 필요로 하지 않는다. 그리고 일반적으로 귀족이 여러 가문 있는 경우보다 조용하여 반란 같은 것도 일어나는 일이 적다. 왜냐하면 사람들의 눈이 일에 쏠려 있다 하더라도 가장 적당한 것으로서의 일을 위해서이지, 문장(紋章)이나 가계(家系) 때문이 아니다. 스위스가 계속하여 잘 돼 가고 있는 것을 보는데, 그것은 여러 가지 종교나 주(州)로 나뉘어 있어도 상관이 없는 것이다. 왜냐하면 그들을 결합시키고 있는 것은 존경이 아니라 유용성이기 때문이다. 네덜란드 저지 지방(低地地方)의 합중지역(合衆地域)*1도 정치가 뛰어나다. 왜냐하면 평등이 이뤄지는 곳에서는, 의논하는 일도 비교적 공평하고 추렴하는 것이나 희사도 비교적 즐겁다. 위대하고 강력한 귀족 계급은 군주정치에 위엄을 보태지만 권력은 줄인다. 그리고 민중에 생기와 원기를 주지만 그들의 운명을 압박한다. 귀족이 너무 위대해서 주권이나 사법권이 곤란을 겪는 일도 없고, 더욱이 그런 높이에 놓여 있어서 하층 사람들의 오만이 거기에 부딪쳐 부서져서 국왕의 위엄에까지 직접 닥치는 일도 별로 없다면 좋다. 귀족 계급이 많으면 국내에 가난과 불편을 일으킨다. 그것은 지나친 경비 지출이 되기 때문이다. 게다가 필연적으로 귀족이 많으면 결국 운이 기우는 법이므로, 명예와 자산 사이에 불균형이 생긴다.

고대의 성이나 건축물이 부서지지 않고 있는 것을 보거나 훌륭한 재목이 될 나무가 튼튼하게 완전한 채로 있는 것을 보면 존경하는 기분이 이는데, 옛 귀족의 가문을 보면 더욱 그렇다. 그것은 시간이라는 파도와 폭풍을 견디어 온 것이다. 왜냐하면 새로운 귀족 계급은 권력으로 생긴 행위이지만, 옛 귀족 계급은 시간의 행위이기 때문이다. 귀족 계급에 처음으로 올려진 사람은 보통 그 자손보다 더 자질이 뛰어나고 무실(無實)한 일이 적다. 입신(立身)이란 선과 악이 뒤섞인 술책에 의하지 않고는 좀처럼 얻기 어렵기 때문이다. 그런 사람들의 자질에 대한 추억은 자손에 전해지지만, 그 결점은 죽음과 더불어 사라진다는 것도 당연한 이야기이다. 고귀한 태생은 근면의 방해가 되는 것이 보통이다. 그리고 근면하지 않은 자는 근면한 사람을 질투한다. 게다가 고귀한 사람들은 그 이상 별로 위로를 얻지 못한다. 그리고 다른 사람은 올라가는데 자기는 같은 곳에 머물러 있는 사람은 좀처럼 질투 감정의 움직임을 피하지 못한다. 한편 귀족 계급은 자기들에 대한 남으로부터의 수동적인 질투를 지운다. 명예를 자기들이 갖고 있기 때문이다. 확실히 귀족 계급 중에 유능한 사람들을 가진 국왕은 그런 사람들을 쓰기가 편하고, 그 일도 보다 순조로이 진행될 것이다. 왜냐하면 어느 정도 뛰어난 지배자로서, 그런 사람들에게 민중이 복종하는 것은 자연스러운 일이기 때문이다.

〈주〉

*1 1597년, 네덜란드의 7개 연합 주가 에스파냐에서 독립하고, 그 중심인 홀란드가 전체를 대표하게 되었다. 영국과는 옛부터 관계가 깊고, 독립할 때는 영국이 원군을 파견했다.

15 반란과 소동

민중의 양치기는, 국가에 있어서의 폭풍의 달력을 알 필요가 있다. 그것은 사물이 동등해질 때 가장 커지는 것이 보통이다. 자연계의 폭풍이 춘분 추분 때 최대가 되는 것과 마찬가지이다. 그리고 폭풍 전에 어디선지 바람이 불어오고, 바다가 눈에 띄지 않게 부풀어 오르는 것과 같은 일이 국가의 경우에도 있다.

　—그것은 잘 경고한다. 소동이 가까이 오고, 모반과 은밀한 개혁의 전쟁이 시작되고 있다는 것을.*1

국가에 대한 중상과 방자한 담화가 빈번하고 공공연할 경우, 또 같은 종류의 것으로서 거짓 보도가 마구 나돌고 있어 국가에 불리해질 때 그것을 성급하게 문제삼을 경우 등은, 소동의 한두 가지 조짐이라고 할 수 있다. 베르길리우스는 풍문(風聞)의 계보(系譜)를 들어서 "그녀는 거인들의 누이동생이었다" 말하고 있다.

　부모인 대지는 신들에 대한 노여움에 화를 내고 그것을 낳았다.
　가장 젊다는 케이우스와 엔케라두스의 누이를. *2

　마치 풍문을 과거의 반란의 잔재처럼 말하고 있다. 그러나 그와 마찬가지로 장래의 반란의 서곡이기도 하다. 아무튼 반란의 소동과 반란의 풍문을 오빠와 누이, 남자와 여자 정도의 차이밖에 없다고 말하고 있는 것은 옳다. 국가의 가장 좋은 행위나 가장 훌륭하고 가장 큰 만족을 주어야 할 것이, 나쁜 의미로 풀이되고 욕을 듣는 일이 일어날 경우에는 특히 그렇게 말할 수 있다. 왜냐하면 그것으로 큰 질투가 표시되고, 타키투스가 말하듯이 큰 질투의 불꽃이 타오르면, 그 행위는 좋건 나쁘건 좋지 않은 말을 듣는다. *3

　또 그런 풍문은 소동의 징후이므로, 그것을 너무 엄하게 억누른다고 해서 소동의 대책이 된다고는 할 수 없다. 오히려 그것을 경멸하는 것이, 그것을 가장 잘 막게 되는 수가 많다. 그것을 막으려고 애쓰는 것은, 의심쩍은 기분을 영속시킬 뿐이다. 또 타키루스가 말하고 있는 종순(從順)에 대해서 의심을 가져도 좋다. "의무에 주의는 하지만, 지휘관의 명령을 수행하는 것보다 해석해 보려고 하는 기분이 많다"*4는 것이다. 논하거나 변명하거나 명령 또는 지시에서 달아날 궁리를 한다는 것은, 말하자면 속박을 끊는 일이요 복종하지 않으려고 하는 일이다. 특히 그러한 토론의 경우, 지시에 찬성하는 사람들은 겁에 질려 머뭇머뭇 말하고, 반대하는 자가 대담하게 발언할 때는 그렇게 말할 수 있다.

　마키아벨리가 말한 것처럼 군주들은 공통의 부모 같은 것이어야 하기 때문에, 자기 스스로 하나의 당파 같은 것이 되어 한 쪽에 기울면, 그것은 한 쪽에만 불균형하게 무게가 걸려 뒤집히는 배와 같아진다. 이를테면 프랑스의 앙리 3세 시대에 좋은 예를 볼 수 있다. 즉 처음에 그는 신교도들을 근절하기 위해서 동맹에 들어갔다. 그리고 얼마 뒤에는, 바로 그 동맹이 그에게 대항하게 되었다. 즉 군주의 권력이 어떤 목적을 위한 부가물에 지나지 않게 되고, 군주의 기반보다 결속력이 강한 다른 기반이 있을 경우 국왕들은 거의 권력을 빼앗겨 버리게 되기 때문이다.

또 불화며 싸움이며 당파 같은 것이 공공연하게 또는 대담하게 존재할 때는, 정부에 대한 존경이 사라지고 있다는 표시이다. 왜냐하면 정부 안에 있는 가장 높은 사람들의 움직임은, 톨레미 천문학 제10천(第十天)*5 밑에 있는 유성(遊星)의 움직임 같은 것이어야 하기 때문이다. 그것은 즉 (옛날의 학설에 따르면) 그 하나하나는 최고의 운동으로 빨리 움직이는 동시에, 자기 자신의 운동은 완만한 것이다. 그러므로 높은 사람들이 자기 자신의 운동은 완만한 것이다. 그러므로 높은 사람들이 자기 자신의 개개의 운동에서 심하게 움직이고, 타키투스가 잘 표현하고 있듯이 "지배자들을 존경하지 않을 만큼 자유로워지면"*6 전체의 질서가 문란해졌다는 조짐이다. 왜냐하면 존경이란 신이 군주에게 부여한 것이기 때문이다. 더욱이 신은 그것을 거두어들일 수도 있다. "열왕의 띠를 풀 것이다"*7 말하고 있다.

그래서 정부의 네 기둥 (즉 종교, 사법, 추언, 제정) 중 어느 것인가가 심하게 흔들려서 약해질 때는, 사람들은 맑은 하늘에 빌 필요가 있다. 그러나 이런 예언 비슷한 것을 다루는 부분에서 다른 문제로 옮기기로 하자(그러나 이것에 대해서는 다음의 설명으로 더 뚜렷해지는 것이 있으리라 본다). 첫째로는 반란의 재료, 둘째는 동기, 셋째로는 대책을 이야기해 보자.

반란의 재료에 대해서, 그것은 충분히 생각해야 할 일이다. 왜냐하면 반란을 저지하는 가장 확실한 방법은(만일 시대가 그것을 허용한다면), 그 재료를 제거하는 것이기 때문이다. 연료가 준비되어 있으면, 어디서 불티가 날아와 그것에 불을 붙일지 모른다. 반란의 재료에는 두 가지가 있는데, 그것은 많은 빈곤과 불만이다. 확실히 재산을 잃은 사람의 수와 소동에 찬성하는 사람의 수는 같다. 루카누스*8는 내란 전의 로마 상태를 다음과 같이 잘 표현하고 있다.

이와 같이 욕심 많은 돈놀이군, 바로 지불해야 하는 이자가 있고,
이와 같이 신용은 흔들리어, 전쟁이 많은 자에게 이익이 되었다. *9

이러한 "전쟁이 많은 자에게 이익이 된다"는 것이, 반란이나 소동으로 기울고 있는 국가의 확실하고도 틀림없는 조짐이다. 그리고 만일 비교적 상층

사람들의 이러한 빈궁과 재산의 손실이 하층 사람들의 결핍과 필요에 결부되면, 위험은 급박하고 큰 것이 된다. 왜냐하면 입과 배의 반란이 가장 나쁘기 때문이다. 불만에 대해서는 정체(政體)와 육체의 체액이 비슷하다. 그것은 부자연스러운 열을 간직하게 되어 염증을 일으키기 쉽다. 그러므로 어떤 군주든지, 그런 위험을 옳다든가 그르다고 하는 것으로 측정해서는 안 된다. 민중은 너무 조리에 맞는다고 상상하게 될 것이다. 그런 사람들은 자기 자신의 이익을 걷어차는 수가 많다. 또 그 궐기하는 원인이 되는 불평이 사실상 큰가 작은가 하는 것으로 측정해서도 안 된다. 왜냐하면 가장 위험한 불만은, 공포심이 실제의 느낌보다 큰 경우이다. "고통에는 한도가 있지만, 공포는 끝이 없다."*10

게다가 큰 압박의 경우에는, 인내력을 불러일으키는 것과 동시에 용기에도 이긴다. 그러나 공포의 경우에는 그렇지 않다. 또 군주나 국가는, 자주 불만이 일어나고 오래 지속되었지만 아무런 위험이 없었다고 해도 안심해서는 안 된다. 수증기나 연무(煉霧)가 모두 폭풍이 되는 것은 아니지만, 폭풍은 몇 번씩 그냥 불어 지나가는 수가 있어도 결국은 역시 엄습한다는 것도 사실이기 때문이다. 그리고 에스파냐의 속담에 잘 나타나 있듯이 "줄은 마지막에는 조금만 당겨도 끊어진다."

반란의 원인과 동기로는, 종교의 개신(改新), 과세, 법률이나 풍습의 변경, 특권의 파괴, 일반적인 박해, 부당한 인물의 승임(昇任), 이국인, 기근, 해산된 병사, 절망에 빠진 당파, 그리고 무엇이나 민중을 자극하여 공통의 목적을 위해 그들을 뭉치고 결합시키는 것 등이 있다.

그 대책에 관해서는 몇 가지 일반적인 예방약이 있을지도 모르므로, 거기에 대해서 이야기해 보자. 적절한 치료는 그것이 개개의 병에 따른 것이어야 한다. 그러므로 규칙보다 충언에 맡겨야 한다.

첫째 방지책은, 우리가 이미 말했듯이 반란의 원인이 되는 재료를 되도록 없애는 일이다. 그것은 국가 내의 결핍과 빈곤이다. 이 목적에 도움이 되는 것으로는, 무역을 여는 것과 균형이 잘 잡히는 것, 제조업의 장려, 태만의 방축, 사치 금지법에 의한 낭비와 과도의 억제, 토지의 개량과 개간, 팔 수 있는 물건의 가격 조정, 과세나 희사의 적정화(適正化)등이 있다. 일반적으로 주의해야 할 것은, 한 왕국의 인구가(특히 전쟁에 의해서 마구 쓰러지는 일이 없는 경우에는) 그들을 유지하는 왕국의 생산을 넘지 않도록 하는 것이다. 또 인구는 수에 의해서만 셀 수는 없다. 왜냐하면 비교적 수가 적더라도 비교적 많이 소비하고 얻는 일이 적으면 국가를 피폐시키게 되므로, 이것은 수가 많아도 비교적 검소한 생활을 하여 많이 모으는 것만 못하다. 그러므로 귀족 계급이나 그 밖에 여러 가지 정도의 지위 높은 사람들이 일반 민중과 불균형하게 늘어난다는 것은 당장 국가를 궁핍 상태로 몰아넣는 것이 된다. 이런 것은 승려 계급이 너무 중대했을 때에도 일어난다. 그런 사람들은 생산에 아무 도움도 되지 않기 때문이다. 그리고 취직으로 처리할 수 있는 것 이상으로 학문을 하는 사람이 생겼을 때도 같다.

마찬가지로 기억해 두어야 할 일은, 어떤 국가의 경우나 그 부의 증대는 외국인을 희생으로 해야 하는 것이므로(왜냐하면 어딘가에서 얻은 것은 어딘가에서 잃는 법이기 때문이다), 어떤 나라가 다른 나라에 파는 것은 세 가지 밖에 없다. 자연이 낳는 그대로의 일용품, 가공품, 그리고 교통 또는 운수(運輸)이다. 그러므로 이 세 가지 수레바퀴가 움직이면, 부는 밀물처럼 흘러들어올 것이다. 그리고 흔히 일어나는 일이지만, "마지막 손질이 재료를 능가할 것이다."*11 즉 가공과 운수가 원료보다 가치있는 것이다. 그리고 국가를 더욱 부유하게 만든다. 이를테면 네덜란드 저지대 지방 사람에게서 볼 수 있는 두드러진 것인데, 그곳 사람들은 근면하고 생산성이 높으며, 세계 제일의 지상광산(地上鑛山)을 가졌다고 할 수 있다.*12

무엇보다도 채택해야 할 좋은 정책으로서, 국가의 부나 돈이 몇몇 사람에게 한꺼번에 몰리지 않도록 해야 한다. 그렇게 하지 않으면 자원이 많은 국가에서도 굶주리게 될지 모른다. 돈은 비료 같은 것이어서 널리 뿌려야 좋은 것이다. 그렇게 하려면 주로 탐욕스러운 장사인 대금업(貸金業), 매점, 큰 목장 따위를 압박하거나 적어도 엄격하게 단속해야 할 것이다.

불만, 또는 적어도 그 위험을 제거하는 데 관해서 논해 보자. 어느 국가(우리가 아는 바로는)에나 신하에는 두 계급이 있다. 귀족 계급과 서민 계급이다. 그 하나가 불만을 품고 있을 때는 위험이 크지 않다. 왜냐하면 일반 민중은 상층 계급이 자극을 주지 않으면 움직임이 느리기 때문이다. 단, 상층 계급의 힘이 적고 대중이 혼자서 움직이기 쉬운 형태일 경우에는 별도이다. 그러므로 위험한 것은, 상층 계급이 하층 계급 사이에서 물이 소연(騷

然)해지기를 기다리고 있는 상태가 되어 있을 때이며, 드디어 그렇게 되면 자기 입장을 밝히려 하고 있을 때인 것이다. 유피테르는 이 말을 듣고 팔라스의 충고로 백 개의 손을 가진 브리아레우스를 불러 원조를 청했다고 한다. 물론 군주가 일반 서민의 선의를 확보하는 것이, 얼마나 유익한 것인가를 보여 주는 상징일 것이다.

불평이나 불만을 해소하기 위해서 적당한 자유를 준다는 것은(너무 심한 오만이나 허세가 없다면), 매우 안전한 방법이다. 왜냐하면 체액을 내공(內攻)시켜 상처에 내출혈을 시키는 자는, 악성 종양이나 해로운 농양(膿瘍)을 일으킬 위험이 있기 때문이다.

에피메데우스의 역할이 프로메테우스에게 알맞는다고 해도 좋은 것은 불만의 경우이다. *13 왜냐하면 그런 것에 대해서는, 그 이상 좋은 준비 대책이 없기 때문이다. 에피메테우스는 여러 가지 불평과 해악이 튀어나왔을 때 마침내 뚜껑을 닫았다. 그리고 희망을 상자에 가두어 두었다. 확실히 요령있게 그리고 교묘하게 희망을 길러 지속시켜서, 사람들을 희망에서 희망으로 나아가게 하는 것이 불만의 독에 대한 훌륭한 해독제의 하나이다. 그리고 현명한 정치의 방법이나 관리의 확실한 징후라고 할 수 있는 것은, 그것이 사람들의 마음에 만족을 줄 수는 없다 할지라도 희망으로 매어 둘 수 있는 경우이다. 또 사태를 처리하는 방법으로서는, 아무리 피할 수 없을 만큼 심각한 해악이라 할지라도, 어떤 희망의 돌파구가 있는 듯이 보이게 해 두는 것이다. 그것은 그다지 어려운 일이 아니다. 개인이나 당파나 모두 자기 자랑이라는 것이 있는 법이고, 적어도 자기들은 믿지 않는 것이라도 겉만은 번드르하게 꾸미고 싶어하는 것만을 보아도 알 수 있기 때문이다.

또 선견지명이 있는 방지책으로서는, 불만을 품은 사람들이 모여드는 곳에 두목격이 될 만한 적당한 사람이 없도록 하는 것이다. 이는 이미 알려져 있는 바이지만 반드시 주의할 만한 요점이다. 적당한 두목격이라고 말했는데, 나는 위대함과 명성이 있는 사람이라고 생각하고 싶다. 즉 불만이 있는 측의 신뢰를 받고 있고, 그 사람들이 주목하고 있는 사람이다. 또 그 자신도 개인으로서 불만을 품고 있는 것으로 생각되는 사람이다. 그런 부류의 사람들은 국가 쪽으로 끌어당겨 확고히 그리고 진실한 형태로 화해를 시키거나 아니면 같은 당의 누군가 다른 자와 대립시키도록 해야 한다. 그리하여 반대를 시키고 명성을 분열시키는 것이다. 일반적으로 국가에 반대하는 모든 당파나 단체를 분열시키고 파괴하여, 그런 사람들끼리 이반(離反)시키거나 적어도 서로 믿지 못하게 하는 것이 가장 나쁜 대책일 수만은 없다. 왜냐하면 국가의 행정을 추진하는 방법을 편드는 사람들 쪽에 불화와 당파가 가득 차 있고, 그에 반대하는 사람들이 통일되고 결합되어 있다면 절망적이기 때문이다.

이미 이야기한 일이지만, 무심코 군주가 말한 기지(機知)에 찬 날카로운 말이 반란에 불을 질러 버리는 법이다. 카이사르가 자기 자신에 큰 해를 주게 된 것은, 그의 이 한마디 때문이었다. "시라는 문자를 모르고, 구수 명령(口授命令)을 할 줄 모른단 말이야"*14 이 말로, 그가 언젠가 독재자 지위를 물려 줄 것이라는 사람들의 희망을 전면적으로 잃게 했기 때문이다. 갈바가 몸을 망치게 된 말은 이러하다. "내 방법은 병사를 사는 것이 아니라 징발하는 것이다." 그 때문에 병사들은 포상(褒賞)의 희망을 잃었다. 프로브스의 경우도 마찬가지로, "만일 내가 살아 있으면, 로마 제국은 이 이상 병사를 필요로 하지 않을 것이다"*15 이 말이 화근이 되었다. 병사들에게 큰 절망의 말이 되었던 것이다. 그 밖에도 비슷한 일이 많다. 확실히 군주는 미묘한 문제의 경우나 취급에 신중을 요하는 시대에는, 자기의 말에 주의할 필요가 있다. 짧은 말의 경우 특히 그래야 한다. 그것은 창처럼 밖으로 뛰어나가서, 본인의 숨은 의도에서 날아온 것처럼 생각하게 만든다. 왜냐하면 큰 담화는 그리 대단한 것도 아니며, 별로 주의도 끌지 않기 때문이다.

마지막으로, 군주는 만일에 대비하여 누군가 훌륭한 인물 즉 군사적으로 요기를 가진 한 사람 또는 많은 사람을 자기 가까이에 두는 일을 잊지 않도록 해야 한다. 반란을 그 초기에 누르기 위해서이다. 그런 사람이 없으면 소동 발생 초기에, 궁정 안에는 예상한 것 이상의 당황이 생기는 게 보통이다. 그렇게 되면 국가는 타키투스가 말한 위험을 겪게 된다. "소수의 인간들 사이에는 나쁜 일을 하자는 기분이 있고, 더 많은 자는 그것을 바라며 모두가 그것을 용인하려 하고 있었다."*16 이런 군인들에 대해서는 당파를 꾸미거나 대중의 인기를 구하지 못하게 하고, 신뢰할 수 있도록 그리고 좋은 평을 얻도록 해두어야 한다. 국가의 다른 높은 사람들과도 좋은 관계를 지속하게 해 둔다. 그렇지 않으면 대책이 질병보다 나쁜 결과가 될 것이다.

<주>

*1 베르길리우스 《농경시》 1·464~5.

*2 베르길리우스 《아에네이스》 4·178~80.

*3 타키투스 《역사》 1·7.

*4 타키투스 《역사》 2·39.

*5 프톨레마이오스 클라우디오스는 기원전 2세기 알렉산드리아의 천문 학자. 그 천문학에 따르면, 지구를 둘러싼 10개의 동심원구가 있으며, 그 가장 바깥 쪽의 第十天이다. 모든 항성은 그 층에 고착되어 24시간에 지구를 한 바퀴 돌며 그것이 모든 천계 운행의 원동력이라고 생각했다. 베이컨은 이미 코페르니쿠스의 새로운 천문학을 알고 있었기 때문에 이것을 옛 학설이라고 부른 모양이다.

*6 타키투스 《연대기》 3·4.

*7 〈이사야 서〉 14·1, 〈욥기〉 12·18 등에 있다.

*8 마르쿠스 아나에우스 루카누스(39~65)는 로마의 서사 시인이다. 세네카의 조카로, 피소(가이우스 칼르니우스) 네로에 대한 반역에 가담했다가 밀고를 당하여 자살했다.

*9 루카누스 《파르살리아》에, 케사르와 폼페이우스의 싸움에 대해서 씌어 있는 부분으로부터 인용.

*10 소(小)플리니우스 《서한》 8·17·6.

*11 오비디우스 《변신부》 2·5.

*12 네덜란드 인은 근면하고 생산성이 높아, 지하의 광산에 비유되는 지상의 보고를 가만히 앉아서 가졌다고도 할 수 있다는 것을 뜻하는 말이다.

*13 프로메테우스와 에피메테우스는 형제이다. 에피메테우스는 프로메테우스를 유혹하기 위해서 만들어진 미녀 판도라와 결혼한다. 그녀는 열면 안 되는 상자를 열었기 때문에 모든 불행이 뛰쳐나온다. 전자는 선견지명을, 후자는 후의 지혜를 가리킨다.

*14 수에토니우스 《율리우스 카이사르》 77. 구수(dictate)한다는 말에 지배자로서 명령을 내린다는 뜻을 포함시켜, 독재자로서 사람 위에 설 수 없다고 말한 것. 그러나 실제로는, 시라는 독재자가 되었으나 곧 사임했다. 카이사르는 이런 의견을 말했기 때문에 그 스스로가 독재자로 눌러 앉을 야심이 있는 것이 아닌가 하는 의심을 받았다.

*15 마르쿠스 아우렐리우스 프로부스는 로마 황제, 재위 276~282년. 본디 군인으로서 동방의 총독이었으나, 병사들에게 추대되어 황제가 되었다. 명군이라는 명성이 높았으나, 평화로운 시대가 도래하여 군인이 필요없게 되기를 바란다고 말한 데서 병사들의 불만을 샀으며, 결국 병사들에게 살해되었다. 이것은 3세기 로마 사가 포피스쿠스의 《프로부스 전》에 나와 있다.

16 무신론

나는 이 우주에 마음이라고 할 수 있는 것이 없다고 생각하기보다는, 오히려 성도전(聖徒傳)*¹이나 탈무드*²나 코란에 나오는 지어 낸 이야기를 모두 믿고 싶은 기분이다. 그리고 신이 기적을 행한 것은 무신론을 반박하기 위해서가 아니다. 예사롭게 한 그 일이 반박되어 있기 때문이다. 물론 약간의 철학은 인간의 마음을 무신론으로 기울게 한다. 그러나 철학에 깊이 들어가면, 사람들의 마음은 다시 종교 쪽을 향하게 된다. 왜냐하면 인간의 마음은 제2원인(第二原因)*³이 흩어져 있는 것을 바라보면서, 그것에 안주하고 그 이상 나아가려 하지 않는 수가 있는지도 모르기 때문이다. 그러나 그 사슬들이 서로 매어지고 연결되어 있는 것을 볼 때, 그것은 하늘의 섭리나 신성함 쪽으로 날아가지 않을 수 없다.

사실 가장 무신론적이라는 말을 듣고 있는 학파도, 종교를 증명하고 있다. 즉 루키프스*⁴나 데모크리스토스나 에피쿠로스의 학파가 그것이다. 즉 네 가지의 변화할 수 있는 원소(元素)와 하나의 변하지 않는 제5원소가 적당히 그리고 영원히 위치를 유지하고 있으면, 신을 필요로 하지 않는다고 말하는 쪽이, 일단의 무한히 조그만 부분인지 자잘한 씨(種)인지가 제멋대로의 위치에 있으면서, 신의 통수(統帥)도 없이 이 질서있는 아름다움을 낳았다는 것보다 천 배나 믿을 수 있는 일이다. 성서에서 말하고 있는 것을 보면 "어리석은 자는 하느님이 없다고 속으로 말했다"고 되어 있다. "어리석은 자는 마음속으로 생각했다"고는 말하고 있지 않다. 그러므로 스스로 완전히 그것을 믿고 있다든가, 또는 납득하고 있다기보다, 그렇게 하고 싶다고 생각하면서 기계적으로 자기에게 말하고 있다는 뜻인 것이다. 왜냐하면 신이 없다고 말하는 편이 편리한 사람들 이외는, 신이 있다는 것을 부정하는 자는 아무도 없기 때문이다.

무신론은 인간의 마음속에 있다기보다 입술에 있다는 것을 무엇보다도 가장 잘 나타내는 것으로서 다음과 같은 것이 있다. 즉 무신론자는 그러한 자기들의 의견을 마음속으로 믿고 있는 것도 아니며, 언제나 남의 동의를 얻어서 보강해 주었으면 기쁘겠다는 식으로 늘 말하고 있는 것이다. 아니, 그뿐 아니라 무신론자도 다른 종파의 경우에서 볼 수 있듯이, 제자(弟子)를 얻으려고 애쓰는 것을 볼 수 있다. 더 심한 것은 무신론 때문에 고난을 당하고 그러면서도 신념을 뒤집을 수 없는 사람들까지 있는 것을 볼 수 있다. 그런데 만일 신이라는 것이 정말로 없다고 믿는다면, 어째서 그런 고생을 하는 것일까? 에피쿠로스는 신용을 얻기 위해서 마음에도 없는 체한다고 공격받고 있다. 그것은, 축복된 성질을 가진 사람이 있기는 하지만 세계의 통치 같은 것은 개의하지도 않고 스스로 즐기고 있는 거나 같다고 단언했을 때의 일이다. 그 점에서는 타협한 것으로 되어 있다. 그러나 내심 은밀히 신은 없다고 생각했다는 것이다. 확실히 이 사람은 오해를 받고 욕을 들은 것이다. 즉 그 말은 고귀하고 신적(神的)인 것이다. "일반 민중이 믿는 여러 신을 부정하는 데 모독(冒瀆)은 없다. 모독이란 민중이 믿고 있는 것을 여러 신에게 적용하는 일이다"*⁵ 그는 말하고 있다. 플라톤도 이 이상 말할 수는 없었을 것이다. 그리고 그는 신의 통치를 부정하는 대담성은 있었으나, 신적인 성질을 부정하는 힘은 없었다.

서 인도 인들은 개개의 신들에 대해서 여러 가지 이름을 붙이고 있지만, 신이라는 명칭은 없다. 마치 이교도들이 유피테르, 아폴론, 마르스 등의 명칭은 갖고 있었으나 하느님이라는 말을 안 가진 것과 같다. 그것으로도 알 수 있는 것은 이런 야만스러운 사람들에게도 그런 생각은 있으나, 다만 그 범위라든가 폭이 없었을 뿐이라는 것이다. 그리하여 무신론자와 반대 입장에 서서, 야만인조차도 매우 미세(微細)한 철학자들의 편을 드는 것이다. 이론적인 무신론자는 드물다. 디아고라스, *⁶ 비온, *⁷ 루키아누스*⁸ 같은 사람이 아마 그럴 것이고, 그 밖에도 몇몇 있다. 그러나 그런 사람들은 사실 이상의 인물이 되어 있는 듯하다. 받아들여지고 있는 종교나 미신을 비판하는 자는, 모두 반대자 쪽에서 무신론자의 낙인을 찍기 때문이다. 그러나 큰 무신론자는 사실 위선자이다. 그런 사람들은 언제나 신성한 일을 다루고 있지만, 감정이 없다. 그러기에 결국 양심이 사라져서 무감각해지는 것이다.

무신론의 원인에는 다음과 같은 것이 있다—종교의 분열이 많을 경우, 즉 무언가 하나의 주된 분열이라면 갈라진 둘에 열의를 가하게 된다. 그러나 많은 분열일 때는 무신론이 들어온다. 또 하나는 성직자의 추행이다. 성 베르나르두스*[9]의 말에 있는, "성직자는 민중과 같다고 지금은 말할 수 없다. 민중은 성직자만큼 나쁘지 않기 때문이다"와 같은 상태가 되는 경우이다. 또 하나는 신성한 문제를 조롱하는 불경스런 풍습이다. 그것은 조금씩 종교에 대한 존경을 사라지게 한다. 그리고 마지막으로 학문의 어떤 시대, 특히 평화와 번영이 수반된 경우가 있다. 왜냐하면 고생이나 역경은 비교적 사람들의 마음을 종교쪽으로 기울게 하는 일이 많은 법이기 때문이다.

신을 부정하는 사람들은 인간의 고귀성을 파괴한다. 즉 확실히 인간은 동물에 가까운 육체를 갖고 있다. 그래서 신에 가까운 정신을 갖고 있지 않으면 천하고 야비한 생물이 된다. 그것은 마찬가지로 관용성과 인간성의 향상을 파괴한다. 개를 예로 들어 생각해 보자. 이를테면 인간 때문에 살아간다고 느낄 때 얼마나 고귀함과 용기를 갖게 되는지 알 수 있다. 개에게는 인간이 신(神)의 대신이랄까, 보다 축복받은 자연이다. 그와 같은 용기는 분명히 그런 생물에 자기 이상의 좋은 성질을 가진 자가 붙어 있다는 믿음이 없으면 도저히 가질 수 없는 것이다. 그러므로 인간은 신의 보호와 은총에 안심을 느끼고 확신을 가질 때, 인간성만으로는 도달할 수 없는 힘과 신념을 발휘하는 것이다. 그러기에 무신론은 모든 점에 증오할 만한 것이며, 또 마찬가지로 그것이 인간성에서 자기를 허약한 인간 이상으로 높이는 수단을 빼앗는다는 점에서도 그렇게 말할 수 있는 것이다.

개인의 경우도 그렇지만 국가의 경우도 같은 말을 할 수 있다. 관용성이라는 점에서 로마 같은 나라는 없었다. 이 국가에 대해서 키케로가 한 말을 들어 보라. "우리 나라를 아무리 자랑해 봐야 원로원 의원 수에서는 에스파냐보다 나을 것이 없고, 힘으로 말해도 갈리아 인만 못하며, 기술에서는 카르타고 인에게, 예술에서는 그리스 인에게서, 또 이탈리아 인이나 라틴 인에게도, 이 나라와 국토에 고유한 가정이나 향토적인 감정에서 뒤진다. 다만 신앙심과 종교와 불사(不死) 같은 여러 신의 섭리가 모든 것을 지배하며 통치한다고 생각하는 지혜에서 비로소, 우리는 모든 국가나 국민보다 뛰어난 것이다."*[10]

〈주〉

*1 13세기 무렵 이탈리아의 도미니코승(僧) 이코브스드 포라지네가 수집하여, 영국에서 캐크스톤이 영역(英譯) 출판한 중세의 성도전.

*2 주로 모세의 오서를 기초로 작성된 유대의 율법 《미쉬나》와 그 해설 《게마라》를 말하며, 다만 탈무드라고 말할 때는 《게마라》를 가리키는 일이 많다. 오륙 세기 바빌로니아의 탈무드와 그보다 1세기쯤 전의 팔레스티나 탈무드가 있으며, 전자가 더 권위가 있다고 한다.

*3 스콜라 철학의 용어로서, 제1원인은 우주의 창조자, 제2원인은 여기서 나온 우주의 삼라만상을 가리킨다. 동인, 기성인이라고도 한다.

*4 루키프스는 기원전 5세기의 원자론 주장자. 데모크리토스(기원전 460년 무렵~370년)는 트라키아의 철학자로, 루키프스의 이론을 발전시켰다.

*5 《디오게네스 라에르티오스》 10·123.

*6 기원전 5세기의 멜로스 섬 태생의 철학자. 민중적인 종교를 경멸했으므로 무신론자라는 별명을 얻었다. 에피쿠로스는 데모크리스토스와 디아고라스의 원자론을 계승했다.

*7 기원전 3세기의 사르마티아 철학자. 신을 믿지 않고 신과 부자에 대한 풍자적인 단편을 남겼다.

*8 그는 로마 제국에 그리스 문자를 부흥시켰다고 하며, 신을 풍자하여 《여러 신들의 대화》를 썼다. 퇴폐한 종교를 공격하여 모독자라는 별명을 얻었다. 〈진리〉 주6참조.

*9 109~1153년. 크렐보의 성베르나르두스. 북 프랑스 크렐보의 시스토파 승원의 원장이다. 아베라르 등의 합리주의 철학에 반대했으며, 1147년에 시작되는 프랑스 제2차 십자군의 원동력이 되었다. 이하의 인용은 《주교론》 8.

*10 오비디우스 《변신부》 1·21.

17 미신

신에 대해서 전혀 아무런 의견도 갖지 않는 편이, 적당하지 않은 의견을 갖는 것보다 나을 것이다. 즉 전자는 불신이고, 후자는 모욕이다. 그리고 확실히, 미신은 신성(神性)에 대한 비난이다. 플루타르코스는 그런 뜻에서 묘한 말을 하고 있다. "확실히(하고 그는 말한다) 나로서는 사람들이 플루타르코스와 같은 인간은 전혀 없었다고 말해 주는 편이, 플루타르코스라는 사나이가 있었는데 자기 아이가 태어나면 바로 잡아먹었다는 말을 듣는 것보다 낫다"*1 시인이 사투르누스에 관해서 말하고 있는 것을 인용한 것이다.

신에 대한 모욕이 크면 클수록 인간은 더 위험하다. 무신론은 사람을 분별, 철학, 자연의 감정, 법률, 명성같은 것에 맡긴다. 그런 것은 모두 외적인 도덕적 덕성(道德的德性)의 지침이 될지는 모른다. 만일 종교가 존재하지 않았다고 하더라도 그렇다. 그러나 미신은 이런 것을 끌어내려 사람의 마음속에 절대군주제(絕對君主制)를 수립한다. 그러므로 무신론이 국가를 문란하게 만드는 일은 결코 없었다. 왜냐하면 그것은 앞을 보지 않는 것이므로, 사람으로 하여금 자기 자신을 경계시킨다. 그리고 무신론에 기운 시대(이를테면 아우구스투스, 카이사르의 시대 등)는 다스려진 시대였다는 것을 알 수 있다. 그러나 미신은 많은 국가에 혼란의 원인이 되고, 새로운 제10천(第十天)*2을 가져 오게 되며, 그것은 모든 통치의 천구층(天球層)을 흩뜨려 놓게 된다.

미신의 주인역은 민중이다. 그리고 모든 미신의 경우, 슬기로운 사람이 어리석은 자의 뒤를 따라간다. 그리고 의론이 실제에 적용되는 역순서(逆順序)가 된다. 트리엔트 회의에서 스콜라 학파의 이론이 큰 세력을 차지했는데, 거기서 몇몇의 고위 성직자들이 이렇게 말했다. "스콜라 학파 사람들은 천문학자와 비슷하다. 이심권(離心圈)이니 주전원(周轉圓)*3이니 하는 천체의 여러 가지 기관을 만들어서, 온갖 현상을 융화시키려고 했다. 더욱이 그런 것은 없다는 것을 잘 알고 있었던 것이다." 그리고 마찬가지로 스콜라 학파의 사람들은, 많은 미묘하고도 복잡한 공리(公理)나 정리(定理)를 만들어서 교회가 하고 있는 일을 융화시키려고 했던 것이다.

미신의 원인으로서는, 사람의 마음을 기쁘게 만드는 감각적인 제식(祭式)이나 의식(儀式), 과도한 외면적 허례적인 신성(神聖)이나 전총에 대한 과대한 존경이 교회의 부담이 되지 않을 수 없다는 것, 허위 성직자들이 자신의 양심이나 이득을 위한 책략과 좋은 의도를 너무 두드러지게 내세우는 바람에 변덕이나 신기함에 대해 문을 열게 된다는 것, 신의 문제를 인간의 문제에서 상상하기 때문에 상상력의 혼합이 생기지 않을 수 없다는 것, 그리고 야만 시대 특히 재해나 불행과 결부된 경우 등이 많다.

미신은 베일을 쓰고 있지 않을 때는 보기 흉하다. 이를테면 원숭이가 인간을 매우 닮은 것이 추악함을 더하게 만드는 것과 마찬가지로, 미신이 종교와 유사하기 때문에 그것은 더 추악해진다. 그리고 건전한 살이 썩어서 조그만 구더기가 되는 것처럼, 좋은 형식이나 질서가 썩어서 모양뿐인 보잘것없는 형식을 지키게 된다. 미신을 피하려고 할 때에 미신이 있다. 사람이 전에 받아들인 미신에서 가장 멀리 떨어지면, 가장 좋은 일을 하는 것이 된다고 생각하는 경우이다. 그러므로 주의해야 할 것은 설사약을 잘못 먹을 때 일어나는 일과 같이, 좋은 것이 나쁜 것과 함께 제거되지 않도록 하는 것이다. 더욱이 그런 것은 보통 민중이 개혁자가 될 때 일어나기 쉽다.

〈주〉

* 1 플루타르코스 《미신에 대하여》 10. 사투르누스는 그리스 신화의 크로노스에 해당한다. 자기 자식에게 왕위를 빼앗길까 봐 잇달아 낳는 대로 삼켜 버렸다. 마지막으로 제우스가 태어났을 때, 아내 레아는 아기 대신 돌을 삼키게 하여 제우스를 살리고, 나중에 사투르누스는 제우스에게 추방당했다. 오비디우스와 그 밖의 시인들 작품에 이것이 보인다.
* 2 《에세이》 〈15 반란과 소동〉의 주5 참조.
* 3 1545~63년까지 이탈리아의 트렌토에서 단속적으로 열렸으며, 반복음주의를 특색으로 하여 가톨리시즘 부흥을 목적으로 했다.

18 여행

여행은 젊은 사람의 경우 교육의 일부가 되고, 연장자의 경우에는 경험의 일부가 된다. 어떤 나라의 말을 배우기 전에 그 나라를 여행하는 사람은, 학교에 가는 것과 같다. 젊은 사람들이 교사나 경험 많은 하인을 거느리고 여행을 하는 것은 참으로 좋은 일이다. 단 그 사람이 그 나라의 언어를 알고 있고, 그 나라에 머문 적이 있는 사람일 경우에 그렇다.

그러면 그 사람은 지금부터 가는 나라에서 어떤 것이 볼 만한 가치가 있는가, 어떤 친구를 사귈 것인가, 어떤 공부나 훈련을 할 수 있는가 등을 가르쳐 줄 수 있을 것이다. 이렇게 도움을 줄 사람과 같이 가지 않으면 젊은 사람들은 눈가림을 하고 떠나는 거나 다름없으며, 밖을 보는 일이 거의 없게 될 것이다.

묘한 일이지만, 바다 여행 때 하늘과 바다밖에 볼 수 없는데도 사람은 항해 일지(航海日誌)를 적는다. 그런데 육상 여행에서는 보는 것이 매우 많은데도 대개 그렇게 하지 않는다. 우연을 기록하는 것이 훨씬 더 적당하며, 단지 보려고 떠나가는 것뿐이라 생각하는 모양이다. 그러나 일기를 쓰는 것이 좋다. 보거나 관찰할 만한 것으로서는 군주의 궁궐, 특히 대사들이 알현하고 있는 경우, 법정이 열려서 소송을 하고 있을 때, 교회의 장로 회의, 또 교회나 수도원 및 그곳에 현존하고 있는 기념물, 도시의 성벽이나 축성(築城), 항만이나 피난처, 옛터나 폐허, 도서관, 대학, 토론회, 강의 같은 것, 선박, 해군, 대도시 가까운 호화 저택이나 유원지의 정원, 병기고(兵器庫), 병기창, 저장소, 시장, 거래소, 창고, 마술(馬術), 검술, 병사의 훈련 같은 것, 비교적 훌륭한 사람들이 가는 희극, 보석이나 의상의 저장소, 귀중품이나 진기한 물품, 그리고 마지막으로 방문하는 장소마다의 무엇이나 기억할 만한 것 등등. 그 모두를 교사나 하인은 알뜰히 조사해야 한다. 흥행물, 가면극, 연회, 결혼식, 장례식, 극형(極刑) 같은 구경 거리에는 주의를 기울일 필요가 없다. 그러나 무시해도 좋다는 것은 아니다.

젊은 사람으로 하여금 짧은 기간 동안에 많은 것을 얻게 하고 싶다면, 다음과 같은 준비가 필요하다. 먼저, 이미 언급했듯이 먼저 떠나기 전에 그 나라 언어를 조금 익히고 있어야 한다. 다음에는, 역시 언급했듯이 그 나라를 알고 있는 하인이나 교사를 데리고 가야 한다. 또한 여행하는 나라에 관한 지도나 책 정도는 갖고 가는 것이 좋다. 그것은 연구의 좋은 열쇠가 될 것이다. 일기는, 하나의 도시나 마을의 가치 여하에 따라서 정도의 차이는 있더라도 긴 것은 좋지 않다.

만약 어떤 도시나 마을에 머무르고 있을 때는, 그 마을의 한쪽 끝 부분에서 다른 쪽으로 숙소를 옮기는 것이 좋다. 그러면 좀더 많은 친구를 사귈 수 있다. 자기 나라 사람들과 함께 어울리는 것을 피하고, 자기가 여행하는 나라의 좋은 친구가 있는 곳에서 식사를 하도록 한다. 한 곳에서 다른 곳으로 옮길 때는, 자기가 옮기려고 하는 곳에 살고 있는 누군가 신분 있는 사람 앞으로 추천장을 갖고 가도록 하는 게 좋다. 자기가 보거나 알고 싶은 일에 그 사람의 후원을 이용할 수 있기 위해서이다. 이렇게 하면, 짧은 여행으로도 많은 이익을 거둘 수 있을 것이다.

여행 중에 사귀어야 할 친구에 대해서 말하면, 무엇보다도 유익한 것은 대사들의 비서나 수행원들과 사귀는 일이다. 그렇게 하면 한 나라를 여행하면서도 많은 나라를 경험할 수 있을 것이다. 또 외국에서 유명한 모든 분야의 저명한 사람들을 찾아가 만나는 것이 좋다. 실제 생활과 명성이 어떻게 일치하고 있는지 알 수 있기 위해서이다. 싸움은 주의 깊게 분별을 차려서 피해야 한다. 그것은 보통 여성이라든가, 건배 문제라든가, 좌석의 상하라든가, 무례한 말투 때문에 일어난다. 애초에 화를 잘 내고 성질이 급한 사람과 사귀지 않도록 주의하는 것이 좋다. 왜냐하면 그런 사람들은 자신의 싸움에 남을 잘 끌어들이기 때문이다.

여행자가 귀국했을 때는, 자기가 여행한 나라들에 대한 일을 그냥 내동댕이쳐 버리는 일이 없도록 해야 한다. 가장 가치 있는 친구들과 편지 교환을 계속하는 것이 좋다. 그리고 자기가 한 여행을, 의복이나 몸짓 따위가 아니라 말에 나타나도록 하는 것이 좋다. 이야기할 때에는 스스로 나서서 말하는 것보다 신중히 대답하도록 하는 편이 낫다. 그리고 자기가 외국에서 배운 뛰어난 것들 가운데 얼마를 자기 나라의 풍습에 심도록 하는 것이 좋다.

19 제국

바랄 것은 거의 없고 걱정거리만 많다는 것은 비참한 기분이다. 그러나, 그것이 보통 국왕들의 처지인 것이다. 그 사람들은 가장 높은 곳에 있으므로 욕망의 재료가 없다. 그것은 마음을 더욱 늙게 한다. 그리고 위험의 그림자 같은 것을 자주 떠올리며 마음을 그만큼 어둡게 만든다. 또 이것이 성서에서 말하고 있는, "왕의 마음은 헤아릴 수 없느니라"[*1]라는 결과가 생기는 하나의 이유이기도 하다. 많은 질투가 있고, 다른 모든 것을 통솔하여 질서를 세우는 그 무엇인가 뛰어난 욕망이 없다면, 누구의 경우나 그 사람의 마음을 발견하고 헤아리기 어렵게 된다.

이 일에서 마찬가지로 일어나는 것은, 군주들은 대개의 경우 스스로 희망을 만들어 내고 마음을 하찮은 것에 쏟는다는 점이다. 어떤 경우에는 건축물일 수도 있고, 어떤 경우에는 어떤 단체의 창설이 될 것이며, 또 어떤 경우에는 누구를 승진시키는 일일 수도 있을 것이고, 무슨 손재주나 뛰어나고자 하는 수도 있을 것이다. 이를테면 네로는 하아프를 연주하려 했고, 도미티아누스*²는 활쏘는 수완을 확고하게 익히고자 했으며, 코스두스*³는 검술을 익히려고 했고, 카라칼라*⁴는 전차(戰車)운전을 했던 것 따위가 그것이다. "인간의 마음을 즐겁게 하고 원기를 돋구는 데는 작은 일에서나마 진보를 이루는 편이 큰 일에 묶여 정체(停滯)되어 있는 것보다 낫다." 이러한 이치를 모르는 사람은 믿을 수 없을 것이다. 또 흔히 볼 수 있는 일이지만, 국왕들은 처음에는 정복자로부터 그 행운을 빼앗기거나 방해받는 일이 생기게 마련이다. 그러므로 후년에 이르면 미신에 빠지고 우울해지게 된다. 이를테면 알렉산드로스 대제가 그러했다. 디오크레티아누스*⁵도 그랬다. 또 우리가 기억하고 있는 바로는 그 밖에도 카알 5세 등이 있다. 전진하는 데 익숙하면서도 정지해 있어야 한다는 것을 알게 되면, 자기 자신이 싫어지고, 옛날의 자기와는 다르게 된다.

이번에는 제국(帝國)의 가장 좋은 상태에 대해서 이야기하기로 하자. 그것은 드물고, 계속되기가 힘든 일이다. 왜냐하면 좋은 상태나 나쁜 상태나 여러 가지 반대의 것으로 성립되어 있기 때문이다. 그러나 반대의 것을 섞는 것과 교환하는 것은 다르다. 베스파시아누스에 대한 아폴니우스*⁶의 대답은 뛰어나고 교훈적인 것이다. 베르파시아누스가 "네로가 실각한 원인은 무엇이었는가?" 물었다. 그러자 그는 "네로는 하프를 뜯고 가락을 잘 맞출 줄 알았다. 그러나 정치에서는 마개를 너무 단단히 죄는가 하면 너무 늦추곤 했었다"라고 대답했던 것이다. 그리고 확실히 말할 수 있는 일이지만 무엇보다도 권위를 손상하게 되는 것은, 엉터리로 또 기대에 어긋나게 권력을 지나치게 행사하거나 늦추거나 하여 쉴새없이 변덕을 부리는 일이다.

그야 물론 군주가 사무 처리를 할 경우 근세의 모든 시기에 걸쳐서 지혜로운 방법은, 위험이나 재해가 닥쳐왔을 때 교묘히 처리하여 빗나가게 하는 것이다. 그러나 그런 것을 접근하지 못하도록 해 두려는 안정되고 바탕이 있는 진행 방법은 아닐지도 모른다. 그러나 이것은 운과 승부를 다투는 데 지나지 않는 것이다. 그리고 사람은 게을러서 어려운 문제가 일어나고 있는 것을 그대로 방임해 두는 일이 없도록 주의해야 한다. 왜냐하면 사람은 불티를 막을 수도 없고 어디서 날아 오는지 알지도 못하기 때문이다. 군주가 집무하는 경우의 곤란은 많고 크다. 그러나 가장 큰 곤란은 그 마음 속에 있는 수가 많다. 왜냐하면 군주들은(타키투스가 말했듯이) 모순된 의욕을 갖는 것이 보통이기 때문이다. "국왕들의 욕망은 많고 격렬하며 서로 모순되어 있다." 즉 목적을 이루려고 하면서, 중도의 수단을 충분히 생각하지 않는 것이 권력을 가진 자가 저지르는 과오인 것이다.

군주들은 이웃 나라 사람들, 자기 아내, 자식들, 고위 성직자 또는 일반 성직자, 귀족, 하급 귀족 계급, 상인, 서민, 군인 등과 교섭을 갖지 않으면 이들 모두에게서 위험이 생긴다.

먼저 이웃 나라에 대해서—이 경우 일반적인 규칙을 제시할 수는 없지만 (여러 가지 경우가 있는 것이므로), 단 한 가지 언제나 변함없는 것이 있다. 그것은 군주들이 적당하게 감시를 두고, 이웃 나라의 어느 하나라도 너무 커져서(영토의 증대라든가, 상업을 손아귀에 쥔다든가, 접근해 온다든가 함으로써), 지금까지보다 더 자기를 괴롭히게 되지 않도록 하는 것이다. 그리고 이것은 일반적으로, 그런 것을 예견하고 막도록 하는 상임 고문들이 할 일이다. 3두 정치(三頭政治)의 영국 왕 헨리 8세, 프랑스 왕 프랑소와 1세, 황제 카알 5세의 기간은 감시가 잘 되어 있어서, 이 세 사람 중의 누군가가 한 조각의 토지라도 얻으면 금방 나머지 두 사람이 그것과 균형을 맞추려고 했다.*7 동맹에 의하는 수도 있고, 필요하다면 전쟁에 의하는 수도 있었다. 그리고 무슨 일이 있더라도 이자가 붙는 평화, 즉 장래를 희생하여 현재의 안정을 얻으려고는 하지 않았다. 그리고 그것과 같은 일을 한 것은 그 동맹(구이차르디니*8의 말로는, 그것이 이탈리아의 안전 보장이 되어 있었다)으로, 나폴리 왕 페르디난도, 그리고 로렌치우스 메디치와 루도비쿠스 스포르차,*9 전자는 피렌체, 후자는 밀라노의 주권자였는데 이 사람들이 맺은 것이었다. 또 "위해나 도발이 앞설 때가 아니면 전쟁을 해도 좋다고는 할 수 없다"는 스콜라 학파 가운데 어떤 사람들의 의견도 받아 들일 수 없다. 왜냐하면, 임박한 위험의 공포가 정말로 있다면 타격이 가해지지 않는다 하더라도 이 위험이 전쟁의 합법적인 원인이 되는 것이기 때문이다.

아내에 대해서—이에 대해선 잔인한 예가 얼마든지 있다. 리비아*10는 남편을 독살한 것으로 악명이 높아졌다. 솔리만의 아내 록사라나*11는 유명한 왕자 술탄 무스타파를 살해했으며, 그 밖의 점에서도 그 가계와 계승을 흩뜨려 놓았다. 영국 에드워드 2세의 왕비는 자기 남편의 폐위(廢位)를 저질렀다.

자식에 대해서—이와 같이 이면의 위험에서 생기는 비극도 많다. 일반적으로 말하면, 아버지가 자기 자식을 의심하게 된다는 것은 언제나 불운한 일이다. 무스타파(이미 위에서 이름을 들었다)의 살해는 솔리만의 가계에 치명적인 것이 되어, 솔리만으로부터 오늘에 이르기까지 터키 인의 왕위 계승은, 혈통이 다른 가짜이지 않나 하고들 생각하고 있다. 왜냐하면 셀리무스 2세*[12]는 불의의 자식이라고 생각되었다. 크리스푸스*[13]는 드물게 앞길이 유망한 젊은 왕자이면서 아버지 콘스탄티누스 대제의 손에 죽었는데, 역시 그 가계로 봐서는 치명적인 것이 되었다. 왜냐하면 콘스탄티누스*[14]와 콘스탄스의 두 아들이 다 비명에 죽었기 때문이다. 또 다른 아들 콘스탄티누스*[15]도 마찬가지였다. 실제로는 병으로 죽었으나 율리아누스가 반기를 든 뒤의 일이었다. 아버지에게 맞섰던 마케도니아의 필리포스 2세의 아들 데메트리우스*[16]의 살해는 나중에 필리포스 자신도 후회가 원인이 되어 죽었다. 이와 같은 예는 많지 않다. 그러나 아버지가 이런 불신으로 이익을 얻는 일은 거의 없다. 다만 아들들이 노골적으로 적대 행위로 나왔을 때는 다를 것이다. 이를테면 셀리무스 1세가 바자제트*[17]에게 대항했을 때라든가, 영국 왕 헨리 2세*[18]의 세 아들의 경우가 그것이다.

고위 성직자에 대해서—이런 사람들이 거만하고 위대할 때는, 그 방면으로부터도 위험이 온다. 이를테면 캔터베리의 대주교 안젤무스*[19]라든가, 토머스베키트*[20]의 시대에 그런 일이 있었다. 이런 사람들은 그들의 십자 지팡이로써 국왕의 칼과 겨루려고 했다. 그러나 완강하고 오만한 국왕을 상대로 해야만 했다. 윌리엄 루퍼스, 헨리 1세, 헨리 2세 등이 그런 왕이다. 위험이 일어나는 것은 그런 고위 성직자들의 계급이 원인이 아니라, 그런 사람이 외국의 권위에 의존하고 있을 경우이다. 또 성직자들이 취임하거나 선출될 때, 국왕이나 특별 후원자들에 의해 임명되지 않고 민중에 의해서 임명되는 경우이다.

귀족들에 대해서—그들을 접근하지 못하게 해두는 건 잘못이 아니다. 그러나 그들을 압박하는 것은, 국왕을 더 절대적인 것으로 만들지는 모르나 안정성은 줄어든다. 그리고 자기가 바라는 것을 수행하기가 비교적 어려워진다. 나는 그것을, 내가 쓴 영국 헨리7세의 역사에서 언급했다. 이 사람은 귀족 계급을 압박했다. 그 때문에 그의 시대는 여러 가지 곤란과 어려운 문제로 가득 차게 되었다. 귀족 계급은 계속 충성을 바치고 있었지만 왕의 사업면에서는 협력하지 않았다. 그리하여 하는 수 없이 모든 일을 손수 해야겠다는 생각을 하게 되었던 것이다.

제2 귀족 계급에 대해서—이 방면으로부터는 별 위험이 없다. 단체로서는 흩어져 있기 때문이다. 때로는 건방진 소리를 할지도 모르지만 실제적인 해를 주는 일은 적다. 게다가 그 위 귀족 계급의 발을 잡아 끌어내리는 역할을 하게 되며 너무 강력해지지 않도록 만든다. 그리고 또 일반 서민에 대해서는, 가장 직접적인 권위의 입장에 있으므로 민중의 동요를 완화시키는 데 가장 좋다.

상인에 대해서—이 사람들은 문맥(門脈) 같은 것이다. 그리고 만일 이 사람들이 번영하지 못하면, 왕국에는 좋은 사지(四肢)는 있으되, 정맥(靜脈)이 텅 비어 영양의 공급이 적어질 것이다. 세금이나 관세를 그 사람들에게 부과하면, 국왕의 수입에는 이익이 적어진다. 그것은 마을의 재판에 이기고 주(州)에서 지는 거나 같기 때문이다. 개개의 지방세는 늘겠지만 상업의 전체량은 줄기 쉬운 것이다.

일반 서민에 대해서—이 방면의 위험은 적다. 다만 훌륭하고 강력한 두목이 있을 때라든가, 종교의 문제라든가, 그 습관이나 생활 수단에 간섭하는 경우에는 달라진다.

군인에 대해서—위험한 상태는 그들이 계속 덩어리가 되어 생활하고 있고, 또 포상(褒賞)에 길들어 있는 경우이다. 그 예는 터키의 근위병(近衞兵)이나 로마의 친위병(親衞兵)의 예에서 볼 수 있다. 그러나 병사의 훈련이나 무장을 각각 다른 장소나 여러 사령관 밑에서 하게 하고, 포상은 없도록 해 두면 방어에는 도움이 되고 위험은 없는 것이 된다.

군주는 천체(天體)와 비슷하다. 그것은 좋은 시대 또는 나쁜 시대를 만드는 원인이 된다. 또 존경은 많이 받으나 휴식은 갖지 못한다. 국왕에 관한 모든 가르침은 결국 언제나 명심해 두어야 할 다음 두 가지 말에 포함되어 있다. '자기가 인간이라는 것을 기억하고 있을 것'이다. '자기가 신' 즉 '신의 대리라는 것을 기억하고 있을 것'이다. 전자는 자기 힘에 고삐를 거는 것이고, 후자는 그 의지(意志)를 만들어 낸다.

〈주〉

＊1 〈잠언〉 25·3.

＊2 로마 황제, 재위 81~96년. 그 잔인함과 방자함으로써 알려져 있다. 활을 매우 잘 쏘
았으며, 어린아이에게 두 팔을 뻗게 하여 그 손가락 사이로 화살을 통과시킬 수 있었
다고 한다.

＊3 로마 황제, 재위 180~192년. 검술에 능했으며, 흔히 검사로서 출장했다. 독살당한 끝
에 다시 교살되었다.

＊4 로마 황제, 재위 211~217년. 아우를 살해한 뒤 사냥과 전차를 모는 것으로 마음을 달
랬다.

＊5 로마 황제, 재위 284~305년. 만년에는 퇴위하여 에스파냐 서부 승원에서 보냈다.

＊6 1세기 무렵 그리스의 네오 피타고라스파의 철학자. 기적을 행하는 힘이 있었다고 한
다. 베스파시아누스는 반란을 일으키기 직전, 알렉산드리아로 그를 방문하여 가르침을
청했다. 다음의 인용은 필로스트라투스《아폴로니우스》 5·28.

＊7 헨리 8세(재위 1509~47년)의 치세는 영국 문예부흥기이며, 영국 흥륭의 선구를 이룬
다. 교황 율리우스 2세, 카스틸리아의 페르디난도 5세, 베네티아, 스위스와의 신성동
맹(1511년)에 참가하여, 이탈리아에서 프랑스(루이 12세의 치세)를 구축하려고 했다.
1520년에는 북 프랑스에서 프랑소와 1세(재위 1515~47)와 회담했으나 성과는 없었
다. 프랑소와 1세는 동맹측과 싸워 북 이탈리아에서 승리를 거두고, 교황 레오 10세와
화해하는가 하면, 한편 신성 로마 황제 카알 5세와 싸우고 있었다. 그즈음의 유럽은
절대군주제 확립의 초기이며, 국가주의를 일삼고, 영국과 프랑스와 독일은 세력 균형
속에서 서로 자기 나라의 신장을 꾀하고 있었다.

＊8 1482~1504년. 이탈리아의 역사가이며 정치가. 1494~1532년의 이탈리아 역사 참조.

＊9 페르디난도는 나폴리 왕, 재위 1458~94. 로렌치우스 메디치(1449~92)는 피렌체의
군주. 대 로렌초라고 불렸으며 문예의 패트론으로써 유명하다. 루도비쿠스 스포르차
(1451~1508년)는 밀라노 공작이다.

＊10 리비아 도르시아(기원전 58~후 29년)는 티베리우스 클라우디우스의 아내로 티베리
우스의 어머니였으나, 나중에 로마 초대 황제 옥타비아누스(아우구스투스)와 결혼했
다. 티베리우스를 황제로 앉히기 위해 아우구스투스를 독살하려고 했다지만 진위는
확실하지 않다.

＊11 할렘에 있었던 러시아 여자로서, 1520년 터키 왕이 된 솔리만의 후처가 되어 왕에 대

해서 세력을 갖고, 솔리만의 전처 아들인 무스타파를 죽이고서 자기 자식을 왕위에
앉히려고 했다.

*12 앞의 주11의 록사라나의 아들로 솔리만이 죽은 뒤 터키 왕이 되었으나, 아버지와 닮
지 않아서 그 혈통을 의심받았다.

*13 콘스탄티누스 대제의 장자로 무용이 뛰어났으나, 계모 파우스파의 미움을 받아 그녀
의 중상으로 반역의 의심을 받고, 326년 아버지에게 살해되었다.

*14 플라비우스 클라우디우스 콘스탄티누스는 콘스탄티누스 대제의 둘째 아들. 아우 콘스
탄티누스에게 아프리카와 이탈리아의 일부를 양보하라고 강요하다가 전쟁이 일어났
고, 그 싸움에서 패배하여 콘스탄스에게 살해되었다. 콘스탄스는 350년에 마그네티
우스에게 살해되었다.

*15 대제의 제3자 플라비우스 율리우스 콘스탄티우스는 영토 분할 때 토레스, 마케도니
아, 중앙아시아, 그리스, 이집트를 얻었으나, 마그네티우스를 무찌르고 353년 서유럽
여러 나라를 통일했다. 만년에는 로마 황제 율리아누스와의 관계가 악화되었으며, 율
리아누스는 콘스탄티누스 시에 공인되었던 그리스도교를 박해하기 시작했다.

*16 데메트리우스는 마케도니아 왕 필리포스 5세(베이컨은 2세라고 하고 있다)의 아들로,
형의 미움을 사서 로마와 상통했다는 누명을 쓰고 기원전 179년 처형당했다. 아버지
필립은 나중에 사실을 알고 후회하여, 큰 아들을 저주하면서 죽었다.

*17 터키 왕, 재위 1481~1512년. 그 막내 아들 셀리무스 1세에게 왕위를 빼앗기고 독살
당했다고도 한다.

*18 재위 1154~89년. 앙쥬(플랜태지니트)왕가 최초의 왕. 늘그막에 리차드, 제프리, 존
의 세 아들이 일으킨 반란에 괴로워했다.

*19 1033~1109. 이탈리아에서 태어난 스콜라 철학자. 1093년에 캔터베리 대주교로 임명
되었으나, 윌리엄 2세(윌리엄 루퍼스), 헨리 1세 등과 교회 영토를 가지고 다투었다.

*20 1118~70년. 토머스 어 베키트라고도 한다. 1162년, 캔터베리 대주교에 임명되었으
나, 헨리 2세와 다투어 제단 앞에서 네 사람의 기사에게 살해되었다. 이 사건은 문학
으로도 여러 번 다루어졌다. 현대 문학에서는 T.S. 엘리어트의《시원의 살인》등이 있
다.

20 충고

  인간과 인간 사이의 가장 큰 신뢰는, 충고를 준다는 것이다. 다른 신뢰의
경우, 사람은 인생의 여러 가지 부분을 맡긴다. 토지라든가, 물건이라든가,
자식이라든가, 신용이라든가, 무언가 특정 문제 같은 것이다. 그러나 자기의
충고자로 삼는 사람에게는 모두를 맡기는 것이다. 그러므로 그런 사람은 어
디까지나 신의(信義)와 정직을 지켜야 한다. 가장 현명한 군주라도 충고에
의지한다고 해서 그 때문에 자기의 위대함이 줄어든다든가, 자기의 능력을
해치게 된다고 생각할 필요는 없다. 하느님도 그런 일이 없었던 것은 아니
며, 그 축복받은 아들의 위대한 이름 하나를 충고자로서 갖고 있다. 솔로몬
은 "충고 속에 안정이 있다"*¹ 똑똑히 말하고 있다.

  무슨 일에나 그 첫 번째 또는 두 번째의 동요가 있을 것이다. 충고의 논의
에 시달리지 않으면, 운의 파도에 시달리게 될 것이다. 그리하여 모순투성이
가 되고, 만들어 보았다가 부수어 보았다가 하면서 비틀거리게 될 것이다.
솔로몬의 아들이 충고의 힘을 느낀 것은, 아버지가 그 필요를 인정한 것과
같은 것이었다. 왜냐하면 신이 사랑하는 왕국이 찢기고 부서지기 시작한 것
은 나쁜 충고로 인한 것이기 때문이다. *² 그 충고를 기초로, 언제라도 나쁜
충고를 식별하는 데 가장 도움이 되는 두 가지 특징이 분명해졌다. 그것은
인간에 관해서 말하자면 젊은 사람의 충고였으며, 내용에 대해서 말하자면
과격한 충고였다.

  고대(古代)는 비유를 써서, 충고와 국왕의 일체화 및 불가분의 결합, 그
리고 충고에 대한 국왕의 현명하고 분별있는 이용에 관해서 말하고 있다. 전
자는 유피테르가 충고를 의미하는 메티스라는 것과 결혼했다는 이야기에 나
타내고 있다. 그것으로 주권(主權)이 충고와 결혼했다는 것을 나타내고 있
는 것이다. 또 하나는 그것에 계속되는 이야기에 나타나 있는 것인데, 그것
은 다음과 같다. 이야기에 따르면, 유피테르와 메티스가 결혼한 뒤, 메티스
는 아이를 가졌다. 유피테르는 그녀가 출산할 때까지 그대로 두지 않고 그녀
를 먹어버렸다. 그래서 자기 자신이 임신하여 무장한 팔라스를 자기 머리로
낳았다는 것이다. 이 터무니없는 이야기에는 제국(帝國)의 비밀이 있다. 그
것은 국왕이 어떻게 그 국가의 심의회를 이용하느냐 하는 것이다. 즉 문제를

그쪽에 부탁해야 한다. 그것은 최초의 임신 또는 수태가 되는 셈이다. 그것이 심의회의 자궁 안에서 정리되고 형태가 생겨서, 이윽고 태어날 시기가 된다. 그때는 그 심의회에서의 결의와 지시를 믿고 나가서, 모두 다 그쪽에서 한 것으로 되지 않게 한다. 그 문제를 다시 자기 손에 되찾아 세상 사람들에게 그 명령과 마지막 지시(그것은 신중하게, 그리고 힘을 갖고 나오므로 무장한 팔라스에 비유된다)가 자기 자신한테서 나오는 것처럼 보이도록 한다. 더욱이 자신의 권위에서 나올 뿐 아니라(자기 자신의 명성을 보다 더 드높이기 위해서) 자기의 머리와 연구에서 나온 것처럼 하는 것이다.

다음은 충고의 여러 가지 불편한 점과 그에 대한 대책을 이야기해 보자. 충고를 구하고 이용할 때, 지금까지 깨달은 불편이 세 가지 있다. 첫째는 문제를 밝히게 된다는 것이다. 그 때문에 비교적 비밀로 해 둘 수 없게 된다. 둘째는 군주의 권위가 약체화된다는 것이다. 그의 능력이 모자라는 듯이 보이기 때문이다. 셋째는 충고의 성실성이 결여되어, 충고를 받는 쪽보다 충고하는 쪽의 이익을 도모하게 될 위험이 있다는 것이다. 이런 불편에 대해서는, 이탈리아의 사고 방식과 프랑스의 실제에 의하면, 어떤 국왕의 시대에는 비공식 고문 회의(顧問會議) 같은 방식을 도입하고 있다. 이것은 대책으로선 질병 그 자체보다 나쁘다.

비밀에 대하여—군주는 모든 문제를 모든 고문관들에게 꼭 알려야 하는 건 아니다. 뽑아 내고 가려 내도 좋다. 또 어떻게 하면 좋을까 하고 의논을 꺼내는 사람이 자기가 하는 일을 명언할 필요도 없다. 그리고 군주는 자기 문제의 비밀을 스스로 드러내는 일이 없도록 주의하는 것이 좋다. 또 비공식 고문 회의에 대해서는, "나는 빈틈투성이다" 이런 표어로 내세워도 좋을지 모른다. 잠자코 있을 수 없는 한 인간이 지껄이는 것을 장기로 안다면, 감추는 것이 의무라는 것을 알고 있는 많은 사람보다 더 많은 해를 줄 것이다. 그야 어떤 문제 가운데에는 극단적인 비밀이 필요하고, 국왕 이외에 한두 사람 이상으로 퍼져 나가서는 안 되는 것도 있을 것이다. 이런 충고가 잘 안 되는 일은 없다. 왜냐하면 비밀을 지키는 것 이외에, 이런 일은 외곬으로, 한 정신의 방향으로 나아가며 옆으로 빗나가는 일이 없기 때문이다. 그러나 만일 그런 경우에는 신중한 국왕으로서 손수 맷돌도 돌릴 수 있다는 듯이 자기가 무엇이나 할 수 있는 사람이 되어야 한다. 그리고 그런 비공식적인 고문관들은 현명하고 특히 국왕의 목적에 충실하며 믿을 수 있는 사람들이라야만 한다. 이를테면 영국의 헨리 7세의 경우, 아주 큰 일일 때는 모튼과 폭스*³만 빼고는 아무에게도 털어 놓지 않았다.

권위의 약체화에 대해서—위에서 말한 지어낸 얘기가 대책을 보여 주고 있다. 사실 충고를 받는 자리에 있을 때 국왕의 위엄은 높아지지 줄지는 않는다. 또 고문 회의에서 권위를 잃은 군주도 지금까지 없었다. 다만 한 사람의 고문관이 너무 위대하거나, 몇 사람이 지나치게 긴밀한 결합을 하고 있을 때에는 다르다. 그러나 이런 사정은 곧 발견되어 대책을 강구할 수 있는 것이다.

마지막 불편, 즉 사람이 자기 자신에 눈을 돌려 충고할 것이라는 데 대해서—확실히 "하느님은 지상에서 믿음을 볼 수는 없을 것이다" 이 말은 시대의 성질에 대해서 한 말이지, 개개의 인간 전체에 대한 것이 아니다. 충실하고 성실하고 분명하며, 직접적인 성질을 가진 사람이 있는 법이다. 책략에 냉담하고 사악하지 않은 사람들, 군주는 무엇보다도 이런 성질의 사람을 자기 곁에 두어야 한다. 게다가 고문관들은 보통 그리 단결되어 있는 것은 아니며, 고문관 서로가 서로를 곧잘 경계하고 있다. 그러므로 누구든지 당파나 개인적인 목적으로 충고하는 사람이 있으면, 그것은 보통 고문관들이 군주를 알고 있는 것과 마찬가지로 군주도 그들을 알아야 한다는 것이다.

"군주의 최고 덕성(德性)은, 그 신하들을 아는 것이다."*⁴

그리고 한편 고문관들은 그 주권자의 인물을 너무 깊이 생각해서는 안 된다. 고문관의 참된 자질은 주인의 사무에 숙련되는 것이지 그 성향을 이러쿵저러쿵 따지는 일이 아니다. 그래서는 충고를 주려고 하지만, 기분만을 만족시켜 주려고는 하지 않겠지, 이런 생각을 갖기 때문이다. 군주들에게 특히 유용한 것은, 고문회의의 의견을 개별적으로도 듣고 함께도 듣는 것이다. 왜냐하면 사석의 의견은 비교적 자유롭고, 다른 사람 앞에서의 의견은 비교적 경의를 표하게 되기 때문이다. 개인적인 경우, 사람은 비교적 대담하게 자기 자신의 기분으로 있을 수 있다. 하지만 남과 함께 있을 때에는, 비교적 다른 사람의 기분에 지배되기 쉽다. 그러므로 둘 다 취하는 것이 좋다. 비교적 신분이 낮은 사람의 경우에는 사적으로 대하여 자유로울 수 있도록 한다. 그리고 비교적 높은 사람의 경우에는 한 자리에 모아 존경을 유지시키는 것이다.

군주가 여러 가지 문제에 관하여 충고를 받아들이더라도, 그와 함께 인물에 관해서도 충고를 받아들이지 않으면 헛일이다. 왜냐하면 여러 가지 문제라는 것은 모두 죽은 상(像) 같은 것이기 때문이다. 그리고 문제를 처리하여 살리는 것은 인물의 선택 여하에 달려 있다. 또 인물에 관해서 개괄적으로 관념이나 수학상의 설명처럼, 어떤 종류나 성격의 인물이어야 하느냐 하는 것을 의논하는 것만으로는 충분치 않다. 왜냐하면 과오가 가장 많이 저질러지는 것도, 판단력이 가장 잘 나타나는 것도, 개인에 대한 선택 여하에 달려 있기 때문이다.

가장 좋은 충고자는 죽은 사람들,[5] 즉 서적이라고 할 수 있다. 서적은 고문관들이 망설일 때라도 솔직한 말을 해 준다. 그러므로 평소에 그것들과 친해진다는 것은 좋은 일이다. 특히 자기 자신이 무대 위의 배우였던 사람, 즉 실제로 일을 당해 본 사람의 서적이 유용하다.

오늘날의 고문 회의는 대체로 서로 친한 사람들끼리의 집합에 지나지 않으며, 그럴 때 문제에 대한 이야기는 나누어지지만 토론은 되지 않는다. 그리고 너무 빨리 고문 회의의 규칙이니 결정이니 하는 것으로 나아가기 쉽다. 그보다 훨씬 좋다고 생각되는 것은, 중요한 문제가 있을 때 그 내용을 어느 날 제출하여 다음 날까지 다루지 않도록 하는 것이다. 그리스에 이런 속담이 있다. "밤중은 충고가 나오는 때이다." 잉글랜드와 스코틀랜드 합병위원회(合倂委員會)[6]에서는 그렇게 했다. 그것은 무게있고 질서있는 집회였다. 이처럼 청원을 위해서는 날짜가 정해져 있는 편이 좋다고 생각한다. 그렇게 하면 청원자는 비교적 확실하게 출석할 수 있고, 국가의 문제를 위한 회합도 자유로이 열 수 있으며, 가까운 문제를 처리할 수 있다. 고문 회의를 위한 사무를 준비하기 위해서 위원을 선정할 때는, 중립의 사람을 선출하는 것이 양쪽에 각각 강한 사람들을 놓고 균형상 공평히 하려고 하는 것보다 낫다. 나는 도 상임 위원회를 권한다. 이를테면 통상을 위해서, 재정을 위해서, 전쟁을 위해서, 소송을 위해서, 그리고 그 밖의 여러 가지 부문의 문제를 위해서이다. 왜냐하면 여러 가지 고문 회의가 따로따로 있고, 국가 회의[7]가 하나밖에 없을 때(에스파냐의 경우처럼), 그것들은 결국 상임 위원회에 지나지 않는다. 다만 그것이 비교적 큰 권위를 갖고 있을 뿐이다.

각각 특별한 직업(법률가, 선원, 화폐주조가[8] 등)에서 고문 회의에 정보를 제공하는 사람들에 대해서는, 처음 위원회 앞에서 의견을 듣고, 그런 다음 기회가 있으면 고문 회의에서 듣도록 하는 게 좋다. 그리고 그런 사람들은 여럿이서 떼를 지어 오거나, 거친 태도로 나타나는 일이 없도록 해야 한다. 그래서는 고문 회의를 시끄럽게 만들 뿐이며, 정보를 주지도 못하게 되기 때문이다. 긴 탁자와 네모난 탁자, 또는 벽 주위의 자리는 형식적인 것처럼 생각되지만 실질적인 일이다. 긴 탁자의 경우, 상석에 앉은 몇몇 사람이 결국 모든 사무를 지배하게 된다. 그러나 네모난 탁자의 경우, 아래 자리에 앉아 있는 고문관들의 의견을 보다 더 이용할 수 있다. 국왕은 고문 회의를 주재할 때는 일에 대해서 자신의 기분을 너무 많이 드러내지 않도록 주의하는 것이 좋다. 그렇게 하지 않으면 고문관들은 왕의 진의를 눈치 채고, 자유로운 충고를 하는 것이 아니라 영합하는 말을 할 뿐이기 때문이다.

〈주〉

*1 〈이사야서〉 9·5.

*2 〈잠언〉 20·18. 솔로몬의 아들 르호보암(재위 기원전 933~917년 무렵)은 노인의 충고를 물리치고 젊은이의 말을 들었으며, 민중의 소리에 귀를 기울이지 않았기 때문에 반란이 일어나 유대 나라는 망했다.

*3 모튼(1420~1500)은, 1448~1500년 캔터베리의 대주교, 1487년 대법관. 폭스(1448년 무렵~1528년)는 윈체스터의 주교였으며, 헨리 7세의 국새상 서고문.

*4 마르티알리스 《경구집》

*5 아라곤의 알폰소(1369~1458)의 《경구집》에 같은 말이 있다.

*6 잉글랜드와 스코틀랜드의 합병은 1604년 10월부터 12월 사이에 정해졌다. 베이컨은 이 합병에 공헌한 바가 컸다.

*7 라틴어에서는 이 경우 estate가 국가라는 뜻으로 되어 있으며, 모든 것을 통일하는 최고 회의의 뜻이다. 에스파냐에서는 그 무렵 인도 회의, 에스파냐 회의, 이탈리아 회의, 군사회의 등 여러 가지 회의가 있었다.

*8 화폐주조가 여기에 언급되어 있는 것은, 특히 전문적이고 중요하기 때문이다. 나중에 물리학자 뉴턴이 주폐국 장관이 되었다.

21 지연

운이란 시장(市場)과 같다. 시장에서는 대부분, 잠시 한 자리에서 기다릴 수 있으면 값이 내릴 것이다. 그런데 또 시빌라의 제의 같은 것도 있다. 그것은 처음에는 물건을 모두 내놓는다. 그러고는 조금씩 없앤다. 그러면서도 언제나 그 값은 유지하고 있다. 왜냐하면 기회라는 것은(흔해 빠진 시구에 있듯이), 앞 쪽에 머리털을 보이다가 아무도 붙잡지 못하게 하기 때문이다. 또는 적어도 처음에는 병의 목 쪽을 내밀어 붙잡게 하다가, 나중에는 몸뚱이 쪽을 돌린다. 그쪽은 잡기가 어렵다. 확실히 가장 좋은 지혜는, 사물의 처음과 착수의 시기를 잘 재는 것이다.

위험이란 한 번 가벼워 보이면 이미 가벼운 것이 아니다. 사람을 힘으로 이기기보다, 속여 버리는 위험이 더 많은 법이다. 실제로 위험 중에는, 별로 다가오지 않더라도 도중까지 쫓아 나가서 요격해 버리는 편이, 다가오는 것을 오랫동안 감시하고 있는 것보다 좋은 때도 있다. 왜냐하면 너무 오래 감시하고 있으면 잠이 들어 버릴지도 모르기 때문이다. 한편, 너무 긴 그림자에 속아서(이를테면 달이 낮게 적의 등 뒤에서 빛나고 있을 때, 어떤 사람들이 속은 일이 있듯이) 때가 되기도 전에 발포한다든가, 또 너무 빨리 상대에게 덤벼든다든가 하여, 위험에게 나오라고 가르쳐 주는 것 같은 행위는 또다른 극단이다.

기회가 익고 안 익고는(이미 말했듯이), 언제나 충분히 헤아려 보아야 한다. 그리고 일반적으로 모든 큰 행동의 시작은 백 개의 눈을 가진 아르구스에게*[1], 또 마지막은 백 개의 손을 가진 브리아레오스에게 맡기는 것이 좋다. 먼저 주의를 하고 그런 다음 서두르는 것이다. 즉 플루톤의*[2] 투구는 정치가가 사람의 눈에 띄지 않고 걸어 갈 수 있게 해 주는 것으로서, 회의 때의 비밀성과 실행 때의 민속성을 나타내고 있다. 왜냐하면 무슨 일이 한 번 실행에 옮겨지면, 민속(敏速)에 비할 수 있는 비밀성은 없기 때문이다. 그것은 공중에서 탄환의 움직임 같은 것이다. 그것은 너무 빨리 날아가기 때문에 눈에 띄지 않는다.

*1 그리스 신화에 나오는 괴물로서 백 개의 눈을 가졌으며, 제우스의 사랑을 받은 물의
    요정 이오가 암소로 변신한 뒤 그 감시를 했다. 나중에 헤르메스에게 살해되어 그 많
    은 눈이 공작의 꽁지에 박혔다고 한다.
*2 그리스 신화에 나오는 전승의 왕. 머리에 쓰면 모습이 보이지 않게 되는 투구를 갖고
    있었다. 하이데스 또는 하데스라고도 한다.

22 교활

교활이라고는 하지만, 사악하고 비뚤어진 지혜의 의미로 생각해 둔다. 그
리고 확실히 교활한 인간과 현명한 인간은 크게 다르다. 정직이라는 점에서
뿐 아니라 능력에서도 그렇게 말할 수 있다. 트럼프를 속여서 섞을 줄은 알
지만, 잘 하지 못하는 사람이 있다. 마찬가지로 뒷거래나 당파 활동은 잘하
지만, 다른 점에서는 약한 인간도 있다.

또 인물을 이해하는 것과 사물을 이해하는 것은 서로 다르다. 왜냐하면 사
람의 기질에 대해서는 충분히 알고 있지만, 사무라는 현실의 부문에 대해서
는 그리 능력이 있다고 할 수 없는 사람이 많다. 그것은 책보다 인간에 관한
것을 공부하고 있는 사람의 성질이다. 이런 사람들은, 볼링*1에서 말하면 자
기 자리 이외에서는 못하는 사람들이다. 새로운 인간 앞에 세워 보면 겨냥이
빗나가 버린다. 그러므로 어리석은 자와 슬기로운 자의 구별을 아는 옛 규칙
인, "두 사람을 벌거벗겨 모르는 사람에게 보내 보면 알게 된다"*2는 것은
그런 사람들에게는 거의 통용되지 않는다. 이런 교활한 사람들은 자질구레
한 물건의 잡화 가게 같은 것이므로, 그 가게를 차리게 하거나 상품을 다 늘
어놓게 해도 상관없다.

교활의 요점 중 하나는 이야기하는 상대를 눈으로 잘 보고 있다는 것이다.
이를테면 예수회 사람들이 그 가르침에서 말하고 있는 일인데, 현명한 사람
이라도 마음은 비밀이지만 얼굴은 투명한 사람이 많다. 그러나 이것은 눈을
살며시 내리깔고 해야 할 것이다. 예수회 사람들이 흔히들 그렇게 한다.

그리고 바로 정리하고 싶은 일이 있으면, 먼저 상대편을 무언가 다른 이야

기로 즐겁게 해 주어야 한다. 눈이 너무 말똥하게 떠 있거나 이의를 제기하지 않게 하기 위해서이다. 내가 알고 있는 고문관 겸 대신이 있었다. 영국의 엘리자베스 여왕에게 서명을 받으러 법안을 들고 갈 때에는, 반드시 국가에 관한 무슨 이야기를 들려 주어 그만큼 법안 쪽에는 신경을 덜 쓰게 만들었다. 비슷한 기습은, 상대가 바빠서 제안된 것을 침착하게 숙고하여 결정할 여지가 없을 때 무엇을 제안하는 방법이다.

만일 누군가 다른 사람이 제안할지도 모르는 일을 보기 좋게 또는 효과적으로 방해해 주고 싶으면, 그것이 잘 되기를 바라고 있는 체하고 있다가 그것이 잘 안 되도록 자기가 제안하면 된다.

무언가 말을 하고 있다가 별안간 말할 수 없는 것처럼 뚝 그치고 나면, 상대는 더욱 알고 싶어 한다. 그리고 무엇이든지 상대에게서 듣고 안 것처럼 보일 때가 먼저 말을 꺼내기보다 일이 더 잘 되는 법이다. 그러므로 질문을 유도하는 미끼를 놓고 여느 때와 다른 표정이나 안색을 보이도록 하는 게 좋다. 상대에게, 여느 때와 다른 까닭이 무엇이냐고 묻는 기회를 주기 위해서이다. 이를테면 느헤미야가 그렇게 했다. "이전에는 내가 왕 앞에서 수색이 없었더니 왕께서 이르시되……"*3

신중을 요하고, 또 재미없는 일일 경우에는 얼음을 깬다고나 할까, 계기를 만들기 위해서 비교적 무게가 없는 사람을 이용한다. 그런 뒤에 비교적 무거운 발언이 우연히 들어오는 것처럼 해 두는 것이다. 그 무게를 가진 사람의 의견이 다른 사람의 말에 대해 질문을 받게끔 하기 위해서이다. 이를테면 나르키수스*4가 그렇게 했다. 그리하여 클라우디우스에게 메살리나와 실리우스가 결혼했다고 일렀던 것이다. *5

또한 어떤 일에 대하여 자기가 관련되어 있다는 것을 남에게 알리고 싶지 않은 경우가 있다. 그럴 때 교활의 요점으로서는 세상의 이름을 빌리는 것이다. 이를테면 '세상에서 말하기로'라든가, '이런 이야기가 퍼져 있다' 이런 식의 말을 하는 것이다.

내가 아는 어떤 사람은 편지를 쓸 때 가장 중요한 것을 마지막의 추신(追信)에다가 써서, 마치 그것이 대수롭지 않고 덧붙여 한마디하는 것처럼 해 두곤 한다.

또 한 사람 내가 아는 인물은 말을 할 때, 가장 많이 생각하고 있는 것을 빼 놓고 앞으로 나갔다가 슬쩍 되돌아 와서 그것을 거의 잊어버릴 뻔했다는 식으로 말하였다. 개중에는 상대 쪽에서 기습을 해 오도록 유인하는 사람도 있다. 자기 쪽에서 멋대로 요리해 주자는, 상대가 별안간 습격해 올 만한 기회를 일부러 만들어 주는 것이다. 그리고 손에 편지를 쥐고 있거나, 여느 때에는 하지 않는 행동을 하다가 들킨 체 해보인다. 이렇게 해서 자기 쪽에서 말하고 싶은 것을 오히려 상대가 질문하도록 하는 것이다.

교활함의 요점은, 꼭 전하고 싶던 말을 일부러 슬쩍 흘려 놓고는 그것을 다른 사람이 잊지 않고 사용하도록 만들어서 역이용하는 것이다. 내가 아는 두 인물이 엘리자베스 여왕 시대에 국무 대신의 지위를 차지하려고 서로 다투고 있었는데, 겉으로 두 사람의 사이는 의가 좋았다. 그리고 무슨 일이고 곧잘 의논했다. 그러다가 한 사람이 쇠퇴기(衰退期)에 있는 군주국에서 국무 대신이 된다는 것은 별로 좋지 않은 일이므로, 자기로서는 썩 마음이 내키지 않는다고 말했다. 나머지 한 사람은 그 말을 곧이듣고, 여러 친구들과 이야기할 때 쇠퇴기의 군주국에서 국무 대신이 되고 싶어할 이유가 자기에게는 없다고 말했다. 먼저 사람은 그 말을 포착하여 수단을 찾아서, 그것이 여왕의 귀에 들어 가게 했다. 여왕은 "쇠퇴기에 있는 군주국"이라는 말을 듣고 매우 언짢아 했으며, 그 뒤부터는 결코 그 사람의 소원을 들어 주려고 하지 않았다.

무엇을 거꾸로 보이게 한다고 할까, "냄비 속에서 고양이를 뒤집는다" 영국에서 말하고 있는 것처럼 일종의 교활이 있다. 그것은 즉 어떤 사람이 다른 사람에게 하는 말을 마치 다른 사람이 자기에게 말한 듯이 보이는 때이다. 그리고 솔직히 말해서, 이런 문제로 두 사람이 실랑이하고 있을 때 두 사람 가운데 어느 쪽에서 그 말이 먼저 나오고 시작이 되었는가 하는 것을 분명히 밝히기는 쉬운 일이 아니다.

어떤 사람들이 흔히 하는 방법으로는, 남을 빗대거나 비난하거나 하여 부정함으로써 자기를 올바르게 보이는 일이다. 이를테면 "나는 이렇게 하지 않는다"는 것이다. 예를 들어 티겔리누스*6가 부르스에게 한 것 같은 태도이다. "오로지 황제의 안전만을 생각하는 것 이외에 나에게는 달리 여러 가지 목적이 없다"라는 것이었다.

개중에는 너무 많은 말이나 이야기를 마련하고 있다가, 무슨 말을 꺼낼 때는 반드시 거기에 감싸서 이야기로 만들어 버리는 사람도 있다. 그것은 자기들이 비교적 조심하고 있을 수 있는 동시에, 다른 사람들에게는 비교적 기꺼이 그것을 듣고 돌아다니게 하는 데 도움이 된다.

교활의 좋은 점으로서는, 사람이 자기 쪽에서 얻고 싶은 대답을 자기 자신의 말이나 제안으로 만들어 내는 것이다. 그렇게 하면 상대는 비교적 주저하는 일이 적어지기 때문이다.

묘한 일이지만, 개중에는 무척 오랫동안 기다려서 자기가 하고 싶은 말을 하려고 하는 사람들도 있다. 그리고 무척 멀리 돌아간다. 또 다른 많은 것을 해 보고, 접근하려고 한다. 그것은 매우 인내가 필요한 일이지만, 매우 유용하다.

대담하고 예기치 못한 불의한 질문은, 많은 경우 사람의 허를 찔러 그 사람을 드러내는 법이다. 자기 이름을 바꾸어 센트 폴 대사원 앞을 걸어 가고 있다가, 누군가 뒤에서 다가와 느닷없이 그의 진짜 이름을 부르자 금방 뒤돌아 보는 경우와 같은 것이다.

이런 조그만 잡화 같은 자질구레한 교활함은 한정이 없다. 그러나 그런 것을 늘어놓는다는 것은 좋은 일이다. 왜냐하면 교활한 인간이 현명한 인간으로 통하게 되는 일보다 더 국가에 해를 끼치는 것은 없기 때문이다.

그러나 확실히 사람들 중에는 일의 시초와 종말은 알아도, 그 중심에 들어가지 못하는 사람이 있다. 이는 집에 편리한 층계나 입구는 있어도, 훌륭한 방이 없는 것과 같다. 그래서 결론에서는 그럴 듯한 결말을 발견하지만, 문제의 검토나 토론은 도저히 못 한다는 것을 알게 될 것이다. 그러나 보통 이런 사람들은 자기들의 무능력을 이용하여 남에게 지시를 내리는 재간이 있다고 생각한다. 개중에는 남을 속이고, 그리하여 (지금의 우리를 말로 하면) 그 사람들을 계략에 걸어, 자기 방법의 건전함을 별로 생각하지 않는 자도 있다. 그러나 솔로몬의 말처럼 "슬기로운 자의 지혜는 자기의 길을 아는 것이고, 미련한 자의 어리석음은 속이는 것이다."[7]

〈주〉

[1] 볼링이라고는 하지만 그것은 지금의 그것과는 달리, 잔디 위에서 나무로 만든 납작한 원반을 굴리는 것으로서, 일정한 탄성과 방향을 주기 위해서 한쪽에 납 같은 것이 끼

워져 있었다.

＊2 디오게네스 라에르티우스가 소크라테스의 제자 아리스티푸스(기원전 5세기 무렵)의 말로써 인용한 것.

＊3 〈느헤미야기〉 2·1. 느헤미야는 유대의 예언자로 페르샤 왕 아닥사스다의 궁전에 잡혀 있었는데, 어느 날 울적한 얼굴을 하고 있다가 왕의 질문을 받고, 고향으로 돌아가고 싶다는 희망을 말하여 소원을 이루었다고 한다.

＊4 본디 노예였으나 클라우디우스 황제의 총애를 받았으며, 나중에 황재를 부추겨서 많은 사람을 죽이게 했다.

＊5 클라우디우스는 로마 황제, 재위 41～54년. 메살리나는 그의 첫 왕비이다. 음란하여 클라우디우스를 등한히 했으며, 그가 없을 때 애인 실리우스와 결혼식을 올려 버렸다. 그는 그것을 알지 못했으나, 나르키수스가 사람을 시켜서 이것을 그에게 알렸으며, 실리우스는 처형당했다.

＊6 네로의 총애를 받아 친위 대장이 되었다. 62년에 역시 총애를 받고 있던 부르스의 독살에 관계했다고 하며, 69년 자살했다. 다음의 인용은 타키투스 《연대기》 14·57.

＊7 《잠언》 14·8.

23 자기 자신을 위한 분별

개미는 그 자신으로서는 영리한 생물이지만, 과수원이나 정원에서는 해로운 존재이다. 그리고 확실히 자기 자신을 매우 사랑하는 사람은 공공 사회를 황폐화시킨다. 이성적으로 판단하여 자기애(自己愛)와 사회를 나누는 것이 좋다. 그리고 자기 자신에 대해서만 진실하고, 남에 대해서는 거짓이 되지 않도록 해야 한다. 특히 자기의 왕과 나라에 대해서 그렇다. 자기 자신이라는 것은 인간 행동의 중심으로서는 가엾은 것이다. 그것은 자기 자신의 중심 위에 확고히 서 있는 지구와 마찬가지이다. 그런데 하늘과 비슷한 특성을 가진 모든 것은 다른 것의 중심 위에 서서 움직이고 그것에 이익을 준다. 주권을 가진 군주의 경우, 모든 것을 자기 자신과 관계되게 하더라도 비교적 지장이 없다. 왜냐하면 그런 사람들은 자기 자신일 뿐 아니라, 그 사람들의 선악이 공공의 위험과 관련되어 있기 때문이다. 그러나 그것이 군주에 대한 신하라든가, 공화국의 시민인 경우에는 매우 큰 해악이 된다. 왜냐하면 무슨 일이든 이런 사람의 손을 거칠 때에는, 그들은 모두 자기 자신의 목적에 맞도록 왜곡해 버리기 때문이다. 그러면 그 주인이나 국가의 목적에 맞지 않는 수가 많아진다. 그러므로 군주나 국가는 이런 특색을 갖지 않은 신하를 골라야만 하는 것이다. 단 그런 사람들의 일을 그저 종속적인 것으로 만들 생각일 때에는 이야기가 다르다. 결과가 더 해로워지는 것은 모든 균형이 무너져 버리기 때문이다. 하인의 이익이 주인의 그것보다 우선 한다면, 그것만으로도 벌써 불균형이 아니겠는가.

그러나 더 큰 극단의 경우는, 하인의 조그만 이익이 주인의 큰 이익에 우선된다는 것이다. 더욱이 그것은 나쁜 관리, 재무 계원, 대사, 장군, 그 밖의 그릇되고 타락한 신하들의 경우에 볼 수 있다. 그것은 볼링의 공처럼 자기 자신의 하찮은 목적이나 선망에 탄성을 붙여서, 주인의 크고 중요한 사물을 뒤집어 버린다. 그리고 대개 그런 하인이 받는 이익은, 그 자신의 운과 규모에도 상응한다. 게다가 그런 이익과 교환으로 파는 위해는, 주인의 운의 규모에 상응한다. 그리고 확실히 극단적으로 자기를 사랑하는 사람의 성질로서는, 안채에 불을 지르는 것은 오직 자기의 달걀을 굽기 위해서라는 말이 있다. 이런 사람들은 대개 주인에게 잘 보인 사람의 경우가 많다. 그런 사람들이 연구하는 것은, 주인을 기쁘게 만들어 놓고 자기의 이익을 도모하는 것 뿐이다. 그리고 어떤 면에서나, 주인의 이익은 돌보지 않는 것이 될 것이다.

자기 자신에 대한 분별이라는 것은 여러 가지 많은 면이 있으나 야비한 것이다. 그것은 쥐의 분별로, 집이 쓰러지기 전에 어떻게든 쥐가 반드시 거기서 나가 버리는 것과 같다. 여우의 분별로, 막 잡아먹으려고 할 때 눈물을 흘리는 것과 같다. 그러나 특히 주의해야 할 것은, (키케로가 폼페이우스에 대해서 한 말이지만) "자기를 사랑하는 점에서 비길데가 없는 사람들"은 대개의 경우 불운해지는 수가 많다는 것이다. 그리고 늘 자기를 위해서 무언가를 희생하고 있는데, 결국은 자기 자신이 변덕스러운 운(運) 때문에 희생되고 만다. 그 날개를, 자기는 자기의 분별로 묶어버렸다고 생각하고 있었을 뿐이다.

24 혁신

생물의 갓난 새끼가 처음에는 못생겼듯이, 모든 혁신에 대해서도 같은 말을 할 수 있다. 그것은 즉 시간의 갓난 새끼인 것이다. 그럼에도 한 가문에 처음 명예를 가져다 준 사람들이 보통은 그 뒤 대부분의 사람들보다 뛰어난 가치를 갖고 있는 경우가 많다. 이와 마찬가지로, 최초의 전래에(만일 그것이 좋다면) 모방으로 필적하기란 좀처럼 어려운 것이다. 왜냐하면 사악(邪惡)이라는 것은 인간의 본질에 대해서는 비뚤어져 있는 것이나, 자연의 움직임이 지속될 때에는 가장 강해지기 때문이다.

그러나 선(善)은 힘을 가한 움직임이므로 처음이 가장 강하다. 확실히 모든 악은 혁신된 것이다. 그리고 새로운 치료법을 사용하지 않는 사람은, 새로운 해악을 각오해야 한다. 왜냐하면 시간은 최대의 혁신자이기 때문이다. 자연 그대로라면 시간이 사물을 더 나쁜 쪽으로 바꾸고, 예지와 충고가 그것을 더 좋은 쪽으로 바꾸는 일이 없다면, 종말은 어떻게 되겠는가? 그야 습관으로 정해진 일은 그것이 비록 좋지 않은 것이라도, 적어도 적절할 수가 있다. 또 오랫동안 함께 나아간 것은, 말하자면 의좋은 동아리 같은 것이다. 그러나 새로운 사물이란 그렇게 좋게만 결합되지는 않는다. 소용이 닿는다는 것으로 도움이 되지만, 조화(調和)가 되지 않는다는 것으로 곤란해진다. 게다가 그런 것은 남남 같은 데가 있다. 감탄은 해주지만 호의를 가지는 일은 적다.

시간이 정지해 있다면 이는 모두 진실이 될 것이다. 그런데 반대로 그것은 움직이고 도는 것이므로, 무리하게 습관을 유지하려 한다는 것은 성가신 일을 일으킨다는 점에서 혁신과 같다. 그리고 낡은 시대를 너무 지나치게 존경하는 사람은 새로운 시대에 대한 경멸의 대상이 된다. 그러므로 사람이 혁신하려고 할 때에는 시간 그 자체의 예를 따르는 것이 좋다. 물론 그것은 대단한 혁신을 하는 것이지만 조용하고 서서히 하여 거의 눈에 띄지 않도록 한다. 그렇지 않으면 새로운 것은 무슨 일이고 희망하지 않게 된다. 그리고 무언가를 고치면 반드시 무언가를 손상하게 된다. 그리하여 덕을 본 사람은 운이라 생각하고 시간에 감사한다. 해를 입는 사람은 손해라 생각하고 손해를 입힌 상대의 탓으로 돌린다.

또 국가에 대해서는 실험을 하지 않는 편이 좋다. 단 긴급히 필요할 때나 명백히 유리할 때는 다르다. 그리고 개혁의 필요가 변화를 끌어 오므로, 변화의 희망이 개혁을 구실로 삼게 되지 않도록 충분히 주의해야 한다. 마지막으로, 신기한 것은 배척되지 않는다 하더라도 수상한 것으로 생각된다는 것이다. 그리고 성서에서 말하고 있듯이, "너희는 옛적 길에 서서 자신을 신중히 생각해 보며 바른 길 옳은 길이 어디인지 알아 보고 그리로 행하라"*1는 것이다.

〈주〉
*1 〈예레미아서〉 6·16.

25 재빠른 일처리

너무 빠른 일처리를 바라는 것은 매우 위험하다. 그것은 의사가 조기 소화(早期消化), 즉 급한 소화라고 부르는 것이다. 급한 소화는 반드시 조화가 잡히지 않는 체액(體液)과 병의 숨은 씨가 몸에 가득 차도록 만든다. 그러므로 어떻게 해야 일처리가 빠를 수 있나를 생각할 때, 걸리는 시간보다 사무의 진행 방법 개선에 대해 생각해 보아야 한다. 경마 때 발을 크게 벌린다든가 발을 높이 치켜든다고 해서 속력이 붙는 게 아닌 것처럼, 일을 할 때에도 문제에 줄곧 밀착되어 한꺼번에 너무 많이 하지 않도록 하는 것이 빨리할 수 있는 방법이다. 어떤 사람들은 시간에 비하여 빨리 끝낼 것만 생각한다. 또는 재빠른 사람이라는 말을 듣고 싶어서 억지로 여러 가지 일에 단락(段落)을 만들려는 사람도 있다. 그러나 단락을 지어서 짧게 하는 것과, 꺾어서 짧게 하는 것과는 다르다. 그렇게 처리된 일은, 몇 차례나 열린 회의의 회합에서 늘 왔다 갔다 하여 불안정한 형태가 되는 법이다. 내가 아는 어느 현명한 사람은 누가 결론을 서두르면, "좀 기다리게, 빨리 끝을 내기 위해서 말이야" 이런 말을 격언처럼 되풀이하고 있었다.

한편 참된 재빠름은 훌륭한 것이다. 시간이 일처리의 척도인 것은 돈이 물건의 척도가 되는 것과 마찬가지이기 때문이다. 그리고 일처리는 재빠름이 결여되어 있을 때 물건을 비싸게 사는 것이 된다. 스파르타 인과 에스파냐

인은 재빠름이 결여되어 있는 것으로 유명했다. "나의 죽음은 에스파냐에서 와 주었으면 좋겠다"고 에스파냐어 풍으로 말하고들 있다. 왜냐하면 그러면 좀처럼 오지 않을 것이 확실한 것 같기 때문이다.

일을 볼 때는 처음 정보를 주는 사람들의 말을 잘 듣는 것이 좋다. 그리고 처음에 지시를 해 두는 편이 이야기의 도중에서 방해하는 것보다 낫다. 왜냐 하면 자기 자신의 순서가 흐트러진 사람은 앞으로 나갔다 뒤로 물러났다 하 여 비교적 느려지고, 자기의 기억을 더듬든가 하고 있어서, 자기 자신의 진 행 방법으로 나아간 경우처럼 나아갈 수 없게 될 것이기 때문이다. 그러나 사회자가 이야기하는 당사자보다 더 까다로운 일도 흔히 있다.

되풀이라는 것은 보통 시간의 손실이다. 그러나 문제의 상태를 자주 되풀 이해 보는 것만큼 시간의 덕이 되는 것도 없다. 그 때문에 변덕스러운 이야 기가 여러 가지 나오면 쫓아 버리게 되기 때문이다. 길고 세밀한 이야기가 재빠른 일처리에 적합하지 않은 것은, 옷자락이 긴 의상이나 겉옷이 경주 때 적합하지 않은 것과 마찬가지이다. 서두의 말이나 옆길로 빗나간 말이나 변 명, 그 밖에 언급되는 개인의 말은 시간의 큰 낭비이다. 그것이 겸양(謙讓) 에서 나오고 있는 것처럼 보이지만 실상은 겉치장을 하고 있는 것이 된다. 또한 사람들의 의사 속에 지장이나 혹은 장애가 있을 때에는, 너무 문제의 요점에 급하게 들어가지 않도록 조심하는 것이 좋다. 왜냐하면 선입견을 가 진 경우에는 언제나 서두의 말이 필요하기 때문이다. 기름약이 스미게 하기 위한 찜질과 같은 것이다.

무엇보다도 먼저 질서와 배분(配分), 그리고 여러 가지 부분을 꺼내는 것 등이 재빠름의 생명이다. 다만 배분은 너무 세밀하게 하지 않도록 해야 한 다. 왜냐하면 나누지 않는 사람은 일 속으로 잘 들어갈 수가 없을 것이고, 너무 나누는 사람은 거기서 깨끗하게 나올 수가 없을 것이기 때문이다. 시간 을 선택하는 것은 시간을 절약하는 일이다. 그리고 시기를 얻지 못한 제의는 헛수고에 지나지 않는다. 일처리에는 세 가지 부분이 있다. 준비, 토론 즉 검토, 그리고 완성이다. 그 가운데에서 재빠름을 구한다면 가운데 것만 많은 사람들이 하게 하고, 처음 기초로 나아가면 민속을 상당히 용이하게 만든다. 그것이 전체로서 거부되더라도, 그 부정은 불명확한 것보다는 더 지침(指 針)을 내포하고 있다. 이를테면 재가 먼지보다 더 생산적인 것과 같다.

26 현명하게 보이는 것

프랑스 인은 보기보다 현명하고, 에스파냐 인은 실제보다 더 현명하게 보인다는 것이 정평이다. 국민과 국민 사이에는 그것이 어떤 것인지 모르지만, 인간과 인간 사이에는 확실히 그럴 수 있다. 사도 바울이 경건함에 대해서 "경건의 모양은 가지고 있으나, 경건의 능력은 부인할 것이다"*1 말하고 있듯이, 확실히 지혜라든가 능력이라는 점에서 말하면 아무것도 하지 못하거나 거의 하지 않는다고 해도 될 만한데, 그것을 매우 엄숙하게 하는 사람들이 있다. "매우 진지하게, 쓸데없는 짓을 한다"*2는 것이다. 알고 보면 우스꽝스러운 일이고, 판단력을 가진 사람들에게는 풍자에 적당한 재료가 되지만, 이런 형식주의자들은 어떤 수법을 갖고 있는 것일까. 또 어떤 마법의 거울을 가지고 있기에 겉밖에 없는데도 깊이와 두께가 있는 물체처럼 보이게 만드는 것일까?

개중에는 너무 가리고 감추어서 신중하며, 자기의 물건을 어둑한 곳이 아니면 보이지 않으려고 하는 사람들이 있다. 그들은 언제나 무언가를 감추고 있는 듯이 보인다. 그리하여 자기도 잘 모르는 것이면서, 다른 사람들에게는 잘 알고 있으나 말을 잘 하지 못하는 것처럼 보이려고 한다.

또 얼굴이나 거동을 이용하여 몸짓으로 현명해지려는 사람도 있다. 이를테면 키케로가 피소*3에 대해서 말하고 있는 것이지만, 대답할 때 그는 눈썹을 한쪽은 이마까지 추켜올리고, 한쪽은 턱까지 끌어내렸다고 한다. "한쪽 눈썹을 이마까지 추켜올리고 한쪽은 턱까지 끌어내려, 잔인하다는 것은 기분에 맞지 않는다고 당신은 대답한다" 말하고 있다. 개중에는 호언 장담하거나 단호한 태도를 취함으로써 그냥 밀고 나갈 생각을 하기도 하고, 나아가서는 자기들이 증명할 수도 없는 것을 당연한 것으로 만들어 버린다. 또 무엇이나 자기들의 손이 미치지 않는 것은 적절하지 않다든가 너무 자질구레하다든가 하고 경멸하거나 경시하려고 하는 이도 있다. 그런 식으로 자기의 무지를 판단력처럼 보이려고 하는 것이다.

개중에는 반드시 세세하게 파고 들지 않는 일이 없고, 자질구레한 토론거리로 재미있게 만들어 주된 문제를 얼버무려 버리는 사람도 있다. 그런 사람을 A·겔리우스*4는, "미쳤으며 자질구레한 말로 무거운 내용을 부수어 버리는 사람" 이렇게 부르고 있다. 이런 사람에 대해 플라톤은 그 《프로타고라스》에서, 프로디우스[5]에 관한 이야기를 꺼내어 경멸하고 있다. 이야기를 시키고 있는데, 그 이야기가 처음부터 끝까지 구별하는 것만으로 되어 있다. 일반적으로 이런 사람들은 무엇을 고려할 때 언제나 부정적인 쪽에 있는 것이 마음이 편하다 생각하고, 이의를 내세우거나 곤란한 점을 미리 말함으로써 신용을 얻고 싶어한다. 왜냐하면 제안이 부결되면 그것으로 끝나 버리기 때문이다. 그러나 찬성을 얻으면 새로운 일이 시작된다. 이런 그릇된 분별의 요령은 일을 파괴하는 원인이 된다. 결론으로서 가세가 기울어져 가고 있는 어떤 상인도, 내막은 거지 같은 처지에 있는 자라도, 자기들을 위한 부(富)의 신용을 높이려고 여러 가지 술책을 쓰는 경우라도, 이렇게 머리가 텅빈 사람들이 자기 능력의 신용을 유지하기 위해서 하는 짓은 하지 않는다. 현명하게 보이려고 하는 사람들은 궁리를 하여 남들의 좋은 평에만 신경을 쓴다. 이런 사람들을 골라서는 안 된다. 사무에는 너무 형식적이고 표면만의 분별을 자랑하는 사람보다는, 얼마간 얼빠진 듯한 사람을 택하는 편이 좋을 것이다.

〈주〉

[1] 〈디모데후서〉 3·5.

[2] 테렌티우스 《호오톤》 3·5·8.

[3] 루키우스 칼푸르니우스 피소는 기원전 2세기 무렵 로마의 집정관. 클라우디우스를 지지하여 키케로의 비난을 받았다. 피소가 마케도니아에서 실정한 것의 비판인 키케로의 《피소 비판의 변》에서 인용.

[4] 2세기 무렵의 로마 문법가. 《아티크스 야설》이라는 큰 저작이 있다. 그러나 다음의 인용은 그 속에 없으며, 퀸틸리아누스의 《웅변가 교육론》 10·1·130에 같은 말이 보인다.

[5] 그리스 케오스 섬에서 태어난 기원전 5세기 무렵의 철학자.

27 우정

"고독을 좋아하는 자는 모두 야수가 아니면 신(神)이다."[1] 이 말을 꺼낸 사람으로서, 불과 몇 마디로 이 이상 진실과 거짓을 포함시키기란 어려울 것이다. 왜냐하면 어떤 사람이 사회에 대해서 갖는 천성의 비밀스러운 미움과 기피는 얼마간 야수적인 데가 있는 것이 사실이기 때문이다. 그러나 무언가 신적인 성질의 성격을 가지고 있다는 것은 도저히 사실이라고 말할 수 없다. 다만 그 생기는 원인이 고독에 대한 기쁨이 아니라, 보다 더 높은 생활 방식을 위해 자기 자신을 격리하고 싶은 기분과 희망이라면 다르다.

그것은 잘못이거나 겉보기만 그럴 뿐인데 몇몇 이교도의 경우에서 볼 수 있다. 이를테면 칸디아 사람 에피메니데스,*2 로마 인 누마,*3 시칠리아 인 엠페도클레스,*4 티아나의 아폴로니우스*5 등이 그렇다. 사실 또는 현실적으로 그랬던 사람으로서는 여러 고대의 은자와 그리스도 교회의 신성한 초기 교부(教父)들이 있었다. 그러나 고독이 어떤 것인지, 또 어디까지 미치는 것인지에 대해 사람들은 거의 깨닫지 못하고 있다. 왜냐하면 군중은 동료가 아니기 때문이다. 얼굴이 나란히 있는 것은 화랑의 그림 같은 것에 지나지 않는다.

말은 애정이 없는 곳에서는 깡깡 울리는 심벌즈의 소음과 다름없다. 라틴 어의 속담은 그것을 얼마쯤 잘 나타내고 있다. 즉 "큰 도시는 큰 고독"*6이라는 것이다. 큰 도시에서는 친구들이 흩어져 있기 때문이다. 그러므로 비교적 이웃이 가까울 때 볼 수 있는 친구 관계가 대부분은 없다. 더 나아가서 참된 친구가 없다는 것은 정말로 비참한 고독이라 단언해도 옳을 것이다. 진정한 우정이 없으면 세계는 황야에 지나지 않는다. 그리고 이런 뜻의 고독인 경우에도 그 천성과 감정의 성질이 우정에 맞지 않는 사람은, 모두 짐승으로부터 그것을 물려받은 것이며 인간성으로부터 받은 것이 아니다.

우정의 주된 열매는 가득 차서 부풀어 오른 마음을 편안하게 만들고 발산시켜 주는 것이다. 모든 종류의 감정이 원인이 되어 그런 상태를 불러일으키는 것이다. 우리가 아는 바로는, 폐색(閉塞)과 질식의 병은 신체의 경우 가장 위험한 것이다. 그리고 마음의 경우에도 별로 다를 것이 없다. 사르사*7를 먹고 간장을 열고, 철제(鐵劑)를 먹고 비장(脾臟)을 열며, 유황화(硫黃華)는 폐장에, 해리교(海狸膠)는 뇌에 사용한다. 그러나 마음을 여는 처방은 참된 친구밖에 없다. 그 사람에게 우리는 슬픔이나 기쁨이나, 무서움이나 희망이나, 의심이나 충고나, 마음에 걸리고 덮쳐오는 것을 모두 털어놓고 말하며 종교적인 것과는 무관한 일종의 세속적인 고백이랄까 참회 같은 것을 할 수 있는 것이다.

묘한 일이지만, 위대한 국왕이나 군주가, 지금 우리가 이야기하고 있는 이 우정의 열매를 얼마나 높이 평가하고 있는지 알 수 있다. 그것은 대단한 정도이며, 많은 경우 자기 자신의 안전이나 위대함을 위태롭게 하면서까지 그것을 살 정도이다.

왜냐하면 군주는 신하나 하인의 운명과 자기 운명 사이의 거리 때문에 이 열매를 따려면 다만(자기들이 그것을 가능하게 만들기 위해서) 몇 사람을, 말하자면 친구로서 자기와 거의 동등한 데까지 끌어올리는 수밖에 없기 때문이다. 그것은 많은 경우 불편한 것이 되기 마련이다. 여러 가지 근대어에서는 그런 인물에게 총신이니 심복이니 하는 명칭을 주고 있다. 그것은 은고(恩顧)나 친교 같은 문제라고 생각된다. 그러나 로마의 호칭이 그 참된 효용과 원인을 나타내고 있다. 〈고생을 나누는 자〉라는 식의 명칭으로 부르고 있기 때문이다. 왜냐하면, 고생을 나눔으로써 관계를 밀접하게 만들기 때문이다. 그리고 똑똑히 알 수 있는 것은, 그렇게 하는 것은 다만 약하고 감정적인 군주뿐 아니라 가장 현명하고 신중한 통치자들도 마찬가지라는 점이다. 그런 사람들은 흔히 하인 몇 사람과 함께 어울린다. 그러고는 서로 친구라고 부르며, 남에게도 똑같이 자기들을 부르게끔 허용하고 있다. 사적인 사람들 사이에 받아들여지고 있는 말을 사용하는 것이다.

술라는 로마를 지배하고 있을 때, 폼페이우스(나중에 대(大)라고 불렸다)를 매우 높은 지위에 앉혔다. 그러자 폼페이우스는 자기가 술라보다 뛰어나다고 으스댔다. *8 폼페이우스는 자기 친구에게 집정관의 지위를 내주어 버렸는데, 이것은 술라의 계획에 어긋나는 것이었다. 화가 난 술라가 반대하면서 비난하기 시작했다. 그러자 폼페이우스는 정색을 하고, 사실상 잠자코 있으라는 뜻으로 "왜냐하면 지는 해보다 돋는 해를 예배하는 사람들이 많기 때문" 이렇게 대꾸하였다. 율리우스 카이사르에 대해서는, 데키무스 브루투스가 큰 세력을 갖게 되어, 카이사르는 유서에서 자기 조카에 이어 잔여 물건의 상속자로 정할 정도가 되었다. 그런데도 이 인물이 그를 죽지 않으면 안되게끔 유인해 내는 힘을 갖고 있었던 것이다. 왜냐하면 카이사르가 여러 가지 불길한 조짐, 특히 칼푸르니아의*9 꿈 때문에 원로원(元老院)을 열지 않을 생각을 하고 있었을 때, 이 사나이는 그의 팔을 정답게 잡고 의자에서 일으켜, "부인께서 더 좋은 꿈을 꾸실 때까지 원로원을 내버려 두는 일이 없도록 하십시오" 하고 말했던 것이다. 그 은고는 대단한 것이었던 모양으로, 키케로의 《필리피크스》라는 책에서 그대로 인용하고 있는 편지에 따르면, 안토니우스는 그를 마녀(魔女)라 부르고 있다. 카이사르에게 주문을 건 것이나 다름없다는 말이다. *10

아우구스투스는 아그리파*11(천한 태생이었지만)를 매우 높은 지위에 끌어올렸으므로, 마에케나스*12에게 자기 딸 율리아의 결혼에 관한 의논을 했을 때, 마에케나스는 "따님을 아그리파와 결혼시키거나, 아니면 그의 목숨을 빼앗아야 하오. 제3의 방법은 없소. 그 사람을 너무 높게 만들어 버렸으니" 이런 대담한 말을 했다. 티베리우스 카이사르의 경우에는, 세야누스*13가 너무 높은 자리에 올라, 그 때문에 이 두 사람은 가장 친한 친구라는 말을 들었으며, 또 모두 그렇게 생각했다. 티베리우스는 그에게 보낸 편지에서 "이와 같은 것을 우리의 우정 때문에 당신에게 감추지 않았소" 말하고 있다. 그리고 원로원 전체는 이 두 사람의 우정이 너무나 깊어, 여신처럼 그 우정을 위해서 제단을 바쳤다. 이것과 마찬가지 또는 그 이상의 일이 셉티미우스세베루스*14와 플라우티아누스 사이에도 있었다. 그의 큰아들을 플라우티아누스의 딸과 억지로 결혼시켰으니 말이다. 그러고는 플라우티아누스를 지지하며, 심지어는 자기 아들에게 모욕을 가하게 했다. 게다가 또 원로원에 보낸 편지에서 다음과 같은 말을 쓰고 있다. "나는 그를 매우 사랑하므로, 그 사람이 나보다 오래 살기를 바란다."

이런 군주들이 트라야누스*15나 마르쿠스 아우렐리우스 같은 사람들이었다면, 그것은 풍부하고 선량한 성질에서 나온 것이라고 생각해도 좋았을 것이다. 그러나 이 사람들은 모두 매우 현명하고 강하고 엄한 마음의 소유자들이었으며, 자기 자신을 몹시 사랑하는 사람들이었다. 가장 명백히 증명되는 것은, 그들이 자기 자신의 행운을(인간에게 있을 수 있는 최대한의 것이었다) 더 완전한 것으로 만드는 친구를 갖지 못하면 불완전한 것에 지나지 않는다고 생각했던 것이다. 더욱이 그 이상으로 이런 군주들에게는 아내나 아들이나 조카가 있었다. 그런데 이런 모든 것들도 우정만큼의 위안을 줄 수는 없었던 것이다.

잊을 수 없는 것은 코미네우스*16가 그 첫주인인 샤를르 용맹공(勇猛公)에 대해서 한 말이다. 즉 누구에게도 자기의 비밀을 밝히려 하지 않았다는 것이다. 특히 자기가 가장 마음에 걸리는 비밀에 대해서는 더욱 그랬다고 한다. 이에 대해서 이렇게 말했다. "만년에 이르자 그런 비밀주의 때문에 이해력에 흠이 가서 좀 못 쓰게 되었다." 확실히 코미네우스가 만일 그런 생각이었더라면, 자기의 두 번째 주인인 루이 11세에 대해서도 같은 판단을 내릴 수 있었을 것이다. 그 비밀주의는 그 자신을 괴롭혔다. 피타고라스의 비유는 잘 알 수 없지만, 진실이다. "마음을 먹지 마라"*¹⁷ 그는 말하고 있다. 좀 심한 표현으로 하면, 자기 자신을 펼쳐 보일 친구가 없는 사람은, 자기 마음의 식인종이다.

그러나 한 가지는 매우 훌륭하다(나는 그것을 이 제1의 우정의 열매에 관한 결론으로 삼을 참이지만). 즉 자기 자신을 친구에게 그와 같이 전한다는 것은, 두 가지 서로 반대되는 결과를 낳는다. 왜냐하면, 그것은 기쁨을 두 배로 만들고 슬픔을 절반으로 잘라 버리기 때문이다. 즉 누구나 자기의 기쁨을 친구에게 전하여 그만큼 더 기쁨을 느끼지 않는 사람은 없다. 또 누구나 슬픔을 친구에게 전하여 슬픔을 그만큼 적게 느끼지 않는 사람은 없는 것이다. 그러기에 참으로 사람의 마음에 미치는 작용에 있어서는, 연금술사가 흔히 그 시금석(試金石)이 인간의 육체에 대해서 갖는다고 말한 것과 같은 효력을 갖는 법이다. 즉 그것은 아주 반대의 효과를 낳지만, 자연에 대해서는 언제나 이익이고 유리한 것이다. 그러나 연금술사의 도움을 구하지 않더라도, 자연의 통상 과정 속에 이것의 명백한 모습이 있다. 즉 물체에 있어서는 결합이 모든 자연의 행동을 강화하고 육성한다. 그리고 한편에서는 모든 격렬한 압력을 약화시키고 둔화시킨다. 이것과 같은 말을 마음에 대해서도 할 수 있는 것이다.

우정의 제1의 것이 감정과 관계가 있는데 비해, 제2의 열매는 오성(悟性)에 대해 건강하고 더 없이 유익한 것이 된다. 왜냐하면 우정은 감정 속에 폭풍우와 폭풍에서 맑은 하늘을 실제로 만들어 내기 때문이다. 그러나 그것이 오성 속에서는 사고의 암흑과 혼란에서 밝은 대낮을 만든다. 또 이것은 사람이 친구로부터 받는 충실한 충고에 대해서만 이해할 수 있는 것이 아니다. 사실 그렇게 되기 전이라도 확실한 것은, 마음에 여러 가지 사고의 무게를 짊어지고 있는 사람은 누구든지 그 지력(知力)이나 이해력이, 남에게 전하거나 말함으로써 분명해지고 풀린다. 자기의 사고를 비교적 편한 마음으로 뒤집어 보게 된다. 비교적 정연히 그것을 정리하게 된다. 말로 나타냈을 때 그것이 어떻게 들리는가를 알게 된다. 결국 본디의 자기 이상으로 현명해진 다. 더욱이 하루의 숙고보다 한 시간의 대화로 더 그렇게 될 수 있는 것이 다.

테미스토클레스*[18]가 페르시아 왕에게 한 좋은 말이 있다. "말이라는 것은 아라스 직물의 벽걸이 천을 펼쳐 보이는 것처럼 만든 것이다. 천을 펴면 무 늬가 뚜렷한 모양이 되어 나타난다. 그러나 사고에서는 마치 그저 접혀 있기 만 하는 것과 같다."는 것이다. 이 우정의 제2열매는 오성을 연다는 점에서 사람에게 충고를 줄 수 있는 친구에게만 한정되는 것은 아니다(그런 친구가 사실은 가장 좋지만). 그런 일이 없더라도 사람은 자기에 대해서 배우고, 자 기 자신의 사고를 드러내어 자기의 지성을 그 자체로서는 베지 못하는 돌에 대고 가는 것이 된다. 즉 사람은 조각이나 그림에게라도 털어 놓는 편이 자 기의 사고를 억누른 채 그냥 두는 것보다 낫다는 것이다.

그런데 이 우정의 제2 열매를 완전한 것으로 만들기 위해서 덧붙이고 싶 은 또 한 가지 점이 있다. 즉 더 명백히 되어 있고 여느 사람의 눈에도 띄는 이것은, 바로 친구의 충실한 충고이다. 헤라클리투스*[19]의 말 중에 풀기 어 려운 수수께끼 같은 문구의 묘한 말이 있다. "마른 빛이 언제나 가장 좋다" 는 것이다. 그리고 확실히 말할 수 있는 것은, 사람이 남의 충고에 의해서 받는 빛이 더 마른 것이고 또 순수해서, 자기 자신의 이해력이나 판단력에서 나오는 것보다 낫다는 것이다. 이쪽은 감정이나 습관에 반드시 잠기고 젖어 있다. 그러므로 친구가 주는 충고와 사람이 자기 자신에게 주는 것과의 차이 는, 친구의 충고와 아첨하는 자의 충고의 차이와 같다. 왜냐하면 자기 자신 만큼 아첨하는 사람은 달리 없기 때문이다. 그리고 자기 자신의 아첨에 대한 대책으로 친구의 솔직함보다 나은 것은 없다.

충고에는 두 가지 종류가 있다. 하나는 도덕에 관한 것이고 하나는 사무에 관한 것이다. 첫째의 것에 대해서 말하면, 마음을 건강하게 해 두는 가장 좋 은 예방약은 친구의 성실한 경고이다. 자기 자신을 엄밀하게 검토하는 것은 약이지만, 어떤 경우에는 침투성과 부식성이 너무 강할 수가 있다. 도덕적인 좋은 책을 읽는 것은 좀 단조롭고 따분하다. 다른 사람들 속에 있는 우리의 결점을 관찰하는 것은, 어떤 경우에는 우리에게 실제로 적당하지 않을 수도 있다. 그러나 가장 좋은 처방은(효력도 가장 좋고 사용하기에도 가장 좋은 것인데) 친구의 경고이다. 보기에 묘한 일이지만, 심한 과오나 꽤 어처구니없는 일을 많은 사람들(특히 높은 사람들)이 범하는데, 그것은 그런 것을 가르쳐 주는 친구가 없기 때문이고, 그 사람들의 명성과 운명이 모두 몹시 상처를 입는다. 즉 그 성 야고보가 말하고 있듯이, 그런 사람들은 이를테면 "자기 얼굴을 거울 속으로 감상하는 사람과 같다. 자기를 보고 가서도 제 모양이 어떠한가를 곧 잊어버린다."[20] 즉 이런 사람이라는 것이다.

사무에 대해서는 어떨까? 사람은 필요하다면 두 눈이 하나보다 더 잘 보이지 않는다고 생각해도 좋다. 또는 경기를 하고 있는 사람이 구경꾼보다 아마 더 잘 보일 것이라는가, 성난 사람은 알파벳 스물네 자를 되풀이해서 말한 사람과 마찬가지로 현명하다든가, 총을 팔에 올려 놓아도 받침대 위에 올려 놓은 것과 마찬가지로 잘 쏠 수 있다든가, 아무튼 이런 자만에 빠진 엉터리 상상을 제멋대로 한다면 자기를 무엇보다도 훌륭하다고 생각해도 좋다. 그러나 결국 좋은 충고의 도움이 사무를 올바른 방향으로 향하게 하는 것이다.

그리고 충고를 받더라도 조금씩 부분적으로 받고자 생각하는 게 좋다. 한 사무에서는 한 사람의 충고를 받고, 다른 사무에서는 다른 사람의 충고를 받는 식으로 해도 좋지만(즉 전혀 충고를 구하지 않는 것보다는 좋다는 말이다), 이럴 경우 두 가지 위험을 겪게 된다. 하나는 성실한 충고를 받지 못하게 될 것이라는 것이다. 왜냐하면 완전하고 정직한 친구 이외의 충고를 얻기는 드물기 때문이다. 흔히 그것을 주는 사람이 가진 그 어떤 목적에 맞도록 왜곡하는 경우가 있다. 또 한쪽은 충고를 받더라도 해롭고, 안전성이 없는 것이 되고(좋은 의도가 있더라도), 일부는 폐해(弊害)가, 일부는 대책이 섞인 것이 될 것이다. 그것은 마치 불려온 의사가 자기를 괴롭히고 있는 병의 치료는 잘 하는 것 같지만, 자기의 몸에 관해서는 아무것도 모르는 것과 같다. 그러므로 목전의 치료 쪽으로는 나아가게 해주지만, 무언가 다른 점에서 그의 건강을 뒤집게 되어, 즉 병을 고치고 환자를 죽이는 격이 되는 것이다. 그러나 자기의 상태를 전면적으로 알고 있는 친구는, 무언가 목전의 사무를 추진함으로써 다른 불편에 부딪치는 일이 없도록 경계해 줄 것이다. 그러니까 이것저것 여러 사람들의 충고에 의지해서는 안 된다. 그것은 주의를 산만하게 만들고, 그릇된 방향으로 이끌어 가기 쉬우며, 마음을 가라앉혀 올바른 지시를 주는 일은 없을 것이다.

위와 같은 우정의 두 가지 고귀한 열매(감정에 있어서의 평화와 판단력의 도움이지만) 뒤에 마지막 열매가 있다. 그것은 석류처럼 씨가 많다. 이 말의 뜻은 모든 행위나 기회에 도움이 되고 참가해 준다는 것이다. 우정의 다방면적 효용을 생생하게 표현하는 가장 좋은 방법은, 사람이 자기가 할 수 없는 일이 얼마나 많은가 생각해 보는 것이다. 그러면 〈친구는 또 하나의 자기 자신〉이라고 고대 그리스·로마 인들의 말이 신중한 것이었다는 점을 알 수 있을 것이다. 왜냐하면 친구는 자기 자신보다 훨씬 뛰어난 것이기 때문이다. 사람들은 시간이 한정되어 있고, 주로 마음에 간직한 것을 여러 가지로 희망하면서 죽는 수가 많다. 자식들을 결혼시키는 일이라든가, 일을 완성하는 것 따위가 그것이다. 만일 사람이 참된 친구를 가졌다면, 이와 같은 것에 대한 뒷바라지가 자기 뒤에도 계속되리라는 데에 안심할 수 있을 것이다.

그러므로 사람은 말하자면 자기의 희망에 대해서는 두 사람분의 인생을 가진 것이 된다. 사람에는 육체가 있다. 그리고 그 육체는 어떤 장소에 한정되어 있다. 그러나 우정이 있는 곳에서는 일생의 모든 할 일이 말하자면 자기와 자기 대리인에게 허락되어 있는 것이나 마찬가지다. 왜냐하면 그것은 친구에 의해서 처리될 수 있기 때문이다. 사람에게는 어떤 얼굴이나 체면으로서도, 자기가 직접 말하거나 행동할 수 없는 일이 얼마나 많은지 모른다. 사람은 자기 자신의 가치를 내세우면 겸허함을 잃게 되며, 하물며 그것을 칭찬한다는 것은 더더욱 그러하다. 사람은 또 청원하거나 부탁할 때의 겸연쩍음도 있다. 그런 일은 많다. 그러나 그런 것이 모두 친구의 입에서 나오면 품위가 있지만 자기 자신의 입에서 비롯된다면 얼굴이 붉어질 일이다. 그리고 또 개인마다 특유한 많은 관계가 여러 가지 있으며, 그것을 제거할 수는 없는 법이다. 어떤 사람이 아들에게 말할 때는 아버지로서밖에 하지 못한다. 아내에게는 남편으로서밖에 말을 못하고, 적에게는 여러 가지 조건 위에서라야 말할 수 있다. 그러나 친구는 그때 그때에 따라서 필요한 말을 할 수 있다. 그리고 그 인품에 맞추어서 하지 않아도 된다. 그러나 이런 일을 예로 든다면 끝이 없을 것이다. 나는 원칙을 보여 주었다. 사람이 적당하게 자기 자신의 역할을 다할 수 없는 경우의 일이다. 만일 친구가 없다면 무대를 떠나야 할 것이다.

〈주〉

*1 아리스토텔레스 《정치학》 1·2.

*2 칸티아 섬(크레타 섬)에서 태어난 기원전 7세기 무렵의 철학자. 57년 동안 동굴에서 기거하며 모든 지식을 얻었다고 한다.

*3 전설적인 로마 제2대 왕. 이따금 동굴에 사는 님프 에게리아를 찾아 가서 지시를 청했다고 한다.

*4 기원전 5세기 무렵의 시칠리아 철학자. 에트나 산의 분화구에 뛰어 들어 자살했다고 한다.

*5 티아나는 소 아시아의 카바토키아의 옛 도시이다. 아폴로니우스에 대해서는 《에세이》 〈19 제국〉 주 6참조.

*6 에라스무스의 《격언집》에 스트라본의 인용으로 말하고 있는 것.

*7 사르사파리아의 약어. 열대 아프리카 산의 약초이다.

*8 루키우스 코르넬리우스 술라(실라라고도 한다. 기원전 138~78년)는, 로마의 장군이자 정치가. 지복자라는 칭호를 달고 로마의 독재자가 되었다. 젊은 폼페이우스를 좋아하여 끌어올려 주었다. 그나이우스 폼페이우스 마그누스는 대 폼페이우스라고 불렸으며, 나중에 율리우스 카이사르 등과 제1차 삼두정치를 만들었으나, 그 뒤 이집트로 달아나 그곳에서 살해되었다. 플루타르코스 《대비열전》 〈폼페이우스 편〉 에 나온다.

*9 율리우스 카이사르의 아내.

*10 키케로 《필리피스크》 13·11.

*11 마르쿠스 비프사니우스 아그리파(기원전 62~후 12)는 로마의 장군이며 정치가.

*12 기원전 70년 무렵~8년. 로마의 정치가로서 문화의 페트린이었다. 호라티우스, 베르길리우스 아우구스투스 등과 친교가 있었다. 다음의 말은 《디오 카시우스》 54·6.

*13 루키우스 아에리우스 세야누스 로마의 정치가. 티베리우스 황제의 총신이었는데, 황제의 지위를 노려 도르수스 카이사르를 독살하고, 게르마니쿠스 카이사르 미망인 아그리피나를 추방시키려 했으나, 티베리우스에게 처형되었다. 《디오 카시우스》 58·6. 다음의 인용은 타키투스 《연대기》 4·40.

*14 셉티미우스 세베루스는 로마의 황제, 재위 193~211년. 큰 아들 카라칼라는 프로티아누스의 딸을 아내로 맞았다. 프로티아누스는 친위대장으로서 세베루스 황제의 신임을 얻었으나, 나중에 세베루스와 카라칼라의 암살을 도모하다가 203년에 처형당했다.

다음의 인용은 《디오 카시우스》 75·15.

*15 마르쿠스 율피우스 트라야누스는 로마의 황제, 재위 98～117년. 특히 107～114년 사이의 치세는 평화로웠다.

*16 필립 드 코미느(1445년 무렵～1509년)는 《연대기》 작자이다. 샤를르 용맹공(1433～77년), 루이 11세(재위 1461～83년), 샤를르 8세(재위 1483～98년) 등을 섬겼다. 중세사의 고전인 《회상록》을 썼다.

*17 플루타르코스 《자녀 교육(도덕법)》

*18 기원전 527년 무렵～460년 무렵. 아테나이의 정치가이며 장군 그리스에 해군을 만들었다. 기원전 471년에 뇌물을 받아 먹은 죄로 추방되어, 페르샤의 아르타크세르크세스 왕에게 달아나 그 지위를 얻었다. 다음의 인용은 플루타르코스 《대비열전》〈테미스토클레스 편〉

*19 기원전 5, 6세기 무렵의 가장 이른 그리스의 철학자. 우울한 인생관을 갖고 있었다. '마른 빛'은 베이컨이 잘 이용하는 말인데, 헤라클리투스의 말을 조금 바꾼 것으로, 본디는 "마른 영혼은 가장 현명하고 가장 선하다"로 되어 있다. '마른 빛'이란 편견의 그림자가 없는 이성을 가리킨다.

*20 〈야고보서〉 1·23～24.

28 씀씀이

재물은 쓰기 위한 것이고, 쓰는 것은 명예와 선행을 위한 것이다. 그러므로 비정상적인 씀씀이는 그때의 가치에 알맞는 것이라야 한다. 즉 자기를 희생하여 가난해지는 것이 자기 나라나 하늘 왕국을 위해서 좋을 수가 있다. 그러나 보통의 씀씀이는 사람의 신분에 알맞은 것이어야 한다. 그리고 신분에 알맞는 범위 안에 머물도록 주의하여 운행하고, 하인들에게 속거나 악용당하지 않도록 해야 한다. 또한 되도록 외관(外觀)을 잘 다듬고 계산서가 외부의 평가보다 낮도록 해야 한다. 확실히 너무 모자란 일이 없도록 하려면, 보통의 씀씀이는 수입의 절반 이내로 해 두는 것이 좋다. 그리고 만일 부자가 되고 싶으면, 3분의 1까지만 해 두어야 한다.

가장 높은 사람이라도, 아래로 내려가서 자기 자신의 상태를 살펴보는 것은 천한 행위가 아니다. 개중에는 그런 일을 하고 싶어하지 않는 사람이 있다. 그것은 게으르기 때문만이 아니라 만일 엉망이 되어 있으면 어떻게 하나 하는 생각과, 우울 속으로 자기를 끌고 들어가는 것이 걱정스럽기 때문이다. 그러나 상처를 고치기 위해서는 더듬어보아야 한다. 자기의 상태를 전혀 들여다볼 수 없는 사람은 쓸 사람들을 잘 고르는 동시에, 그 사람들을 늘 바꿀 필요가 있을 것이다. 왜냐하면 새로운 사람들은 비교적 겁이 많고 또 교묘한 데도 적기 때문이다. 자기의 상태를 어쩌다가 가끔밖에 들여다 볼 수 없는 사람은 모든 것을 말끔히 정리해 두는 것이 좋다.

어떠한 데에 씀씀이가 많으면 다른 데에서 절제할 필요가 있을 것이다. 이를테면 식사를 사치스럽게 한다면 옷을 사는 것은 절제한다. 홀을 사치롭게 꾸민다면 마굿간을 수수하게 만드는 식이다. 모든 씀씀이에서 사치를 하는 사람은 아마도 거의가 쇠퇴를 면치 못할 것이다.

자기의 재산을 청산하여 빚을 없애려고 할 때, 너무 서둘면 너무 오래 내버려 두는 것과 마찬가지로 해를 입는 수가 있다. 왜냐하면 바쁘게 한다는 것은 이자(利子)와 마찬가지로 불리한 것이 보통이다. 게다가 한꺼번에 정리를 해 버리는 사람은 다시 하게 되는 법이다. 즉 자기가 난국을 돌파했다는 것을 알면 그 전의 모습으로 되돌아가게 될 것이다. 그러나 조금씩 처리를 하다보면 절약의 습관이 붙게 되고, 마음에 대해서나 자기 재산에 대해서 얻는 것이 있다. 또한 재산을 회복해야 되는 사람이라면 조그마한 일이라도 가볍게 보아서는 안 된다. 그리고 보통은 자질구레한 경비를 절약하는 편이, 몸을 굽혀 자질구레한 수입을 얻으려고 하는 것보다 덜 불명예스럽다. 사람은 무언가를 시작함에 있어서, 한 번 시작하면 그것에 계속되는 경비에 주의해야 한다. 그러나 되풀이되는 일이 없는 문제에서는 비교적 대범해도 좋다.

29 왕국과 국가의 진정한 위대함

아테네 사람 테미스토클레스의 말은 오만하고 우쭐대는 것이며 지나치게 자부심이 큰 것이다. 그러나 널리 다른 사람에게 적용해 보면, 중대하고 현명한 관찰과 비판일 것이다. 어떤 연회 자리에서 플루트를 연주해 달라는 부탁을 받고, 자기는 악기 같은 하찮은 것은 만질 줄 모르지만 조그마한 마을을 큰 도시로 만들 수는 있다고 대답한 것이다. *¹ 이런 말은(비유의 도움을 좀 빌리면) 국가의 사무를 취급하는 사람들 중의 두 가지 재능을 표현할 수 있다고 말할 수 있다. 자세히 살펴보면 고문관이나 정치가들 중에는 조그마한 국가를 위대하게 만들 수는 있으나, 하찮은 악기는 다룰 줄 모른다는 사람을(좀처럼 없는 일이지만) 볼 수 있을지도 모른다. 또 한편 매우 많은 사람이 악기를 아주 잘 다룰 수는 있지만, 작은 국가를 위대하게 만든다는 것은 생각지도 못한다는 것을 알게 될 것이다. 그 재능이 반대 방향을 향하고 있는 것이다. 위대하고 번영한 국가를 멸망과 쇠퇴로 끌고 가는 것이다. 그리고 확실히 많은 고문관이나 총독 등은 여러 가지 타락한 기술이나 궁리로 주군(主君)의 호의와 일반 민중의 존경을 모두 얻는데, 악기를 만지는 정도의 이름밖에 얻지 못하는 사람이 있다. 그런 사람은 우선은 자기 개인이야 좋을 테지만, 자기가 섬기고 있는 국가의 복지나 발달에 공헌은 되지 않는다.

또(확실히) 고문관이나 총독 중에는 유능하다고(일을 할 줄 안다고) *² 간주되고, 사무를 처리하여 위험이나 명백한 불편이 되지 않도록 할 수는 있지만, 국가의 실력이나 재산이나 운을 높여서 풍부하게 만드는 능력에서는 거리가 먼 사람이 있다. 그러나 일을 하는 사람들이 어떤 인물이건 그 일에 대해서 말하기로 한다. 즉 왕국과 국가의 참된 위대함과 그 수단을 생각하는 것이다. 위대하고 강력한 군주들이 자기 것으로 만들기에 알맞은 문제이다. 그 목적은 자기의 힘을 너무 높이 평가하여, 무익한 기도로 자기 자신을 망치는 일이 없도록 하는 것이다. 한편 그런 것을 너무 낮게 평가하여, 무서워하거나 겁에 질려 의견에 빠지는 일이 없도록 하기 위해서이다.

국가의 위대함은, 크기와 영토에 대해서 계산된다. 재정(財政)과 수입의 크기도 계산된다. 인구는 인구 조사로 밝혀질 것이다. 그리고 도시나 마을들의 수와 크기에는 도표나 지도가 있다. 그러나 민사(民事) 중에서 무엇보다도 잘못을 저지르기 쉬운 것은, 국가의 국력과 세력에 관한 올바른 평가와 참된 판단이다. 하늘 왕국의 비유는 어떠한 큰 씨나 열매가 아니라 겨자씨였다. *³ 그것은 아주 작은 낟알의 하나이지만, 그 속에는 금방 커지고 넓어질 성질과 정신을 갖고 있는 것이다. 그런 까닭으로 영토는 크지만 더 커지거나 지배하기 어려운 국가가 있다. 또 개중에는 줄기의 크기는 작지만 큰 군국주의의 기초가 되기 쉬운 나라도 있다.

성벽을 둘러친 도시, 충실한 병기고(兵器庫), 무기고, 훌륭한 혈통의 말, 전차(戰車), 코끼리, 군수품, 대포 등 이런 것은 모두 사자 가죽을 덮어 쓴 양에 지나지 않는다. 국민의 종족이나 성향이 용감하고 전투적이 아니면 쓸 모없는 것들이다. 아니, 군대의 수(그 자체)는 국민의 용기가 약할 때는 그리 중요하지 않다. 왜냐하면(베르길리우스가 말하고 있듯이) 양이 몇 마리가 있든지, 이리 한 마리만 있으면 그다지 곤란하지 않기 때문이다. *4

아르벨라*5의 평원에서 페르샤 군대는 무서운 바다 같은 인파였으므로, 알렉산드로스 대왕 군의 사령관들을 놀라게 했다. 그래서 대왕에게 밤에 공격을 가하게 해 주었으면 좋겠다고 말했다. 그러나 대왕은 승리를 훔칠 생각은 없다고 대답했다. *6 그리고 상대를 패배시키기는 쉬운 일이었다. 아르메니아왕 티그라네스는 언덕 위에 진을 치고 40만 명의 군대를 갖고 있었는데, 로마 군이 1만 4천이 못 되는 군사를 이끌고 자기 쪽으로 나아오는 것을 알고 우스워하면서 말했다. "저 인간들은 사절단으로서는 너무 많고 전쟁을 하기에는 너무 적군 그래." 그러나 해가 다 지기 전에, 그들의 숫자가 자기를 쫓아와서 쉴새없이 살상하는 데는 충분하다는 것을 깨달았다. *7

수와 용기 사이의 커다란 불균형에 대해서는 많은 예가 있다. 그러므로 사람이 그렇게 판단해도 상관없는 일이지만, 어떤 국가의 경우라도 위대하다는 것의 중요한 점은 군인 계급을 갖는 데 있다는 것이다. 비열하고 유약한 국민으로 병사의 팔이 굳건하지 못할 때는, 돈도 전쟁의 굳건한 수단이 못된다(흔히들 말하고 있는 일이기는 하지만). 솔론이 크로이소스*8를 향하여 (자기의 황금을 과시하여 보여주었을 때인데) 재미있는 말을 했다. "만일 폐하보다 훌륭한 쇠를 가진 다른 사람이 온다면, 이 모든 황금의 주인이 되겠지요." 그러므로 어떤 군주나 국가도 자기의 군세를 적게 생각하는 것이 좋다. 단 본국인의 군세가 훌륭하고 용감한 병사로 구성되어 있을 때에는 반드시 그렇지도 않다. 그리고 군주들은 한편 무용(武勇)의 성향이 있는 신하를 가졌을 경우, 그 자신의 강력함이 알려진다. 다만 다른 점에서 충분하지 않은 데가 있으면 그것은 별도이다. 용병군에 대해서는 이런 경우에 도움이 되지만, 모든 예로써 알 수 있는 것은 어떤 국가나 군주가 이것에 의지할 경우 한때는 자기의 날개를 펼 수 있을지는 모르나, 얼마 안 가서 그 날개가 탈바꿈을 하게 된다는 것이다.

유다와 이삭의 축복*9은 결코 같을 수 없을 것이다. 즉 같은 국민이나 민족은, 동시에 사자 새끼와 무거운 짐 사이에 낀 나귀가 될 수는 없는 것이다. 과세의 무거운 짐을 지는 국민은 용감하고 군사적이 될 수는 없을 것이다. 국가의 동의로 징수되는 과세는, 사람들의 용기를 꺾는 일이 적은 것이 사실이다. 그것은 네덜란드 저지 지방의 세금에서 두드러지게 볼 수 있는 바와 같다. 그리고 영국의 왕실에 대한 의회의 특별 보조금도 어느 정도 그와 같은 것이다. 즉 주의해 주기 바라는 것은 우리가 지금 문제로 삼고 있는 것은 마음에 관한 것이지 지갑에 관한 것이 아니라는 것이다. 그러므로 같은 과세라도 동의에 의한 것과 강제로 하는 것이 있는데, 지갑으로 봐서는 똑같다고 하더라도 용기에 대한 작용은 여러 가지로 달라진다. 그러기에 결론으로서 말할 수 있는 것은, 세금의 부담이 너무 큰 국민은 제국(帝國)에 적합하지 않다는 것이다.

위대해질 것을 지향하는 국가는 귀족 계급이나 신사 계급이 너무 빨리 증가하지 않도록 주의하는 것이 좋다. 그렇게 되면 보통의 신하는 농민이나 하급의 시골 노무자로 떨어지게 되고, 원기를 잃어, 결국 신사 계급의 노역자가 되어 버릴 것이기 때문이다. 그것은 잡목림 속에서 볼 수 있는 것과 같다. 자르고 남은 어린 나무를 너무 조밀하게 내버려두면, 말끔한 식림이 되지 않고 관목이나 덤불이 되는 법이다. 나라의 경우에도 마찬가지여서 신사 계급이 너무 많은 서민은 천해질 것이다. 그리하여 결국은 백인(百人) 우두머리 중의 어느 누구도 투구를 쓰기에 걸맞지 않게 될 것이다. 특히 군의 중심 세력인 보병(步兵)에 관해서 그렇게 말할 수 있다.

그러므로 인구는 엄청나지만 실력은 없는 것이 될 것이다. 내가 말하는 것을 뚜렷하게 잘 볼 수 있는 것은 영국과 프랑스를 비교할 경우이다. 그 가운데 영국은 영토와 인구는 훨씬 못하지만(그럼에도) 계속 우세하고 있다. 영국의 중간층 국민은 훌륭한 병사가 되지만 프랑스의 농민은 그렇게 되지 않기 때문이다.

그리고 이 점에서 헨리 7세의 궁리는(이에 대해서 나는 왕의 생애에 관한 역사에서 충분히 서술했다) 심원하고 훌륭한 것이었다. *10 훌륭한 표준이 되는 농경을 위한 농장과 집을 만들었다. 즉 적당한 정도의 토지를 주어 유지시키고, 신하를 길러 알맞고 풍부해서 예속 상태가 되지 않고 살 수 있도록 만들어 주었다. 그리고 가래를 토지 소유자의 손에 놓아 두게 하고 단순한 고용인이 아니게끔 해주었다. 이러면 베르길리우스가 말한 고대 이탈리아의 특징인 "무력은 강하고 토지는 풍요한 국토"*11를 이룰 수 있을 것이다.

그리고 또 하나의 계급(이것은 내가 아는 바로는 거의 영국 특유의 것으로 다른 어디서도 거의 볼 수 없고, 오직 폴란드만이 예외일 것으로 생각된다)도 간과할 수 없다. 그것은 귀족 계급이나 신사 계급에 고용된 자유 사용인, 수행자의 계급이다. 그것은 군대로서는 시골 지주 계급에 조금도 뒤지지 않는다. 그러므로 의심할 것도 없이 귀족 계급이나 신사 계급의 화려함과 호사 또는 대규모적인 종자(從者)나 환대 따위는, 관습이 되어 있으면 군사적인 위대함을 낳는 데 큰 힘이 된다. 그러나 반대로 귀족 계급이나 신사 계급의 조촐하고 소극적인 생활은, 군사력 빈곤의 원인이 되는 것이다.

꼭 실현하도록 하고 싶은 것은, 느부갓네살의 군주국의 나무 줄기*12가 충분히 커서, 잔가지나 큰 가지에 견딜 수 있는 것이 되었으면 하는 것이다. 즉 국왕이나 국가 본디의 신하가, 그 지배하는 이방인의 신하에 비례하여 충분하다는 것이다. 그러므로, 이방인에게 귀화(歸化)를 관대히 해 주고 있는 모든 국가는 제국으로서 적당하다. 왜냐하면 한 주먹만큼의 사람들이라도 세계 최대의 용기와 정책만 있다면, 지나치게 큰 영토라도 포용할 수 있기 때문이다. 그러나 그것이 한때는 지탱이 될지 모르지만 별안간 못 쓰게 되어 버릴 수 있다. 스파르타 인은 귀화라는 점에서는 신중한 국민이었다. 그러므로 그 한도를 지키고 있을 때는 견고했다. 그러나 막상 넓어져서 그 큰 가지가 너무 굵어지고 줄기에 힘이 넘치게 되었을 때, 느닷없이 바람이 불어 쓰러지고 말았다.

어떤 국가도 이 점에서는 로마 인만큼 자기의 본체 속에 이방인을 개방적으로 받아들인 이들은 없었다. 그래서 그에 알맞는 형태가 되어갔다. 즉 최대의 군주국으로 발전한 것이다. 그 방법은 귀화(그것을 시민권이라고 불렀다)를 허가하되 최고도로 허가했던 것이다. 즉 통상권이나, 결혼권, 상속권뿐만이 아니었다. 투표권과 임관권(任官權)까지 주었다. 그리고 그것은 개인뿐 아니라 온 가족에게까지 마찬가지로 미쳤다. 그뿐 아니라 도시와 민족에게까지 미치는 경우도 있었다. 게다가 식민지에 대한 식민의 관습이 있다.

그것으로 로마 인의 식민이 다른 국토에 옮겨졌던 것이다. 그리하여 이런 방법을 섞어서 로마 인이 세계에 퍼진 것이 아니라, 세계가 로마 인 위에 퍼졌다고도 할 수 있는 것이다. 그것은 위대함에 이르는 확실한 길이었다.

나는 에스파냐를 이따금 이상하게 생각했다. 본디의 에스파냐 인은 그렇게 적은데, 어떻게 그렇게 큰 영토를 합쳐 가질 수 있을까 생각했다. 그러나 확실히 에스파냐의 전 범위는 매우 큰 몸뚱이의 수목이다. 초기의 로마나 스파르타보다 훨씬 뛰어났다. 게다가 귀화를 관대히 한다는 습관은 처음부터 갖고 있지는 않았으나, 그에 다음가는 일을 하고 있다. 즉 거의 무차별이라고 해도 좋을 만큼 모든 국민을 그 군대의 보통 병사로서 사용하는 것이다. 때로는 최고 사령부에 넣는 수도 있다. 사실 현재 본국인의 부족을 의식하고 있는 것 같기도 하다. 그것은 지금 발표된 결혼과 산아를 장려하는 칙령(勅令)*13에 의해서도 분명하다.

확실히 앉아서 하는 실내의 기예(技藝)나 섬세한 제조 공예(팔보다 손가락을 사용하는 것)는 군사적인 성향과 반대의 성질을 갖고 있다. 그리고 일반적으로 호전적인 사람들은 모두 조금 게으르므로, 일보다 위험을 더 좋아하기 마련이다. 게다가 원기를 지속시키려면 그런 기분을 중단시키지 않는 게 좋다. 그러므로 스파르타, 아테네, 로마 등의 고대 국가가 매우 유리했던 점은 그런 곳에서는 노예를 사용해서 그들이 위와 같은 제조업을 맡았던 것이다. 그러나 그것은 대부분 그리스도 교도의 법률로 폐지되었다. 그것에 가장 가까운 형태로서는 그런 기예를 주로 이방인에게 맡기는 것이다(그런 사람들은 이 목적을 위해서 더 쉽게 받아 들여져야 한다). 그리고 하층의 본국인이다. 즉 토지를 경작하는 자, 자유 사용인, 강하고 남성적인 기예의 직장(職匠), 이를테면 대장장이, 석수, 목수 등, 직업적인 병사는 계산에 넣지 않고 둔다.

그러나 특히 제국과 위대함을 위해서 가장 중요한 것은, 국가가 군사를 주요한 영예, 연구의 대상, 그리고 직업으로 인정하는 것이다. 왜냐하면 우리가 앞에서 말한 여러 가지 것은, 군사에 대한 자격을 얻는 수단에 지나지 않는 것이다. 그리고 자격은 의도와 실행이 없으면 아무런 소용도 없는 것이다.

로물루스*14는, 죽은 뒤(전해진 것인지, 조작된 이야기인지)로마 인에게 충고의 선물이 된 말을 했다. "무엇보다도 군사를 생각해야 한다, 그러면 세계 최대의 제국이 될 수 있을 것이다." 스파르타의 국가 기구는 전면적으로 (현명하다고 할 수 없지만) 그와 같은 목적 의도에 맞도록 만들어지고 구성되어 있었다. 페르샤 인과 마케도니아 인에게는 한동안 군사가 있었다. 갈리아 인, 게르만 인, 고오트 인, 색슨 인, 노르만 인, 그 밖에도 그것은 잠시 동안 있었다. 터키 인은 오늘날 군사를 갖고 있으나 다만 매우 쇠퇴해 버렸다. 유럽의 그리스도교 국가로서 군사를 가진 것은 결국 에스파냐 인뿐이다. [*15] 그러나 매우 명백한 것은, 누구나 가장 중요하게 생각하고 있는 것이 진보이므로, 굳이 그것을 주장할 필요도 없다는 것이다. 솔직히 군사를 본무(本務)로 삼는다고 공언하지 않는 나라는, 감나무 아래서 감이 떨어지길 기대하는 것처럼 그 위대함을 기대하기란 어렵다. 또 한편에서 매우 확실한 시간 혹은 역사가 가르치는 신탁으로서, 그런 생각을 오래 지속하는 국가는 (로마 인이나 터키 인이 주로 그랬듯이) 기적을 행하게 된다는 것이다. 그리고 불과 한 시대에만 군사를 일삼은 곳이 있지만, 그래도 그 시대에 위대함은 보통을 이룩했다. 그리고 그 군사를 일삼는다는 생각이나 그 실행이 쇠퇴해 버린 훨씬 뒤에까지도 그것은 사람들을 유지하는 힘이 되었던 것이다.

이 점에 부수하는 것으로서, 어떤 국가가 갖고 있던 법률이나 풍습이, 그 속에 전쟁의 적당한 이유를(구실로서 사용되겠지만) 가리키고 있는 경우가 있다. 왜냐하면 정의감이 인간의 본성에 새겨져 있어서, 전쟁을 시작하려면 (거기에는 매우 많은 재해가 따르는 것이므로) 무언가 겉보기만이라고 말하기는 어려운 근거나 이유가 없어서는 안 된다는 것이다. 터키 인은 전쟁의 이유로서 그 법률이나 종파의 유포(流布)라는 것을 언제나 마련하고 있었다. 이 이유는 언제라도 이용할 수 있는 것이라고 할 수 있다. 로마 인은 그 제국의 경계선이 뻗어 나가는 것을 높이 평가하여, 그것을 할 수 있었을 때는 장군들의 큰 명예로 삼았는데, 그렇다고 그것만을 이유로 전쟁을 시작하지는 않았다.

첫째, 그러므로 위대해지려고 하는 나라에는 다음과 같은 것이 있으면 좋다. 즉 국경의 주민이나 상인이 정치 사절에 대한 부당한 조치에 민감하다는 것이다. 그리고 도발을 받으면 너무 오래 우물쭈물하고 있지 않아야 한다.

둘째로, 동맹자들에게는 원조와 구조를 당장 줄 수 있는 준비와 마음가짐을 가지고 있어야 한다. 그것은 언제나 로마 인의 방법이었다. 그러므로 어떤 동맹국이 여러 국가와 방위 동맹을 맺고 있고, 침략을 당하려 할 때 그런 나라들의 원조를 따로따로 구하더라도, 로마 인은 언제나 가장 먼저 달려갔으며 다른 어느 나라에도 그 명예를 넘겨 주지 않는 것이 상례였다. 옛날 어떤 당파라든가 암묵(暗默)간의 정체(政體)의 일치를 위해서 전개된 전쟁에 대해서는, 어떻게 모두가 다 정당화될 수 있는지 나는 알 수 없다. 이를테면 로마 인이 그리스의 자유를 위해서 전쟁한 적이 있다. 또 스파르타 인과 아테나이 인이 전쟁을 하여 민주 정치를 수립하려고 하거나, 소수 정치를 끌어내리려고 한 적이 있다. 또 외국에 전쟁을 걸어서 정의니 보호니 하는 구실 아래, 다른 나라의 신하를 폭정이나 악정에서 구하려 하는 것 등이 있다. 어떤 국가도 위대해지려고 하면, 무엇이든 무기를 들 올바른 이유가 있을 때 눈을 떠야 한다.

어떤 신체도 운동하지 않으면 건강할 수 없다. 인간의 육체도 정체(政體)도 마찬가지이다. 그리고 확실히 왕국이나 국가를 위해 전쟁은 올바르고 명예로운 참된 운동이다. 내란은 사실 열병의 열 같은 것이다. 그러나 외국과의 전쟁은 운동의 에너지 같은 것으로, 신체를 건강하게 해 주는 데 도움이 된다. 나태로운 평화의 시기에는 정신이 유약해지고 도덕도 퇴폐하기 때문이다. 그러나 행복을 위해서는 어떨지 모르지만, 의문의 여지없이 위대함을 위해서 도움이 되는 것은 언제나 대부분 무장하고 있는 것이다. 그리고 준비 태세를 항시 갖추고 있는 역전의 군대 위력은(그것은 경비가 드는 일이지만) 모든 인접 국가들 가운데에서 쉽게 지배적인 위치를 차지하게 하거나 적어도 명성을 가져다 준다. 이를테면 에스파냐의 예로 잘 알 수 있다. 이 나라는 곳곳에 역전의 군대를 거의 끊임없이 벌써 120년 간이나 두고 있는 것이다.

해상의 주인이 된다는 것은, 군주국의 요약 또는 진수라고도 할 수 있다. 키케로가 아티쿠스에게 카이사르에 대한 폼페이우스의 준비에 관해서 쓴 편지에 있는 말인데, "폼페이우스의 책략은 테미스토클레스와 같은 것이다. 해상을 지배하는 이는 모든 것을 지배한다고 생각하고 있다"*¹⁶는 것이었다. 그리고 의심할 것도 없이 폼페이우스는 카이사르를 지치게 만들었을 것이다. 단 만심한 자신 때문에 그 방법을 버렸던 것이다. 해전(海戰)의 큰 효과를 우리는 알고 있다. 아크티움의 싸움*17은 세계의 제국을 결정해 놓았다. 레판토의 싸움*18은 터키 인의 위대함을 중단시켰다. 해전이 전쟁의 종지부가 된 예는 많다. 그러나 그것은 군주나 국가가 전투에 모든 것을 걸었을 경우이다. 아무튼 다음의 것만은 확실하다. 즉 해상을 지배하는 자는 매우 자유로워서 많건 적건 마음 내키는 대로 전쟁을 할 수 있다는 것이다. 육상에서는 가장 강한 자도 곤경에 빠지는 수가 많다. 확실히 오늘날 유럽의 경우, 해상의 우세라는 이 유리점은(이 대영제국이 주된 천혜의 하나이지만) 크다. 왜냐하면 유럽 왕국의 대부분은 전면적으로 오지(奧地)가 아니라, 그 영역의 대부분이 바다에 둘러싸여 있기 때문이다. 또 (동서)양인도의 부(富)는 대부분 해상 지배의 부속물에 지나지 않는 것처럼 여겨지기 때문이다.

근세의 전쟁은 어둠 속에서 하는 것 같은 데가 많다. 고대에 전쟁으로부터 사람에게 반영되어 온 영예나 명예에 비교해서 하는 말이다. 현재 군사의 장려를 위한 기사도의 훈위 훈장(勳位勳章)이 여러 가지 있다. 그것은 군인이건 아니건 무차별로 주어진다. 또 기념의 문장(紋章) 같은 것도 무엇이 있을지도 모른다. 부상병을 위한 병원 같은 것도 몇 군데나 있다. 그러나 이보다 고대하는 승리의 장소에 전승 기념비가 세워지거나, 전쟁에서 죽은 자에게는 장례의 송사(頌辭)나 기념비, 개인에게 주어지는 관(冠)이나 화환, 세계의 위대한 국왕들이 나중에는 빌리게 된 지휘관이라는 칭호, 장군의 귀환 때의 개선 행렬, 군대 해산 때의 후한 하사금과 축의금, 이런 것이 모든 병사의 용기를 불태웠던 것이다. 특히 로마 인들의 개선 행렬이라는 제도에는, 단순한 행렬도 아니고 구경거리도 아니며 가장 현명하고 고귀한 제도의 하나라고할 수 있는 것이 있었다. 즉 그 속에는 세 가지가 포함되어 있었다. 장군에 대한 명예, 국고에 대한 전리품으로부터의 부, 그리고 군대에 내리는 하사품이다. 그러나 그 명예는 아마도 군주국에 대해서는 적당하지 않을 것이다. 다만 군주 자신이거나 그 자식의 경우라면 이야기는 다르다. 이를테면 로마 황제 시대에 있었던 일인데, 그때의 사람들은 실제 개선 행렬을, 자기들이 직접 완수한 전쟁에 대해서는 얼마간의 개선 의상과 훈장 같은 것을 그 장군에게 남겨 주도록 했던 것이다.

결론으로서 누구든지 아무리 신경을 쓰더라도(성서에 말하고 있듯이), 인간의 신체처럼 국가를 소형으로 만든 것 같은 규모의 것으로는 자기 몸뚱이에 조금이라도 보태지 못하는 법이다. *19 그러나 왕국이라든가 민주국의 커다란 몸뚱이 안에서는, 군자나 지배자들의 힘으로 그 왕국의 넓이와 위대함 같은 것을 덧붙일 수 있다. 왜냐하면 우리가 이미 언급한 법령이나 조직이나 관습 등의 도입으로, 그 자손이나 계승자들을 위해 위대한 씨를 뿌릴 수 있을 것이기 때문이다. 그러나 이런 것은 보통 아무도 주의를 기울이지 않으며, 자연의 되어 가는 경과에 그냥 맡겨지는 것이다.

〈주〉

＊1 플루타르코스 《대비열전》 〈테미스토클레 편〉.

＊2 타키투스 《연대기》 6·39, 16·18. 원문은 라틴어.

＊3 〈마태복음〉 13·31에는 "하늘 나라는 마치 겨자 씨와 같다" 쓰여 있으며, 같은 〈마태복음〉 17·20에서는 다음과 같이 말하고 있다―"너희에게 겨자씨 한 알만 한 믿음이라도 있으면 이 산을 향하여 '여기서 저기로 옮겨지라'고 해도 그대로 될 것이요, 너희가 못할 일이 없을 것이다."

＊4 베르길리우스 《목가(牧歌)》 17·51·52.

＊5 아르벨라는 에르빌이라고도 하는 이라크 북부의 옛 도시.

＊6 플루타르코스 《대비열전》 〈알렉산드로스 편〉.

＊7 플루타르코스 《대비열전》 〈루쿨루스 편〉.

＊8 리비아의 마지막 왕, 재위 기원전 560~546. 광대한 토지를 가졌으며 "크로이소스 같은 재물을 갖는다"는 말이 생길 만큼 부유했다. 현인들을 모아서 이야기를 들었으며, 소론도 그곳에 모인 사람 중의 하나였다. 이 이야기는 마키아벨리의 《로마사론》 2·10에 나와 있다.

＊9 〈창세기〉 49·9, 14에 나와 있는 고사. 야곱이 죽음의 자리에서 자식들을 모아 축복을 내리고, 유다에게 "유다는 사자의 아들이다" 말하면서, 용기가 있고 승리를 거두게 될 것이라고 예언했다. 이삭에 대해서는, "이삭은 두 개의 무거운 짐 사이에 쉬고 있는 억센 나귀 같은 사람"이라고 말했다. 부유한 나라를 얻지만, 이웃 여러 나라가 공물을 요구하게 된다는 예언이었다.

＊10 영국의 경우에는 자유민 혹은 시골 지주라는 신사계급이 서민과 구별되어 있었고, 여느 때에는 농사를 짓지만 비상시에는 병사, 특히 보병이 되었다. 헨리 7세는 장미전쟁 뒤 왕위에 앉았으므로, 귀족 계급의 힘을 약화시키고 시골 지주의 힘을 신장시키려고 애썼던 것이다.

*11 베르킬리우스 《아에네이스》 1·531.

*12 느부갓네살은 큰 나무가 베어져서 둥치만 남는 꿈을 꾸었다. 예언자 다니엘은 이것을, 그가 미쳐서 이성을 잃는다고 해몽했다. 그리하여 그의 발광은 7년 동안 계속됐다.

*13 1622년의 필립 4세가 포고한 것이며, 결혼한 자와 자식을 6명 이상 가진 자에게는 특권을 준다는 것이었다.

*14 전설적인 로마 건설자로서 초대왕, 재위 기원전 753~716년. 죽어서 승천했다고 한다. 나중에 율리우스 프로쿨루스라는 원로원 의원 앞에 나타나, 로마 인에게 무사를 연구하게 하라고 말했다고 한다. 이것은 리비우스 《연대기》 1·16에 나와 있다.

*15 이 수필에 씌어진 시기(《에세이》 제2판, 1612년) 이전, 1588년에 에스파냐의 무적함대는 영국에 패배했지만, 에스파냐는 그 무렵 역시 유럽 최대의 강국이었으며, 아메리카 대륙에 대한 식민이라든가 그 밖에서 세력을 떨치고 있었다.

*16 키케로 《아티쿠스 서한》 10·8. 기원전 60년에 카이사르, 크라수스, 폼페이우스의 제1차 삼두정치가 성립. 그러나 폼페이우스와 카이사르 사이에 불화가 생겨, 폼페이우스는 그리스로 달아나서 파르살리아의 싸움에서 지고는 다시 이집트로 달아났다가 암살당했다. 테미스토클레스는 그리스 해군을 건설하여 페르샤군을 무찔렀다.

*17 아크티움은 그리스의 암브라키아 만(혹은 아르타 만)의 입구에 있으며, 거기서 기원전 31년에 마르쿠스 안토니우스와 이집트의 클레오파트라의 해군을 아우구스투스의 해군이 격파하고, 옥타비아누스(후일의 아우구스투스)는 로마의 초대 황제가 되었다.

*18 1571년 10월, 그리스 서부 레판토 혹은 나브파크토스 앞바다에서 터키 군과 이탈리아, 에스파냐 해군이 싸워 터키 군이 패배하여, 다시는 유럽 여러 나라를 위협할 수 없게 되었다. 십자군의 마지막이라고 하며, 아크티움의 해전 이후 사상 최대의 해전으로서, 두 군을 합치면 모두 500척의 갤리 선이 출전했는데, 터키 군 300척 가운데서 40척만이 간신히 달아났다고 한다.

*19 〈마태복음〉 6·27, 〈누가복음〉 12·25.

30 건강법

의술의 규칙을 넘은 지혜가 있다. 즉 사람이 자기 자신을 관찰하여, 무엇이 좋다고 생각하고 무엇을 해롭다고 생각하는가가 건강 유지의 가장 좋은 의술이라는 것이다. 그러나 더 안전한 결론으로서 말할 수 있는 것은, "이것은 내게 잘 맞지 않는다. 그래서 이것은 계속하지 않겠다"는 것이며, "이것은 해롭지는 않으니까 사용해도 좋겠지"가 아니다. 왜냐하면 본디 젊을 때의 힘이라는 것은 많은 과도(過度)를 개의하지 않는데, 그것은 노년에 이르기까지 일종의 빚이 되는 것이다.

나이를 먹어가는 것을 지켜보고, 같은 것을 언제까지나 되풀이하지 않도록 생각하는 것이 좋다. 나이는 대적할 수 없는 것이기 때문이다. 식사에 급격한 변화가 없도록 조심해야 한다. 필요에 의해서 어쩔 수 없다면 다른 것을 거기에 맞추도록 해야 한다. 왜냐하면 자연의 경우나 정치의 경우에나 많은 것을 바꾸는 편이 하나를 바꾸는 것보다 안전하기 때문이다. 식사, 수면, 운동, 옷 같은 것에 대한 자기의 습관을 검토하고, 무엇이나 자기가 해롭다고 판단할 경우에는 조금씩 중지하도록 시도해야 한다. 그러나 그 변화 때문에 무언가 불편을 느낀다면, 다시 그곳으로 되돌아가도록 하는 것이다. 왜냐하면 일반적으로 좋고 건강적이라고 생각되는 것과, 특정한 경우 좋고 자기의 몸에 맞는 것을 구별하기는 곤란하기 때문이다.

식사나 수면이나 운동을 할 때 마음에 걸리는 것이 없고, 기분을 유쾌하게 갖는다는 것은 장생의 가장 좋은 습관 중 하나이다. 마음의 감정이나 욕망에 대해서 피해야 할 것은 질투, 공포로 걱정하는 것, 노여움의 내공(內攻), 미묘하고 곤란한 천착, 과도한 기쁨이나 들뜬 행동, 남에게 말할 수 없는 슬픔 같은 것이다. 그리고 희망, 기쁨보다는 명랑함, 과도한 즐거움보다는 다양한 즐거움을 경이(驚異), 찬탄, 또 그러기에 신기하고 연구 대상으로서 마음을 근사하고 훌륭한 대상물로 채울 수 있는 역사, 신화, 자연의 관찰 등을 향유할 것이다. 만일 건강을 위한 의술을 완전히 피한다면, 그것이 필요해질 땐 몸에 너무 안 맞게 될 것이다. 또 지나치게 의술에 길이 들면 막상 병이 들었을 때 별로 특별한 작용을 하지 못하게 될 것이다. 내가 권하고 싶은 것은 절제에 맞는 식사이며, 그것은 의술을 자주 사용하는 것보다 낫다. 다만 습관이 들어 있으면 그렇게 되지 않는다. 왜냐하면 그런 식사는 몸을 더욱 변화시키는 것이며, 그러면서도 해가 되는 일은 비교적 적다. 자기 몸속의 새로운 징후는 무엇이나 경멸해서는 안 된다. 이에 대해서는 남의 의견을 들어야 한다.

병이 들었을 때에는 주로 건강에 주의해야 한다. 그리고 건강할 때에는 운동에 주의한다. 왜냐하면 자기 몸이 건강할 때 운동하여 내구력이 생기도록 준비하는 사람은, 어떤 병이라도 아주 심한 것이 아니면 식사와 건강법만으로 고칠 수 있을 것이다. 아우루스 코르넬리우스 케르수스(기원전 30~후 45, 로마의 저술가)는 의사로서 그렇게 말할 수 없었다. 그러나 그는 현자였으므로, 건강과 장수의 위대한 교훈을 남겼다. 그것은 여러 생활 습관을 정반대의 것으로 바꾸어 보기도 하고, 그것을 번갈아 해보거나 하는 것이 좋다는 것인데, 비교적 온화한 극단 쪽으로 조금 기우는 듯이 하라는 것이었다. 단식과 만복(滿腹)의 경우, 만복 쪽으로 하는 것이다. 깨어 있을 때와 자고 있을 때의 경우 오히려 자는 것이다. 앉아 있을 때의 경우 오히려 자는 것이다. 앉아 있는 것과 운동하는 것이라면, 운동 쪽으로 한다는 것이다. 그와 같이 하여 자연히 소중히 다루어지는 동시에 병의 극복도 배울 수 있을 것이다.

의사 중에는 환자의 기분을 너무 맞추어 주고, 또는 그 응석을 받아 주느라 병의 참된 치료법을 추진하지 못하는 사람이 있다. 또 개중에는 병에 대해서 너무 고지식하게 의술대로만 나아가려 하고, 환자의 상태를 충분히 주의하지 않는 사람도 있다. 모름지기 그 중간의 생각을 가진 의사를 택해야 한다. 그런 사람이 발견되지 않을 때는, 각각의 성향을 가진 두 사람을 합치는 것이 현명하다. 그리고 자기의 몸을 가장 잘 알고 있는 사람과 더불어, 솜씨 면에서 가장 평이 좋은 사람을 부르는 것을 잊어서는 안 된다.

31 의심

사고(思考) 가운데 의심은 새 가운데의 박쥐 같은 것이다. 언제나 어두워질 때 날아다닌다. 확실히 그것은 억눌러 버리거나, 적어도 충분히 저지하도록 해야 한다. 왜냐하면 마음을 흐리게 만들기 때문이다. 그것은 친구를 잃게 한다. 그리고 사무를 방해한다. 그 때문에 사무는 원활하게 또 계속적으로 나아가지 못한다. 그것은 국왕을 폭정으로, 남편을 질투로, 현명한 사람들의 결단을 흐리게 하고 우울로 향하게 한다. 이런 결함은 용기의 결핍에 있는 것이 아니라 지성(知性)에 있다. 그것은 매우 강한 성질의 사람에게서도 일어난다. 이를테면 영국의 헨리 7세*¹의 예에서 볼 수 있다. 그 이상 의심을 갖는 사람도, 그 이상 강한 사람도 없었다. 그리고 그런 기질 속에서는 별로 해를 끼치는 일도 없다. 왜냐하면 보통 그것을 받아들이려고 할 때에는, 그것에 근거가 있는지 없는지 검토하는 법이다. 그러나 겁이 많은 사람들의 경우에는 금방 너무 강력해진다.

사람에게 많은 의심을 일으키게 하는 가장 큰 이유는 아는 것이 적기 때문이다. 그러므로 사람들은 의심에 대한 대책으로서, 더 많은 것을 알려고 노력하고 그 의심을 억눌러서 너무 꼼꼼하게 생각지 말아야 한다. 사람들은 어떻게 하고 싶어하는 것일까? 자기가 사용하거나 상대하는 사람들을 성인(聖人)이라 생각하고 있는 것일까? 자기 자신의 목적을 이룩하기 위해 그들에 대해서보다 자신에게 더 충실해지려고는 생각지 않을까?

그러므로 의심을 완화하는 가장 좋은 방법은, 그 의심을 진실이라고 생각하면서 조심하고, 그러나 그것을 거짓스러운 것으로서 고삐를 당기는 것이다. 왜냐하면 사람은 의심을 이용하여 자기가 의심을 갖고 있다는 것이 사실이 되더라도, 그것이 아무런 해도 끼치지 않도록 조심하는 것이 중요하다. 자연히 마음을 모으는 의심은 날개 소리만 들리는 것과 같다. 그러나 인공적으로 길러지고, 남의 말이나 소곤거림으로 사람들의 머릿속에 들어가는 의심은 바늘을 갖고 있다. 이러한 의심의 숲 속에서 길을 만드는 가장 좋은 수단은, 자기가 의심을 품고 있는 상대에게 그것을 솔직히 말하는 것이다. 왜냐하면 그것으로 그 진실성에 대해서 전보다 더 자세히 알 수 있게 될 것이 틀림없기 때문이다. 그리고 그것으로 그 상대에게는 더 이상의 의혹의 원인을 만들지 않도록 더욱 주의시키게 될 것이다. 그러나 비열한 성질을 가진 사람들에게는 그렇게 하지 않는 것이 좋다. 왜냐하면 그런 인간들은, 만일 자기들이 의혹을 주고 있다는 것을 한 번 알게 되면, 결코 진실해지지 않을 것이기 때문이다. 이탈리아 인들은 말한다. "의혹이 신의를 자유롭게 만든다"*² 이것은 의혹이 신의에게 떠나가는 통행 허가를 준다는 것처럼 생각되지만 사실은 그것이 아니라 오히려 자기를 불태워서 자기의 결백을 밝혀야 한다는 것이다.

＊1 헨리 7세에 대해서는 《충고》를 참조. 그는 시의심이 강했다고 한다.
＊2 이탈리아의 속담. 의심을 받으면 충실함을 그만두어도 좋다고 해석할 수도 있지만, 오
히려 충실함으로써 자기의 진실을 알리도록 해야 한다는 뜻이다.

32 담화

　담화 중에서 판단력 즉 무엇이 진실인가를 분별하는 힘보다, 기지(機知)에 대하여 칭찬을 받고, 무슨 의론이고 다 해낼 수 있다는 말을 듣고 싶어하는 사람이 있다. 이를테면 무엇을 생각해야 할 것인가 하는 것보다, 무슨 말을 하는 편이 좋을지 알고 있는 것으로 칭찬을 받는다는 따위이다. 무언가 장기로 삼는 화제나 주제는 있지만, 변화가 적은 사람도 있다. 그런 종류의 빈곤은 대부분의 경우 매우 따분하며, 한 번 그런 것을 알게 되면 우스꽝스러운 것이 된다.

　이야기의 가장 훌륭한 부분은, 이야기가 나아가는 기회를 주는 것이다. 그리고 또 중재를 하여 무언가 다른 쪽으로 옮기는 일이다. 그렇게 하면 그 사람이 키를 잡게 되기 때문이다. 담화나 회화 때의 이야기로서 좋은 것은, 당연한 문제에 관한 이야기와 논의, 이야기와 반성, 그 의견에서의 의문점과 농담, 그리고 진지한 내용의 혼합이다. 왜냐하면 상대를 피로하게 만들거나 또는 요즘 말로하면 무엇이든지 지리하게 만드는 것은 모두에게 따분한 일이기 때문이다.

　농담에서는, 주의해야 할 것이 몇 가지 있다. 이를테면 종교나 국가의 여러 문제, 높은 사람들, 누군가의 목전의 중요한 일, 그리고 무엇이건 딱하게 여겨지는 것이 당연한 일처럼 말하는 것이다. 그런데 자기들의 재능이 잠자고 있다고 생각하는 것인지, 무언가 재치있고 따끔한 말을 마구 지껄이지 않고는 못 견디는 사람이 있다. 그런 기분은 삼가야 한다.

　아이야, 회초리를 삼가고
　고삐를 더 세게 잡아당겨라. ＊1

중요한 능력은 기지와 쓴 맛의 차이를 알아야 하는 것이다. 확실히 풍자적인 기질이 있는 사람은, 남들에게 그 지성으로 인해 두려움을 느끼게 하지만, 한편 그 자신도 남들이 기억하고 있다는 것을 두려워할 필요가 있다. 질문을 많이 하는 사람은, 많이 배우게 되고 많은 사람들을 만족시키게 될 것이다. 특히 자기가 질문하는 사람들의 기능에 알맞는 질문을 할 때 그렇다. 왜냐하면 그런 사람들에게는 말을 건넴으로써 만족을 느끼는 기회를 주게 되고, 자기 자신은 끊임없이 지식을 얻게 될 것이기 때문이다. 그러나 귀찮을 만큼 질문을 해서는 안 된다. 그것은 시험관(試驗官)이나 할 법한 일이기 때문이다. 그리고 다른 사람들에게도 꼭 이야기할 기회를 주어야 한다. 그뿐 아니라, 누군가 시간을 모두 독점하여 혼자서만 이야기하는 사람이 있으면, 자연스럽게 그런 사람들을 중지시켜서 다른 사람이 끼어들도록 해 주는 것이 좋다. 악사(樂士)들이 경쾌한 갤리어드 춤*²을 너무 오래 추는 사람들에게 흔히 쓰는 방법을 사용하는 것이다.

자기가 알고 있다고 생각하고 있는 것을 가끔 모르는 체한다면, 그 다음에는 자기가 정말 모르는 것도 알고 있다고 남들에게 여겨질 것이다. 자기 자신에 대한 이야기는 좀 적게 하고 또 잘 골라야 한다. 내가 아는 어떤 사람은 늘 경멸하는 어조로 말하곤 했었다. "저 친구는 현명한 사람이 되고 싶어 못 견뎌 한단 말이야. 자기에 관한 것을 시도 때도 없이 지껄여대거든." 자기를 칭찬해도 겸연쩍지 않은 경우는 단 하나뿐이다. 그것은 남의 덕성을 칭찬하는 일인데 특히 자기 자신도 가졌다고 생각되는 덕성일 경우이다. 남과 관계있는 이야기는 삼가야 한다. 담화하는 것은 들판 같은 것이어서, 누구에게나 별로 지장이 없는 편이 좋다.

내가 아는 영국 서부의 귀족 두 사람이 있었다. 그 가운데 한 사람은 남을 비웃는 버릇이 있었으나, 집에서는 언제나 음식을 잘 대접했다. 또 한 사람은, 그 집에서 음식 대접을 받고 온 일이 있는 사람들을 붙잡고는 "사실을 말해 주면 좋겠소만, 그 사람이 당신을 얕잡아 보는 심한 말을 하지는 않던가요?" 묻는 것이었다. 그러면 손님들은 이러저러한 일이 있었다고 대답했다. 이 귀족은 그 사람이 맛있는 음식을 일부러 맛 없게 만들 것이라고 생각하고 있었다는 것이었다.

분별있는 말이란 웅변 이상의 것이다. 그리고 우리가 상대의 기분에 맞는 이야기를 하는 것은, 좋은 말로써 이야기하거나 조리있게 이야기하는 것 이상이다. 좋은 이야기를 오래 계속하더라도, 좋은 대답의 이야기를 하지 못한다면 둔함을 보여 주는 것이 된다. 그리고 좋은 대답 또는 제2의 이야기라도, 일관된 좋은 이야기가 되지 못하면 천박함과 약함을 보여 주게 된다. 이를테면 짐승의 경우에 볼 수 있는데, 가장 느리게 달리는 짐승은 방향을 바꾸는 데 가장 민첩하다. 이를테면 그레이하운드 개와 토끼의 관계에서 볼 수 있다. 문제의 요점에 이르기까지, 온갖 서문적(序文的)인 사정을 너무 많이 늘어 놓는다는 것은 성가신 기분을 일으키게 하는 법이다. 또 그런 것이 전혀 없어도 너무 무뚝뚝하다.

〈주〉
＊1 오비디우스 《변신부》 2·127.
＊2 둘이서 추는 경쾌한 3박자의 춤으로, 16세기 프랑스에서 영국에 전해졌다.

33 식민지＊1

식민지라는 것은 고대로부터 원시적이고 영웅적인 사업의 하나이다. 세계가 젊었을 때는 비교적 많은 아이를 낳았다. 그러나 지금은 나이를 먹어서 낳는 것이 비교적 적어졌다. 즉 새로운 식민지를 이전 왕국의 아이라고 생각해도 괜찮을 줄 안다. 나는 지금까지 사람이 살지 않았던 순수한 토지의 식민지를 좋아한다. 즉 사람들이 다른 자들 가운데 식민해 들어갈 목적으로 이주해 온 일이 아직 없는 곳을 뜻한다. 그 밖의 경우엔 그것은 식민이 아니라 절멸(絶滅)을 뜻하는 것이기 때문이다.

식민은 숲의 식림(植林)과 같다. 왜냐하면 거의 20년 동안 이익 없이 기다렸다가, 끝에 가서 보수를 기대해야 하기 때문이다. 많은 식민지가 파괴된 주요 원인은, 처음 몇 해 동안에 이익을 얻으려고 너무 서둘렀기 때문이다. 그야 빠른 이익을 무시해서는 안 된다. 그러나 그것도 식민지의 이익과 일치하는 한에서이며, 그 이상이어서는 안 된다.

최하층의 인간이나 나쁜 범죄인들을 데리고 가서 그런 사람들로 식민하려고 하는 것은 부끄러운 일이고 또 좋지 못한 일이다. 그뿐 아니라 그것은 식민지를 엉망으로 만들어 버린다. 왜냐하면 그런 사람들은 언제나 무뢰한 같은 생활을 하고, 일을 시작하려 하지 않을 것이기 때문이다. 게으름을 피우고, 나쁜 짓을 하고, 식량을 허비하고, 금방 싫증을 내는가 하면, 본국에다 식민지에 도움이 되지 않는 보고를 하게 될 것이다. 식민할 사람들은 정원사, 농부, 노무자, 대장장이, 목수, 소목장이, 어부, 들새잡이, 그리고 소수의 약제사, 외과 의사, 요리사, 빵굽는 사람 등이어야 한다.

식민하는 나라에서는 먼저 어떤 종류의 식량을 그 나라가 손수 생산할 수 있는지 살펴야 한다. 이를테면 밤, 호두, 파인애플, 올리브, 대추, 오얏, 버찌, 야생의 벌꿀 같은 것이다. 그런 산물을 이용해야 한다. 그리고 식량이나 음식물로서 연내에 빠르게 성장하는 것이 있는지 살펴야 한다. 이를테면 아메리카 방풍나물, 당근, 순무, 양파, 무우, 엉겅퀴, 옥수수 같은 것이 있다. 밀, 보리, 귀리 등은 힘이 너무 많이 든다. 그러나 완두콩이나 강남콩부터 시작하는 것도 좋을 것이다. 비교적 힘도 안 들고, 빵도 식량도 될 수 있기 때문이다. 그리고 쌀 생산량도 마찬가지로 빠르게 증가한다. 그것도 일종의 식량이다. 특히 처음에는 비스킷, 오트밀, 밀가루 같은 것의 비축을 위해 갖고 와야 한다. 빵이 될 때까지의 준비이다.

짐승이나 새 종류처럼 주로 병에 강하고, 그러면서도 가장 빨리 느는 것을 갖고 가는 것이 좋다. 이를테면 돼지, 양, 수탉, 암탉, 칠면조, 거위, 비둘기 등이다. 식민지에서의 식량은 포위된 도시의 경우와 마찬가지로 배급제여야 한다. 즉 일정하게 할당된 땅의 주요 부분은, 공유 재산으로 만드는 것이다.

그 뒤 거둬들이고, 저장하고, 배급제로 할당한다. 그 밖에 약간의 땅은 누구나 자기 자신을 위해서 개인적으로 경작할 수 있도록 한다. 마찬가지로 어떤 수출용 물품을 식민지의 어떤 토지가 천연적으로 생산하는가 살펴보아야 한다. 그런 것이 어떻게든 식민지의 경비를 충당하는 데 도움이 되게 하기 위해서이다(단 이미 말했듯이, 그것이 너무 빨라서 주요한 일에 해가 되지 않도록 해야 한다). 이를테면 버지니아의 담배*2 같은 경우이다. 숲은 보통 지나치게 풍부할 정도이다. 그래서 재목은 물품이라고 부르는 것이 적당하다. 철광과 수차(水車)를 걸 냇물만 있으면, 숲이 풍부한 곳에서 쇠는 훌륭한 물품이다. 천일염을 만드는 것은 기후만 적당하다면 시험해 볼 만하다. 만일 식물견(植物絹)이 있다면 이것도 마찬가지로 장래성 있는 물품이다. 송진과 타르는 전나무나 소나무가 많은 곳에서는 반드시 채취할 수 있을 것이다. 또한 약물류나 장뇌류(樟腦類)가 있는 곳이라면 틀림없이 큰 이익을 가져다 준다. 비누 재료인 목회(木灰)도 마찬가지이고, 그 밖에 다른 것도 생각할 수 있을 것이다.

그러나 지하를 너무 극성맞게 뒤적거려서는 안 된다. 왜냐하면 광산의 가망은 매우 불확실한 것이며, 식민자들을 다른 방면에서 게으르게 만들기 때문이다. 통치는 한 사람의 손에 맡기고 어떤 보좌 기구로써 돕도록 하는 것이 좋다. 그리고 군율(軍律)을 행사하는 직권을 약간의 제한과 더불어 갖게 해 준다. 무엇보다도 사람들이 황야에 있으며, 언제나 신과 신에 대한 봉사를 목전에 놓아두는 이익을 볼 수 있도록 하는 것이 좋다. *3

식민지의 통치를, 식민하는 본국에 있는 너무나 많은 고문이나 청부업자에게 의존하도록 해서는 안 된다. 적당한 수가 좋다. 그리고 그것도 귀족이나 신사가 상인보다 낫다. 왜냐하면 상인들은 언제나 직접적인 이익에 마음을 쓰기 때문이다. 식민지가 강력해질 때까지 관세는 없는 편이 좋다. 그리고 관세로부터의 자유뿐 아니라, 그 물품을 가장 잘 이용할 수 있는 곳에 운반하는 자유도 있는 것이 좋다. 그러나 주의해야 할 어떤 특별한 이유가 있을 때에는 반드시 그러지 않아도 된다. 너무 빨리 단체를 잇달아 보내어 사람을 가득 채워서도 안 된다. 오히려 줄어가는 쪽에 주의하여, 그에 따라서 보충을 보내도록 해야 할 것이다.

그 수가 식민지에서 살기 좋도록, 또 너무 많아서 빈곤해지지 않도록 하는 게 좋다. 몇몇 식민지에서 건강에 대해 매우 위험해진 적이 있었다. 그것은 바닷가나 강가, 늪이나 비위생적인 토지에 건설을 시도했기 때문이었다. 그러므로 그런 곳에서 시작하더라도, 운반과 그 밖에 비슷한 불편을 피하기 위해서, 언제나 물가보다 대체로 높은 곳에 건설하는 편이 낫다. 마찬가지로 식민지의 건강에 관계가 있는 일인데, 충분한 소금을 비축하도록 해야 한다. 필요할 때 식량과 더불어 사용하기 위해서이다.

만일 미개인이 있는 곳에서 식민한다면, 그 사람들을 하찮은 물건이나 소리 나는 것 따위로 기쁘게 만드는 것뿐 아니라, 올바르고 친절하게 부리는 편이 좋으며, 언제나 충분한 경계를 늦추지 말아야 한다. 그리고 그들의 호의를 얻으려고 적에 대한 침략을 도와서도 안 된다. 만일 그것이 그들의 방위를 위해서라면, 도와주어도 엉뚱한 짓이 아닐 것이다. 그리고 그들 몇 사람씩 식민하는 본국을 구경시켜 주는 것이 좋다. 자기들보다 나은 상태를 보고 돌아와서 칭찬하도록 만들기 위해서이다. 식민지가 성장하여 강력해지면 남자뿐 아니라 여자도 식민하는 시기가 된다. 그 식민지가 몇 세대나 확장되어 가서 외부의 보강을 얻지 않아도 되기 위해서이다. 가장 죄가 많은 것은, 한 번 전진 상태가 된 식민지를 버리거나 돌보지 않는 일이다. 그것은 불명예일 뿐 아니라, 많은 가엾은 사람들의 피를 헛되이 잃게 하는 결과가 되기 때문이다.

〈주〉

＊1 이 에세이는 1652년의 《에세이》 제3판에 처음으로 수록된 것. 컬럼버스의 아메리카 발견은 1492년인데, 1607년에는 아메리카에 제임즈 타운이 생기고, 1620년에는 메이 플라워 호에 의한 플리머드 식민지가 발족했다. 서어 월터 로리는 1584년에 버지니아 식민지를 열었으나, 노포크 섬의 식민에는 실패했다. 영국은 아메리카 식민에 있어서 에스파냐, 프랑스에 뒤졌으며, 중세 이래 유럽 대륙의 영토를 잃었으므로, 특히 식민지 문제가 국민으로서나 또 정치가로서나 중요한 문제가 되었다.

＊2 담배는 엘리자베스 여왕 시대의 첫무렵에 영국에 건너왔는데, 버지니아 같은 아메리카 식민지에서는 다른 것은 거들떠보지 않고 담배만 재배한다고 비난이 일어났다.

＊3 황야(고독)에서는 신을 생각하기가 더 편리하다는 뜻.

34 부

부를 덕성(德性)의 방해물이라고 부르는 것보다 더 적절한 표현을 나는 모른다. 로마의 말투는 더 좋다. 군대가 수송하는 화물이라는 것이다. 왜냐하면 짐과 군대와의 관계가 부와 덕성과의 관계이기 때문이다. 그것은 없어서도 안 되고 뒤에 두고 갈 수도 없다. 그러나 그것은 전진을 방해한다. 틀림없는 말이다. 더욱이 그것에 정신을 빼앗겨서 때로는 승리를 잃게도 되고, 그 방해가 되기도 한다. 아주 큰 부는 실제의 효용이 없다. 다만 나누기 위해서라면 그렇지 않다. 그 밖의 경우는 공상에 지나지 않는다. 그러므로 솔로몬이 말하고 있는 것처럼 "재산이 더하면 쓰는 자도 더하나니, 그 소유주가 눈으로 보는 외에 무엇이 유익하랴"*1 누구의 경우에나 개인적인 기쁨이 있다고 하더라도, 큰 부는 손으로 만져 볼 수 없게 된다. 그것을 보관해 둘 수는 있다. 그것을 나누거나 주거나 하는 힘은 있다. 그렇다고 소유주에게 실질적인 효용이 있는 것은 아니다. 조그만 돌이나 진기한 것에 얼마나 변덕스러운 가격이 매겨지는지 모르는가? 그리고 큰 부에 무언가 효용이 있는 것처럼 보이게 하기 위해서, 얼마나 겉치레가 심한 일이 기도되고 있는가! 그러나 이렇게 말하면, 그것은 사람을 위험이나 곤란에서 구해내는 데 도움이 될지 모른다고 말할 사람도 있을 것이다.

솔로몬은 이렇게 말했다. "부자의 재물은 그의 견고한 성이라, 그가 높은 성벽같이 여기느니라."*2 그러나 그것은 상상에서의 일이며, 사실에서는 반드시 그렇지도 않다는 것을 표현하고 있는 것은 훌륭하다. 왜냐하면, 확실히 큰 부는 사람을 파는 편이 사는 편보다 많았다. 자랑하기 위한 부를 구해서는 안 된다. 올바르게 얻고, 성실하게 쓰고, 즐겁게 나누며, 만족하여 남길 수 있는 것이 되어야 한다. 그러나 세상을 버리는 은둔적 또는 수도사적(修道士的)인 경멸을, 부에 대해서 가져서는 안 된다. 그리고 구별해야 한다. 이를테면 키케로가 라비리우스 포스투무스에 대해서 묘하게 한 말이 있다. "자기의 재산을 늘리려고 함에 있어서 분명한 것은, 그가 탐욕의 밥이 아니라 선행의 도구를 손에 넣으려 했다는 것이다."*3 또 솔로몬의 말대로 부랴부랴 부를 모으는 일이 없도록 주의하는 것이 좋겠다. 즉 "속히 부하고자 하는 자는 형벌을 면치 못하리라."*4

시인들이 지어 낸 이야기에 따르면, 플루투스(즉 부이다)는 유피테르가 심부름을 보낼 때에는 절뚝거리면서 느릿느릿 간다. 그러나 플루톤이 심부름을 보내면 빠른 걸음으로 달려간다고 한다. *5 그 뜻은, 좋은 수단과 올바른 노력으로 얻은 부는 발걸음이 느리다. 그러나 남의 죽음에 의해서 오는 경우에는(이를테면 상속이나 유언 같은 수단으로), 사람에게 금방 굴러 들어온다는 것이다. 그런데 그것은 플루톤에게도 역시 해당될지 모른다. 악마라고 생각하는 것이다. 왜냐하면 부자가 악마한테서 올 때(이를테면 사기나 박해나 부정 수단 따위)에는 전 속력으로 달려오기 때문이다. 부자가 되는 길은 많으나 그 대부분은 추악하다. 인색함은 가장 좋은 방법의 하나이지만 죄가 없다고는 할 수 없다. 왜냐하면 그것은 사람의 관용과 자선의 일을 못하게 하기 때문이다.

토지의 개량은 부를 얻는 가장 자연스러운 방법이다. 그것은 우리의 위대한 어머니, 즉 대지의 축복이기 때문이다. 그 대신 그것은 느리다. 그러나 매우 부유한 사람이 몸을 굽혀 농업을 하게 되면 부가 매우 늘어난다. 내가 아는 영국의 어느 귀족은 내 시대의 그 누구보다도 큰 수입을 갖고 있었다. 큰 목축업자, 큰 목양자(牧羊者), 큰 목재업자, 큰 탄광 소유자, 큰 곡물상, 큰 연광(鉛鑛)소유자 또 철과 많은 비슷한 종류의 기업가였다. 그러므로 대지는 그 사람에게, 무언가를 끊임없이 안겨주는 바다와 같았다. 그 사람은 조그만 부에는 매우 고생하여 도달했지만, 큰 부에는 아주 편안히 도달했다고 말하곤 했는데 그것은 사실이었다. 사람의 재산은 어느 점에 도달하여 가장 좋은 시장 상태를 기다렸다가, 돈을 낼 사람이 별로 없는 커다란 거래를 자기 것으로 만들고, 비교적 젊고 돈을 안 가진 사람들의 기업에 낄 수 있게 되면, 크게 붓지 않을 수 없기 때문이다.

여느 장사나 직업의 이득은 정직한 것이다. 그리고 주로 두 가지 소문에 의해서 증진된다. 근면하다는 것과 훌륭하고 공정한 거래를 한다는 좋은 소문이다. 그러나 거래의 이득은 비교적 의심스러운 성질의 것일 경우가 있다. 사람이 남의 필요를 노려서 거래를 할 때, 하인이나 도구가 될 만한 자를 이용하여 그런 사람들을 유인하도록 하고, 더 좋은 상인이 될 만한 사람을 교묘하게 물리치며, 또 마찬가지로 교묘하고 나쁜 술책을 쓰지 않으면 안 되는 것이다.

거래의 교환에 대해서는, 갖고 있기 위해서가 아니라 다시 팔기 위해서 살 때에 보통 사는 사람과 파는 사람을 2중으로 압박한다. 주식(株式)으로 만들면 부를 매우 늘리게 된다. 그 경우에는 신용할 사람을 잘 고를 필요가 있다. 이자를 붙여서 빌려 주는 것은 가장 확실한 이득의 수단이지만, 또 가장 나쁜 것 중의 하나이다. 그것으로 사람은 자기의 빵을 '남의 얼굴에 땀을 흘리게 하여'*6 먹게 되기 때문이다. 게다가 일요일에도 일하게 된다. *7 그것은 확실하지만 결함도 있다. 왜냐하면 돈놀이 중개업자나 중매업자는 자기 자신의 목적에 맞도록 불건전한 사람을 중시하고 추천하게 된다. 어떤 새로운 장사나 전매(專賣)를 가장 먼저 하는 사람이, 부를 크게 증진시키는 훌륭한 원인이 되는 수가 있다. 이를테면 카나리아 군도의 첫 설탕업자의 경우가 그것이다. *8 그러므로 만일 어떤 사람이 참된 논리가(論理家)의 역할을 맡고, 판단력과 연구력을 가질 수 있다면, 위대한 일을 할 수 있을지도 모른다. 특히 시대가 적합할 때 그렇다. 확실한 이득만을 내다보는 사람은 큰 부를 얻기 위해서 고생을 해야 할 것이다. 또 모든 것을 투기에 거는 사람은 실패하여 가난해지는 수가 많다. 그러므로 투기를 확실성이 있는 것으로 지키고 손실을 메꿀 수 있도록 해야 한다.

전매와 물건을 매점하여 전매하는 것은 그런 것이 금지되어 있지 않은 곳에서는 부자가 되는 큰 수단이다. 특히 당사자가 지식을 갖고 있어서, 어떤 것이 요구될 것인가를 알고 미리 비축할 경우에 이런 말을 할 수 있다. 왕후 같은 사람을 섬김으로써 얻은 부는, 출처는 가장 좋더라도 그 얻는 방법이 아첨이나, 상대의 방자나, 그 밖의 비굴한 조건에 의한 것이라면 가장 나쁜 것의 하나로 보아도 될 것이다. 유언장이나 유언 집행인의 자격을 물색하는 경우(타키투스가 세네카에 대해서 말하고 있는 예에 따르면 '그는 유언장과 후견인을 그물로써 걸었다'*9), 그것은 더욱 나쁘다. 사람이 왕후를 섬기는 경우보다 더 천한 사람을 섬기게 되기 때문이다. 부를 경멸하는 듯이 보이는 사람을 너무 신용해서는 안 된다. 왜냐하면 그것에 절망하는 사람이 그것을 경멸하는 법이기 때문이다. 그리고 그런 것을 손에 넣게 되면 그 사람보다 나쁘게 쓰는 인간도 없다.

적은 돈을 인색하게 아껴서는 안 된다. 부에는 날개가 있다. 그래서 때로는 혼자 날아가 버리기도 하고, 더 많이 갖고 오도록 날려 보내기도 해야 하는 것이다. 사람은 부를 친척이나 공공 사회에 남긴다. 적당한 액수가 그 어느 경우에나 가장 좋다. 큰 재산이 한 사람의 상속자에게 남겨진다는 것은, 주변의 사나운 새들을 모두 달려들게 유혹하는 것이나 다름없다. 그 사람이 나이나 판단력에 있어서 어느 정도 확립되어 있지 않으면 위험하다. 마찬가지로 선물이나 회사금도 소금 없는 희생의 고기*10 같은 것이다. 그리고 표면만 장식한 선심의 무덤이라,*11 곧 내부가 부패하여 못 쓰게 되어 버린다. 그러므로 자기의 선물을 양으로 재서는 안 된다. 적당히 목적에 따라서 생각해야 한다. 그리고 죽을 때까지 자선을 연기해서는 안 된다. 즉 확실히, 사람이 그것을 올바르게 생각해 보면, 그런 방법을 쓰는 사람은 자기 자신의 것보다 남의 자유를 관대히 하는 것이라고 말할 수 있는 것이다.

〈주〉

＊1 〈전도서〉 5·11.

＊2 〈잠언〉 18·11.

＊3 라비리우스 포스투무스를 말하는 것이 아니라, 그 아버지 라비리우스 카이우스에 대해서 키케로가 《라비리우스론》 2에서 한 말이다. 라비리우스가 호민관인 어떤 사람의 암살에 가담하는 것을 비난하고 있다.

＊4 〈잠언〉 28·20.

＊5 플루토스는 로마 신화에서 부(富)의 의인. 유피테르가 장님으로 만들어 버렸으며, 그 때문에 누구에게나 마구 부를 주는 것으로 생각되었다. 플루톤은 저승의 신으로서 하계의 부를 갖고 있다고 했다.

＊6 〈창세기〉 3·19.

＊7 일요일은 안식일이며 모든 일을 쉬고 신을 생각하는 날인데, 이자는 일요일에도 붙으므로 그것을 비난하고 있는 것.

＊8 카나리아 군도는 아프리카 연안의 에스파냐 령 군도로서, 1507년 무렵부터 설탕의 재배와 수출이 시작되었다. 그 무역은 주로 영국 상인이 맡았다.

＊9 타키투스 《연대기》 13·42. 단 세네카에 대해서가 아니라, 푸블리우스 스크리우스에 대해서 말한 것으로 되어 있다.

＊10 〈마가복음〉 9·49.

＊11 〈마태복음〉 23·27.

35 예언

내가 지금부터 이야기하려고 하는 것은, 성자(聖者)의 예언도 아니고 이교(異敎)의 신탁도 아니며, 또 확실한 근거가 있는 자연 현상의 예언같은 것도 아니다. 다만 여러 가지 예언 중에서 확실히 역사에 남아 있고, 그러면서도 아직 원인을 잘 모르는 그런 것이다. 피토니사는 사울에게 "내일 너와 네 아들이 나와 함께 있을 것이다."＊1 호메로스의 시 중에는 다음과 같은 귀절이 있다.

아에네아스 집안은 모든 나라를 지배할 것이다.

그리고 그 자식들의 자식들,

그리고 그들에게서 태어난 자들도. *2

그 예언은 로마 제국을 말하고 있는 것 같다. 비극 작가 세네카의 작품 중에는 다음과 같은 귀절이 있다.

때가 오리라

후세에, 바다는

세계의 기반을 늦추고,

그리하여 큰 토지가 나타나리라,

티피스*3는 새로운 세계를 나타내고,

토지가 아니리라, 마지막 툴레*4는.

이것은 미국 발견의 예언이다. 폴리크라테스*5의 딸은, 유피테르가 아버지에게 목욕을 시키고, 아폴론이 그 몸에 기름을 바르는 꿈을 꾸었다. 그리하여 그는 넓은 장소에서 책형당하여, 태양이 그의 몸에 땀을 흘리게 하고, 비가 그것을 씻어내리는 일이 일어났던 것이다. 마케도니아의 필리포스는 아내의 배에 봉인하는 꿈을 꾸었다. 그래서 그는 아내가 아이를 낳지 않겠다는 것으로 판단했다. 그런데 예언자 아리스탄다*6는 부인이 임신했다고 말했다. 사람이 빈 그릇에 봉인한다는 것은 대체로 있을 수 없기 때문이다. M. 브루투스의 진영 안에 나타난 환영은, "필리피에서 다시 나를 만나리라"*7고 말했다. 티베리우스는 갈바에게, "갈바여, 그대도 제국(帝國)을 맛보리라"*8 말했다.

베스파시아누스의 시대에 동방에서 이런 예언이 있었다. "유대에서 나오는 자가 세계를 다스리게 될 것이다." 그것은 우리의 구세주를 말하는지도 모르나, 타키투스는 베스파시아누스를 말하는 것이라고 판단하고 있다. *9 도미티아누스는 살해되기 전날 밤 황금의 머리가 자기 목에서 나오는 꿈을 꾸었다. *10 실제로 그를 계승한 사람들은, 몇 해나 걸쳐서 황금 시대를 만들어 냈다. 영국의 헨리 6세는 헨리 7세가 청년 시절에 그에게 물을 주었을 때,

"이 젊은이는 우리가 얻고 싶어 안간힘을 쓰는 왕관을 얻게 될 것이다"*11 말했다. 내가 프랑스에 있을 때 페나 박사라는 사람에게 들은 것이 있다. 마법에 전념하고 있던 왕비가, 남편인 국왕의 운수를 익명(匿名)으로 점쳐보게 한 적이 있었다. 그러자 점성사(占星師)가 이 사람은 결투로 살해될 것이라는 판단을 내렸다. 그 말을 듣고 왕비는 웃었다. 자기 남편이 결투의 도전을 받는 일은 결코 없을 것이라고 생각한 것이다. 그러나 마상시합(馬上試合)을 하던 중에 살해되고 말았다. 몬트고메리*12 백작의 창 자루 토막이 얼굴 가리개 틈으로 들어가 꽂혀 버렸던 것이다. 내가 어릴 때, 한창 엘리자베스 1세 여왕의 치세 중에, 하찮은 예언을 들은 적이 있었다. 그것은,

마(麻)가 갖아질 때가
영국이 망할 때

라는 것이었다. 그 뜻은 마(hempe)라는 영어의 머리 글자가 붙은 임금님들(헨리, 에드워드, 메어리, 필립, 엘리자베스 등이다) 뒤에, 영국은 아주 큰 혼란에 빠질 것이라고 널리 생각되었다. 그것은 고맙게도 이름이 바뀐 점만 사실이 되고 끝났다. 왜냐하면 국왕의 칭호를 지금은 영국의 국왕이라고 하지 않고 브리튼의 국왕이라고 하기 때문이다. *13 또 하나 다른 예언도 있었다. 1588년 이전의 일인데 나도 잘 모르는 것이다.

어느 날 보일 것이다.
바우*14와 메이*15사이에
노르웨이의 검은 함대(艦隊)가.
그것이 와서 다시 가 버릴 때
영국은 석회와 돌로 집을 짓는다,
전쟁 뒤에는 아무것도 없으니.

널리 퍼져 있던 생각은 이 예언이 88년에 나타난 에스파냐 함대를 가리킨다는 것이었다. 왜냐하면 에스파냐 왕의 성이 노르웨이였다고 하기 때문이다.

88년, 놀라운 해

이 예언은 레기오몬타누스*16가 했는데 실현된 것으로 생각되었다. 그 거대한 무적 함대의 파견이 있었기 때문이다. 그것은 수는 물론 힘에서도, 그때까지의 해상 세력으로서는 최대의 것이었다. 클레온의 꿈*17은 농담이었던 것으로 생각된다. 그가 기다란 용에게 먹힌다는 것이었는데, 그것은 소시지 제조인을 말하는 것이라고 설명되었다. 그 사람이 그를 몹시 괴롭혔던 것이다.

이런 종류의 것에는 여러 가지가 있다. 특히 꿈이니 점성학의 예언이니 하는 것을 넣으면 그렇게 된다. 그러나 나는 위와 같이 예로써 확실하다고 생각되는 몇 가지만 적었다. 내가 판단하는 바로는 그것은 모두 경멸해도 좋은 것이라고 생각된다. 그리고 겨울 난롯가에서 차를 마시며 이야기를 나누는 데 도움이 되는 정도로 그쳐야 할 것이다. 다만 내가 경멸이라고 말했을 때 그 뜻은, 신용하기에는 좀 부족하다는 것이다. 왜냐하면 그렇지 않고 그것을 퍼뜨리거나 공표하거나 한다는 것은 결코 경멸하는 것이 아니기 때문이다. 그것은 큰 해악을 흘리고 있으니 말이다. 그러므로 많은 엄격한 법률이 생겨서 그것을 억누르려 하고 있는 것을 알 수 있다.

그런 것이 인기를 얻고 제법 신용을 얻게 된 것은 세 가지 이유 때문이다. 첫째는 맞으면 기억하고, 안 맞으면 기억하지 않는다는 것이다. 일반적으로 꿈의 경우가 그와 같다. 둘째 이유는 있을 법하다는 상상이나, 잘 알 수 없이 전해져 내려오는 이야기가 예언으로 만들어져 버리는 일이 많다는 것이다. 흔히 사람들은 점치는 것을 좋아해서 그저 짐작에 지나지 않는 것을 예언해도, 그렇게 책임져야 할 일이라고 생각지 않는 것이다. 그것은 앞에서 설명한 세네카의 시에 있는 대로이다. 왜냐하면 지구에 대해서, 대서양 끝에 큰 장소가 있으리라는 것은 그 당시 거의 확실했다. 그것이 모두 바다가 아니라는 것은 대개 생각할 수 있었다. 게다가 플라톤의 《티마이오스》와 《아틀란티쿠스》에 있는 전해져 내려오는 말을 덧붙였다. 그래서 사람은 용기를 얻고 그것을 예언이라고 간주해 버렸던 것이다. 셋째의 마지막 이유(이것이 가장 큰 것인데)는 그 거의 전부가 거짓말이었다는 것이다. 그리고 시원찮은 조작의 재주가 있는 머리의 소유자에 의해서, 사건이 일어난 뒤 모두가 만들어지고 날조된 것이다.

〈주〉

*1 피토니사는 이스라엘의 초대 왕 사울로 변장하여 의논하러 간 팔레스티나 마을의 엔돌 마녀를 말한다. 〈사무엘상〉 28·7, 〈역대상〉 10·12. 아폴론이 델피의 신전 가까이에서 죽인 뱀 이름이 피톤이며, 아폴론 신전의 좌녀는 피토키스 또는 피소토니사라고 불렀 다.

*2 베르길리우스 《아에네이스》 3·97·8.

*3 그리스 전설에서 황금 양모를 찾으러 간 아르고스 선양의 배 아르고스의 키잡이.

*4 유럽 대륙의 북단에 있다고 생각되었던 섬. 아이슬란드 또는 셰틀란드라고도 상상되고 있다. 세네카 《메디아》 2·374~9.

*5 기원전 540년 무렵 사모스 섬의 찬주. 그리스 본토에 가서 붙잡혀 책형을 당했다.

*6 필리피 왕 필리포스 및 그 아들 알렉산드로스 대왕의 궁정에 있던 유명한 예언자.

*7 필리피는 마케도니아의 고도로, 마케도니아의 필리포스 왕이 농성했다. 그곳에서 나중 에 브루투스와 카시우스의 군이, 옥타비아누스와 안토니우스의 군에 패배당했다. 그 전날 밤 진중에서 브루투스 앞에 나타난 환영 또는 망령은, 그 패전을 예언한 것으로 풀이되고 있다. 플루타르코스 《대비열전》 〈브루투스 편〉

*8 타키투스 《연대기》 6·20.

*9 타키투스 《역사》 5·13, 수에토니우스 《베스파시아누스》

*10 수에토니우스 《도미티아누스》.

*11 홀 《연대기》, 홀린세드 《연대기》, 셰익스피어 《헨리 6세》 4·6·68, 베이컨 《헨리 7세 치세사》.

*12 가브리엘 몬트고메리(1530~1574년) 프랑스 군인으로, 1559년 시합을 하다가 잘못 하여 앙리 2세를 죽이고 영국으로 달아나서, 나중에 프랑스의 콩데 공을 섬겼으나 잡 혀 파리에서 카틀리느 드 메디치에게 처형당했다.

*13 엘리자베스 여왕에게는 상속자가 없었기 때문에, 그 뒤를 이은 것이 스코틀랜드의 제 임스 1세였으며, 이것으로 튜더 왕조는 끝나고, 스코틀랜드와 잉글랜드가 합병되어 대 브리튼이라고 부르게 되었다.

*14 바우는 스코틀랜드의 파스 오브 포스 강의 강구에 있는 바스 로크라는 작은 바위를 말한다.

*15 메이는 파스 오브 포스 강구의 메이 섬.

*16 요한 뮐러(1436~76년)는 독일의 수학자이며, 레기오몬타누스라는 라틴 이름으로 알

려졌다. 태어난 곳이 쾨니히스베르크여서 그것이 뜻하는 〈왕의 산〉을 라틴어로 고친
것이다. 다음의 인용은 1553년의 가스파르 푸르키우스의 라틴어 역에 의해서 예언적
의미를 갖게 되었다.

*17 클레온은 기원전 5세기 무렵 아테나이의 피혁 상인이자 민주주의 지도자였다. 꿈이
아니라, 아리스토파네스의 희극 《기사》 5·195에, 뱀 즉 소시지 상인이 가죽 독수리 즉
클레온을 죽인다고 나와 있다.

*18 헨리 8세, 에드워드 6세, 엘리자베스 1세의 시대에는, 황당무계한 예언이나 유언에
대해서, 사회의 불안을 부채질한다고 하여 엄한 법률이 제정되었다. 엘리자베스 여왕
시대에는 초법에 10파운드의 벌금과 1년 간의 금고형, 재범 이후에는 종신형이 내려졌
다.

36 야심

야심은 체액의 담즙(膽汁)과 같은 것이다. *1 체액은 인간을 활동적이고,
열심이며, 재빨리 움직이도록 만들어 준다. 단 그것을 멈추지 않았을 경우를
말한다. 만일 그것이 멈추어서 멋대로 움직이지 못한다면, 말라 버리고 따라
서 유해하고 유독한 것이 된다. 그러므로 야심이 있는 사람은 자기에게 승진
의 길이 열려 있다고 느끼며, 언제나 전진할 수 있다면 성가실 뿐이지 위험
하다고는 할 수 없다. 그러나 만일 그 욕망이 방해되면 속으로 불만을 품게
되고, 사람이나 문제를 악의 눈으로 바라보게 되며, 사물이 역행하는 것을
가장 좋아하게 된다. 이것은 군주나 공화국의 하인인 경우에 가장 나쁜 성질
이다. 그러므로 군주가 야심있는 인간을 사용할 때에는, 그런 사람이 언제나
전진하여 후퇴하지 않도록 처리해야 한다. 그러려면 불편이 없을 수 없으므
로, 이런 성질을 가진 사람을 아예 사용하지 않는 것이 좋다. 그런 자는 자
기의 근무와 함께 승진하지 않으면, 그 근무 자체를 자기와 더불어 저하하도
록 꾀할 것이기 때문이다. 그러면 필요할 경우 이외에는 야심적인 성질의 사
람을 사용하지 않는 편이 좋다고 말했으므로, 어떤 경우에 이런 사람들이 필
요해지는지 똑똑히 말하는 것이 적당한 일이다.

전쟁 때의 좋은 지휘관은 아무리 야심가라도 임용해야 한다. 왜냐하면, 그
봉사의 효용은 다른 결점을 메꾸기 때문이다. 그리고 야심없는 군인을 임용

한다는 것은, 그 박차(拍車)를 제거하는 일이 된다. 또 야심을 가진 사람이 매우 도움이 되는 것은 위험과 불상사를 일으킬 문제의 경우, 군주의 차폐물 (遮蔽物)이 된다는 점이다. 누구든 그와 같은 역할을 맡으려면, 눈을 꿰맨 비둘기 같은 사람이 되어야 한다. 주위를 둘러볼 수 없으므로 자꾸만 날아오르게 되기 때문이다. 야심있는 사람의 효용은 또한, 누구이거나 권력을 너무 가진 신하의 위대함을 끌어내리려고 하는 경우이다. 이를테면 티베리우스는 마크로*²를 사용하여 세야누스를 끌어내렸다.

그런 까닭으로 그런 사람들은 이 경우 사용되어야 하기 때문에, 어떻게 다스리면 위험이 적어지는가 하는 것을 다시 말해야겠다. 그런 위험이 비교적 적은 사람은, 고귀한 태생이기보다 차라리 천하게 태어난 사람일 경우이다. 또 그런 사람들의 거친 성질이 평판이 좋거나 인기를 얻고 있는 경우보다 낫다. 또 그런 사람들이 갓 승진한 편이, 위대한 상태에 능숙하거나 길들어 있는 경우보다 낫다. 총애하는 자가 있는 것은 군주의 약점이라고 생각하는 사람도 있다. 그러나 그것은 야심있는 위대한 사람들에 대해서는 무엇보다도 좋은 대책이다. 왜냐하면 은총을 베풀거나 베풀지 않거나 하는 것이 바로 그 사람 여하에 달려 있다면, 누구든 다른 사람이 지나치게 위대해지기란 불가능한 일이기 때문이다.

그런 사람들을 누르는 또 하나의 수단은, 비슷하게 오만한 사람들을 그런 사람들과 균형이 잡히게 하는 것이다. 그러나 그런 경우 몇 사람쯤 중간 고문관이 있어서, 일을 안정시키도록 해야 한다. 왜냐하면 그런 밑바닥의 짐이 없으면 배가 너무 흔들거리기 때문이다. 적어도 군주는 몇 사람 정도의 비교적 신분이 천한 사람을 고무하고 길들여서, 야심있는 사람들에 대한 말하자면 회초리로 삼는 것이 좋다. 그런 사람들을 멸망하기 쉽게 만들어 두는 것은, 만일 그 사람들이 겁이 많은 성질의 인간들이라면 효과적이기 때문이다. 그러나 용감하고 대담한 자들이라면 오히려 그들의 계획을 촉진시키게 되고 위험하게 될지도 모른다. 그런 사람들을 끌어내리려고 할 때, 사정이 그것을 필요로 하는데도 안전하게 급히 할 수 없다면, 유일한 방법은 은총과 수치를 끊임없이 번갈아 보내주는 것이다. 그것으로 그 사람들은 무엇을 생각해야 좋을지 모르게 되고, 숲 속에 들어간 것처럼 될 것이다.

야심 중에서 비교적 해가 적은 것은, 큰 일에서 두각을 나타내려고 하는 야심이다. 모든 일에서 두각을 나타내려고 하는 또 하나의 것은 이것과 다르다. 왜냐하면 이쪽은 곤란을 낳고 일을 그르친다. 그러나 야심있는 사람이 일을 보고 움직이는 편이, 위대한 추종자들을 갖는 것보다 위험이 적다. 유능한 사람들 사이에서 두드러지려고 하는 사람은 큰 일을 맡게 된다. 그것은 사회로 보아서는 언제나 좋다. 그러나 하찮은 인간들 중에서 유일한 인물이 되려는 계획을 세우는 자는, 시대 전체가 멸망하는 원인이 된다. 명예는 그 속에 세 가지 것을 포함하고 있다. 좋은 일을 하는 유리한 입장, 국왕이나 주된 인물과의 접근, 그리고 자기 자신의 운의 향상이다. 이런 의도 가운데서 가장 좋은 것, 즉 첫째 것을 가졌거나 희망하는 사람은 정직한 사람이다. 그리고 희망을 가진 다른 사람들 중에서 이런 의도를 분간할 수 있는 군주는 현명한 군주이다. 일반적으로 군주나 공화국은 출세보다는 의무에 대해 더욱 통감하는 대신을 고르는 것이 좋다. 또 화려한 것보다 양심으로 일을 사랑하는 사람이 낫다. 그리고 참견을 잘하는 성질의 사람과, 자진해서 하려고 하는 마음을 가진 사람을 알아볼 수 있어야 한다.

〈주〉

＊1 황담즙액이 많은 사람은 성을 잘 내는 것으로 생각되었다.

＊2 티베리우스는 농신 세야누스의 권력이 강대해지는 것을 두려워하여, 같은 총신인 마크로를 이용하여 그를 사형에 처하게 했다. 그런데 이 마크로도 그가 섬긴 칼리굴라 황제에 의해서 사형당했다.

37 가면극과 축하행렬

지금부터 다루는 것은 하찮은 것이어서, 지금까지 해 온 진지한 이야기 속에 넣어도 될지 망설여진다. 그러나 군주들은 이런 것을 좋아하는 편이다. 그것을 우아하게 연출하는 것은 좋지만, 지나치게 돈을 들여서 너무 화려하게 하지 않는 편이 좋다.

노래에 맞추어 춤을 추는 것은 매우 훌륭하고 또 즐거운 일이다. 내 생각으로는, 노래는 합창대로 하되 높은 곳에 두고, 반주는 무언가 합주곡 같은 것으로 하는 편이 좋을 것이다. 그리고 노래의 가사가 그 가면극에 맞게 되어 있는 것이 좋다. 노래 속의 연기(演技), 특히 대화로 되어 있는 것은 매우 우아하고 효과가 있는 것이다. 나는 연기라고 말하지, 무용이라고는 하지 않는다(왜냐하면 이것은 천하고 속된 것이기 때문이다). 그리고 대화의 목소리는 강하고 남성적인 것이 좋다(베이스와 테너이다. 소프라노가 아니다). 그리고 노래의 가사는 고조되어 비극적인 것이 좋고, 너무 멋을 부리거나 깨끗하기만 해서는 안 된다. 몇 개의 합창대를 서로 마주 보는 위치에 두고, 번갈아 노래를 불러 응답시키는 식으로 하면 매우 즐겁고 재미있는 것이 된다.

무용을 무늬처럼 꾸미는 것은 좀 유치한 방법이다. 그래서 일반적으로 주의해야 할 일인데, 내가 여기서 설명하고 있는 것은 자연스럽게 흥미에 호소하는 것이며, 하찮은 감흥을 일으키려고 하는 것은 아니라는 것이다. 장면의 여러 가지 전환은, 부드럽게 소리가 나지 않도록 한다면 매우 아름답고 즐거운 것이다. 왜냐하면 그것은 눈을 즐겁게 하고 또 쉬게 해 주며 같은 것만으로 따분해하는 일이 없도록 만들어 준다. 장면은 광선, 특히 색채가 있고 변화가 있는 것이 많아야 한다. 그리고 가면 배우나 그 밖의 사람들은 무대에서 내려올 때, 바로 그 무대 위에서 조금 몸짓을 하고 내려오는 것이 좋다. 그러면 쉽게 눈길을 끌게 되고 뚜렷이 분간할 수 없는 것을 보고 싶어하게 만들며, 큰 기쁨을 맛보게 해 준다. 노랫 소리는 높고 즐거운 것이어야지, 힘이 없거나 가엾은 소리는 좋지 않다. 음악도 마찬가지로 드높은 소리에 뚜렷하고 힘차며, 장소를 잘 고려해야 한다. 촛불 빛으로 가장 돋보이는 빛깔은 흰색과 연분홍, 일종의 바닷물 빛 같은 녹색이다. 그리고 장식 구슬이나 반짝이는 것은, 그리 비용도 들지 않고 보기에 매우 좋다. 호화로운 자수는 별로 눈에 띄지도 않고 구별도 잘 안 된다. 가면 배우의 의상은 우아한 것으로 하여, 가면을 벗었을 때 그 인품에 맞는 것이 좋다. 터키 인이나 군인이나 선원같이 알고 있는 복장의 예는 따르지 않는 것이 좋다.

가면극의 막간에 나오는 중간극은 길지 않은 편이 좋다. 반인반수(半人半獸)의 숲의 귀신, 개코원숭이, 야만인, 색다른 광대, 짐승, 요정, 마녀, 흑인, 난장이, 터키 인의 복장을 한 자, 숲이나 물의 정령, 시골뜨기, 큐피드, 움직이는 상(像) 등이다. 천사는 그리 우스꽝스럽다고 할 수는 없으며, 중간극에 넣기가 어렵다. 또 추악한 것, 이를테면 악마나 거인 같은 그 반대의 입장에서 역시 적당하지 않다. 그러나 음악은 주로 기분을 가라앉혀 주고, 여러 가지 색다른 변화를 가진 것이 좋다. 무언가 향긋한 향기가 뜻밖에 풍겨 나오고, 그러면서도 물방울이 조금도 떨어지지 않는 것은, 김과 열기가 떠도는 집회에서는 매우 즐겁고 상쾌한 것이다. 2중의 가면극이라고 할 수 있는, 한편은 남성, 한편은 여성의 것은 위엄과 변화를 가미해 준다. 그러나 장소가 깨끗하고 말끔해야지 그렇지 않으면 모든 것이 엉망이 된다.

마상의 창 시합이나 모의 전쟁이나 시합 같은 것 중에서 역시 훌륭한 것은 전차(戰車)이며, 시합하는 사람들이 그것을 타고 들어오는 것이다. 특히 그런 것을 색다른 동물들에게 끌게 할 경우가 훌륭한데, 이를테면 사자라든가 곰이라든가 낙타 같은 것에 끌게 하는 것이다. 혹은 그것이 들어올 때의 방법도 있다. 그 의상의 화려함도 있다. 혹은 그 말이나 무구(武具) 같은 훌륭한 장구(裝具)도 있다. 그러나 이런 하찮은 이야기는 이 정도로 해 두어야겠다.

38 인간의 성질

성질은 숨어 있는 수가 많다. 억눌려 있어 보이지 않는 경우는 있지만, 좀처럼 사라지는 것은 아니다. 강제는 그 힘이 없어졌을 때, 반동적으로 성질을 더 심한 것으로 만든다. 그러나 교육이나 교훈은 성질을 비교적 덜 끈질기게 만든다. 그리고 습관만이 성질을 바꾸거나 누를 수 있다. 자기의 성질에 대한 승리를 찾는 사람은, 자기에게 너무 큰 과제나 너무 작은 일을 부과해서는 안 된다. 큰 것은 줄곧 실패하기 때문에 좌절시킬 것이다. 또 작은 것은 늘 성공하지만, 조금밖에 진보하지 않는 사람으로 만들 것이다.

처음에는 도움을 얻어서 연습하도록 하는 것이 좋다. 이를테면 처음 헤엄치는 사람이 부대(浮袋)나 골풀 같은 것을 붙잡고 배우는 것과 같다. 그러나 한참 뒤에는 불리한 입장에서 연습해야 한다. 춤추는 사람이 두꺼운 신발을 신고 연습하는 것과 같은 일이다. 왜냐하면 보통 이상으로 고된 연습은 훌륭한 완전함을 가져 오는 법이기 때문이다.

성질이 강력하고, 그래서 승리가 곤란할 경우에는 순서가 있어야 한다. 먼저, 시간에 있어서 성질을 억누르도록 하는 것이다. 이것은 화가 났을 때, 언제나 알파벳 24문자를 되뇌이는 사람과 같다. 그리고 양을 비교적 조금씩 해 나가는 것이다. 이를테면 술을 많이 마시는 사람이 식사 때만 한 잔 하는 것으로 자제하다가, 마침내는 조금도 안 마시게 되는 방법이다. 그러나 만일 사람이 자기를 단번에 해방할 수 있는 인내와 결의가 있다면, 그것이 가장 좋다.

마음이 가장 훌륭한 해방자(解放者)는 가슴을 괴롭힌다.
사슬을 끊고 한꺼번에 슬픔을 풀어 준다. [*1]

옛날 방법 중에 틀리지 않은 것이 있다. 성질을 고치는 데 나뭇가지를 반대의 극단으로 가져가서, 곧게 펴려고 하는 것과 같은 방법을 쓰는 것이다. 물론 그 반대의 극단이 악덕이 아닐 경우를 생각하고 하는 말이다. 어떤 습관을 들이고자 할 때에는, 연거푸 쉴 새 없이 강요하지 말고 얼마쯤 사이를 두고 하는 것이 좋다. 왜냐하면 그 중간 휴식이 새로 시작하는 힘을 강화해 주기 때문이다. 그와 동시에 불완전한 사람이 줄곧 연습하고 있으면, 능력과 더불어 과오도 연습하게 되어, 두 습관을 하나로 해서 몸에 지니게 될 것이다. 그러므로 적당한 간격을 두는 것이 바람직하다.

그러나 사람은 자기의 성질에 대한 승리를 너무 믿어서는 안 된다. 왜냐하면 성질이라는 것은 오랫 동안 묻혀 있다가도, 기회가 있거나 조금의 유혹에도 되살아 나기 때문이다. [*2] 이솝 이야기에 나오는 여성처럼, 고양이가 소녀로 변하여 테이블 끝에 얌전하게 앉아 있었으나, 생쥐가 달려가는 것을 보자 그만 본디의 제 모습으로 돌아갔다는 것과 마찬가지이다. 그러므로 사람은 그런 기회를 완전히 피하거나, 혹은 자주 그런 일에 익숙해져서 그 때문에 동하는 일이 없도록 해야 한다. 사람의 성질은 사적인 자리에서 가장 잘 알 수 있다. 왜냐하면 거기에는 겉치레가 없기 때문이다. 화를 내고 있을 때에도 그러하며, 이는 자기 행위의 규범에서 나온 것이 되기 때문이다. 또 새로운 경우나 시험의 경우도 그런데, 그것은 습관으로 견딜 수 없게 되기 때문이다. 자기의 직업과 일치하는 성질을 가진 행복한 사람이 있다. 그렇지 않으면 자기의 혼(魂)은 줄곧 가거주자(假居住者)였던 셈이 될지도 모른다. 자기가 좋아하지 않은 일에 종사하고 있을 때 그렇게 된다.

학문의 경우에는 무엇을 자기 자신에게 명령하거나, 그렇게 하는 시간을 정해 두는 것이 좋다. 그러나 무엇이건 자기의 성질에 적합한 것이라면, 일정한 시간 따위는 개의하지 말아야 한다. 왜냐하면 자기의 생각이 저절로 그리로 날아갈 것이기 때문이다. 그러므로 다른 일이나 학문의 틈을 이용해도 충분할 것이다. 인간의 성질이란 약초가 안 되면 잡초가 된다. 그러기에 알맞는 시기에 약초에게는 물을 주고 잡초는 뽑아 버려야 하는 것이다.

〈주〉

*1 오비디우스 《사랑의 요법》 293.
*2 〈시편〉 120·6.

39 습관과 교육

인간의 사고는 거의 타고난 성향에 달렸다. 담화나 말은 학문이나 주입된 의견에 달렸다. 그러나 행위는 길들이기 나름이다. 그러므로 마키아벨리가 교묘하게 말하고 있듯이(가장 흉한 예이지만), 타고난 힘이나 자기 용맹을 자랑하는 것들은 믿을 수 없다. *1 습관에 의한 뒷받침이 없으면 안 된다는 말이다.

그 이론에 따르면, 필사적인 음모를 달성하기 위해서는 누구나 인간 천성의 과격함, 혹은 그 약속의 공고함에 의지해서는 안 되며, 손을 피로 물들여 본 적 있는 사람을 써야 한다는 것이다. 그러나 마키아벨리는 수도사 클레망*2 같은 인물도, 라비야크*3 같은 인물도, 호라기*4 같은 인물도, 발 타자르 제라르*5 같은 인물도 알지 못했다. 하지만 그의 원칙은 언제나 해당되는 것이며, 천성도 말의 약속도 습관처럼 강하지는 않다.

다만 지금은 미신이 매우 발달해 있어서, 처음으로 피를 보는 사람도 푸주한이나 다름없이 단호하며, 맹세한 결심은 유혈 문제에 있어서까지 습관의 우세(優勢)가 어디서나 뚜렷이 보인다. 그러므로 사람이 공언하고, 항의하고, 약속하고, 큰 맹세를 하고 나서도, 전에 한 것과 똑같은 언행을 하는 것을 보면 이상해질 정도이다. 꼭 죽은 상(像)이나 다름없으며, 습관의 수레바퀴만으로 움직이는 기계처럼 보인다. 습관의 지배나 또는 전제(專制)가 어떤 것인지 알 수 있다. 인도인들(그 현명한 사람들의 종파를 생각하고 있는데)은 쌓아올린 나무 위에 조용히 누워, 자기를 불에 의하여 희생으로 바친다. 사실 아내도 남편의 시체와 함께 불타 죽고 싶어 한다. 고대 스파르타의 젊은이들은, 디아니의 제단 위에서 회초리로 얻어맞고도 기세가 꺾이지 않았었다. 내가 기억하기로, 영국의 엘리자베스 여왕 시대 초에 유죄 선고를 받은 한 아일랜드 반역자는, 총독 대리에게 탄원서를 냈다. 새끼로 꼰 교수 밧줄 대신 잔 가지를 엮은 것으로 교수형을 해 달라는 것이었다. 그 전에는 반역자가 그렇게 교수형을 받는 것이 관례였기 때문이다. 러시아의 수도승은 참회를 위해서 밤새도록 물통 안에 앉아 있었으며, 그러다가 마침내 딴딴한 얼음에 갇혀 버리기도 했다.

마음과 육체에서 습관의 힘에 대해 많은 예를 들 수 있다. 이것은 습관이 인간 생활의 지배자라는 것이며, 그러므로 사람은 꼭 좋은 습관을 들이도록 노력해야 한다. 확실히 습관이 가장 완전해지는 것은 젊을 때 시작되는 경우이다. 이른 습관을 뜻하는 이것을 우리는 교육이라고 부른다. 그래서 말이지만, 언어에서는 혀가 모든 표현이나 소리에 비교적 순응하는 때가 있고, 모든 기술의 활동이나 운동에 맞는 때는 관절이 유연한 청년기이지 그 후가 아니다. 즉 사실 늦게 배우기 시작하는 사람은 그렇게 유연해질 수 없다. 다만, 마음이 고정되지 않도록 개방되어 있으며, 끊임없이 수정을 받을 용의가 있는 약간의 사람들은 예외로 한다. 이것은 매우 드문 일이다. 만일 습관의 힘이 사람마다 따로따로 되어 있어도 강하다면, 서로 관련되고 합치고 결합된 습관은 훨씬 강해진다. 왜냐하면 그런 경우는 모범이 가르쳐 주고, 한 무리들이 강하게 만들어 주며, 모방이 원기를 돋우고, 영예가 고양시켜 주기 때문이다. 그러므로 이런 경우에 습관의 힘은 가장 강하다. 확실히 인간의 천성에 대한 덕성의 커다란 증가는, 잘 성립되고 훈련된 사회에 달려 있다. 즉 민주 국가나 좋은 정부는 성장한 덕성을 기르지만, 그 씨를 수정하는 데는 큰 힘이 없다. 그런데 서글프게도 가장 효과있는 수단이, 지금은 가장 바람직하지 못한 목적에 이용되고 있다는 것이다.

〈주〉

＊1 마키아벨리 《로마사론》 3·6.

＊2 광신적인 도미니코 회 수도사로, 1589년 프랑스 왕 앙리 3세를 종교 문제로 죽이고,
자기도 그 자리에서 기병(騎兵)에게 살해되었다.

＊3 프랑소와 라비야크(1578~1610년)는 로마 가톨릭교의 광신자로, 1610년 광신적인 프
랑스 왕 앙리 4세를 죽이고, 그 자신은 몸이 말에 묶여 사지가 찢기는 형벌을 받았다.

＊4 후안 호라기는 안트워프의 에스파냐 상인의 하인으로, 1582년 네덜란드의 오렌지 공
빌렘을 암살하려고 상처를 입혔다. 에스파냐의 펠리페 2세가 현상금을 걸어서 빌렘 공
을 암살시키려고 했던 것인데, 2년 뒤에 결국 발타자크 제라르에게 살해되었다.

＊5 1558~84년. 1584년 오렌지 공 빌렘을 암살한 가톨릭 광신자.

40 운명

부정할 수 없는 것은, 외적인 여러 가지 사건이 운과 매우 관계가 있다는
것이다. 은혜나 기회 또는 남의 죽음, 미덕을 나타내는 데 알맞는 기회 등이
그것이다. 그러나 인간의 운명은 주로 자기 자신의 뜻에 달려 있다. 시인*¹
은 말하고 있다. "각자가 자기 운의 건축 기사이다." 그리고 외적인 원인 중
에 가장 많은 것은, 어떤 사람의 어리석은 행위가 남의 행운이 된다는 것이
다. 왜냐하면 누구나 남의 과오 덕으로 되는 것만큼 갑자기 번영하는 일은
없기 때문이다. 즉 "뱀은 먼저 뱀을 삼키지 않으면 용이 될 수 없다."*²

뚜렷이 눈에 보이는 덕성은 칭찬을 가져오지만 숨은 덕성에 있어서는 운
을 가져오는 것이다. 뭐라고 말해야 좋을지 모르지만, 어떻게든 자기 자신을
나타내려고 하는 것이다. 에스파냐어의 데셈볼투라*³ 같은 말로는 부분적으
로나마 그것을 나타낼 수 있다. 인간의 성질 속에 장애나 고집이 없는 경우
를 가리킨다. 더욱이 마음의 수레바퀴가 운의 수레바퀴와 보조를 맞추고 있
는 경우를 말한다. 왜냐하면 리비우스는 대(大) 카토*⁴를 다음과 같이 말하
고 있다. "이 훌륭한 사람의 정신과 육체의 힘은 매우 뛰어나며, 어떤 지위
에 태어났더라도 스스로 운을 만들었을 것이다." (그리고 그 뒤에), 이 사람
은 '다방면의 성질'을 갖고 있었다고 말하고 있다.

그러므로 만일 사람이 날카롭게 또 주의 깊게 살피면, 운을 볼 수 있을 것

이다. 왜냐하면 운 그 자체는 장님일지 모르지만, 사람의 눈에 보이지 않는 것은 아니기 때문이다. 운의 모습은 하늘의 은하(銀河)와 비슷하다. 그것은 많은 별이 모인 것이지만 뭉쳐 있다. 따로따로 떨어져서는 보이지 않지만, 함께 모여서 빛을 낸다. 마찬가지로 조그맣고 많은, 거의 분간할 수 없는 덕성이랄까, 아니 오히려 자질과 습관 같은 것이 있어서, 인간의 운을 좋게 만드는 것이다. 이탈리아 인이 그런 것에 대해서 말하고 있는 것 가운데에는, 사람이 거의 생각도 해 보지 못한 것이 있다. 나쁜 일을 할 수 없는 사람의 말을 운운할 때, 그 사람의 다른 여러 가지 점과 함께 '조금 바보스러운 데'가 있다고 말한 것이다. 그리고 확실히 그 이상 운이 좋은 성질도 없다는 것이 둘 있다. 조금 바보스러운 데가 있는 것과, 정직한 데가 너무 많지 않은 것이 그것이다.

그러므로 자기 나라나 주인을 극단적으로 사랑하는 사람으로서 운이 좋은 사람은 결코 없었다. 또 그렇게 될 수밖에 없다. 왜냐하면 사람이 자기의 생각을 자기 이외에 것에 둔다면, 자기 자신의 길을 나아가지 못하기 때문이다.

갑자기 운을 얻으면 모험가나 침착하지 못한 사람이 된다(프랑스어에서는 더 나은 표현으로 투기적이라든가 쏘다니는 사람으로 되어 있다). 그러나 고생 끝에 운을 얻으면 유능한 사람이 된다. 운은 숭앙되고 존경되어야 한다. 그 딸들이라고 말할 수 있는 신뢰와 명성만을 위해서도 그렇다. 왜냐하면 이 두 가지는 행운이 낳아주기 때문이다. 전자는 자기 자신 속에 후자는 자기에 대한 남 속에서이다. 약은 사람은 모두 자기 자신의 덕성에 대한 시기를 얼버무리기 위해, 그런 것은 하늘의 섭리와 운 덕분이라고 말하는 것이 보통이다. 이렇게 말하면 그런 것을 가졌더라도 상관없기 때문이다. 게다가 보다 높은 힘을 가진 자의 눈에 띈다는 것은, 그 사람에게 위대한 데가 있다는 것이다.

그래서 카이사르는 폭풍 속에서 뱃길 안내인에게 이렇게 말했다. "너는 카이사르와 그 운을 태우고 있다."*5 마찬가지로 술라는 자기 이름에다 '대(大)' 자 대신 '행운의'*6를 붙이게 했다.

그리고 흔히 깨닫고 있는 일이지만, 자기 자신의 지혜나 정책을 너무 공공연하게 자랑하는 사람은 불운으로 끝나는 법이다. 아테네 사람 티모테우스*7

는 국가에 대해 자기의 정치에 관한 이야기를 할 때, "그리고 이 일에 관해서 운은 조금도 관계가 없다"는 말을 곧잘 덧붙였다. 그 뒤에 그가 하는 일은 하나도 잘 되지 않았다고 적혀 있다. 확실히 호메로스의 시(詩)라고 해도 좋은 운을 가진 사람이 있다. 부드러움과 쉬움이 다른 시인의 것보다 뛰어나다고 할 수 있는 시이다. 이를테면 플루타르코스가 아게실라우스나 에파미논다스*8의 운의 관점에서 티모레온*9의 운을 설명하고 있는 그런 예이다. 그리고 그렇게 되는 것은, 아마도 그 사람 자신에게 원인이 있는 것이 틀림없다.

〈주〉

*1 로마의 극작가 플라우트스(기원전 254년 무렵~184년)를 말하며, 그의 극으로서 현존하는 것은 적다. 인용은 《트리스무스 전》 2·2·87에서 한 것. 그러나 그 말은 기원전 300년 무렵 로마 첫 무렵의 작가 아피우스 클라우디우스가 한 말이라고 한다.

*2 에라스무스의 《격언집》에 있는 그리스의 속담.

*3 '데셈볼투라'라는 말은 없다. '우아'라든가 품위 있는 거동을 의미하는 '데센볼투라'의 잘못으로 여겨진다.

*4 마르쿠스 포르키우스 카토(기원전 234~149년)를 가리킨다. 포에니 전쟁에서 공을 세웠으며, 감찰관으로서도 뛰어났다. 평화시에는 자의 땅을 갈았다. 인용은 티투스 리비우스 《로마사》 39·40.

*5 플루타르코스 《대비열전》 〈카이사르 편〉.

*6 술라에 대해서는 이 책 《우정》 주8 참조. 자기 이름에 '펠릭스' 즉 '행운의'라는 칭호를 붙였다.

*7 기원전 363년 무렵에 죽은, 매우 인기가 좋았던 아테네의 장군. 다음의 인용은 플루타르코스 《대비열전(對比列傳)》 〈술라 편〉.

*8 기원전 420년 무렵~362년. 테바이의 장군이자 정치가. 스파르타를 무찌르고 펠로폰네소스를 공격하여, 두 번째로 스파르타를 만티네이아에서 격파했을 때, 자기도 중상을 입고 쓰러졌다.

*9 기원전 337년 무렵에 죽은 콜린트의 장군이며 정치가. 그가 하는 일은 언제나 성공했다. 플루타르코스 《대비열전》 〈티모에론 편〉.

41 이자(利子) *1

이자에 대해서 교묘한 공격을 가하고 있는 사람이 많다. 악마가 신의 몫, 즉 십일조 세를 차지한다는 것은 언어 도단이라는 것이다. 또 돈놀이꾼은 성일(聖日)을 깨뜨리는 대표적인 인간이라고도 한다. 쉬어야 할 일요일에도 줄곧 일을 하고 있다는 것이다. 돈놀이꾼이 꿀벌의 수컷 같다는 말은 베르길리우스도 하고 있다.

"아무것도 하지 않는 숫벌 떼를 집에서 쫓아 낸다."*2

또 돈놀이꾼은 인류가 낙원에서 추방된 뒤 처음으로 만들어진 제1의 법칙을 깨는 자라고 한다. 그 법칙은 "자기 이마에 땀을 흘리고 빵을 먹는다"*3는 것이다. 결코 "남의 이마에 땀을 흘리고"가 아니다. 또 돈놀이꾼은 거의 유대인이었기 때문에 황달색 모자를 쓰는 것이 좋다고도 한다. *4 그리고 돈이 돈을 낳는다는 것은 자연에 어긋난다고도 한다. 그 밖에 여러 가지가 있는데 나로서 할 말은, 이자란 인간의 "마음이 무자비하기 때문에 허락되는 것이다"*5라는 것뿐이다. 왜냐하면 빌리고 빌려 주고 하는 것이 아무래도 없을 수 없는 일이고, 인간은 마음이 냉혹하여 값 없이는 빌려 주지 않으므로, 이자는 허용되어야만 하는 것이다. 어떤 이들 중에는 좀 의심쩍은 데가 있기는 하지만, 좋은 안이라고 할 수 있는 은행 또는 합동 자본이라든가, 사람들의 재산 조사라든가, 그 밖에 여러 가지 방법을 설명하고 있는 사람이 있다. 그러나 이자에 대해서 도움이 되는 말을 하는 사람은 적다. 이자의 단점과 장점을 늘어놓아 본다는 것은 유익한 일이다. 좋은 것을 살펴서 꺼내 보거나 빼내 보기 위해서이다. 그리고 주의 깊게 조심하여 나아가서 비교적 좋은 방향으로 향하는 동시에, 비교적 나쁜 것은 만나지 않도록 하고 싶다.

이자의 단점은 첫째 상인이 적어진다는 것이다. 왜냐하면 이 이자라는 게 으름뱅이 장사가 없다면, 돈은 가만히 있지 않고 대부분 상거래에 사용될 것이기 때문이다. 그 상거래가 국가의 부의 문맥(門脈)인 것이다. 둘째는 상인이 가난해진다는 것이다. 즉 농부가 비싼 임대료를 계속 지불하게 되면 토지를 잘 이용할 수 없다. 이와 마찬가지로 상인도 언제나 높은 이자를 지불하게 되면, 장사를 잘해 나갈 수 없는 것이다. 셋째로 위 두 가지에 관계된 것이다. 그것은 국왕이나 국가의 세수(稅收)가 줄어드는 것으로, 이것은 상거래와 더불어 쇠퇴하거나 왕성해지는 것이다. 넷째는 어떤 왕국이나 국가의 재화를 소수인의 손에 집중시킨다는 것이다. 돈놀이꾼은 안정된 상태가 되고 다른 사람은 불안정한 상태가 되어, 승부의 마지막에 가서는 대부분의 돈이 돈놀이꾼의 금고 안에 들어가 버릴 수 있다는 것이다. 그러나 국가가 번영하기 위해서는 언제나 부가 비교적 공평하게 뿌려져 있어야 한다. 다섯째는 그 때문에 땅값이 떨어진다는 것이다. 왜냐하면 돈의 사용은 주로 상거래나 토지 구매를 위한 것이기 때문이다. 그런데 이자는 그 두 가지를 방해하게 된다. 여섯째는, 그 때문에 모든 산업이나 개선 또는 새로운 발명 등이 둔해지고 방해된다. 그런 방면에서는, 이런 방해만 없어진다면 돈은 움직이고 있을 것이다. 마지막으로 그것은 많은 사람들의 소유 재산을 좀먹고, 멸망시키게 되며, 시간이 흐름에 따라 사회 공공의 빈곤을 낳게 된다.

한편 이자의 이점에는 다음과 같은 것이 있다. 첫째 이자는 어떤 점에서 상거래의 장애가 되지만, 다른 점에서 보면 그것을 촉진한다는 것이다. 왜냐하면 확실히 장사의 최대 부분은 젊은 상인들에 의해 추진되는데, 그들은 이자를 주고 자본금을 빌리기 때문이다. 그러므로 돈놀이꾼이 돈을 회수하거나 압류하게 되면, 금방 장사의 커다란 정체가 일어날 것이다. 둘째로 이처럼 쉽게 이자를 붙여서 빌릴 수 없다면, 사람들은 돈을 구할 수 없음으로 곤란해져서 매우 급속히 파멸을 초래하게 될 것이다. 자기들의 재산을(토지거나 물건이거나) 훨씬 표준 가격 이하로 팔지 않으면 안 될 것이기 때문이다. 반면에 이자는 그런 사람들을 단지 갉아 먹을 뿐이지만, 나쁜 시장은 그런 사람들을 통째로 삼켜 버린다고 말할 수 있을 것이다. 저당에 넣거나 전당포에 잡히는 것으로 사정이 좋아지는 일은 별로 없을 것이다. 왜냐하면 전당포에서 이자 없이 받아 주지도 않을 것이고, 설령 그렇게 하더라도 엄격히 담보의 몰수를 요구하게 될 것이다. 내가 기억하고 있는 시골의 어느 냉혹한 부자가 자주 한 말인데 "악마가 이 이자를 가져가 주면 좋겠다. 이것이 있으면 담보나 증서의 몰수를 하기 어렵게 된다."는 것이다. 셋째의 마지막 점은 관례대로 빌리는 것이 이익이 없다고 생각하는 것은 어리석은 일이다. 그리고 빌리는 것을 어렵게 만들면, 얼마나 여러 가지 불편이 일어나겠는가는 생각할 수도 없다. 그러므로 이자의 폐지를 운운한다는 것은 공연한 짓이다. 모든 국가에는, 종류나 형태야 여러 가지이지만 그것이 줄곧 있었다. 그러므로 그런 생각은 유토피아에나 주어 버려야 할 것이다.

다음에 문제가 되는 것은 이자의 개혁과 규제(規制)이다. 어떻게 하면 그 불편을 가장 잘 피할 수 있겠는가, 또 그 편리한 점을 계속 누릴 수 있겠는가 하는 것이다. 일단, 이자의 편리한 점과 불편한 점을 서로 균형 있게 잡음으로써 두 점을 융화시킬 수 있다고 생각한다. 그 하나는, 이자의 이빨을 무디게 갈아서 너무 심하게 물지 못하게 하는 것이다. 또 하나는, 부자에게는 상인에게 빌려 주는 수단을 남겨 두어, 장사를 계속하여 촉진할 수 있도록 하는 것이다. 그렇게 하려면 두 가지 개별적인 종류의 이자를 생각해 내는 수밖에 없다. 비교적 낮은 것과 비교적 높은 것이다. 왜냐하면 이자를 낮은 것 한 가지만 만들어 버리면 일반적으로 빌리는 사람은 편해지겠지만, 상인이 돈을 쉽게 손에 넣을 수 없게 될 것이다. 다시 주의해야 할 것은 상거래는 매우 돈벌이가 되는 것이므로, 고율의 이자에 견딜 수 있을지도 모른다는 것이다. 다른 종류의 계약은 그렇게 되지 않는다.

이 두 가지 목적에 맞도록 하는 방법은, 간단히 말해서 다음과 같은 것이 된다. 두 종류의 이자가 있게 하는 것 즉, 하나는 자유롭게 누구나 할 수 있게 한다. 또 하나는 인가가 있는 것만으로 하고, 어떤 사람들 또는 어떤 상거래 자리를 위해서만 하는 것이다. 그러므로 첫째, 이자는 일반적으로 5부로 끌어내린다. 그리고 이 종류의 것은 자유롭게 널리 시행되도록 발표한다. 그리고 국가는 이것에 대해서는 벌금을 징수하지 않도록 한다. 그러면 빌리는 것이 전적으로 중지되는 것을 막을 수 있을 것이다. 또 국내의 그 한없이 많은 차용자들을 편하게 만들어 줄 것이다. 그리고 이것으로 땅값을 꽤 상승시키게도 될 것이다. 16년간분의 지대로 산 토지는 6부 내지 그 이상을 낳지만, 이런 종류의 이자는 5부밖에 낳지 않기 때문이다. 이것은 같은 이유로, 근면하고 또 유리한 개선을 촉진하며 자극하게 될 것이다. 그런 형태로 투기하는 쪽을 5부보다 좋아하는 사람이 많을 것이며, 특히 비교적 큰 이익에 길이 든 뒤이기 때문이다.

둘째로 어떤 사람들에게는, 아는 상인들에게 비교적 높은 율의 이자로 빌려 줄 수 있도록 인가해 주면 된다. 그리고 이 개혁에서는 다음과 같은 주의를 해야 한다. 그 이율은 상인의 경우라도 전에 언제나 지불하던 것보다 얼마쯤 수월하게 만든다. 왜냐하면 이런 수단은 빌리는 사람이 상인이거나 누구거나 이 개혁으로 얼마쯤 다 수월해질 것이기 때문이다. 그것은 은행 혹은 합동 자본이나 공동의 기금 같은 것이 아니라, 모두가 자기 자신이 돈의 주인이 되도록 하는 것이다. 내가 은행 혹은 합동 자본을 전체적으로 싫어하는 것은 아니다. 다만 어떤 종류의 의심쩍은 데가 있어서 그 점을 참을 수 없다는 것이다. *6 국가는 그 허가를 위해서 소액을 납부시키도록 한다. 그리고 나머지 이익은 돈을 빌려 주는 사람에게 가도록 한다. 왜냐하면 그 납부금의 할당이 적으면 빌려 주는 사람의 기분을 꺾는 일은 전혀 없을 것이기 때문이다. 즉 이를테면 전에 1할 내지 9부나 받던 자는, 8부로 내려 가는 편이 돈놀이를 포기하고 이익이 확실한 것에서 이익이 위험한 것으로 가는 것보다 보기 좋게 생각하게 될 것이다. 이와 같은 허가를 얻은 돈놀이꾼은 숫자를 한정할 필요는 없고, 어떤 주요 도시나 소도시 또는 상거래를 하는 곳에 한정하면 된다. 그렇게 하면 시골에서 남의 돈에 자기 명의를 빌려 주는 일은 하기 어렵게 될 것이기 때문이다. 그러므로 9부의 허가가 보통 실시되는 5부의 율을 흡수하는 일은 없을 것이다. 자기 돈을 먼 곳에까지 빌려 주거나, 모르는 자의 손에 넘겨 주는 사람은 없을 것이기 때문이다.

이것은 어느 의미에서 이자를 공인하는 것인데, 누군가는 그것은 전에 몇몇 장소에서 허락되고 있었던 것에 지나지 않는다고 말할지 모른다. 그에 대한 대답은 공인하여 이자를 완화하는 편이, 묵허(默許)해 놓고 제멋대로 날뛰게 내버려두는 것보다 낫다는 것이다.

〈주〉

*1 이 무렵까지도 이자는 죄 많은 것으로 생각되고 있었는데, 베이컨은 그런 생각을 비판하고 있다. 헨리 8세의 1545년에는 최고 이율이 1할로 정해졌고 에드워드 6세의 1552년에는 악덕 행위로서 이자가 금지되었다. 그러나 엘리자베스 여왕 시대인 1561년에 헨리 8세 시대의 이율이 부활되었다. 또 제임스 1세의 1623년에는 이율이 1할에서 8부로 내려졌다. 전체로서 이자는 일요일에도 붙는다. 즉 안식일에도 일한다는 것을 주요 이유로 들어서 싫어했던 것이다. 십분의 일세(一稅)라는 것은, 농작물 수확의 10분의 1, 즉 1할을 신 혹은 사원에 바치는 관례이며, 그와 똑같은 것을 이자로서 차지한다는 것은 부당하다고 생각하였다.

*2 베르길리우스 《농경시》 4·168.

*3 라틴어역 성서 〈창세기〉 3·19.

＊4 중세에서는 유대 인을 구별하기 위해 그들에게 노란 모자를 쓰게 하고, 노란 천을 의
복에 달게 했다. 돈놀이꾼에는 유대 인이 많았다.

＊5 〈마태복음〉 19·8.

＊6 베이컨 시대에는 은행 제도가 확립되어 있지 않았다. 잉글랜드 은행의 설립은 1694년
이다. 여기서 은행이라는 말은 '공동 자본'이라는 정도의 뜻이다. 아무튼 이 무렵까지
도 자본의 집중을 두려워하여 이런 제도를 신용하지 않는 풍조가 남아 있었다.

42 청년과 노년

나이가 젊은 사람이라도 시간적으로 늙어 있을 수가 있다. 만일 시간을 잃
지 않았더라면, 이라는 뜻이다. 그러나 그런 일은 좀처럼 일어나지 않는다.
일반적으로 말해서 젊음은 최초의 사고 능력 같은 것이다. 결코 두 번째의
것만큼 현명하지 않다. 사고에도 청년기가 있다는 것은, 나이의 경우와 같기
때문이다. 그러나 젊은 사람들의 발상력은 노인의 경우보다 훨씬 싱싱하다.
그리고 상상욕은 그 마음 속에 훨씬 잘 흘러들어가서, 말하자면 훨씬 신적
(神的)이라고 해도 좋다. 천성에는 많은 열과 크고 심한 욕망 및 동요가 있
는 법이며, 원숙한 행동을 할 수 있는 것은 한창 때가 지났을 것이다. 그 예
를 율리우스 카이사르나 세프티미우스 세베루스의 경우에 볼 수 있다. 후자
는 "청년 시대에는 과오 투성이라고 할까, 광기에 차 있었다"고 한다. 더욱
이 이 사람은 역대 황제 중에서도 가장 유능한 사람이었던 것이다.

그러나 천성이 침착한 사람은 청년 시대라도 얼마든지 잘해 나갈 수 있을
지 모른다. 이를테면 아우구스투스 카이사르나, 피렌테 공 코스무스, 가스통
드 프와＊1 등에서 볼 수 있다. 한편 노년이 된 뒤에 열과 활력이 있으면, 일
을 위해서 훌륭한 기질이 된다. 젊은 사람들은 판단보다는 발상에 더 적합하
다. 충고보다는 실행에 더 적합하고, 일정한 일보다 새로운 계획이 더 적합
하다. 즉 노인의 경험은 그 범위 안에 들어가는 사물의 경우, 노인에게 방향
을 준다. 그러나, 새로운 사물의 경우에는 방향을 그르친다. 젊은 사람의 과
오는 일을 망치게 한다. 그러나 늙은 사람들의 과오는 결국 더 잘 될 수도
있었다든가, 더 빨리 할 수도 있었다는 정도에 그친다. 젊은 사람은 행동을

추진하고 처리할 때, 유지할 수 있는 것이 이상을 껴안으려고 한다. 진정시킬 수 있는 것 이상을 휘저어 놓는다. 수단이나 단계를 생각지 않고 목표를 향해 내닫는다. 우연히 마주친 몇 가지 원리를 추구한다. 개신(改新)을 주저하지 않는다. 그 때문에 미지의 불편을 초래한다. 처음부터 극단적인 대책을 쓴다. 그리하여 모든 과오를 두 배로 만들고도, 그것을 인정하거나 물리려고 하지 않는다. 말을 안 듣는 말이 정지도 하지 않고 방향도 바꾸지 않는 것과 같다. 늙은 사람들은 너무 이의를 제기하고, 의논이 길어지고 모험이 적으며, 너무나 빨리 곧 후회하고, 일을 끝까지 해 내는 일이 적으며, 적당한 성공에 만족한다.

확실히 이 둘을 아울러 쓴다는 것은 좋은 일이다. 서로의 나이가 가진 장점이 서로의 결점을 교정할 수 있기 때문이다. 또 장래를 위해서도 좋다. 젊은 사람들은 공부하는 쪽이 되고, 늙은 사람들은 활동하는 쪽이 될 수 있기 때문이다. 그리고 마지막으로 외부적인 사람과의 관계에도 좋다. 권위는 나이 많은 사람들을, 호의와 인기는 젊은이들을 따르기 때문이다.

그러나 도덕적인 역할의 면에서는 아마 젊은이가 뛰어날 것이고, 늙은 사람은 정치적인 면에서 탁월할 것이다. 어떤 유대 율법 학자[2]는 "너희 늙은이는 꿈을 꾸며, 너희 젊은이는 이상을 볼 것이다"라는 성서의 문구를 생각하고 이렇게 말한다. "젊은 사람들은 나이 많은 사람들보다 신에 접근하는 일이 더 허용될 것이다. 이상은 꿈보다 뚜렷한 계시이기 때문이다." 확실히 사람은 세상을 마시면 마실수록 취해 버린다. 그리고 늙은이는 의지나 감정의 효력보다 오성(悟性)의 힘에서 진보한다. 개중에는 나이에 비하여 조숙한 사람도 있다. 그것은 곧 시들어 버린다. 이런 사람들은 처음부터 허약한 지성을 가졌다고 해도 좋은 사람들이며, 그 칼날은 바로 무디어져 버린다. 이를테면 수사학자 헤르모게네스[3] 같은 사람이다. 그 저서는 매우 미세한 것이지만, 노년이 된 뒤보다 젊은 시절에 더 훌륭한 것이 있다. 이를테면 유창하고 풍부한 변설(辯舌)이다. 이것은 젊은 사람들에게는 어울리지만, 늙은이에게는 어떨는지? "그래서" 하고 툴리우스[4]는 호르텐시우스[5]에 관해서 "언제까지나 같았으나, 같아서는 벌써 적절하지 않았다"[6] 말하고 있다. 또 하나는, 처음부터 높은 수준의 티를 너무 내어, 그 위대함을 연령의 길이가 지탱할 수 없을 만큼 위대해지는, 다시 말해서 계속할 수 없는 사람이 있다. 이를테면 스키피오 아프리카누스*7가 그렇다. 이 사람에 대해서 리비우스는, 적절하게 "최후의 행동이 최초의 그것과 걸맞지 않았다"*8 말하고 있다.

〈주〉

*1 1498∼1512년. 네무르 공. '이탈리아의 천둥'이라고 불렸다. 루이 12세의 조카로 군인이었으며, 재빠른 작전 행동으로 유명했으나 라베나에서 전사했다.

*2 포르투갈의 유대 인 아브라바네르(1437∼1508년)를 말한다. 성서 주석 및 종교 철학에 관한 저술이 있다. 다음의 인용은 〈요엘 서〉 2·28.

*3 2세기의 그리스 수사학자. 로마에서 가르쳤으며, 영향력이 컸다. 어릴 때부터 재능을 나타냈으나, 25세쯤부터 갑자기 쇠퇴했다고 한다.

*4 마르쿠스 툴리우스 키케로를 말한다.

*5 기원전 114∼50년. 로마의 법률가이며, 변론가.

*6 키케로《브루투스 편》 95.

*7 기원전 236∼184년. 로마의 장군. 젊을 때 아프리카에서 한니발을 격파했으므로 아프리카누스라고 불렸다. 나중에 뇌물을 받은 혐의로 지위에서 물러났다.

*8 오비디우스《헤로이데스》 9·23∼24.

43 아름다움

덕성 혹은 탁월성은 훌륭한 보석 같은 것이다. 분명코 가장 검소한 것이다. 그리고 확실히 덕성은 훌륭한 육체의 경우가 가장 좋다. 다만 섬세한 모습보다도 태도에 위험이 있는 편이 좋다. 또 자주 볼 수는 없지만 가끔 아름다운 모습을 보여주는 사람이 많은 덕성을 갖고 있는 수가 있다. 자연은 과오를 저지르지 않으려고 바쁜 것이지, 탁월성을 만들어 내려고 열심인 것은 아니다. 그러므로 그런 사람들은 재능은 있지만, 높은 정신을 가질 수 없게 된다. 그리고 덕성보다 동작을 연구한다. 하지만 언제나 그렇다는 것은 아니다. 왜냐하면 아우구스투스 카이사르, 티투스 베스파시아누스, 프랑스의 필립 르벨*1, 영국의 에드워드 4세, 아테네의 알키비아데스, 페르샤의 소피스 왕조 이스마엘*²은 모두 높고 위대한 정신의 소유자들이었다. 더욱이 그 시대의 가장 아름다운 사람들이었다. 아름답다는 점에서는 용모가 낫다. 그리고 품위있고 우아한 동작이 용모보다 낫다. 그것은 아름다움의 가장 좋은 부분이며 그림으로도 표현할 수 없다. 또 살아 있는 실물을 잠깐 보아서도 헛일이다.

뛰어난 아름다움으로서 균형이 조금 이상하거나 불규칙스러운 데가 없는 것은 없다. 아펠레스*³와 알베르트 뒤러와 어느 쪽이 쓸데없는 짓을 했는지 알 수 없는 데가 있다. 알베르트 뒤러는 인물을 기하학적인 균형으로 만들어 내려고 했다. 아펠레스는 여러 가지 얼굴의 가장 좋은 데를 따서 한 가지를 훌륭한 것으로 만들려고 했다. 이런 인물은 그런 것을 만들어 내는 화가 이외에는 그 누구도 기쁘게 만들 수 없지 않나 하는 생각이 든다. 화가가 실제 이상으로 좋은 얼굴을 그려도 좋다고 내가 생각지 않는다는 것은 아니다. 그러나 일종의 행운이라고 할 수 있는 것을 가지고 그렇게 해야 하는 것이다 (음악가가 음악으로 뛰어난 선율을 만드는 것과 같이). 규칙을 가지고 하는 것이 아니다. 사람이 여러 가지 얼굴을 보고 나서 한 부분씩 살펴보면 결코 좋은 데가 없다. 그러나 전체로서 훌륭할 수가 있다. 아름다움의 주요 부분이 품위있는 동작이라는 것이 진실이라면, 나이를 먹은 사람들이 몇 배나 사랑스럽게 여겨진다고 하더라도, 확실히 아무 이상할 것이 없다.

"아름다운 사람은 아름다운 가을을 가지고 있다"*⁴는 말이 있다. 왜냐하면 젊은 사람이 아름답다고 해 봐야 관대히 보고 비로소 그렇게 말할 수 있다. 그리고 젊음이 아름다움을 만들어 낸다고 생각하는 것이다. 아름다움에는 여름의 과일 같은 데가 있다. 썩기 쉽고 오래 가지 않는다. 그리고 흔히 청년 시대를 방종스럽게 만들고, 노년은 약간 자기 자신에게 불만을 품게 한다. 그러나 또 확실히 잘 되어서 아름다움과 가치있는 사람이 결합되는 경우라면, 덕성을 빛내고 악덕의 얼굴을 붉히게 만든다.

〈주〉

*1 프랑스의 군주제를 발전시킨 필립 4세(미모왕, 재위 1258~1314년)를 가리킨다.

*2 148~1524년. 소피스 왕조의 창시자.

*3 기원전 4세기의 그리스 화가. 단 베이컨은 기원전 5세기 무렵의 그리스 화가 주크시스

와 착각하고 있는 것 같다.

*4 플루타르코스 《대비열전》 〈알키비아데스 편〉. 본디는 에우리피데스의 말이라고 한다.

44 불구

불구자들은 보통 자연에 복수한다. 왜냐하면 자연이 그런 사람들을 학대하고 있는 셈이므로, 그런 사람들도 자연에 대하여 앙갚음을 하는 것이다. 대부분은(성서에 말하고 있듯이)*¹ 자연의 애정을 받고 있지 않기 때문이다. 그래서 자연에 대하여 자기도 복수하는 것이다. 확실히 육체와 마음 사이에는 조화가 있다. 그리고 자연은 한편에서 과오를 범하고 있으면, 한편에서도 그렇게 되는 위험을 범하기 쉽다. "한편에서 과오를 범하고 있는 경우에는, 또 한편에서도 그 위험을 범하게 되는 것 같다."*² 그러나 인간의 경우, 자기 마음의 구성에 관해서 선택력이 있고, 육체의 구성에는 필연성이 있다. 그러므로 자연적인 성향의 별(星)은, 훈련과 덕성의 태양에 의해서 어두워지는 수가 있다. 그러므로 불구를 어떤 징후로 보는 것은 좋지 않다. 그것은 비교적 사람을 잘못 보기 쉽기 때문이다. 오히려 결과가 생기지 않는 일이 없는 원인으로 보는 편이 낫다.

자기의 육체에 경멸을 자초하는 고정된 것을 가진 사람은, 누구나 경멸에서 자기를 구하고 자유로워지려는 충동을 끊임없이 갖기 마련이다. 그러므로 불구의 사람들은 한결같이 매우 대담하다. 처음에는 자기 자신의 방위를 위해서이고 경멸을 늘 받고 있기 때문이기도 하지만, 그러는 동안에 일반적인 습성이 되기 때문이다. 또 그것은 그 사람들 속에 근면한 마음을 일깨워 준다. 특히 그들은 남의 약점을 주의하여 관찰한다. 그것은 무언가 보복할 것을 갖고 싶어 하기 때문이다. 또 그 손위 사람들은 그것이 그런 사람들에 대한 질투심을 지워 준다. 마음대로 경멸할 수 있다고 생각되는 인물이기 때문이다. 그리고 그들의 경쟁자나 상대를 잠재운다. 그런 사람들이 승진할 가능성은 없다고 믿기 때문이며, 그러다가 막상 지위를 얻는 것을 보고 비로소 깨닫는다. 그러므로 대체로 위대한 재능이 있는 사람들의 경우, 불구는 승진에 유리하다.

고대의 국왕들은(그리고 현재에도 어떤 나라에서는) 거세자(去勢者)를 매우 믿는 것이 상례였다. 왜냐하면 모든 사람에 대해서 질투심을 가진 자는, 한 사람에게는 비교적 복종심을 갖고 또 충실한 법이기 때문이다. 그러나 이런 사람들에 대한 신뢰는, 좋은 밀정(密偵)이나 좋은 밀고자에 대한 것과 같은 데가 있었다. 좋은 행정관이나 관리에 대한 것과는 다른 데가 있다. 그리고 이와 같은 것이 불구자들의 입장이다. 언제나 일반적으로 말할 수 있는 것이지만, 그런 사람들은 용기있는 사람일 경우, 경멸로부터 자기를 해방하고자 할 것이다. 그것은 덕성에 의하거나 아니면 악의에 의하지 않을 수 없는 것이다. 그런 까닭이라 그 사람들이 뛰어난 인물이 되는 수가 있는 것을 이상하게 생각해서는 안 된다. 이를테면 아게실라우스, 솔리만의 아들 장거*3, 이솝, 페루의 총독 가스카*4 등이 있었다. 또 소크라테스 역시 그들 속에 끼어도 좋을 것이다. 그 밖에도 여러 사람들이 있다.

〈주〉

*1 〈로마서〉 1·31, 〈디모데후서〉 3·3.

*2 이 같은 말을 라틴어로 바꾸어 말한 것이다.

*3 지한레르라고도 한다. 솔리만 대제와 로크소라나 사이에 난 맏아들. 형 무스타파(이 책 〈19. 제국〉 주11 참조)가 아버지의 명령으로 살해된 것을 슬퍼하여, 자살했다고도 하고 독살당했다고도 한다. 그는 절름발이였다.

*4 1458~1567년. 에스파냐의 법률가이자 사교가. 페루의 심판소 장관으로서 부임했으며, 매우 큰 권력을 갖고 있었다. 용모도 흉하고 손발이 모두 균형이 잡히지 않은 사람이었다고 한다.

45 건물

집이라는 것은 살기 위한 것이지 보기 위한 것이 아니다. 그러므로 가지런함보다 편리성을 첫째로 삼는 편이 좋다. 다만 이 둘을 아울러 가질 수 있을 경우에는 다르다. 훌륭한 구성미만 가진 집은 시인들의 마법 궁전에 맡겨 두면 된다. 그 집을 세우는 데 비용은 많이 들지 않는다.

나쁜 대지에 좋은 집을 짓는 사람은 자기를 감옥에 넣는 자이다. 내가 나쁜 대지라고 생각하는 곳은 공기가 좋지 않은 곳뿐이 아니다. 공기가 고르지 못한 곳도 나쁜 대지라고 할 수 있다. 이를테면 언덕진 토지 위에 있는 훌륭한 대지가 그 주변의 더 높은 산으로 둘러싸여 있는 것을 많이 볼 것이다. 그 때문에 태양 열이 갇히고 바람이 상자 속처럼 모인다. 그러므로 추위와 더위에 심한 변화가 있고, 마치 각각 다른 곳에 살고 있는 것처럼 급격한 변화가 있을 것이다. 또 나쁜 공기만으로 나쁜 대지가 되는 것은 아니다. 길이 나쁘다든가, 시장이 좋지 않다든가 하는 것도 있다. 그리고 모무스[*1]의 충고를 받아들인다면 이웃이 나쁠 수도 있다. 나는 그 이상은 별로 여러 가지 말을 하지 않기로 한다.

물의 부족, 숲·나무 그늘·엄호물(掩護物)의 부족, 과실의 부족, 여러 가지 성질을 가진 토지의 혼합, 전망의 부족, 평탄한 부분의 부족, 어딘가 가까운 거리로의 사냥, 매사냥, 경마터의 부족, 바다에 너무 가깝거나 너무 멀거나, 항행할 수 있는 강의 편리가 있거나, 그것이 범람하는 불편이 있거나, 대도시에서 너무 떨어져 있거나 하는 것 등이 있다. 그 때문에 일의 방해가 된다. 또 그곳에 너무 가까우면 모든 음식물이 매점되어 모든 것이 비싸진다. 사람이 넓은 거주지를 가지고 있는 곳과, 좁게 한정되어 있는 곳 어디에서나 그런 것을 모두 함께 갖춘 곳을 보기란 아마 불가능할 것이므로, 그것을 알아보고 그것을 생각하여, 사람이 될 수 있는 대로 많이 고려할 수 있도록 하는 것이 좋다. 그리고 만일 몇 개의 주거가 있다면, 그것을 잘 안배하여 한 곳에 부족한 것이 다른 곳에는 있게끔 하는 것이다. 루쿨루스[*2]가 폼페이우스에게 슬기로운 대답을 하고 있다. 폼페이우스가 그 당당한 복도와 넓고 밝은 방들이 있는 집을 보고 물었다. "확실히 여름에는 좋은 집이지만, 겨울에는 어떻게 하는가?" 루쿨루스는 이렇게 대답했다. "저를 새처럼 현명하다고는 생각하시지 않습니까? 겨울이 될 무렵에는 어김없이 주거를 바꾸거든요."

대지에서 집 그 자체로 눈을 돌려 보기로 하자. 키케로가 웅변가의 기술에 대해서 한 것처럼 살펴보자는 것이다. 그는 《웅변술에 대하여》라는 몇 권의 책과 《웅변과 웅변가》라는 제목인 한 권의 책을 썼다. 전자는 이 기술의 규칙을, 후자는 실제를 설명하고 있다. 그러므로 우리도 군주에 알맞는 궁전에 관하여 이야기하고, 그 안을 간단하게 제시하기로 하자. 이상한 일이지만 지금 유럽에서는 바티칸이나 에스코리알*³이나 그 밖에 거대한 건축물을 볼 수 있는데, 그 속에는 아주 훌륭한 방이 거의 하나도 없다.

첫째 그런 까닭이니 완전한 궁전으로 만들려면, 두 가지의 구별된 측면이 있어야만 한다고 생각한다. 연회를 위한 측면 이를테면 구약(舊約)의 에스더 기에 나와 있는 그런 것과*⁴, 가족을 위한 측면이다. 전자는 축하연이나 행사를 위한 것이고, 후자는 주거용이다. 내 생각으로는 이들 두 가지 측면은 날개 부분뿐 아니라 전면의 일부를 이루는 것으로 만들고 싶다. 그리고 외부는 똑같이 하고 내부만 여러 가지로 구획한다. 그리하여 전면 중앙의 크고 당당한 탑 양쪽에 있는 것을 함께 결합시키는 형태로 만든다.

나로서는 전면의 연회장 측 한쪽 2층에는 훌륭한 방을 하나만 만들되, 약 40피트 정도의 높이로 하고 싶다. 그리고 그 아래층의 방 하나는, 행사 때 의상을 갈아입거나 준비하는 장소로 꾸미는 것이다. 또 한쪽은 가족용으로서, 나는 그것을 탑에 가장 가까운 곳에서 홀과 예배당으로 나누고 싶다(그 사이에는 칸막이를 친다). 모두 훌륭하고 큰 것으로 만든다. 그리고 그것의 길이를 끝까지 통하게 하는 것이 아니라, 양쪽 끝에다가 겨울과 여름을 위한 방을 놓는 것이다. 모두 훌륭하게 만든다.

그리고 그 방 밑에 훌륭하고 큰 지하실을 마련한다. 마찬가지로 사용하는 몇 군데의 부엌에다가 식량 저장실과 식기실 등도 설치한다. 탑은 그것을 2층으로 하고, 하나를 18피트 높이로 하여 두 날개 위에 세우고 싶다. 그리고 위쪽은 훌륭한 양철을 입히고, 난간에도 여러 가지 상(像)을 간격을 두고 놓아 둔다. 그리고 탑은 여러 가지 적당하다고 생각되는 방으로 나누는 것이다. 2층 방으로 가는 층계에도 마찬가지로 훌륭하고 넓은 중간 주 기둥 위에 걸고, 그 난간에는 여러 가지 목각상을 세우고 그 빛깔을 놋쇠빛으로 만든다.

꼭대기는 아주 훌륭한 층계참으로 한다. 그러나 이렇게 하는 것은 아랫방 하나를 하인들의 식사 장소로 만들지 않을 때의 일이다. 이 경우 하인들의 식사는, 자기들의 식사 뒤에 하도록 해야 한다. 왜냐하면 그 증기가 굴뚝을 타고 올라오기 때문이다. 전면에 대해서는 이만하기로 한다. 다만 내 의도는 첫 층계의 높이를 16피트로 한다는 것이다. 그것은 아래층 방의 높이이다.

이 전면 맞은 편에는 훌륭한 안마당이 있어야 할 것이다. 그러나 그 3측면은 전면보다 훨씬 낮은 건물로 한다. 그리고 안마당의 네 모퉁이에는 훌륭한 층계를 소탑(小塔)으로 꾸며서 바깥 쪽에 둔다. 건물 자체의 줄 안 쪽에 들어 가지 않도록 하는 것이다. 그러나 이런 탑은 전면의 높이까지는 되지 않도록 하고, 비교적 낮은 건물과 균형을 잡게 한다. 안마당은 포장을 하지 않는다. 포장을 하면 여름에는 대단한 열기를, 겨울에는 많은 한기를 반사하기 때문이다. 또 몇몇 샛길을 내고 십자로를 만든다. 그 넷으로 나눈 부분에는 잔디를 심어서 잘 깎아 주되 너무 짧게 깎지 않도록 한다.

연회장 쪽으로 가는 길은, 모두 당당한 복도로 만든다. 그 복도에는 전체에 세 개 내지 다섯 개의 훌륭한 둥근 지붕을 같은 간격으로 덮는다. 그리고 여러 가지 세공을 한 고운 빛깔의 창문을 낸다. 가족용 쪽에는 응접실과 보통의 거실과 몇 간의 침실로 꾸민다. 그리고 3측면에는 전부 방이 양면에 2중으로 있게끔 하고, 서쪽에 광선이 빠져 나가는 창을 서로 마주 보게 하지 말고, 오전 오후에 각각 햇빛을 받지 않는 방이 있도록 한다. 또 여름이나 겨울에도 쓸 수 있는 방이 있도록 연구한다. 여름에는 그늘이 지고 겨울에는 양지바른 곳으로 만드는 것이다.

때로는 훌륭한 집에 너무 유리창이 많아서, 어디에 가면 햇빛이나 또는 추위를 피할 수 있는지 모를 집이 있다. 나는 활 모양의 돌출창이 유용하다고 생각한다(도시에서는, 실제로 똑바른 편이 낫다. 길거리 쪽으로 가지런히 나기 때문이다). 그것은 회의를 위해서 들어가기에 편리한 장소이다. 게다가 바람도 햇빛도 다 피할 수 있다. 왜냐하면 방을 거의 다 통과하더라도 그 창을 통과하는 일은 좀처럼 없기 때문이다. 그러나 그것은 안마당에 네 개, 한쪽 측면에만 내는 것이 좋다.

이 안마당 끝에 또 하나의 안마당을 만들기로 한다. 똑같은 4각과 높이의 것으로 한다. 그것은 측면 모두가 정원으로 둘러싸이게 하는 것이다. 그리고 안쪽은 어느 면이나 지붕을 덮은 회랑(回廊)으로 만들어, 우아하고 아름다운 아치에 얹어 1층과 같은 높이로 한다. 아래층은 정원을 향한 동굴처럼 만든다. 그늘을 만들어 여름의 열기를 피하는 곳으로 삼기 위해서이다. 그리고 정원 쪽으로만 열려 있는 곳이나 창문이 있도록 한다. 바닥은 편편하게 하고 지면 밑으로는 조금도 가라앉지 않도록 한다. 모든 습기를 피하게 하는 것이다.

안마당 한가운데에 분수 또는 무언가 훌륭한 조각상을 놓도록 한다. 바닥은 또 한쪽의 안마당과 같게 한다. 여기의 건물은 다 사용하는 방으로 만들고 끝도 사용하는 복도로 만든다. 그중에 하나는 병실용이 되도록 유의해 둔다. 군주나 그 밖의 특별한 사람이 병들었을 때를 위해서이며, 몇 간의 방과 침실, 부속실, 대기실을 이어 놓는다. 이것은 2층에 둔다. 1층은 몇 개의 기둥에 얹혀 있는 훌륭한 복도가 트여 있다. 3층에도 마찬가지로 트여 있는 복도가 몇 개의 기둥 위에 얹혀 있어서, 정원의 전망과 상쾌함을 맛볼 수 있게 한다.

맞은 편 두 구석에는 날개를 만들어 정원으로 툭 튀어 나가게 하여, 두 개의 화려하고 풍족한 조그만 방으로 꾸민다. 그 방에는 아름답게 바닥을 깔고, 훌륭한 벽걸이 천을 걸고, 수정 유리를 끼우고, 훌륭한 둥근 지붕으로 덮는다. 그 밖에 생각할 수 있는 한, 모든 우아한 것으로 만든다. 만일 장소만 허락된다면 위의 복도에도, 몇 개의 분수를 만들어 벽 여러 곳에서 흘러나오도록 하며, 몇 개의 아름다운 물꼭지를 내도록 하고 싶다. 궁전안(宮殿案)에 대해서는 이 정도로 한다.

다만 정면에 이를 때까지 세 개의 안마당이 있어야 한다는 것만 덧붙인다. 아무런 장식도 없는 푸른 안마당에 벽을 둘러치고, 다음 안마당은 비슷하지만 그보다는 장식을 달고, 조그만 탑이나 장식물을 벽 위에 얹는다. 셋째 안마당은 정면과 4각이 되도록 하되, 바닥에 함석을 간 테라스로 둘러싸서 3면을 아름답게 장식한다. 안쪽은 지붕을 덮은 회랑에 기둥을 몇 개 세우고, 아래는 아치가 없는 것으로 한다. 사무소는 떨어진 곳에 두고, 몇 개의 낮은 복도를 내서서 궁전으로 통하게 한다.

〈주〉

*1 로마 신화에 나오는 비꼬는 신으로, 하늘에서 쫓겨났다. 미네르바 신의 집에 수레바퀴가 달려 있지 않으므로, 나쁜 이웃이 있는 데서 이사할 수 없지 않느냐며 비꼬았다고 한다.

*2 플루타르코스 《대비열전》 〈루쿨루스 편〉. 루쿨루스는 로마의 무장(기원전 117 무렵~56년). 폼페이우스에 대항했으나, 나중에 은퇴하여 예술의 패트런으로서 사치스러운 생활을 보냈다.

46 정원

전능의 신이 처음 정원에 식물을 심었다. 그리고 실제로 그것은 인간의 기쁨 중에서도 가장 순수한 것이다. 또한 인간의 정신에 가장 큰 위안이다. 정원이 없으면 건물이고 궁전이고 다 하찮은 인간의 조작물에 지나지 않는다. 사람이 반드시 알게 되는 일이지만, 시대가 문명화되거나 우아해짐에 따라, 사람들은 정원보다 빨리 건물을 세우기 마련이다. 마치 정원을 꾸미는 것을 훌륭한 마무리로 생각하고 있는 것처럼 보인다.

나의 주장으로서는 정원을 왕후(王侯)에 알맞게 설명할 때는, 1년 열두 달에 모두 맞는 정원으로 만들어야 할 것이다. 그때 그때 계절마다 아름다운 꽃들이 피어나도록 하고 싶다. 12월과 1월 그리고 11월의 후반쯤에는, 겨우내 초록을 간직하는 것을 심어야 한다. 서양 감탕나무, 담쟁이 덩굴, 월계수, 노간주나무, 실측백, 주목(朱木), 소나무, 왜전나무, 로즈마리, 라벤더, 덩굴 장춘화(長春花)의 백색, 자색, 청색, 소태나무, 창포, 오렌지 나무, 레몬 나무, 만일 온실에 넣을 수 있다면 은매화(銀梅花)와 마요라나를 양지바른 곳에 심을 것. 이어서 1월의 후반과 2월의 서양 팥꽃향나무는 이 무렵에 핀다. 봄 사프란의 황색과 진한 회색꽃, 앵초(櫻草), 아네모네, 일찍 피는 튜울립, 히아신스, 작은 연미붓꽃, 패모(貝母). 3월에는 제비꽃이 온다. 특히 겹으로 되지 않은 청색이 가장 빠르다. 노랑 수선화, 데이지, 편도 나무 꽃, 복숭아꽃, 보리수나무꽃, 해당화.

4월에 들어와서 계속되는 것으로서는 겹으로 피는 흰 제비꽃. 향기나는 향꽃장대, 보통 향꽃장대, 노랑 구륜앵초, 연미 붓꽃, 그리고 모든 종류의 백합, 로즈마리꽃, 튤립, 겹작약, 연한 수선화, 프랑스 인동덩굴, 벚꽃, 서양 오얏, 오얏꽃, 잎이 핀 흰 가시나무, 라이락나무. 5월과 6월에 오는 것은 모든 종류의 패랭이꽃 특히 연분홍 패랭이꽃, 모든 종류의 장미, 다만 사향 장미는 별도이며 늦게 핀다. 인동덩굴, 딸기, 자주빛 매발톱꽃, 공작 고사리, 전륜화, 버찌, 까치밥나무, 무화과 열매, 나무딸기, 포도꽃, 라벤더꽃, 흰 꽃이 피는 손바닥 난초, 무스카리, 은방울꽃, 사과꽃. 7월에 오는 것은 모든 종류의 향그러운 향꽃장대, 사향 장미, 라임나무꽃, 빠른 배, 오얏, 빠른 능금, 사과. 8월에 오는 것은 모든 종류의 오얏, 배, 살구, 당매자나무 개암나무, 사향 참외, 모든 빛깔의 바꽃. 9월에 오는 것은 포도, 사과, 모든 빛깔의 양귀비, 복숭아, 노랑 복숭아, 털 없는 복숭아, 홍옥수, 커다란 배, 마르멜로. 10월과 11월 초에 오는 것은 마가목, 서양 모과나무, 서양 오얏, 자르거나 옮겨 심어 늦게 피게 한 장미, 접시꽃 등이다. 이들 개개의 것은 런던의 기후에 맞춘 것이다. 그러나 내 말의 뜻은 다 아는 일이지만, 각 장소에 따르는 봄을 언제나 맛볼 수 있다는 것이다.

꽃향기는 손에 쥐기보다 공중에 있는 편이 훨씬 감미로우므로(그때는 떨리는 음악처럼 떠돌아 오고간다) 그 기쁨에 무엇보다도 적당한 것은, 어떤 꽃과 어떤 식물이 공기를 가장 향긋하게 만드느냐 하는 것을 아는 일이다. 장미는 다마스크 빛이나 붉은 빛 모두 향기를 밖으로 내지 않는 꽃이다. 그러기에 그런 꽃이 즐비한 옆을 지나가도 그 감미로움을 모를 수가 있다. 확실히 이 꽃이 아침 이슬 속에 있어도 마찬가지이다. 월계수도 역시 오래 살아 있을 때에는 향기를 내지 않는다. 로즈마리도 거의 그렇고 마요라나도 그렇다. 그 어느 꽃보다도 공기 속에 가장 감미로운 향기를 내는 것은 제비꽃이며, 특히 하얀 제비꽃이 더 하다. 이것은 1년에 두 번 핀다. 4월 중순께와 8월 24일의 성(聖)바돌로매 축제일 때이다. 이에 계속되는 것은 사향 장미이다. 그 다음에 딸기가 잎이 시들 무렵 매우 훌륭하고 상쾌한 향기를 낸다. 그리고 포도꽃이다. 그것은 조그마한 쌀겨 같은 것이지만, 겨이삭 속의 겨 같은 꽃과 비슷하며 처음 나올 때 송이 위에 생긴다. 그리고 들장미이다. 이어 향기 나는 향꽃 장대인데, 이것은 거실이나 비교적 낮은 방의 창 밑에 두면 매우 즐겁다. 그 다음에 패랭이꽃과 정향(丁香)의 카네이션과 라임나무꽃. 이어 인동덩굴은 다만 좀 멀리 떨어진 곳에 심는다. 콩꽃에 대해서는 이야기하지 않겠다. 그것은 들꽃이기 때문이다.

공기를 가장 즐겁고 향기로운 것으로 만들지만, 다른 것처럼 옆을 지나가기만 해서는 안 되고, 짓밟거나 으깨야 하는 것이 세 가지 있다. 즉 오이풀,

백리향 그리고 야생의 박하풀이다. 그러므로 그것을 길마다 심어두면, 걸어가거나 밟거나 할 때 즐겁다.

정원에 대해서 말하자면(건축의 경우와 같이 실제로 군주에 알맞는 것에 언급하기로 한다), 그 넓이는 땅이 30에이커 이하여서는 안 될 것이며, 그곳은 세 부분으로 나뉘어 있어야 한다. 입구에는 잔디를 심고, 출구는 히이드가 자라는 곳, 혹은 아무것도 없는 황무지로 해 둔다. 그리고 주된 정원을 중심에 둔다. 양쪽에는 오솔길을 낸다. 그리고 나로서 좋다고 생각하는 것은 4에이커의 대지를 잔디에, 6에이커를 히이드에 4에이커와 4에이커를 양쪽에, 12에이커를 주정원에 배치하는 것이다. 잔디에는 두 가지 기쁨이 있다. 하나는 훌륭하게 손질된 푸른 잔디를 바라볼 때의 즐거움이다. 다른 하나는 그 때문에 한가운데 훌륭한 오솔길이 생긴다는 것이다. 그곳을 지나 곧장 산울타리까지 갈 수 있고, 그것이 정원을 둘러싸게 된다. 그러나 그 오솔길이 길어서 1년 또는 하루 중의 매우 더울 때, 잔디밭을 빠져나가 햇빛 아래를 걸어서 정원의 나무 그늘에 도달하도록 해서는 안 된다. 그러므로 잔디밭 양쪽에 목수로 하여금 지붕이 있는 오솔길을 만들도록 한다. 높이는 약 12피트 정도로 하고, 그것의 그늘 속을 지나 정원으로 들어갈 수 있게 하는 것이다.

여러 가지 빛깔의 흙으로 화단이나 모양을 만들어서, 정원이 있는 쪽 집의 창문 밑에 두도록 하는 것은 쓸데없는 일이다. 과일이 든 파이 과자에서처럼 그에 못지않은 좋은 광경을 얼마든지 볼 수 있다. 정원은 4각형이 가장 좋다. 4면을 모두 아치로 되어 있는 산울타리로 당당하게 둘러싸는 것이다. 아치는 목수의 세공이 된 몇 개의 기둥 위에 얹도록 하고, 약 10피트 높이나 6피트 정도로 한다. 그 사이의 간격은 아치의 폭과 같게 한다. 아치 위 쪽에는 약 4피트 높이로 일련의 산울타리를 만들고, 목수의 세공으로 테두리를 만든다. 위쪽의 산울타리 위에는, 아치마다 조그마한 탑을 얹고 부풀음이 있게 하여 새장을 받치는 데 충분하도록 해 둔다. 그리고 아치 사이의 간격마다 위쪽에 무언가 다른 조그마한 모양을 만들고, 광판(廣板)의 둥근 색채 유리를 철망으로 씌워 햇빛이 그 위에서 흔들거리도록 한다. 나는 이 산울타리를 둑 위에 올리고 싶어, 그곳에 급하지 않고 완만한 경사로 약 6피트쯤 되게 해서 모두 꽃을 심는다.

또 내가 생각하는 바로는 이 4각형 정원은 지면의 폭 모두를 차지하지 않도록 하고, 양쪽에 여러 가지로 측면 오솔길을 내는 데 충분한 지면을 남기는 것이다. 거기에 두 가닥의 지붕이 있는 잔디의 오솔길이 이어지게 된다. 이렇게 둘러 싼 넓은 대지의 양쪽 어느 끝에도 산울타리가 있는 오솔길을 내서는 안 된다. 한쪽은 잔디로부터 이 아름다운 산울타리의 전망을 방해하기 때문이고, 다른 쪽은 아치를 통해서 산울타리로부터 히이드 밭을 내다보는 전망을 방해하기 때문이다.

큰 산울타리 내부의 지면 배치 방법에 대해서는 여러 가지 궁리를 해보도록 한다. 다만 충고해 둘 것은, 어떤 모양으로 만들거나 너무 요란스럽거나 세공이 지나치지 않도록 하고 싶다는 것이다. 그 점에서 나로서는 여러 가지 모양을 노간주 나무나 그 밖의 정원 재료로 부각시키는 것은 좋아하지 않는다. 그것은 유치한 속임수이다. 조그마하고 낮은 산울타리로 둥글게 둘레를 두르듯 하고, 몇 개의 고운 피라미드를 만든 것은 제법 좋다. 그리고 여기저기에 목수가 세공한 테두리를 얹은 훌륭한 기둥을 세운다. 나는 오솔길을 좀 넓고 훌륭한 것으로 만들고 싶다. 측면의 지면에는 비교적 좁은 오솔길로 해도 좋지만, 주요 정원 안에는 아무것도 없는 것으로 하고 싶다. 나는 또 한가운데에 훌륭한 동산을 하나 만들고, 세 군데에 올라가는 입구를 마련하며, 각각 하나로 이어지는 층계에 오솔길을 곁들여서 사람이 나란히 걸어갈 수 있도록 하고 싶다. 그것은 완전한 원을 이루는 것이며, 방벽(防壁)이나 돌출부는 없는 것이 좋겠다. 그리고 산 전체는 30피트 높이로 한다. 거기에 훌륭한 연회장을 만들고, 몇 군데에다 굴뚝을 말끔하게 설치하고 유리는 너무 많이 끼우지 않도록 한다.

분수라는 것은 매우 아름답고 상쾌한 것이다. 그러나 천수(泉水)는 모든 것을 엉망으로 만들고, 정원을 비위생적으로 바꾸며, 파리나 개구리 등으로 가득 채워 버린다. 분수는 두 가지 종류로 하고 싶다. 하나는 물을 뿌린다고 할까, 분출하는 것. 다른 하나는 훌륭한 물받이이다. 약 30 내지 40피트 평방으로 하고 물고기나 미끈미끈한 것이나 진흙 같은 것이 없도록 한다. 전자는 철망이나 대리석상 등, 보통 사용되고 있는 장식이면 훌륭하다. 그러나 중요한 문제는 물을 흘러가게 하여 항아리나 수조에 괴지 않도록 하는 것이다. 물이 흘러서 변색하거나 초록빛 또는 붉은빛의 이끼나 부패가 생기지 않도록 한다. 또 그것은 날마다 손으로 깨끗하게 관리해야 하며 거기까지 가는 몇 개의 층계라든가, 그 주위가 훌륭하게 포장이 되어 있으면 더욱 좋다.

또 한쪽의 분수라고 할까, 미역을 감는 샘이라고 해도 좋은 것에는, 여러 가지 진지함이나 아름다움을 가미할 수 있을 것이다. 거기에 대해서는 별로 생각하지 않도록 하겠다. 이를테면, 바닥을 아름답게 포장하여 무늬를 만들 수도 있을 것이다. 측면도 같다. 그 위를 채색 유리나 여러 가지 윤이 나는 것으로 장식할 수 있다. 나지막한 조각의 아름다운 난간을 둘러 칠 수도 있다. 그러나 중요한 점은 전자의 종류인 분수에서 언급한 것과 같다. 즉 물이 끊임없이 움직이고 있어야 한다는 것이다. 연못보다 높은 물에서 공급되어, 거기에 아름다운 물꼭지로 쏟아져서는, 다시 지하로 배출되도록 하는 것이다. 대체로 같은 굵기의 관을 사용하여 물이 거의 멈추는 일이 없도록 한다. 그리고 훌륭하게 설계하여 물을 아치처럼 흐르게 하되, 쏟아지지 않고 또 여러 가지 모양으로 올라가게 하면—날개깃, 술잔, 천개(天蓋) 같은 것은— 보기가 좋다. 그렇지만 건강이나 아름다움에 도움이 되는 것은 아니다.

히이드 밭은 우리들 안의 제3의 부분인데, 나는 그것이 되도록 자연의 야취(野趣)를 그대로 지니도록 만들고 싶다. 거기에는 그 어떤 수목도 심고 싶지 않다. 단 몇 군데의 덤불을 들장미와 인동덩굴, 그 사이에 들포도 정도로 만든다. 그리고 지면에는 제비꽃, 딸기, 앵초를 심는다. 이런 꽃들은 아름답기도 하지만 그늘에서도 잘 자라기 때문이다. 그리고 굳이 질서를 찾을 것은 없이 이것을 히이드 밭에 여기저기 심는다. 나는 또 두더지 무덤 같은 성질의(천연 히이드의 들판에 있는 것 같은) 조그마한 몇 무더기의 산을 좋아한다. 그 어떤 것에는 야생의 사향초, 어떤 것에는 패랭이꽃, 어떤 것에는 소태나무를 심고 싶다. 이것은 보기에 좋은 꽃을 피운다. 어떤 것에는 덩굴 장춘화, 어떤 것에는 제비꽃 어떤 것에는 딸기, 어떤 것에는 노란 구륜앵초, 어떤 것에는 데이지, 어떤 것에는 붉은 장미, 어떤 것에는 은방울꽃, 어떤 것에는 빨간 패랭이꽃, 어떤 것에는 바곳, 그 밖에 키가 낮고 예쁘고 아름다운 꽃을 심는다. 그러한 동산의 꼭대기 일부에는 관목의 조그만 덤불을 심도록 하고 일부에는 심지 않는다. 그 관목으로는 장미, 노간주나무, 서양 감탕나무, 매자나무(그러나 그 꽃의 불쾌한 냄새 때문에 여기 저기 심는다)빨간 까치밥 나무, 빨간 구즈베리, 로즈마리, 월계수, 들장미 등등이 있다. 그러나 이런 관목류는 나뭇가지를 쳐내어 멋대로 뻗어 나가지 않도록 한다.

측면의 지면은 여러 가지 길로 가득 채워야 한다. 사용의 것으로서 그 가운데 어떤 것은, 해가 어디에 있거나 충분히 그늘지게 만든다. 그중에 어떤 것은 마찬가지로 덮개가 되도록 만들어야 한다. 바람이 세게 불 때, 복도를 걷는 것처럼 할 수 있게 하기 위해서이다. 그리고 이들 오솔길은 똑같이 양쪽 끝에 산울타리를 쳐서, 바람막이를 해 주어야 한다. 비교적 가릴 것이 있는 이 오솔길들은 언제나 곱게 자갈을 깔고 잔디도 심지 않는다. 비 오는 날 걷기 위해서이다. 이 오솔길의 대부분에는 역시 모든 종류의 유실수를 심도록 한다. 그것을 벽 위로 기어오르게 하거나 한 줄로 심는다. 그리고 일반적으로 주의해야 할 것은, 유실수를 심는 가장자리 부근이 넉넉하고 크고 낮으며, 경사가 급하지 않아야 한다는 것이다. 그리고 아름다운 꽃을 드문드문 심도록 한다. 그것은 수목의 양분을 빼앗지 않게 하기 위해서이다. 양쪽 측면의 지면 끝에는 꽤 높은 동산을 만들어, 둘레의 벽이 가슴 높이에 오게 하여 바깥 들판을 바라볼 수 있도록 한다.

주정원에는 몇 가닥의 훌륭한 오솔길이 있고, 양쪽에 유실수를 나란히 심는 것을 나는 반대하지 않는다. 또 몇 군데 아름답게 무리를 지은 과일 나무와, 앉는 자리가 있는 정자를 정확한 순서로 마련한다. 이런 것들이 너무 촘촘해서는 좋지 않다. 주정원이 너무 혼잡하지 않도록 하여 공기가 시원하게 통할 수 있게 해 두기 위해서이다. 즉 나무 그늘이 그리우면 측면의 지면에 있는 오솔길을 생각하게 되도록 하고 싶다. 그런 기분이 나면 1년 혹은 하루의 한창 더울 때 그곳을 거닐 수 있다. 그러나 생각해 두어야 할 것은, 주요 정원은 1년의 비교적 온화한 시절을 위한 것이라는 점이다. 그리고 한창 더운 여름날에는 아침과 저녁 때, 혹은 흐린 날을 위한 것이다.

새집에 관해서 말하면 나는 그런 것을 좋아하지 않는다. 다만 넉넉히 크게 하여 잔디를 깔거나, 살아 있는 식물 혹은 덤불을 안에 심을 수 있을 만큼이면 이야기는 다르다. 이것은 새들이 비교적 여유를 갖고 자연스럽게 둥우리를 칠 수 있게 하며, 새집 바닥에 더러운 것이 보이지 않게 하기 위해서이다. 이와 같이 나는 군주에게 알맞는 정원안을 만들어 보았다. 일부는 형식으로, 일부는 약도로, 견본은 아니지만 그 전체의 윤곽을 제시했다. 이렇게 하면서 나는 경비를 조금도 아끼지 않았다. 그러나 위대한 군주들로 봐서는,

부질없는 짓으로 여겨질 것이다. 대체로 그들은 직장(職長)들의 말을 듣고, 경비는 나의 설계안과 비슷하게 해서 여러 가지로 지면을 설계한다. 어떤 경우에는 조각 같은 갖가지 것을 덧붙여서, 장엄하고 위엄있는 것으로 만들려고 한다. 그러나 그런 것들은 정원에서 느끼게 될 참된 기쁨에는 아무런 보탬도 되지 않는다는 것이다.

47 교섭

말로써 거래를 하는 편이 일반적으로 편지보다 좋다. 또 제3자의 중개로 하는 것이 자기 혼자하는 것보다 낫다. 편지가 좋은 경우는, 해답을 답서로 다시 받고 싶은 때이다. 혹은 자기 변호를 위해서 나중에 자기 자신의 편지를 제시하는 데 도움이 되는 그런 때이다. 또 훼방을 당할 위험이 있거나, 단속적으로 들으면 위험할 때이다.

직접 거래하는 편이 좋을 경우는 어떤 사람의 얼굴이, 이를테면 손아랫사람과의 보통의 경우처럼 존중을 받는 때이다. 또 신중을 요하는 경우로서, 자기 눈으로 이야기하고 있는 상대 얼굴을 응시하여, 어디까지 진행시켜야 좋은지 그 방향을 알아야 할 때이다. 그리고 일반적으로 자기 본의와 다른 말을 하거나, 설명을 보태거나 할 수 있는 자유를 자기 자신에게 남겨 두고 싶은 때이다.

중개자가 될 사람을 고를 때는 비교적 정직한 사람을 고르는 것이 좋다. 자기에게 맡겨진 일을 하여, 그 결과를 충실히 갖고 돌아올 만한 사람을 말한다. 남의 일을 가지고 교묘히 자기 면목을 세울 일만 만들어 내고, 만족을 주기 위해서 내용을 적당히 더하거나 빼 좋게 보고하는 사람이면 곤란하다. 그리고 자기가 하는 일을 좋아할 사람을 고르는 것이 현명하다. 그러면 일에 진전이 있고 기운이 나기 때문이다. 또 그 내용에 적합한 사람이 좋다. 이를테면 대담한 사람은 항의하는 데 좋고, 말을 잘 하는 사람은 설득하기에 좋으며, 교묘한 사람은 조사나 관찰에 좋고, 성질이 비뚤어져서 이치대로 하지 않는 사람은, 그 자체로서는 잘 안 될 것 같은 일에 적합하다. 그리고 지금부터 시키고자 하는 일을 운 좋게 성공시킨 적이 있는 사람을 쓰는 것이 좋다. 그러면 자신이 생기고, 자기의 신용을 유지하려고 노력할 것이기 때문이다.

거래 상대를 한 인물은 널리 둘러보아서 측정하는 편이, 처음부터 문제점에 부딪치는 것보다 낫다. 하기야 무언가 성급한 질문으로 허를 찌를 때는 다르다. 무엇을 탐내고 있는 사람을 상대하는 편이, 자기가 희망하는 대로 되고 있는 사람의 경우보다 다루기 쉽다. 여러 가지 조건을 붙여서 남을 상대할 때는, 처음이 혹은 처음에 하는 일이 가장 중요하다. 그것을 구한다는 것은 물론 어려운 일이다. 다만 그 사물의 성질이 먼저 처리해야 하는 것일 때는, 반드시 그렇지도 않다. 혹은 또 상대로 하여금, 무언가 다른 일이라도 언제든지 그 사람에게 볼일이 생기게 될 것이라든가, 자기는 비교적 정직한 사람으로 여겨지고 있다는 것을 납득시킬 수 있으면 이야기는 달라진다. 모든 교섭을 나타내는 것은 실토를 할 때라든가, 적당한 이유가 발견되지 않을 때 등이다.

누군가에게 작용하고 싶을 경우는, 그 사람의 성질이나 습성을 알고 그 사람을 끌어 내거나, 그 목적을 알고 설득하거나, 그 약점과 불리한 점을 알고 위압하거나, 그에 대해서 이해관계를 가진 사람들을 알아내고 그를 내편으로 만들거나 해야 한다. 교묘한 인물을 상대할 때는, 언제나 그 사람의 목적을 잘 생각하여 그의 말을 풀이해 보아야 한다. 그리고 그런 사람들에게 말을 적게 하여, 상대가 생각지 않았던 말을 하는 것이 좋다. 곤란한 교섭을 할 때는 언제나 씨를 뿌리는 동시에 걷어 들이려고 해서는 안 된다. 문제를 준비하여 서서히 그것이 영글어 가게 해야 하는 것이다.

48 추종자와 친구

돈이 드는 추종자는 바람직하지 않다. 꼬리를 길게 하는 한편 날개를 짧게 한다면 곤란한 일이다. 내가 돈이 든다고 생각하는 것은 지갑에 부담이 가는 사람들만을 말하는 것이 아니다. 귀찮고, 무엇을 끊임없이 부탁하며 졸라대는 사람도 있다. 보통의 추종자가 지지, 추천, 피해에 대한 보호 이상의 높은 조건을 요구해서는 곤란하다. 당파상의 추종자는 더더욱 좋지 않다. 자기들이 편을 드는 사람에게 애정을 가지고 따라오는 것이 아니라, 누군가 다른 사람에게 불만을 품고 있기 때문이다. 그런 것에서 흔히 오해가 생기는데, 이것은 높은 사람들 사이에서 흔히 볼 수 있는 일이다.

마찬가지로 자기 자랑이 심한 추종자는 나팔처럼 떠들어대며 자기가 따르는 사람을 칭찬하는데, 이것도 불편하다. 비밀을 지키지 않아 일이 잘못되기 때문이다. 그 사람의 명성을 떠들어댐으로써 다른 사람들이 그에게 샘을 내게 되는 결과를 초래한다. 마찬가지로 또 한 부류의 추종자가 있는데, 이들은 위험하며 실제로는 스파이이다. 그런 인간은 한 집안의 비밀을 뒤져서 남에게 가지고 간다. 부지런히 돌아다니고, 이야기를 양쪽에 가지고 가는 것이 보통이기 때문이다. 사람들의 신분 같은 것에 상응하는 추종을 한다는 것은, 높은 사람이 그 자신의 일로 삼고 있는 것에 적합할 경우에는(이를테면 전쟁에 종사하고 있는 사람을 섬기는 병사 같은 것이다) 언제나 훌륭한 일이며, 군주국의 경우에도 좋은 일이라고 생각되어 왔다. 다만 너무 화려하거나 인기만을 노리게 되면 이야기는 달라진다. 그러나 사람이 따라오는 것 가운데 가장 훌륭한 것은, 모든 부류의 사람들 속에 있는 덕성과 가치를 인정하고 나아가게 할 줄 아는 사람이기 때문이다.

능력에 두드러진 차이가 없을 때는, 비교적 일솜씨가 재치있고 빠른 사람보다 보통의 사람을 상대하는 편이 낫다. 속되고 악한 시대에는 활동적인 사람이, 두드러지게 능력있는 사람보다 쓸모가 있다. 공공의 통치인 경우에는, 지위가 같은 사람은 똑같이 사용하는 편이 좋은 것은 물론이다. 몇몇 사람을 지나치게 편애하면, 그 사람은 오만해지고 다른 사람들은 불만을 품게 된다. 그 사람들도 당연한 취급을 자기들에게도 해주기를 바랄지 모르기 때문이다. 그러나 반대로 사적인 은혜를 베풀 경우에는, 사람을 쓸 때 차별을 두거나 선택하는 것은 좋은 일이다. 왜냐하면 특별히 돌보아 준 사람은 감사의 기분을 가질 것이고, 다른 사람은 더 열심히 일하게 될 것이기 때문이다. 모두 은고(恩顧)의 문제가 되기 때문이다. 누구나 어떤 사람을 처음부터 너무 중시하지 않는 편이 좋은 사려 분별이다. 그 비율로는 언제까지나 계속해 나갈 수 없기 때문이다.

한 인간에게 조종된다는 것(흔히 이런 말을 한다)은 안전하지 않다. 상대에게 약점을 보이고, 욕이나 악평을 멋대로 번지게 만들기 때문이다. 어떤 사람을 직접 비난하거나 욕할 생각이 없는 인간도, 자기들보다 세력을 가진 사람들의 소문을 이야기할 때는 비교적 대담해지고, 따라서 그 사람의 명성을 해치게 된다. 그런데 많은 사람들에게 끌려간다는 것은 더더욱 나쁘다. 그렇게 되면 마지막으로 들은 인상에 지배되고, 줄곧 바뀌기만 하게 된다. 몇 사람인가 소수의 친구들한테 충고를 듣는 것은 언제나 좋은 일이다. 옆에서 구경하는 사람들이 승부의 당사자보다 잘 보이는 수가 많다. 그리고 골짜기가 산을 가장 뚜렷하게 드러내 보이는 법이다. 세상에 우정이라는 것은 흔하지 않다. 특히 신분이 동등한 사람들 사이에서 그렇다. 그래서 그것은 언제나 찬미되고 있는 것이다. 그것이 있다고 한다면, 손윗사람과 손아랫사람 사이에서이다. 그 운명은 전자가 후자를 감쌀 수 있기 때문이다.

49 의뢰인

나쁜 내용의 사항이나 계획이 채택되는 수가 많다. 그리고 사적인 부탁이 공적 이익을 부패시키기도 한다. 좋은 내용의 사항을 채택하는 사람이 나쁜 마음의 소유자일 경우도 많다. 그 뜻은 부패한 마음의 소유자라는 것뿐 아니라, 술수를 가진 자로서 그것의 실행을 생각지 않는 자인 것이다. 부탁을 받아도 그것을 처리하여 실현시킬 생각을 결코 하지 않는 사람일 수도 있다. 그리고 그 문제가 다른 사람의 수고로 성사될 가망이 있다는 것을 알면, 감사를 얻는다든가, 얼마간의 2차적인 보수를 받는다든가, 적어도 그동안은 의뢰자의 희망을 이용한다는 것도 나쁘지 않다고 생각하는 일이다.

개중에는 부탁을 듣는 것은, 다만 누군가 다른 사람을 방해할 기회가 있기 때문에 그럴 뿐이라는 사람도 있다. 또는 무언가 알리기 위해서이며, 그렇게라도 하지 않으면 다른 좋은 구실이 없을 것 같다는 사람도 있다. 자신과의 용건이 끝나 버리면 부탁받은 일이 어떻게 되거나 상관하지 않는다. 혹은 일반적으로 다른 사람의 볼일을 무언가 교량처럼 만들어서, 자기 자신의 일을 들고 들어가려는 사람도 있다. 그뿐 아니라 오히려 부탁을 듣는 목적이, 다만 그것을 망칠 생각으로 그러는 자도 있다. 그것은 반대측 사람이나 경쟁자를 만족시키기 위한 목적을 말한다. 확실히 어떤 부탁의 경우에나, 어느 정도의 권리는 있다. 법률상의 계쟁(係爭)에 관한 의뢰라면 공정할 권리가 있다. 지위에 관한 부탁이라면 보답을 받을 권리가 있다.

만일 사람이 감정 때문에, 잘못된 쪽을 편들게 된다면, 차라리 자기의 세력을 이용하여 문제를 타협적으로 처리하도록 하는 편이, 그것을 억지로 밀고 나가는 것보다 낫다. 만일 감정 때문에 비교적 충분하지 못한 쪽을 편들고자 한다면, 비교적 가치가 있는 사람을 나쁘게 말하거나 비난하지 말고, 그렇게 타협하도록 하는 편이 낫다. 자기가 잘 이해하지 못하고 있는 의뢰 사건의 경우에는, 누군가 믿을 수 있고 판단력을 가진 사람에게 알아 보는 것이 좋다. 그것을 취급해도 상관없겠는지 알려 줄 만한 사람이라야 한다. 그 대신 의논할 사람을 잘 택해야 한다. 그렇지 않으면 생각지도 않았던 방법으로 끌려 다니게 될지도 모르기 때문이다.

부탁하는 사람들은, 부탁한 일이 자꾸 미루어지거나 속을 때 매우 불쾌감을 느낀다. 그러므로 정직하게 처음부터 부탁을 맡지 않겠다고 거절하거나, 결과를 그대로 분명히 알려 주거나, 당연하다고 생각되는 것 이상의 감사를 요구하지 않는 것은 훌륭한 일일 뿐 아니라 감시를 받게 되는 일이다. 특별한 호의를 요청하는 부탁일 경우, 처음에는 중요성을 두어서는 안 된다. 그러나 어느 정도 자기에 대한 신뢰는 고려해도 상관없을 것이다. 즉, 그 문제에 대한 지식을 그 사람 이외로부터는 얻을 수 없을 경우, 그 소식을 가지고 악용하는 것이 아니라 그 당사자에게 다른 수단도 남겨 주도록 해야한다는 것이다. 그러면 그 어떤 형태로든 알려 준 데 대한 보답 정도는 하는 법이다. 어떤 부탁받은 사항의 가치를 모르는 것은 둔감이다. 또 그 당연한 권리가 어떤 것인지 모른다는 것은 양심의 부족이다. 의뢰의 경우에 비밀을 유지한다는 것은 성공의 커다란 수단이다. 왜냐하면 그 일의 진행 상태가 알려지면, 어떤 종류의 의뢰자는 힘을 잃게 될지도 모르기 때문이다. 그러나 다른 사람에게는 힘을 주고, 그 눈을 뜨게 만들지도 모른다. 부탁에 있어서 시기를 조절하는 것이 가장 중요하다. 시기의 조절은 그 부탁을 들어 주는 사람에게뿐 아니라, 그것을 방해할 사람에게도 마찬가지이다.

사람이 그 수단이 될 인물, 즉 부탁을 들어 주거나 돌봐 주는 사람을 선택할 때에는, 가장 적절한 인물을 선택하는 편이 가장 유력한 인물보다 낫다. 그리고 어떤 특정한 것을 취급하는 사람이 일반적으로 무엇이든 다루는 사람보다 낫다. 부정을 취소하는 것은, 처음부터 용인되는 것과 같은 수가 있다. 단 사람이 실망하거나 불만을 품고 있다는 것을 보이지 않을 때의 일이다. '충분한 것을 얻으려면 그 이상의 것을 구하는 것이 좋다'*¹는 말이 있다. 사람이 호의를 받고 있는 강점이 있을 때 해당되는 말이다. 그러나 그렇지 않을 때는 부탁을 차츰 늘려 나가는 편이 좋다. 왜냐하면 의뢰자를 처음부터 배척해 버리려고 했던 사람은 나중에 가서는 그 의뢰자와 자기가 본디 베푼 양쪽의 호의를 포기하는 일은 없을 것이기 때문이다.

높은 사람에게는 요청하는 편지를 써 달라는 부탁만큼 편한 것은 없을 것이다. 그러나 그것이 좋은 일을 위한 것이 아닐 때는, 그만큼 그 사람의 명성을 해치게 된다. 일반적으로 무엇이든지 부탁을 받는 사람만큼 나쁜 의뢰상대는 없다. 그런 사람들은 공공의 일을 추진하는 데 있어서 일종의 해독이 있는 사람이며, 또 전염병 같은 사람이기 때문이다.

〈주〉
*1 퀸틸리아누스 《웅변가 교육론》 4·5·16.

50 학문

학문이 도움이 되는 것으로서 기쁨과 장식 또는 능력이 있다. 기쁨의 면에서 주된 효능은, 사적 생활과 자기만의 생활이라는 것이다. 장식을 위한 것으로서는 담화가 있다. 그리고 능력을 위해서는 사무의 판단력과 처리가 있다. 왜냐하면 경험을 쌓은 사람들은 하나하나 완수하여, 아마도 세목을 판단할 수 있을 것이기 때문이다. 그러나 일반적인 충고라든가 사무의 궁리와 처리는, 지식있는 사람들한테서 나온 것이 가장 좋다. 학문에 너무 많은 시간을 들이는 것은 태만이다. 장식을 위해 학문을 지나치게 이용하는 것은 다만 우쭐대는 행위이다. 그 규칙만으로 판단하는 것은 학문있는 자의 변덕이다. 학문은 천성을 완전하게 만들고 경험에 의해서 완전해진다. 왜냐하면 천성의 능력은 천연의 식물 같은 것이며, 학문에 의해서 정리될 필요가 있기 때문이다. 그리고 학문 그 자체는 너무 모호한 지시를 주는 것이며, 경험에 의해서 추려져야 한다.

기술을 가진 사람들은 학문을 경멸한다. 단순한 사람들은 그것을 공경하고, 현명한 사람들은 그것을 이용한다. 왜냐하면 학문은 자기 자신의 이용 방법을 가르쳐 주는 것이 아니기 때문이다. 그리고 그것은 그 바깥에 있고, 그 위에 있으며, 관찰에 의해서 얻어지는 예지이다.

독서가 반대하거나 반박하기 위한 것이어서는 안 된다. 믿거나 속단하기 위한 것이어서도 안 된다. 이야기나 담론의 씨를 발견하기 위한 것이어서도 안 된다. 무게를 재고 고려하기 위한 것이다. 책 중에는 음미하기 위한 것도 있고, 이해하기 위한 것도 있다. 씹어서 소화하기 위한 소수의 것도 있다. 즉 책 가운데는 그저 부분만 읽어야 할 것도 있는 것이다. 또 읽되 깊이 주의하지 않아도 되는 것이 있다. 또 소수지만, 전체를 다 읽고 알뜰히 주의하여 읽어야 하는 것도 있다. 서적 중에는 남에게 대신 읽게 하여, 그 내용을 발췌시켜도 되는 것이 있다. 그러나 그런 것은 비교적 중요하지 않은 내용인 경우 뿐이며, 비교적 비천한 종류의 서적일때 할 일이다. 그렇게 하지 않으면 걸러진 책은, 보통의 증류수처럼 아주 맛도 없는 것이 되어 버린다.

독서는 마음이 풍족한 사람을 만든다. 담화는 날쌔고 활발한 사람, 기록은 정확성 있는 사람으로 만든다. 그러기에 기록하는 일이 적은 사람은 대단한 기억력을 갖고 있을 필요가 있다. 만일 담화하는 일이 적으면, 순간적인 재치를 갖고 있을 필요가 있다. 그리고 만일 독서하는 일이 적으면, 여러 가지 요령을 잘 피워 자기가 모르는 것도 알고 있는 것처럼 보여야 한다.

역사는 사람을 현명하게 만든다. 시인은 상상력을 갖게 하고, 수학은 미세하게, 자연 과학은 깊게, 인문 과학은 묵직하게, 논리학과 수사학은 토론을 할 수 있게 만든다. "학문은 인간의 성격에 들어간다."[*1] 사실 마음 속의 어떤 장애나 방해도, 적당한 학문으로 제거할 수 없는 것은 없다. 이를테면 육체의 병에 적당한 운동을 하는 거나 같다. 볼링은 결석(結石)과 신장(腎臟)에 좋다. 활은 폐와 가슴에, 천천히 산보하는 것은 위에, 승마는 머리에 좋다는 것이다. 그러므로 만일 마음이 산만해지기 쉬우면 수학을 공부하는 게 좋다. 왜냐하면 증명할 때 그 마음이 조금이라도 빗나가면, 다시 해야 하기 때문이다. 만일 구별이나 이동(異同)을 발견하는 데 적합하지 않은 마음이라면, 스콜라 학파 사람들을 공부하는 것이 좋다. 왜냐하면 이 사람들은 회향풀의 씨를 쪼개듯이 자질구레한 천착을 하는 사람들이기 때문이다. 여러 가지 면에서 문제를 재빨리 생각하여, 어떤 것을 꺼내어 다른 것을 증명하거나 예를 들어 풀이하는 일이 서툴다면, 법률가의 소송 사건을 공부하면 좋다. 이렇듯 마음의 결함에는 모두 저마다의 처방이 있는 것이다.

〈주〉

*1 오비디우스 《헤로이데스》 15·83.

51 당파

현명하다고 할 수 없는 의견을 가진 사람이 많다. 군주가 국가를 다스리는 데 있어서나, 높은 사람이 자기 행동의 추진을 규제해 나가는 데 있어서나, 여러 가지 특정 당파의 이해를 생각하는 것이 제일 주요한 정책을 이루는 것이라고 생각하는 것이다. 그런데 반대로 제일 중요한 예지는, 첫째 전반적인 여러 당파의 사람들이 어쩔 수 없이 동의해야 하는 일을 간추려 나가는 것이다. 혹은 한 사람 한 사람 개개인에 알맞는 대우를 하는 것이다. 그렇다고 해서 당파에 대한 고려를 하지 않아도 좋다는 말은 아니다. 신분이 낮은 사람은 출세를 위해서 무언가에 붙어야 한다. 그러나 자기 자신에게 힘이 있는 높은 사람들은, 이것도 저것도 아닌 중립을 지키는 편이 낫다.

그러나 처음 시작하는 사람들의 경우라도 매우 절도있게 한쪽에 붙어서, 한 당파의 사람이지만 다른 쪽에 대해서도 매우 인상이 좋은 때는, 보통 출세에 가장 편리하다. 비교적 지위가 낮고 약한 당파는 그만큼 결합이 더 굳다. 흔히 볼 수 있는 일이지만, 소수의 사람이 완강하면 비교적 다수라도 비교적 온화한 사람들을 지치게 만든다. 여러 가지 당파의 하나가 소멸하면 남은 사람은 분열된다.

이를테면 루쿨루스*1와 그 밖의 원로원 귀족들로 조직된 당은, 오랫동안 폼페이우스와 카이사르의 당에 대항하고 있었다. 그러나 원로원의 권력이 격하되자, 카이사르와 폼페이우스는 곧 사이가 나빠졌다. 안토니우스와 옥타비아누스 카이사르의 파는, 브루투스와 카시우스에 대항하여 역시 한동안 계속했다. 그러나 브루투스와 카시우스가 지자, 이윽고 바로 그 뒤 안토니우스와 옥타비아누스는 사이가 나빠져서 분열해 버렸다.

위 예는 전쟁의 경우이지만 사적인 당파의 경우에도 해당된다. 그러므로 당파가 분열되면 당파 안에서 비교적 낮은 지위에 있는 사람이, 주요 인물이 되는 일이 많다. 또 대개의 경우, 그런 사람들이 이름만으로 쫓겨나는 수도 있다. 왜냐하면 많은 사람의 힘이 나오는 것은 대립된 입장에 있을 때이기 때문이다. 그리고 그런 일이 해결되면 소용이 없어지는 것이다.

흔히 볼 수 있는 일인데 사람이 막상 지위에 오르면, 자기들이 처음 들어왔을 때의 당파와 다른 반대편에 서게 된다. 그 생각은 아마도 처음의 것은 확실해졌으니, 이번에는 새로운 것을 손에 넣고 싶은 기분에서 나오는 모양이다. 당파 중의 배신자가 덕을 보는 일이 많다. 왜냐하면, 정세가 오래 균형 상태를 유지하고 있으면 누군가 한 사람을 자기 편에 붙이는 것으로서 사정이 결정되게 되고, 그래서 그 사람을 모두 고마워하게 되기 때문이다.

두 당파 사이의 어느 쪽에도 붙지 않고 있다는 것은, 반드시 신중성에서 생긴다고는 할 수 없다. 이들을 모두 이용하자는 목적으로 자기 자신에 대해 충실하기 때문에도 생긴다. 확실히 이탈리아에서는 교황들에 대해서 좀 어떨까 하고 불안을 느끼는 일이 있다. 그것은 '모든 사람의 아버지'*2라고 줄곧 말할 때이며 모든 것을 자기 집안의 넓음의 탓으로 돌려 버리고 싶어하는 자기 표시라고 생각하는 것이다. 국왕은 자기가 어느 쪽이 된다든가, 또는 어떤 당파나 무리에 붙는 일이 없도록 조심해야 한다. 국가 내부의 연맹같은 것은, 군주제에서는 반드시 유해하기 때문이다. 그것은 의무를 낳으며, 그 의무는 주권에 대한 의무에 우선한다. 그리고 국왕을 '우리 무리의 한 사람인 것처럼'*3 만들어 버린다. 그 예는 '프랑스의 연맹', 즉 신성 동맹(神聖同盟)의 경우에도 볼 수 있다. *4

당파가 너무 심하고 또 너무 과격해지면, 그것은 군주의 약체화가 시작될 조짐으로서, 그 권위와 일에 큰 장애가 된다. 당파의 움직임은 국왕 아래서, 하급의 천체(天體)의 움직임(천문학자들의 말을 따라서 하는 말이지만)과 비슷한 것이어야 한다. 그것에는 자기 고유의 움직임이 있지만 언제라도 천체의 움직임의 원동력인 제10천(第十天)의 보다 높은 움직임에 의해서 조용히 움직여져야 하는 것이다.

＊1 루키우스 루키니우스 루쿨루스에 대해서는 이 책 45 건물 주 2참조.

＊2 원문에는 이탈리아 어로 '모든 사람의 아버지' 혹은 '공통의 아버지'로 되어 있다. 아무
　도 편애하지 않는 아버지라는 뜻이다.

＊3 라틴어역 성서 〈창세기〉 3·22.

＊4 1576년 기즈 공 앙리 3세는, 위그노 탄압을 위한 가톨릭 교도의 신성동맹에 가담했으
　나, 그 때문에 암살당했다.

52 예의와 몸가짐

그저 성실하기만 한 사람은, 여러 가지 덕성을 갖춰야 할 필요가 있을 것
이다. 이를테면 돋보이게 하기 위해 깔개 없이 놓아 두는 보석은, 그 자체가
매우 훌륭한 것일 필요가 있는 것과 마찬가지이다. 그러나 주의해 보면 사람
에 대한 칭찬이나 갈채는, 무엇을 얻는 일이나 버는 일과 같다. 즉 "조금씩
버는 것이 무거운 지갑을 만든다"는 속담은 진실인 것이다. 조금씩 버는 일
은 줄곧 생기지만 크게 버는 일은 드물게 생기기 때문이다. 그래서 진실이라
고 말할 수 있는데, 조그만 문제가 큰 갈채를 얻는 수는 줄곧 있으며, 또 주
의를 끌기 때문이다. 그런데 어떤 큰 덕성의 기회도, 축제 때밖에 없다고 할
만큼 좀처럼 일어나지 않는다. 그러므로 사람의 명성을 매우 높여 주고(이
자벨라 여왕이 말했듯이), '끊임없는 추천장 같은 것'＊1이라고 할 수 있는 건
좋은 몸가짐을 갖는 것이다.

그런 것을 몸에 지니려면, 경시하지 않는 것만으로도 충분한 것이다. 그렇
게만 해도 남 속에 있는 그와 같은 것을 주의해서 보게 될 것이기 때문이다.
그리고 다른 것은 자기 생각대로 하게 하면 된다. 너무 애를 써서 그런 것을
나타내려고 하면 품위를 잃게 될 것이기 때문이다. 그러려면 자연스럽고 우
쭐대지 않는 것이 중요하다. 어떤 사람들의 동작 중에는, 운문의 철자 하나
하나가 운율적이다. 마음을 너무 조그마한 관찰에 돌리는 사람이 어떻게 큰
문제를 포착할 수 있겠는가?

예절을 전혀 지키지 않는 것은, 자기에게 무례하게 대해도 된다는 것을 남
에게 암시하는 것과 같다. 즉, 그런 행동은 자기 자신에 대한 존경을 감소시

키는 것이다. 그러므로 모르는 사람이나 깔끔한 성질의 사람들에 대해서 예절을 생략해서는 안 된다. 그렇다고 그것을 너무 크게 생각한다는 것은 따분할 뿐 아니라 그런 말을 하는 사람에 대한 신념이나 신뢰감을 감소시킨다. 확실히 인사 중에는 효과가 있고 인상적인 대목을 전하는 일종의 방법이 있다. 그것은 잘만 착안하면 매우 도움이 되는 것이다. 자기의 동배들 사이에서는, 사람은 친근미에 확신을 가질 수 있을 것이다. 그러므로 조금은 위엄을 갖는 것이 좋다. 손아랫사람들 사이에서는 존경을 확보할 수 있을 것이다. 그러므로 조금은 친근미가 있도록 하는 것이 좋다. 무엇을 너무 되풀이해서 사람들에게 거듭 싫증을 내게 할 이유를 주면, 자기를 값싸게 만든다. 남의 기분에 자기를 맞추는 것은 좋다. 다만 자기가 그렇게 하는 것은 상대를 존중하는 것일 뿐, 자기가 그저 사람이 좋아서 그러는 것이 아님을 보여 줄 필요가 있다.

일반적으로 남을 칭찬하면서, 자기 자신에 관한 것도 조금 덧붙이는 것이 마음가짐으로서는 괜찮은 일이다. 이를테면 상대 의견을 인정할 때는 무언가 동시에 다른 말도 하는 것이다. 상대의 충고를 받아 들일 때는 그 이상의 이치를 설명한 뒤에 그렇게 한다. 남을 칭찬할 때 지나치게 하지 않도록 주의할 필요가 있다. 왜냐하면 그런 사람들은 다른 점에서 아무리 유능하더라도, 시샘하는 자는 그렇게 과찬하는 성질이 있다고 말할 것이 틀림없기 때문이다. 그리하여 더 큰 덕성에 상처를 입히려고 할 것이다.

너무 여러 가지 일에 신경을 쓰거나, 시간과 기회를 지나치게 엄격히 생각하는 것도, 일을 하는 데 손해가 된다. 솔로몬이 이런 말을 했다. "풍세를 살펴보는 자는 파종하지 아니할 것이요, 구름을 바라보는 자는 거두지 아니하리라."*2 현명한 사람은 기회를 발견한다기보다 오히려 만든다. 사람의 행동은 옷과 같은 것이다. 너무 꼭 끼거나 너무 말끔한 것보다, 자유롭게 운동을 할 수 있으며 동작이 편한 것이 좋다.

〈주〉

*1 카스틸리아의 이자벨라 여왕(재위 1474~1504년)의 경구를 본뜬 것으로 생각된다.
*2 〈전도서〉 11·4.

53 칭찬

칭찬은 덕성의 반사(反射)이다. 그러나 그것은 거울 또는 물체가 반사하듯 상대에게 달렸다. 만일 보통 사람들한테서 나오는 것이면, 흔히 잘못되어 있고 의미 없는 것이다. 그리고 덕성이 있는 사람보다 겉보기만의 사람에 따라다니는 수가 많다. 보통 사람은 뛰어난 덕성의 깊은 것을 이해하지 못하기 때문이다. 가장 낮은 덕성이라도 그런 사람들한테서는 칭찬을 받는다. 중간 정도의 덕성은 놀라움이나 감탄의 기분을 그런 사람들에게 불러일으킨다. 그러나 최고의 덕성은 느끼지 못하거나 전혀 이해하지 못한다. 그래서 외관(外觀)과 '덕성을 닮은 속성'이 그런 사람들에게는 가장 적당하다. 확실히 명성이라는 것은 강과 비슷하다. 가볍고 부풀어 오른 것은 띄우고, 본바탕이 무거운 것을 가라앉혀 버린다. 그러나 고귀한 위치에 있고 또 판단력이 있는 사람들의 의견이 일치한다면, 그 경우에는(성서에서 말하고 있듯이) '아름다운 이름이 보배로운 기름보다 낫다'*¹는 것이 된다. 그것은 주변의 모든 것을 가득 채우고, 그러면서도 쉽게 사라지지 않을 것이다. 향유(香油)의 향기는 꽃 향기와 달라서 오래 계속되는 것이기 때문이다.

칭찬에는 여러 가지 거짓이 포함되어 있으므로, 그 칭찬을 수상쩍게 생각해 보아도 좋다. 칭찬 가운데는 완전히 아첨에서만 나오는 것이 있다. 그리고 만일 통상의 아첨꾼이면 어떤 공통적인 표현을 갖고 있으며, 그것은 누구의 경우에나 해당되는 것이다. 교묘한 아첨꾼은 최대의 아첨꾼이 하는 대로 할 것이다. 최대의 아첨꾼이란 본인 자신이다. 그리고 어떤 인간이 자기가 가장 좋다고 생각하는 점이 있으면, 아첨꾼은 그것을 포착하여 그 사람을 추어올릴 것이다. 그러나 뻔뻔스러운 아첨꾼은 어떤 사람이 자기에게 가장 부족하다 생각하고 부끄럽게 생각하고 있는 점에 주의하여, 그 사람에게는 부족한 것이 없다면서 억지로 '그의 자각을 무시하고' 믿게 하려고 할 것이다.

칭찬 중에는 선의와 경의(敬意)에서 나오는 것도 있다. 그런 방법은 의례상 국왕이나 높은 사람들에게 적당한 형식이며, "칭찬함으로써 가르친다".*² 그런 때는 그 사람들의 현재 상태에 대해서 말하고 있지만, 그것으로 바람직한 상태를 타일러 주고 있는 것이다. 사람들 가운데는 해를 입히기 위한 악의가 숨어 있는 칭찬을 듣는 수도 있다. 그것으로 그 사람들에 대한 시기나 질투를 부채질하려고 하는 것이다. "최악의 적은 칭찬하는 사람이다"[*3] 그 때문에 그리스에서는 다음과 같은 속담이 있었을 정도이다. "해를 입히기 위해 칭찬을 하는 사람은, 콧등에 종기가 생길 것이다." 우리 나라에서 쓰이고 있는 "거짓말을 하는 자의 혓바닥에는 물집이 생길 것이다" 이 말과 같다.

확실히 적당한 때를 보아, 누구에게나 하는 것이 아니고 알맞게 칭찬하면 도움이 되는 것이다. 솔로몬은 이렇게 말했다. "이른 아침에 큰 소리로 이웃을 축복하면 도리어 저주같이 여기게 되리라." 사람이나 물건을 너무 야단스럽게 떠들어대면, 반론을 제기시키고 질투와 경멸을 낳게 한다. 자기 자신에 관한 칭찬은 특수한 경우가 아니면 듣기에 흉하다. 그러나 자기 임무나 일을 칭찬하는 것은, 그렇게 해도 보기 흉할 것이 없으며 아량을 보이는 것도 된다. 로마 교황의 추기경들은 신학자이자 수도승이며 스콜라 철학자들인데, 속계의 일에 대해서 큰 경시와 모멸의 말을 하고 있다. 즉 이 현세를 영위해 가고 있는 전쟁이나 외교사절, 또는 사법(司法), 그리고 그 밖의 일을 경리(警吏)라고 부르고 있는 것이다. 즉 주장관 대리(州長官代理)라는 것이다. 자신들은 주장관 대리나 집달리에 적합한 문제에 지나지 않는다는 뜻이다. 그러나 대개의 경우, 이런 주장관 대리가 그 사람들의 고상한 사상보다 더 유용할 때가 많다. 성 바울은 자기를 자랑할 때 흔히 이렇게 덧붙인다. "내가 정신 빠진 사람처럼 말합니다만." 그러나 자기 일을 운운할 때는 이렇게 말한다. "나는 이방 사람들을 위한 사도이니다. 나는 이러한 내 임무를 영광으로 생각합니다."

〈주〉

[*1] 〈전도서〉 7·1.
[*2] 소 플리니우스 《서한》 3·18.
[*3] 타키투스 《아그리콜라》 41.

54 자기 자랑

이솝이 묘하게 이야기를 지어 내어 말하고 있는 것이 있다. 파리 한 마리가 수레바퀴의 굴대(차축)에 앉아서, "어쩌면 내가 이렇게 많은 먼지를 일으키지!" 말했다는 것이다. 자기 자랑을 하는 사람은 아무래도 당파적이 된다. 왜냐하면 자기 자랑은 무엇이건 비교할 수밖에 없기 때문이다. 그런 사람들은 아무래도 격렬하게 된다. 자기 자신의 자랑이 사실임을 보여 주어야만 하기 때문이다.

그러므로 그들의 일은 효과적일 수가 없으며 비밀을 간직할 수도 없다. 그래서 프랑스의 속담대로 '소리는 크고, 실질은 적게', 즉 '소동은 크고, 내용은 적다'는 것이 된다. 그러나 그런 성질이 유용한 것은 일반적으로 정치적인 문제일 경우이다. 여론이나 인기를 만들어 내려고 할 때, 덕성에 관한 것이건 위대함에 관한 것이건, 이런 사람들은 솜씨있게 나팔을 불어댄다. 또 티투스 리비우스가 말하고 있는 안티오쿠스*1와 아에톨리아*2 사람들의 예가 있다. '양쪽의 상대에 대해서 하는 거짓말은 큰 효과가 있는 수가 있다'*3는 것이다. 이를테면 어떤 사람이 두 군주와 교섭해서, 제3국의 왕을 전쟁에 참가하도록 권유할 때, 각자의 군사력을 터무니없이 칭찬하여 이쪽에서 저쪽으로 양쪽에 다 들려 주는 것이다. 또 어떤 경우에는 사람과 사람 사이의 거래를 하는 자가 양쪽에 대한 자기의 신용을 높이기 위해, 실제 이상으로 각자에 대해 자기가 큰 세력을 갖고 있는 체해 보이는 것이다.

그리고 이런 일이나 또 이와 비슷한 일로 흔히 일어나는 것인데, 무(無)에서 무언가가 생기는 수가 있다. 즉 거짓말이 호평을 일으킬 수 있는 것이고, 그리하여 호평이 실체를 부르는 것이다. 군인의 지휘관이나 병사의 경우에는 자기 자랑이 본질적인 점이다. 쇠가 쇠를 가는 것과 마찬가지로, 자기 자랑에 의해서 용기가 서로를 날카롭게 갈아 주는 것이다. 비용과 모험 위에서 대사업의 경우에는, 자기 자랑을 하는 성질이 섞인 것이 일에 생명을 불어넣는다. 그리고 착실하고 성실한 사람은, 돛대보다 바닥의 짐이 무겁듯이 움직임이 느리게 된다.

학문의 명성인 경우에는, 선전의 날개가 아주 없으면 날아가기가 늦어질 것이다. "자기 자랑에 대한 경멸을 다룬 글을 쓰는 사람이, 자기 이름을 거기에 단다."*4

소크라테스나 아리스토텔레스 또는 갈레노스*5는 모두 자기선전이 많았던 사람들이다. 확실히 자기 자랑은 사람의 추억에 영속성을 주는 데 도움이 된다. 그리고 덕성과 인간성의 덕을 가장 많이 보는 것은, 간접적으로 자기의 당연한 보수를 받았을 때이다. 키케로나 세네카 또는 소(小) 플리니우스*6의 명성이 세월에 잘 견딘 것은, 그들 속에 있는 어느 정도의 허영심과 하나가 되었기 때문이다. 이것은 와니스가 벽의 판자에 윤을 내게 할 뿐 아니라, 영속시키기도 하는 것과 마찬가지이다.

나는 잠시 자기 자랑 이야기를 하고 있지만, 내가 말하는 것은 타키투스가 뮤키아누스의 성질이라고 일컬은 것을 말하고 있는 것은 아니다. 즉 그것은 "이 사람이 하는 말이나 하는 일은, 특별한 기술로 두드러지게 만든 것이었다"*7는 것이다. 왜냐하면 그것은 허영에서 생기는 것이 아니라, 타고난 위대함과 분별에서 나오는 것이기 때문이다. 그리고 어떤 사람들의 경우에는 훌륭할 뿐 아니라 품위가 있다. 그것은 변명이나 양보나 충분히 억누른 겸허 그 자체도, 선전의 여러 가지 기술에 지나지 않기 때문이다. 그리고 그런 기술 가운데에서 가장 좋은 것은 소 플리니우스가 말하고 있는 것이다. 그것은 자신이 가지고 있는 어떤 완전함이라도 남이 그것을 가졌을 때에는, 그에게 칭찬과 추상(推賞)을 아끼지 않는다는 것이다. 말하자면 소 플리니우스가 묘하게 말하고 있는 것이지만, "사람을 칭찬하면서 실은 자기 자신에게 적당한 일을 하고 있는 것이다. 왜냐하면 칭찬하는 상대가 자기보다 뛰어나기 때문에 그 점을 칭찬하려고 하거나, 아니면 자기보다 못하기 때문이다. 상대가 자기보다 못한데도 칭찬할 수 있다면, 자기는 더더욱 뛰어난 사람이 된다. 만일 자기가 그쪽보다 낫다고 그를 칭찬할 수 없다면, 자기는 더 못난 자가 되는 것이다."*8 자기 자랑을 하는 사람은 현명한 사람에게 경멸의 대상이 된다. 어리석은 자의 감탄이나 기생자(寄生者)의 우상 또는 자기 자랑의 노예인 것이다.

〈주〉

*1 시리아 왕, 재위 기원전 223~187. 고대 그리스 서부의 아에톨리아 인의 원조를 믿고 로마와 싸웠으나 패배하고, 마침내 기원전 190년에는 스키피오 아프리카누스가 이끄는

로마 군에게 완패했다.

*2 고대 그리스의 아에톨리아 주민. 안티오쿠스를 도왔다고 하여 로마 인에게 곤욕을 당하고 로마의 한 지방으로 격하되었다.

*3 리비우스 《로마사》 35·12·49.

*4 키케로 《투스쿨룸론》 1·15.

*5 129년 무렵~199년. 그리스의 의사이자 철학자.

*6 62~113. 로마의 집정관이며 비티니아와 폰티카의 총독을 역임한 플리니우스 세쿤두스를 말한다. 트라야누스 황제 등에 보낸 서한집에서 그리스도 교도 문제를 다루고 있다. 그 서한은 출판을 바라보고 쓴 것이라고 한다.

*7 타키투스 《역사》 2·80.

*8 소 플리니우스 《서한》 6·17.

55 명예와 명성

명예를 얻는다는 것은 인간의 덕성과 가치를 분명히 해 보이면서, 불리한 점이 없도록 하는 일에 지나지 않는다. 즉 행동 중에서 명예와 명성을 구하고 그것을 노리려는 사람도 있다. 그런 부류의 사람들은 보통 소문에 오르는 일이 많지만, 마음 속으로 감탄하는 일은 적다. 반대로 그것을 보일 때, 자기 덕성의 빛을 지워버리는 사람도 있다. 그 때문에 소문이 실제의 가치보다 낮아진다. 그가 한 일이 지금까지 아무도 기도한 적이 없는 일이라든가, 기도했으나 단념했다든가, 완수했으나 그리 잘 되지 않았다든가 하는 일일 때는, 그 얻는 명예가 훨씬 커진다. 완수한 문제가 보다 곤란했거나 덕성이 있는 것이라도, 자기가 다만 남의 뒤를 따라서 한 것일 때는 그렇게 되지 않는다. 남이 자기의 여러 가지 행동의 배합을 생각하여, 그 어느 하나로 모든 당파나 사람들의 단체를 각각 만족시키게 된다면, 그 성과는 보다 풍부한 음악처럼 된다고 해도 좋을 것이다. 자기의 명예를 서둘게 구하는 사람은 그 어떤 행동에 착수하더라도 만일 실패하게 된다면, 자기의 면목을 더럽히는 정도가, 그것을 완수하여 명예를 얻는 것보다 훨씬 더 크게 된다.

명예를 얻을 때 남의 명예와 마찰을 일으킨 경우에는, 가장 강한 반사 작용이 일어난다. 잘라서 몇 개의 면을 보이는 다이아몬드 같은 것이다. 그러므로 사람은 자기의 어떤 경쟁 상대에 대해서나, 명예라는 점에서는 뛰어나도록 노력해야 한다. 그것은 할 수만 있으면 상대의 활로 상대보다 멀리 쏘아서 이기도록 하는, 즉 상대가 자랑하는 면에서 뛰어나도록 하는 것이다. 분별있는 종자나 하인은 명성을 얻는 데 매우 도움이 된다. "사람의 명성은 모두 집안에서 나온다."*1 선망(羨望)은 명예를 좀 먹는 병해이지만, 그것을 없애는 가장 좋은 방법은, 자기의 목적이 명성보다 가치를 구하는 데 있다는 것을 똑똑히 단언하는 것이다. 그리고 자기가 성공한 원인은 신의 섭리와 행운에 있는 것이며, 자기의 덕성이나 정책에 의한 것이 아니라고 말한다.

주권자의 명예순에 대한 참된 배열은 다음과 같다. 제1위에 있는 것은 제국 창설자 즉 국가와 민주 국가의 건설자이다. 그런 예는 로물루스, 키로스, *2 카이사르, 오토만, *3 이스마엘 등을 들 수 있다. 제2위에 오는 것은 법률 제정자 즉 입법자이다. 그런 사람들은 제2 건설자, 즉 영속 통치자(永續統治者)라고도 부른다. 자기들이 없어도 그 법령으로 다스릴 수 있기 때문이다.

그 예로는 리쿠르고스, *4 솔론, 유스티니아누스, 에드거, *5 7부 법전(七部法典)의 율법자(律法者)인 카스틸랴의 알폰수스*6 현왕(賢王)등이 있다. 제3위에 있는 것은 해방자(解放者) 또는 구조자이다. 이를테면 아우구스투스 카이사르, 베스파시아누스, 아우렐리아누스, 테오도리쿠스, *7 영국의 헨리 7세, 프랑스의 앙리 4세 등이다. 제4위에 있는 것은 제국의 확대자(擴大者) 혹은 방위자이다. 이를테면 명예로운 전쟁에서 자기들의 영토를 확대시키거나 침략자들에 대해서 고귀한 방위를 하는 사람들이다. 그리고 마지막으로 조국의 아버지들이 있다. 그 사람들은 올바르게 다스려서 살고 있는 시대를 좋게 만드는 사람들이다. 이 마지막 두 종류는 별로 실례를 들 필요가 없다. 매우 많기 때문이다.

신하의 경우로 명예의 순서는, 첫째 고생을 나누는 사람이 있다. 군주의 가장 무거운 국사 문제를 대신 져 주는 사람이다. 그 오른팔이라고 일컬어지는 사람들이다. 다음에는 전쟁의 지도자 즉 위대한 지도자이다. 이를테면 군주의 대리가 되어 전쟁 때 훌륭한 활동을 하는 사람들이다. 셋째는 총애하는 사람이다. 다만 다음과 같은 한계를 넘지 않는, 즉 군주에게는 위안이 되고 민중에게는 해를 끼치지 않는 사람이다. 넷째로는 일을 할 수 있는 사람들이다. 이를테면 군주 아래의 위대한 지위에 앉아 있으며, 그 지위의 직책을 충분한 능력으로 완수하는 사람이다. 마찬가지로 또 하나의 명예가 있다. 그것은 가장 위대한 사람들 속에 끼워서 생각해도 좋을지 모르지만, 좀처럼 있을 수 없는 일이다. 즉 자기를 희생하여 죽음이나 위험 앞에 나아가 조국을 위해서 바치려는 사람이다. 이를테면 레굴루스*8나 데키우스 부자*9 등이 그런 사람들이다.

〈주〉

*1 키케로 《집정관운동》 5·17.

*2 기원전 600년 무렵~529년. 페르샤 제국의 기초를 만들었다.

* 1259~1326년. 시리아와 아프리카에서 러시아의 일부에 걸친 오토만 대제국의 창건자.

*4 기원 전 9세기 무렵. 엄격한 스파르타 제도를 시작한 입법자로 전해지고 있다.

*5 재위 959~975년. 평화왕이라고 일컬어졌다. 영국 중세 초기에 노던브리아와 마셔 지방의 왕이었으며, 나중에 통일 영국의 왕이 되어 종교와 정치의 개선을 이룩했다.

*6 알폰수스 10세, 재위 1252~82년. 뒷날 에스파냐의 카스틸랴와 시온의 왕. 에스파냐 법전의 기초인 《칠부법전》을 편찬했다. 시인이며 학자로서 유명하다.

*7 454년 무렵~526년. 동고트 족의 왕.

*8 마르쿠스 아틸리우스 레굴루스(기원전 250년 무렵 사망)는 로마의 영웅. 카르타고와 싸워서 승리를 거두었으나, 나중에 카르타고에 잡혀 5년간 갇혀 있다가, 사절로 로마에 가서 화평을 맺게 하라는 지시를 받았다. 그러나 로마에 돌아와서는 화평도 권하지 않고 포로의 교환에 응하지 말라고 진언하고는 약속대로 다시 카르타고로 돌아가 학살당했다.

*9 3대가 있는데, 여기서는 2대째와 3대째의 데키우스를 가리킨다. 초대 푸블리우스 데키우스는 로마의 집정관으로 이탈리아 중부의 사무니움 싸움에서 전공을 세웠으나, 기원전 340년 베스비우스에서 전사했다. 그의 아들 푸블리우스 데키우스 무스 역시 로마의 집정관이었으나, 기원전 295년에 전사하고, 그의 손자 푸블리우스 데키우스 무스 역시 로마의 집정관이었으나, 기원전 295년에 전사하고, 그의 손자 푸블리우스 데키우스무스도 집정관으로서 기원전 279년에 전사했다.

56 사법

재판관이 기억하고 있어야 할 것은, 자기의 직무가 '법을 판단하는 일'이지, '법을 세우는 일'이 아니라는 것이다. 법률을 해석하는 일이지 법률을 만들거나, 법률을 주는 일은 아니다. 그렇지 않다면 로마 교회가 주장하는 권위와 비슷한 것이 될 것이다. 그것은 성서의 설명이라는 구실 아래 사정없이 마구 덧붙이고 바꾸고 한다. 또 없는 것까지도 있다고 말한다. 그리고 낡은 듯이 보이게 하면서 신기(新奇)한 것을 시작하려고 한다. 재판관은 학문이 있는 편이 일솜씨가 재치있고 빠른 것보다 낫다. 존경을 받는 편이 인기를 구하는 것보다 낫다. 신중한 편이 자신있는 것보다 낫다. 무엇보다도 정직이 그 정해진 운명이며 본래의 덕성이다. 유대의 율법은 말하고 있다. "그 토지의 경계표를 옮기는 자는 저주를 받을 것이다."*1 경계의 표석을 잘못 놓는 것은 좋지 않은 것이다. 그러나 부정한 재판관이야말로 경계의 표석을 옮기는 가장 건방진 인간이다. 토지나 재산에 대해서 그릇된 결정을 내리게 되기 때문이다. 하나의 불공정한 판결은 많은 불공정한 실례보다 큰 해를 준다. 후자는 흐르는 물을 더럽히지만, 전자는 수원을 더럽히기 때문이다. 그러므로 솔로몬의 말에 따르면, "의인이 악인 앞에 굴복하는 것은, 우물의 흐려짐과 샘의 더러워짐 같으니라"*2는 것이다. 재판관의 직무에 관계하는 사람들로는, 소송을 일으키는 당사자들이나 변론하는 변호사들 또는 그 밑에 있는 서기나 법의 하복들, 또 위에는 주권자와 국가 같은 것이 있다.

첫째로 소송 사건 혹은 소송을 일으키는 당사자 등에 대해서 설명한다. 성서에 따르면 "정의를 쓴 쑥(심한 굴욕)으로 변하게 하는 자도 있다"*3. 그리고 그것을 식초로 바꾸는 자가 있는 것도 확실하다. 재판의 부정은 그것을 쓴 것으로 만들고, 연기하는 것은 그것을 시게 만든다. 재판관의 주된 의무는 폭력과 기만을 누르는 일이다. 그 가운데 폭력이 더 해롭다. 특히 그것이 공공연해졌을 때는 더욱 그렇다.

기만은 은밀히 모습을 감추고 있을 때 그렇게 말할 수 있다. 또 싸우기 위한 소송도 있다. 그것은 법정을 과식한 것으로 토해내 버려야 한다.

재판관은 올바른 판결을 하도록 준비해야 한다. 이를테면 하느님이 언제나 준비하는 일, 즉 골짜기를 높이고 산을 허물고 하는 것과 같다. *4 그러므로 그 어느 쪽에 고압적인 태도가 나타날 경우, 이를테면 격렬한 고발이나 교묘히 상대의 약점을 파고들거나, 결속(結束) 또는 배후의 힘이나 유력한 변호 등인데, 그런 때에 불평등을 평등하게 만드는 재판관의 힘을 볼 수 있게 된다. 그것은 자기의 판결을, 이를테면 편편한 땅에 무엇을 심는 것과 같게 하는 것이다.

"코를 비틀면 피가 난다."*5 그리고 포도를 세게 짜면, 떫은 포도주가 나오고 포도씨의 맛이 난다. 재판관은 무리한 해석이나 억지 추론(推論)을 하지 않도록 주의해야 한다. 법률의 고문만큼 나쁜 고문은 없기 때문이다. 특히 형법사건의 경우에는, 겁이 나게 하려는 의도의 행위가 가혹해지지 않도록 주의해야 한다. 또 민중에게 성서에서 말하고 있는 비를 내리지 않도록 해야 한다. "사람들에게 함정의 비를 내리게 된다"*6 말하고 있다. 형법을 강행하는 것은 민중에게 함정의 비를 뿌리는 것이 된다. 그러므로 형법이 오랫동안 잠잔 것이거나 현대에 맞지 않는 것이면, 현명한 재판관으로서는 적용을 한정하는 것이 좋다. "재판관의 임무는 그 사건뿐 아니라, 사건의 정황까지도 생각하는 일이다"*7 이런 말이 있다.

생사에 관한 소송 사건의 경우에는, 재판관은(법이 허락하는 한) 재판에서 자비를 마음에 새겨 두어야 한다. 또 그 사건은 엄한 눈으로 보아야 하지만, 사람은 자비의 눈으로 보아야 한다.

둘째로 변론하는 변호사와 법률가가 있다. 참을성 있게 신중히 들어야 하는 것이 재판에서 가장 중요한 부분이다. 그리고 수다스러운 재판관을 '요란한 심벌즈'*8라고는 할 수 없다. 재판에서 가장 중요한 부분이기 때문이다. 그리고 수다스러운 재판관으로서는 명예롭지 않은 일로서, 처음 자기가 발견했지만 그것은 언젠가 법정에서 들어 알았는지 모른다는 그런 일의 경우이다. 또 머리가 기민하게 움직인다는 것을 보여 주려고, 증언이나 논고를 탁탁 잘라 버릴 때도 그렇게 말할 수 있다. 적절한지는 모르지만, 질문으로 정보를 앞지르는 수도 있다. 들을 때의 재판관 역할에는 네 가지가 있다. 증언의 방향을 준다고 할까, 중요한 것과 그렇지 않은 것을 나누는 일. 공술(供述)의 길이와 되풀이와 적절하지 않은 것은 적당히 조절하는 일. 진술의 중요한 요점을 요약하여 선택하고 비교하는 일. 그리고 명령 또는 판결을 내리는 일이다. 이 이상의 것은 모두 지나친 것이며 이렇게 되는 원인은 과시라든가 지껄이고 싶어하는 기분에서 나온다. 혹은 성질이 급해서 듣고 있지 못한다든가, 기억력이 모자란다든가, 착실하고 일관성있는 주의력이 결여되어 있기 때문이다.

묘하게 보이는 것은, 변호사의 대담성이 재판관을 이긴다는 것이다. 그런데 이들 재판관은 하느님의 흉내를 내야하는 사람들이다. 그 자리에 앉아 있는 것만 해도 그렇다. "교만한 자를 물리치고 겸손한 자에게 은혜를 베풀어 주는"*9 자인 것이다. 그러나 더 묘한 것은, 재판관이 좋아하는 사람으로 알려진 변호사가 있다는 것이다. 그런 것은 요금의 증대나, 석연치 않은 방법을 쓰고 있다는 의심을 낳는다. 재판관이 변호사에게 당연히 주어야 하는 것은, 어느 정도의 칭찬과 찬사이다. 그것은 소송 사건을 잘 처리하고, 잘 변론했다고 여겨질 때의 일이다. 특히 이길 수 없는 쪽에 대해서 그렇게 하는 것이다. 그 때문에 변호 의뢰인에 대해서는 그 변호인의 명성을 높이게 되고, 또 자기로서는 자기의 소송 사건에 대한 편견을 누르게 되기 때문이다. 마찬가지로 일반 사회에 대해서도 당연히 해야 할 것은, 변호사에 대한 온화한 비판이다. 그것은 교활한 변론이나 심한 태만 또는 정보의 빈약, 견식없는 억지 혹은 지나치게 대담한 변호 등이 나타날 경우이다. 또 법정의 변호인이 재판관에게 대꾸하지 못하도록 해야 한다. 또 재판관이 판결을 내리고 난 뒤에 그 소송 사건을 다시 재론시켜서는 안 된다. 그러나 한편 재판관은 그 소송 사건을 앞질러서도 안 된다. 그리고 "그 변론과 증언을 들어주지 않더라"는 말을 당사자들이 할 이유를 주어서는 안 된다.

셋째로 서기나 하복 등 하급 관리에 관한 것이 있다. 재판의 장소는 신성한 곳이므로 재판관석뿐 아니라, 그 단상이나 구내나 법정 안에 부정이나 부패가 없도록 해 두어야 한다. 포도는(성서에서 말하고 있듯이) "가시 나무나 엉겅퀴에서는 딸 수 없다"*10는 것은 틀림없는 말이기 때문이다. 또 재판이 감미로운 열매를 맺기 위해서는, 탐욕스럽고 욕심 많은 서기나 하복 같은, 들장미나 엉겅퀴 사이에서는 안 된다.

법정의 모임에는 나쁜 도구라 할 수 있는 네 가지 것이 있기 쉽다. 하나, 사람들 중에는 소송의 씨를 뿌리는 자가 있다. 그런 사람들은 법정을 팽창시키고 나라를 쇠약하게 만든다. 둘, 법정을 사법권(司法權)의 논쟁에 말려들게 하고, 법정의 친구가 되는 것이 아니라 법정의 기생충처럼 되는 인간이다. 법정을 그 한계 이상으로 부풀어 오르게 하고, 자기 음식물의 찌꺼기나 이익을 위한 것으로 만들려고 한다. 셋, 법정의 왼손이라고 해도 좋은 사람들이다. 그 사람들은 날쌔고 음흉한 계략이나 술책으로 가득 차 있으며, 그것으로 명백 솔직한 법정의 진행을 왜곡하고, 재판을 기울어진 선(線)이나 미로 속으로 끌고 들어가 버린다. 법정을 보통 덤불에 비유하는 데, 그들은 이 비유의 원인이 되는 것 같다. 그런 곳에 양이 폭풍으로부터 보호를 받으려고 뛰어들어가면, 틀림없이 얼마간의 양모를 잃게 되는 것이다. 반면 노련한 서기로 전례에 밝고 주의 깊게 수속을 진행하여 법정의 뛰어난 손가락이라고도 할 수 있다. 그리고 재판관에게 길을 가리켜 주는 수가 많다.

넷째로 주권자와 국가에 관한 것을 언급하기로 하자. 재판관은 특히 로마 12법전(十二法典)의 결론을 기억하고 있어야 한다. "민중의 안전이 최고의 법이다"*11라는 것이다. 그리고 알아 두어야 할 것은 법률은 이 목적에 적합한 것이 아니면, 잘못되어 있는 것에 지나지 않으며, 신탁에 영감(靈感)이 부족한 것이 된다는 것이다. 그러므로 국가가 잘 되어 가는 것은, 국왕과 통치자가 재판관과 자주 의논하는 경우이다. 또 재판관이 국왕이나 정부와 자주 의논하는 경우이다. 전자는 법률 문제가 국가의 사무 속에 들어 올 때이다. 후자는 국가에 대한 그 어떤 고려가 법률 문제 속에 들어올 때의 일이다. 왜냐하면 흔히 재판에 회부된 일이 개인의 소유권 문제일지라도, 그 원리나 결말이 국가의 문제에까지 미치게 될지도 모를 때가 있기 때문이다. 내가 국가의 문제라고 하는 것은 주권의 여러 가지 문제뿐 아니라, 무엇이든 큰 변화나 위험한 실례를 낳는 일을 말한다. 혹은 무언가 민중의 큰 부분에 관계되는 것이 분명한 경우를 말한다.

그리고 사람은, 올바른 법률과 참된 정책이 서로 무언가 반감을 갖고 있다고 생각해서는 안 된다. 그런 것은 정기와 근육 같은 것으로서, 서로가 상대와 함께 동시에 움직이는 것이다. 재판관이 또 기억하고 있어야 할 것은, 솔로몬의 옥좌를 지탱하고 있었던 것은, 양쪽에 있는 사자였다는 것이다. 사자이기는 하나 옥좌 밑에 있는 사자가 되는 것이다. *12 조심성 있고 주권의 여러 가지 문제를 누르거나 반대하지 않도록 하는 것이다. 재판관은 또 자기 자신의 권리에 대해서 무지하여, 법의 현명한 사용과 적용이 자기 직업의 주요 부분으로서 주어져 있는 것은 아니라고 생각해서는 안 된다. 사도 바울이 자기들의 것보다 위대한 법에 대해서 한 말을 떠올리는 것도 좋을 것이다.
"율법은 사람이 그것을 적법하게만 쓰면 선한 것임을 우리는 아노라."*13

〈주〉
*1 〈신명기〉 27·17.
*2 〈잠언〉 52·26.
*3 〈아모스서〉 5·7.
*4 〈이사야서〉 40·34.
*5 〈잠언〉 30·33.
*6 〈시편〉 11·6.
*7 오비디우스 《트리스티아》 1·1·37.
*8 〈고린도전서〉 13·1.
*9 〈야고보서〉 4·6, 〈베드로전서〉 5·5.
*10 〈마태복음〉 7·16.
*11 키케로 《군대론》 3·3. 로마 십이전법으로부터의 인용은 아니다.
*12 〈열왕기상〉 10·19, 20.
*13 〈디모데전서〉 1·8.

57 노여움

노여움을 완전히 누르려고 한다는 것은, 스토아 학파 사람들의 호언 장담에 지나지 않는다. 그보다 더 좋은 신탁 또는 지시가 있다—"성내더라도 죄는 짓지 마시오. 해질 때까지 노여움을 품고 있지 마시오"*1이다. 노여움은 범위와 시간을 한정하고 제한해야 한다. 노여워하고 싶은 자연적인 경향이나 습관이, 어떻게 하면 완화되고 가라앉는지 먼저 이야기하기로 하자. 그 다음에 개별적인 노여움이 움직임을 억누른다고 할까, 적어도 그 폐해를 일으키지 않도록 어떻게 막을 수 있는가 살펴보기로 하자. 셋째는 남을 어떻게 하면 노여워하게 만들거나 달랠 수 있는가를 다루기로 한다.

첫째의 것은 오직 하나의 길로서, 노여움의 영향과 그것이 인간 생활을 어떻게 교란하는가에 대해서 고려하고 숙고하는 것 이외에 다른 수가 없다. 그리고 그렇게 하는 것이 가장 좋은 때는, 그 발작이 완전히 가라앉았을 때 노여움을 뒤돌아보는 것이다. 세네카 묘한 말에, "노여움은 쓰러지는 건물과 비슷하다. 그 떨어지는 것 위에 부딪쳐서 부순다"[*2]는 것이 있다. 성서는 우리에게 "참고 견딤으로 참 생명을 얻게 될 것"[*3]을 권하고 있다. 인내력을 잃는 사람은 누구나 참 생명을 얻을 수 없게 된다. 사람은 꿀벌이 되어서는 안 된다.

"자기의 생명을 던져 버린다, 남에게 입히는 상처 속에."[*4]

이렇게 되어서는 안 되는 것이다. 노여움은 확실히 일종의 비열함이다. 이를테면 그것이 지배하는 주체의 허약함 속에 잘 나타나 있다. 어린 아이나 여자 또는 늙은이, 병자 등이 그것이다. 다만 남자는 조심하여 자기의 노여움의 상대를, 공포라기보다 경멸로서 다루도록 주의해야 한다. 그와 같이 하여 자기들이 그 밑에 있지 않고, 그 폐해 위에 있는 것으로 생각하면 된다. 그것은 사람이 그 속에 들어갔을 때, 자기를 제어하면 쉽게 할 수 있는 일이다.

제2의 점에 대해서. 노여움의 원인과 동기는 주로 세 가지가 있다. 첫째 위해에 대하여 지나치게 민감하다는 것이다. 왜냐하면 자기가 위해를 입었다고 느끼지 않는 자는 화를 내지 않기 때문이다. 그러므로 감수성이 많고 섬세한 사람들은 아무래도 성을 잘 내기 마련이다. 그런 사람들은 마음이 헝클어지는 일이 매우 많은데, 그런 것은 비교적 강건한 성질의 사람이면 거의 느끼지 않는다. 다음에는 가해진 위해가 그 상황 아래에서 모욕에 차 있다고 지레짐작하여 해석하는 일이다. 왜냐하면 모욕은 노여움에 칼날을 다는 것이며, 그 위해 자체와 같을 만큼 또는 그 이상의 것이 되기 때문이다. 그러므로 사람이 모욕의 의도를 포착하는 데 민감할 경우에는, 그 자신의 노여움을 많이 불태우게 된다. 마지막으로 자기의 명성이 훼손되었다는 생각도 역시, 노여움을 증대시키고 또 날카롭게 만든다. 그런 경우의 대책으로서는, 콘살보[*5]가 흔히 말했듯이, '더 질긴 실의 망(網)인 명예'를 갖는 것이다. 그러나 노여움을 누르는 데에는, 언제나 시간을 벌도록 하는 것이 가장 좋은 대책이 된다. 그리고 복수의 기회는 아직 오지 않았지만, 그 시기를 예견할 수 있다는 것을 자기 스스로에게 믿게 하고, 그리하여 잠시 자기 자신을 가라앉힌 다음 그것을 눌러두는 것이다.

노여움이 사람을 휘어잡는 경우라도, 눌러서 남에게 위해를 주지 않게 하려면 두 가지 방법이 있다. 이것에 특히 주의해야 한다. 하나는 극단적으로 과격한 말을 하지 않는 것이다. 특히 그 말이 상대를 찌르는 듯한 것이거나 특정 개인에 대한 경우이다. 일반적인 모욕은 그리 대단한 것이 아니다. 그리고 화를 내고 있을 때 비밀이 드러나지 않도록 해야 한다. 그런 짓은 사회에 맞지 않는 인간이나 하는 것이기 때문이다. 또 하나는 어떤 일이거나 노여움의 발작으로 별안간 내동댕이치지 않는 것이다. 그리고 아무리 과격함을 보이더라도, 돌이킬 수 없는 일은 하지 않아야 한다.

남을 노엽게 만들거나 또 달래기 위해서는, 무엇보다도 시간을 잘 선택해야 한다. 주로 사람이 가장 화를 잘 내고 가장 기분이 나쁠 때를 택하면, 그들을 격앙시키게 된다. 또 발견되는 것을 무엇이나(이미 언급했듯이) 긁어모음으로써, 그 모욕을 더 심하게 만들 수 있다. 이 두 가지에 대한 대책으로서는, 그 반대의 행동을 하는 것이다. 전자는 남을 노엽게 만들 만한 것을 처음 꺼낼 때는 적당한 기회를 기다려야 한다. 왜냐하면 첫인상이 크기 때문이다. 또 하나는 위해를 입었다는 해석과, 모욕당했다고 상대가 생각하는 문제점을 되도록 분리하는 것이다. 그것은 오해라든가 공포라든가 감정이라든가, 아무튼 무엇이거나 편리한 것의 탓으로 돌리는 것이다.

⟨주⟩

*1 ⟨에베소서⟩ 4·26.

*2 세네카 ⟪노여움에 대하여⟫1·1.

*3 ⟨누가복음⟩ 21·19.

*4 베르길리우스 ⟪농경시⟫ 4·26. 사람을 상처입히고, 자기는 죽는 것을 말한다.

*5 1443~1515. 곤잘로 데 코르도바를 말한다. 에스파냐의 장군으로서 대대장이라 불렸다.

58 사물의 추이

솔로몬의 말을 빌리면 "지상에 새것이란 없다."*1 그러므로 플라톤의 이론으로는, '모든 지식은 기억에 지나지 않는다'는 것이었으나, 솔로몬의 의견에 따르면 '모든 신기(新奇)는 망각에 지나지 않는다'는 것이다. 그것으로 알 수 있는 것은 망각의 강이라는 황천의 강은, 지하와 마찬가지로 지상에도 흐르고 있다는 것이다. 어느 난해한 점성 학자가 한 말이지만, 두 가지 항상적(恒常的)인 것이 없다면(하나는 항성이 서로 언제나 같은 거리에 있고 절대로 근접하지 않으며, 그 이상 멀리 떨어지지도 않는 것이다. 또 하나는 천체의 나날의 운행이 끊임없이 시간을 지킨다는 것이다), 어떤 개체의 경우에라도 순간적이라 존속하지 못하리라*² 는 것이다. 확실한 것은 물질은 끊임없이 유동하고 있으며, 결코 멈추는 일이 없다는 것이다.

모든 것을 망각 속에 파묻는 위대한 수의(壽衣)에는 두 가지가 있다. 대홍수와 지진이다. 화재와 가뭄은 사람을 전면적으로 깡그리 없애 버리거나 파괴하지는 않는다. 파에톤의 수레*³ 는 하루밖에 달리지 못했다. 엘리아*⁴ 시대에 있었던 3년간의 가뭄도 부분적인 것에 지나지 않았으며, 사람들을 살아 남게 하였다. 번개에 의한 대 화제는 흔히 아메리카에서 일어나는 일이지만, 그것은 좁은 것에 지나지 않는다. 그러나 다른 두 가지 파괴 즉 대 홍수와 지진의 경우에 주의할 점은, 어쩌다가 살아 남은 사람들은 대부분 무지한 산악 지방 주민들이며, 과거의 시대에 관해서 설명할 수 없는 사람들이라는 것이다. 그러므로 망각은 아무것도 남지 않은 것과 똑같은 상태가 된다. 아메리카 사람들을 잘 생각해 보면, 구세계 사람들보다 새롭다고 할까, 젊은 국민이라는 것이 대체로 할 수 있는 말인 것 같다.

그리고 다시 더 생각해 볼 것은, 여태까지 거기서 일어난 파괴는 지진에 의한 것이 아니라(이집트의 신관이 솔론에게, 아틀란티스 섬이 지진에 의해 삼켜졌다고 말한 것과 마찬가지로), 국지적인 대 홍수에 의해서 황폐해진 것 같다. 왜냐하면 그 지방에 지진이 일어나는 일은 좀처럼 없기 때문이다. 그리고 한편 매우 수량이 많은 강이 있으며, 그것에 비하면 아시아와 아프리카, 유럽의 강은 조그만 하천 같은 것이다. 그곳 안데스는 산맥이지만 우리의 것보다 훨씬 높다. 그것으로 생각할 수 있는 것은, 그 세대 사람들의 잔존자들은 이와 같은 지방적인 대 홍수 때 구제되었던 것이다.

여러 종파의 질투심이 사물의 기억을 완전히 지워 버리는 것이라고 마키아벨리는 말하고 있는데─그레고리우스 대교황의 욕을 꾸며대면서, 이 사람은 고대의 이교주의(異敎主義)의 것은 무엇이나 가능한 한 말살하려 했다고 말하고 있다―그러나 내 생각으로는 그런 광신적 열의는 그리 영향을 주는 것은 아니며, 영속하지도 않는다. 이를테면 그것은 사비니아누스*5의 계승으로 뚜렷하다. 이 사람은 그 전의 여러 가지 고대의 것을 사실상 부활시켰다.

천체에 있어서의 추이 혹은 변화는, 지금의 이 논의에 적절한 제재가 아니다. 아마도 플라톤의 대역년*6(大歷年)처럼, 세계가 만일 그토록 오래 계속되는 것이라면 어떤 효과가 있을지도 모른다. 전과 같은 개개 인간의 상태를 다시 새로 태어나게 한다는 점에서가 아니라(즉 그것은 천체가 하계(下界)에 있는 것에 실제 이상으로 세부에 걸친 영향을 준다고 생각하는 사람들의 공상이다) 전체로서 말하는 것이다. 혜성은 물론 마찬가지로 전체로서 다수의 것에 대해 영향력과 효과를 갖고 있다. 그러나 그것은 그 운행을 바라보고 주의를 기울이는 편이 많고, 그 효과를 현명하게 관찰하는 일이 없다. 특히 개개의 효과라는 점에서 그렇게 말할 수 있다. 즉 어떤 종류의 혜성이 크기나 빛깔 또는 광선의 방향, 하늘의 영역에서의 위치, 지속성 등에 관해서 어떤 효과를 낳느냐 하는 것을 생각하는 데 대해서, 이렇게 말할 수 있는 것이다.

나는 어떤 하찮은 이야기를 들은 적이 있다. 그리고 그것을 그냥 들어 넘기지 않고, 주의를 기울였던 것이다. 네덜란드와 벨기에 등의 저지 지방(低地地方)에서 관찰된다는 것인데(어디를 말하는지 나는 모른다), 35년마다 같은 종류의 일련의 연간이라든가 천후 같은 것이 다시 돌아온다는 것이다. 이를테면 큰 서리나 큰 비 또는 심한 가뭄, 따뜻한 겨울, 거의 덥지 않은 여름 같은 것이다. 그리고 그것을 주기라고 부르고 있다. 이런 것을 내가 여기서 일부러 언급해 두고 싶은 것은, 돌이켜 생각해 보고 얼마쯤 비슷한 일이 일어난다는 것을 깨닫고 있기 때문이다.

그러나 이런 자연에 관한 문제를 떠나서, 인간에 관한 것을 생각해 보자. 인간 사이의 가장 큰 추이는 종파와 종교의 추이이다. 왜냐하면 천체라고도 할 수 있는 이런 것이, 인간의 마음 속에서 가장 큰 지배력을 가지고 있기 때문이다. 참된 종교는 바위 위에 만들어지는 것이다.*7 그 밖의 것은 시간의 파도 위에서 시달린다. 그러므로 새로운 종파의 원인에 대해서 이야기하고, 그런 것에 관해서 무언가 충고를 주기로 한다. 하기야 인간의 약한 판단력이 이렇게 큰 변전을 규명해 보일 수 있는 범위 안에서 그렇게 하겠다는 것이다.

전에 받아들여진 종교가 불일치에 의해서 찢어질 때, 또 종교를 받드는 종단 사람들의 신성함이 쇠미해지고 부패에 차 있을 때, 그리고 또 시대가 어리석고 무지하고 야만스럽다면, 새로운 종파가 생긴다고 생각해도 좋을 것이다. 특히 그때 자기가 그 교조(敎祖)라고 주장하는 어처구니 없고 또 이상한 정신을 가진 사람이 나타나는 경우가 있다면, 거의 그것이 가능하게 될 것 같다. 그런 여러 가지 문제점은 마호멧이 그 율법을 발표했을 때 일어났다. 새로운 종파가 두 가지 특질을 갖고 있지 않다면, 별로 두려워할 것이 없다. 그것은 번지지 않을 것이기 때문이다. 그 하나는 기성의 정치 권력과 대체되거나 대항하려고 하는 것이다. 왜냐하면 그 이상 인기에 영합하는 것은 없기 때문이다. 또 하나는 쾌락이나 관능적인 생활을 자유로이 허용하려고 하는 것이다. 왜냐하면 사색적인 이교주의는(이를테면 고대의 아리우스파*8 현재의 아르미니우스파*9 등), 인간의 마음에 힘차게 작용은 하지만, 국가 안에 큰 변화를 일으키지는 않는다. 단 정치적 사정이 도움이 될 경우에는 반드시 그렇지도 않다. 새로운 종파의 수립에는 세 가지 방법이 있다. 조짐이나 기적의 힘에 의하는 것, 말과 설득의 웅변과 예지에 의하는 것, 칼에 의하는 것.

순교(殉敎)를 나는 기적의 하나라고 생각한다. 그것은 인간성의 힘을 넘는 것으로 여겨지기 때문이다. 그리고 감탄할 만한 고도의 신성한 생활에 대해서도 같은 말을 할 수 있을 것이다. 확실히 새로운 종파와 분열을 막는 가장 좋은 방법은, 악폐를 고치고 비교적 작은 의견 차를 조정하며, 온건하게 나아가서 피비린내 나는 박해를 가하지 않고, 오히려 주동자들을 달래거나 승진시키거나 하여 그 분열을 제거하는 것이다. 폭력이나 과격한 행동으로 그를 격분시키는 것이 아니다.

전쟁에는 변화와 추이가 많다. 그러나 주로 세 가지 것이다. 싸움터 즉 무대와 병기 그리고 그 진행 방법이다. 고대의 전쟁은 비교적 동쪽에서 서쪽으로 움직인 것이 많았던 듯하다. 왜냐하면 페르샤인, 앗시리아 인, 아라비아 인, 타타르 인(이들은 침략자들이었다)은 모두 동방 사람들이었다. 하기야 갈리아 인은 서방인이다. 그러나 그들의 경우는 두 번의 침입밖에 우리는 읽은 것이 없다. 하나는 갈로 그레키아 즉 갈라티아*10이고, 하나는 로마이다.

그러나 동이나 서나 하늘에 고정된 점이 있는 것은 아니다. 그리고 전쟁에도 확실한 방식이 있는 것은 아니지만 북쪽과 남쪽은 고정되어 있다. 그리고 아득히 먼 남방 사람들이 북방을 침략했다는 예는 좀처럼 볼 수 없거나 혹은 전혀 없으며, 다만 그 반대의 경우가 있을 뿐이다. 이것으로 분명해지는 것은, 세계의 북방 지역에는 비교적 호전적인 성질이 있다는 것이다. 그 이유는 그 반구(半球)의 별 탓인지, 북방에 있는 큰 대륙 탓인지 알 수가 없다. 이에 반해서 남방은 알려져 있는 한, 거의가 모두 또 바다이다. 혹은(가장 뚜렷한 일이지만) 북방의 추위 탓인지도 모른다. 그것은 훈련의 도움을 빌리지 않더라도, 신체를 매우 강건하게 만들고 원기를 아주 왕성하게 만들어 주기 때문이다.

위대한 국가나 제국이 붕괴하고 분열될 때는, 전쟁이 있는 것이 틀림없다고 해도 좋다. 즉 위대한 제국은 튼튼할 동안에는 제압한 원주민들의 힘을 약화하여 파괴하고, 자기 자신의 방위력에 의지한다. 그러다가 자기가 쇠약해지면 모든 것이 허물어지기 시작하여 자기쪽이 밥이 된다. 로마 제국의 쇠망 때도 그랬다. 샤를르마뉴 대제 뒤의 독일 제국의 경우도 마찬가지였으며, 새가 모두 날개깃을 한 장씩 얻어 갖는 식으로 모두가 나누어 가졌다. 그리고 에스파냐도 만일 붕괴하게 된다면 같은 일이 일어나지 않을 것도 없을 것이다. 왕국의 큰 영토 범위의 확장과 합병도 마찬가지로 전쟁을 유발한다. 왜냐하면 어떤 국가든지 너무 거대해지면, 큰 물결처럼 넘쳐 흐르는 법이다. 이를테면 로마나 터키 또는 에스파냐 등의 나라에서 볼 수 있었던 일이다. 대체로 세계에 소수의 야만 민족밖에 없고, 더욱이 결혼을 하거나 자손을 둘 경우에 있어서 평범한 생활 수단만을 알고 있을 뿐일 때에는(이를테면 오늘날 타타르 지방 이외는 어디서나 그렇게 되어 있다), 사람들이 넘쳐 흐를 위험은 없다. 그러나 인간의 대군이 있고 그것이 계속 늘어나 생활이나 생계의 수단을 생각하지 않을 경우에는, 반드시 1, 2대에 한 번은 국민의 일부를 다른 나라에 토해내야 된다. 그런 것을 고대의 북방인들은 추첨으로 했다. 주사위를 던져서 누가 나라 안에 머물고, 누가 행운을 개척하려 나가느냐를 정한 것이다. 호전적인 국가가 연약하고 여성적이 되면, 틀림없이 전쟁이 일어난다고 생각해도 좋을 것이다. 왜냐하면 보통 그런 국가는 타락할 무렵이 되면 부유하다. 그러므로 이 미끼가 사람을 부르게 되고, 그 용기의 쇠퇴가 전쟁을 유발하게 되는 것이다.

병기는 법칙이나 방식에 넣을 수는 없다. 그러나 여러 가지 시기나 추이가 있는 것은 볼 수 있다. 즉 확실히 대포는 인도의 옥시드레이크스*[11]에서 알려져 있다. 그것은 알렉산드로스 대왕의 마케도니아 군이 천둥과 번개, 그리고 마술이라고 부른 것이었다. 그리고 대포가 중국에서는 2천 년 이상이나 전부터 사용되었다는 것은 잘 알려져 있는 일이다.

병기의 상태와 그 개량에 대해서 말하면, 첫째 멀리 떨어진 곳까지 도달한다는 것이다. 즉 그것은 적으로부터의 위험을 피할 수 있다. 이를테면 그것은 대포나 소총에서 볼 수 있다. 둘째로 충격의 힘이다. 그 점에서도 역시 대포가 모든 격파추나 고대의 연구보다 뛰어나다. 셋째로 사용이 편리하다는 것이다. 이를테면 어떤 날씨에서나 쓸 수 있다든가, 운반이 가볍고 취급하기 쉽다든가 하는 것이다.

전쟁의 운영에 관해서 말하면, 처음 사람은 수에 매우 의지하고 있었다. 마찬가지로 전쟁을 주력과 용기에 걸었다. 결전의 날을 정하고, 평등한 입장에서 끝까지 싸워 내려고 했다. 그러나 전대(戰隊)를 정돈하고 준비하는 데에는, 비교적 무지했다. 나중에는 수라고는 하나 양보다 오히려 능력에 의지하게 되었다. 장소의 유리함, 견제의 교묘함 같은 것을 생각하게 되었다. 그리하여 전대의 배열에 비교적 교묘해졌다.

국가의 청년기에는 군사가 성한다. 국가가 중년 때는 학문이 성한다. 그리고 한참 뒤 이 둘이 합쳐지는데, 국가의 쇠퇴기에는 공예와 상업이 성해진다. 학문에도 유년기가 있다. 그때는 시작뿐이며 거의 어린 아이라고 해도 좋다. 그리고 청년기에는 풍요하고 젊다. 그 뒤에 장년기의 힘찬 몇 해가 오는데, 그때는 착실하고 단단하다. 마지막으로 노년이 되면, 메마르고 시든 것이 된다. 그런데 이와 같은 추이의 수레바퀴를 너무 오래 바라보고 있는 것은 좋지 않다. 현기증이 나기 때문이다. 이에 관한 문헌(文獻)은 이야기의 집합 같은 것에 지나지 않는다. 그래서 이 서술에는 적당하지 않다.

〈주〉

*1 〈전도서〉 1·9.

*2 명확하지는 않지만, 이탈리아의 철학자 베르나르디노 미 노레미노(1509~88년)의 《자

연의 사물에 대하여》에 대한 언급이 아닌가 한다.

*3 그리스 신화에 나오는 인물로, 태양신 헬리오스의 아들. 아버지의 수레를 하루만 빌려서 하늘을 달렸는데, 말이 말을 듣지 않아 하마터면 온 세계가 불이 날 뻔했으므로, 제우스가 벼락으로 쳐 전차에서 떨어뜨려 버렸다. 파에톤의 시체는 불붙으면서 에리다노스 강으로 빠졌다.

*4 히브리의 예언자. 기원전 9세기 무렵. 3년 동안의 가뭄을 예언했다. 〈열왕기상〉 17·1.

*5 그레고리우스 대교황의 계승자.

*6 이른바 프라톤 년이라고도 하며, 약 1만 2천 년. 이 주기로 천체가 본디 이치로 돌아간다고 생각했다.

*7 〈마태복음〉 16·18.

*8 알렉산드리아의 이단자 아리우스(250년 무렵~336년)의 파. 그리스도의 인성을 중시하고, 삼위일체설을 부정했다.

*9 네덜란드 라이덴의 신학자 아르미니우스 (1560~1609년)의 파. 인간의 자유 의사를 강조하고, 정통적인 칼비니즘에 반대했다.

*10 소아시아의 갈라티아를 말한다. 갈리아 인이 기원전 278년 무렵 이 지방에 갈라티아 왕국을 건설했다.

*11 인도의 판잡 지방에 있는 부락. 알렉산드로스 대왕이 여기까지 원정했다고 한다.

59 소문

시인들은 소문을 괴물로 만들어 놓는다. 일부는 훌륭하고 우아하게 묘사되지만, 일부는 묵직하게 그리고 의미를 깃들인다. *1 그들의 말을 들어보면 소문은 많은 날개를 달았고, 같은 혀와 목소리가 있고 또 같은 수의 귀를 기울인다는 것이다.

이것은 좀 과장된 말투이며, 그 뒤에는 훌륭한 우화가 따르게 된다. 이를테면 그 소문은 걸어가는 동안에 점점 힘을 얻게 된다고 한다. 그것은 지상을 걸어가고 있지만, 머리는 구름 위에 가려져 있다는 것이다. 낮에는 감시탑 안에 가만히 앉아 있다가, 대개 밤에 날아간다고 한다. 또 끝난 일과 끝나지 않은 일을 뒤섞는다고도 한다. 대도시에서는 그것이 공포의 근원이라고 한다. 그 말을 들어보면 대지는 유피테르와 싸워서 멸망한 거인들의 어머니인데, 그 때문에 노여움의 발작으로 소문을 낳았다는 것이다. 즉 확실히 거인의 비유를 사용한 이야기가 되어 있는 반역자와, 소란을 일으키는 소문과 중상은 형제 자매에 지나지 않는다. 남성과 여성이다. 그러나 지금 이 괴물을 길들여서 손으로 음식물을 먹게 하고, 마음대로 조종하여 그것과 함께 다른 육식조(肉食鳥)를 공격하고 죽이게 된다면 그것은 얼마쯤 유용한 것이 된다. 그러나 이것은 시인의 문제를 흉내낸 표현이다.

이번에는 침착하고 진지하게 생각해 보기로 하자. 모든 정치의 영역에서 이 소문만큼 취급되는 일이 적고, 그러면서도 취급될 가치가 있는 화제도 없다. 그러므로 다음과 같이 여러 가지 문제점을 생각해 보자. 거짓의 소문이란 무엇인가? 또 그것을 가장 잘 분간하려면 어떻게 하는가? 어떻게 소문의 씨가 뿌려지고 또 길러지는가? 어떻게 번지고 수가 느는가? 어떻게 막고 죽일 수 있는가? 그 외에 소문의 성질과 관련하여 또 여러 가지가 있다.

소문이란 매우 큰 힘을 가진 것으로서, 어떤 큰 행동도 그 속에 그 커다란 부분이 들어 있지 않은 것이 없다. 특히 전쟁의 경우가 그렇다. 뮤키아누스는 뿌려 놓은 소문으로 비텔리우스에게 이겼다. 비텔리우스가 시리아 군단을 기후가 나쁜 게르마니아로, 게르마니아 군단을 시리아로 옮길 생각이라는 것이었다. 이것을 듣고 시리아 군단이 무섭게 격분한 것이다. [2] 율리우스 카이사르가 폼페이우스의 의표를 찔러 그 노력과 준비를 잠재워 버린 것은 교묘히 퍼뜨린 소문에 의해서였다. 카이사르의 병사들이 카이사르를 사랑하고 있지 않으며, 더욱이 전쟁에 지쳤고, 또 갈리아의 전리품을 가득 갖고 있으므로 이탈리아에 돌아가는 대로 곧 그에게서 떠나가 버릴 것이라는 소문이었다. [3] 리비아가 아들 티메리우스의 제위 계승(帝位繼承) 때문에 모든 행동을 하기로 결정한 것은, 남편 아우구스투스가 회복하여 다 나아가고 있다는 말을 늘 퍼뜨렸기 때문이다. [4]

또 터키의 고관들이 늘 쓰는 수법이 있다. 그것은 설탄 즉 황제의 죽음을 친위대나 병사들에게 숨겨서, 곧잘 그들이 할 법한 콘스탄티노플이나 그 밖의 도시에서 약탈을 막는 것이다. 테미스토클레스는 페르시아 왕 크세르크세스를 그리스에서 부랴부랴 떠나가게 했는데, 그것은 그리스 군이 헬레스폰트에 걸어 놓은 선교(船橋)를 부수려 하고 있다는 소문을 퍼뜨렸기 때문이다. [5] 이런 예는 무수히 있다. 그러므로 많을수록 되풀이할 필요도 없다.

곳곳에서 사람의 눈에 띄기 때문이다. 그러므로 현명한 통치자들은 누구나 행위와 의도 그 자체에 대해서와 마찬가지로, 소문에 대해서도 충분히 경계하고 주의해야 한다.

〈주〉

*1 베르길리우스 《아에네이스》 4·175·190.

*2 타키투스 《역사》 2·8.

*3 카이사르 《내지기》 1·16. 플루타르코스 《대비열전》 〈카이사르 편〉.

*4 타키투스 《연대기》 1·5.

*5 헤로도토스 《역사》 8·108·9. 플푸타르코스 《대비열전》 〈테미스토클레스 편〉. 헬레스폰트는 다다넬즈 해협의 옛 이름이다.

베이컨 생애 저작 사상

Ⅰ 혁신시대

영국의 종교개혁

그 시대 사람들

프란시스 베이컨(Francis Bacon)은 1561년 영국에서 태어나, 1626년에 세상을 떠났다. 이 시기는 르네상스 후기에 해당한다. 종교·문예·학문·정치·경제 등 여러 분야에서 일대 혁신을 일으킨 시대이며, 세계 역사에서도 눈부신 진보의 시대였다. 베이컨의 조국인 영국도 예외가 아니었다. 제국의 태양이라 불리던 엘리자베스와 그녀의 아들 제임스 1세의 통치 아래 영국은 르네상스기를 지나며 유럽의 변방에서 열강의 지위로 발돋움했다.

베이컨의 시대는 여러 분야에서 뛰어난 사상가들이 활약한 시대였다. 이탈리아에는 부르노·캄파넬라·갈릴레이, 프랑스에는 몽테뉴·데카르트가 있었으며 에스파냐에는 세르반테스, 네덜란드에는 그로테우스가 있었다. 그리고 그의 조국 영국에는 엘리자베스 왕조의 저명한 정치가 세실이 있었다. 바레이 경(卿) 세실은 베이컨의 백부였다. 또한 극작가 셰익스피어, 시인으로는 스펜서, 베이컨보다 27세나 젊은 철학자 홉스 또한 해가 지지 않는 나라 대영 제국이 낳은 인물이다.

베이컨은 법률가이자 정치가이고 수필가로도 이름을 떨쳤으며, 철학자요 과학의 장려자로도 뚜렷한 업적을 남겼다. 뛰어난 재능과 그것을 바탕으로 한 다채로운 활동, 르네상스기에 볼 수 있는 다재다능한 사람의 전형이었다.

엘리자베스 즉위와 종교개혁

종교개혁은 16세기 서유럽에서 가장 중요한 사건이었다. 이는 영국에서도 마찬가지였다. 영국의 종교개혁은 튜터 왕조 2대 왕인 헨리 8세가 로마 교황이 허락하지 않은 캐서린과의 이혼을 정당화하기 위해 로마교황으로부터 독립한 것이 그 발단이다. 헨리 8세가 "국왕은 지상에서 영국 교회의 유일한 수장(首長)이다"라고 선언함으로써, 교회는 국왕의 최고권의에 복종하는 국교회가 되어 비 로마주의와 반 이단주의를 취하게 되었다. 그로 인해 1531년부터 34년 사이 아홉 명 내지 열 명이 이단자로 몰려 화형을 당했다고 한다. 이에 따라 그들의 수도원은 해산되고 토지와 재산은 국왕의 소유가 되었다.

헨리 8세 뒤를 이은 에드워드 6세는 어린 나이에 왕위를 계승하였기 때문에 서머싯 공(公)이 섭정을 하였다. 이때에 이르러 영국의 국교회는 종교개혁을 목표로 새로이 신앙의 기준을 정하는 신교화(新敎化) 작업에 들어간다. 교회에 딸린 예배당을 파괴하고 그 토지를 국왕의 것으로 하였다. 결국 이런 급격하고 강압적인 변혁에 반발하는 세력이 일어난다. 서부와 남서부 지방의 종교인들은 헨리 8세 시대 구 신앙의 부활을 요구하며 반란을 일으켰다. 이 반란은 표면적으로는 종교적인 문제로 발생했지만, 그 내부에는 계급적 대립이 숨어있었다.

에드워드 6세 뒤를 이은 누이 메리 튜더(Mary I)는 가톨릭을 부활시키기 위해 1553년 에드워드 시대 종교개혁에 관련된 모든 법규를 무효화시키도록 국회에 명하였다. 그리고 그녀는 그 이듬해, 훗날 에스파냐 왕이 되는 펠리페 2세와 결혼하여 가톨릭적 반동을 추진하였다. 같은 해에 이단 분형법(焚刑法)을 제정하여 신교도를 박해한 사건이 그 대표적 예다. 그때 300명 이상이 화형을 당했다고 하며, 사람들은 그녀를 "피비린내 나는 메리(bloody mary)라 부르기 시작했다. 결국 이 비극적인 사건으로 인해 동남부 여러 주에서 반란이 일어나고, 대서양 너머 대륙으로 망명하는 신교도도 적지 않게 생겨났다.

1558년, 메리 튜더가 죽고 그의 여동생인 엘리자베스 1세가 즉위하였다. 그즈음 국내에서는 가톨릭교도와 신교도의 대립이 격심했다. 엘리자베스 여왕은 이에 중립적 입장을 선택한다. 신·구세력을 혼합한 새로운 기준을 정한 것이다. 심지어는 이단에 대해서도 개인적 신앙에 그치는 한 허용한다는 관용을 베풀었다. 이것은 실제적이고 현명한 선택이었다. 그러나 곧, 순수하기를 바라는 신·구 두 세력으로부터 반대운동이 일어났다. 특히 가톨릭교도의 반대는 외국 세력을 배경으로 하는 것이었다.

1583년, 펠리페 2세는 엘리자베스에게 불만을 품고 있는 영국내 가톨릭교도들과 내통하여 가톨릭 국가인 프랑스 군대를 영국에 상륙시키려고 하였다. 사촌인 메리 스튜어트를 왕으로 세우려는 목적이었다. 1588년, 가톨릭교적 세계 통일 정책을 추진한 에스파냐 왕 펠리페 2세는 130척의 무적함대에 의한 영국 원정을 꾀하였다. 하지만 영국해군에 의해 큰 타격을 입고, 메리 스튜어트는 처형당한다. 그 뒤 영국은 에스파냐를 대신하여 해상권을 제패한다.

엘리자베스 시대는 신교를 기본으로 한 영국 국교회의 기초를 확립한 시대이다. 이와 함께 영국이 세계의 무역국, 식민지 제국이 되는 첫 걸음을 내딛은 시대이기도 하다. 그 뒤로는 스튜어트 가문의 제임스 1세가 엘리자베스 여왕의 뒤를 이어 교회에 대한 국왕의 지위를 더욱 강화하였다.

베이컨과 종교

영국의 종교개혁은 신앙 문제에만 그치지 않고 정치, 경제, 사회 문제로까지 영향을 끼쳤다. 그리고 이단에 대한 박해라는 유혈의 참사를 수반하기도 했다. 이에 베이컨은 1584년 23세 무렵 엘리자베스 여왕에게 종교정책에 관한 권고의 편지를 써 올렸다. 그 내용은 이러했다. 우선 그는 조국에서 벌어진 종교분쟁의 비참한 현실에 대한 아픔을 전했다. 그리고 또 15세 때부터 2년 동안 프랑스에 체류하면서 성바르토로뮤 대학살 이후의 종교분쟁에 의한 프랑스사회 혼란에 대해 보고 들은 바를 말하고, 가톨릭교도들에 대한 여왕의 강경정책이 그들에게 극단적인 행동을 불러일으킬 수 있음을 경고했다.

베이컨은 칼뱅주의 프로테스탄트의 영향 안에서 성장한 성실한 국교도였다. 아버지인 니콜라스 베이컨은 열성적인 프로테스탄트였고 어머니인 안 쿠크는 정열적 칼뱅주의자로 자녀들에게 신앙적인 가르침을 아끼지 않았다. 또 베이컨의 외할아버지인 안토니 쿠크는 에드워드 6세의 보좌관으로 엄격한 청교도였다. 이와 같은 종교적 배경은 베이컨의 마음에 신앙심을 깊게 심어주었으며, 그 신앙은 그의 활동과 저작에 큰 동기부여가 되었다. 그의 주저인 《대혁신》에서 〈저작의 구분〉은 이렇게 끝을 맺고 있다. "아버지 하느님이시여, 눈에 보이는 빛은 창조의 첫 성과로 주시고 지성의 빛은 당신만이

행하시는 역사의 완성으로 인간의 얼굴에 불어넣어 주신 당신. 당신의 사랑 안에서 나와 당신의 영광으로 돌아가는 이 작업을 지키고 인도하여 주소서."

베이컨은 어머니와 외가의 영향이 컸기에 청교도에 대한 동정심을 품고 있었을 것이다. 훗날 로마가톨릭교회 사고방식에 저항하고, 영감의 세계로부터 계시된 지혜와 세속적인 지식을 혼합하여 연구하는 것에 반대한 것도 외가인 쿠크가의 청교도적 종교생활에서 영향을 받은 것이다. 그러나 그 저항 또한 엘리자베스 여왕에게 보낸 편지에서 드러나듯 강경함이 아닌 부드러운 방식이었다.

1597년 초판을 낸 《에세이》 제15장에서, 그는 종교를 정부의 네 가지 기둥 중 첫째로 꼽고 있다. 그리고 제3장 〈종교의 통일〉이라는 논설에서는 교회 통일의 효과와 한계 그리고 수단에 대하여 논하고 있다. 여기서 그는 이단과 분열은 모든 해악 중에서 최대의 것으로, 그것만큼 사람들을 교회에서 몰아내는 힘은 더 이상 아무것도 없다고 말했다. 그리고 그 반대로 종교의 일치는 무한한 축복을 포함하는 평화를 가져온다고 했다.

베이컨에 따르면 교회의 일치를 방해하는 것에는 두 가지가 있다. 광신과 절충이 그것이다. 광신자의 안중에는 평화가 없고 다만 종파와 도당(徒黨)이 있을 뿐이다. 절충은 양쪽에서 일부분을 채택하여 교묘한 조정을 거친 후 종교상의 모든 문제를 타협시키는 것이다. 그것은 종교의 본질을 불순하게 하여 그 평화는 영속성이 없게 된다.

"진정한 일치를 이루려면 근본적, 본질적 종교 문제를 신앙의 순수성에서만 찾아서는 안 된다. 이는 의견이나 명령 또는 선의 문제로부터 자유로워야만 가능하다. 그리고 그 일치를 실현하는 수단으로 무력이나 형벌을 쓰는 것에 반대한다. 종교적 일치를 달성할 때, 인간사회의 법칙과, 그 안에서 박애정신이 상실되거나 회손되지 않도록 주의해야 한다. 전쟁으로 종교의 영역을 넓힌다든가, 피비린내 나는 박해에 의해 양심을 강제해서는 안 된다. 그리고 민중의 손에 칼을 쥐어주어 폭동을 조장하고 음모와 반란을 정당화하는 것 또한 허용될 수 없다. 그러한 행위들은 우리가 그리스교도만이 아니라 인간이라는 것을 잊게 하기 때문이다."

베이컨은 종교상의 관용을 이렇게 주장했다. 박해는 박애와 인간 양심의 자유에 위배되기 때문이다. 나아가 본질적인 목표는 무력행사를 금지하고 민중으로부터 무기를 회수하여 정치적 반란을 억제, 국가주권을 확보하는 것이었다.

절대 왕정과 제1차 산업혁명

봉건귀족 몰락과 중산계급 진출

중세유럽의 정치적 핵심은 봉건제도와 정치·종교의 합일화였다. 그 권력 중심에는 귀족·승려·기사계급이 있었다. 그러나 13세기 이후 철옹성 같던 이 권력구조는 흔들리기 시작한다. 1337년부터 1454년까지 치열하게 진행됐던 영국과 프랑스의 백년전쟁, 1454년부터 약 30년간 계속된 장미전쟁 등을 거치며 봉건귀족은 큰 타격을 입는다. 튜터 왕조의 헨리 7세가 국왕으로 승격되고 제1국회에 출석한 세속귀족은 겨우 29명이었다. 헨리 7세는 귀족 권력을 깎아내리고 왕실 지위를 높이는 정책을 취하며, 관료적 정치기구를 정비해 중세귀족보다 유능한 중산계급 출신을 등용했다. 스튜어트 조에 이르러는 다수의 신귀족을 임명하였는데, 이들은 처음부터 국왕에게 복종을 맹세하는 자들이었고 스스로 봉건귀족과 다르지 않은 긍지를 지니고 있었다.

성직 귀족도 헨리 8세의 종교개혁에서 벗어날 수 없었다. 주교는 국왕에게 무릎 꿇고, 수도원은 해산당했으며 재정상으로도 큰 타격을 받았다. 기사계급도 마찬가지였다. 그들은 이제 군문을 떠나 지방의 군주생활에 만족해야 했다. 이러한 튜터 왕조의 중앙집권주의와 종교개혁에 반발해 내란을 일으키는 자들도 많았으나 곧 진압되었고 이 체제는 엘리자베스 시대 이후 더욱 견고해졌다.

중세를 대표한 귀족·승려·기사 계급을 대신해 튜터 왕조 시대에는 새로운 중산계급이 등장한다. 거기에는 제트리나 젠틀맨이라 불리는 지방의 작은 지주와 요먼이라 하는 자영농민, 그리고 부유한 상인과 장인들이 있었다. 그들의 자녀들은 대학교육을 받아 관리가 되고, 훗날 튜터·스튜어트 두 왕조의 중견 계급이 된다. 그들 중에 공적이 있는 자는 귀족에 임명되는 경우도 있었는데, 이들은 스튜어트 조에 이르자 봉건귀족을 대신해 왕실의 충성스런 울타리가 되었다. 그중에서도 단연 돋보이는 존재는 젠틀맨이다. 당시 떠오르는 세력이었던 하원의원과, 치안행정을 담당하는 치안 판사 자리의 대다수를 젠틀맨 출신이 차지하게 되었다. 그리고 종교개혁에 의해 국왕이 몰수한 수도원이나 예배당 소유의 토지도 대부분 젠틀맨과 상인들이 사들였다. 튜터 왕조는 그들에게 안전과 미래를 보장하였고, 그들은 중앙집권주의 정치에 큰 힘이 돼 주었다.

종교개혁이 가져온 개인주의·합리주의·자유주의 경향도 중산계급의 활동을 촉진시켜 산업 경제활동을 활발하게 하였다. 그들은 출신 지방에 국한되지 않은 범 국가주의적 입장에 섰기 때문에 각자 지방이나 도시나 국가의 한 요소가 되어 국민이 스스로 나서는 중앙집권적 통일의 기틀을 마련해주었다. 16세기 말 무렵 영국의 발전은 중산계급의 활동에 힘입은 바 컸다.

궁정의 그림자 속에서

베이컨의 조부인 로버트 베이컨은 서퍽 출신의 젠틀맨이었고, 아버지인 니콜라스는 프랑스 유학파로 법관이 되어 엘리자베스 여왕의 국새상(國璽相)으로 일했다. 그는 수도원의 해산으로 주인을 잃은 여섯 지방의 토지를 사들여 농지 개량과 경영에도 열성적이었다. 엘리자베스 시대의 가장 유력한 정치가 윌리엄 세실은 베이컨의 외숙이었다. 세실은 재무상 총리가 되고 남작을 서위받았다. 그는 젠틀맨 출신으로 튜터 왕조 신흥 귀족의 전형이었다.

베이컨은 어려서부터 궁정을 둘러싼 명사들과 가까이 지내며 그 생활과 실정에 친숙해졌다. 12세 무렵에 엘리자베스 여왕을 알현한 적이 있었다. 여왕이 "네 나이가 몇이냐?" 물었다. 그는 "여왕폐하의 치세보다 두 살 적습니다." 라고 답했다. 여왕은 크게 기뻐하며 그를 "나의 어린 국새상"이라 불렀다. 베이컨은 궁정의 그림자 안에서 자랐고, 그의 이상도 그곳에서 성장했다. 그는 엘리자베스 여왕과 제임스 1세 앞에 출사할 때, 항상 영렬한 왕권 옹호의 입장에 섰다. 그 목표는 영국의 이익과 발전이었다. 《에세이》에서 그는 귀족에 대해 논하였다.

"귀족이 너무 위대해져 주권이나 사법권이 난처한 상황에 처해서는 안 된다. 아랫사람들의 오만이 국왕의 권위에 닿지 않도록, 그 전에 귀족 권력이 부딪혀 꺾일 만한 높이와 힘이 필요하다."

귀족은 국왕의 울타리가 되어야 한다는 것이다. 베이컨의 정치 철학이 학문연구 주장에 비해 보수적인 것은 젠틀맨이라는 그의 출신과 어려서부터 경험한 궁정생활의 영향 때문일 것이다.

제1차 산업혁명과 해외진출

16세기부터 17세기에 걸쳐 영국에서는 후에 산업혁명의 기반을 마련하는 몇 가지 현상들이 일어나기 시작한다. 그중 하나가 가내공업에 의한 모직물 산업 발달이었다. 그로 인해 양모수요가 급증하고, 지주들은 돈이 되지 않는 농민들의 경작지를 사유지화하여 모두 양을 키우는 목장으로 바꿔버린다. 이를 인클로저 운동이라 부른다. 이러한 현상은 19세기까지 계속되었다. 그 결과 일할 곳을 잃은 농민들은 공장 노동자의 길을 택하지만 적응하지 못하고 경제적으로 완전히 몰락한다. 많은 학자와 사상가들이 인클로저를 비난하고, 국가도 이를 금지하는 법률을 수차례 제정하였으나 그 효과는 크게 나타나지 않았다. 산업 경쟁으로 인한 실업자 발생에 따른 빈민 구제 문제는 16세기 영국의 큰 정치·사회적 문제로 대두되었다. 베이컨도 인클로저에 반대했다. 그는 1601년 국회가 인클로저 금지법을 철회하려 할 때, 그에 강력히 반대했다.

"왕국의 부가 소수의 목장주 손에 독점되는 것은 국가의 정책과 일치하지 않는다."

이것이 반대 취지였다. 물론 인클로저가 폐단만 가져온 것은 아니었다. 불모지의 토지를 새롭게 개간해 전체적으로 생산을 높인 것도 사실이다. 또 이제까지의 농업이 농민들만의 자활 농업이었다면, 인클로저 운동 이후에는 자본주의적 경영 농업이 자리 잡아 나가기 시작했다. 《에세이》를 보면 베이컨도 이에 주목했다는 것을 알 수 있다.

"토지의 개량은 부를 획득하는 가장 자연스러운 방법이다. 시간이 많이 들지만 큰 재력을 가진 사람이 농업에 손을 대면 부는 현저하게 증가한다."

하지만 베이컨은 왕권에 대항하는 신흥 세력의 등장을 막기 위해 결국 인클로저 운동을 반대하기로 결심한다.

모직물 산업도 가내공업으로부터 점차 임금 노동자를 쓰는 매뉴팩처로 발전하였다. 그 밖에 광산업·제염·제철·제지업·도자기 공업 등의 발전도 산업

혁명으로 가는 길의 원동력이 되어주었다. 튜터 왕조는 중상주의 정책을 취하여 상업·무역·공업을 보호 장려하였다. 하지만 국가가 직접 나서 경영하지는 않았다. 개인의 기업에 맡겼다. 산업 활동을 좀 더 활발하게 하기 위함이었다. 국가는 공업 육성을 위해 광산업·제염·유리공업·제지업 등에 독점 특허를 주기도 했다. 이는 후진 산업 보호와, 국방이나 국고수입 상의 이유에서였다. 베이컨도 발명이나 발견을 촉진하고 그 노고에 보답한다는 견지에서 국가의 특허 정책에 찬성하였다. 그러나 궁정과 결부한 귀족이나 관료, 상인들에게만 특허가 독점되면서 왕정은 비판의 대상이 되기도 했다. 이는 훗날 베이컨이 실각당하게 되는 빌미가 된다.

영국은 농업국에서 차츰 공업국, 공업품 수출국, 해상 무역국이 되었다. 해외 무역을 위해 부자 상인이 모여 무역회사를 만들고, 저마다 지역에서 무역 독점권을 얻었다. 1553년 러시아 회사, 1555년 아프리카 회사, 1577년 에스파냐 회사·이스트랜드 회사·레번트 회사, 1600년 동인도 회사 등이 설립되고 보험상인 조합도 활성화되었다.

무역과 함께 식민사업도 행해졌다. 엘리자베스 여왕 시대인 1583년에 길버트(Humphrey Gilbert)가 뉴펀들랜드를 탐험한 것이 식민지 개척의 시작이다. 이어서 민간주도사업 형태로 버지니아에 이민 희망자들을 보내고, 함께 뉴잉글랜드 개척도 시도하였다. 식민사업도 식민회사에 특허를 준 것이다. 1601년 뉴펀들랜드 어업 이민 사업에는 베이컨도 참여하였다.

부는 쓰기 위해 있는 것

영국사회는 점차 부를 쌓아갔다. 엘리자베스 시대가 되자 실업자와 부랑자 문제가 발생했지만, 그 안에서도 사회는 변화하고 있었다. 상류층과 중류층은 굉장한 저택을 짓기 시작했다. 의복과 장식물은 화려해졌으며, 식품도 다양하고 고급화되었다. 16세기 초만 해도 잉글랜드 인 대다수는 오두막 흙집에서 살고, 다룸가죽 옷을 입었으며, 목기에 담은 흑빵을 먹었다. 물론 포크나 수건은 사용하지 않았다. 그런데 불과 1세기 사이에 젠틀맨이나 요먼들이 사는 농촌에서도 벽돌로 새로 집을 짓고 유리 따위를 사용하게 되었다. 그뿐만이 아니었다. 짚을 넣어 만든 요와 목침이 아닌 털 지스러기를 넣은 침대에서 자고 일어나, 천이 아닌 모직 옷을 입고, 목기가 아닌 놋쇠와 주석의 함금 식기를 사용해 식사를 하게 되었다. 물론 상류층도 비단이나 비로도 옷을 입으며 더욱 화려해졌다.

베이컨은 《에세이》에서 부·지출·이자 등 경제에 대한 논설과, 건축·정원 등 풍속과 생활에 관한 언급도 남기고 있다. 그중 "부는 쓰기 위한 것이다." 라고 말한 부분이 있다. 베이컨은 호사를 즐기고 화려하게 살았다. 그 때문에 빚도 많이 졌다. 그가 죽은 뒤 7천 파운드 유산과 함께 2만 파운드 빚을 남겼다는 기록은 그의 사치스러웠던 생활을 단적으로 말해준다. 그것은 그에게 파멸을 가져다준 원인이 되기도 했다.

15세기에 칵스턴이 인쇄술을 들여와 1477년 웨스트 민스터에 인쇄소를 차렸다. 그 뒤 마치 화약이 전술상 귀족을 무너뜨린 것과 마찬가지로 지식의 봉건제가 타파되어 지식의 대중화가 이루어졌다. 화약과 나침반과 인쇄술, 이 세 신기술 발명은 인간 생활에 대 변혁을 가져왔다. 영어로 번역된 성서가 인쇄되어 널리 보급되면서 개인이 성서를 연구하는 것이 가능하게 되고, 프로테스턴트는 가정에서 예배를 볼 수 있게 되었다. 중류계층 이상은 책을 구입하는 것이 가능해 가정이 문화와 토론의 공간으로 자리 잡았고, 그로 인해 교육에 대한 욕구도 자연스레 높아져 오랜 역사를 이어나갈 웨스트 민스터나 이튼 학교 창설 기반이 확립됐다. 이러한 변화는 기존 명문 학교들에도 새 바람을 불어넣었다. 옥스퍼드와 케임브리지에서는 라틴어 외에 그리스어를 새롭게 가르치기 시작했다. 그리스 로마의 고전적 교양이 영국의 정신세계에 영향을 끼쳐 각종 문학과 학문서 저작이 활발히 이루어지고 걸출한 지식인들이 등장하게 되었다. 학술 문예의 번성은 기본적으로 중세적인 것으로부터 해방되고픈 르네상스 시대정신에 의한 것이었지만 그 배경에는 산업과 무역의 발달이 가져온 정신적인 여유가 자리 잡고 있었다.

베이컨의 시대적 역할

영국의 르네상스는 15세기 말 이탈리아·프랑스에서 유학한 글로싱, 리너커 등 '옥스퍼드의 개혁자'로 불린 휴머니스트의 활동으로부터 시작되었다. 이어 치크, 아스캄 등 케임브리지 출신 휴머니스트들이 힘을 실었다. 이 휴머니스트들은 문학과 학문 등 여러 분야에 새 바람을 불어넣었다. 그러나

14세기 위클리프 이후 얼마 동안 철학분야에서는 새로운 인물이 나오지 않았다. 베이컨이 등장하기 전까지 학계에서는 아리스토텔레스 철학과 논리학이 지배적이었다. 그러던 중 16세기 후반 프랑스 라무스 사상이 들어와 논리학과 학문 연구법에 대한 새로운 논의가 일어나기 시작했다. 라무스는 아리스토텔레스 논리학을 강하게 비난하고, 학문은 언제나 자연에 그 바탕을 두어야 한다고 주장했다. 그 주장은 서유럽 여러 나라들에게 받아들여졌고, 학계에서 아리스토텔레스와 스콜라 철학의 권위를 흔들어 놓음과 동시에 정확한 지식과 자연 연구에 대한 욕구를 불러일으켰다. 이탈리아의 텔리시오, 캄파넬라, 브르노 등의 저작이 그 증거다. 영국 케임브리지는 템플 형태 활동을 통해 17세기 유럽 라무스주의를 주도하는 대학으로 인정받았고, 엘리자베스 시대에는 열정적인 라무스 학도들을 여럿 배출하였다.

베이컨은 라무스를 그다지 인정하지 않았다. 그는 텔레시오를 최고의 저작가라 인정하고 그로부터 아리스토텔레스에 대한 비판정신과, 학문은 감각과 경험에 의지해야 한다는 원칙을 배웠다. 브루노는 1583년부터 1585년까지 런던에 살면서 한때는 옥스퍼드에서 학생들을 가르치며 우주 철학과 윤리학에 관한 저작을 출판했다. 그는 이때 《승리를 뽐내는 동물들의 추방》을 출판하는데, 그 내용이 지상 위 주권자는 인간이 되어야 한다는 베이컨의 견해와 동일했다. 논리학과 연구방법에 대한 논의가 활발히 이루어지던 때, 케임브리지 연구원 길버트는 자력에 대한 정밀한 실험적 연구를 해, 1600년 《자력에 관하여》를 출판한다. 허비는 1616년에 혈액 순환설을 발표한다. 이 두 연구는 귀납법 연구의 좋은 실례였다. 그러나 그들은 체계적인 귀납법 연구 이론을 가지고 있지 못했다. 그 무렵 옥스퍼드 출신의 플래드는 파라켈수스 자연철학을 이식해 코페르니쿠스, 길버트, 케플러, 갈릴레이를 비판했다. 또 옥스퍼드 교수 카펜터는 아리스토텔레스 자연철학에 반대하고 좀 더 과학적인 저작을 발표했다. 이처럼 새로운 지식과 학문에 대한 요구가 고조되고 개개의 연구는 진전되고 있었으나 여기에 적용해야 될 새로운 연구방법 이론은 확립되지 못하고 있었다.

지금까지 베이컨이 살았던 시대의 영국 사회와, 그가 어떻게 시대 조류를 통과해 왔는지 살펴보았다. 베이컨은 단순히 시대 물결에 표류했던 사람이 아닌, 시대동향을 예견한 선도자였다. 베이컨 연구자로 저명한 필링톤은 베이컨 시대와 그가 그 안에서 수행한 역할에 대해 다음과 같이 말했다.

"잉글랜드는 바야흐로 제1차 산업 혁명에 적극적으로 나섰다. 이 혁명은 수도원 해체에 이어 100년간이나 계속되었다. 1547년 헨리 8세 치세 후 잉글랜드는 산업 후진국이었다. 그러나 1642년 끝난 찰스 1세 치세 때 비로소 잉글랜드는 광업과 중공업에서 유럽 일류국가가 되었다. 1572년부터 1620년 사이, 이 격렬한 변화 시기에 베이컨은 마흔 다섯 번째 생일을 맞이했다. 그리고 산업에 과학을 응용한 예언자로 베이컨은 그 파도의 물마루를 헤엄쳐 나갔다."

베이컨 시대는 탐험의 시대이기도 했다. 16세기 중반부터 영국은 개척지를 꿈꾸는 탐험정신으로 아시아로 가는 항로 발견을 추진한다. 거기에는 두 가지 계획이 있었다. 하나는 러시아 북쪽 해안을 지나가는 것으로, 윌로비가 메리 여왕 때 시도했으나 항로 발견에 실패했다. 그러나 이로 인해 영국과 러시아 뱃길이 열리게 되었다. 또 하나는 캐나다 북쪽을 지나 아시아로 나가는 계획으로, 1578년부터 수차례 시도 되었으나 이 역시 실패한다. 하지만 캐나다 지역을 개척하는 소정의 성과를 얻는다. 베이컨 시대는 이처럼 지리적 탐험뿐만 아니라, 모든 방면에 걸쳐 탐험이 이루어지던 시대였다. 정치·산업·과학 등 각 방면에 걸쳐 새로운 방향을 모색했던 것이다. 이 시대에 태어난 베이컨은 지적 세계로 가는 새 항로를 발견하려 했던 개척자였다. 베이컨은 《학문의 진보》에서 헨리 7세부터 제임스 1세에 이른 시대에 대해 다음과 같이 말하고 있다.

"장미를 통합한 시대로부터 왕국을 통합한 시대에 이른 기간은, 내 판단으로는 같은 기간 다른 어떤 세습 왕조에서도 찾아 볼 수 없는 귀중한 다양성이 존재한 시대였다."

이 시대는 앞서 말했듯 영국이 로마 교회로부터 독립해 봉건 체제를 타파하고 중앙집권주의를 갖춘 강력한 군주체제를 추진해 잉글랜드로부터 그레이트 브리튼을 이루어낸 시대였다. 또 국민주의에 선 신흥 중산 계급이 정치·경제적으로 신진기예 활력을 가지고 활동해 국력도 강력해진 시대이다. 결국 영국은 타 열강과의 국력 경쟁에서 한 걸음 앞서게 되고, 종교·문학·학술 분야에서도 민족적 개성이 있는 영국을 만들어 나갔다. 그리고 여기에 기업 정신과 탐험 정신을 더해 세계 각지로 진출, 진정한 그레이트 브리튼을 완성하려 했다.

베이컨은 그 시대에 대해 다음과 같이 말했다 .

"우리 시대 사람들이 '저쪽에는 아무것도 없다 non ultra'라고 하지 않고 '저쪽에 무언가 있다 plus ultra'라 말한 것은 옳은 일이다."

유럽 세계에 이제껏 보지 못한 새로운 시대, '과학과 산업의 시대'가 시작 되었다. 멀리서 어렴풋이 들려오는 새로운 태동을 누구보다 빠르게 귀 기울 여 듣고 '저쪽에 무언가 있다'며 인류의 미래로 가는 항로를 개척하려 한 영 국인들, 그 한 가운데 프란시스 베이컨이 있었다.

Ⅱ 베이컨 생애

엘리자베스 왕조 꽃동산

가정 환경

프란시스 베이컨은 1561년 1월 22일, 런던 서쪽 스코틀랜드 요크 하우스에서 영국 국새 대신 니콜라스 베이컨의 막내아들로 태어났다. 니콜라스는 성품이 고결하고 유머러스함까지 지닌 인물로, 학문을 좋아하고 신앙이 돈독한 청교도였다. 첫째 부인은 여섯 형제를 남긴 채 사망하고 에드워드 6세의 교육을 맡았던 안토니쿠크의 딸 안과 결혼했다. 안과의 사이에 안토니오와 두 살 아래인 베이컨 두 아들을 낳았다. 베이컨은 니콜라스가 51세에 낳은 아들인지라 아버지의 사랑을 각별히 받고 자랐다. 어머니인 안은 버레이 경(卿) 윌리엄 세실의 부인 미드렛의 여동생이다 그리스·라틴 고전어와 프랑스·이탈리아어에 정통한 그녀는 청교도적 칼뱅주의자로 고결한 교양을 갖춘 여성이었다. 그녀는 1550년에 이탈리아 종교 개혁자인 베르날디노 오키노의 《설교집》을 영어로 번역해 출판하였고, 베이컨이 두 살이 되었을 무렵에는 제웰 승정(僧正)의 《영국 교회 옹호》를 역시 영어로 출판하였다. 두 아들을 몹시 사랑해 그들이 국가와 정치·경제 문제에 골몰하고 있을 때, 자주 편지를 보내 도덕·신앙적 권고를 아끼지 않았다. 베이컨은 어머니 외모를 닮고 강한 열정도 그녀로부터 받았으나, 온화한 품성과 유머는 아버지를 닮았다. 이런 가정환경을 볼 때, 프란시스 베이컨은 당시 지적인 부모 밑에서 영국 고유의 종교적·정치적 영향을 받으며 성장했다고 할 수 있다.

베이컨은 유아기는 요크 하우스에서, 다섯 살 무렵부터는 아버지가 런던 북서쪽 18마일 쯤 되는 센트올번스에 지은 고란벨리 저택에서 자랐다. 당시 풍조에 따라 어려서부터 그리스·라틴 고전어와 프랑스·이탈리아어를 배웠다. 아버지는 정무에 바빠 교육은 대부분 어머니 안에게 맡겨졌지만, 사려 깊은 아버지의 외조도 베이컨의 천성에 많은 영향을 주었다.

고란벨리 저택은 예배당·마구간·물방앗간·양조장·제빵소 등 대부분의 자급시설을 갖추고 있었다. 저택소유 과수원도 있었는데 그 안에는 진기한 물건이 장식되어 있는 작은 연회소가 있었다. 연회소 벽에는 음악·문법·수사학·논리학·기하학·점성술에 뛰어난 학자들 이름과 여러 편의 시가 적혀 있었다. 또 식당 난로 위에는 곡식의 파종을 알려주는 여신 케레스 그림이 장식되어 있었다. 그 그림 밑에는 '교육은 진보를 가져온다 moniti meriora'라는 라틴어가 새겨져 있었다. 농경시작이 가져온 인류 생활 변혁을 암시하는 케레스 그림. 어린 베이컨 마음에 훗날 발견과 발명에 의해 인류생활 대개선을 이끌어낼 창조와 개혁의 꿈을 뿌렸는지도 모른다.

케임브리지 학풍 속에서

베이컨은 1573년 형 안토니오와 함께 아버지가 공부했던 케임브리지 트리니티 컬리지에 입학해, 학장인 존 화이트 기프트 지도하에 교육을 받는다. 모든 과목에 비범한 재능을 인정받았으나, 당시 유행하던 역병으로 인한 휴교 때문에 학위수여에 필요한 햇수를 채우지 못하게 된다. 베이컨이 대학에서 얻은 것은 두 가지였다. 하나는 아리스토텔레스 논리학에 대한 부정이다. 아리스토텔레스 논리학은 토론이나 논쟁에 강한 면은 있지만, 인생 복지를 위한 생산적인 일에는 효력이 없다 생각한 것이다. 그것은 학문 개혁 야심을 품게 하였고 이 사고방식은 평생 동안 그와 함께 간다. 또 하나는 학료(學寮) 생활 경험이다. 이에 대해 그는 다음과 같이 말했다.

"나는 집에서 가족과 함께 보내는 생활이나, 가정교사에게 받는 교육보다도 소년시절 학교 기숙사에서 보낸 시간을 훨씬 좋아한다. 학료에는 소년들 사이 경쟁이 있고. 그리고 근엄한 사람들 태도나 용모를 통해 겸허함과 자기다스림을 배울 수 있다. 간단히 말해 학교생활에는 많은 이점이 있다."

케임브리지에서 베이컨이 누구에게 무엇을 배우고 영향을 받았는지는 자세히 알 수 없다. 아리스토텔레스 철학은 중세에는 아리스토텔레스·스콜라 철학이 되고, 그 후 수백 년에 걸쳐 유럽철학 최고 권위를 인정받는다. 그러나 15·16세기 르네상스 시대에 들어오자 많은 진보적 연구자들이 아리스토텔레스 철학을 부정하며 전통적 논리학과 철학을 대신할 새로운 연구방법을 갈망하기 시작했다. 그중에는 휴머니스트라 불리며 새로운 문학 운동을 추진하는 사람들이 있었다. 케임브리지 출신으로 1537년 모교에서 그리스어를 가르치던 로저 어스캄도 이런 휴머니스트 가운데 한 명이다. 그 밖에 존 터크, 토머스 윌슨 역시 영국 르네상스 운동을 추진한 휴머니스트였다. 이들은 국수주의적인 면도 있었다. 당시 학술어로 이전까지 통용되던 라틴어 대신 영어를 사용하자고 주장하며 그것을 몸소 실행하기도 했다. 이들과 베이컨의 관계는 분명하지 않지만, 당시 케임브리지 학풍이 소년 베이컨을 아리스토텔레스 부정자로 만들고 그에게 국가주의를 품게 하는 역할을 했으리라 생각된다.

많은 부정자들이 있었으나 오랜 세월을 이어온 아리스토텔레스 권위가 그리 간단히 무너지진 않았다. 16세기 후반에는 한때 아리스토텔레스주의가 대학에서 다시 부흥하는 현상도 일어났다. 옥스퍼드 교수 존 케이즈는 아리스토텔레스주의 논리학·윤리학 서적들을 교과서로 사용했고, 1562년에 케임브리지 트리니티 컬리지 논리학 강사가 된 존 선더슨도 아리스토텔레스주의자였다.

베이컨이 케임브리지에 입학하기 불과 얼마 전 아리스토텔레스주의 절대적 신봉자인 에베럴드 딕비가 케임브리지 논리학 교수가 되었다. 딕비는 자신의 저서를 통해 당시 아리스토텔레스 부정자인 프랑스 라무스를 비판함과 동시에 케임브리지 라무스주의자인 윌리엄 템플을 공격했다. 템플은 1573년 베이컨이 입학하던 해에 케임브리지 연구원이 되고 뒤에는 논리학 교수가 되었다. 그는 딕비의 제자였으나, 후에 딕비에 도전하는 저작을 출판하고 라무스주의 해설자·옹호자가 되어 그 이름이 영국뿐만 아니라 대륙에까지 알려지게 되었다. 그의 활동으로 인해 케임브리지 대학은 17세기 초 무렵 라무스주의 주도적 대학으로 명성을 얻게 되었다. 이 무렵부터 옥스퍼드는 보수적인 경향, 케임브리지는 자유주의적 경향을 가진 대학으로 사람들에게 인식되기 시작했다.

베이컨은 딕비와 템플을 알고 있었고 또 그들 사이의 논쟁에 대해서도 분명 알고 있었다. 어쩌면 딕비가 베이컨의 지도교수로 논리학을 가르쳤는지도 모른다. 그리고 그때 딕비를 통해 아리스토텔레스 철학에 대한 반감을 가지게 되었을 수도 있고, 템플의 라무스주의를 통해 플라톤과 그 이전 그리스 철학자에 대한 관심을 자극받았을 수도 있다. 구체적인 사실은 알 수 없으나, 적어도 딕비와 템플의 신·구 논리학 논쟁이 베이컨을 자극해 그의 사상이 자리 잡는 데 큰 영향을 주었다는 것은 분명하다.

아버지의 갑작스런 죽음

1576년 6월 베이컨은 함께 케임브리지를 떠난 형 안토니와, 일찍이 아버지가 공부했던 런던 글레이스인 법학원에 입학한다. 법학원은 평의원·간부원·변호사·소송 수습생 등으로 이루어진 법률가 양성 단체였다. 베이컨이 케임브리지를 떠나 법학원에 입학한 이유를 추측해보면 아마도 아버지의 영향 때문이었을 것이다. 그는 베이컨이 정치가 또는 법관의 길을 걷기 바랐다. 그런데 베이컨이 케임브리지에서 철학적 논쟁에 지나친 관심을 보이자 혹 길을 이탈하는 것이 아닌가하는 우려가 생긴 것이다. 그래서 서둘러 법률의 실무적 학문을 공부하도록 만들었을 것이다.

1576년 가을 베이컨은 글레이스인 법학원에 적을 둔 채, 예전 자신에게 프랑스어를 가르쳤던 주 프랑스대사 에이미어스 폴렛 일행 일원으로 프랑스에 갔다. 거기서 대사 신임을 얻어 여왕에게 메시지를 전하는 임무를 부여받고 이를 성공적으로 마쳐 사람들에게 인정을 받게 된다. 그리고 다시 프랑스에 귀임해 1579년까지 파리·브로아·툴·포아텔 등에서 살았다. 당시 프랑스는 1572년 성바로트로뮤 대학살 뒤 위그노 전쟁과 종교개혁에 따른 신·구 양파 전쟁과 동란이 계속되어 궁정도 파리를 떠나 지방을 전전하고 있었다. 이와 같은 정치적·국제적 대혼란이 있을 때 프랑스에 있었다는 것은 베이컨이 정치적 견식을 넓히는 데 큰 도움이 되었다. 철학 사상에 있어서 당시 아리스토텔레스를 통렬히 비판한 라무스주의에 한결 더 주목하게 되었고, 몽테뉴《에세이》를 읽고 나서 그도 그런 책을 써야겠다는 자극을 받았다. 이런 환경은 후에 《학문의 위엄과 증대》와 말년의 저작 《자연사》의 원천이 된다.

1579년 2월, 아버지 니콜라스가 감기 악화로 세상을 떠나자 베이컨은 고향으로 귀국한다. 1627년에 출판된 《자의 숲》에 따르면, 런던에서 아버지가 갑작스럽게 사망하기 며칠 전 아버지 집이 새까만 벽토로 뒤덮이는 꿈을 꾸었다고 한다. 아버지는 베이컨이 생계에 불편이 없을 만큼의 토지를 구입할 작정이었으나 이를 이루지 못했다. 아버지가 전처 사이에 낳은 아들들을 합처 다섯 현제에게 유산이 분배되었는데, 베이컨의 몫은 전 유산의 15분의 1로 형들보다 적었다. 그 때문에 베이컨은 궁핍한 생활에 빠져들게 된다. 18세에 아버지를 잃고 그에게 남은 것은 야심밖에 없었다. 그때부터 프란시스 베이컨은 자신의 두뇌와 변론의 필력을 발휘하여 세상과 정면으로 맞서게 된다.

법률가 베이컨

프랑스에서 귀국한 뒤, 1579년 그레이스인 법학원에 복학한 그는 정규공부를 다시 시작했다. 고란벨리 저택은 안에게 유산 상속되어, 베이컨은 법학원 내에서 거주하였다. 법학원에서 그는 보통법을 연구하고 여기에 관련된 두세 편의 소논문을 썼다. 그 논문들은 당시 법률 대가들보다 분량이나 연구 범위 면에서는 뒤지지만, 해석 깊이에서는 부족함이 없었다.

1582년 6월에 베이컨은 하급법원 소속 변호사가 되고, 1586년에는 법학원 간부, 1588년에는 강사가 되었다. 그리고 1586년에는 당시 명성이 높던 웨스터 법정에서 변호할 자격을 얻고, 1589년에는 성실법원 서기 계승권을 받게 된다. 이것은 이모부 세실이 힘껏 도와준 덕분이고, 또 엘리자베스 여왕의 각별한 배려에 의한 선물이었다. 이 직책에는 1년에 1,600파운드의 복귀재산권이 따랐는데, 그 은혜를 받기까지는 20년의 세월을 기다려야 했다. 베이컨은 그 사실에 대해 이렇게 말했다.

"내 땅은 경치는 좋을지 모르지만 헛간을 채울 수 없는 저택과, 남의 것이나 다름없는 밭들로만 가득 찼구나."

베이컨은 이를 저당하여 차용을 할 수는 있었으나, 여왕이 서거하고 난 뒤인 1608년이 돼서야 비로소 수입을 얻을 수 있었다.

법을 연구하여 법률직으로 생계를 꾸려가면서도, 베이컨의 관심과 열정은 늘 철학연구에 있었다. 현존하지는 않지만 그가 철학에 다시 열정을 불태운 최초의 에세이 《시대 최대의 탄생》은 1594년 무렵에 쓴 것이고, 그리스와 연금술사 자연철학에 대한 불모를 비난한 《지식의 찬양》도 법학원 시절에 쓴 것이다. 1592년 발레이겨 부인에게 보낸 편지에는 이무렵 베이컨의 심경이 잘 드러나 있다.

"마지막으로 저는 적당한 세속적 목표와 원대한 사색적 목표를 가지고 있다는 것을 고백합니다. 왜냐하면 저는 모든 지식을 제 영역으로 삼고 있습니다. 그리고 그 영역 안에 두 해적을 품고 있습니다. 첫째는 천박한 논쟁으로 장황하게 시간 끌기, 둘째는 맹목적 실험과 귀엣말의 전설과 기만으로 많은 약탈을 저지르는 것입니다. 이런 것들이 일소되길 저는 꿈꾸고 있습니다. 그렇게 될 수 있다면 그 영역 안에서 근면한 관찰, 근거 있는 결론, 유익한 발견 등 최상의 것을 이끌어 낼 수 있기 때문입니다."

허망한 기대

베이컨의 가정은 극히 자연스럽게 그가 궁정에서 입신출세하는 것을 목표로 삼고 그를 길렀다. 그는 정계의 유력자를 친척으로 가졌고, 궁정과 인연도 돈독한 편이었다. 재무상인 윌리엄 세실은 이모부이고, 이종제인 로버트 세실은 엘리자베스 각원(閣員)이었다. 가족이 이런 유력한 친척을 최대한 이용해 높은 지위를 얻어 보려 하는 것도 이상하지 않은 일이었다. 그러나 두 사람 다 베이컨의 요망을 촉진 시키는 데 큰 열의가 없어 기대한 대로 되지 않았다. 거기에는 몇 가지 이유가 있었다. 베이컨은 평소 태도가 거만했고, 지위에 대한 욕망이 너무 강했으며, 엉뚱한 것을 꾀하는 것 같아 보이고, 학문적 재능과 정치적 재능은 다르다는 생각을 품고 있었기 때문이다. 그러나 가장 큰 이유는 베이컨의 재능이 훗날 자신들을 위협할 위치에 있다고 느꼈기 때문이다.

베이컨은 대학 내 인문학과의 제도 변혁이 필요하다 느껴 이모부인 세실에게 건의를 한 적이 있었다. 그러나 세실은 학문적 개혁과 국가적 제도로서 대학 개혁은 그 기원과 성질에 있어 별개의 문제라 생각해 건의를 받아들이지 않았다. 더욱이 베이컨이 학문 연구를 통해 새로운 발명과 발견에 열중하는 것은, 그를 궁정 관직에 천거하는 데 주저할 이유였다.

베이컨은 수차례 유력자를 통해 정부의 요직을 얻어 보려 간청하였다. 예를 들면 1585년에는 엘리자베스의 신임이 두터운 월싱검에게 편지를 보내, 예전부터 원했던 법률직에 대한 재가에 대해 물어본 적이 있다. 이때 여왕은 그 직책은 불필요하다고 생각했다. 그녀는 베이컨이 어려서부터 보인 재능을 인정해, 그에게 자신과 사적으로 자유로운 교제를 할 수 있는 영광을 주고, 법과 시대적 난항에 대해 가끔 조언을 구하기도 했다. 그러나 그에게 왕정 요직을 준 일은 없다. 엘리자베스 시대는 베이컨에겐 불우한 시기였다.

고독한 그림자

처녀 연설

1584년 베이컨은 당시 번영을 구가하던 드세트시아 연안 멜컴리지스 지구에서 하원의원 자리를 얻는다. 11월 소집된 국회는 엘리자베스 여왕 타도 음모로 대단히 소란스러웠다. 이 음모는 스코틀랜드 여왕 메리를 왕으로 맞아들여 영국을 가톨릭 국가로 복구시키려는 계획으로, 에스파냐와 로마 가톨릭 세력과 연류된 것이었다. 프로테스탄트 각 파와 하원은 엘리자베스를 지지하였다. 그러나 엘리자베스는 보수적인 존 회이트기프트를 캔터베리 대주교로 임명했다. 그리고 여왕 지지자로 교리를 퓨리터니즘 방향으로 수정 요구하는 급진적 설교자들을 반대해가면서까지도 국교회의 교리를 통일 강화하는 데 심혈을 기울였다. 베이컨 어머니 안은 급진적 퓨리턴인 카트라이트 신봉자로, 이 추세에 큰 충격을 받았다. 그러나 베이컨은 세속 문제에는 온건한 개혁자로, 종교문제에는 신·구의 양 극단에 대해 관용적 태도로 중도 입장을 취하였다. 앞서 말한 바와 같이 엘리자베스에게 편지를 보내 강압적인 가톨릭 억압정책을 거두기를 권고했다. 그즈음 국회에서 베이컨이 연설을 하게 된 적이 있었다. 베이컨은 거침없는 표현으로 자신의 견해를 표출했고, 심지어는 자신의 상속 문제까지 언급하였다. 이것은 자신의 빈궁한 생활과, 과거 아버지에게 어느 정도 국가적 배려가 있었는가에 대해 여왕의 주의를 환기시키고자 하는 의도를 가지고 있었다. 그 연설은 솔직하긴 했지만 개인적인 문제를 언급한 것 때문에 좋은 평가를 받지 못했다.

1586년 엘리자베스 제8국회에는 톤튼 선출 하원의원, 무적함대를 격파한 1588년에는 리버풀 선출 의원이 되었다. 여왕은 장차 에스파냐 펠리페 2세 침입에 대비하기 위한 상납금 승인을 하원에 요구하였다. 당시 베이컨은 법안위원회 일원이었다. 그는 두 가지 임시 상납금을 승인했으나, 법령에 이 상납금은 선례가 될 수 없다는 단서를 써 넣었다. 이 사건으로 인해 베이컨은 왕권에 대한 하원의 권리를 용기 있게 주장한 의원으로 알려지게 되었다.

하원의 대변자로

1593년 1월에 국회가 소집되었을 때, 베이컨은 미들섹스에서 선출된 의원으로 자리에 참석했다. 당시 나이 32세, 하원에서 명성이 높아지고 있었다. 형 안토니오도 올링포드 선출 의원이었으나 건강이 좋지 않아 좀처럼 등원하지 않았다. 이 무렵 베이컨은 에섹스 백작에 의해 법무장관으로 추천을 받았다.

이 국회에게 엘리자베스 여왕은 세 가지 임시상납금 승인을 요청하였다. 국새상 존 브칼링은 연설을 통해 에스파냐 함대 재건에 대비해 국비 지출이 필요한데, 국고가 궁핍한 상태라 상납금 승인이 불가피하다는 의견을 표출했다. 그리고 지금 너무 많은 법률이 있어 간소화가 필요하므로 하원들은 불필요한 토론을 줄이고 필요한 실무에 협조해야 한다 말했다. 베이컨은 상납금 제안을 기본적으로는 지지하였으나, 연설 때 이렇게 말했다.

"나는 얼마 전, 국새상이 대신 발표한 여왕폐하의 연설에 대단히 만족합니다. 국새상은 왕국 법률과 낡은 행태 생략이 얼마나 필요한가를 말했습니다. 일반 국민은 절반도 실행하지 못하고 법률가도 이해할 수 없는 것이 얼마나 많습니까"

32세의 젊은 변호사가 법률가들로 채워진 하원에서, 법률은 국민 권리와 복지를 보호하기 위해 만들어진 것이지 법률가를 양성하기 위해 만들어진 것이 아니라는 선언은 그야말로 대단한 용기가 필요한 사자후였다. 이 연설은 보통법의 대가로 인정받던 코크를 격노하게 했을 것이다. 베이컨은 법률 개혁에 열심이었다.

하원에서 상납금 승인은 난항을 겪었다. 로버트 세실은 "상원과 협의하여 상원은 하원에서 받아들인 인가액을 3년에 걸쳐 해마다 1파운드에 4실링씩 납부하기로 결정했다"고 보고하였다.

대다수 하원위원들은 하원 특권을 침해한 것이라 하여 반대하고, 이후 상납 금액과 하원 특권을 놓고 격론이 벌어졌다. 베이컨은 상납금 제도 자체는 반대하지 않았으나, 하원 특권이 침해되고 있음을 보고 하원의 대변자로 나섰다. 이런 행동은 여왕, 이모부 세실, 그 밖의 궁정파 사람들에게 격분을 사는 결과를 가져 올 것이 분명했다. 그러나 베이컨은 양심에서 우러나온 용기에 힘입어 다시 한 번 연설을 하였다.

"나는 상납금 승인에 관해 하원이 상원에 찬동하는 것을 좋게 보지 않는다. 하원 관례와 특권은 항상 최초로 상원에 대해 상납금 제안을 하는 일이었다. 우리가 그 특권을 주장하는 것은 당연하다. 대다수인 우리에게 부과된 무거운 짐을 보면, 그들에게 감사할 이유가 없다."

하원의장 코쿠는 상원위원과의 협의에 대한 가부를 표결에 부쳤는데, 128대 127로 반대하는 이가 더 많이 나왔다. 결국 이로 인해 세실 총리 위신이 큰 손상을 입었다. 베이컨은 끊임없이 증가하는 상납금에 대해 국민이 가진 불만을 충분히 자각하고 있었다. 상납금 자체를 반대하진 않았지만, 지불 기간을 6년으로 하지 않으면 국민에게 곤궁을 가져올 것이라 주장했다.

"젠틀맨은 식기를, 백성은 놋쇠 꼭지를 팔아야만 상납금을 바칠 수 있을 것이다."

최종적으로 여왕은 필요한 임시 상납금의 승인을 얻을 수는 있었다. 그러나 베이컨은 상원과 협의 없이 국비지출 결의를 할 수 있다는, 하원의 가장 값진 특권 옹호자로 명성 높은 승리자가 되었다.

엘리자베스의 노여움

국회에서 행한 베이컨 언동은 엘리자베스 여왕, 세실 총리, 그 밖에 유력자들의 분노를 사게 되었다. 세실 총리는 베이컨에게 여왕의 역정을 전했으며, 심지어 푸칼링은 베이컨을 크게 문책하라는 지시를 받았다. 이 시련을 겪는 동안에도 베이컨은 매사에 늘 위엄을 잃지 않고 행동하였다. 그 행동은 당시 그가 처한 비참한 경제적 현실을 생각하면 더욱 칭찬할 만하다. 결국 여왕도 하원의 힘을 인정하게 되고, 하원 다수는 열렬한 베이컨 지지자가 되었다. 그러나 피터 웬트위스가 1576년부터 국회에서 언론의 자유를 주장하다, 그 때문에 런던탑으로 보내진 일도 그리 오래 전 일은 아니었다. 베이컨에게 있어 여왕의 호의를 유지하는 것은 필요 불가결한 것이었다. 이제 여왕이 바라보는 베이컨에 대한 시선은 좋지 않게 변했지만, 이례적인 접견의 자유는 베이컨에 대한 여전한 호의였다. 그러나 결국 그 자유도 정지당하게 된다. 여왕의 분노에 대해 베이컨은 변명하지 않았다.

"최근 국회에서 행한 제 연설은 여왕과 조국에 대한 제 양심과 의무를 실행하고자 한 것이었습니다. 그럼에도 불구하고 불쾌한 결과를 만들었다는 것을 경의 어제 연설을 듣고 알았습니다. 대단히 유감으로 생각합니다. 혹시 그것이 잘못 전달된 것이라면 저는, 제가 하지 않은 말을 찾기 위해 기꺼이 경을 따르려고 합니다. 또 오해로 인한 것이라면 제가 뜻하지 않은 바를 제거하기 위해 제 의도를 기꺼이 설명드리겠습니다."

여왕에게 노여움을 산 것을 알게 된 베이컨은 지위를 박탈당할 불안함보다 비탄한 심정이 더 컸다. 베이컨은 자신의 정당성을 조금도 의심하지 않았다. 한편 엘리자베스는 베이컨의 진사(陳謝)를 기다렸으나, 그는 오지 않았다.

에섹스 백작과 교분

로버트 에섹스 백작은 베이컨을 가장 열심히 옹호하는 사람으로, 베이컨이 다시 여왕을 배알할 수 있도록 끊임없이 엘리자베스에게 간청하였다. 에섹스 백작 어머니인 레티스는 엘리자베스 사촌언니였고, 에섹스 백작은 네덜란드 원정에서 용맹을 떨친, 엘리자베스가 총애하는 신하 중 하나였다. 베이컨과 에섹스는 1590년 무렵부터 친교를 맺기 시작했다. 베이컨은 에섹스에게 무엇이든 숨기지 않고 의논할 수 있는 대상이었고, 에섹스는 베이컨의 지위 승진을 열렬히 지지해 주었다. 그리고 빚에 시달리고 있는 베이컨에게 1,800파운드 상당의 토지를 기증하기도 했다.

1593년 1월, 법무장관 자리가 공석이 되었을 때, 유력한 후보자는 에드워드 코크였으나 에섹스는 대립 후보로 베이컨을 천거하였다. 결국은 코크가 1594년 봄에 법무장관이 되었다. 에섹스는 코크가 보유하고 있던 법무차관 자리라도 베이컨에게 주도록 추천했고, 세실과 그 밖 베이컨 지지자들이 동의했다. 그러나 베이컨과 접견을 허락하지 않은 여왕의 결심이 강한 데다, 여왕에 대한 영향력에 있어 유리한 위치에 선 코크의 반대로 베이컨은 법무차관 자리 역시 놓치게 된다. 바라던 일이 좌절되었기 때문에 절망에 빠진 베이컨은 불명예를 슬퍼하며 궁정 생활에 대한 미련을 버리고 학문에 온 힘을 쏟으려 했다.

어머니 안은 형 안토니오에게 애절한 편지를 써 보냈다.

"나는 네 동생이 내면적인 심각한 고민 때문에 건강을 해칠까 걱정이 된다. 혹 시련이 오거든 하느님께 매달려 성서를 거울삼아 실행하길 바란다.

나는 관직보다 오히려 두 사람이 하느님의 축복으로 건강을 유지하고 고통에서 해방되길 바란다."

베이컨은 어머니에게 답장을 썼다.

"여왕은 베이컨에 대한 하느님의 섭리를 받아들이신 겁니다. 어려서 시련을 겪게 하심이 유익하다 판단하셨을 겁니다."

《에세이》 출간

1594년 여름, 친구 그레빌로부터 편지가 도착한다.

"여왕께서는 귀하에 대해 매우 자비심이 깊으십니다."

엘리자베스 여왕의 마음이 누그러지고 있다는 소식에 베이컨은 위안을 받았다. 그 마음에 1596년 봄, 고등법원 판사자리에 공석이 생겼을 때, 베이컨은 에섹스 백작에게 그 자리에 자신이 천거될 수 있는가를 물었다. 그러나 예전 법무장관 천거 때처럼 간절한 마음은 아니었다. 지위는 단순히 형식적인 것이라 생각했기 때문이다. 관직에 대한 희망을 갖지 않은 동안 여왕과의 사이는 개선되었고, 결국 1597년에는 특별 고문관 자리에 임명되었다.

여왕에게 노여움을 사고 관직 취임이 실패로 돌아가는 동안, 베이컨은 자신의 에너지를 저술에 쏟아 그레이스인 법학원에서 행한 강연을 정리하여 1596년에 《법률의 가르침》을 출판한다. 이 책은 후 《나폴레옹법전》에 큰 영향을 끼친다. 같은 해 그는 《선과 악의 특색》을 또 출판한다. 이것은 설득과 충고 방법을 설명한 책이다. 그리고 이 무렵부터 준비하여 1597년에 《에세이》 제1판이 출간된다. 형님 안토니오에게 바친다고 한 이 저술은 주로 개인적 이익추구에 관한 내용을 담은 책으로, 총 10장으로 구분되어 이루어졌다. 1625년 제3판은 58장으로 확대되었는데, 베이컨 저작 중에 가장 잘 알려지고 널리 읽힌 책이다. 그러나 베이컨에게는 《법률의 가르침》과 마찬가지로 자신의 주력을 최대로 쏟은 저작은 아니었다.

에섹스가 가진 만심 (慢心)

베이컨을 고등법원 판사로 임명하는 운동의 성패가 분명하지 않은 사이에, 에섹스는 1596년 6월 에스파냐 남부 카디스를 공격해 에스파냐 함대를 하루 만에 괴멸시켰다. 이 싸움의 승리는 요행에 의한 면도 컸으나, 29세 청년 에섹스는 그 공적을 자랑하며 포악한 행위를 일삼기 시작했다. 그러다 결국 1598년 아일랜드 총독 천거에 관계하다가 엘리자베스 여왕과 충돌, 여왕의 분노를 산 끝에 윈스테드에 틀어박히게 된다.

그 무렵 아일랜드 틸톤이 지도하는 반란이 맹위를 떨쳐, 에섹스가 진압군 총독으로 기용되었다. 1599년 3월 그는 16,000병력과 1,5000필 군마를 이끌고 런던을 출발하였다. 원정을 떠나기 전 베이컨은 에섹스에게 아일랜드 문제의 심각성과 그 공략 방책에 대해 세밀한 충고를 하였다. 이듬해 4월 더블린에 도착한 에섹스는 2,000병력이 보강되었는데도 불구하고 무모한 작전 때문에 4,000명만이 살아남는 패전을 하였다. 여왕은 "중요하지 않은 수비 때문에 과대한 군을 쓰고 있다"며 그를 비난했다. 베이컨은 자주 여왕의 알현을 간청하여, 에섹스가 그를 위해 오랫동안 중재의 수고를 아끼지 않았던 것과 같이 여왕의 자비심에 호소하였으나, 사태는 최악 상황에 이르고 말았다. 대 원정군이 틸톤에게 의표를 찔려 큰 타격을 입은 다음, 여왕이 미리 엄명을 내린 것을 어기고 틸톤과 교섭하여 6주간 휴전을 약속한 것이다.

1599년 9월 에섹스는 런던으로 돌아와 즉시 채포되고 요크 하우스로 보내져 국새상 감시 아래 놓였다. 이듬해 3월 에섹스 하우스로 이송되어, 국사범으로 다루어졌으나 8월에는 감금이 조금 완화되었다. 베이컨 형제는 에섹스 구출을 위해 늘 최선을 다했다.

1601년 2월 에섹스는 추밀원에 출두하라는 명을 받았으나 병을 핑계로 거부하고, 지인들에게 친구들을 모아 달라 간청했다. 폭도화된 에섹스와 친구들은 여왕에게 청원하기 위해 무기를 가지고 런던으로 향하였다. 소원은 실패하고, 에섹스는 서우전프튼이라는 친구와 함께 붙잡혀 런던탑으로 호송되었다.

에섹스의 재판

1601년 2월 19일, 에섹스는 재판에 회부되었다. 법무장관 코크는 에섹스의 반란계획을 지적하였다. 에섹스는 여왕의 시종으로 충성을 다한 사실을 언급하며 반론하였고, 여왕을 접견할 기회를 얻어 자비를 호소할 작정이었다. 두 사람 언쟁은 격렬했다. 그때 잠시 침묵을 지키고 있던 베이컨이 일어나 발언하였다. 에섹스가 저지른 행동은 국가 전복을 목적으로 하여 치밀한 준비 끝에 저지른 일이라 평가하고, 이렇게 말을 끝냈다.

"에섹스 백작이여, 그대 자신과 싸워 모든 변명을 버리시오. 모든 것을 고백하고 변명하지 않는 것이 그대가 가야 할 최상의 길이라 생각하오."

이 선택은 신중한 고민 끝에 내린 결정이었다. 그는 또 다른 기회에 이렇게 말했다.

"에섹스 백작은 오직 애원자로 여왕폐하를 찾아가려 한 것이라 주장하고 있다. 만일 그렇다 해도 그 간청이 무장한 자에 의해 행해져야 했을까. 이것은 반드시 국왕의 자유를 빼앗는 결과를 가져왔을 것이다."

에섹스 백작은 결국 유죄를 선고받고, 2월 25일 사형에 처해졌다. 선고로부터 형이 집행되는 사이에, 베이컨은 여왕에게 접견을 청하였다.

"지존하신 손에서 끊임없이 발산되는 훌륭한 향취는 인민의 감각에 훌륭한 향취를 뿌린다."

그는 비유적으로 에섹스의 구명을 빌었다. 당시 에섹스에 대한 동정도 많았다. 그러한 이유 때문인지, 에섹스가 공정하게 다루어지지 않았을지도 모른다는 인상을 제거하기 위해, 여왕은 베이컨에게 에섹스 사건 전말을 책으로 쓰라 명하였다. 1601년 〈백작 로버트 에섹스와 그 일당이 계획하고 범한 간책과 반역에 관한 선언서〉가 그것이다.

베이컨이 고문관으로 에섹스 재판에 참가한 행동에 대해, 자신을 위해 힘써준 우정을 배반하고 친구에게 채찍을 가한 파렴치한 행위라고 비난받았다. 재판 참여를 기권할 수 없었던가, 또 그것이 여왕의 분노를 사는 것이라면 은퇴하여 학문 생활에 여생을 보내야 했던 것 아닌가 라고.

베이컨의 행동에 인정상 유감이 없는 것은 아니다. 베이컨은 무정부상태, 혼란을 초래해 국가주권에 폭력적 침해를 가하는 것을 가장 증오하였다. 에섹스에 대한 사적인 우정과 국법의 요구라는 공적 의무를 명확히 구별해 후자를 택한 것이다. 1604년, 테보시아 백작에게 보낸 편지에는 이번 사건에 대한 베이컨 심정이 잘 담겨있다.

"훌륭한 마음을 가진 이라면 누구나, 신을 버릴 정도라면 국왕을, 국왕을 버릴 정도라면 친구를, 친구를 버릴 정도라면 지상적(地上的) 재화를, 아니 경우에 따라서는 자신의 목숨을 버릴 것이다."

베이컨은 처음부터 친구를 모른 체 한 것이 아니었다. 형 안토니오와 함께 에섹스와 여왕 사이를 중재하려 애썼고, 그를 위한 탄원을 되풀이하였다. 다만 그 효력이 없었을 따름이다. 그리고 재판 참여도 자신이 원해서 한 것이 아니었다. 튜터 왕조 통치를 생각한다면 여왕의 명령에 복종할 수밖에 없었을 것이다. 여왕도 국가기밀 누설이 두려워 그를 감시자로 세웠을지 모른다. 한 가지 분명한 점은 이런 직무에서 여왕이 신뢰할 이는 베이컨뿐이었다는 것이다.

형과 엘리자베스의 죽음

1601년 5월 베이컨은 형 안토니오를 잃는 슬픔을 당한다. 안토니오의 죽음에 대해서는 한 신사에 간단히 적혀 있을 뿐 그 장소나 날짜 등은 분명하게 전해지지 않는다. 안토니오는 평소부터 건강이 좋지 않았다. 그런데다 에섹스 백작을 구하기 위해 동분서주한 것이 과로로 이어져 죽음을 재촉했던 것 같다. 안토니오는 따뜻하며 정이 많은 사람이었고, 재능 역시 베이컨 못지않았다. 형의 죽음 앞에서 베이컨은 마음속으로는 큰 슬픔을 느끼면서도 평정심을 잃지 않았다. 그러한 평정심은 1610년 가을 어머니가 세상을 떠날 때까지도 유지되었다.

1601년 10월, 엘리자베스 여왕의 마지막 국회가 소집되었다. 당시 베이컨은 이프시위치와 세인트 올번스 선출 의원이었다. 이 국회에서 주목할 만한 베이컨의 활동은 독점 문제에 관한 것이었다. 당시 여러 상품에 전매권 특허가 부여돼, 전국에 걸쳐 불만이 심각했었다. 베이컨은 특권 소유자가 적당히 권리를 행사한다면 간섭해선 안 된다는 주장을 하며, 전매권을 인정한 여왕의 특권에 간섭하려는 독점 금지 법안을 반대하였다. 그러나 이것은 국민경제에 끼치는 불합리성에 눈감고 왕권을 옹호하는 행동이었다. 여왕은 민심을 꿰뚫어 보는 예리한 눈을 가지고 있었다. 하원의장 클로크를 불러 개선을 하도록 약속했기 때문에 불만은 하루아침에 감사로 바뀌었다.

1603년 3월 24일, 엘리자베스 여왕은 3주일 정도 병상에 있다가 리치먼드 궁전에서 눈을 감았다. 이로서 빛나는 엘리자베스 시대는 막을 내렸다. 베이컨은 어릴 적부터 여왕에게 재능을 인정받아 때로는 교묘하게 이용을 당하기도 했다. 하지만 베이컨은 여왕에게 개인적으로 존경과 충성심을 품고 열심히 봉사하였다. 1598년 이모부 세실을 잃고, 형도 세상을 떠났으며, 그래도 자신에게 큰 의지가 되었던 여왕마저 잃게 된 베이컨은 한순간에 고아가된 느낌이었다.

엘리자베스 여왕 후계자로는 메리 스튜어트의 아들 제임스 6세가 내정되어 졌다. 그는 잉글랜드에서는 제임스 1세가 된다. 베이컨은 이 새 국왕에게냉대를 받을 우려가 있었다. 왜냐하면 새 국왕은 죽은 에섹스 백작 친구로,에섹스 백작 재판에 참여한 베이컨을 고운 시선으로 볼 수 없었을 것이다.

심각한 반성과 저작

베이컨은 42세가 되어서도 아무런 관직에도 임명되지 못하고, 새 국왕에대한 기대도 할 수 없는 처지에서 깊은 반성의 시기를 맞았다. 이 무렵 베이컨의 심정이 어떠했는가는 1603년 이종제인 로버트 세실에게 보낸 편지를통해 알 수 있다.

"뭔가 야심에 대해 말한다면, 내 야심은 좌절되었다고 확신하고 있소. 이제 나는 내 야심을 오직 문필에 의지하려 하오. 그것으로 나는 다음 시대에기억되려 하오"

이 시기에 베이컨은 예전부터 품어 왔던 학문 개혁에 대한 생각을 정리하여 책으로 쓸 시간을 가졌다. 그는 1603년 곧바로 《자연의 해명 서론》, 《워렐리우스·테르미누스》, 《시대의 강인한 탄생》과 《학문의 진보》 첫 권을 썼다. 최초의 것은 베이컨 자신의 인생 계획과 목표, 그리고 성격과 능력에 대한 자가 평가를 기록한 것이다. 이를 통해 베이컨이 스스로 반성의 시간을가졌다는 것을 알 수 있다. 《워렐리우스·테르미수스》라는 제목은 가상 저자의 이름이다. 일부가 누락된 것이 있지만 총 26장으로 되어 있고, 《대개혁》가장 초기 형태를 제시하고 있다. 제3저작 제명은 발명과 발견에 의한 새로운 시대 탄생을 의미하고 있다. 이 저작은 베이컨 개인의 학문적 계획과, 당시 지배적인 영향력을 가지고 있던 학자들에 대한 태도를 담고 있다. 플라톤·아리스토텔레스·파라켈루스·등을 비난하고, 데모크리토스·피타고라스를찬양하였다.

이어 1604년에 《물체 성질에 관한 고찰》과 《인간 지식에 관한 고찰》을 썼는데, 모두 미완성 저작이다. 그중 전자는 총 10장으로 이루어졌는데, 제2장에서 고대 명상적 과학과 당시 베이컨이 목표하는 생산적 과학과의 차이가 무엇인가를 상세히 설명하고 있다. 1605년에는 국회일로부터 완전히 자유롭게 지내며 《학문의 진보》 제2권을 출간한다.

　그러나 베이컨이 정치적 지위를 완전히 포기한 것은 아니었다. 정치적 영향력은 그가 원한 학문 개혁 계획에 있어서도 꼭 필요한 것이었다. 제임스 1세에 대한 영향력이 있는 이종제 세실에게 간청하여, 약 300명의 사람들과 함께 국왕 즉위식 이틀 전 나이트를 제수받고, 1604년에는 공식으로 학식고문관으로 임명되었다.

반짝이는 영광

소녀의 매력에 끌려

　1604년 3월 19일, 제임스 1세 통치하에 첫 국회가 열렸다. 베이컨은 지난번 국회 때와 마찬가지로 같은 지구 출신 의원이었다. 하원에서 20년 경력을 가진 그는, 명성이 높아 하원의장으로 천거되었다. 그리고 당시 중대 안건이었던 잉글랜드와 스코틀랜드 통합위원회와 그 밖 위원회 멤버로 선출된 것 역시 그에 대한 높은 평가를 말해준다.

　양국 통합에 대해 반동적인 젠틀맨은 맹렬히 반대했다. 1607년 2월, 베이컨은 국회에서 이 문제에 관해 긴 연설을 한다.

　"만일 잉글랜드가 스코틀랜드를 병합하고, 아일랜드를 복종시키며 네덜란드와 손을 잡아 선박을 양성한다면 그 역량은 세계 최고가 될 것입니다."

　양국 통합은 그 뒤에도 100년이라는 시간이 걸렸지만, 그 기반에는 베이컨의 식견과 노력이 있었다.

　1606년 베이컨은 부인을 맞아들였다. 그 전에도 에섹스 백작 중매로 발레이 경 가의 젊은 미망인에게 구혼을 한 적이 있었으나, 그녀는 구혼을 거절하고 베이컨의 라이벌인 코크의 후처가 되었다. 베이컨이 45세에 맞은 부인은 국회에서 만난 친구인 베네딕트 버넘의 딸 아리스였다. 아리스 버넘은 그때 스무 살도 채 안 된 처녀였지만 이 같은 연령차는 그 당시에는 흔한 일이었다. 1603년 7월 베이컨은 이종제 세실에게 보낸 편지에 이렇게 썼다.

　"제 취향에 맞는 아름다운 처녀를 발견했습니다. 그녀는 시 참사회원 딸입니다."

하지만 아리스가 너무 어려 베이컨은 3년을 기다려야 했다. 3년 후 두 사람의 결혼식 광경은 이렇게 전해졌다.

"베이컨은 머리 꼭대기에서 발끝까지 보랏빛 옷을 입었다. 그리고 두 사람 모두 금실·은실을 넣어 짠 화려한 옷을 입었는데, 그 옷을 준비하기 위해 신부 지참금은 적잖게 축났을 것이다."

두 사람 사이에는 아이가 생기지 않았다. 베이컨은 죽기 1년 전 1625년에 유서를 남겼다. 거기에는 아내에게 유산으로 토지와 가구를 남긴다고 한 약속을 취소한다는 내용이 적혀 있었다.

"내가 유서 앞쪽에서 아내에게 주기로 승인한 것들을 중대한 이유로 인해 이제는 모두 취소로 하고 무효로 한다. 그리고 그녀의 권리에 속하는 것만 맡긴다."

베이컨 의지가 중도에 바뀐 것은 아내의 행실이 좋지 못했던 것 때문이 아닌 가 추측해 본다. 베이컨의 아내는 남편이 죽은 지 3주일 만에 시종이었던 언더힐과 재혼한다. 그녀는 어머니를 닮아 수다스러운 왈가닥으로 결혼을 세 번이나 했다고 한다. 아리스 개인 행실 문제도 있었지만, 큰 나이차 때문에 벌어진 일이었을 수도 있다. 당시에는 많은 연령차 부부가 이혼하는 일이 흔했다. 그는 《에세이》에서 결혼에 대해 이렇게 쓰고 있다.

"아내와 자식이 있는 사람은 운명에 담보(擔保)를 맡기고 있는 셈이다. 왜냐하면 큰 일에 장애물이 되는 것은 좋은 일의 경우나 나쁜 일의 경우나 마찬가지이기 때문이다. 확실히 가장 훌륭한 일로 사회에 가장 큰 가치가 되는 것은, 결혼을 하지 않았거나 자식이 없는 사람들한테서 나오고 있다. 그들은 애정과 재산에서 사회와 결혼하여 사회에 재산을 주어 버리기 때문이다. ……아내란, 젊은 남자들의 정부(情婦)이다. 또 중년의 반려(伴侶)이며, 노인의 간호인이다. 그러므로 남자는 언제나 마음 내킬 때 결혼할 이유가 있다고 말할 수 있다. 그렇기는 해도 현인의 한 사람이라는 평이 나 있던 사람은, '남자는 언제 결혼하면 좋은가'라는 질문에 대답하여, "젊은 사람은 아직 멀었고, 노인은 아주 틀렸다" 말하고 있다."

베이컨이 장년에 이르기까지 결혼하지 않았던 가장 큰 이유는 어머니에 대한 애착 때문이었을 것이며, 그 다음으로는 관직에 대한 야심 때문이었을 것이다. 그리고 학문연구에 분주해 안정된 직위를 얻지 못해 가정을 꾸려나갈 여유가 없었기 때문이기도 할 것이다. 결혼 연령에 있어서 베이컨은 현인의 가르침을 따랐다. 그러나 선택한 아내는 중년 남자의 삶과는 너무나 동떨어진 어린 소녀였고, 노년기에 도움이 돼주지도 못했다. 베이컨은 결국 아내 품이 아닌 조카 품에 안겨 숨을 거두었다. 베이컨은 한 소녀의 매력에 이끌려 자신의 결혼관을 실천하지 못했다.

새 철학을 지닌 법무차관

제임스 1세 첫 국회에서 노력한 보람이 있어, 베이컨은 1607년 법무차관에 임명되었다. 이 직책은 왕국에서 가장 괴로운 지위라는 세평을 들을 정도로 일이 많고, 정확을 기해야 하는 격무였다. 공무는 몹시 바빴다. 그러나 오랫동안 바라던 공직에 대한 열망이 이루어졌기 때문에 마음에 여유를 가지고, 다음 국회까지 남은 휴한기를 학문상 계획과 그 실천 성과를 맞추어 가는 데 소비했다. 그는 이 시기에 그가 꿈꾸는 '학문 대혁신'의 전체 기구와 그 주요한 부분이 될 자연을 해명할 방법을 제시한 《개략과 의론》을 썼다. 《탐구의 규칙》과 《사색과 결론》도 같은 해에 쓴 것으로 양자가 모두 다음에 쓴 《새 기관》제1권과 내용이 부합된다. 1608년에 출간된 《모든 철학에 대한 논박》도 그 취지는 《사색과 결론》과 마찬가지이지만 그리스 철학을 비난하고 평론가를 개미로, 합리주의자를 거미로 비유하며 양자를 융합한 꿀벌의 방식이 순수하다는 결론을 내리고 있다. 《운동의 법칙》, 《열기와 한랭 법칙 연구》, 《음향과 청취의 숲》도 이 무렵 저작이다. 이 책들은 모두 베이컨이 생각하는 자연 해명 방법 실례를 제시한 소책자였다. 《지성의 계단》, 《선구자》는 각각 《대혁신》제4, 5부의 서론이라 할 수 있다. 1609년에는 라틴어로 쓴 《고대인의 지혜》가 출판되었다. 자신의 학문 정신이 고대사상과 일치한다는 신념에서 그리스 초기 우화를 초들어, 그 정치적·도덕적·과학적 해석을 시도한 책이다. 베이컨 생전에 두 번이나 출판된 책으로, 영어와 이탈리아어로도 번역돼 널리 읽혀졌다.

1610년 1월에 소집된 국회에서 베이컨은 마치 하원의 정부 대변자와 같았다. 또 고충위원회 위원이 되어 고충을 국왕에게 전하는 사자이기도 했다. 국회에서 논의는 재정문제에 집중되었다. 엘리자베스 여왕은 약 40만 파운드 부채를 남겼다. 왕실령 토지를 매각해 그것을 메웠지만, 하원에 상납금을 요청하지 않을 수 없었다. 그 당시 상납금은 주로 지조(地租)에 의존하였다. 그러나 새로운 부는 상공업자에게로 옮겨가고 있었다. 제임스 1세는 세율을 높이고, 상품에 대한 새 과세로 국고수입을 늘려가려 했다. 거기에서 국왕의 대권과 하원의 특권 간 충돌이 생긴 것이다. 가톨릭 교도에 의한 화약 음모 사건이 발생하는 등 어수선한 가운데, 국회는 국왕에 대한 동정으로 이 문제를 잘 넘겼다. 그러나 원래 왕권신수설을 신봉하는 제임스는 엘리자베스 여왕처럼 민의를 살피는 사람이었으나, 타인들과 협조해 일을 해결하는 능력이 모자랐다. 1609년 그는 국회에서 국회를 무시하는 발언을 한다.

"국왕은 신이고, 신 외에 모든 것에 책임지지 않는다."

그리고 완강한 국교주의자로 튜리턴을 압박해 국회 중심세력을 적으로 등 돌리는 등, 국회를 분교로 이끄는 원인을 스스로 만들었다.

하원은 베이컨을 청원 특사로 의결하였다. 베이컨은 국왕에게 이렇게 충고한다.

"고충을 듣게 되어 슬프시겠지만, 왕은 그 말을 귀에 거슬린다 생각하면 안 됩니다. 그것은 비둘기가 내는 한탄이고, 사랑해야 될 충성스런 백성들에 속하는 끈기 있고 겸손한 마음을 가진 비둘기의 한탄입니다."

거라나 국왕과 하원사이 충돌을 피하도록 하려 했던 베이컨의 노력도 보람 없이, 제임스는 격노 끝에 1611년 국회를 해산시키고 말았다.

법무장관과 하원의원

1612년 베이컨은 특허권 심판소 판사로 임명되고, 같은 해에 국무장관이며 재무상이었던 로버트 세실이 사망한다. 이 이종제는 그리 따뜻하고 정이 많은 사람이 아니었다. 그리고 때로는 경쟁자로 베이컨의 승진을 방해하기도 했다. 그러나 그를 잃고 보니 베이컨은 이제 완전히 고립된 불안감을 느끼기 시작했다. 세실이 사라진 뒤 그 역량이나 재능, 경험에 있어서 궁정 제1인자로 국왕과 국회사이 대립을 조정하는 데 적합한 인물은 베이컨뿐이었다. 실제로 세릴 후계자로 물망에 오른 이름은 베이컨이었고, 그도 국왕에게 그 역할을 맡겠다는 의사를 표명했다. 베이컨 자신도 학문 개혁을 적극적으로 추진하려면 그 지위가 필요하다 여겼기 때문이다. 그러나 분별력 없는 제임스 1세는 스스로 국무장관 직책을 맡겠다고 하며, 그 요청을 물리쳤다. 베이컨 전집을 만든 스페딩은 이렇게 평하였다.

"만약 국왕이 베이컨을 받아들일 용기가 있어, 그를 총리로 임명해 신임했다면, 엘리자베스 여왕 초기에 발레이 세실이 이룬 업적처럼 영국사는 다른 발전을 했을 것이다. 그러나 엘리자베스 여왕 같은 정신이 필요했다."

1613년 봄, 왕좌(王座) 법원 장관 플레밍이 사망하였다. 그로 인해 생긴 공석 자리는 당시 에드워드 코크가 차지하고 있던 민사소송법원 장관보다 상석이었다. 베이컨은 플레밍의 후계자로 코크를 천거하였다. 보통법을 무기로 한 법률 지배를 주장하며 왕권시수설에 대립하는 코크를 국왕에게 접근시킴으로써 두 사람 사이 충돌을 완화하려는 의도였다. 코크는 본인 자리에서의 수입이 많았기 때문에 전직을 바라지 않았으나 결국 왕좌 법원 장관에 취임하였다. 후에 이 자리는 베이컨의 자리가 되기도 한다. 베이컨은 이를 예견하고 코크를 천거했을지도 모른다.

1614년 국회가 소집되었다. 1611년에 해산되고 나서 몇 해 동안 소집되지 않았던 국회였다. 베이컨은 국왕과 국회 사이 골이 깊어가는 것을 우려하여 국왕 마음을 움직이려 했다.

"폐하께서 사랑과 존경의 마음으로 국회와 협조를 하신다면, 그 결과는 군왕의 안전과 충성에 있어 헤아릴 수 없는 가치가 있을 것입니다."

하지만 '사랑의 국회'가 되길 바랐던 이 국회는 단 하나 법안도 국왕에게 받아들여지지 않아 '혼란 국회'라는 이름을 남기고 막을 내렸다. 이 국회에서 베이컨은 세인트 올번스와 이브시비츠 외에 모교가 있는 케임브리지 선거구에서 의원으로 선출되었다. 그러나 법무장관이 하원의원으로 적격한가라는 것이 문제가 되었다. 전례로는 베이컨 전임자인 후버드가 법무장관에 취임하기 전 하원의원으로 선출된 경우가 있었다. 논의 결과, 베이컨만 예외적으로 인정하고 앞으로는 그런 일이 없는 것으로 합의했다. 하원에서의 인망과 명성 때문이었다. 이제 베이컨은 국왕 쪽 정치가로 평가받게 되었다. 이 국회에서 또 하나 이슈는 청부인들이었다. 언더테이커라고도 불린 이들이 국왕에게 유리한 법안을 통과시키는 데 힘을 싣는다는 조건으로 의원에 당선되었다는 소문이 나돌았다. 이 청부인과 과세가 도마에 올라 격렬한 표적이 되었다. 베이컨은 청부인에 해당하는 이들이 분명하지 않다며 사람들을 달랜 뒤, 세금 필요성에 대해 대륙 정세를 설명하고 다음과 같이 말했다.

"지금 당장 잉글랜드가 전쟁에 나서는 것은 아니지만, 적어도 밤의 나그네로서 다른 나라와 마찬가지로 군비가 절실하다."

하지만 국왕과 국회 사이를 조정하려 애쓴 보람도 없이, 국회는 6월에 해산되었다.

상납금이 승인되지 않았기 때문에 국왕은 궁핍한 국고를 채우기 위해 도시와 개인에게 자유의사에 의한 금전차용을 권유하였으나 큰 효과가 없었다. 이것은 덕세(德稅, benevolence)라는 강제적 헌금으로, 젠틀맨이나 상인에게나 다 나쁜 평판을 받았다.

법무장관으로서 심문

베이컨이 법무장관 자리에 올라 맨 처음 착수 한 일은 당시 유행병처럼 번지던 혈투(血鬪) 문제를 해결하는 것이었다. 그는 감정적인 피투성이 싸움을 증오하고, 펜은 칼보다 강하다는 마음으로 직접 혈투자 두 명을 소취할 정도였다.

다람, 웨스트멀랜드, 스테포드시아, 슈롭시아, 헬리퍼드시아 등지에서 덕세라는 이름의 강제 헌금에 반대하는 세력들이 일어났다. 말볼로 젠틀맨인 올리버 세인트 존은 덕세를 인민에게 요구하는 것은 대헌장과 국왕 즉위 선서에도 위반된다며, 헌금을 거부하고 그 세력을 확장시켜 나갔다. 결국 세인트 존은 체포되어 1615년 4월 왕좌 법원 장관 코크에게 심문을 받게 된다. 코크는 처음에는 국왕이 덕세를 강제할 수는 없다고 처벌을 반대했으나 결국 강요에 의해 마음을 바꿀 수 밖에 없었다. 법무장관 베이컨이 올린 논고는 공정하고 온당하였다. 세인트 존은 국왕 모욕죄로 추궁당한 후, 국왕이 바라는 기간 동안 감금됨과 동시에 벌금 5,000파운드 형을 선고받았다. 하지만 자기 죄를 결국 사죄했기 때문에 감금은 면하게 된다.

한때 베이컨이 피비린내를 부르는 정치가라 오인을 받은 적이 있었다.

1615년 1월, 덕세에 대한 반대가 거센 서머시트시아 퓨리턴 목사 에드먼드 피첨이 고위 성직자를 비난 공격한 사건이 일어났다. 이에 국교조사위원회가 사건 조사에 나섰다. 증거 조사를 위해 피첨의 가택을 수색한 결과, 설교를 목적으로 한 문서가 발견됐다. 설교 내용은 국왕 및 국왕 가족에 대한 공격과 암살에 관한 것이었다. 위원 여덟 명이 피첨 심문에 나섰다. 베이컨도 법무장관으로 위원 중 하나였다. 심문 도중 배후 관계를 밝히기 위해 고문도 행해졌다. 그러나 당시 이런 사건을 심문 할 때 고문은 흔한 일이었으며, 베이컨이 특별히 고문을 강행했다는 증거는 없다. 실제 베이컨은 이 심문 때 큰 역할을 하지 않았다고 한다. 그를 비난할 근거는 없다. 피첨은 결국 반역죄로 사형을 선고받았다. 그러나 죄를 고백하여 목숨은 건졌다는 말도 있고, 긴 옥살이 중 사망했다는 설도 있다.

베이컨이 심문에 직접적으로 관여한 일은 제임스 1세 최초 총신인 서머싯 백작 로버트 카 경우였다. 그는 스코틀랜드 출신으로, 죽은 에섹스 백작 아들과 이혼한 프란세스 휘드와 결혼했다. 그런데 백작 친구 중 이 결혼을 반대한 이가 있었다. 토머스 오버블리였다. 그는 외교관으로 해외에 나가라는 명령을 거부한 죄로 런던탑에 감금되어 있다 사망했다. 문제는 사망 원인이었다. 런던탑 하급간수 입에서 나온 소문으로, 서머싯 부인 프란세스가 탑에 드나드는 자를 이용해 오버블리를 독살했다는 것이다. 그리고 사건 수사 중 서머싯 백작이 작성한 문서 가운데 에스파냐와 관련해 국왕 명예가 실린 국가 기밀이 발견되었다. 이 사건은 처음에는 코크가 조사를 하다가, 베이컨에게 넘겨졌다. 베이컨은 외교문제와 살인사건을 분리해 냉정히 조사에 임하였다. 모든 증거는 백작에게 불리했지만, 사문위원회는 국왕의 자비로 구명을 이끌어 내기 위해 자백을 유도하였다. 그러나 백작은 심문에 강하게 반문하며 무죄를 주장하였다. 1616년 5월, 결국 서머싯 부부는 전원 일치로 무죄를 선고받고, 5년 동안 감금되었다.

코크의 실각

베이컨과 코크 사이 대립에 있어 중요한 것은 재판과 법관에 대한 사고방식 차이였다. 베이컨은 모든 것은 인민을 위한다는 전제 아래 행해지는, 국왕의 독재적 군주정치를 이상적으로 여겼다. 그러므로 국왕의 대권을 유지하는 것이 필요했다. 그러자면 다양한 법적 분쟁에서, 법관은 국왕과 하원 사이를 중재하는 단순한 심판관이 아니라, 국왕에게 봉사하는 옹호자가 돼야했다. 《에세이》에서 사법권에 대해 그는 이렇게 말한다.

"법관은 왕좌 아래 있는 사자가 되어야 한다."

코크도 엘리자베스와 제임스 1세 시기에 법무장관으로 봉직할 때는 국왕의 앞잡이로 일했었다. 그러나 민사소송 법원 재판관이 된 이래로는 보통법을 근거로 해, 법관은 국왕과 임민 사이를 중재하는 데 힘을 다해야 한다는 입장을 취하였다. 세인트 존 재판에서 국왕은 덕세를 강제할 수 없다며 유죄에 반대한 것이 그 예다. 그리고 피첨 사건 경우도 그러했다. 당시 제임스 1세는 피첨을 명예회손 죄로 다스릴 것인가, 대역죄로 다스릴 것인가 하는 것에 대해 코크 외에 세 명의 재판관에게 각각 자문을 구하였다. 당시 법률문제에 대해 자문을 묻는 것은 불법이 아니었다. 그러나 코크는 재판관에게 따로따로 묻는 것은 관례에 어긋난다 했다. 그리고 중상과 비방하는 말은 대역죄가 될 수 없다 주장했다. 서머싯 백작 경우도 공적을 소취하지 않고 국왕에게 미리 보고하는 것은 헌법에 위배 된다 말했다. 베이컨과 코크 사이 대립은 결국 국왕과 코크의 대립이 되어 1616년 6월 왕좌 법원 장관 자리와 추밀 고문관 자리에서 해임되었다. 베이컨은 국왕과 코크 사이를 융화시키려 했지만 결국 실패로 돌아갔다.

대영전과 저작

1614년 후반이 되자, 제임스 1의 총애는 서머싯으로부터 레스터시아 나이트 아들 조지 빌리스에게 옮겨가기 시작했다. 빌리에스는 1617년에 버킹엄 백작, 18년에는 후작, 23년에는 공작을 수여받아 궁정에서 권세를 휘둘렀다. 그리고 국왕을 접견하기 위해서는 공과 사를 막론하고 버킹엄을 통해야 했다. 그는 스스로 지도자·외교가·정치가임을 자임하고 있었다. 베이컨은 버킹엄과 친교를 도모하였다. 그러나 낙천적이고 남에게 너무 많은 것을 기대하는 성격은 둘 사이에 약점으로 작용했다. 버킹엄과 친교에 의해 관직 승진을 이루기는 했으나 몸은 점점 파괴되어 갔다.

1616년 6월, 베이컨은 추밀고문관에 임명되었다. 그리고 이듬해인 17년 3월 엘즈베어가 사임하자, 베이컨은 국왕과 버킹엄에게 간청해 국새상 자리에 오르게 된다. 생전 아버지 자리에 오른 것이다. 5월 7일, 베이컨을 태운 마차행렬은 법정을 열기 위해 그레이스인 법학원을 출발해 의기양양하게 웨스트민스터 궁전으로 향했다. 그러나 이것을 지켜보던 한 동료가 "그는 다시 여기에 돌아와 우리와 함께 살게 될 것이다"라는 예언 비슷한 말을 중얼

거렸다고 한다.

1618년 7월, 베이컨은 대법관으로 임명되어 베룰럼 남작으로 창설이 허락되었다. 이때 베이컨 나이 57세였다. 그리고 1621년에는 세인트 올번스 자작을 창설하게 된다. 제임스 1세를 섬긴 이후 베이컨의 승진은 참으로 눈부셨다. 그러나 그 길이 벼랑으로 떨어지는 길이었다는 것은 신만이 알고 있었을 것이다.

1609년부터 향후 20년은, 베이컨이 가장 공무에 시달리는 시기였다. 그러나 틈을 아끼며 《대혁신》 계획 재검토와 완성을 서둘렀다. 1612년에 저술한 《지식과 지구의 구분》과 《천체 이론》은 갈릴레이의 천문학상 발견에 자극받은 결과물이었다. 《조수 간만에 대해》도 이 무렵 쓴 것으로 추정된다. 《자연 해명에 대한 12장》과 《금언과 권고》는 1608년부터 20년 사이에 쓴 것들로, 모두 《새 기관》 초안이다. 그리고 드디어 1620년, 《새 기관》을 포함한 《대혁신》이 《자연사와 실험사에 대한 안식일의 전날》과 함께 완성된다.

큰 별이 지다

새 국회 소집

1621년 1월 22일, 베이컨은 자신이 태어난 집 요크 하우스에서 많은 친구와 하객의 축복 속에 영국 대법관 남작으로 찬란한 60세 탄생일을 맞이한다. 그 5일 뒤에는 세인트 올번스 자작으로 서임되었다. 그리고 사흘 뒤, 7년 가까이 소집되지 않았던 국회가 열린다. 제임스 1세는 상납금에 대한 불평과 국왕 대권과 관련된 문제로 국회를 매우 부정적으로 바라보고 있었다. 그런데 엘리자베스에게 완패한 에스파냐가 세력을 회복해 같은 가톨릭 국가인 프랑스·오스트리아와 손을 잡고 1620년 9월 라인강 기슭 팔라티네이트를 침략하는 일이 발생한다. 팔라티네이트 선거 후 프레데릭에게 제임스 1세 왕녀가 출가했기 때문에, 국왕은 전비를 모으고 원군을 보내기 위해 국회 소집을 결심한다. 예전부터 국왕과 국회가 융화하는 것을 원했던 베이컨은 지위와 영향력을 행사해 국왕이 국회 소집을 단행하도록 했다. 그리고 국회 구성과 국회 연설에 대해 국왕에게 조언하고, 준비에 소홀함이 없이 만전을 기하였다. 코크도 베이컨과 함께 하원에서 논의가 예상되는 문제들에 대해 미리 검토하였다. 그중 가장 큰 문제는 전매 특허권이었다. 베이컨은 이 문제에 대해 버킹엄 후작을 통해 국왕에게 조언을 아끼지 않았다. 국왕과 하원 사이에 장애가 있어도 잘 해결되리라 베이컨은 믿었다. 1월 30일 국회가 소집되었다. 그러나 이 국회 소집에 가장 힘 쓴 사람이 얼마 후 파멸에 이르리라는 것을 예상하는 사람은 아무도 없었다.

하원은 첫째로 총신 버킹엄, 둘째로 전매 특허권, 셋째로 에스파냐에게 소극적인 외교정책을 펼치는 제임스에게 불만을 가지고 있었다. 국왕은 군사력 행사를 위한 전비 원조를 요구하고, 하원은 군사비 평정으로 들어갔다. 그 사이 하원 고충 위원회는 전매 특허권으로 눈을 돌렸다.

전매권 문제

전매권은 새 공업 장려책으로 추진된 것인데, 특허료는 왕실 재정 수입도 되기 때문에 다소 난발 경향이 있었다. 전매권을 장악한 왕실 측근 귀족이나 소수자가 남용하면 물가가 오르고 산업 활동을 침체시키기 때문에 민중 고충에 원인이 되기도 했다. 엘리자베스 여왕은 민중이 가진 불만을 알고 특허를 억제했기 때문에, 제임스 1세 초기에는 전매권 종류가 열 가지도 안 되었다. 그러나 이 무렵에는 그 수가 훨씬 많아졌다. 1601년 국회에서 베이컨은 발명 촉진과 공로 인정, 공급과잉 억제, 산업 개선 자극 등의 이유를 들어, 전매권을 옹호하는 연설을 하였다. 베이컨은 전매권 특허를 맡는 국새상이 된 뒤에도 많은 전매권을 인정해 주었는데, 그중 몇 가지는 평판이 안 좋았다. 맥주 일종의 술을 파는 에일 주점과 숙박업 독점이 그것으로, 그 특허는 버킹엄 처남인 모페슨에게 있었다.

1611년 부여된 금은사(金銀絲) 제조 전매 특허권은 그 합법성을 둘러싸고 오랜 논쟁이 계속된, 가장 분규가 심한 문제였다. 이 특허권은 1616년에 버킹엄 동생인 에드워드 빌리에이스까지 끼어들어, 새로 인정을 받았다. 그 세공에 오래 종사한 기술자들은 이 공법이 영국에서는 새로운 기술이 아니라며, 합법성을 놓고 투쟁을 벌였다. 1618년과 19년에 베이컨은 금은사 제조 전매특허에 대한 합법성을 선포하였다. 머페슨과 미첼이 앞잡이를 내세워 특허권을 조작해, 허가받지 못한 기술자의 상점은 문을 닫고 실을 판 상인은 체포되었다. 베이컨은 "독점은 모든 거래 중 해악으로, 공공선(公共善) 아래에서는 허락될 수 없다"라는 말을 하기도 했으나, 이 특허권이 지닌 합법성을 확신하였다. 금·은은 단순한 상품이 아닌 부를 상징하는 순수한 형태로 그 사용은 국가 감독을 필요로 한다는 것이 전매권 합법성을 주장한 이유였다. 그러나 현실의 강한 불만에 직면하자 국회 개회를 준비하고, 1620년 11월, 버킹검 형제에게 특허권 포기를 권고하였다. 하지만 버킹엄 형제는 개인 명예와 관련된 것이라며 이를 받아들이지 않았다.

하원 전매권 규탄에 가장 앞장 선 이는 코크였다. 규탄의 화살은 전매권 행사자로부터 전매권 재정자에게로 돌아갔다. 1621년 3월, 하원은 조사 요구를 상원에게 청했다. 이것은 국왕이 가진 대권에 대한 제동을 의미했다. 여기에 이르자 베이컨은 추세 심각성을 깨닫고 "폐하의 대법관을 공격하려는 자는 왕관을 공격하는 것입니다. 매우 두려운 일이 벌어질 것입니다"라며 제임스에게 도움을 요청하였다.

대법관의 고발

3월 14일, 대법관 베이컨의 소송 의뢰인이던 오블리라는 사나이로부터 대법관원 오용(誤用) 조사위원회에 신청이 들어왔다. 대법관이 소송 진행 중에 돈을 받고 유리한 판결을 도운 일이 있다는 것이다. 이어서 에거튼이라는 자도 비슷한 진정을 하였다. 이때 베이컨은 상원 자리에 있었는데, 미처 이 고발이 가져올 중대한 결과를 자각하고 있지 못한 듯 했다. 버킹엄에게 보낸 편지를 통해 그것을 짐작할 수 있다.

"나는 자신이 결백한 손과 마음을 가지고 있다는 것을 알고 있습니다. 또 친구와 하인을 위해서도 우리 집이 결백하기를 바라고 있습니다. 고발은 한낱 장난입니다. 어떻게든 국왕과 각하께서 이런 고통에 결말을 내주시기 바랍니다."

3월 19일, 하원은 고충과 문책을 상원에 전하고 협의를 요청하였다. 베이컨은 각료이자 상원의원이었기 때문이다. 그 사이에 휘튼 부인으로부터 세 번째 고충이 신청되고 청원은 연달아 일어났다. 이 무렵에 베이컨은 병석에 눕게 되어 상원에 등독도 할 수 없게 되었다. 그는 버킹엄에게 부탁해 상원으로 편지를 보냈다. 등원하지 못하는 것을 사과하고, 문책에 대해 법적 절차에 따라 해명기회가 주어지길 바란다고 말했다. 그리고 1년에 2,000건이나 판결을 내려야 하는 재판관에게 고충이 늘더라도 놀라지 말라는 말도 덧붙였다. 이 편지는 다음날 하원에서 두 번이나 읽혀졌다. 3월 3일, 하원에서 대법관에 대한 고충보고가 상원으로 이송되어 조사위원회에 회부되었다. 베이컨은 상원에서 심문을 받게 될 것이라는 소식에 기뻐하였다. 풍파를 잠재울 수 있다고 믿었기 때문이다. 그는 3월 25일 제임스에게 보낸 편지에 이렇게 쓰고 있다.

"제 자신을 아무리 되돌아보아도, 지금 저에게 닥쳐올 풍파의 근원을 알지 못합니다. 저는 결코 국민의 탐욕스런 압박자가 아니었습니다. 부친으로부터 남을 미워하지 말라는 가르침을 받았고, 스스로 애국자라 생각합니다. 뇌물이나 선물에 받으며 공정성을 해칠 부패한 마음을 근본적으로 가지지 않았습니다."

3월 25일, 제임스는 하원이 가장 악평하는 숙박업·에일 주점·금은사 제조업, 세 분야 전매 특허권 취소를 약속해 재정자를 구하려 했으나 시기는 이미 늦었다. 버킹엄은 국회를 해산시켜 신변 안전을 보전하려고 국왕에게 간언했지만 그것은 불가능했다. 버킹엄이 하라는 대로 시행한 것이 큰 실패 원인이었고, 국회 해산은 공격의 화살이 스튜어트왕조로 직접 향하게 하는 계기가 될 수도 있었기 때문이다. 3월 27일, 국회는 정회되었으나 양원 위원회는 계속되고, 4월 17일에 재개하기로 하였다.

유죄 고백

베이컨은 스스로 병세가 심각하다 여기고, 4월 10일에 유서를 썼다.

"나의 영혼은 주님 성찬식에 의해 하느님이신 신에게, 이 몸은 남몰래 묻히더라도 내 이름은 다음 시대 사람들에게 남을 것이다."

하지만 고란벨리에서의 휴양으로 건강이 점차 좋아져, 자신을 궁지로 몰아넣었던 사건을 재검토해 재판관이 존재하는 방식에 대해 노트를 작성하기도 했다. 베이컨은 그 무렵까지도 자신에 대한 문책 내용을 충분히 알지 못하고 있었다. 그는 스스로 결백을 믿고 고발에 대한 해명을 결심하고 있었다. 그리고 얼마 후 국회가 다시 열리기 전날, 비공식적으로 베이컨과 국왕의 회견이 이루어졌다. 이 회견을 통해 베이컨은 문책에 대한 해명을 단념하고, 죄를 받아들이기로 결심한다. 제임스는 공식 재판이 열릴 경우 왕실 내부 부패가 폭로될 것이 두려워, 베이컨에게 죄를 인정해 달라 간원한 것이다. 자신을 변호해 줄 것이라 믿었던 국왕에게 죄를 뒤집어써 달라는 명을 받고 회견은 끝났다. 그는 회견 후 고별의 말을 남겼다.

"저는 첫 번째 희생양입니다. 제가 최초이자 최후가 되길 바랍니다."

4월 19일, 대법관 수뢰(收賂)사건에 관한 조사결과가 발표되었다. 베이컨은 비공식적으로 그 사본을 입수하였다. 그것을 보니 28항목에 걸친 고발이 너무 방대하고 국회 의도도 명백히 드러나 있었다. 누군가가 합법적으로 변호하는 일은 불가능했다. 상원 조사위원회 규정에 변호에 대한 부분은 없었고, 또 수리한 증거 검토는 하지 않기로 하고 오로지 대법관에게 주어진 뇌물만 조사하도록 돼 있었다. 이것은 엄연히 대법관을 불공정하게 함정에 빠뜨릴 목적으로 만들어진 규정이었다. 그는 상원에 보낸 편지에, 재판관은 1년에 2,000건의 판결과 명령서를 쓴다 말했다. 보조인이 있다 해도 미리 처리한 막대한 사건을 다시 더듬어 사건을 설명하고 반증하는 것은 불가능했다. 그러므로 변호를 포기하고, 구명을 청원해 불명예만은 벗어나려고 마음먹었다.

4월 21일, 국왕에게, 다음날은 상원으로 최후 호소와 탄원을 담은 편지를 썼다.

"나는 다음과 같이 숨김없이 고백하고 인정합니다. 공식 국회를 기다릴 것도 없이, 내 양심과 기억에 비추어 세부 문책을 인정하고 그에 대한 변명을 포기합니다. 그 세부 내용들은 상원 경들께서 나를 비판하고 문책하기에 부족함이 없습니다. 하지만 상원들께서는 이는 개인의 죄임과 동시에 시대적인 죄라는 것을 잊지 않으시기 바랍니다."

상원은 여기에 만족하지 않고, 문책에 대한 가부 응답을 요구하며, 이 기회에 위대한 적을 매장시키려 했다.

4월 24일, 상원으로부터 고발과 증거 사본이 공식적으로 전달되어 왔다. 4월 30일에는 베이컨이 대법관으로서 마지막으로 공적 서명을 한 고백서가 상원에 송달되었다. 28개 항에 걸친 문책에 대해 부정과 태만이 있었음을 시인하고, 11,630파운드에 해당하는 수뢰를 인정하였다.

"내 양심에 근거해, 나는 명백히 수뢰죄를 저질렀음을 고백합니다. 모든 변명을 포기하고 인자하신 자비에 맡길 따름입니다."

상원은 논의를 거친 다음, 5월 3일에 판결을 내렸다.

(1) 벌금 4,000파운드
(2) 국왕 허락이 있을 때까지 런던탑에 감금
(3) 향후 국가 공직·직무에 취임 금지
(4) 국회에 의석을 갖는 것과, 궁정 역내 출입을 금지

모두가 베이컨을 가혹하게 대한 것은 아니었다. 뱅골 주교는 감금을 면하도록 노력했고, 찰스 황태자도 베이컨 명예를 위해 판결을 완화시키려 힘썼다. 베이컨의 병세와 그에 대한 동정으로 인해 런던탑 송치는 5월 말까지 연기되었다. 그리고 후에 실제 감금은 며칠로 끝나고, 6월 4일, 국왕명령에 의해 해제되었다.

"시대의 죄이기도 합니다."

국회가 재개되기 전, 베이컨이 제임스와 회견해 전하려고 적어놓은 노트에는 다음과 같은 글이 적혀 있었다.

"재판관이 수뢰와 같은 죄를 저질러 문책을 받아야 되는 경우는 세 가지입니다. 첫째는 사건 소송 중 공정성을 왜곡시키기 위해 보상을 약속한 경우, 둘째는 재판관이 당사자 요구에 의해 소송이 끝났다고 판단해 당연히 해야 할 일을 게을리 하는 경우, 셋째는 소송이 완전히 끝났을 때 사전에 약속하지 않은 어떤 사례를 받는 경우입니다. 첫째 경우 제 모든 양심을 걸고 단연 무죄입니다. 둘째 경우는 어떤 사건에서 제가 그러한 결점이 있었을지 모름을 인정합니다. 마지막 경우는 큰 죄가 되지 않는다고 생각하지만, 혹 아니라면 저를 지도해주시기 바랍니다."

베이컨이 재판 전에 어떤 선물을 받고 법을 왜곡하지 않았던 것은 확실하다. 수뢰 고발은 있었으나, 베이컨이 내린 판결에 대해 불법 문책은 없었고 판결이 뒤집힌 적도 없었다. 그러나 사용인을 통해 관례적으로 어떤 보상을 받기 전에 소송 완료를 확인하는 데 게을렀던 일은 몇 번 있었다. 뇌물을 줄 의사를 가진 사람도 그 자세한 의사를 밝히면서 주는 일은 없었기 때문에, 이점을 확실히 하지 않은 것이 부정한 금품을 받은 결과가 되었다. 이 실수

는 방대한 판결로 인한 과로에서 생긴 경솔과 부주의 때문일 것이다.

베이컨은 《에세이》에 들어 있는 〈운명〉이라는 논설에서 이렇게 말하였다.

"사람 운명은 어느 날 갑자기 찾아오는 것이 아니라, 그 사람 자신이 만들어가는 것이다."

그에게는 심각한 결함이 몇 가지 있었다. 그는 화려한 것을 좋아하고, 많은 사용인을 거느리며, 그것을 유지할 비용 때문에 늘 빚이 많았다. 그래서 금전이나 선물을 받는 데 신중하고 계획적이지 못했다. 또 사용인을 철저히 감독하지 못하고 쉽게 신뢰하면서, 지나치게 그들에게 의지하며 비위를 맞추고는 했다. 재판에 관해 의미 있는 듯한 선물을 받은 것은 명백히 베이컨 실수였다. 그러나 이것은 베이컨만이 아니라 당시 모든 공직자가 저지른 관례적인 죄였다. 당시 대법관은 국가에서 봉급을 받는 공적 봉사자가 아니었다. 왕실 고문관으로부터 명목뿐인 액수가 지불되는 데 불과했다. 국왕·주교·재판관을 포함한 모든 공직자는 일정 수수료만을 수입원으로 하고 있었다. 그것은 많은 권력 남용을 부르는 위험한 관습이었다. 제임스 1세가 어느 날 베네치아 대사를 접견하였을 때 이와 관련해 이런 말을 했다고 한다.

"만약 내가 당신네 나라 법을 모방해 수뢰를 금지한다면, 내 아래에는 신하가 한 사람도 남지 않을 것이오."

재판관에게 들어오는 정상적인 수입은 소송이 종결되었을 때, 당사자가 재판관에게 지불하는 수수료뿐이었다. 그러므로 혹 소송 중에 수수료를 받는다면 그것은 뇌물로 여겨졌다. 부주의라 해도 그 죄가 있음을 베이컨도 인정하였다. 그러나 그로 인해 법을 왜곡시킨 일은 없었다. 그는 런던탑에서 버킹엄에게 보낸 편지 말미에 이렇게 적고 있다.

"부친인 니콜라스 베이컨 이래, 다섯 명의 대법관이 교대했지만, 나는 그 중에서도 가장 공정한 재판관이었음을 자부합니다."

베이컨이 저지른 죄는 그가 주장한 것처럼 '개인의 죄임과 동시에 시대의 죄'인 측면이 강했다. 그는 당시 보수적인 관례를 합리적이라 생각하지 않았다. 그러므로 "나에 대한 선고는 그야말로 개혁을 위해 적합한 사건입니다"라고 덧붙여 썼다.

베이컨의 성격과 행동에 대해서는 사람에 따라 완전히 상반된 평가가 이루어졌다. 러셀은 그에 대해 이렇게 평가했다.

"그는 토머스 모어처럼 단연 도덕적으로 완벽한 인간은 아니었으나, 특별히 부도덕하지도 않았다. 도덕적으로 평균적인 인간이었으며, 그 시대 대다수 사람들보다 좋지도 나쁘지도 않았다."

말년을 맞이한 베이컨

1621년 6월 4일, 런던탑에서 석방되던 날 베이컨은 국왕에게 석방에 대한 감사와 함께, 국가에 봉사할 수 있도록 해 달라고 간원하였다. 그러나 다시 공직에 복귀하지는 못했다. 1622년 이튼학교 학료장 자리가 공석이 되었을 때도, 의욕을 보였으나 실현되지는 못했다. 베이컨은 석방 후 7월까지 요크 하우스에 머물기를 간청했으나 허락되지 않아, 고란벨리로 은퇴하고, 이듬 해에는 그레이스인 법학원의 낡은 방으로 돌아가게 되었다. 그 후 국왕과 버킹엄, 그리고 상원에게 거듭 간원한 결과 런던에서의 거주가 허락된 것이다.

1625년 제임스 1세가 세상을 떠나고 찰스 1세가 뒤를 잇자, 첫 국회에 베이컨도 소집되었다. 그러나 베이컨은 "나는 이제 이런 허영이 어울리지 않는다"하며 소집을 거절하였다.

베이컨이 가진 뛰어난 창조력은 인생 최후 5년간, 그 결실이 모두 이루어졌다. 석방되고 4개월 만에 완성한 《헨리 7세 통치사》는 1622년 봄에 출판되었고, 이듬해에는 《헨리 8세 통치사》를 쓰기 시작했는데 완성하진 못했다. 1622년 11월, 《철학 기초를 위한 자연사 및 실험사, 또는 우주의 현상》을 탈고했다. 1623년에는 젊은 하버드 원조로 《학문의 진보》증보(增補) 라틴어 번역판인 《학문의 위엄과 증대》를 출판하였다. 1624년에는 저작 계획 제3부분에 해당하는 《자료의 숲》을 썼다. 1625년, 《에세이》마지막 판이 완성되었고, 세상을 떠난 26년에는 《자료의 숲》일부분을 추가하는 작업에 몰두하였다.

1626년 3월 말, 베이컨은 의사인 위저본과 동승하여 하이게이트로 향하고 있었다. 대지는 하얀 눈으로 뒤덮여 있었다. 당시 열과 한랭 문제에 관심을 가지고 있던 그는, 한랭이 부패를 막을 수 있는가 하는 의문이 갑자기 들었다. 베이컨은 곧바로 마차에서 내렸다. 그리고 가까이 있는 집에서 암탉을 사 내장을 제거하고 그 대신 눈을 모아 집어넣었다. 늦겨울 찬바람 때문이었을까, 베이컨은 갑자기 오한이 들어 자리에 쓰러졌다. 그리고 법학원으로 돌아오지 못하고, 가까운 아른델 백작 집에 몸을 의탁하게 되었다. 며칠 후 집을 비운 주인에게 감사 편지를 쓸 수 있을 만큼 호전을 보이기도 했으나, 결국 1626년 4월 9일, 조카 케저 품에 안겨 숨을 거두었다. 시신은 생전 요구에 따라, 세인트 올번스 성 마이켈 사원에 있는 어머니 묘 옆에 매장되었다.

Ⅲ 베이컨의 저작과 사상

학문 개혁을 목표로

새로운 학문 설계

베이컨은 주저 중 하나인 《신기관》에서 자신에 대해 이렇게 말하였다.

"나는 우리 시대 사람들 중에서 가장 나라일로 바빴고, 강건하지 못해 많은 시간을 허비하였다."

경력에서 알 수 있듯이 그는 너무나 공무에 바쁜 사람이어서, 저작을 위한 완전한 여가를 가질 수 없었다. 그래도 겨를을 아끼며 30여 편이나 철학적 저서를 남겼다. 그에게 관직상 절정 시기는 저작의 절정기이기도 했다.

베이컨은 자신이 꿈꾼 학문적 계획을 실현시키기 위한 시간이 모자랐다. 그리고 같은 주제를 되풀이 한 저작도 많았다. 결국 그가 품은 이념은 부분적으로밖에 발전시키지 못했다. 전체를 체계적으로 완성시킨 저작은 바랄 수가 없어, 몇몇 예외 말고는 대부분이 미완성으로 마무리 되었다. 이는 시간적 여유가 부족했기 때문이기도 하고, 그가 계획한 학문의 성질 때문이기도 했다. 왜냐하면 베이컨이 목표로 한 계획은 개인 힘으로 완성될 성질의 것이 아니고, 많은 연구자들이 여러 세대에 걸쳐 협력해야 실현될 수 있는 것이었기 때문이다. 그가 남긴 연구는 새로운 시대 학문이라는 건축물이 재건되도록 하기 위한 설계도를 그린 것이었다.

학문적 야심

베이컨은 소년기에 케임브리지 대학에서 공부할 때, 아리스토텔레스 철학 방침이 지닌 비생산성에 혐오감을 느꼈다. 그 이후, 학문적 혁신은 그에게 평생에 걸친 과제로 자리 잡았다. 그 개혁을 위한 계획은 1592년, 그가 31세 때 이모부 세실 경에게 보낸 편지에 처음으로 드러난다. 이 편지에서 그는 첫째로 고대 그리스 철학, 둘째로 연금술사·마술사·기계적 실험가를 두 종류의 해적이라 부르고 이런 해적을 일소하는 것을 학문상 포부로 삼는다. 같은 해에 쓴《지식의 상찬》이라는 책에도 그러한 의지가 드러난다. 여기에서 그는 그리스 철학을 '큰 소리로 외치는 광인'에, 연금술사를 '속삭이는 광인'에 비유하며 비난하고 있다. 그리고 다음과 같은 글로 끝을 맺는다.

"그러므로 의심할 것도 없이 인류 지배권은 지식 속에 파묻혀 있다. 거기에 많은 것이 보존되어 있다. 그것은 국왕이 재보를 가지고도 살 수 없고, 권력을 가지고도 명령할 수 없다. 현재 우리는 의견에 있어서는 자연을 지배하고 있지만, 필요에 당하면 자연의 노예가 된다. 만일 우리가 발명에서 자연에 이끌린다면, 행동에서는 자연을 제어할 것이다."

베이컨이 개혁을 꾀한 것은 모든 학문 분야였지만, 특히 자연철학 개혁에 관심이 많았다. 자연철학과 그 연구방법에 개혁을 가해서, 유익한 발명과 발견을 이끌어내, 인류 복지를 비약적으로 향상시키려 한 것이다.

베이컨은《신기관》제1권 끝부분에서 인간이 가진 야심 세 종류에 대해 설명하고 있다.

"인류가 가진 야심 세 종류와 그 등급을 구별하는 것도 빗나간 것은 아니다. 그 첫째는 조국 내에서 자신 세력을 확장하고자 하는 야심이다. 그와 같은 야심은 비속하고 질이 낮은 것이다. 둘째는 조국의 권력과 지배권을 전 인류로 확장하고자 하는 야심이다. 이는 품위 면에서는 낮지만, 탐욕이라는 점에서 다르지 않다. 그러나 마지막으로 혹시 인류 천체의 권력과 지배권을 우주 전체를 위해서 세우고 확장하려 노력하는 이가 있다면, 그 야심은 다른 무엇보다 고귀한 것임에 틀림없다."

베이컨이 가진 야심은 바로 세 번째, 학문 개혁을 통해 우주에서 인류의 지배권을 확립하고 확대하려는 고귀한 야심이었다.

철학적 저작 일람

베이컨의 저작은 문학적·철학적·법률적 영역에 걸친 광범위한 것이었으나, 그중에서 철학적인 저술만 살펴보면 다음과 같다.

《대혁신》이전 저작

1. 시대적 최대의 탄생(1585년 무렵, 현존하지 않는다)

2. 지식의 상찬(1592)

3. 그레이스인 법학원의 제스처(1594)

4. 자연의 해명 서설(1603)

5. 와레리우스·테르미누스·헤르메스·스텔라 주석에 의한 자연 해명에 대하여(1603)

6. 시대의 강인한 탄생, 또는 자연 해명 3권(1603)

7. 물체 성질에 관한 고찰(1604)

8. 인간 지식에 관한 고찰(1604)

9. 학문의 진보(1605)

10. 혁신의 제2부 개략과 논의(1607)

11. 미궁의 실, 또는 탐구의 규칙(1607년 무렵)

12. 사색과 결론(1607년 무렵)

13. 지성의 계단(1607년 이후)

14. 선구자(1607년 이후)

15. 여러 철학에 대한 논박(1608)

16. 미궁의 실, 또는 운동의 법칙(1608년 이후)

17. 수확의 바구니, 또는 열기와 한랭 법칙 연구(1608년 이후)

18. 음향과 청취의 숲(1608년 이후)

19. 고대인의 지혜(1609)

20. 지식의 지구의(地球儀) 구분(1612)

21. 천체 이론(1612)

22. 조수 간만에 대하여(1616년 이전)

23. 자연 해명에 대한 12장(1608년부터 1620년 사이)

24. 금언과 권고(상동)

25. 대혁신(1620)

26. 신기관(1620)

27. 자연사와 실험사에 대한 안식일의 전날(1620)

《대혁신》 이후 저작

실행하지 못한 저작 계획

1620년에 출간된 《대혁신》 서문에 의하면, 그가 계획한 대혁신은 여섯 부문으로 되어 있다. 그것은 (1)학문의 분류, (2)신기관, 또는 자연의 해명 지도, (3)우주의 모든 현상, 또는 철학 기초로서의 자연사와 실험사. (4)지성의 계단, (5)선구자, 또는 새로운 철학의 예시, (6)새 철학, 또는 행동적 학문, 이렇게 여섯 부문이다.

첫째, 〈학문의 분류〉는 '인류가 현재 소유하고 있는 학문의 핵심, 또는 일반적 기술에 대해 말하고 있다. 이 부분에 속하는 저작은 1605년에 출간된 《학문의 진보》와 이 책의 라틴어 번역본인 《학문의 위엄과 증대》이다. 둘째 부문은 자연을 연구해 정복하기 위한 이성의 올바른 사용과, 거기에 대한 원조에 대해 설명하고 있다. 그리고 그는 새로운 논리학을 제시한다. 여기에 속하는 저작은 《신기관》이다. 《대혁신》 2부 내용 대부분은 《신기관》이 차지하고 있다. 그리고 저작 4, 5, 6, 10, 12, 23, 24도 이 부분과 연관된 것이다. 셋째 부문은 새로운 논리학을 인간의 지식에 적용해보려는 시도로 이루어져 있다. 그 재료로는 모든 종류의 경험과 자현 현상이 포함된다. 이 작업에 속하는 저작은 16, 17, 18, 27, 28, 30, 31, 32, 33 등이다. 넷째 부문에서는 셋째부문에 모여진 재료들이 현실적으로 어떻게 적용되는가 하는 실례를 보여준다. 훗날 사람들이 연구를 한결 더 쉽게 하기 위한 손잡이를 제공했다고 할 수 있으며, 저작 13이 여기에 속한다. 다섯째 부문은 올바른 자연연구가 이루어지기 전까지 거쳐야 할 과정에 대해 말하고 있다. 이것은 장차 새로운 방법에 의한 발견의 성구가 되고 예시도 된다. 저작 14, 21, 22가 이 부분에 해당된다. 여섯째 부문은 베이컨이 제안한 탐구 방법에 의해 이끌어내고 완성시킨 철학에 대해 말한다. 이 부문에 대해 베이컨은 이렇게 말한다.

"이 마지막 부문을 완성해 결말짓는 것은, 내 힘이 미치지 못하는 일임과 동시에 내 희망을 초월한 일이다. 나는 다만 실마리를 제시했을 뿐이며, 인류 운명이 거기에 결실을 가져다 줄 것이다."

이런 까닭에 이 부문에 속하는 저작은 모두 미완으로 남아있다.

이상이 《대혁신》에서 그가 제시한 여섯 가지 계획에 대한 간략한 내용이다. 그 계획은 대부분 실행되지 못했고, 실행된 일부분도 거의 미완성이다.

학문 옹호와 분류-《학문의 진보》
'모든 지식을 법위 안에'

1603년 엘리자베스여왕이 서거하고, 스코틀랜드에서 제임스 1세를 맞을 무렵, 베이컨은 불안을 느꼈다. 새 국왕이 죽은 에섹스 백작과 친구였다는 사실 때문이다. 그로 인해 공직에 대한 미련을 버리고 문필생활에 전념하려는 생각을 가져보기도 했다. 그러나 그와 동시에 베이컨은 새 국왕을 통해 새로운 희망을 꿈꾸기도 했다. 제임스 1세는 학문을 좋아하는 사람으로 스스로 저작활동도 한 경험이 있기 때문에, 왕과 학문적 교감을 나눌 수 있다면, 왕의 원조를 통해 자신이 꿈꾸는 대계획을 실현시킬 수도 있다 생각했다. 이 무렵 베이컨은 6년 전 출간된 《에세이》 이후 저작활동을 하고 있지 않았다. 그래서 오래전부터 품고 있던 학문상 웅대한 기획을 서둘러 정리하기로 마음먹는다. 《학문의 진보》가 바로 그것이다. 그 첫 권은 비교적 여유가 있었던 1603년 여름까지 정리를 마쳤다. 그리고 1604년은 공무로 바빴으나, 그해 말부터 다음해 가을까지 휴가를 얻어 제2권을 서둘러 정리한다. 제2권은 본론에 해당되는데, 다소 불안정한 형태로 출간되었다. 하지만 이 저작은, 1592년 이모부 세실에게 보낸 편지에서 베이컨이 한 말이 단순한 호언이 아니었음을 충분히 증명해주었다.

"제 모든 지식을 자신의 영역으로 삼았습니다."

그리고 자유사상가요, 엔사이클로피디그트인 베이컨의 면모를 잘 나타냈다. 러셀은 《학문의 진보》 제2권은 베이컨의 가장 중요한 저작으로, 많은 점에서 대단히 현대적이라고 평가하였다.

영어판 라틴어판

《학문의 진보》는 영어로 썼다. 오늘날 영국인이 영어로 책을 쓰는 것은 당연한 일이지만, 베이컨이 살던 시대에는 라틴어로 쓰는 것이 상례였다. 그러므로 《학문의 진보》를 영어로 썼다는 것은 그 당시 획기적인 사건이었다. 솔레이는 이 일에 대해 영어가 처음으로 철학적 저작의 전달수단이 되었다고 평가했다. 베이컨은 특별히 일반인들을 위해 일상어로 책을 저술한 것은 아니었으나, 결과적으로 대중에게 고급 학문을 보급시키는 데 유익한 역할을 하게 됐다.

베이컨이 애초부터 저작계획 첫째 부문을 염두하고 《학문의 진보》를 쓴 것은 아니다. 그는 출판한 지 18년이 지나서야 이것을 다듬어 라틴어로 번역하여, 저작계획 첫째 부문에 삽입한 것이다. 그것이 《학문의 위엄과 증대》이다. 라틴어로 번역한 이유는, 당시 모든 학술지는 라틴어로 출판되어야 한다는 관행 때문이었다. 이 관행이 상당기간 계속될 것이라 판단한 그는, 자신의 저작이 오래 보존되길 바라는 마음에 라틴어를 택했다.

《학문의 위엄과 증대》에는 《학문의 진보》 첫 권이 거의 그대로 번역되어 옮겨져 있다. 삭제된 부분도 일부 있기는 하다. 그 대부분은 로마교회에 대한 공격을 포함한 것이었다. 《학문의 진보》 제2권은, 《학문의 위엄과 증대》 제2권에서 제9권까지 내용을 전체적으로 확장해 상세히 설명하고 있다. 그러나 역시 1권처럼 감축·삭제된 부분이 있다. 다음 절에서는 두 저작에 근거해 베이컨이 가진 저작 계획 첫째 부문을 설명하겠다.

세 가지 병

《학문의 진보》 제1권은 '학문과 지식이 지닌 위대성 및 그것을 증진해 보급하는 공로와, 그로 인해 얻게 되는 진정한 영예의 탁월성'에 대해 논하고 있다. 서두에서는 신학자와 정치가가 학문에게 퍼부은 비난과 중상에 대해 되돌아보고, 그 원인을 학자 자신에게서 찾아 검토해본다. 그 다음 그것에 대해 다시 반박한 다음 학문이 지닌 가치를 적극적으로 주장한다. 여기서는 학자 자신에게 원인이 있었던 비난에 대해 다루어보도록 하겠다. 베이컨은 그 원인이 학자의 가난한 생활, 학자의 습성, 학자의 연구에서 오는 것이라 말했다. 그리고 이들을 '학문의 병'이라 표현하고 세 가지로 나누었다. 첫째는 공상적인 학문이요, 둘째는 논쟁적인 학문이며, 마지막은 현학적인 학문이다.

베이컨은 그것을 허무한 상상과 허무한 논쟁과 허무한 겉치레라 평했다. 현학적 학문의 병이라는 것은 사실보다 말장난으로 글귀를 그럴싸하게 하고, 세련된 문장과 멋진 비유로 작품에 변화와 빛을 주려고 하는 방식을 일컫는다. 이 병을 심하게 앓던 사람들은 종교 개혁가들이다. 그들은 이러한 방법을 통해 스콜라 학파를 공격하는 데 총력을 기울였다. 논쟁적 학문의 병이란 스콜라 학파에게서 볼 수 있는 것으로, 쓸데없는 문제를 가지고 지나치게 파고든다든가 끈질기게 논쟁을 일삼는 방법이다. 허무한 행동은 허무한 주장보다 훨씬 어리석기 때문에 논쟁적 학문이 가진 병은 앞의 병보다 더 악질이다. 그리고 이러한 병에 걸린 학문을 공부한 사람들은, 학문을 '한가한 늙은이가 하는 말' 쯤으로 여기는 경향이 있다. 공상적 학문의 병은 가장 악성으로, 인식의 본성과 생명을 파괴하는 것이다. 이 병은 교활한 목적이나 또는 무지한 데서 오는 거짓을 쉽게 믿어버리는 증상을 보인다.

소문을 가볍게 믿는 사람은 또 소문을 경솔하게 퍼뜨린다. 결국 이 병은 빠른 속도로 퍼져나가게 된다. 근거가 박약한 것을 쉽게 믿어버리는 이 병은 교회 역사에서 쉽게 볼 수 있다. 그들은 기적·유물·소문 등을 너무나 가볍게 역사로 승인해버렸다. 그리고 기술과 학설을 가볍게 믿고 인정하는 이 병은 점성술·자연마술·연금술 등에서도 너무나 흔하게 발견된다. 이러한 것들은 이성보다 상상을 중요시하는 왜곡된 학문이다. 또 학문 창시자를 과도하게 믿고, 거기에 절대 복종하는 경신(輕信)의 병이기도 하다. 이 병의 증상은 초기에는 학문에 활기를 강하게 불어넣었다가, 얼마 안 가 쉽게 기력을 잃게 하는 것이다. 아리스토텔레스·플라톤·데모크리토스 학파들을 통해 이 병을 확인할 수 있다.

건강하지 않은 학문

앞서 살펴본 병들은 본질적으로 학자들이 스스로 만든 병이다. 여기에 베이컨은 병이라 할 정도는 아니지만, '건강하지 못한 상태'로서 몇 가지 고질적 문제들을 추가하였다. 첫째는 낡은 것과 신기한 것에 대한 극단적인 편애로, 상고(尙古)주의자와 새것만을 좋아하는 사람들이 여기에 포함된다. 상고주의자들은 새로운 것이 늘어가는 것을 싫어하고, 새것을 좋아하는 사람들은 낡은 것들은 신뢰하지 않는다. 다음은 너무 억지로 조급하게 지식을 기술이나 방법으로 통합시켜버리는 행동들이다. 이 때문에 학문 진보는 방해를 받는다. 셋째는 인간이 가진 정신과 지성에 대한 과도한 존경과 숭배이다. 결국 사람들은 자연 고찰과 경험 관찰로부터 벗어나, 자신만의 이성과 독단에 빠지게 된다. 넷째는 하나하나 의문 갖는 것을 초조하게 생각하고, 단정을 서두르는 행동이다. 이 때문에 어떤 논증에 대해, 충분히 성숙하기 전에 판단을 내리게 된다. 다섯째는 잘못된 지식전달 방식이다. 이러한 방식을 추구하는 사람들은 권위와 같은 것을 내세워 아무 말도 못하게 하고, 받아들이는 쪽에서 충분히 음미할 여유를 주지 않는 않는다. 마지막은 잘못된 목표 선정이다. 사람들이 학문과 지식을 갈망하는 데는 여러 이유가 있다. 때로는 자연스러운 호기심과 탐구욕 때문에, 때로는 변화와 성취욕에 의해 마음을 달래기 위해, 과시와 명성을 위해, 논쟁에서 지혜를 무기로 상대를 이기기 위해, 돈벌이를 위해 사람들은 학문을 한다. 하지만 학문의 올바른 목표는, 신으로부터 받은 이성을 성실하고 진실하게 사용해 인류에 유익을 가져다주는 것이다. 이러한 잘못에서 벗어나기 위해서는, 사색과 행동을 더욱 밀접하고 직접적으로 결합하고 연합시켜야 한다.

이상이 학문이 가진 문제에 대한 베이컨의 비판이다. 이런 비판은 그의 다른 저작에도 되풀이되고 있다. 이것은 기존 학문이나 학자들의 선입견이나 방법상 문제 등 학문 발전을 저해하는 병폐를 지적한 것으로, 학문을 올바른 모습으로 고쳐보고자 한 것이다. 즉 파사현정(破邪顯正)으로 나아가자는 뜻이다.

학문 선양

학문에 대한 비난과 증상을 진정시키고 나서, 학문과 지식에 대한 가치 선양을 적극적으로 장려한다. 베이컨은 최초로 성서해석을 통해 지혜와 학문이 교회사에서 얼마나 존중되어 왔는가를 증명하였다. 그리고 그 신적 증거로서 이렇게 말하였다.

"철학과 인간의 학문은 신앙과 종교를 위해 광채를 띠고 설명하는 역할 외에 두 가지 의무와 봉사 역할을 수행하고 있다. 그 하나는 신의 영광을 높이기 위해 학문을 사용하는 것이다. 또 하나는 비종교인을 지적하고 그들을 구언하는 데 학문을 사용하는 것이다. 이 두 가지 일에 학문은 매우 유익하게 사용되어져 왔다."

다음은 지식 가치에 대한 인간적 증거로서, 학문이 정치 군사적 덕·도덕적 덕·권력과 위령(威令)·행운·즐거움·불사 등에 대하여 가진 효능을 설명한다. 도덕적인 덕에 대한 효능은 이렇다. 열성적인 학문 연구는 난제를 통해 의문을 가지게 한다. 또 사물에 대한 양면 도리를 비교해 생각하게 하며, 검토하고 음미한 것이 아니면 받아들이지 않도록 정신에 습관을 붙인다. 이러한 학문 연구는 경솔하고 엉뚱하며 오만한 결점을 없애주는 것이다. 베이컨은 마지막으로 인간 본성이 가장 열망하는 불사 또는 영원에 대하여 학문이 얼마나 훌륭한 역할을 하는가에 대해 언급하면서《학문의 진보》제1권을 마무리한다.

"지력과 학문의 기념비는 권력 또는 기술의 기념비보다 훨씬 영속적이다. 호메로스 시는 한자 한 귀도 잃지 않고 2,500년 이상 존속하고 있다. 지력과 지식이 끊임없이 알을 낳고 씨를 뿌려 다음 세대로 전해진다. 학문은 그렇게 배와 같이 시간이라는 광대한 바다를 건너, 멀리 떨어진 시대로 나아가, 지혜와 비식과 발명으로 거듭나는 것이다."

분류 기본 원리

제2권은 본론에 해당하는 부분이다. 학문 증대를 위해 지금까지 해온 것과 거기에 따른 결함을 말한 부분으로, 베이컨은 이를 통해 자신의 학문 대개혁의 기획을 전개하고 있다. 우선 베이컨의 학문 분류 원리는 두 가지로 나뉜다. 하나는 진리의 성질에 의한 것이고, 다른 하나는 학문을 하는 인간의 구별에 의한 것이다. 후자의 기준은 당연히 인간이 지닌 지적 능력이다.

진리에는 신의 계시에 의해 주어지는 것과 인간 지력에 의해 얻어지는 것두 종류가 있다. 전자는 계시신학이고, 후자는 넓은 의미의 철학으로, 모든 인간이 하는 학문이 포함되어 있다.

인간이 가진 지적 능력 구별에 의한 분류는 넓은 의미의 철학 분류에 적용된다. 이는 세 가지로 나뉘는데 즉, 기억과 상상력과 이성이 저마다 자리를 차지하는 역사·시·철학이다. 우리가 세계를 접하는 시작점은 감각이다. 감

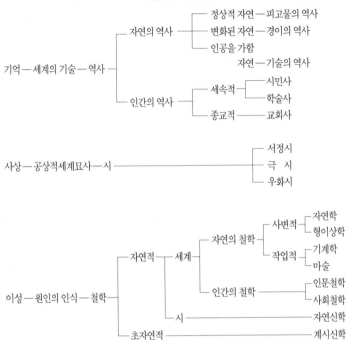

학문의 기본분류

각에 의한 지각과 경험이 있는 그대로 기억에 보존되어 역사가 성립한다. 그리고 기억에 보존된 경험은 후에 상상력 또는 공상능력에 영향을 끼쳐, 정서적·공상적으로 새로운 세계를 묘사하게 하는데, 이것이 시다. 나아가 이 모든 체험이 가진 법칙을 설명하고 해석하려 하는 이성의 작업에서 철학이 성립된다. 이 구분에 의한 학문의 3대 분류는 완전한 것이며, 그 밖에 따로 있을 수 없다. 이러한 인간이 가진 지적능력 구분에 의한 학문의 3대 구분은 계시신학에도 응용되었다. 계시신학은 예언을 포함한 교회 역사와, 신의 시인 비유, 교리와 교훈 세 부분으로 이루어져 있다.

역사의 네 가지 구분

베이컨이 정의하는 역사는 인간 경험에서 수집된 기억에 보존된 모든 우주현상을 말하는 것으로, 오늘날 역사 개념보다 그 범위가 넓어 '세계지(世界誌)' 성격을 가지고 있다. 우주는 자연 세계와 인간 세계로 이루어지기 때문에, 역사도 우선 자연사와 시민사로 나누어진다. 자연사는 자연의 사실과 작용을 다루고, 시민사는 인간의 행위와 업적을 다룬다. 그리고 시민사에 포함시킬 수 있지만 그 영향력과 중요성으로 보아 독립적으로 다루어야 할 교회사와 학술사도 있다. 그렇게 하면 역사는 자연사, 시민사, 교회사, 학술사 이렇게 넷으로 나눌 수 있는 것이다. 자연사는 자연 상태에 따라 다시 세 종류로 구분된다. 정상적인 자연 상태를 다루는 피조물의 역사, 이상(異常) 또는 틀을 벗어난 자연을 다루는 경이의 역사, 인공을 가해 변화시킨 자연을 다루는 기술의 역사가 그것이다.

베이컨은 《학문의 위엄과 증대》에서 피조물의 역사를 다섯 가지로 구분했다.

(1) 천체의 역사
(2) 행성과 대기계의 역사
(3) 대지와 대해의 역사
(4) 불·공기·땅·물 등의 성질과, 운동·작용·영향 등의 기록
(5) 동물과 식물에 대한 기록

경이의 역사는 불규칙한 자연변화를 정확히 수집한 결과물이다. 사실을 확인하고 명백한 증거가 있으면, 마술·요술·꿈·점 따위 미신적인 것들도 포함시킬 수 있다. 이것이 갖는 의의는 일반적인 사례만으로 이루어진 공리나 학설의 편향적인 시선을 시정해, 자연에서 벌어지는 경이를 학술적으로 이끌어 내려는 데 있다.

기술의 역사는 농업과 수공업에 관련되는 기술을 포함해, 이제껏 외면당했던 갖가지 실험 기록이 새롭게 부가된 것이다. 베이컨은 기술의 역사가 세 가지 자연사 가운데 자연철학에 있어 가장 근본적이고 중요한 것이라고 강조한다. 그것은 기술 하나와 다른 기술을 결부시켜, 뛰어난 결과물을 숱하게 재생산하게 만들기 때문이다. 그리고 더욱 중요한 이유는 원인과 일반 명제에 관해, 진실하고 진정한 지식을 주기 때문이다. 왜냐하면 사람 본성은 화를 내게 해야 비로소 알 수 있듯이, 자연 변화 과정도 자연을 자유롭게 방치하는 것보다 기술을 이용해 괴롭히고 고뇌하도록 해야 더 잘 알 수 있기 때

문이다.

시민의 역사는 과거로부터 남겨진 것에, 미완성의 것·완성된 것·오손된 것이 있다는 전제에, 비망록과 완성된 역사와 고대 유문(遺文) 세 종류로 구분된다. 비망록에는 일련 사건과 행동을 있는 그대로 적어놓은 기사와, 공적인 행사를 수집한 기록 두 종류가 있다. 고대 유문은 '난파선 널조각 같은 것'으로 기념물·명칭·말·속담·전설 같은 것을 그 당시 홍수 속에서 건져낸 것이다. 완성된 역사는 그것이 그린 대상에 의해 세 종류로 구분된다. 대상이 시대인가, 인물인가, 행동인가에 따라 시대사·전기·이야기(설화)가 된다. 그중에서 시대사는 가장 완전무결한 역사로 최고 평가와 영예를 받는다. 그리고 전기는 이익과 효용에서, 이야기는 진실과 성실성에 있어 뛰어나다. 시대사는 고대사와 그리스 및 로마 시대사와, 그 이후 근대사로 구분된다. 시대사는 그런 것 외에 연대지와 일지의 구분·세계의 왕국·공화국·인민의 행동을 기술한 보편사와, 특정 왕국·공화국·인민의 행동을 기술한 특수사로 구분하기도 한다.

학술사는 학문의 일반적 형태를 시대순으로 서술하여 설명한 것이다. 즉 갖가지 지식의 낡은 유물과 원형·학파·창의 개발·전달·운용과 활용·번영·논쟁·쇠퇴·부진·망각·이동 등의 원인과 결과를 기술하는 것이다. 여기에는 세계 모든 시대에 걸친 학문적 사건들이 포함된다. 이와 같은 학술의 역사 기술 목적은 학문을 활용해 운용할 때 학자를 현명하게 하는 것이다. 과거에는 이 같은 학술의 역사가 체계적으로 정리된 일이 없었다. 베이컨은 이에 대해 이렇게 말한다.

"세계 역사는 눈을 잃은 폴리페모스 상과 같은 것으로, 사람의 정신과 성격을 잘 나타내는 부분이 빠져있는 꼴이었다."

교회사는 두 가지 구분에 따라 나눠 살펴볼 수 있다. 하나는 시민사와 같은 구분으로 교회 시대사·교부들 전기·교회 회의록과 같은 교회와 관계되는 전반적인 이야기들이다. 다른 하나는 종교만이 가진 특질을 전제로 한 구분이다. 교회 수난사(박해를 당하고 이동하여 평화로운 시기에 이르는 역사)와 예언의 역사와 섭리의 역사가 이에 속한다.

베이컨은 역사는 경험과 동일하다 말했다. 즉 역사는 기록 수단을 빌린 자연계 및 인간계에 걸친 범주적 경험의 저장고인 것이다. 그리고 지식 원천을 철학에 제공하는 목적을 갖는다. 자연사와 기술사 모두 '자연철학의 양어머니'인 셈이다. 마찬가지로 학술사를 존중하는 것도 모든 학문 연구에 유용하기 때문이다. 따라서 역사는 철학연구 자료로서 가치가 있고, 그 목적에 적합하도록 편집·기술되어야 한다. 물론 그 결과로 역사의 독자적 가치가 감소되는 것도 부정할 수 없다. 그러나 베이컨이 가진 역사 동향에 대한 통찰은 예리하였으며, 또 인류 역사 진보에 대해 확신을 가지고 있었다. 그는 당대를 '저쪽에 무언가 있다 plus ultra'라고 말한 사람들 시대라 정의하여, 바야흐로 장족의 진보가 시작되려 하는 시대로 보았다. 그 진보 동력은 학술 발달·발명·발견이었다. 그러므로 학술사가 빠진 세계사는 인간 정신을 가장 잘 나타내는 부분이 빠진 것과 다름없다 말한 것이다.

가작(仮作) 역사인 시

시는 그 언어를 생각하는가, 소재를 생각하는가에 따라 두 가지 의미로 파악된다. 하나는 시를 표현양식의 일종으로 보고 언어 기교 문제로 보는 것이다. 이것은 역사를 기술하는 데 있어서 주목할 것이 못 된다. 다른 하나는 시를 가작(仮作)의 역사로 보는 것이다. 다시 말해 운문과 산문 상관없이 학문 기술의 한 방법으로 시를 사용하는 것이다.

사실적인 역사에는 인간을 만족시킬 위대함이 없으므로 시를 빌려, 상상력에 의해 사실을 더 영웅적인 행위와 사건으로 가작하는 것이다. 진정한 역사는 행동 성패나 결과를 인과응보 이치에 따라 서술하지 않지만, 시는 공정한 응보를 충족시켜 신의 섭리에 일치하도록 가작해 준다. 그처럼 시에는 인간 영혼의 요구에 응해, 눈에 보이는 것 이상의 풍부한 위대함과 다양성을 볼 수 있게 해주는 능력이 있다. 결국 인간 영혼이 바라는 욕구에 맞추어 가작함으로써, 시는 관용과 덕행과 즐거움에 도움을 주어 인간 정신을 진작시킨다. 이것이 베이컨 학문에 한 부분을 이루는 시이다. 따라서 문예로서 시정 유무는 전혀 문제가 되지 않고, 오히려 시정이 결여된 시가 베이컨에게 있어서는 가치 있는 시가 된다.

시는 가작의 역사이기 때문에 역사 구분과 마찬가지로, 가작 시대사·가작 전기·가작 이야기 등으로 구분할 수 있다. 또한 시가 지닌 특색으로 보아, 서사시·상징시·비유시 등으로 구분할 수도 있을 것이다.

서사시는 단순한 역사 모방이지만 현실 이상의 것을 포함하고 있다. 그 주제는 통상적으로 전쟁이나 연애다. 그러므로 내용상 영웅시라 부를 수도 있다. 상징시는 주변에서 가까이 보는 역사와 같은 것이다. 참다운 역사는 일어난 그대로를 그리는 영상이지만, 상징시는 그것이 마치 목전에 있는 것처럼 보이게 하는 영상이다. 따라서 극시라 불러도 되고, 현실세계에 대한 극장이며, 풍기와 폐풍에 깊은 영향을 주기도 한다. 비유시 또는 우유시(寓喩詩)는 어떤 특별한 의도나 생각을 나타내기 위해 쓰는 이야기다. 이솝우화, 일곱 현인의 잠언, 상형문자 등 우유적인 지혜는 고대에 많이 사용되었다. 그 까닭은 현대인에게는 일상적인 사건일지라도, 그것을 고대인이 마주한다면 그들은 그것을 이해할 만큼 예민하지 못하고 실례도 없었기 때문에, 비유에 의해 유사한 실례를 모아 사람들에게 친근하도록 만들어야 했기 때문이다. 이처럼 비유시는 어떤 가르침이나 내용을 분명히 보여주기 위해서가 아니고, 반대로 종교나 정치·철학이 가진 깊은 뜻을 우화 같은 것에 빗대어 덮어 가리기 위해 사용된 것이었다.

시는 감정·정념·타락·풍습을 표현하는 데 있어, 철학자가 쓴 저작보다 낫고, 기지와 웅변에 있어서는 연설가 장광설 못지않은 존재였다.

철학의 구분과 제1철학

철학은 이성의 자리에 위치한 최고 학문이다. 기억을 자리로 하는 역사는 경험과 동일한 것으로, 하나하나의 사실을 있는 그대로 보존·재현해 이성이 판단할 자료를 제공한다. 상상력을 자리로 하는 시는, 자연이나 사물의 어떤 법칙에도 구속받지 않고, 마음이 가는 취향에 따라 결합하고 또 분리한다. 시에서는, 정신이 사물을 완전히 떠나 상상력을 지닌 오락 내지는 유희로 변이된다. 시는 학문의 꿈이라 할 수 있다. 철학에서 정신은, 시처럼 가상 세계와 관계하지 않고, 역사와 마찬가지로 사물에 결합되지만 역사와 같이 개개의 것과 관계하진 않는다. 철학은 개체를 버리고, 개체가 만드는 인상과 관계하지 않고, 이런 인상으로부터 끌어낸 추상 관념과 관계한다. 그리고 이런 모든 관념을 자연과 현실 법칙에 따라 조직하고 분류한다. 이와 같이 철학은 사물 법칙이나 원인과 관계하여, 이것을 탐구하기 때문에 참된 의미에서 과학과 같다고 할 수 있다.

철학을 통한 인간 사색은 그 범위가 신의 경지까지 나아가는 경우와, 자연을 맴도는 경우, 인간 스스로를 돌아보는 경우가 있다. 보통 철학은 이렇게 대상과 범위에 따라 신에 관한 철학·자연에 관한 철학·인간에 관한 철학으로 구분되는데, 이 세 부문 외에 제1철학이라 부르는 특별한 부문이 있다. 이는 길이 갈리기 전의 본길에 해당하는 근본적인 학문이다. 원래 지식의 모든 부문은 완전히 분리될 수 없는 것이다. 지식을 구분하고 구획하는 일은, 따로 떨어진 선들을 한 점으로 모이게 하기 위한 작업이 아니다. 그것은 한 그루 소나무를 연구하는 것과 마찬가지다. 우리 눈에 보이는 작은 가지들은 따라 올라가 보면 모두 한 줄기에서 만난다. 그리고 그 줄기들은 모두 뿌리와 연결되어 있다. 그 가지와 줄기들은 각각 색이 다르고 모양도 다르지만, 완전히 잘라내기 전까지 그들은 한 그루 소나무다.

제1철학은 양·유사·차이·가능성 등 사물의 본질이 아닌 외적 성질의 것들을 검토한다. 그리고 나아가, 보편 개념적 본질과 그 상호 작용을 연구한다. 양의 경우를 가지고 예를 들면, 자연계에는 철 따위처럼 양이 많은 것과 황금처럼 양이 적은 것도 있다. 제1철학은 여기서 양이 왜 차이 나는가 하는 것에 대해 탐구한다. 또한 제1철학은 어떤 특수한 부문에만 속하는 것이 아니고, 일반적으로 모든 학문에 공통적으로 적용된다. 예를 들어, 똑같지 않은 것에 똑같은 것을 보태면 그 총화는 같지 않다는 규칙은 수학이나 정의의 일반명제이다. 또 '모든 감각 기관은 모든 반사기관이다' 왜냐하면 눈은 거울과, 귀는 동굴과 같은 기능을 하기 때문이다. 이런 식의 정의도 제1철학이라 할 수 있다. 이처럼 모든 학문의 공통적인 것을 다루기 때문에, 제1철학은 모든 학문의 어버이와 같다.

신의 철학과 자연의 철학

신에 관한 철학은 인간 사상을 통해 얻어지는 신의 지식이다. 그것의 대상은 신이지만, 지식의 원천은 자연이다. 그러므로 신에 관한 철학은, 계시에 의한 신학과 구별해, 자연신학이라 부른다. 자연신학은 신이 가진 전능함과 지혜를 자연을 통해 예증함으로써 무신론을 논파하는 데는 충분하지만, 그 이상으로 이성을 신의 진리로까지 끌어올려 믿음을 갖게 할 수는 없다.

자연철학은 사변적 부문과 작업적 부문, 또는 이론적 지식과 실천적 지식

두 부문으로 구분된다. 전자는 원인을 탐구하고, 후자는 원인이 되는 지식의 지시에 따라 효과를 생산하는 부문이다.

사변적 자연철학은 또 자연학과 형이상학으로 부분된다. 하지만 형이상학이라는 명칭의 용법과 의미는 종래와는 다르다. 자연학은 질료(質料)에 내제하여 변화하는 것을 고찰하고, 형이상학은 질료로부터 분리되어 변화하지 않는 것을 고찰한다. 그리고 일반적으로 인정되어 있는 구분에 따르면 자연학은 질료인(因)과 작용인을, 형이상학은 형상인과 목적인을 다룬다.

'같은 불 하나에 의해 점토는 경화하고, 노는 용해한다.' 불은 점토를 경화시켜 노를 용해하는 질료인이다. 도자기를 만들고, 노나 유지를 녹이기 위해 뜨겁게 하는 과정은 작용인이다. 점토를 경화시켜 노를 녹이는 원인은 불이라는 물질에 내제한다. 그러나 불은 모든 것에 대하여 항상 경화 또는 연화(軟化)의 원인은 아니기 때문에, 변화하는 상대적인 원인이다. 이러한 과정을 밝히는 것이 자연학 연구이다.

이 과정에 베이컨은 귀납법을 적용하였다. 예를 들면 '열은 팽창적으로 억압돼 서로 충돌하는 물체의 소립자 운동이다'라는 것은 열의 형상인이다. 이 조건을 갖춘다면 어떤 것에든 열이 생기도록 할 수 있기 때문에, 형상인은 특정 물체에만 한정되는 것은 아니다. 그러므로 '질료로부터 분리되어 변화하지 않는' 원인이다. 또 예를 들어 '눈썹은 시력을 보호하기 위한 것이다'라고 할 때, 시력 보호가 눈썹의 목적인이지만 목적인은 의도를 나타낼 뿐 자연계의 결과를 좌우하지 않는다. 따라서 이것도 질료로부터 분리된 원인이다. 이런 두 원인이 형이상학이 다루는 원인이다.

자연학은 또 셋으로 구분된다. 모든 것의 원질에 관한 부문과, 모든 것의 구조에 관한 부문과, 모든 것의 다양성과 특수성에 관한 부문이다. 이들은 또 천체와 행성, 대지, 모든 요소 등의 질료인과 작용인을 탐구하는 구체적 자연학과 물체의 배치와 물체의 욕구와 운동에 관한 추상적 자연학으로 다시 구분된다.

형이상학의 한 부문으로 수학이 있다. 수학의 대상은 양이지만, 제1철학에 속하는 상대적인 부정량이 아니고 정량 또는 비례적인 양이다. 그리고 일정량은 본성적으로 많은 효과의 원인이 되기 때문에, 모든 것의 본질적 형상 하나로 생각된다. 그러므로 수학은 형이상학에서 한 부문이라는 것이 사물 본성에 적합하다.

수학은 순수수학과 혼합수학으로 구분된다. 순수수학이란 기하학과 산술이다. 혼합수학은 자연철학의 어떤 명제 또는 부문에 있어서 보조적인 정량을 다룬다. 광학·음악·천문학·우주지(誌)·건축학·기계학 등에서 그 사례를 볼 수 있다.

작업적 자연철학은 자연사·자연학·형이상학이라는 세 부문에 대응하여 실험적·철학적·마술적인 세 부문으로 구분된다. 많은 작업이 우연한 결과나 때로는 실험에 의해 발견되었다. 이것은 오로지 경험에 의한 것이며, 자연철학에 의한 것이 아니다. 이런 자연사에 남게 된 것이 실험적 작업이다. 자연학적 원인, 즉 질료인과 작용인과의 지도에 의한 것이 철학적 작업이고 참다운 기계학이다. 형이상학적 원인, 즉 형상인의 지식을 응용한 작업이 마술적 자연학 또는 자연마술이다. 여기서 마술이라는 명칭은 미신적인 관찰이나 어리석은 실험을 말하는 것이 아니고, 고대의 영광스러운 의미로 재건한 크고 자유로운 작업을 말하는 것이다. 형상을 아는 사람은 완전히 이질적인 질료에서도 본성의 합일을 이루어 낸다. 그런 사람은 지금까지 누구도 해본 적이 없는 것, 또 사람 마음에 떠오른 일도 없었던 생각을 발견하여 백일하에 끌어낼 수가 있다. 그러므로 형상의 발견이야말로 진정한 사색과 자유로운 작업을 일으킨다. 혹 예를 들어 색, 일정한 중량, 속성 등 금이 지닌 모든 성질의 형상을 안다면, 이런 것을 짜 맞추어 황금을 합성할 가능성도 있을 것이다. 그것은 수은 같은 물질에 약 몇 알을 투입하여 금으로 바꾸는 마술보다 훨씬 가능성이 있을 것이다.

앞에서 말한 것처럼 지식의 모든 부문은 하나의 근간으로부터 뻗어 나온 가지와 같다. 이것은 피라미드와 유사하다. 역사는 그 근원에 위치한다. 자연철학의 기초는 자연사이고, 그 다음 단계는 자연학, 그리고 정점에는 형이상학이 위치한다. 형이상학은 자연 최고 법칙을 탐구하는 학문인 것이다.

원자론과 운동

베이컨은 형이상학과 자연학을 자연철학 안에 포함시켰다. 이것은 유물론적 철학 선언이다. 이 경향은 초기에는 명확하였으나 다음에는 차츰 완화되었다. 1603년 《시대의 강인한 탄생》에서는 철학과 자연학을 분리하지 않았던 소크라테스 이전 철학자들을 중요하게 다루고 있었다. 그중에서도 원자론자인 데모크리토스를 가장 심원한 철학자로 보았다. 그 이유는 데모크리토스가 목적인을 배척하고 자연으로부터 마음을 추방하여, 추상적인 형상을 피하고, 구체적인 물질을 모든 사물과 그 활동의 원천으로 삼았기 때문이다. 1604년《물체 성질에 관한 고찰》에서도 데모크리토스 원자론을 철학에서 가장 유용한 학설로 인정하였다. 즉 원자의 가정 없이는 사물에서 발견된 자연이 가진 순수한 미묘함을 파악할 수도, 말로 표현하는 것도 용이하지 않다는 것이다. 그런데 1605년《학문의 진보》에서는 원자론 문제를 조금도 언급하지 않았다. 원자보다, 플라톤과 아리스토텔레스적 기원의 형상을, 물질과 우주를 설명하는 열쇠로 다루고 있다. 1620년《신기관》에서 열의 형상을 입자 운동이라 생각한 것처럼, 형상 관념에는 원자 운동 관념이 포함되어 있기는 하다. 그러나 원자의 성질은 별로 중요한 문제로 보지 않고, 형상과 운동에 관한 연구가 중요시 다루어지고 있다. 그리고 여전히 데모크리토스를 다른 철학자보다 존중하고 있지만, 원자론에 대한 입장은 변하기 시작한다.

"우리는 원자론으로 향해 가면 안 된다. 원자론은 진공과 물질의 불가변성이라는 잘못된 가설을 포함하고 있기 때문이다."

베이컨은 모든 자연 작용을 운동 양식이라 생각했다. 물체나 천체의 움직임뿐만 아니라, 동식물의 성장과 물질 성장 등도 운동으로 여긴 것이다. 그는《물체 성질에 대한 고찰》에서 운동 연구를 모든 연구 중에서 가장 유용한 것이라 확신했다. 그러나 여기에서 운동의 성질과 종류에 대해서는 언급하지 않았다.《학문의 진보》에서도 운동에 대한 언급은 없다. 1608년 무렵에 출간된《미궁의 실, 또는 운동의 법칙 연구》에서는 운동의 종류·운동의 결합과 집적 등, 운동에 대하여 연구해야 될 문제를 열거하고 있다. 그러나 운동 법칙을 제시하진 않았다.《신기관》제2권에서 그는 특권적 사례 일부로서, 운동을 20종류로 구분하고 있다. 이런 것을 보아 베이컨이 갖고 있는 운동 개념은, 물리적 운동뿐만 아니라 감각이나 수의(隨意)운동까지 포함하고 있음을 알 수 있다. 물론《신기관》이나《학문의 위엄과 증대》에서, 물리적 운동은 자연학에 포함시키고 그렇지 않은 것은 형이상학으로 구분하고 있다. 그러나 베이컨은 물리적 운동 그 자체에, 기계적·양적·사실적인 것뿐만 아니고 물체의 애호·혐오·회피·지배·휴식 등 싱싱한 정기에서 생기는 것들까지도 포함시키고 있다. 하지만 역시 운동보다는 형상 연구를 더 중요시하였다. 여기에서도 초기 데모크리스토적 경향이 후기에는 느슨해져, 플라톤·아리스토텔레스적 경향으로 접근해 갔다.

인문철학

인간의 철학은 인간을 분리하여 개별적으로 고찰하는 영역과, 이를 결합시켜 사회에서 고찰하는 부문으로 나뉜다. 전자는 개별적 인간학 또는 인문철학이고, 후자는 집합적 인간학 또는 사회철학·시민철학이다. 인문철학은 인간을 구성하고 있는 신체와 정신이 서로 관계하는 부문들로 이루어진다. 그러나 그렇게 구분하기 전에 인간성의 일반적·전체적인 고찰 부문을 먼저 나눈다. 이 부문은 정신과 신체 사이에 일어나는 공감과 부호에 대한 지식들로 혼성되어 있기 때문에, 어느 한쪽 부문만 떼어 고찰하는 것은 부당하다. 정신과 신체 결합은 어떻게 한쪽이 다른 쪽에게 정체를 드러내는가 하는 것과, 어떻게 한쪽이 다른 쪽에 작용하는가로 나뉜다. 신체 외형에서 정신적 성향을 읽어내는 것은 관상술이고, 정신적 현상에서 신체 상태를 읽어내는 것은 꿈 해석이다. 정신과 신체 사이 상호 영향에 대한 연구는 체액과 신체 상태가 어떻게 어디까지 정신에 작용하는가를 고찰한다.

우선 인간 신체에 관한 지식은 건강·아름다움·힘·쾌락 네 종류 신체적 구분에 따라 나뉜다. 바꾸어 말하면 그것은 사람을 치료하는 의술, 미용을 위한 장신술, 단련을 위한 운동술, 교양과 즐거움을 부르는 유락술(愉樂術)이다.

의술은 가장 고귀한 기술이지만 정성들인 연구가 이루어지지 않아, 아직 진보하지 못한 학문이다. 그 많은 결함 가운데 명백한 것을 예거하면 이런 것이다. 첫째로 히포크라테스의 모범으로부터 단절되어 상세한 질병 기록을 남기지 않은 것이다. 둘째는 해부학에 대한 연구가 불충분한 것이다. 특히 비교해부학 분야 연구가 크게 부족하다. 셋째는 많은 질병을 불치라든가 때를 놓쳤다고 단정해, 거기에 대한 연구를 게을리한 것이다. 넷째는 치료 외에, 의사가 책임져야 할 고통 경감을 소홀히 한 것이다. 안락사 연구가 이에 해당한다. 다섯째는 치료를 위한 의약 처방에 있어서 전통과 경험 성과에서 벗어나, 질병에 적절하지 않은 약을 멋대로 조제한 것이다. 여섯째는 온천이나 광천 같은 광물 약제 연구를 게을리한 것이다. 마지막으로 문제가 되는 결함은 직관을 신임한 것이다. 의사가 계획성을 가지고 내리는 처방과 처치 없이 간편한 방법으로 환자를 다루는 경우가 이에 속한다. 신체를 치료하기 위해서는 신체와 체질을 알고, 다음으로 병의 상태를 파악한 후 마지막으로 치료법을 사용해야 한다. 정신 치료도 마찬가지다. 개인이 지닌 성격을 파악한 후, 정신병을 진단하고, 최후로 치료법이 고려되어야 한다. 그중, 앞의 두 가지는 우리 지배 밖에 있는 것들이다. 우리는 최후의 것, 즉 치료법만을 지배할 수 있다.

과거 의학은 질병의 성질·원인·치료수단 연구에 있어, 경험과 실험을 벗어나 자연연구 기둥을 잃은 채로 존재했다. 의학이 진보하지 못한 것은 인간 정신이 무능력하기 때문이 아니라, 멀리 떨어진 곳에서 자연을 바라보고 있기 때문이다. 사물이나 어떤 현상을 바라 볼 때, 가까우면 가까울수록 잘 보이는 것처럼 연구도 그와 마찬가지다. 그것을 교정하는 방법은 기관을 강하게 한다든가 자극하는 것이 아니고, 대상에 가까워지는 것이다.

미용술은 의례와 유약 부문으로 나뉜다. 운동술은 신체 단련에 의해 얻어지는 모든 능력을 그 대상으로 삼는다. 활동 능력으로는 힘과 민첩성이 있고, 인내 능력으로는 빈궁을 견디는 하위개념의 인내력이 있고 고통을 견디는 자제력이 있다. 감각적 쾌락에 대해서는 그것을 억제하는 규칙이 부족한 실정이다. 위안을 위한 유희는 사회생활과 교육에 따른 문제라고 베이컨은 말한다.

다음으로 인간 정신에 관한 학문은 정신의 실체 내지는 본성에 관한 부문과 능력에 관한 부문으로 구분된다. 베이컨은 아리스토텔레스와 마찬가지로 정신은, 이성적 정신과 비이성적 정신 내지는 감각적 정신으로 이루어진다고 생각했다. 이성적 정신 즉 영혼은, 창조가 될 적에 신으로부터 불어넣어졌기 때문에 철학의 대상이 될 수 없다. 감각적 정신은 물질적 실체이며 연구 대상으로 가능하다.

정신이 가진 능력은 오성·이성·의지·욕망·감정·상상력·기억 등으로 구분된다. 오성과 이성은 명제 또는 판정을 낳고, 의지·욕망·감정은 행동 또는 실행을 낳는다. 주요한 것은 논리학과 윤리학에 관계되는 이런 능력이다. 베이컨이 내린 정신능력 구분은 명확하지 않고, 그와 관련된 연구에 대해 말한 것도 간단한 수준의 것이다.

정신의 능력에 관한 것 이외에 부가적인 연구로서 미혹의 연구가 있다. 이 것은 점술과 상상력이 타인 신체에 미치는 영향을 연구하는 것이다.

《학문의 위엄과 증대》에는 또 수의 운동, 감각과 감지 구별 문제, 빛의 형 상 연구 셋을 보태고 있다. 수의 운동론은 정신과 신체사이 관계에 대한 베 이컨 견해인데, 그는 이렇게 말하고 있다.

"감각적 정신은 열에 의해 희미해져서 보이지 않게 되는 물질이고, 불꽃 과 공기의 성질로부터 구성되는 호흡이다. 그것은 마치 공기처럼 유연성을 가진 채 외부로부터 인상을 받고, 불처럼 강하게 다시 활동을 전한다. 일부 분은 유성(油性)이고 일부분은 수성 물질에 의해 길러져 신체로 나아간다. 완전한 동물에서는 주로 머리에 머물고, 신경에 따라 달리며, 동맥을 흐르는 혈액으로 인해 말끔하게 회복된다."

이 견해는 이탈리아 텔레지오에게 영향을 받은 것이지만, 또 데카르트의 동물 정기 이론과 매우 흡사하기도 하다.

논리학

정신능력 학문의 첫째는 단연 논리학이다. 논리학은 이성과 오성의 사용 에 관한 학문이다. 그리고 '다른 모든 것을 푸는 열쇠'이며 '기술의 기술'이 다. 이러한 기술은 작업 목적에 따라 네 가지로 구분된다. 탐구하는 것을 발 견하는 기술, 발견된 것을 판단하는 기술, 판단된 것을 보관하는 기술, 보관 된 것을 전달하는 기술이 그것이다.

발견하는 기술은 그 자체로 하나의 기술과 학문의 발견이며, 다른 언어와 논증의 발견이다. 이 중 전자가 훨씬 중요하고 참된 의미를 지닌 발견이다. 기술과 학문의 발견 부문은 다시 둘로 나뉘는데, 첫째는 읽고 쓸 줄 아는 경 험이고 둘째는 자연 해명이다. '읽고 쓸 줄 아는 경험'에 대해서는 《신기관》 과 《학문의 위엄과 증대》 부문에서 자세히 설명할 것이다. 그리고 '자연 해 명' 역시 《신기관》 부문에서 설명하겠다.

베이컨에 의하면 과거 논리학은 학문의 발견을 이끌어내지 못했고, 또 그 발견 방법으로 귀납법을 사용하지 않았다. 그래서 그는 논리학을 발견하는 기술로 재건하는 일을 과업으로 삼았던 것이다. 그 유효한 방법으로서의 논리학이 바로 신기관이다. 이 신기관에 의해 진정한 자연 해명이 가능해진다. 자연 해명이란 적절한 경험과 관찰을 기초로 하는 추리를 말한다. 그러자면 신기관을 충분히 음미해 완성하지 않으면 안 된다. 그리고 그것에 의한 자연 해명에는 풍부한 자연사가 필요하다. 거기에서 비로소 그의 행동적 과학이 능력을 발휘하게 되고 학문의 발명이 일어나게 된다. 한편 거기까지 이르기 전에도 인간 복리를 위해, 학문을 발전시켜 자연을 이용해야 한다. 여기서 전통적인 방법론은 역할을 다할 수 없다. 선택해야할 방법은 경험적인 관찰과 실험에 의한 방법이다. 베이컨은 이에 대해 말한다.

"사람은 길을 전진할 때, 세 가지 방법 중 하나를 선택할 수 있다. 자기가 암중모색을 하든가, 스스로는 아무것도 몰라 타인 손에 이끌려가든가, 등불을 가지고 길을 지시하며 가는 방법이 그것이다. 순서도 방법도 없이 모든 종류의 실험을 꾀하는 자는 암중모색이나 마찬가지다. '읽고 쓸 줄 아는 경험'이란 실험 시에 미리 준비된 지시나 순서에 의해 수동적으로 이끌려가는 것을 말한다. 세 번째 방법인 등불은 그 자체로 자연 해명을 말한다. 그리고 신기관으로부터 요구되는 것이다. '읽고 쓸 수 있는 경험'이란 자연히 일어난 경험을 말하는 것이 아니라, 실험에 의해 의도된 경험을 말한다. 그러나 그 과정은 어디까지나 신기관이 완성되기까지의 잠정적인 방법이다. 신기관에 의한 자연 해명은 성과와 실험으로부터 원인과 일반 명제를 끌어내고, 또 그 원인과 일반 명제로부터 새로운 성과와 실험을 만들어낸다. 이에 반해 '읽고 쓸 줄 아는 경험'은 성과로부터 성과를, 실험으로부터 실험을 이끌어내는 방법이다. 즉 기존 경험을 갖가지로 응용하는 것을 말한다. 베이컨은 《학문의 위엄과 증대》에서 실험을 통한 변화·반복과 확장·이전·전환·강제·응용·결합·우연 등 '읽고 쓸 줄 아는 경험'에 속하는 여덟 가지 예를 들고 있다.

판단의 기술은 증명과 논증 문제를 다룬다. 결론을 끌어내기 위한 판단은 귀납법이나 3단 논법에 의해 이루어진다. 귀납법에 의한 판단은 올바른 형식이든 잘못된 형식이든, 발견을 위한 정신활동을 한다. 올바른 귀납법에 대해서는 《신기관》 부분에서 자세히 설명하도록 하겠다.

3단 논법은 만인의 승인을 받은 원리를 전제로 하여, 매사(媒辭 : 중개념)

를 통해 명제를 귀납시키는 것인데, 여기서 매사의 발견과 결론을 판단하는 정신활동과는 다른 것이다. 그리고 이 방법에는 명제와 전제가 직접적으로 일치하는 '직접' 증명법과, 명제에 모순되는 것을 전제로 모순된 것을 전제에 모순된 것으로서 증명하는 '불합리 강행' 증명법이 있다. 3단 논법을 가르치는 방법에는 올바른 추론 형식을 설정하는 '지도 방법'과 궤변과 함정을 놓는 허위 추론을 논파하는 '경고 방법'이 있다. 지도는 분석론이고 경고는 논파법이다. 논파법은 궤변적 허위·설명적 허위·잘못된 겉치레 또는 우상의 논파, 세 가지로 구분된다. 우상에 대해서는 다음에 설명하겠다.

기록 부문은 기호 성질에 관한 부문, 즉 문학법으로 기입 질서에 관한 부문으로 구분된다. 기억의 기술은 예지에 의한 것이 있고, 상징에 의한 것이 있다. 전달 기술은 지식을 다른 사람에게 표현하여 이전하기 위한 기술이다. 이것은 언어와 논술 모든 부문에 관계되는데, 전달 기관·전달 방법·전달 예증 등 각 특성에 따라 세 부문으로 구분된다. 전달 기관은 보통 사용하는 말과 언어에 대한 고찰로 문법학을 구성한다. 여기서 베이컨은 철학적 문법이라 부르는 학술어와 통용어에 걸친 모든 특성을 연구하는 비교언어학적 연구를 권하였다. 전달 방법은 지식의 완성을 목표로 계속 노력을 고무하는 중요한 부문이다. 이 부문은 전달된 지식을 쓰도록 하는 방법과 발전시키는 방법에 따라 다시 구별된다. 전자는 권위적 방식이고 후자는 시험적·선도적 방식이다. 그 밖에 공개적 방법, 비전적(秘傳的) 방법, 다루는 제재나 내용에 적응하는 방법들이 존재한다. 전달의 예증은 수사학 또는 웅변술이라고 한다. 수사학의 임무는 의지를 이성이 명하는 방향으로 한결 더 활동을 잘할 수 있도록 하기 위해, 이성이 내리는 명령을 상상력으로 받아들이게 하는 것이다. 논리학은 엄밀히 진리에 따라 다루지만, 수사학은 일반인의 사고 방식과 습관에 따라 받아들이기 쉽도록 다룬다. 논리학 증명과 논증은 모든 사람에 대하여 동일하지만, 수사학의 설득은 듣는 사람에 따라 다르게 될 수 있다. 지식 전달에 관해서는 두 가지 연구가 부가된다. 하나는 저자 원전 연구이고, 다른 하나는 교수법 연구다.

윤리학

윤리학에 관한 베이컨의 논술은 논리학에 비해 훨씬 간략하지만 시사하는 바가 많다. 윤리학에는 모범적인 선 또는 성질에 관한 부문과, 정신 수련 또는 경작 부문 두 가지가 있다.

전자는 선의 종류와 등급에 대해 고찰한다. 등급 최고 단계는 지복(至福)과 최고선이다. 이들은 주로 신학에서 다루어진다. 선은 개체의 선과 전체의 선 두 종류로 구분된다. 모든 것은 그 자신에게 있어 독립한 것으로서 자기 선을 구하고, 한편으로 보다 큰 단체 일원으로서 전체의 선을 구한다. 전체의 선은 자기 선보다도 강력하고 가치도 큰 것이다. 이는 자연 관찰에서 증명된다. 인간에게 있어서 공공의 의무는 생활과 생명 유지보다 가치가 높다. 개체의 선은 개인 생활 욕구에 의해 구분된다. 첫째는 자기 본질을 보존하고 유지하고자 하는 욕구, 둘째는 자기 본질을 진보시켜 완성시키려는 욕구, 셋째는 자기 본질을 증식하고 확대하려는 욕구다. 첫째는 보존의 선이고 둘째는 완성의 선으로, 이 둘은 수동적 선이다. 이 중 완성의 선이 더 낫다. 셋째는 능동적 선인데, 이는 수동적 선보다 낫다. 생태계에서도 자손을 낳는 기쁨을 먹는 것보다 크게 여기고, 인간도 또 다른 자손인 다양한 진보를 애호한다. 현상 유지보다 진보가 낫기 때문이다. 전체의 선은 사회와 관계하는 인간의 선이다. 때문에 의무라고도 부른다. 의무에는 첫째로 국가일원으로서 주어지는 공통적 의무가 있고, 둘째로는 직업·직분·지위에 따라 각자에게 주어지는 특수한 의무가 있다. 직업상 의무와 덕을 함께 논하기 위해서는 그것과 상관이 있는, 직업 안에 존재하는 악덕과 사기에 대해서도 알아야 한다. 그렇지 않으면 덕은 개방적인 무방비 상태에 놓이게 된다. 여기에는 남편과 아내, 부모와 자식, 주인과 하인의 의무, 우정과 감사의 법칙, 집단과 개인으로서 갖게 되는 의무 등도 포함된다. 전체의 선에 관한 연구는 무엇이 선인가 하는 것 외에도, 사람들 사이 관계·공과 사·현재와 미래의 의무 간 경중문제 등도 다룬다.

정신 경작 부문은 인간이 지닌 의지를 어떻게 선에 적합하도록 해야 하는가를 연구한다. 이는 종래에는 연구 대상으로 다루어지지 않았었다. 그래서 선이 지닌 본성은 아름다운 환상에 지나지 않아, 실제 보이는 눈에는 아름다운 생명도 활동도 비추어지지 않았었다. 정신 경작부문 연구는 총 세 가지로 나누어진다. 첫째는 인간 천성이 지닌 갖가지 성격과 기질을 분류하고 그 기술을 검토하는 것이다. 이것을 성격학이라 부른다. 세부적으로 들어가서는 성격이 지닌 기본 요소, 그 특질과 차이, 유형 등을 연구한다. 여기에는 자연이 각인시킨 개인적 기질 외에, 성별·연령·지역·건강과 질병·미추 등을 기준으로 한 범위 연구도 이루어진다. 둘째는 감정과 격정에 대한 연구다. 감정 동요와 추구하고자 하는 이상에 의해 정신은 교란된다. 그 감정이 보여주는 움직임·변화·억제·외적 표현·중복·저항 등을 세부적으로 검토하는 연구다. 셋째는 우리가 품는 의지와 욕망에 영향을 주어, 그것을 바꾸게 하는 힘을 연구하는 것이다. 이 분야는 우리 지배하에 놓을 수 있다. 습관·습성·단련·교육·모범·모방·친구·경쟁·교제·칭찬·질책·훈계·명예·규칙·책·학문 등을 검토하고 적용하는 학문이다. 이 연구를 통한 결과를 실제 치료에 적용시켜 정신 건강을 회복시키고 유지시킨다. 베이컨은 그중 습관을 형성하는 네 가지 교칙과, 학문에 대한 규칙에 주목했다. 그리고 이렇게 말을 맺는다.

"신체의 미질(美質)은 건강·미·힘·쾌락에 의해 형성된다. 정신의 미질도 건전한 정신·고상한 품위·의무에의 기민성·쾌락을 느끼는 건강한 감각 등에 의해 만들어진다. 이처럼 두 미질은 서로에게 영향을 준다."

베이컨의 윤리학은 종교, 신학으로부터 분리되어 독립적인 성향을 보였다. 이는 유럽과 영국의 종교개혁 영향 때문이다. 그러나 도덕법칙 내에서, 어떤 경우에는 예외도 있었다. 예를 들면 '그대들의 적을 사랑하고, 그대들을 미워하는 자를 위해 선을 베풀도록 하라'라는 문구에서 볼 수 있듯이, 최고 선(善)을 완성하기 위해서는 종교가 가진 문제점을 보류하고, 신앙과 윤리를 일치시켜 보기도 했다. 정신 경작에 있어서도 마찬가지다. 정신질환을 치료하기 위해서, 도덕철학은 끊임없이 신학이 주는 가르침에 주의를 기울여야 한다 말했다.

윤리학은 오로지 상대적인 피안 세계의 선을 연구하지만, 도덕법칙 대부분은 자연이 내는 빛, 곧 완전성을 갖춘 자연법칙 내에 존재한다고 베이컨은 믿었다. 윤리학은 인간성과 자연계를 끊임없이 관찰하며, 거기서 드러난 사실들이 도덕법칙과 일치하는 것을 예증하는 데 목표를 둔다. 정신 경작에서도 윤리학은 신학의 하인이지만 널리 자유재량이 허용되는 하인으로, 인간성 관찰이 그 기초가 된다. 베이컨에게 있어서 윤리학이 가야 할 목표는, 어떤 문제를 완전히 해결하기 위해서는 종교에 원조를 구해야 하지만, 인간성을 기초로 하는 독자적인 넓은 영역을 갖는 것이다. 또한 그는 개체의 선에 있어서 보존보다는 완성이, 완성보다는 확대가 낫다고 여기는 진보적이고 활동적인 윤리를 주장했다. 그리고 나아가 개체의 선보다는 사회이익과 의무가 더 중요시 되어야 한다고 생각했다. 베이컨은 말한다.

"이 인생이라는 극장에서 구경꾼으로 머무는 것은 신과 천사에게만 어울리는 것이다."

사회철학

인간을 집학적인 것으로 고찰하는 사회철학 내지 시민학은, 사회생활과 정치에 관한 학문이다. 사회단체 생활을 통해 인간이 기본적으로 구하는 것은 고독에 대한 위안, 일을 통한 이익, 위해로부터 보호이다. 이에 따라 시민학은 교제의 학문, 절충의 학문, 통치의 학문이라 할 수 있다. 저마다 태도의 지혜·실무의 지혜·국가의 지혜를 통해 어떻게 사교할 것인가, 어떻게 실무를 효율적으로 처리하여 입신출세할 것인가, 어떻게 국가를 통치할 것인가 하는 세 질문에 해답하는 것이다.

교제의 지혜는 사회에서 지켜야 할 예의범절이다. 즉 타인을 대할 때 지켜야할 것들, 예의·호감을 주는 태도와 행동·품위 있는 복장·친근감을 주는 안색이나 용모 등을 말한다. 이런 지혜는 큰 노력이 필요한 것도 아니고, 최고 가치를 지니고 있는 것도 아니다. 그러나 실생활에 있어서 중요한 기능과 효과를 가진 것이므로 가볍게 여기면 안 된다.

절충의 지혜는 생활 실무를 처리하는 지혜다. 이것은 두 가지로 구분된다. 첫째는 사적인 용무와 관련된 갖가지 기회에 타인에게 어떻게 조언하고 충고하는 것이 좋은가 판단하는 지혜로, '산재하는 실무지식'이라고도 부른다. 즉 타인에게 임기응변으로 현명하게 권고하고 충고하는 마음가짐에 대한 지혜를 말한다. 베이컨은 《학문의 진보》와 《학문의 위엄과 증대》에서 이에 대해 언급하고 있다. 대부분 성서로부터 인용한 금언에 대한 것들이다. 둘째는 자기 운명을 촉진하는 '입신출세 지혜'다. 이는 운명 건축술이라고도 부른다. 입신출세를 위해서는 우선 본질적으로, 올바르고 공평하게 타인과 자신을 평가하고 이해할 필요가 있다. 그리고 자신을 보다 잘 전시하고 현양(顯揚)하는 지혜가 필요하다. 베이컨은 이런 조건에 관하여, 많은 전거로부터 교훈을 발췌해 자신의 저작에 인용하였다.

베이컨은 시민학의 세 가지 지혜가 지금까지 학문으로 존중되지 않았다고 말했다. 즉 태도의 지혜는 덕만 못하다고 학자들에게 경멸을 당하고, 국가의 지혜는 소수에게만 한정된 것이며, 실무의 지혜에 대한 관심은 아예 형성돼 있지 않아 그와 관련된 책도 존재하지 않았었다. 그 결과 학자들은, "학문과 실무적인 지혜는 서로 협력관계가 아니다"하며 학문과 학자의 불명예를 초래했다며 베이컨을 비난했다. 또 어떤 학자는 이렇게 평했다.

"학문은 이 운명 건축술을 존중하지 않고 귀하게 여기지도 않는다. 왜냐하면 어떤 행운도 인간이라는 존재에게 어울리는 목적이 될 수 없기 때문이다. 현명한 사람들은 훌륭한 목적을 위해 그들에게 찾아온 행운을 버리기도 한다. 허나 그럼에도 불구하고 행운은 덕과 선행을 위한 하나의 도구로서 고찰할 가치는 있다."

사교에 능숙하고 실무를 잘 처리하며, 거기에 따르는 행운을 얻는 것은 그것만으로는 비속한 것일지도 모른다. 하지만 실제 사회생활에 있어서 많은 사람들이 이에 깊은 관심을 가지고 있는 것도 부정할 수 없다. 그리고 때로 행운을 얻는 것은 덕을 갖는 것만큼 어려운 일이다. 모든 무지와 몰이해는 오용과 비참을 불러들인다. 인류에게 유익을 가져다준다는 것을 학문이 가진 목적 중 하나라 생각한 베이컨에게 있어서는, 비속한 것도 학문으로 연구할 가치가 있었던 것이다. 즉 현실에 존재해 작용하는 어떤 것이라도 사색 대상으로 삼아 이론화하지 못할 것은 없다는 것이 진리탐구 철칙이다. 박애와 청렴을 잊고 산다면 자신이 원하는 목표에 좀 더 빨리 다다를지도 모른다. 하지만 최대 보답은 어디까지나 행운이 아닌 덕이다. 설사 못된 죄를 삼가더라도 늘 행운만 쉴 없이 바란다면, 신에게 바칠 곡물은 남지 않게 된다. 인간은 신학과 철학의 초석인, 신의 나라와 의(義) 위에 덕을 쌓아야 한다.

정치학

시민학 셋째 부문은 가정(家政)과 법률을 포함한 정치학이다. 그러나 베이컨은 《학문의 진보》에서 이것에 대해 거의 언급하지 않았다. 그것은 정치학에 대한 개인적 견해 때문이다. 베이컨 견해에 따르면 정치학은 두 가지 점에서 기밀이고 숨겨진 학문이다. 어떤 것은 알기 어렵기 때문에 비밀이고, 또 어떤 것은 공표하기 부적절하기 때문에 기밀이다. 정치에 대해서는 그 경험이 있는 국왕이나 고위직 관리가 가장 잘 알고, 일반인들은 알기 어렵다. 그런데 현실적으로 정치 내용에 대해 공표하기에는 부적절한 것들이 있는 것이 사실이다. 물론 통치자는 그것에 대해 분명히 알고 있어야 한다. 그리고 그가 《학문의 진보》에서 정치학에 대한 언급을 자제한 다른 이유는 제임스 1세 때문이다. 《학문의 진보》에는 제임스 1세에 대한 내용들이 다수 포함되어 있었기 때문이다. 법률에 대한 이제까지의 저작은, 철학자로서 너무 고매한 이론을 펼치던가, 아니면 법률가로서 현 법률에 대한 평가만 했을 뿐이다.

《학문의 위엄과 증대》에서는 정치학 가운데 '제국영토 확대론'과 '법률론'을 다루었다. 여기서 '제국영토 확대론'은 《에세이》에 수록된 '영국의 위대성에 대해' 내용을 거의 그대로 옮겨놓은 것에 불과했다. 베이컨은 정치학은 세 가지 임무를 지니고 있다 말했다. 첫째는 국가를 유지하는 것이며, 둘째는 국가 행복과 번영이며, 셋째는 국가를 확장시킬 수 있도록 하는 것이었다. 요점은 상무정신의 필요성·부와 계급의 균형·외래민 회유·군비 증대·호기에 대한 대비·상비군 증대·해강지배·훈공 찬양 등의 강조였다. 구티는 이를 '강건하고 부유하며, 잘 무장된 인민에 기초를 둔 강력한 군사국가'라 평했다. 베이컨 이론은 마키아벨리의 '자력국가' 이론에서 영향을 받아, 이를 영국 현실에 반영한 것이다. 당시 영국은 잉글랜드·스코틀랜드 통합과 아일랜드 정복의 바람이 거세게 불고 있었고, 종교개혁에 따른 종교적, 정치적 분쟁이 그치지 않는 상태였다. 그리고 대외적으로는 에스파냐와 해상 지배권 쟁탈이 계속되고 있었고, 식민정책으로 인해 타 국가들과 격한 경쟁체제를 이루고 있었다. 베이컨 정치학은 이러한 문제에 직면한 영국이 추구해야 할 정책과 이상이었다.

제한 왕정과 법률론

베이컨은 《에세이》에 수록된 논설에서, 민주국은 많은 점에서 우수한 조건을 가지고 있다 말했다. 신분보다 능력으로 인재를 뽑고, 모두가 평등하기 때문에 의결도 비교적 공평하며, 세금 부담도 적기 때문에 국민이 반란을 일으킬 일이 적다는 것이다. 그러나 군주국보다 민주국이 좋다는 의미는 아니었다.

잉글랜드와 스코틀랜드 통합 문제에 대해서는 공화국과 왕국을 비교하는 방법으로 평했다.

"모든 공화국은 법을 최우선으로 한다. 즉 선거에 의해 정해진 기간 동안만 권위를 갖는 것이다. 분주하고 기묘한 체제다. 이것과 비교해 왕국에서 왕은 법을 초월한 존재다. 그리고 거기에 대한 복종은 자연스러운 것이다."

베이컨은 왕권 옹호자였지만, 무조건적으로 전제군주정치를 주장하지는 않았다. 그가 솔선해 모신 제임스 1세는 왕권신수설(王權神授說)을 공인하는 자였으며, 왕위 22년 동안 네 번밖에 국회를 소집하지 않았다. 베이컨은 왕권신수설은 '비극적이고 잘못된 확신'이라 주장하고 그 영원한 포기를 권유하며, 국회소집 필요성을 역설하고 국회와의 협조를 권하였다.

앞서 말한 바와 같이 정치학이 갖는 목적 두 번째는 국가 행복이다. 여기서 법률이 교려해야 할 범위는 시민의 행복이다. 시민사회는 법과 때로는 폭력이 행하는 지배 아래 놓이지만, 시민의 진정한 행복을 위해서는 법 위에 절대적인 또 다른 법이 확립되어 하위 개념의 법을 지배해야 한다. 상위 개념의 법이 불확실하면 하위개념의 법률을 포함한 자의적인 가혹성이 그 틈을 노려, 결국 시민 행복은 침해당하게 된다. 법이 가지는 기본적인 위엄은 절대성에 있다. 베이컨은 말했다.

"절대성과 확실성은 법률이 지녀야 할 기본적인 요소이며, 이것 없이 공정은 있을 수 없다." 베이컨이 생각하는 법률론 핵심은, 스스로 법이 지닌 확실성을 위한 정치가·입법가가 되는 것이었다. 법이 절대성을 상실하는 경우는 첫째로 법 규정이 아예 없는 경우가 있고, 둘째로 법이 명확하지 않은 경우가 있다. 이러한 불명확성은 지나치게 포괄적인 법률수집·서술의 애매성·무질서한 해석·판결 모순 등에서 온다. 의존할 법률이 아예 존재하지 않는 경우에 대해, 베이컨은 몇 가지 대안을 제시한다. 첫째는 유사 판례를 참조해 법률을 확장해석 하는 것이다. 이 경우 도리에 따라 공공선을 존중하는 방향으로 확장한다. 그러나 형법에 관해서는 확장해석을 해서는 안 된다. 둘째는 아직 법률로까지 성숙되지 않은 선례를 원용하는 것이다. 그러나 여기서 선례는 어디까지나 권고 도구이지 규칙과 명령 도구로 사용되어서는 안된다. 구티는 이 견해에 대해 '베이컨은 선례를 존중하고 판례를 법으로 하는 영국 전통에 대항하고 있다' 평가했다. 그러나 베이컨이 말하는 선례는

'좀처럼 일어나지 않고, 어쩌다 한 번 일어나는 선례로, 아직 법적 효력을 전혀 갖지 못하는 것들'이다. 베이컨이 선례를 완전히 부정했다는 구티의 평가는 지나친 비약이다. 셋째는 집정관 법정·감찰관 법정이, 선량하고 건전한 인간이 내리는 판단에 의해 재결시키는 것이다. 이 두 법정이 실제 영국에 존재했던 것은 아니지만, 이들은 예전에 있었던 민사 형평 법원과 성청 (星廳) 법원을 연상케 하는 것이다. 이 두 법원은 판례·관습 법률을 기원으로 하는 보통법 법원과 자주 충돌해 결국 폐지된 존재들이다. 특히 성청 법원은 보통법이 범죄로 인정하지 않는 행위를 범죄로 처벌한 경우가 많았고, 판결이 가혹했으며 고문도 가했다고 한다. 그 때문에 1628년 권리청원·1689년 권리 장전을 통한 근대 죄형 법정주의 확립 후 폐지되었다. 그런 법원을 상기시킨 것을 두고 당장 반역 행위라 할 수는 없지만, 시대동향을 지혜롭게 읽어내지 못한 발언임은 분명하다.

계시신학

성스러운 신학은 오직 신이 전하는 말과 계시에 근거하는 것이지, 결코 자연이 내는 빛에 근거하는 것은 아니다. 이것이 앞서 말한 자연신학과 근본적으로 다른 점이다. 따라서 종교 교리에 대해서 이성은 침묵하는 것이 옳은 일이다. 베이컨은 교리와 직접적인 관련이 없는 한도에서 세 가지 연구를 제의한다. 첫째는 신학 안에서 이성의 합법적 사용에 관한 연구, 둘째는 신의 나라 일치 정도에 대한 연구, 셋째는 성서로부터 나온 교리에 관한 연구다. 그리스도교 신앙은 다른 이교와 달리 적당한 상황에 따라 이성과 논증의 사용을 인정하기도 하고, 금지하기도 한다. 종교에서 이성을 사용하는 때는 두 경우가 있다. 하나는 신이 계시한 신비를 고찰하기 위해 사용하는 경우이고, 또 하나는 그것에 근거해 교리와 지시를 추론하고 유도하는 경우다. 전자는 신이 인간 능력 위치로 내려와 교리를 알기 쉽게 표현하는 경우다. 이때 인간도 신이 전하는 신비를 받아들여 이해할 수 있도록, 모든 방법을 동원해 이성을 변하게 해야 한다. 다음 경우는 모든 것을 종교적 근본 원리가 존재하는 위치에 놓은 다음, 거기에서 지시를 받기 위해 이성을 사용하는 것이다. 이상이 신학에서 이성이 합법적으로 연구에 사용되는 경우다.

신학에는 통지 또는 계시적 내용과, 성질의 문제가 있다. 계시가 가진 본성 문제는 그것의 한계, 완전성, 그리고 계시를 받는 문제로 나누어진다. 한계성 문제는 어디까지 개개인이나 교회가 영감을 받는가, 어디까지 이성을 사용해도 되는가 하는 문제다. 완전성 문제란 종교의 어느 점이 기초적인가, 지식 증가가 신앙의 완전성에 어떻게 영향을 미치는가 하는 문제를 말한다. 기초적으로는, 그리스도인 맹약을 '내 편이 아닌 자는 적이다'라고 표시하고 있다. 그러나 기초적이 아닌 점에 대해서는 '우리에게 반대하지 않는 자는 내편이 아니다'라고 표시하고 있다. 사람들을 교회로부터 떠나게 하고, 교회와 인연이 없게 만드는 것은 어떤 점이며, 어떤 범위인가를 밝히는 것은 교회 평화에 있어서 매우 중요한 것이다. 계시를 받는 것은 오직 올바른 성서 해석에 의해 이루어진다.

성서 해석에는 스콜라 학파의 연구와 같은 체계적인 방법이 있다. 그들 신학은 간결하고 명확한 완전성을 바랐지만, 앞서 말한 두 가지를 발견하지 못했다. 또 신학에서 완전성을 추구해서는 안 된다. 성서는 이성이 아닌 영감에 의해 주어지는 것으로, 그 과정이 다른 모든 저작과 다른 것이다. 성서 저자는 영광스런 나라의 신비와 자연법칙이 지닌 완전성과, 인간 마음이 갖고 있는 비밀과, 알 수 없는 미래와 같은, 인간이 무지한 네 가지에 대해 알고 있었다. 그러므로 주해자는 그것을 구별해야 한다. 이상이 신의 나라와 일치정도에 대한 연구 요점이다.

신학에 관한 서적은 논쟁적인 것, 독단적인 것, 진부한 것, 특수한 문제를 다룬 것, 논설적인 것, 장황한 것 등 수없이 많다. 그러나 포도주를 만들 때, 최초로 밟아 으깬 것에서 느슨하게 흘러나오는 포도주가 착즙기를 거쳐 포도씨나 껍질 맛이 섞인 것보다 훨씬 감미롭듯이, 성서의 유연한 압축에서 흘러나오는 교리는 매우 감미롭고 건전하다. 그렇게 진부하지도 않고, 논쟁적이지도 않고, 하나의 학문론에 기울지도 않는 연구방법이다. 성서가 가진 특별한 원구(原句) 주역과 소견을 자연스럽고 명료하게, 그리고 건전하고 간결하게 정리하는 것이 바람직하다. 이상이 성서로부터 나온 교리를 연구하는 방법이다.

《학문의 위엄과 증대》에는 계시신학 부문이 전체적으로 삭감되어 있다. 다음은 《학문의 진보》에 수록되어 있는 계시신학에 대한 언급 부분이다. 신학에 대해 연구한다는 것은 하나는 신앙과 의견의 진리문제, 다음은 제식과 예배에 대해 고찰하는 것이다. 여기에서 신조·율법·제식·관리 네 부문으로 다시 나뉜다. 신조는 신이 지닌 본성과, 속성, 그리고 조화(造化)와 교리를 포함하고 있다. 율법은 자연법과 도적법과 실정법으로 나뉘고, 양식은 부정과 긍정, 금지와 명령으로 나눌 수 있다. 예배는 신과 인간 사이에 일어나는 쌍무적 행위다. 신은 인간에게 설교와 성사(聖事)를 베풀고, 인간은 신에게 기도하며 제물을 바치는 것이다. 교회 관리는 교회가 가진 재산과 특권, 성무와 사법권, 그 전체를 지도하는 율법으로 이루어진다. 여기서 교회 내부적뿐만 아니라 국가 정책과 관련해 문제가 발생하기도 한다. 이 문제 역시 조화롭게 해결해야 한다. 신학이 가진 문제는 진리를 가르치든가, 허위를 논파하든가, 그 어느 편이다. 종교로부터 떠나는 경우는 신앙을 부정하는 무신론자 외에 세 경우가 있다. 그것은 이단과 우상숭배, 그리고 마술이다. 올바른 신에게 잘못된 숭배를 바치는 것이 이단이고, 잘못된 신을 올바른 신이라 여기는 것이 우상숭배이며, 잘못된 신이라는 것을 알면서도 숭배하는 것을 마술이라 한다.

학문의 새로운 세계

이상이 인간이 가진 지적 능력으로부터 신이 전하는 계시에 의한 학문까지, 그 간극을 개략한 것이다. 베이컨은 《학문의 위엄과 증대》 말미에 '새로운 학문세계, 또는 제외된 것들'로서 지금까지 학문에서 배제되어 있었던 것들 50항목을 열거하였다. 이상한 자연사, 기술사, 기초철학으로 정리된 자연사, 학술사, 예언사, 고대 우화철학, 사물 형상에 관한 형이상학, 자연 마술, 인류 소유물 목록, 안락사 방법, 의사 길잡이, 연명, 감각적 정신 실체, 감각과 지각 차이, 읽고 쓰기 경험, 철학적 문법, 선과 악, 정신 경작, 운명 건축, 보편적 정의 이념, 신학에서의 합법적 이성 사용 등이다. 이를 보면, 베이컨이 인간의 물질적 생활 개선만을 추구하지 않았음을 알 수 있다. 그리고 그는 이 중, 몇 가지에 실제로 손을 댔다. 자연사, 고대 우화철학, 신기관, 선과 악, 보편적 정의 이념 등이 그것이다.

《대혁신》과 《신기관》

정신의 나침반

《대혁신》은 총 열 항목으로 이루어진 총괄적 저작이다. 베이컨 수행자였던 롤리는 적어도 열두 번이나 베낀 사본을 보았을 만큼, 이 저작이 완성될 때까지 오랜 세월 검토가 이루어졌다고 말했다. 제목 《대혁신》은 베이컨의 학문·사상이 지향하는 바를 표현한 것이다. 그것은 그가 가진 야심으로, 전면적 학문 대개혁이며 그것이 가져올 인간 생활의 전면적 변형이다. 그리고 근본적으로는 학문이 일찍이 지니고 있었던 올바른 모습으로 돌아가게 해서, 그로 인해 신이 태초에 인간에게 부여한 만물에 대한 지배권을 회복하는 것이었다. 그러므로 《대혁신》은 《대부흥》이기도 했다.

학문이 지닌 올바른 모습이란 인간 정신과 자연이 밀접하게 만나는 상태를 말하는 것이다. 그런 모습 인간이 죄를 짓기 전, 원시시대에 존재했다고 베이컨은 확신했다. 그리고 소크라테스 이전의 피타고라스·엠페도클레스·헤라클레이토스·데모크리토스 등 초기 자연철학자들, 그리고 그리스 민족 신화나 우화 시대에는 그런 학문 정신이 발달했다고 믿었다. 이점은 1609년 저작인 《고대인의 지혜》에 잘 드러나 있다. 《대혁신》은 인간과 자연이 밀접하게 만나던 원초적 시대로 되돌아가, 학문적으로 새출발하는 것을 목표로 하고 있었다.

《대혁신》속 표제는 이 책이 잉글랜드 대법관 베룰럼의 프랑시스 저작임을 밝히고 있다. 그리고 두 돛대 사이를 바람이 가득 받아, 돛을 활짝 펴고 파도를 헤치며 전진하는 삼대선 삽화가 그려져 있다. 이 두 돛대는 헤라클레스가 일으켰다고 전해지는 지브롤터 해엽 양안에 솟아있는 두 바위산으로, 헤라클레스 기둥이라고 부른다. 베이컨은 이 헤라클레스 기둥 의미를 이렇게 설명했다.

"사람들은 자신들이 현재 소유하는 기술을 과대평가하고, 그 이상을 꿈꾸지 않는다. 또는 능력을 너무 과소평가해 그것을 쓸데없다 여기고 소중한 일에 사용하려 하지 않는다. 이것이 숙명의 두 기둥처럼 되어 있다. 왜냐하면 사람들은 굳이 미래를 향해 돌진해보려 하지 않고, 그걸 바라지도 않기 때문이다."

베이컨은 자신이 목표로 한 대혁신을, 이제껏 넘을 수 없다고 여겨진 헤라클레스 기둥을 뚫고 나가 미지의 지식 대양으로 나아가는 항해에 비유하였다. 그리고 서문에서 말한 것과 같이 항해에는 나침반이 필요한데, 그는 스스로 인간 정신의 나침반을 만들겠다 말했다. 삽화 밑에는 다니엘서 제12장 4절 말씀이 인용되어 있었다. 그 인용구는 '많은 자는 여기저기를 뒤지고 찾아 지식을 늘릴 것이다'라는 의미를 지니고 있었다. 또 그는 이와 관련해 《신기관》에서도 자신의 예언에 대해 확신하는 말을 했다.

"기나긴 항해 끝에, 세계의 문은 열릴 것이고 학문은 진보할 것이다. 그 정해진 섭리가 나아갈 길을 보여주는 것, 예언이 해야 할 역할이다."

목표는 대사업

베이컨은 서두에 이 저작이 '대부흥'을 목표로 하고 있다는 것을 분명히 밝히고 있다. 즉 인간이 갖는 지상적 관심 중에서 가장 중요한 것은 인간 정신과 자연 사물과의 교류를 원초적 상태로 회복하는 것이며, 이는 유지가 아닌 개선을 통해 이루어져야 한다는 것이다. 그리고 그것을 이루기 위해서는 낡은 철학 방법론을 버리고, 학문과 기술과 인간이 가진 모든 지식을 전면적으로 재구성할 필요가 있다고 선언하였다.

그 뒤에는 국왕 제임스 1세에게 보내는 헌사 편지가 실려 있다. 이 헌사 편지에서 베이컨은 제임스 1세를 솔로몬 왕과 비교하고, 자연사와 실험사 편집사업에 힘을 실어달라며 말을 맺는다.

"또 솔로몬 왕 예를 따르시어, 자연과 실험 역사를 편집해 완성하도록 배려 해주시기 바랍니다. 그렇게 하시면 몇 세대가 지난 뒤에는 철학을 포함한 모든 학문이 허공을 떠다니지 않게 되고, 동시에 잘 검토되고 음미된, 확고한 경험의 기초 위에 설 수 있을 것입니다. 저는 기반을 제공했습니다. 그러나 그 위에 쌓일 재료는 자연이 만들어낸 모든 사실로부터 수집되어야 할 것입니다."

헌사 편지 다음은 《대혁신》 서문으로 되어 있다. 이 서문은 일반인을 위한 것이다.

"오늘날까지 알려진 것과는 전혀 다른 길이 지성에 의해 열릴 것이다. 여기에는 원조가 필요하다. 그래야 비로소 인간의 정신은 사물 본성에 대한 본래 권리 행사를 할 수 있게 될 것이다."

이어서 지금까지 인간이 쌓은 능력에 대한 갖가지 태도, 또는 경향에 대해 훈계하고 경고한다. 그리고 이와 관련해 특히 학문 목적에 대해 강조했다.

"최후로 나는 모든 사람들에게 전반적으로 권고하고 싶다. 그것은 학문의 진정한 목적을 생각해야 한다는 것이다. 그것은 마음을 즐겁게 하기 위해서도 아니고, 논쟁을 위해서도 아니며, 남에게 뽐내기 위해서도 아니고, 명성이나 권력, 그 밖에 저속한 것들을 위한 것이 아니다. 인간생활 복리를 위해 학문에 힘쓰고, 나아가 사랑으로 학문을 완성하고 지배하게 되기를 바라는 것이다."

그리고 끝으로 자신이 목표로 하는 것은 학파나 학설이 아니고 오로지 사업이라는 것을 밝히고, 그 사업에 협력을 요청하며 서문을 마쳤다.

"내가 바라는 것은 다음과 같다. 내 자신에 대해서는 말하지 않지만, 여기서 다룬 것에 대해서는 이렇게 말하고 싶다. 모든 것을 단순한 학설로 받아들이지 말고, 사업의 일환이라 생각해주기 바란다. 나는 학파나 학설을 위해 기초를 다지려하는 것이 아니다. 인간 이익을 위한 힘을 쌓으려고 노력하는 것이다. 또 사람들이 자신에게 돌아올 이익에 대해 공평하다 생각하고, 모두의 행복을 목표로 하는 이 사업에 함께 참여해주길 바란다."

확실히 베이컨이 목표로 한 것은 단순한 저술 작업이 아니었다. 많은 사람들이 협력하는 연구기관을 만들어 함께 기술 혁신을 만들어 나가는 것이었다. 그는 그 새로운 세계를 건설하는 대사업의 설계도를 그리고자 했다. 그 설계도는 만년 저작인 《새로운 아틀란티스》에서 확인할 수 있다.

이상으로 서문을 마치고 다음은 저작 계획으로 들어간다. 이미 설명한 《대혁신》에 수록할 계획이었던 여섯 개 부문에 대해 설명하고 있다. 그 대부분은 《대혁신》이 출간된 당시에는 물론, 그 이후에도 완성되지 못했다.

《대혁신》이 세상에 나온 지 약 170여년이 지난 뒤, 그가 책 서문에 남긴 계획들은 칸트의 《순수이성 비판》을 통해 다시 한 번 주목받는다.

새로운 논리학 《신기관》

《신기관》은 《대혁신》 제2부문에 해당하는 저술로, 《자연 해면에 대한 12장》과 《금언과 권고》 내용을 정리하여 편집한 것이다. 《신기관》이라는 명칭은 아리스토텔레스가 논리학을 하나의 학문 기관으로 정의한 것에 대항해, 새로운 기관 즉 새로운 논리학임을 강조한 것이다. 《신기관》은 금언(아포리즘) 형식으로 쓰였고, 총 두 권이며 제1권은 130, 제2권은 52 항목의 금언으로 이루어져 있다.

제1권은 서론에 해당하는데, 베이컨은 이를 매우 파괴적 부문으로 여기고 있다. 금언 1에서 4까지는 인간과 자연, 5에서 10까지는 현재 학문에 대한 비판, 11에서 17까지는 논리학의 불모성, 18에서 37까지는 낡은 방법과 새로운 방법 비교, 38에서 68까지는 이돌라(idola)의 논, 69에서 77까지는 낡은 철학이 지닌 성격, 78에서 92까지는 지식 현상을 만드는 모든 원인, 93에서 115까지는 미래 희망에 대한 근거, 116에서 130까지는 독자에 대한 주의를 담고 있다.

제2장은 건설적인 부문으로, 구성을 점친다면, 새로운 논리학을 이룰 법칙들이 설명되어야 할 것이다. 그러나 서술되어진 것은 전체 기획 중 일부에 불과하다. 하지만 성과도 크다. 그가 스스로 가장 중요하다 여긴, 물체 형상 발견 절차가 열 형상 예를 통해 상세히 설명되어 있다.

학문이 삼아야 할 올바른 목표

《신기관》은 이런 금언으로 시작한다.

"인간은 자연의 조력자이자 해명자다. 인간은 자연 질서를 실제로, 또는 사색으로 관찰하는 한도 내에서 행동하고 이해할 따름이다. 그렇지 않으면 그 이상은 알 수도 행할 수도 없다."

이것은 인간과 자연이 맺는 관계에 대한 베이컨의 기본적인 사고방식을 보여준다. 인간에게 자연은 어떻게 할 수 없는 존재가 아니고, 인간은 자연 작용에 대해 조력하고 해명할 수 있다는 것이다. 하지만 멋대로 조력하거나 독단적으로 해명할 수는 없다. 실험이나 작업 등과 같은 방법으로 실제 연구하거나, 또 사색을 통해 이론적으로 관찰하고 이해해야 한다. 자연과 밀착해 그로부터 배움으로써 비로소 자연을 알 수 있다. 그리고 자연을 앎으로써 인간의 조력 없이 행하는 이상의 것을 자연에게 요구할 수 있는 것이다. 자연으로부터 유리된 추상적 사고나 독단적 비약에 의해서는, 인간은 자연을 알 수도 자연 안에서 행할 수도 없는 것이다.

"인간에게 지식은 곧 힘을 말한다" 이것은 세 번째 금언에 살린 말로, 현대인에게도 매우 친숙한 정의다. 과거 나침반을 알지 못하던 시대에는 별에 의존해 항해를 할 수밖에 없었다. 당연히 기상에 따라 제약이 많았다. 그러나 나침반이 발명된 이후, 인류는 대양 너머 신세계를 발견했다. 이러한 예는 한둘이 아니다. 제방·댐·운하 등을 만드는 토목산업이 발달하지 않았을 때, 인간은 홍수와 같은 자연현상 앞에서 무력할 수밖에 없었다. 그러나 물을 제어하는 기술이 발전하면서 인간은 안전뿐만 아니라 에너지까지 얻게 되었다.

그렇다면 자연을 컨트롤해 인류 행복을 증진시키는 힘을 가진 지식이란 무엇일까. 질병을 제대로 파악하고 있지 못하면, 적합한 치료를 통한 효과를 기대할 수 없다. 원인을 알지 못하면 결과를 이끌어 낼 수 없다. 자연 고찰에서 원인으로 인정되는 것이, 작업에서는 규제 역할을 수행한다. 베이컨이 목표로 한 지식은, 자연 현상을 일으키는 원인·자연 질서·그리고 법칙이다. 이와 같은 지식을 인간의 것으로 만들어야만, 인간은 자연의 해명자·조력자가 될 수 있는 것이다. 이상 법칙은 자연 분야뿐만 아니라, 모든 분야 지식에 적용된다.

이어서 그는 모든 기존 학문이 가진 무력함과, 그 안에서 아직 아무런 성과도 없는 논리학에 대해 논한다. 지금까지 이루어진 발견은 논리적인 학문보다 우연에 의존했으며, 학문 역시 새로운 사물이나 지식 발견에 역할을 다하지 못하였다. 그리고 인간이 가진 정신만을 찬양하였을 뿐, 그 정신의 작용을 보조하는 수단을 발견하려 하지 않았다.

이러한 불모지 현상은 여러 원인에 의한 것이지만, 그 최대 원인은 학문 목표와 방법 상실에 있었다. 목표 자체가 명확히 정해지지 않으면, 옳은 길로 나아갈 수 없기 때문이다. 또 설사 모든 학문이 올바른 목표를 정했다 하더라도, 그곳으로 가는 길이 험하다면, 그 역시 문제가 된다. 즉 목표와 그곳으로 향하는 길이 모두 바로잡혀야 하는 것이다.

그렇다면 올바른 목표란 무엇인가. 베이컨은 단언한다.

"모든 학문이 나아가야 할 진정한 목표는 인류 생활을 위한 발견에 힘을 실어주는 것이다."

학문이 존재하는 목적은 새로운 발명·발견을 통해, 자연에 대한 인간의 지배력을 확대하여 인류 생활을 향상시키는 데 있다는 것이다. 그러므로 건전한 학문 기준은 지식을 위한 지식을 구하는 사변이 아니고, 그것이 산출하는 성과 가치에 있다. 예를 들면, 화약·견사·나침반·설탕·종이·인쇄술 등과 같이 인류 행복을 완성시켜 주는 도구의 발명을 말한다.

"모든 효과 중에서 산출된 성과 이상으로 확실하고 귀중한 것은 없다. 결과와 소산은 모든 학문 진리의 보증인이요 증명자다. 지식이 갖는 진리성은 이론이 아닌, 그 작용이 내는 효과에 의해 증명되어야 한다. 여기서 진리와 효과는 동등한 대우를 받아야 한다."

이러한 베이컨 주장은 결코 개인적인 이익이나 명성을 위한 것이 아니었다. 참된 지식 없이는 자연을 지배할 수 없기 때문이다. 학문이라는 과정 안에서, 목표를 올바로 잡아야 힘차게 출발할 수 있고 바른 길로 걸어야 참된 지식의 결과물을 얻을 수 있다.

이제까지 말한 학문이 가진 목적, 즉 자연에 대한 인간의 지배력 확대는 발견·발명 없이는 달성할 수 없다. 그리고 발견은 자연 법칙을 밝히는 학문 없이는 불가능하다. 또한 자연이 가진 법칙을 밝히려면 자연을 인식해야 하는데, 그 유일한 길은 '인간 정신과 사물 사이 교류' 즉 경험이다. 지상에 속하는 어떤 것도 경험에 비길만 한 가치를 가지고 있지 못하다.

경험과 실험

경험은 자연에 속하는 모든 사물이 우리 감관을 통해 받아들여지는 것으로, '인간 정신과 사물 사이 교류'를 말한다. 우리가 갖게 되는 자연에 관한 지식은 경험과 함께 시작된다. 경험의 사실 속에 자연에 관한 개념과 원인, 그리고 법칙이 숨어있다. 경험을 얻지 못하고 구하는 지식은 공상에 불과하다.

"희망을 가질 수 있는 길은 모든 학문의 재생을 구하는 것이다. 이 재생은 모든 학문을 경험으로부터 출발시키는 것, 그리고 다음으로 질서정연하게 쌓아올리는 길밖에 없다."

발견 내지 발명에 의해 자연을 지배하는 학문의 시작은 경험에 있지만, 모든 경험이 올바른 것은 아니다. 요구되는 경험인 실험과 달리, 저절로 일어나는 경험인 우연은 지식 진보에 전혀 도움을 주지 못한다. 이런 경험은 끈이 풀린 배와 같은 것으로, 암중모색에 불과하다. 자연은 오직 경험에 의해 지배할 수 있지만, 여기서 경험은 수동적이고 맹목적인 것을 말하지 않는다. 우리가 자연에 작용을 가할 때, 자연이 보이는 반작용의 정체를 파악하는 것, 이것이 가치 있는 능동적 경험이다. 베이컨은 이에 대해 말했다.

"경험이야말로 다른 무엇보다 훨씬 훌륭한 논증이다. 다만 그것이 어디까지나 실험인 한에 있어서 말이다."

베이컨이 말하는 실험은 연구자가 실험실에서 하는 이른바 실험은 말할 것도 없고, 농업이나 제조업 분야에서 농부나 기술자가 실제로 하는 경작과 가공술을 포함하는 넓은 범위를 말한다. 실험은 말하자면 자연에 간섭하여 자연을 강제하고 고문하는 것이다. 자연이 숨기고 있는 비밀은 자연스러운 것보다 강제적인 기술에 의해 괴로움을 겪을 때, 한결 더 그 정체를 드러낸다. 베이컨이 말하는 경험이란 이런 실험을 포함한 경험을 말하는 것이다.

그는 경험을 얻는 방식에 대해 한 가지 말을 덧붙였다.

"현재 사람들이 쓰고 있는 경험 방식은 맹목적이고 어리석은 것이다. 정처 없이 헤매고 다니면서 우연히 만나는 것에만 의존하기 때문에 여기저기로 끌려 다니기만 하고 진전은 없다."

우연이라고 부르는 경험은 말할 것도 없고, 실험이라 해도 방침이 없이 무작정으로 하는 것은 캄캄한 밤에 여기저기를 더듬는 암중모색과 같은 것이다. 이보다 조금 쉽게 가는 방법은 자신은 모르지만 남의 손에 이끌려가는 것이다. 이것은 예전 기술에 의한 실험을 바탕으로, 그것을 새로운 기술로 적용시키는 것이다. 이것만으로도 인류에게 유익한 많은 새로운 것들을 이끌어 낼 수 있다. 베이컨은 이를 '읽고 쓸 줄 아는 경험'이라 말했다. 그러나 가장 현명하게 가는 방법은 해가 떠오르길 기다리든가, 등불을 붙여 나아가는 것과 같다. 난잡하지 않게 질서가 잘 잡혀있는 경험에서 시작해, 거기에서 일반 명제를 끌어내, 그 세워진 일반 명제로부터 새로운 경험을 다시 끌어내는 방법이다. 유익한 경험을 통해 새로운 성과를 올리려면 신의 지혜를 모범으로 삼아야 한다. 어떠한 경험이든 우선 첫째로 명확한 원인과 일반 명제를 발견하는 데 힘쓰고, 성과와 빛을 위한 실험을 요구해야 한다. '읽고 쓸 줄 아는 경험'은 이미 알고 있는 것을 응용해 유익을 낳는 성과를 가져오는 실험이지만, 완전히 새로운 것을 산출하진 않는다. 그러나 '빛을 가져오는 실험'은 자연의 근원을 밝히는 것으로, 최종적으로는 더 많은 성과를 가져오게 한다.

진리 탐구의 두 길

'성과를 가져오는 실험'은, 농부나 장색이 자연에게 행하는 작은 개량 같은 것이 본줄기였다. '빛을 가져오는 실험'은 과학적 발명가가 이끌어내는 자연에 대한 작용을 말한다. 자연의 근원을 파헤치고, 더 많은 성과를 낳는다. 베이컨은 발명을 장생 손으로부터 과학으로 이행시키려 한 것이다. 그렇다면, 실험을 통해 어떻게 자연의 참된 원인과 일반 명제를 이끌어내는가. 경험에서 진리를 탐구해 발견을 이끌어내는 데는 두 가지 방법이 있다. 하나는 감각과 개별적 선례로부터 갑자기 일반 명제로까지 비약하는 것이다. 그리고 이런 일반 명제를 움직일 수 없는 불면 진리로 삼고, 그 기준으로 판단해 중간 명제를 발견하는 방법이다. 이 방법이 당시 일반적으로 취해지던 방법이었다. 또 하나 방법은, 감각과 개별적 예로부터 일반 명제를 끌어내는 것은 마찬가지이지만, 한 계단 한 계단을 밟고 올라가서 일반 명제에 이르며, 최후에 가장 일반적인 명제에 도달하는 방법이다. 이것이 현명하지만 당시에는 생소한 방법이었다. 베이컨은 전자를 '자연 예견'이라 불렀고 후자를 '자연 해명'이라 불렀다.

두 방법은 모두 감각과 개별적 예로부터 출발해 가장 일반적인 것에 도달하지만, 그 차이는 상당하다. '자연 예견'은 감각과 개별 예로부터 일반 명제를 추리하는 것으로, 베이컨은 '경솔하고 조급한 것'이라고 이름을 붙이기도 했다. 그 말처럼 '자연 예견'이 가진 문제점은 경솔하고 조급한 데서 생긴다. 첫째로 그것은 지나가는 길에 경험한 개별적 예에 살짝 접촉한 것만 가지고 사물의 개념을 정해버린다. 따라서 그 개념은 불명확하고, 공상과 착오로 가득 차 있다. 추리는 명제를 통해 성립되고, 명제는 판단을 말로 나타내는 것이며, 그 말은 사물의 개념을 보여주는 기호다. 만일 개념 자체가 착오를 일으킨다면, 그 위에 세운 건축물은 결코 견고한 건축물이 될 수 없다. 이것이 근본적인 문제다. 둘째로 '자연 예견'은 대개 소수 일상적인 감각과 개별적 예로부터 갑자기 일반 명제를 추론한다. 이것도 개념을 끌어내는 경우 못지않게 문제를 가지고 있다. 그 일반 명제는 지나치게 추상적이라 새로운 성과 발견에 조금도 도움이 되지 못하기 때문이다. 셋째로 '자연 예견'은 사전에 세워놓은 일반 명제를 부동 진리로 삼아, 거기서 중간 명제와 그 안에 속하는 예들을 이끌어낸다. 그러나 그 일반 명제가 앞서 말한 것처럼 소수의 일상적인 척도에 의해 만들어졌기 때문에 새로운 개별 예에는 도달하지 못한다.

일상적인 것은 손쉽게 지성을 움직여 곧 상상력을 채우게 만들기 때문에, 결국 사람들 동의를 얻을 만큼 힘을 가지게 된다. 보통, 사람들이 한결같이 정신이 이상해도, 같은 방법으로 서로 원만하게 의견일치를 보는 경우가 많기 때문이다. 반면 '자연 해명'은 충분한 경험을 바탕으로 질서ㅣ정연하게 한발 한발 올라가 가장 일반적인 명제를 이끌어낸다. 그리고 거기에서 새로운 개별적인 사례를 발견하는 것이다. 이 '자연 해명'의 정확한 순서를 보여준 예가 바로 베이컨의 《신기관》이다.

베이컨과 아리스토텔레스

지금까지 살펴본, '자연 예견'과 '자연 해명' 대비는, 아리스토텔레스로 대표되는 낡은 논리학과 베이컨이 주장하는 전혀 새로운 논리학의 차이를 말하는 것이다.

베이컨은 아리스토텔레스가 위대하다는 것을 의심하지는 않았으나, 저작 도처에서 아리스토텔레스를 비판하고 비난하며 그의 용어를 빌려 다른 의미로 사용하였다. 형이상학이라는 단어는 학문적으로 아리스토텔레스가 처음 사용하였는데, 그것은 변화하고 경험할 수 있는 자연적 존재를 초월하는 것으로, 보편적이고 전체적인 근본 원리를 탐구하는 학문이다. 베이컨에게 형이상학은 자연학의 한 부문으로, 형상인(形相因)과 목적인을 탐구하는 것이다. 또 아리스토텔레스가 형이상학을 제1철학이라 부르며 학문체계의 최고위라 한 것처럼, 베이컨도 제1철학은 모든 학문에 공통적인 고도한 의견과 일반 명제를 다루는 학문이라 정의했다.

베이컨이 아리스토텔레스를 비판한 가장 큰 이유는, 아리스토텔레스가 추구하는 학문 방법이 지나치게 추상적이고, 새로운 발명·발견에 아무런 도움도 주지 못한다는 것이었다. 아리스토텔레스 논리학은 토론에는 유효하지만 베이컨이 목표로 하는 신기술을 낳을 수는 없다는 것이다.

추론에는 두 가지 방법이 있다. 귀납과 연역으로, 이를 구별한 이는 아리스토텔레스다. 귀납은 개별 사례로부터 일반 명제를 도출하는 것이고, 연역은 일반 명제로부터 특수한 명제를 이끌어내는 것이다. 연역은 또 3단 논법이라고도 한다. '자연 예견'과 '자연 해명' 모두 먼저 감각과 개별 사례로부터 일반 명제를 끌어낸다. 이 과정은 귀납추리다. 다음에 그 일반 명제로부터 하강(下降)하는 것은 연역추리다. 베이컨은 아리스토텔레스 추론의 두 가지 구분과, 연역 규칙에 대해 이론을 제기하지는 않았다. 베이컨이 목표로 하는 개혁에 필요한 도구는 귀납법이었다. 연역적 방법으로는 그가 원하는 일반 명제를 도출해 낼 수 없었다. 먼저 귀납법을 통해 개별 사례로부터 일반 명제를 세우지 않으면 안 된다. 그리고 그때, 귀납이 충분한 사례에 의하지 않고, 또 질서정연하게 이루어지지 않는다면 그 일반 명제는 소용이 없게 된다. 베이컨은 말했다

"유일한 희망은 진정한 귀납법에 있다."

그렇다면, 아리스토텔레스 귀납법에는 어떤 결점이 있는가. 귀납은 감각과 그 대상으로부터 출발해 일반 명제에 이르는 것으로, 총 네 단계로 이루어져 있다. 아리스토텔레스 귀납법이 지닌 결점도 네 가지로 정리된다. 첫째로 감관이라는 것은 있는 그대로는 불충분한 것이다. 보거나 듣거나 할 수 없어 사람을 자주 속이는 것인데, 감각에 대한 보조수단을 마련하거나 보완하려 하지 않는다. 따라서 감관의 인상 자체가 불충분하다. 둘째로 지식은 대상으로부터 받은 인상 그 자체만으로 이루어지는 것이 아니다. 인상으로부터 자발적으로 끌어낸 개념으로 이루어진다. 그런데 그 개념이 인상으로부터 부정한 방법으로 끌려나왔기 때문에, 명확하지 않고 혼란스럽다. 셋째로 모든 학문 원리를, 긍정적인 사례만을 단순히 연결하는 매거(枚擧)에 의해 정의하려 한다. 따라서 그 밖의 사정은 같아도, 결론에서 일치하지 않는 부정적 사례 하나만으로 그 원리가 뒤집히는 일이 생긴다. 예를 들어 '소·양·산양·사슴은 뿔을 가지고 있다'로 부터 '뿔을 가진 모든 동물은 반추(反芻)한다'는 결론을 냈다고 가정하자. 이 일반 명제는 코뿔소같이 뿔이 있어도 반추하지 않는 한 가지 예로 인해 부정된다. 즉 당연히 해야 될 부정적 사례에 의한 배제 방법을 사용하지 않고, 자연 법칙을 정밀하게 분해하지 않은 잘못이다. 넷째로 귀납에 의해 얻은 일반 원리에 맞추어 중간적 일반 명

제가 음미되고 증명되는 경우, 그 증명에 사용되는 발견과 증명 방법이 잘못되어 있는 경우다.

베이컨이 가장 강하게 비판한 학파는 당연 아리스토텔레스 학파다. 아리스토텔레스와 그 학파는 경험이 많아 잘 확인도 않고, 신중하게 조사도 하지 않으며 늘 흔한 사례만 모으곤 했다. 그 밖의 것은 오로지 사고와 예견에 맡기는 합리파 대표 철학이다.

또 하나는 연금술사들이 극히 적은 실험을 통해 나온 결과만을 가지고 대담스레 엄청나게 많은 귀결을 이끌어낸 경우다.

제3의 종류는 미신과 신앙을 철학에 반영한 경우다. 피타고라스나 플라톤 학파 연구에서 흔히 볼 수 있는 미신적 철학이다. 모두 공상에 의해 허망한 철학을 만들어낸 것들이다.

첫째 종류의 철학은 자기 몸에서 실을 뽑아내 보금자리를 만드는 거미 같은 것으로, 그 결론은 궤변적이고 독단적이다. 둘째 종류의 철학은 개미처럼 닥치는 대로 모아서 쓰는 것이다. 옳은 길은 거미와 개미 중간 방법이다. 재료를 들이나 밭에 핀 꽃에서 모으면서 그것을 자기 힘으로 잘게 부수어 꿀로 만드는 벌의 방법이다. 정신이 가진 힘에 의존하는 것도 아니고, 또 자연사나 실험으로부터 제공된 재료를 그대로 모아서 쓰는 것도 아니다. 그런 것들을 지성에 의해 변화시키고 가공해 저장하는 것이다. 이런 합리적 능력과 실험적 능력 두 가지를 긴밀히 결합시키는 것이야말로 올바른 방법이며, 희망을 가질 수 있는 길이라고 베이컨은 말했다.

논리학 기능

아까 말한 것처럼, 베이컨은 논리학을 발명·판단·보관·전달 네 부문으로 구분하였다. 그중에서 발명이 가장 중요하다.

보관과 전달은 이미 발명된 것을 보관하고 전달하는 것이므로 논리학에서 소극적 부문이다. 그러나 오랜 시대에 걸친 많은 사람들의 관찰이나 실험은 지식 저장고에 쌓여 결국 경험적 방법으로 진가를 발휘한다. 베이컨이 그리스·로마 시대보다 자기 시대야말로 희망을 가질 수 있는 시대라 한 것도, 풍부한 지식이 저장되어 있음을 전제로 한 것이었다. 보관은 기록이나 기억인데, 기록은 기억을 크게 도와주는 것으로, 때로 기록되지 않는 증거는 허락되지 않는다. 이것은 '자연 해명'에 있어 특히 중요하다. 베이컨은 이 '기록된 경험'까지도 실험 응용이라는 의미로 앞서 말한 것과 같은 명칭, '읽고 쓸 줄 아는 경험'이라고 부르고 있다. 발명도 자연사·실험사에 관한 수집이 없으면 이루어질 수가 없다. 이처럼 보관과 전달은 기능에 있어서는 소극적이지만, 그 의미는 가볍지 않다. 발명과 판단은 이에 반해 적극적인 성격을 지니고 있다. 이성을 정밀하고 보편적으로 사용하는 부문으로, 논리학의 근본이라 할 수 있다.

논리학이 가진 기능은 세 가지로 나눌 수 있을 것이다. 그 첫째는 편향적으로 왜곡된 인간 정신을 올바르게 하는 것이다. 둘째는 인간 정신의 능력이 지닌 약점이나 결함을 보조하고 보충하는 것이다. 셋째는 적극적인 발명을 통해 이성을 원조하는 것이다. 셋째 단계는 앞의 두 기능이 우선되지 않으면 발생할 수 없다. 이 기능들을 다시 정의하면 파괴와 보충과 건설의 반복이다. 이를 베이컨 이론에 적용하면, 파괴는 이돌라 논이고, 보충은 감각과 기억과 이성을 강화·보충하는 것이며, 건설은 새로운 귀납법을 적용한 '신기관'이라 할 수 있다.

진리의 길을 방해하는 이돌라

이돌라 논은 베이컨 초기 저작에 이미 나타나, 그 뒤 갖가지 저작에서 끊임없이 강조되고 변형되어 왔다. 《신기관》이 그 대표적 저작이다.

이돌라는 '우상'이라 번역하는데, 베이컨은 이돌라라는 명사 외에도 '잘못된 환상' 또는 '오류'라고 불렀다. 베이컨이 《학문의 진보》에서 '동굴의 이돌라'라는 용어를 사용할 때, '동굴'은 플라톤이 말한 동굴의 비유에서 빌려온 것이 아닌가 싶다. 플라톤은 이것을 진정한 실재(實在)에 대하여 변화하기 쉬운 그림자라 하였다. 베이컨도 이돌라를 환상·오류라 여기는 점에서는 공통적이다. 그러나 단순히 근원을 혼란스럽게 만드는 정도가 아니라, 뿌리 뽑기 극난할 만큼 인간의 정신에 달라붙어 진리의 질을 더럽히는 존재인 것이다. 그가 처음으로 이돌라 논을 언급한 저작은 《시대의 강인한 탄생》이다. 그는 이 책에서 극장의 이돌라·시장의 이돌라·동혈의 이돌라에 대해 언급하였고, 같은 해에 출간된 《워렐리우스·테르미누스》에서는 종족의 이돌라·궁정의 이돌라·동혈(동굴)의 이돌라·극장의 이돌라를 열거하였다. 궁전은 영문으로 'palace'인데 'place'로 잘못 옮긴 것으로 생각되기 때문에, 여기에 네 가지 이돌라 명칭이 《신기관》에 나온 순서와는 다르지만 빠짐없이 모두 실려 있다.

1605년 《학문의 진보》에서는 이돌라는 명사가 아닌 '잘못된 환상'으로 정의하고 있고, 앞 책에서 극장의 이돌라에 해당하는 내용이 누락되어 있다. 배열 순서에도 변화가 있다. 《학문의 진보》에서는 타고난 것을 앞에 두고 우유적(偶有的)적인 것을 뒤로해 구분하려 했으나, 《개략과 의론》에서는 반대 순서로 구분하고 있다.

많은 변천을 《신기관》에 실린 이돌라 논은 그 논의 결말이라 해도 될 것이다. 베이컨은 이 책에서 인류에게 공통적으로 오는 종족의 이돌라, 개인에게 특별한 사정을 통해 오는 동혈의 이돌라, 사회화 과정에 인간 오성에 숨어드는 시장의 이돌라, 타고난 것도 아니고 숨어든 것도 아닌 극장의 이돌라 등을 다루며, 이것들을 타고난 것과 후천적인 기준에 의해 나누고 있다.

네 종류 이돌라

종족의 이돌라는 그 근원을 인간성 자체에서 찾는 것으로, 인류에게 공통적으로 나타나는 현상이다. 인간이 가진 감관과 지각은 무디고 무력하여, 보이지 않는 것은 인식하지 못하고, 사물이 지닌 중요성보다 자극이 주는 크기에 따라 반응한다. 또 우주의 자리에서 우주를 파악하지 않고 인간의 자리에서 우주를 파악하듯이, 사물이 지닌 본성에 자기 자신을 뒤섞어 그 본질을 변색시켜 버리는 경우가 있다.

예를 들면 인간은 자신들의 지성이 실제 보이는 것 이상으로 질서정연하고 고르다고 생각하는 경향이 있다. 또 사물을 관찰한 결과로 얻은 증거에 의해 결론을 제한하고, 사고를 정지시킬 수가 없기 때문에 시간의 무한 연장과 선분의 무한 분할을 생각하든가, 인과관계를 넘어서 멀리 있는 것을 구하며, 오히려 일상적인 인간성에 의해 목적인으로 되돌아오기도 한다. 그리고 인간이 가진 지성은 하나같이 순간적인 자극에 가장 민감하게 작용해, 이런 작은 사례를 일반적인 것으로 상상해버리기도 한다. 결국 한번 어떤 생각을 받아들이면, 다른 반대 사례를 무시하는 경향이 있다. 부정적인 사례보다 긍정적인 사례에 의해 더욱 강하게 움직이게 되는 것이 인간이 가진 고유한 잘못이다. 인간이 가진 지성은 결코 메마른 빛이 아니고, 의지나 감정에 의해 촉촉해지고 물들게 되는 것이다. 이상과 같은 종족의 이돌라는 인간이 지닌 감관이 무력한 데서, 정신의 실체가 균일한 데서, 끊임없이 움직이며 침착성이 없는 데서, 인상을 받는 방식에서, 선입견을 갖는 데서, 혹은 감정이나 의지로 물드는 데서 생긴다.

동혈(洞穴)의 이돌라는 각 개인이 품고 있는 이돌라다. 인간은 태어나 사회화 과정을 겪으며 각자 고유한 심성·습관·운영적인 사정 등을 가지게 된다. 여기서 자연으로부터 오는 빛을 방해하는 개인적인 동혈이 생겨난다. 이것은 절반은 타고난 것이고, 절반은 후천적으로 생겨난다.

이 이돌라는 다종다양한 것인데, 그 하나는 각자가 주로 관심을 기울이는 것에 대한 애착으로 인해, 모든 것을 왜곡하고 착색하는 것에서 생긴다. 예를 들면 아리스토텔레스는 자신의 논리학을 편애하여 자연철학을 노예로 삼았고, 길버트는 자석 연구에 열중하여 거기서 철학 체계를 만들어냈다. 다른 하나는 사람들이 저마다 특정 사물에 적합한 정신 경향을 갖는 것에서 생긴다. 예를 들면 어떤 사람은 사물 간 차이점을, 다른 사람은 유사성을 관찰하는 데 적합하다. 또 어떤 사람은 낡은 것을, 다른 삶은 신기한 것을 편애하여 중용을 잘 지키지 못하는 경우가 있다. 그리고 자연을 대할 때도 각자 여러 방식을 추구하는 사람들이 있다. 어떤 사람은 자연을 하나로 고찰해 지성을 몽롱하게 하고, 다른 사람은 자연을 세밀하게 분할해 지성을 분산시키고 단편적으로 만들기도 한다. 인간은 자신이 강한 관심을 가지는 분야는 무엇이든 먼저 의심을 가지고 대하기 쉽다. 그러나 자연이 품은 진실을 탐구하는 자는, 지성이 한쪽으로 쏠려 그릇되지 않도록 조심할 필요가 있다.

셋째로 시장의 이돌라는 가장 귀찮은 것이다. 이것은 타고나진 않지만, 사람들이 일상적으로 사용하는 언어와 사물 명칭이 연합해 몰래 지성에 침입하는 것이다. 언어는 마치 화폐처럼 삶들 사이를 유통하기 때문에 이를 시장의 이돌라라 부른다. 사람들은 이성이 언어를 지배한다고 믿지만, 때로는 언어가 지성에 반작용을 일으켜 지성을 움직이게 하는 일도 있다. 그로 인해 학문은 궤변적이 되고 무능한 존재로 치부되어버린다. 언어는 대개 일반인이 인식하는 구획에 의해 사물을 분류하려 한다. 그 때문에 예리한 지성의 관찰에 의해서 사물에 더 명확한 구획을 시도하려 하면, 기존 언어가 거기에

이의를 제기한다. 그래서 학자들의 토론은 자주 언어명칭 논쟁으로 끝나는 것이다. 시장의 이돌라 현상을 보여주는 경우는 두 가지가 대표적이다. 하나는 공상적인 가정 외에 대응하는 실재가 없는 명사로, 운명·원동자·행성의 천체·불의 원소 등 근거가 없는 학설에서 생겨난 조작된 것들이다. 다른 하나는 실재하는 명사라 해도, 혼란스럽고 한계가 불명확한 것들이다. 사물로부터 경솔하게 이끌어내 생긴, 작용과 성질에 관한 명사가 이에 속한다. 시장의 이돌라를 피하기 위해서는 개개의 사례를 가지고 올바른 귀납에 의해 개념과 일반 명제를 끌어내야만 한다.

최후로 극장의 이돌라는 타고나는 것도 아니고, 또 후천적으로 지성 속에 몰래 침입하는 것도 아니다. 지나치게 다양한 철학 학설과 잘못된 논증을 통해 오히려 공연하게 침입해 사람들을 진실한 인식으로부터 벗어나게 하는 것이다. 과거 철학은 무대에 상영된 각본 같은 것으로 가공적인 세계를 만들어서 사람들을 끌어들였다. 그래서 극장의 이돌라라 부른 것이다. 베이컨은 이를 학설의 이돌라라고도 불렀다.

그릇된 철학을 대별하면 근거가 없는 것을 가정하여 주장하는 독단적 철학과, 악의를 가진 의문에 의한 회의적 철학 두 가지가 된다. 독단적 철학은 또 통속적으로 음미되고 있지도 않은 경험을 보편적인 의견으로 마무리 하든가, 너무나 부족한 경험에 의존 하든가, 또는 경험을 전혀 돌아보지 않던가, 종교적 신앙과 신학적 전설에 지나치게 의존하는 경우를 말한다. 첫 번째 종류는 아리스토텔레스가 펼친 궤변적·합리적 철학이고, 두 번째 종류는 연금술사들의 경험적 철학이며, 세 번째 종류는 피타고라스나 플라톤으로 대표되는 미신적 철학이다. 플라톤 학파들이 펼치는 회의적 철학은 진리를 발견하는 데 절망을 안겨주고 엄격한 탐구의 길을 포기하게 만든다.

다음으로 논증은 그 자체가 하나의 학문이다. 왜냐하면 논증이 어떻게 이루어지는가에 따라 철학과 고찰도 올바른 길로 나아가기 때문이다. 그런데 전통적 논리학 논증은 세계를 인간의 사고에, 그리고 사고를 언어에 예속시키는 것 외에는 아무것도 하지 않으려 한다. 이렇게 잘못된 논증은 이돌라의 요새와 같은 것이다.

비판 철학의 맹아

이돌라 논은, 의론에서 성공을 꾀한 전통적 논리학에 대항해, 자연을 지배하기 위한 기술 발견을 목표로 하는 새로운 베이컨 논리학과 불가분의 관계다. 이돌라 논은, 인간이 가진 이 같은 환상이, 지성과 세계와의 관계가 마땅히 가야 할 올바른 길에 혼란을 준다는 확신에 서있다. 이 확신은 베이컨이 품고 있는 그리스도교 신앙과, 그리고 그가 계획한 지식 이상과 일치하고 있다. 인간 정신이 창조주 손에서 나올 때, 자연과 세계의 순수성을 지닌 근원적인 지식이 부여되었고, 이는 인간을 위해 하늘과 땅을 올바르게 비치는 거울이었다. 그런데 야심과 지배욕에 의해 죄를 지음으로, 인간 정신은 하늘과 땅의 삐뚤어진 거울이 되어 사물이 만드는 빛을 뒤틀리게 만들었다. 자연 고찰에 의해 신의 비밀을 탐색하고 스스로 신이 되려고 하여, 우주적 세계와 비슷한 기괴한 가짜 세계를 만들어냈다. 그리고 연금약을 가지고 이마가 흘린 땀이라는 거짓말도 해대기 시작했다. 창조주로부터 은혜 받는 순수한 자연의 빛에 의해서가 아니라, 자신들이 가정한 역설에 맞추어 새로운 세계를 만든 것이다. 인간 정신이 다시 올바른 세계를 비추고, 인간 정신과 자연이 지닌 순수성이 신성한 만남을 회복하기 위해서는 이런 기괴한 조작과 역설을 파괴하지 않으면 안 된다.

파울러는 이와 같이 베이컨이 주장한 이돌라 논에 대해 '《신기관》이 지닌 핵심이다'라며 그 중요성을 지적하였다. 솔레이는 이돌라 논에 베이컨이 가진 독창성과 통찰력이 잘 드러나 있다고 평가했다. 팔린톤도 '과거 잘못된 연구에 대한 베이컨의 진지한 분석은 진리 탐구자를 위한 가장 가치 있는 원조'라 하며 그 영속적 가치를 인정했다. 그리고 헤프딩은 '주관적 지식에 속하는 것과 우주에 속하는 것 사이를 구별한 시도'라 평가하며, 이돌라 논을 비판 철학으로 인정하였다.

베이컨과 칸트

베이컨은 학문을 통해 자연에 대한 인간의 지배권을 확대하고, 인류에게 유익한 발명을 이끌어내려 했다. 즉 학문을 단순한 학파 문제가 아닌 범인류적인 문제로 상승시키려 했던 것이다. 그 때문에 과거 학문을 검토하고 비판한 것이다. 그리고 이돌라 논을 통해 우리 인식능력을 재검토해보고, 평가받지 않고 보조가 부족한 인간의 인식능력이 얼마나 미성숙한가를 지적하였다. 또한 그 불충분한 인식능력에 의존하는 철학이 한편으로 경험 기초가 불확실한 아리스토텔레스 학파 궤변적·합리적 철학에, 협소한 경험에 의존하는 미신적 철학에, 독단적 철학에, 다른 모든 사고를 무시하는 아카데메이아 학파 회의적 철학에 이르게 되는 것을 경고한다. 그리고 정신이 가진 힘에만 의존하지 않고, 또 실험에서 얻는 재료만을 믿지 않고 양자를 긴밀하게 결합시키는 방법이 올바른 길이라 한다.

여기에 대해 칸트도 인간이 지닌 이성 능력을 비판해 비판 철학이라 불렀지만, 베이컨은 어떤 학파나 학설을 비판하기 위해서가 아니라 지식이 지닌 본질과 근거를 탐구하여 철학 그 자체를 비판적으로 보고자 했던 것이다. 그리고 볼프 합리론과 흄 경험론을 모두 무비판적이라 하여 배척하고, 이성이 지닌 선험적 능력을 인정함과 동시에, 경험을 통해 얻는 인식의 재료가 거기에 더해져야 올바른 연구가 이루어진다고 주장하였다. 베이컨이 추구한 학문 개혁과 그 이전 학문과의 대립관계는, 마치 칸트 철학과 그 이전 철학과의 대립과 너무나 흡사해 보였다. 베이컨이 자연에 대한 인간의 지배권 확대를 추구한 것은 경험적·현실적으로 인간의 자유를 촉진하려 한 것이었다. 이에 대해 칸트는 인간이 이성능력에 의해, 자연에 대한 우위와 인격의 자유를 이론적으로 확립했다 평했다. 앞서 말한 바와 같이 칸트가 《순수 이성 비판》첫머리에서 베이컨의 《대혁신》 서문 일부를 게재한 것은, 두 사람의 관심이 공통적이었다는 것을 증명 해준다.

정신의 보조

논리학이 가진 파괴적인 성격을 가지고 이돌라를 완화시키고 마침내 그릇된 철학과 논증 방법들을 일소시키려면, 반드시 '자연 해명'으로 나아가야 한다. 그리고 자연 상태의 인간 인식능력에는 결함이 있기 때문에, 여기에 대한 대책을 마련해야 한다. 이때, 감관·기억·지성 이 세 가지에 대한 보조가 필요하다.

자연 해명은 모두 감관으로부터 시작되는데, 감관에는 적극적인 것과 소극적인 결함이 있다. 적극적인 결함이란, 감각에는 주관적인 요소가 있어 특정 기관이 외부로부터 자극을 받는 것에 자신의 성질을 섞어 자연을 인식하는 것이다. 물론 이때 인식되는 자연은 있는 그대로의 자연이 아니다. 소극적 결함은, 감관이 극히 협소한 범위의 자극에만 반응한다는 것이다. 즉 미묘한 것, 멀리 있는 것, 빠른 것, 늦는 것, 약한 것, 강렬한 것 등은 관찰할 수 없다.

이러한 결함을 보완하는 방법은 적절한 자연사와 실험사를 사전에 충분히 수집해 준비하는 것이다. 《대혁신》 셋째 부문이 이에 해당한다. 이것을 준비함으로써 감관이 제멋대로 활동하는 것을 억제할 수 있다. 베이컨은 《신기관》 제2권 38부터 43까지의 금언을 통해, 소극적 결함에 대한 보완방법을 제시한다. 첫째는 '출입구 또는 문간의 사례'라고 하여, 감관의 직접적인 작용을 강화하고 확대해 시정하는 것이다. 시력을 돕는 현미경·망원경·측량기구와 같은 것들이 이 도구에 해당한다. 둘째는 '소환적 사례'로, 직접 감지할 수 없는 것을 가능하게 만드는 것이다. 예를 들면 대상이 멀리 떨어져 있어 감지할 수 없는 경우에, 먼 곳에서 감관을 자극할 수 있는 다른 대상을 찾는 것이다. 봉화나 벨을 통해 먼 곳과 교신하는 것이 그 실례다.

셋째는 '도로의 사례'다. 운동이 일정한 시기에만 발생하거나 이제는 아예 활동이 불가능한 상태일 때, 대체 사례를 찾아 같은 운동을 하도록 지시하는 것을 말한다. 예를 들면 식물 발육 연구를 위해 파종을 해 그 성장과정을 관찰하거나, 알의 부화를 연구함으로써 포유류 태아의 성장 비밀을 알아내는 방법 등이 거기에 속한다. 넷째는 '보족적(補足的) 또는 대용적 사례'다. 감관이 전혀 신뢰성이 없는 경우, 다른 대용물을 공급하는 것이다. 예를 들면 우리는 열을 전도하지 않는 물체를 알지 못하지만, 돌은 공기보다 전도율이 몹시 낮은 것이다. 돌 또는 이것과 최대한 유사한 물체를 찾아 연구하면, 열이 전도되지 않는 물체에 차츰 접근하게 될 것이다. 다섯째는 '해부적 사례'다. 감관에게 자연의 극히 일부만을 미묘하게 상기시켜, 그것에 대한 주의와 관찰과 연구를 꾀하도록 하는 방법이다. 예를 들면 잉크 한 방울이 많은 글자나 행으로 번지고, 긴 철사에 은이 도금되는 것 같은 경우다. 이상 다섯 가지 보조 사례를 총괄하여 '램프 또는 최초 보고 사례'라 부른다.

기억에 대한 보조를 이용해 관찰을 기록할 때, 그 남은 기록을 필요한 경우에 다시 이용하기 쉽도록 정리 표를 만드는 것이 좋다. 왜냐하면 자연사와 실험사는 그 종류가 다양하고 내용이 난잡하기 때문에, 적당한 순서로 정리해 전시하지 않으면, 도리어 지성을 당혹스럽고 혼란스럽게 만들 수도 있기 때문이다. 그러므로 지성이 사례를 편리하게 다룰 수 있도록 정연한 방법으로 사례 표를 만들 필요가 있다. 이 정리표를 작성하는 단계는 《대혁신》 넷째부문, 즉 《지성의 단계》에서 행해지는 작업이다.

최후 지성에 대한 보조라는 것은 진정으로 합법적인 귀납법 사용을 말한다. 따라서 이 보조적인 부문은 논리학의 건설적인 부문과 명확하게 구분할 수 없기 때문에, 베이컨 귀납법 적용에 대한 설명은 이 보조적인 부분을 포함한다.

형상의 의미

형상을 탐구하는 형이상학이 지식 피라미드 정상에 가까이 위치한 것처럼, 형상은 베이컨 자연철학의 궁극의 문제다. 뿐만 아니라 형상 발견은 모든 탐구 중에서 가장 가치 있는 것으로, 베이컨이 추구한 학문 전체의 목적이기도 했다. 이에 대해 그는 말했다.

"주어진 성질에 대한 그 형상, 또는 참된 종적(種的), 내지는 성질을 낳는 원천(이런 것은 사물을 설명하는 데 가장 적절한 명사이다)을 발견하는 것은 인간이 추구해야 할 학문 활동이자 그 목적이다."

그가 학문을 개혁하기 위한 방법의 열쇠로 논리학을 삼았지만, 형상도 소홀히 다루어서는 안 된다. 발견을 위한 베이컨의 학문에서 모든 노력은 형상으로 집약되기 때문이다.

형상에 대한 베이컨 이론은 《학문의 진보》·《신기관》·《학문의 위엄과 증대》 등에서 볼 수 있으나, 대별하여 두 가지 의미로 이해할 수 있다.

첫째는 앞 인용문에서 보여주듯이 형상이란 종적인 차이, 성질을 낳는 성질, 즉 근원 성질이다. A라는 성질을 지닌 형상은 A라는 성질을 다른 B·C 등 성질과 철저히 구별되게 함으로써, A라는 성질을 A답게 하는 것, 즉 A의 종적 차이이다. 그러나 A라는 성질을 지닌 형상은 A라는 성질과 동등한 것이 아니고, A라는 성질을 낳게 하는 성질(능히 낳을 수 있도록 하는 자연)이다. A라는 성질을 지닌 형상과 A라는 성질과의 관계에 대해 베이컨은 다음과 같이 말했다.

"어떤 성질을 지닌 형상은, 그 형상이 주어지면 그 성질이 반드시 나타나는 그런 것이다. 그러므로 형상은 그 성질이 존재할 때는 언제나 존재하고, 그 성질이 현존(現存)함을 보편적으로 암시하며, 그 성질을 지닌 모든 것 속에 내재한다. 또 형상은 그것이 없어지면, 그 성질도 반드시 없어지는 그 런 것이다. 따라서 그 성질이 존재하지 않을 때는 그 형상도 언제나 현존하 지 않으며, 그 성질이 존재함을 항상 부정하고, 다만 그 성질 속에서만 존재 하는 것이다."

즉 어떤 성질의 형상은 그 성질의 보편적·필연적인 원인이다. 형상은 진 정한 종적 차이, 성질을 낳는 성질, 성질의 근원이라 말했다. 그 논리는 '물 체 또는 사물이 지닌 어떤 성질은 종속적인 성질에 불과하고, 물체의 본질적 속성으로서 실체에 속한 성질에서 생긴 필연이 낳은 결과이다'라는 사고방식 에서 나온 것이다. 우리가 감각으로 느끼는 물체가 지닌 현상적·가감적(可 感的) 성질 차이는 주관적 우연성을 고려한다 해도, 결국 실체의 어떤 차이 에 대응되기 때문이다. 다른 실체가 지닌 성질 차이에 대응해, 그 원인이 되 는 것을 베이컨은 형상이라고 부른 것이다. 예를 들면 열의 형상은 열이 지 닌 본질적 속성을 낳는 원인으로, 다른 것으로부터 열을 본질적으로 구별하 는 것이기 때문에, 열의 진정한 종적 차이라는 것이다.

다음으로는 형상을 법칙, 또는 순수 작용의 법칙으로 설명하고 있다. 즉 이런 것이다.

"내가 형상에 대해 말할 때는, 열과 빛과 무게와 같이 뭔가 단순한 성질을 감각할 수 있는 물질이나 대상에 있어, 그들을 지배하고 구성하는 순수 작용 법칙으로 한정하는 것을 의미한다. 그러므로 열의 형상 또는 빛의 형상 그리 고 빛의 법칙과 같은 것이다."

그러나 이 법칙 내지 순수 작용 법칙은 근대 자연과학에서의 법칙—사물 간의 보편적이고 필연적인 관계—과는 다른 것이다. 베이컨은 열의 형상을 '열이란 팽창하고 억제되어 서로 충돌하는 입자 운동이다'라고 말했다. 또 하얗든가 검은 색채 형상은 충실한 분자의 배열이라고 했다. 이런 것이 형상 이고 법칙인 것이다. 그러나 이런 것은 오히려(그 내용 적합 여부는 별개 문 제로 하고) 사물의 정의다. 베이컨 스스로도 형상은 사물의 진정한 정의라 고 하였다. 하지만 운동의 정의와 운동의 법칙은 같은 것이 아니다. 다만 베 이컨은, 형상은 법칙이기도 하고 정의이기도 하다는 것이다.

형상은 어떤 의미로 법칙인 것인가. 열 또는 색채 형상을 두고 말한다면 그것은 입자 또는 분자운동이고 배열을 통해 만들어진 것이다. 열과 흰색이 있으면 반드시 이 운동과 배열이 있다. 이 입자나 분자운동 또는 배열 특질은, 열 또는 흰색이라는 성질을 존재하게 하는 필연적인 원인이다. 열 또는 희색을 만들려면, 사람이 반드시 이런 형상의 조건을 충족시켜줘야 한다. 베이컨에게 있어서 형상은 어떤 성질을 발현시키고 산출시키기 위해 반드시 필요한 지침이자 조건이다.

단순 형상과 복합 형상

"나는 지금 복합 형상에 대해 말하는 것이 아니다. 복합 형상은 우주의 통상적인 과정에 따라, 모든 단순 성질이 결합한 것이다. 예를 들면 사자·독수리·장미·황금 등과 같은 형상들이다."

이와 같이 형상에는 단순한 것과 복합적인 것이 있는데, 문제가 되는 것은 단순 형상이다. 《학문의 위엄과 증대》에서는 단순 형상을 제1급 형상이라 부르고 있다. 복합 형상은 단순 형상을 알게 되면 필연적으로 알게 되는 것이다. 단순 형상은 말 그대로 단순 성질을 지닌 형상이다. 베이컨이 예로 든 것에는 감각·수의(隨意)·운동·발육·색채·무게·가벼움·농밀·희박·열·냉·빛 등이 있다. 그리고 단순 형상은(알파벳 글자와 같이) 그 수는 적지만 모든 실체가 지닌 본질과 형상을 구성하고 지탱하는 것들이다. 베이컨이 단순 성질의 예로 든 것은 그 기준이 분명하지 않고, 이상한 느낌을 주는 것도 있다. 하지만 베이컨은 소수의 단순 성질과 단순 형상을 가지고 모든 물질을 설명하려 했다. 즉 물질계는 다양한 종류의 실체로 구성되어 있는데, 그 종류는 비교적 적은 단순 성질에 의해 다른 것과 구별된다.

황금을 예로 든다면, 황금은 '일정한 무게, 일정한 전연성, 일정한 유동성, 특정 방법에 의한 용해성 등이 합일된 것'이다. 이런 특성을 지닌 형상은 황금이 가진 그 밖의 성질, 즉 제2차 성질도 가지고 있을 것이다. 겉으로 보기에는 다종다양한 물질계도, 비교적 소수의 단순 성질과 그 형상의 합성으로 이루어진, 비교적 소수의 종적인 실체의 혼합이며 편성인 것이다. 그러므로 만약 우리가 이 비교적 적은 단순 성질과 형상을 알고, 이것들을 덧붙일 때 필요한 혼합 비율을 알 수 있다면, 황금을 합성하는 것도 가능한 일이 된다. 물론 나아가서는 자연에 없는 물질도 합성해 낼 수 있을 것이다. 이 형상을 응용하는 분야가 자연철학의 자연 마술이다.

황금의 예를 다시 들면 '무게와 색의 본성을 알고, 망치로 때려서 탄력성과 무른 정도를 알고, 불에 달구어 휘발성을 아는 사람'은 앞 조건들을 만족시키는 물질과 장치를 동원해 황금을 만들어 낼 수 있게 되는 것이다. 이러한 방법은 어떤 물질에 약 몇 알을 투입해 금세 황금으로 바꾼다는 말보다 훨씬 현실적이다.

전시 표와 배제 표

베이컨은 열 형상을 발견한 절차에 단순 형상 탐구 순서를 적용해 표시하였다. 열을 단순 성질로 하는 근거는 없었으나, 고대 그리스 시대 이래 학자들이 자연을 구성하는 기본 원소로 꼽은 것은 흙·물·공기·불이었다. 이와 관련지어 생각하면 이해가 될 것이다.

첫째로 열이 존재하는 수많은 사례를 수집한다. 베이컨은 태양 광선부터 몹시 추울 때 느끼는 따뜻한 감각에 이르기까지 27가지 사례를 제시해 '본질과 현존의 표'라 이름 붙였다. 이것은 단순한 예거이지만, 그 범위가 넓고 다양해 어느 것에나 열과 그것을 뜨겁게 느끼는 감각 현상이 존재하고 있다는 것을 보여준다.

다음으로 열이 결여하고 있는 사례를 알 필요가 있다. 이런 사례는 한없이 많을 수 있다. 그러나 그것을 모두 열거하는 것은 무익한 일이다. 이런 사례는 열 형상과 직접 관련이 없기 때문이다. 그러므로 다른 조건은 열이 존재하는 사례와 비슷하지만, 열을 갖고 있지 않은 사례를 수집해, 열이 존재하는 사례에 곁들인다. 예를 들면 태양 광선은 열을 갖고 있지만, 같은 행성이라도 달이나 수성은 열을 갖고 있지 않다. 베이컨은 이런 종류의 32가지 부정적 사례를 수집해 '근접한 것으로 열의 본성이 빠진 사례'라 불렀다. 이 수집이 갖는 의의는 바로 곁에 있는 긍정적 사례로부터 결론을 이끌어내는 성급함을 경고하는 데 있다.

셋째로 열이 다른 정도의 사례를 수집하는 것이다. 예를 들면 동물이 가진 열은 운동에 의해, 마찰열은 마찰 강도에 따라 변하는 경우처럼, 동일한 것을 가지고 열의 변화를 비교하든가 또는 여러 가지 것을 가지고 열의 정도를 비교하는 방법이 있다. 베이컨은 이를 '열 정도를 비교한 표'라 부르고 41가지 사례를 들었다.

이상 세 가지 표를 지성 앞에 전시한 다음, 열 형상과 관계가 없는 성질을 배제하는 작업에 착수한다. 즉 열이 존재하는 경우에는 열이 발견되지 않을 것 같은 성질, 열이 존재하지 않는 경우에는 열이 발견될 것 같은 성질, 열이 증가할 때는 열이 감소하는 성질, 열이 감소할 때는 증가하는 성질, 이런 것들을 하나하나 제외한다. 이와 같은 배제는 위의 세 가지 표에 포함된 사례 중 어느 것이라도 상관없다. 예를 들면 뜨거운 철은 다른 물체에 열을 전도하지만 자신의 중량은 변하지 않는다. 그러므로 이 경우에는 열 변화로 인해 물체 구성 성분이 나누어지거나 섞이는 사례를 제외한다. 베이컨은 실제로 열네 가지를 제외하는 예를 보이고 '열을 지닌 형상에서 여러 가지 본성을 배제 내지 제외하는 예'라 이름 붙였다. 이처럼 본질과 관련이 없는 것을 제외시키는 방법이, 베이컨 귀납법이 지닌 특색이다. 그리고 이러한 특징은 과거 귀납법에서 찾아 볼 수 없는 것이다. 이 배제가 적절히 이루어지면, 긍정적인 사례로부터 최후에 올바른 형상을 발견할 수 있다는 것이다.

최초 수확과 실험적 검토

엄밀 정확하게 형상을 탐구하는 데는 지성의 귀납을 위한 보조수단으로써 전시 표와 배제 표를 완성시키는 것이 필요하지만, 거기까지 이르지 못하더라도 앞서 말한 세 전시 표를 검토하면 무엇인가 발견이 될 것이다. 그 발견에는 오류도 있을 수 있으나 그 발견을 가설적인 것으로 생각하고, 실험을 통해 수정해 나가면 진리에 접근할 수 있을 것이다. 그렇게 하는 것이 오히려 현실적이라 생각된다. 진리는 혼란보다도 잘못에서 한결 빨리 나타나는 것이기 때문이다. 그러므로 베이컨은 세 가지 전시 표와 배제 표로부터 하나의 가설적인 형상을 발견하도록 시도했는데, 이를 '열 형상에 대한 최초 수확' 또는 '지성의 증명서', '해명의 실마리'라 이름 붙였다. 열 형상에 대한 최초 수확이란 이런 것이다. 우선 전시 첫째 표에서 열이 지닌 본성은 운동이며 또 불꽃의 예와 같은 팽창운동이라는 것, 더욱이 한결 같은 팽창이 아니고 물체의 작은 분자간의 팽창운동으로, 동시에 저지당하기도 하고 반발당하기도 하는 운동이라는 것을 알았다. 그러므로 '열은 팽창하고, 저지되며, 저항하는 작은 분자간의 운동이다'라는 열의 잠정적인 형상을 얻은 것이다. 이는 열의 참다운 정의이기도 하다.

하지만 열의 형상 내지 정의는, 베이컨 자연철학의 이론적 부문인 형이상학이 탐구해야 하는 것이었다. 지금 알아낸 열의 형상은 시험적인 것이기 때문에 재실험 또는 작업에 의해 검토되지 않으면 안 된다. 자연철학의 몫인, 작업에 대한 지시는 다음과 같다. 무엇인가 자연 물체 가운데, 자기 확산이나 팽창적인 운동을 일으켜, 그 확산이 일부분은 이루어지고 일부분은 저지되는 식으로 운동을 억압하고 되돌아오게 한다는 것이다. 만약 이 작업에 의해 기대만큼의 열이 생기지 않을 때는, 열 형상은 재음미되고 수정되어, 열에 대한 정의는 고쳐지는 것이다. 그러나 베이컨은 이 실험을 시도하지 않았다.

지성의 보조수단

이상 세 전시 표와 배제 표가 적절히 완성된다면, 형상의 발견은 지력 우열에 의존하지 않고 쉽고 확실하게 이루어질 수 있다. 그러나 여기에 어려운 문제가 있다. 우선 세 가지 전시 표로 충분하고 완전하다는 보장이 없기 때문이다. 또 배제 표는 단순 성질을 제외하는 것이지만, 단순 성질에 대한 개념이 명확하지 않고 막연하기 때문이다.

그러므로 우선 전시 표 작성에 필요한 방대한 작업을 간소화하는 방법을 강구해야 한다. 그리고 다음으로 단순 성질에 대한 명확한 개념을 세워야 한다. 그러기 위해서는 지성이 귀납을 진척시킬 수 있도록 도와줄 보조수단을 연구하지 않으면 안 된다.

전시 표와 배제 표를 완성하기 위해 필요한 보조수단으로 베이컨이 거론한 것은 다음과 같다.

(1) 특권적 사례
(2) 귀납의 보조
(3) 귀납의 수정
(4) 문제가 지닌 성질에 의한 연구변화
(5) 연구에 관한 우선적 성질

(6) 연구의 한계

(7) 실제 응용

(8) 연구 준비

(9) 일반적 명제의 상승적 단계와 하강적 단계

이런 가운데서 베이컨은 최초 특권적 사례로서 27가지를 들었다. 특권적 사례라는 것은 보통 사례보다 증명력이 있고, 소수 특권 사례가 다수 보통사례를 수집하는 것보다 나아서 특별한 주의를 필요로 하는 일종의 우선권을 가진다는 것이다. 이로 인해 사례수집 작업이 간략해지고 적절하게 이루어진다는 것이다. 색깔 연구의 경우를 예로 들어 보겠다. 프리즘은 빛에 의해 내부와 외부 벽에 색이 생긴다. 그러나 꽃과 보석 또는 그 밖의 유색 사례와 비교해 볼 때, 색깔 이외에는 그들과 아무것도 공유하고 있지 않다. 이렇게 프리즘에 의해 생긴 색깔만을 고립시켜 연구해보면, 색깔은 투사되고 반사된 영상의 변화라는 것이 쉽게 추정된다. 베이컨은 이 프리즘 예를 특권적 사례 중, 첫째인 고립적 사례라 불렀다. 이어서 어떤 성질이 가끔 나타났다 사라지는 이동적인 사례, 현상이 가장 강하게 나타나 있는 명시적 사례 등 총 27가지를 《신기관》 제2권에 싣고 있다. 그 밖의 여덟 가지 보조수단에 대해서는 명칭만 말했을 뿐 실제로는 거의 설명하지 않았다. 사실 가장 필요한 것은 단순 성질에 대한 개념을 명확히 하는 것인데, 베이컨은 이를 시도하지 않았다.

베이컨의 귀납법

파울러는 베이컨 귀납법이 지닌 특색에 대해 다음과 같이 정리하였다.

(1) 사실에 대해 묻고 이것을 수집해 직접 자연과 결부시켜, 일반 명제를 형성하기 전에 관찰하고, 실험의 중요성을 강조한 것

(2) 낮은 차원의 명제 또는 공리로부터 보다 높은 일반 명제로 단계적인 상승

(3) 단순 열거의 낡은 귀납법 대신, 사례를 선택해 비교하는 것

(4) 권위를 무시함

(5) 공상을 제한

솔레이는 자연사를 통해 막대한 사례를 수집한 후, 배제법을 사용해 차츰 일반성을 첨가하며 서서히 단계를 높여가 확실성으로 이끄는 것, 이것을 베이컨 귀납법이 지닌 특징으로 보았다.

그렇다면 이 같은 특색을 지닌 베이컨 귀납법이 가진 가치 유효성은 어떠한가. 많은 학자들은 이에 대해 부정적인 견해를 가지고 있다. 앞서 말한 솔레이는 베이컨 귀납법에 대해 착상의 중요성과 그 진리성을 인정하면서도, 두 가지 큰 결함을 지적하였다. 하나는 연구 작업을 진행하는 데 쓰이는 개념들이 명확하지 않다는 것이고, 다른 하나는 막대한 사례 수집을 필요로 하지만 실제로 그것은 불가능하다는 것이다. 앞서 말했듯 이러한 문제점들은 베이컨 스스로도 깨달은 것들이었지만, 그 교정을 실천하진 못했다.

솔레이는 또 이러한 비판을 덧붙였다.

"베이컨은 모든 과학의 진보가 의존하고 있는, 가설이 지닌 성질과 기능을 오해하고 있다. 그로 인해 실험적 증명의 본질적 수단인 연역법을 비판하고 있다. 과학적 발견과 증명 방식이 늘 《신기관》을 따를 수는 없는 것이다."

러셀도 베이컨 귀납법이 지닌 결함으로 가설이 불충분한 점, 과학에서의 연역법과 수학의 역할을 너무 가볍게 본 것 등을 들었다. 베이컨도 열 형상을 잠정적인 가설로 생각하고, 실험에 의해 수정을 가해 완전한 것으로 만들 수 있다고 생각했다. 여기서 결여된 가설이라는 것은 경험이나 실험을 통해 귀납적으로 이끌어낸 하나의 잠정적인 결론을 말하는 것이 아니다. 베이컨에게 결여된 가설이라는 것은 귀납적 절차에 앞서 수집한 사례가 적절한 것인가를 선별하기 위해 필요한 가설이다. 또는 갈릴레이나 뉴턴처럼 소수 사실에 의해 사례를 설정한 후, 다음에 그것을 검증하기 위한 그런 가설이다. 갈릴레이는 진공 중의 낙체에 대해 수학적 방법을 사용해 이론적으로 분석하고, 거기에 추론을 보태서 예상되는 결과를 가설로 세웠다. 그 다음에 금속 공을 사면에 굴려 실험하고, 가설이 옳았다는 것을 증명하여 낙체 법칙을 발견한 것이다. 혹은 또 뉴턴이 원자설에 의해 모든 화학적 현상을 설명한 것처럼, 일정한 현상을 통일적으로 설명하기 위한 가설이다.

베이컨도 이와 같은 가설의 의의를 전혀 인정하지 않았던 것은 아니다. 1604년 《물체의 성질에 의한 고찰》에서 데모크리토스 원자론 가설을 지지했다. 그러나 원자론에서 떨어져 형상 연구로 관심을 돌린 다음부터는, 자연으로부터 실제 듣는 것만 신뢰하고 모든 가설은 공상이라 여기고 배척하였다. 1612년 《천체 이론》에서는 모든 천문학 가설에 대해 논박하는 것조차 무익하다 했고, 1620년 코페르니쿠스의 지동설을 듣고는 거기에 해당되는 실재적 운동은 없다고 부정하였다. 베이컨이 가설에 대해 의심을 품은 것은 브로드가 말한 것처럼 '편견 없는 사실에 접근'하는 것을 지나치게 강조한 결과였다. 그리고 상상력과 공상을 혼동한 결과, 창조적이고 구성을 잘 갖춘 상상력을 이해하지 못한 데서 온 것이었다.

갈릴레이나 뉴턴은 가설로부터 분석적·연역적으로 귀결을 이끌어 낸 뒤, 실험을 통해 그 귀결의 진리성을 확인하였다. 그리고 연역적 추론과 실험에 의해 그 가설을 음미할 때, 수학을 도구로 사용하여, 현상을 수량적 관계로 설명하였다. 17세기 과학 진보는 갈릴레이와 데카르트를 대표로 하는 수학적 연역법에 의해 달성된 것이다. 베이컨은 양을 측정할 때 수학이 모든 학문에 유용한 보조수단이 된다는 것을 인정하고 있었다. 그러나 그것보다 오히려, 수학이 인간 지적 능력의 결함을 시정하는 데 유익하다는, 부수적 효력에 더 관심을 보였다. 연역법에 대해서는, 귀납법에 의해 도출된 결론을 실제 응용하는 경우 외에는 가치를 인정하지 않았다. 자연을 연구하여 발명·발견을 하는 데 있어, 연역법을 완전히 배제한 것이다. 과학적 연구에 있어서, 연역법과 수학이 가진 본질적인 의의를 충분히 이해하지 못한 결과이다.

대사업을 시작하는 역할론

대가들이 지적한 것처럼, 베이컨식 귀납법 자체에 약간의 결함은 있었지만, 사실 근대 자연과학상의 발명·발견에 있어 귀납법만큼 큰 영향을 끼친 것도 없다. 무엇보다 실험의 가치를 강조하고, 권위에서 해방되어 공상에 의지하지 않으며, 자연과 직접 만나길 시도했다. 이런 성과들을 볼 때, 베이컨보다 뛰어난 연구자는 그 이전에는 없었다고 해도 과언이 아니다. 실험 과학은 곧 근대과학이다. 베이컨은 이전의 조잡하고 단순·소박한 귀납법을 비판하고, 조직적인 관찰과 실험을 시도한 끝에 과학적인 귀납법을 이끌어냈다.

이 공적은 마땅히 인정받아야 한다. 《신기관》이 저작된 지 220년 후, 존 스튜어트 밀은 대작 《논리학 체계》에서 이렇게 말한다.

"베이컨의 저작은 귀납법의 가장 중요한 원리 몇 가지를 포함하고 있지만, 자연 연구는 이제 베이컨식 귀납 개념을 훨씬 넘어서고 있다. 물론 도덕적·정치적 연구는 아직 그 개념보다 훨씬 뒤졌다. 이런 문제에 대한 이 즈음의 추론 양식은 베이컨이 항변한 것과 같이 해롭다. 즉, 이런 문제에 사용되고 있는 귀납법은 바로 베이컨이 비난한 단순 열거에 불과하다. 모든 학파나 당파에 의해 주장된 경험이라는 것은 아직도 베이컨이 말한 것처럼, 다만 한 번 어루만져본 것에 지나지 않다."

베이컨 주장에는 많은 약점이 있다, 그리고 자신도 스스로 완전하지 못하다고 생각했다. 그는 이렇게 말했다.

"미래를 위해 보다 순수한 진리의 씨앗을 뿌려, 그 대사업을 여는 역할을 수행할 수 있다면 나는 그것으로 만족한다."

17세기 과학 진보가 갈릴레이와 데카르트의 수학적 연역법에 의해 달성되었다면, 19세기에 눈부신 발달을 보인 지질학·생물학은 만약 베이컨식 귀납법이 없었다면 존재하지 않았을 것이다.

베이컨이 남긴 것

그 밖의 부문들

베이컨 저작 계획 셋째 부문인 《철학의 기초를 위한 자연사 및 실험사, 또는 모든 우주현상》은 원래, 개인 힘으로는 완성을 바랄 수 없는 것이었다. 《대혁신》과 함께 《자연사와 실험사에 대한 안식일 전날》이 출판되었다. '안식일 전날'이라는 제목은 라틴어로 쓰여진 신약성서에 나오는 '파라스케베(parasceve)'를 번역한 말로, '유대교 안식일을 위해 준비하는 성스러운 날'이라는 의미를 가지고 있다. 이런 책이름을 고른 까닭은, 이 열 가지 아포리즘(금언)과 130가지 자연사 및 실험사 목록으로 이루어진 작은 책자가 목표로 하는 학문 개혁이 이루어진다면, 인류에게 일종의 안식일과 같은 새로운 시대가 시작된다는 것을 암시하기 위함이다. 베이컨이 자연사와 실험사를 얼마나 중요하게 여겼는가는 이 저작 서문을 통해 알 수 있다.

"자연사와 실험사가 없으면, 설사 지구 전체가 철학 연구를 위한 학교로 변한다 해도 크게 달라지는 것이 없을 것이다. 그러나 이것이 완성된다면, 자연과 학문에 대한 탐구는 새로운 빛을 보게 될 것이다."

'안식일의 전날'을 저작하고 2년이 지난 뒤《철학의 기초를 위한 자연사 및 실험사》를 저작하였다. 베이컨은 그 서문에서 신이 혹시 여명을 준다면 매월 속간(續刊)하여 자연사를 완성할 것을 맹세하였다. 그리고 '자연사는 모든 지식과 작업의 열쇠이다.'라고 말했다. 자연사는 모두 여섯 가지 부문으로 나누어졌다. 바람, 농도와 밀도, 무게와 가벼움, 사물의 동감과 반감, 유황과 수은과 소금, 생과 사, 이상이 자연사에 수록된 여섯 가지 자연 현상이다. 그중에서《바람의 자연사》는 다른 네 가지 자연사 서문을 거기에 포함시켜 출판하였다. 1623년에는《생과 사의 자연사》가 출간되었다.

《바람의 자연사》에는 고대로부터 당대에 이르는 많은 지역에서 부르는 바람의 이름과, 그와 관련된 32가지 논제가 실려 있다.《생과 사의 자연사》는 베이컨이 의학이 달성해야 할 임무로 삼은 것 세 가지 중에서 연명술을 중심에 놓고, 많은 장수 사례를 들고 있다. 그리고 그들이 사는 방식 중에서 무엇인가 특색을 발견하려고 시도한다.

1624년에 쓴《자료의 숲》은 10세기로 구분해 총 1,000항목의 자료를 제공하고 있다. 각 항목은 한 개 내지 몇 개의 사실이 실려 있고 그 현상을 만드는 원인이 설명되어 있다. 이런 사실은, 어떤 것은 베이컨 자신이 관찰한 것이고 또 어떤 것은 전해 들었던가 다른 서적에서 인용한 것들이다. 그러나 질서정연하게 분류되지 않은 난잡한 수집이었다.

넷째 부문에 속하는 저작으로는《지성의 계단》이 있다. 이것은 서론뿐인 짧은 글이다.《신기관》에서 말한 진실하고 합법적인 연구의 실례를 제시하려 했으나, 주된 뜻만 말하고 '다른 것은 때가 되면 손쉽게 완성될 수 있다'며 실례를 제시하진 못하고 있다.

다섯째 부문에 속하는《선구자》는 1607년 이후에 쓰여진 저작으로, 극히 짧은 서문만으로 되어 있다. 베이컨은 이 책에서 이렇게 말한다.

"혹시 이돌라를 배척하고, 책 대신 진정한 자연사에서 무엇인가 다시 배우려고 결심을 한다면, 평범한 능력을 가진 자라도 자연이 품은 비밀을 탐구할 수 있다."

이 주장은 앞서 말한 것처럼 새로운 귀납법 철학을 완성하려 할 때, 자연사가 얼마나 중요한가 하는 것을 보여준다. 그러나 베이컨은 이 책을 통해 그 실제를 보여주진 못했다. 그 실례는 이후 저작인 1612년 《천체의 이론》과 《조수 간만에 대하여》에서 제시한다. 전자에서는 갈릴레이의 지동설에 반대하고, 천동설을 주장한다.

"다음 사실에서 논리적·수학적인 정묘성을 버리고, 전체로서 휴식이 자연에서 제외되지 않는 것이 합리적이다. 그 사실이란 천체 운동의 움직임과 속도가 차차 느려져 부동 상태에 이른 것같이 보이는 것, 천체도 천극에 관계되는 휴식을 요하는 것, 만일 부동이 배제된다면 천체의 계통이 해체된다는 것 등이다. 그리고 혹시 부동 밀집체가 있다면 그야말로 대지구라는 것은 확인할 필요도 없다."

그리고 그 밖에 천체 계통·천체 운동 등을 논하며, '이런 것은 자연사와 자연철학의 연줄을 따라, 그 위에서 이해한 것이다'라고 말하며 글을 마치고 있다. 이상이 베이컨이 계획하고, 실행한 다섯 부문에 걸친 저작 개요다.

베이컨이 가진 과학적 지식

베이컨은 누구보다 실험의 중요성을 강조하였는데, 그 실험이 자신을 죽음에 이르게 할 줄은 알지 못했다. 그가 말하는 실험이란, '암탉 내장에 눈을 채우면 부패를 방지할 수 있는가' 정도를 확인해 보는 수준의 것이었다. 과학평론가로 보았을 때, 그가 가진 과학적 지식은 수준으로 보아 시대에 한참 뒤떨어져 있었던 것이 사실이다. 그는 평생 천동설을 믿고, 지동설을 가설이라 여기며 받아들이지 않았다. 그 근거는 앞서 말했듯, '자연은 휴식을 마다하지 않고 휴식이 가능한 존재가 있다면 지구일 것이다'라는 이유에서다. 케플러가 주장한 행성 법칙이나 갈릴레이가 설명한 조수간만의 천문학적 이론에 대해서도 부정적이었다. 같은 나라 사람인 길버트의 자석 연구는 베이컨식 귀납법을 보여주는 실례지만, 베이컨은 길버트의 연구를 동굴의 이돌라라 정의했다. 즉 몇 차례 되지 않는 실험을 가지고 대담하게 철학을 만들어낸, 신뢰할 수 없는 사례라는 것이다. 또 길버트의 마찰에 의한 정전기 현상도 꾸며낸 말이라 하며, '마찰에서 생긴 물체의 욕망'이라 정의했다.

하비가 주장한 혈액 순환설도 그 실증과 형식이 가지는 귀납법 추리로 보아 베이컨주의라 할 수 있는데, 이 역시 부정하며 혈액 순환을 '진동'이라 정의했다. 베이컨은 물리적 운동을 기계적·양적·사실적인 것으로 생각하지 않았다. 그것은 물체의 애호·혐오·회피·지배·휴식의 욕구라 생각했기 때문이다. 그의 학문 분류 기준에는 꿈 해석·예지·미혹 등도 포함되어 있어, 미신적인 것으로부터 완전히 벗어나지도 못하고 있었다.

천문학 이론에 대한 베이컨의 무지는, 수학적인 관찰과 논증을 소홀히 여긴 결과였다. 그러나 그의 천문학 이론 비판이 모두 빗나간 것은 아니었다. 그는 천체운동에는 원운동 외에, 나선운동과 타원운동도 있을 것이라 주장했다. 지금은 이 주장이 진기하게 들리지만, 당시에는 비판 대상이었다.

베이컨과 데카르트

베이컨은 데카르트와 더불어 서양 근세철학이 보이는 대립적인 두 경향의 대표적인 인물이었다. 베이컨은 지식의 유용성을 기초로 하였고, 데카르트는 지식의 명석성에 의해 학문을 재건하려 했다. 방법에 있어서 베이컨은 실험과 귀납법을 추구했고, 데카르트는 이성과 연역법을 신뢰했다. 그러나 이 두 사람은 서로 대립하면서도, 많은 공통점을 가지고 있었다. 두 사람은 모두 낡은 학문 방식에 의문을 제시하고, 완전히 새 출발 하기를 갈망했다. 다시 말해 급진적 혁신자들이었다. 하지만 그들은 사회생활에 있어서는 지극히 보수적이었고, 전통적 도덕을 존중하였다. 학문에 한해서는 혁신자들이기 때문에 종교를 부정할 것 같았지만, 그들은 신을 부정하지 않았다. 오히려 각자 자기 나라 종교를 신봉했다.

베이컨이 단순한 성질을 가진 형상으로부터 모든 물체의 성질과 형상을 설명하려 한 것은, 데카르트가 가장 단순하고 명확한 것으로부터 설명하려 한 것과 부합한다.

그리고 과거 학문이 저지른 잘못에 대한 베이컨의 철저한 논박은, 모든 것을 의심하는 데카르트의 방법적 회의와 부합한다. 그러나 인간이 지닌 오류 원인과 그 교정에 관해서는 베이컨이 주장한 이돌라 논이 더 깊이가 있다.

기하학과 역학을 혁신한 데카르트는, 수학적 논증에서 베이컨보다 훨씬 우월하다. 그러나 실험과 귀납법에 대해서는 베이컨에게 자리를 양보할 수

밖에 없다. 이처럼 두 사람은 학문을 통한 라이벌이자 서로 상호 보완적인 관계였다.

《새로운 아틀란티스》

모든 학문이 개혁을 이루어 인류 낙원을 실현하는 것, 이것이 베이컨이 평생 품은 꿈이요 목표였다. 그것을 위해 그는 학문이 지닌 결함을 낱낱이 지적하며, 개혁 방향을 지시하고, 그 와중에서도 새로운 연구 방법에 대한 저술에 힘을 기울였다. 그러나 학문 개혁은 개인 노력만으로는 완성이 불가능한 것이었다. 많은 사람들이 장기간에 걸쳐 조직적·계획적으로 협력해야 하는 일이었다. 그가 세속적인 지위 승진을 소망한 이유는, 이와 같은 사업을 촉진시키는 데에 유리한 지위와 권력을 얻기 위함이었다.

조직적이 연구시설 필요성에 대해 베이컨은 기회가 있을 때마다 그것을 언급하였다. 1594년 저작인 《그레이스인 법학원의 제스처》에 등장하는 고문관은 다음과 같은 권고 연설을 하고 있다. 이는 철학 연구에 관한 네 가지 권고이다. 첫째는 가장 완전하고 일반적인 도서를 수집하는 것이다. 둘째는 우주를 모방한 광대한 자연원을 건설하는 것이다. 거기에서는 각지 식물을 재배하고 동물을 사육한다. 셋째는 인공적이거나 우연에 의해 만들어진 진기한 사물을 수집한 표본 진열실을 갖추는 것이다. 넷째는 갖가지 기계 시설을 갖춘 '현자의 돌 궁전'에 어울리는 실험소를 완성하는 것이다.

1608년 그가 법무차관에 취임한 이듬해 비망록에는 다음과 같은 메모가 기록되어 있다. 웨스트민스터·이튼·윈체스터·케임브리지 트리니티 컬리지·옥스퍼드 마그달린 컬리지 등을 염두에 두고, 철학자와 문필가들이 모이는 장소를 생각하며, 기회를 보아 국왕이나 대주교·재무상에게 이것을 권유할 작정이었던 것이다. 그와 동시에 연구나 편집에 대한 연금지급, 과거와 미래 발명가들 조상을 장식할 화랑 건축, 도서관 설립, 기계 기구실 건축, 많은 사람들을 하나로 모을 규칙과 연구·실험을 위한 규정, 연구나 실험을 위한 여행 허용, 발명을 위한 대학 설립, 등의 구상을 짠 것이 노트에 기록되어 있었다.

1620년에 출간된 《대혁신》에 첨부해 국왕에게 보낸 헌사에서도, 자연사와 실험사 편집사업에 대한 배려를 간청하고 있다. 그리고 그해 출간된 《안식일의 전날)에서는 자연사와 실험사가 완성되는 날이면 자연과 학문에 대한 연구가 비약적으로 발전할 것이라 말하고 있다.

오랜 세월 베이컨이 꿈꿨던 조직적 연구기관은, 1627년 《자료의 숲》 부록으로 출간된 《새로운 아틀란티스》에 그려진 솔로몬 학원에 가장 생생하게 그려져 있다. 《새로운 아틀란티스》라는 제목은, 플라톤 《티마이오스》 속에 등장하는, 대서양 한가운데서 사라진 '아틀란티스' 낙원에서 빌린 것이다. 베이컨은 새 아틀란티스는, 태평양 한가운데 위치한 둘레 5~600마일의 섬으로 벤살람이라는 국가가 소유하고 있다 말했다. 솔로몬 학원은 사물의 발생 원인과 숨겨진 운동에 관한 지식을 탐구하여, 인간 제국 영역을 확대하는 데 그 목적이 있다. 거기에는 지하실험실·천체 관측소·동물 사육장·인공 온천·농장 등등 모든 연구·실험 시설이 갖추어져 있다. 그리고 이 학원 장로는 벤살람 국정지도자이기도 하다. 따라서 새 아틀란티스는 과학자가 지도하는 국가다. 이 나라 사람들은 경건하고 선량한 성격을 지니고 있어 불화나 시기하는 일이 없다. 그렇기 때문에 법 없이도 질서가 완전히 유지되는 나라이다. 《새로운 아틀란티스》는 완성되지 못한 채 후세에 남겨졌다. '새 아틀란티스'는 베이컨이 목표로 한 계획을 세우기 위해 필요한, 사회적·정치적인 조직을 그린 스케치였다.

왕립 학회와 《백과사전》

《새로운 아틀란티스》가 단지 유토피아 이야기로 끝난 것은 아니었다. 베이컨이 죽은 후 30년이 지나 설립된 '왕립학회(royal society)'는 《새로운 아틀란티스》에 그려진 솔로몬 학원이 실현된 것이다. 이것은 런던 과학자들이 자연과학 연구를 추진하기 위해 설립을 제안하고, '자연 지식을 증진시키기 위한 왕립 박회'로서, 1622년 찰스 2세 조서에 의해 인가를 받은 학회이다. 초기 회원으로는 화학자인 보일이 있다. 왕립학회는 그 뒤 3세기에 걸쳐 과학 연구 응용 보급에 헤아릴 수 없는 공헌을 하였다. 1667년 왕립학회 역사를 최초로 쓴 토머스 스프라트는 '왕립학회는 프랜시스 베이컨의 철학적 노작이 가장 빨리 이루어진 실제적 성과이다'라고 글을 남겼다. 초기 회원(모든 과학자를 망라한 것은 아니었다)은 베이컨 저작에서 많은 영향을 받았다. 그리고 1663년 '왕립학회 규약안'에 포함된 연구 부문에도 베이컨의 영향이 나타나 있다.

그 영향은 국내에 그치지 않았다. 1666년 프랑스 루이 14세 비호 아래 설립된 파리 과학 아카데미도 베이컨의 영향을 받았다. 베이컨이 계획한 자연사 편집 제안을 채용하여, 동식물 자연사를 만들고 기계와 발명 목록을 작성하기 시작한 것이다. 또 1751년부터 80년에 걸쳐 간행된, 과학·기술·제조공업에 걸친 연구를 실은 《백과사전》도 베이컨의 자연사와 실험사에서 영향을 받은 것이다. 이 《백과사전》은 프랑스 대혁명에 큰 지적 자극을 주었다. 디드로와 달랑베르는 백과사전에 영감을 준 학자들로, 베이컨·데카르트·뉴턴·로크 등 많은 학자들을 열거하고 있지만, 그 서문에서 다음과 같이 말하고 있다.

"이런 저명한 사람들의 선두로는 마땅히 영국 대법관인 불멸의 프란시스 베이컨을 꼽지 않으면 안 된다. 그가 기술한 저작은 잘 알려져 있지 않지만, 정당하게 평가한다면 충분히 숙독할 가치가 있다. 이 거인이 보여준 공정하고 원대한 견식, 다양한 연구 대상, 힘찬 문체, 숭고한 이미지, 엄밀한 정확성 등을 생각한다면 그는 가장 위대한 학자로 평가받아야 마땅하다. 우리 백과사전 기획은 주로 이 대 저작가에게 힘입은 것이다."

베이컨이 남긴 공적 열 가지

파울러는 베이컨이 과학 분야에 남긴 공적을 열 항목으로 정리하였다.

첫째로 베이컨은 사람들에게 선구자 목소리로, 자연에 따라 길을 탐구하고 그 과정에 따르도록 누구보다도 소리 높여 부르짖었다. 둘째로 실례와 금언에 의해 관찰과 실험의 중요성을 주장하였다. 당시에도 실험은 존재했으나, 대부분 연금술사 손에 이루어진 실험이었다. 베이컨의 실험은 자연연구 전반에 확대하여 그 가치를 높인 것이다. 왕립학회의 보일과 뉴턴 등에게 영향을 준 것은 말할 것도 없다. 셋째로 베이컨은 처음에는 외적 자연 현상을 고찰하는 데 연구 주안점을 두었으나, 그 주장이 정신·행위·사회 현상 연구를 촉진시켜, 베이컨식 귀납법은 17세기 말 이후 영국 정신·도덕·정치철학 사상 연구의 특징이 되었다. 넷째는 해로운 권위로부터 인간 정신을 해방시켜, 자유로운 연구를 가능케 하였다. 중세에도 로저 베이컨처럼 연구의 독립성을 주장한 사람이 있었다. 그러나 프란시스 베이컨만큼 예리하고 효과적으로 사람들을 자극한 사람은 없었다. 지적 혁명 촉진에 대한 영향력에 있어, 그 이전 어떤 사람도 베이컨에 비견될 수 없다.

다섯째로 상상이 가진 마력에서 이성을 해방시킨 것이다. 뉴턴이 '나는 가설을 만들지 않는다'라고 말한 것은 베이컨의 영향이 크다. 가설을 향한 베이컨의 비판은 때로 도를 넘은 것이 있고 정정을 요하는 점도 있다. 그러나 이성이 권위를 잃었을 때, 사람은 상상으로 내달아 가설의 과잉에 빠지기 쉽다. 그 시대에 있어서 가설에 대한 비판은 꼭 필요한 것이었다. 여섯째는 베이컨식 논리학이다. 당시 통용되던 막연하고 애매모호하며 불확실한 귀납법에 대하여, 그가 개혁한 논리학은 분명 새로운 것이었다. 증명력을 갖추고 기초가 되는 사실이 진실이라면 베이컨식 3단 논법은 부족함이 없었다. 체계적인 사실 분석과 귀납법에 의한 베이컨식 귀납 논리학은 당시 자연적 귀납법과 확실히 구별되었다. 일곱째로 베이컨은 다음과 같은 말을 되풀이 하였다. '사례는 단지 수집되는 것이 아니고, 선택되지 않으면 안 된다'고. 이 준칙은 참된 귀납법의 안목이다. 어떤 원리에 의해 사례를 선택하고, 어떤 수단으로 사례가 불충분하다는 것을 증명하는 것은 어려운 문제라고 베이컨은 늘 말했다. 하지만 후에 로버트 훅이 베이컨의 규칙을 재현하고 존 허셜과 J.S. 밀이 수정하여 공식화하였다.

여덟째로 과학적 연구를 현실적인 목적, 즉 인간의 지위 향상과 인생의 안락과 편의를 위해 행하였다, 이로 인해 인간은 자연에 대한 지배력을 갖게 되었다. 당시 민중의 비참한 삶을 감안한다면, 지적 자력을 인간의 물질적 조건 개선에 쓰도록 권장한 것은 큰 가치를 지닌다. 아홉째는 베이컨이 가진 추진력이다. 미래는 과거보다 좋아지고, 현재 노고는 다음 시대 생활에 개선을 가져다준다는 믿음은 인간이 가진 건강한 본능이다. 베이컨은 이 믿음에 대한 확신을 가지고 힘차게 사람들을 이끌었다. 열 번째는 베이컨의 언어구사력이다. 그가 사용하는 말은 화려하고 장중하며 위엄 있고, 사람들로 하여금 반드시 믿게 하는 힘을 가지고 있었다. 그 화법은 이돌라 논처럼 어딘가 색다른 경우에 한결 더 매력을 발휘한다. 이 정도로 활력을 가진 저자는 드물다. 영국의 소크라테스라 부를 만하다.

마지막으로

베이컨은 1603년 저작한 《자연의 해명 서론》에서 자신의 인생목표, 성격과 능력, 생활에 대해 반성하고 다음과 같이 말하였다. 즉 그 자신은 인류봉사를 위해 태어났음을 확신하고, 인류 생활 개선을 위한 새로운 발명에 이바지하는 것이 가장 중요하다 생각했다. 하지만 가계와 국가에 대한 충성심으로 말미암아, 또 작업에 도움을 얻기 위해 지위를 탐하였던 것은 자신이 세운 목표와 거리가 있었다고 반성했다.

그는 세속적 욕망에 집착하지 않고, 오로지 연구에만 몰두했던 것은 아니다. 지위나 부에 대한 욕구도 남달라 그 때문에 좌절도 겪어야 했다. 그렇지만 앞서 말했듯 부와 지위를 향한 그의 욕망은, 때론 위대하고 고귀한 야심을 유리하게 진전시키기 위한 것이기도 했다. 그 고귀한 야심이란 학문을 올바른 목적과 방법에 의해 재건함으로써 인류복지를 증진시키는 일이었다. 베이컨에게 학문이 추구해야할 목표는 인류복지였다. 자연을 지배해 인류의 현재를 개선하는 데 유효한 것이야말로 참다운 지식이요 값진 학문이다. 그는 학문 재건 모든 계획을 '대혁신'이라 불렀다. 그리고 이 대혁신은 필란트로피아(인류애)의 실행이며 성서로서 신앙에 의지하는 것이라 했다.

학문이 나아가야 할 목표를 올바로 설정한 다음 올바른 방법을 쓰지 않으면 안 된다. 그것은 고대를 향한 존경·위인이 지닌 권위·일반적 상식 관념 따위에서 벗어나, 사실 그 자체를 따르는 것이다. 베이컨은 이것을 새로운 귀납법, 즉 신기관이라 불렀다. 그는 이 방법이 자연 연구 분야뿐만 아니라, 모든 학문에 적용될 수 있다 믿었다. 그는 되풀이하여 모든 학문은 한 뿌리를 근간으로 하는 한 그루 나무와 같다 하였다. 즉 모든 학문의 협력은 인류에게 복지를 가져다준다는 것이다.

베이컨이 세운 학문 계획은 원래 미완성의 제안이라는 성격을 지니고 있다. 또 그가 가진 과학적 지식은 당시 수준에 못 미치는 것이 많았고, 그가 제안한 연구가 오늘날에는 설자리를 잃은 것(관상술, 꿈 해석)도 많다. 그가 학문과 기술을 발명하는 데 방법론으로 삼은 새로운 귀납법도 많은 결점을 지니고 있다. 그러나 공정한 자기비판에 의해 이돌라에서 해방돼, 경험에서 얻은 결론을 가설로 생각하고 실험에 호소하여 음미하고 일반화하는 방법은 모든 연구에 있어서 기본적인 것이다. 그는 새로운 방법을 만든 창시자이고, 과학상의 발견자는 아니었지만 과학정신의 고취자였다. 학문을 인류 역사의 새로운 세력으로 생각하고, 산업기술 발전을 추진하여 인류 운명을 지배하는 힘이 되도록 한 통찰은 철저하고 정확하였다. 이 점에서는 같은 시대 어떤 사람보다도 뛰어나고 위대했다.

이론적 영역에 비하면, 그의 실천적 모습은 지극히 보수적이었다. 정치 영역에서 그는 강력한 군왕제 옹호자였다. 하지만 그는 지식이 증가한 인류는 진보한다는 역사적 사고방식, 전통적 형이상학에서 해방되어 윤리학과 종교를 분리되는 경향, 지상에서의 행복과 세속적인 성공에 대한 긍정 등 새로운 시대 원칙을 향해 줄기차게 나아갔다.

연보

1561년

1월 22일 프란시스 베이컨, 국새상서 니콜라스 베이컨 경과 두 번째 부인인 앤 쿠크와의 사이의 둘째아들로, 영국 런던 시 스트랜드 거리의 템즈 강 부근 요크 하우스(국새상서의 관저)에서 태어나다. 어머니인 앤 쿠크는 에드워드 6세의 교사를 지낸 안토니 쿠크 경의 둘째딸로 윌리엄 세실(바알레이 경) 부인의 동생으로, 신앙이 두텁고 몇 개국 말에 능통한 재원이어서, 베이컨은 그 영향을 크게 받다. 아버지 니콜라스 베이컨과 첫 부인과의 사이에는 세 명의 아들이 있고 앤 부인과의 사이에는 베이컨보다 두 살 위인 형 안토니가 있다.

1573년(12세)

4월 5일, 형 안토니 베이컨과 함께 케임브리지 대학의 트리니티칼리지에 입학하다. 지도교사는 뒷날 캔터베리 대주교가 된 휘트기프트이다. 10월 10일, 정식으로 입학을 허락받다.

1575년(14세)

3월, 형 안토니와 함께 학위를 받지 않고 케임브리지 대학을 떠나다.

1576년(15세)

6월 27일, 그레이스 인 법학원에 들어가다. 그레이스 인은 영국의 중세 이래의 네 법학원의 하나로, 영국에서 변호사와 재판관이 되려면 반드시 이곳의 회원이 되지 않으면 안 되었다. 이후로 평생 이 법학원과 관계가 있고, 그 부설 정원은 베이컨이 설계한 것이다. 11월 27일, 이 법학원의 '그랜드 컴퍼니'의 한 사람이 되다. 9월, 주프랑스 대사 에미스 포레트 경의 수행원으로 프랑스로 건너가다.

1579년(18세)
2월 20일, 아버지 니콜라스 베이컨 죽다. 영국으로 돌아가 그레이스 인 법학원에 적을 두다. 아버지 니콜라스 베이컨의 유언장에는 프란시스에 대해 아무런 배려도 되어 있지 않았다.

1582년(21세)
6월, 그레이스 인 법학원에서 법정 변호사의 자격을 얻다.

1584년(23세)
1월 23일, 백부 바알레이 경의 후원으로, 멜컴 레지스 지역의 대의원으로 선출되다. 그 뒤로 1618년 귀족원 의원이 되기까지 많은 선거구에서 대의원으로 당선되다.

1585년(24세)
구빈(救貧)예산 문제를 놓고 첫 의회연설을 하다. 《시간의 최대의 탄생》(엘리자베스 여왕께 드리는 진언서)을 집필하다.

1586년(25세)
그레이스 인 법학원 간부가 되다. 10월 29일, 서머싯 주의 탄턴 지역의 대의원으로 선출되다. 의회에서 스코틀랜드 메리 여왕의 처형을 주장하다.

1587년(26세)
2월 8일, 스코틀랜드 메리 여왕 런던탑에서 처형되다.

1588년(27세)
그레이스 인 법학원 강사가 되다. 이 해에 에섹스 백작의 모임에 가입하다. 8월, 영국군 스페인 무적함대를 격멸하다.

1589년(28세)

2월 2일, 월싱햄의 후견으로, 리버풀의 대의원으로 선출되다. 10월 29일, 차기 성실청(星室廳) 법원서기관 계승권을 얻다(그러나 이 고액 연봉의 자리는 20년 후에 계승되다). 《영국 교회 논쟁론》(1640년 출판)을 집필하다. 이 무렵 청교도에 의한 영국국교회 공격의 이른바 마틴 마프릴트 논쟁이 격렬하게 벌어지다.

1590년(29세)

영국국교회 옹호의 여왕을 처치하는 것에 대한 찬성의 편지를 익명으로 쓰다.

1591년(30세)

이 무렵 여왕의 총신 에섹스 백작과의 교류가 시작되다.

1592년(31세)

《쾌락의 회의》(1670년 출판)를 에섹스 백작의 가면극 또는 희극을 위해 집필하다.

1593년(32세)

2월 19일, 미들섹스 지역의 대의원으로 선출되다. 의회에서 여왕에 대한 특별보조금 지급을 반대하는 연설을 하다. 이 문제로 귀족원과 의견이 맞지 않아 엘리자베스 여왕의 노여움을 사다.

1594년(33세)

엘리자베스 여왕의 개인적인 법률고문으로 임명되다. 그레이스 인 법학원의 가장무도회를 위해 대본을 집필하고, 《대역죄에 관한 보고》를 집필하다.

1595년(34세)

11월 17일, 여왕의 탄신연회에서 에섹스를 위한 연설문을 작성하기도 하였지만, 그 뒤로는 그를 멀리하다.

1596년(35세)
《법의 원칙들》 집필하다.

1597년(36세)
입스위치 지역의 대의원으로 선출되다. 《베이컨 에세이》를 공식 첫 출판하고, 《종교적 명상》《선의 색채와 악의 색채》를 출판하다.

1600년(39세)
1535년에 제정된 재산처분권에 관한 법령을 평석하다(評釋日).

1601년(40세)
에섹스 백작이 반란을 일으켰으나, 베이컨은 위기를 모면하다. 반역죄 재판에서 에섹스를 기소한 검사들 중 한 명으로 지명되다. 《에섹스 백작 로버트가 저지른 반역에 대한 고지》를 출판하다.

1602년(41세)
《신앙고백》을 집필하다.

1603년(42세)
제임스 1세가 왕위에 오르자 기사작위를 받다. 이때부터 베이컨은 국왕의 총애를 받기 시작하다. 스코틀랜드 출신의 국왕을 위해 베이컨은 《잉글랜드 왕국과 스코틀랜드 왕국의 행복한 연합에 관한 논고》를 집필하다. 《시대의 남성적인 탄생》《자연 해석의 발레리우스 테르미누스》를 출판하다.

1604년(43세)
국왕의 법률고문으로 임명되다. 《에섹스 백작을 둘러싼 험담들에 대한 변론》《영국 교회의 평화와 계도에 관한 견해》를 출판하다. 《자연세계에 대한 단상들》《인간학에 관한 단상들》을 집필하다.

1605년(44세)
《학문의 진보》를 출판하다.

1606년(45세)
14세인 앨리스 바넘과 결혼하여, 세상 사람들의 관심을 끌다.

1607년(46세)
의회에서 잉글랜드와 스코틀랜드의 통합을 지지하는 연설을 하다. 법무차관에 임명되다. 《자연해석에 관한 단상과 결론》《미로의 실》을 집필하다.

1608년(47세)
《아일랜드의 플랜테이션에 관한 논고》《브리튼 왕국의 참된 위대함에 관해》와 같은 정치적 논고를 집필하다. 그 외 《여러 철학에 대한 논박》을 집필.

1609년(48세)
《고대인들의 지혜》를 출판하다.

1610년(49세)
어머니 앤 쿠크 죽다.

1612년(51세)
《베이컨 에세이》 제2판을 출판하다. 《원리들과 기원들에 관하여》《지성계(천사들의 세계)에 대한 묘사》《천체론》을 집필하다.

1614년(53세)
법무장관에 임명되다. 케임브리지 대학을 대표하는 대의원으로 선출되다. 《결투 관행에 대한 비난》을 출판하다.

1616년(55세)

추밀원 의원으로 선출되다. 토마스 오버베리의 살인죄로 기소된 프란시스 카와 서머세트에 대한 재판을 주재하다. 이 재판을 계기로 제임스 1세의 총신 버킹검 대공의 호감을 얻다.

1617년 (56세)
버킹검 대공의 급부상으로, 옥새상서에 임명되다. 옥새상서의 관저이며 자신이 태어난 곳이기도 한 런던의 요크 하우스로 되돌아가다.

1618년 (57세)
1월, 대법관에 임명되다. 7월, 베룰람 남작으로 작위를 받고 귀족원에 진출하다.

1619년 (58세)
베이컨, 담석증에 걸리다.

1620년 (59세)
《위대한 부흥》을 첫 출판하고, 《자연사와 실험의 역사를 위한 준비》도 출판하다.

1621년 (60세)
1월, 세인트 올번스 자작으로 작위를 받다. 5월 1일, 뇌물을 받은 혐의로 귀족원에서 탄핵을 당해 투옥되어 6월 2일 출옥하다. 6월 23일, 고르햄베리의 고향집으로 옮긴 뒤 주로 시골의 자택에 머물다.

1622년 (61세)
《헨리 7세의 역사》《바람의 역사》《생명과 죽음의 역사》를 출판하다.

1623년 (62세)
《밀집과 희박의 역사》를 집필하다.

1624년(63세)

《금언집》《시편의 영시 번역》을 출판하다. 《스페인과의 전쟁에 관한 논고》
《새로운 아틀란티스》《숲속의 숲》 등 여러 작품을 집필하다.

1625년(64세)

제임스 1세가 죽고 찰스 1세가 왕위에 오르다. 《베이컨 에세이》 제3판을
출판하다.

1626년(65세)

병치료를 위해 런던의 요크 하우스를 방문하고 고향집 고르햄베리의 집으
로 돌아오는 길에, 건강악화로 런던 하이게이트에 있는 아룬델 백작의 집에
머물다. 이곳에서 4월 9일 사망하다. 베이컨의 미출판 저작 중 《숲속의 숲》
《새로운 아틀란티스》가 그의 비서였던 윌리엄 롤리의 편집으로 죽은 뒤에 출
판되다.

이종구(李鍾求)

도쿄상과대학법과(인문계) 수학. 서울대학교 문리대 영문학과 졸업, 서울대학교 문리대 교수·건국대학교 대학원 교수. 동아일보 외신부장 역임. 수필집 《바람의 질서》《독서의 괴로움》《서울역전》《묵은 가구》, 옮긴책에 《세페리스 시집》《사랑의 죄악》《올란도》 등과 논문에 〈셰익스피어극의 인물고〉〈영문학 편편기〉〈J. 콘래드의 생애와 작품〉 등이 있다. 그의 영미 수필문학연구 학문업적을 기려 「계간문예」에서 '이종구수필문학상'을 제정 시상한다.

세계사상전집059
Francis Bacon
DE AUGMENTIS SCIENTIARUM
ESSAYS, CIVIL AND MORAL
학문의 진보/베이컨 에세이
프란시스 베이컨/이종구 옮김
동서문화창업60주년특별출판
1판 1쇄 발행/2016. 11. 30
발행인 고정일
발행처 동서문화사
창업 1956. 12. 12. 등록 16-3799
서울 중구 다산로 12길 6(신당동 4층)
☎ 546-0331~6 Fax. 545-0331
www.dongsuhbook.com

＊

사업자등록번호 211-87-75330
ISBN 978-89-497-1574-2 04080
ISBN 978-89-497-1514-8 (세트)